3판

이것이
안드로이드다

with 코틀린

이것이 안드로이드다 with 코틀린 [3판]

안드로이드 입문의 3가지 장벽, 언어+실전+환경 완벽 대응!

초판 1쇄 발행 2020년 5월 1일
2판 1쇄 발행 2021년 3월 2일
3판 1쇄 발행 2022년 1월 3일

지은이 고돈호 / **펴낸이** 김태헌
펴낸곳 한빛미디어(주) / **주소** 서울시 서대문구 연희로 2길 62 한빛미디어(주) IT출판부
전화 02-325-5544 / **팩스** 02-336-7124
등록 1999년 6월 24일 제25100-2017-000058호 / **ISBN** 979-11-6224-502-6 93000

총괄 · 책임편집 전정아 / **기획 · 편집** 장하은 / **교정** 조경숙
디자인 박정화 / **표지일러스트** 안희원 / **전산편집** 이경숙
영업 김형진, 김진불, 조유미 / **마케팅** 박상용, 송경석, 한종진, 이행은, 고광일, 성화정 / **제작** 박성우, 김정우

이 책에 대한 의견이나 오탈자 및 잘못된 내용에 대한 수정 정보는 한빛미디어(주)의 홈페이지나 아래 이메일로
알려주십시오. 잘못된 책은 구입하신 서점에서 교환해 드립니다. 책값은 뒤표지에 표시되어 있습니다.

한빛미디어 홈페이지 www.hanbit.co.kr / 이메일 ask@hanbit.co.kr
동영상 강의 youtube.com/user/HanbitMedia93
예제 소스 www.hanbit.co.kr/src/10502, github.com/javafa/thisiskotlin

지금 하지 않으면 할 수 없는 일이 있습니다.
책으로 펴내고 싶은 아이디어나 원고를 메일(writer@hanbit.co.kr)로 보내주세요.
한빛미디어(주)는 여러분의 소중한 경험과 지식을 기다리고 있습니다.

이것이
안드로이드다 <small>3판</small>

with 코틀린

그림과 블록 단위로
코틀린에 입문하고
실제 데이터를 사용한 프로젝트로
안드로이드를 정복한다!!

안드로이드 입문의 3가지 장벽, 언어+실전+환경 완벽 대응!

고돈호 지음

H⅃B 한빛미디어
Hanbit Media, Inc.

어떤 사람이 앱 개발자가 될까요? 처음부터 "나는 앱 개발자가 될 거야"라는 목표 의식을 갖고 시작할까요? 그보다는 그냥 만들고 싶은 앱이 있거나, SW 개발자를 고민하다가 안드로이드에 빠지거나, 본인의 의지와는 상관없이 업무상 앱 개발을 담당하면서 시작하는 경우도 있습니다. 그리고 그냥 가볍게 책이나 유튜브 강의로 접했다가 직업이 되기도 합니다.

필자의 경우 개발에 대한 배경지식 없이 취업 후 개발 분야에서 일하게 되었는데 이게 개발자로서의 시작이었고, 꽤 오랜 세월 동안 이 길을 걸어가고 있습니다. 처음 개발을 시작할 때는 너무 막막했고 도대체 뭘 어떻게 접근해야 할지 몰랐지만, 꾸준히 시간을 투자해서 해당 분야에 대한 지식을 쌓다 보니 자연스럽게 모든 것이 익숙해졌습니다. 그리고 어느 순간 개발에 관해서 필자에게 질문하는 사람이 하나둘씩 생겨나기 시작했습니다. 일종의 특이점이랄까요? 그리고 시간이 지나 어느 순간 학생들을 가르치는 강사로 체득한 정보를 전달하고 있습니다.

그간의 강의를 기반으로 이 책을 집필했습니다. 저를 찾았던 학생들을 생각하며, 이미 개발에 익숙한 사람보다는 막연히 개발자가 되고 싶거나, 필자처럼 개발에 대한 배경지식 없이 시작하려는 입문자를 이 책의 대상으로 작성하였습니다. 또한 안드로이드 외에도 안드로이드 개발자에게 필요한 개발 환경 전반을 안드로이드를 통해 설명하였기에, 이 책을 끝까지 정독한다면 적어도 안드로이드 앱 개발에 부족함이 없으리라 생각합니다.

10년이 넘는 시간 동안 개발에만 집중하다가 교육 현장에서 학생들과 함께하면서 가르쳤다기보다는 오히려 그들의 진정성에 긍정적인 자극을 받았고 스스로가 더 발전할 수 있는 계기가 되었습니다. 함께 했던 학생들에게 감사의 말을 전하고 싶습니다.

이 책을 만드는 데 있어서 초안 작성과 예제 테스트, 자료 수집 등에 큰 도움을 주신 모든 분께 감사드립니다. 초판 제작에 참여하신 김민식, 조나단 조교님, 스쿨 매니저였던 김인환 님과 개정판 수정에 참여해주신 박태임, 오준석, 김현욱 님께도 다시 한번 감사 인사를 드립니다.

고돈호

책의 스토리 라인을 따라 꾸준히 공부하면 누구나 완주할 수 있는 학습서

처음 안드로이드 앱을 개발할 때 필요한 것은 무엇일까요? 학생과 조교로 활동한 제 경험에 비추어, 개발 언어를 기본으로 안드로이드 프레임워크와 다양한 기술 스택에 대한 이해가 필요하다고 생각합니다. 자바와 코틀린으로 코딩하여 프로그래밍의 세계로 입문하고 예제 프로젝트를 개발하며 안드로이드에 친숙해지세요. 그러면 다른 직군의 개발자와 함께 협업하며 서비스를 개발할 수 있습니다. 이때 네트워크, 데이터베이스 등 다양한 기술 스택을 요구하기 때문에 러닝 커브(학습 곡선)가 급격히 상승하고 힘들어집니다.

이 책은 코틀린부터 안드로이드 프레임워크와 앱 출시 전반을 설명합니다. 프로그래밍을 처음 접하는 독자에게는 그림과 블록 단위로 코드를 설명하고 안드로이드 프레임워크는 예제 프로젝트를 중심으로 설명합니다. 그리고 실제 제공되는 데이터를 사용해서 다양한 기술 스택과 라이브러리를 학습할 수 있도록 노력하였습니다. 책의 스토리 라인을 따라 꾸준히 공부한다면 누구나 완주할 수 있습니다. 멋진 앱을 세상에 보여줄 독자 여러분을 응원합니다!

김민식 안드로이드 스쿨 조교
안드로이드와 함께 HW를 개발하고 있는 6년 차 개발자

안드로이드 프로그래밍 입문의 장벽을 완벽 대응할 수 있는 입문서

프로그래밍을 처음 배울 때 넘어야 할 세 가지 장벽이 있습니다. 먼저 언어의 기본을 익혀야 하고, 언어가 사용되는 분야에 따라 실제 사용되는 프랙티스와 API를 익혀야 합니다. 그리고 마지막으로 언어와 프레임워크가 사용되는 환경과 배경을 알아야 합니다.

이 책은 이 세 가지 요소를 만족합니다. 먼저 모바일 기기에서 사용자로 만나던 안드로이드가 어떤 환경에서 작동하는지, 어떻게 발전해 왔는지를 최신 버전에 이르기까지 상세하게 다룹니다.

개발 파트에서는 코틀린 언어 자체에 대한 이해와 함께 안드로이드 개발 환경과 API를 배울 수 있어 한 권의 사전처럼 사용할 수 있습니다. 언어 기본기를 아는 것과 한 언어를 특정 분야에 알맞게 사용하는 것은 다른 일입니다. 또한 목적하는 바에 따라 배워야 할 언어의 범위 또한 결정됩니다. 무조건 한 언어를 완벽하게 알아야 실무에서 사용할 수 있는 것은 아닙니다. 이 책에서는 안드로이드에 적합한 코틀린을 학습할 수 있고 안드로이드에서 실제 어떻게 코틀린이 사용되는지 예제를 통해 학습할 수 있도록 잘 구성되어 있습니다.

각 파트는 실무 예제로 구성되어 있어 파트마다 프로젝트를 구현할 수 있습니다. 또한 입문자를 고려해서 예제의 난도를 뒤로 갈수록 점차 높였기 때문에 점점 발전하는 코드를 작성할 수 있습니다.

조나단 안드로이드 스쿨 조교
군 입대를 앞두고 있는 (아직은) 학생

실력 있는 안드로이드 개발자에게 요구하는 내용을 담은 학습서

안드로이드를 포함하여 다양한 개발 경력을 가진 저자와 중간자의 입장에 있
던 매니저인 저, 그리고 지금은 조교로 활동하는 학생들과 함께 '비전공자가
좋은 기업의 안드로이드 개발자로 취업하는 것'을 목적으로 개발 전반에 대
한 내용과 함께 좋은 기업들이 실력 있는 안드로이드 개발자들에게 요구하는
사항들을 모두 자연스럽게 책에 녹여냈습니다. 배경지식이 없는 분들도 책 한 권이면 프로그래밍
전반에 관한 이해도를 높일 수 있을 것입니다.

우리가 어떤 과일을 알아가려면 겉모습을 관찰하고 냄새를 맡아보고 직접 먹어보는 등의 체험이
필요합니다. 프로그래밍도 비슷한 과정이 필요합니다. 하지만 입문자가 체험 없이 개념만을 이
해하려다가 어려움을 느껴 포기하는 것을 자주 봐왔습니다. 그렇기에 저는 이 책의 독자들만큼은
내용을 직접 따라 해보면서 안드로이드 개발을 체험하는 것을 권해드립니다.

이 책이 비교적 쉽게 쓰였다고 해서 판타지 소설이나 만화책처럼 쉽게만 읽히는 책은 절대 아닐
것입니다. 책의 지면상 수록하지 못한 개념과 설명들도 존재하고 책의 분량이 정해져 있기 때문
에 빠진 부분도 존재합니다. 모르거나 낯선 부분은 절대로 그냥 넘어가지 말고 반드시 검색을 통
해서 해결하려는 습관을 가져야 합니다. '개발자의 실력은 검색 실력과 비례한다'는 말이 있을 정
도로 개발자가 검색을 통해 정보를 습득하고 활용하는 것은 매우 중요합니다. 그렇기에 설명되지
않은 개발 용어가 책에 나오면 반드시 검색을 통해 해당 개념을 확인하고 넘어가기를 바랍니다.
이 책이 여러분들의 안드로이드 개발의 첫 디딤돌이자, 나아가 개발자의 첫 디딤돌이 되었으면
좋겠습니다.

김인환 안드로이드 스쿨 매니저
컴퓨터공학을 전공하고 스타트업에서 새싹을 키우는 중

입문자도 따라 할 수 있는 안드로이드 앱 개발 입문서

개정판부터는 지원이 중단된 AsyncTask와 코틀린 익스텐션을 대신하여 코
루틴Coroutine과 뷰 바인딩View Binding을 다룹니다. 지연 초기화처럼 실무에서 필
요한 코틀린 문법을 추가했으며, 안드로이드 11에서 추가된 일회성 권한 같
은 최신 기술 또한 반영했습니다. 이 책은 입문자가 이해하기 어려울 것 같은
요소는 쉽게 전달할 방법을 고민하며 최대한 풀어서 자세히 설명했습니다. 아마 처음 개발하는 분
도 이 책을 통해 안드로이드 앱 개발에 쉽게 입문할 수 있을 것입니다. 또 '독자에게 정말 도움이
될 만한 내용이 무엇인가'를 고민하며 안드로이드 개발의 기본부터 실무까지를 담으려 노력했습
니다. 시간을 들여 꾸준히 책을 읽고 나면 어느새 성장한 자신을 발견할 수 있을 것입니다.

부디 이 책이 여러분의 길잡이가 되어 안드로이드 개발자로 성장하는 데 도움이 되길 바랍니다.

박태임 개정판 집필 참여/스타트업 안드로이드 개발자

탄탄한 기본기부터 실무 팁까지 한 권에 담은 학습서

그동안 공모전이나 실무 프로젝트에서 얻은 경험을 책으로나마 여러분에게
공유할 수 있어 굉장히 기쁩니다. 저는 안드로이드가 굉장히 매력적이고 발
전 가능성이 높은 플랫폼이라 생각합니다.

코틀린과 안드로이드를 다루는 이 책은 크게 세 가지 줄기를 이루고 있습니
다. '코틀린의 기본 문법'과 '코틀린이 안드로이드 앱 개발에서 어떻게 사용되는지'와 '안드로이드
개발 환경을 구축하는 방법부터 API 설명과 사용 예제까지'를 설명하고 있습니다. 프로그래밍을

처음 접하는 독자의 이해를 돕고자 단계를 그림과 블록 단위로 나누어 상세하게 설명하고, 예제 프로젝트를 함께 제공합니다. 여기에 실무에서 유용하게 사용할 수 있는 팁도 중간에 제공하고 있으니 실무 프로젝트를 진행하는 독자에게도 도움이 될 것입니다.

배경지식이 부족한 독자라도 안드로이드 개발의 탄탄한 기본기부터 실무 능력까지 갖춰 실력 있는 안드로이드 개발자에 한 걸음 더 가까워질 수 있도록 꼼꼼하게 집필했습니다. 멋진 안드로이드 개발자가 되어 빛날 여러분의 모습을 기대합니다!

오준석 개정판 집필 참여/스타트업 안드로이드 개발자

비개발자도 끝까지 따라 할 수 있는 안드로이드 개발서

개발사에서 근무한 지 10여 년이 되었지만, 제 업무는 개발과는 거리가 있습니다. 물론 개발자들의 이야기를 듣기에 어느 정도 이해하는 부분도 있지만 개발에 대한 제 이해도는 수박 겉핥기 수준이었습니다. 개발자에게도 새로운 언어를 배우는 일은 쉽지 않겠지만, 저와 같은 비개발자에게는 더 어려운 일입니다. 이 책은 바로 저와 같은 비개발자들이 읽었을 때 장점이 더해질 것 같습니다. 누구나 이해할 수 있는 친절한 설명, 단계별 화면 캡처가 있어서 쉽게 끝까지 따라 할 수 있었습니다. 실습을 통해 막막하기만 했던 언어를 자연스럽게 익힐 수 있었고, 예제 또한 안드로이드에서 사용해봤을 법한 꼭 필요한 기능으로 이루어져 있어 저도 '따라 할 수 있겠다'라는 생각이 들었습니다. 이 책을 통해 단순히 지식을 읽는 것보다는 하나라도 동작하는 결과물을 만들어보는 것이 비개발자 또는 입문자에게 더 도움이 되리라 생각합니다.

김현욱 개정판 검수/완벽한 프로덕트를 추구하는 QA

이 책의 모든 과정은 오프라인에서 진행했던 강의 내용을 다듬어 정리한 것입니다. 안드로이드에 대한 간략한 설명부터 구성, 그리고 새로운 개발 언어인 코틀린 기초부터 안드로이드 앱 개발까지 다루고 있습니다. 12장까지 책의 예제를 잘 따라 실습한다면 안드로이드뿐만 아니라 소프트웨어 개발 전반에 대한 이해도를 높일 수 있으리라 기대합니다.

■ 책의 구성

- **1~2장**: 안드로이드의 전반적인 소개와 안드로이드 앱을 개발할 수 있는 통합 개발 환경(Integrated Development Environment, IDE)인 안드로이드 스튜디오에 대한 사용법을 설명합니다.

- **3장**: 안드로이드 개발 언어인 코틀린의 문법과 사용법을 공부할 수 있는데, 코틀린 전체를 공부하기에는 양이 너무 많아 꼭 필요한 것들만 압축해서 담았습니다. 3장은 꼭 전체를 완전히 이해하고 넘어가야 합니다.

- **4장**: 화면 구성 요소인 레이아웃과 위젯 그리고 이미지, 컬러와 같은 리소스 사용법을 설명합니다.

- **5장**: 4장에서 익힌 요소들로 화면을 구성하는 액티비티를 공부하며 '안드로이드 화면 = 액티비티'로 이해하고 액티비티는 생명 주기를 가지고 있으므로 액티비티 간 이동 시 발생하는 생명 주기에 유의하면서 공부해야 합니다.

- **6장**: 권한 처리에 대해 알아봅니다. 보안에 대한 인식이 강화되면서 앱이 개인정보와 관련된 자원에 접근하려면 유저로부터 해당 권한을 사용하기 위한 승인을 얻어야 합니다.

- **7장**: 안드로이드의 파일 시스템을 다루는 방법을 알아봅니다. 파일 시스템이라고 해서 거창한 것은 아니고 여러분이 평소에 사용하던 디렉터리를 만들고 새로운 텍스트 파일을 만드는 것들이 모두 파일 시스템에서 하는 일입니다.

- **8장**: 데이터베이스와 ORM을 공부합니다. 데이터베이스는 SQL이라는 별도의 스크립트 언어를 사용하는데, 안드로이드뿐만 아니라 거의 모든 시스템에서 사용되기 때문에 알고 있어야 합니다.

- **9장**: 카메라를 공부합니다. 카메라를 다루는 코드 자체는 어렵지 않지만 6장의 권한 처리가 선행되어야만 사용할 수 있습니다.

- **10장**: 스레드와 함께 새롭게 도입된 코루틴에 대해 알아봅니다.

- **11장**: 서비스와 함께 안드로이드에서 제공하는 데이터(주소록 등)를 다루는 콘텐트 리졸버에 대해서 알아봅니다. 서비스는 백그라운드라고 불리는데, 스레드의 백그라운드와는 다른 개념이기 때문에 주의해야 합니다.

- **12장**: 구글 지도와 함께 네트워크를 공부하고 지금까지 공부한 내용을 토대로 예제를 하나 만들어봅니다.

- **13장**: 파이어베이스 사용법을 익히고 간단한 채팅앱을 만들어봅니다.

■ 실습 환경

이 책은 독자의 실습 환경을 고려해서 다음과 같은 환경에서 테스트했습니다.

- 운영체제: 윈도우10, 맥OS 버전 카탈리나
- 안드로이드 스튜디오 Arctic Fox 2020.3.1 : https://developer.android.com/studio

⚠ 안드로이드 스튜디오의 버전에 따라 책의 스크린샷과 다를 수 있습니다.

■ 예제 다운로드하기

깃허브를 통해서 예제를 제공하고 있습니다. 프로젝트 목록은 깃허브 readme.md에 있습니다.

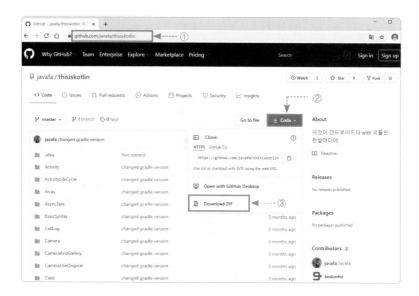

① 웹 브라우저를 통해 URL에 접근하세요.
  – https://github.com/javafa/thisiskotlin

② [Code]를 클릭하세요.

③ 창에서 [Download ZIP]을 클릭하여 내려받은 뒤 압축을 해제해서 사용하면 됩니다.

☼ 학습 목표

이 장의 핵심 개념 ●┄┄┄┄┄┄┄┄┄┄┄┄┄┄┄┄┄┄┄┄┄┄┄┄┄┄┄┄┄┄ 이 장의 핵심 개념

- 레이아웃의 의미와 요소를 알아봅니다.

본문으로 들어가기 전, 각 장의
핵심 개념과 무엇을 배울지 확
인해봅니다.

- 디자인 요소인 위젯을 이해하고 위젯을 배치해서 기본 화면을 설정해봅니다.

4장을 시작하기 전에 ●┄┄┄┄┄┄┄┄┄┄┄┄┄┄┄┄┄┄┄┄┄┄┄┄┄┄┄┄ 각 장을 시작하기 전에

레이아웃Layout의 어원은 'lay something out, 펼쳐놓다'라는 의미입니다. 보통은 책이나 광고, 일정 공
간에 목적과 시각적 효과를 고려하여 요소를 배치하는 것을 뜻합니다. 스마트폰에서도 마찬가지로 화면
위에 요소를 배치하는 일이 레이아웃입니다.

본문으로 들어가기 전, 각 장에
서 배울 내용의 사전 지식을 살
펴봅니다.

위젯을 포함한 화면 요소들의 배치를 담당하는 레이아웃으로는 컨스트레인트 레이아웃ConstraintLayout, 레이
아웃제약, 리니어 레이아웃LinearLayout, 프레임 레이아웃FrameLayout 등이 있습니다. 안드로이드 스튜디오 3.1 이
상부터는 상대 레이아웃RelativeLayout과 그리드 레이아웃GridLayout이 레거시Legacy 카테고리로 분류되어 더
이상 업데이트되지 않습니다. 특별한 경우가 아니라면 사용하지 않는 것이 좋습니다.

각각의 레이아웃은 팔레트Palette 영역의 레이아웃 카테고리에서 사용할 수 있습니다.

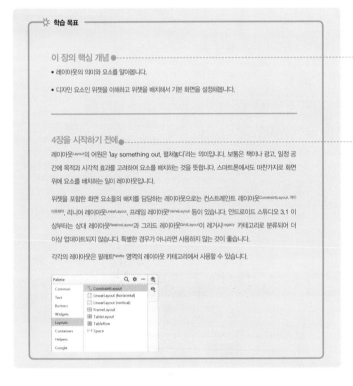

 리소스

우리가 만드는 앱은 이미지, MP3, DB와 같은 많은 종류의 파일로 구성되는데, 코틀린으로 작성되는 소스 코
드 파일을 제외한 모든 파일을 리소스(Resource)라고 합니다. 이 리소스 파일의 이름은 모두 소문자로 작성
해야 합니다.

여기서 잠깐 ┄┄┄┄┄┄┄┄┄┄┄┄┄┄┄┄┄┄

보충 설명, 참고 사항, 관련 용
어 등을 본문과 구분하여 정리
해두었습니다.

⚠ 지금처럼 레이아웃의 방향을 속성에서 바꿔줄 수 있고 레이아웃 카테고리에서 리니어 레이아웃을 드래그할 때
   LinearLayout(horizontal)과 LinearLayout(vertical) 중 원하는 방향의 레이아웃을 선택해서 가져올 수도 있습니다.

⚠ MainActivity.kt 파일을 열면 import 옆에 ...만 있고 코드가 보이지 않습니다. ...을 클릭해 숨겨져 있는 코드를 보이게 합니다.

팁 & 주의

실습을 진행하면서 알아두면
좋을 팁, 혼동하기 쉬운 내용을
표기했습니다. 입문자라면 빼
놓지 말고 꼭 읽어보세요!

```
// companion object 안의 코드 사용하기
Pig.name = "Linda"
Pig.printName()
```

Pig의 이름은 Linda입니다.

코드와 실행 화면

문법을 배우며 바로 실행 화면을 확인할 수 있게 그림처럼 실행 화면을 표기했습니다.

DesignTool 프로젝트: 설계 도구 이해하기

```
package kr.co.hanbit.designtool

import androidx.appcompat.app.AppCompatActivity
import android.os.Bundle
import android.util.Log

class MainActivity: AppCompatActivity() {
    override fun onCreate(savedInstanceState: Bundle?) {
        super.onCreate(savedInstanceState)
        setContentView(R.layout.activity_main)

        // 접근 제한자 테스트
        var child = Child()
        child.callVariables()

        // 부모 클래스 직접 호출해보기
        var parent = Parent()
        Log.d("Visibility", "Parent: 기본 제한자 defaultVal의 값은 ${parent.defaultVal}")
        Log.d("Visibility", "Parent: internalVal의 값은 ${parent.internalVal}")
    }
}

// 추상 클래스 설계
abstract class Animal {
    fun walk() {
```

전체 코드

일정 단위의 프로젝트는 가능한 전체 코드를 첨부해 바로 확인할 수 있도록 했습니다. 전체 프로젝트는 깃허브에서 확인할 수 있습니다.

☆ 미니 퀴즈 3-2

1. 코드 작성 규칙에서 가장 중요한 것은 무엇인가요?

2. 16비트의 정숫값을 저장할 수 있는 타입은 무엇인가요?

3. 2개의 문자열을 합칠 수 있는 방법은 무엇인가요?

4. 한 번 입력한 값을 바꿀 수 없는 변수를 무엇이라고 하나요?

미니 퀴즈

간단한 문제를 풀면서 학습한 내용을 점검하고, 잠시 쉬어가는 코너입니다.

▶https://www.youtube.com/user/HanbitMedia93

한빛미디어 유튜브 채널에서 『이것이 안드로이드다 with 코틀린(3판)』의 저자 직강 동영상을 만나보세요! 검색창에 '이것이 안드로이드다 with 코틀린(3판)'을 검색하면 바로 동영상을 시청하실 수 있습니다.

▶https://flow9.net

공부하다가 막힐 땐 카페에 질문을 남겨보세요. 저자와 조교들이 직접 답변을 달아드립니다.

☼ 목차

PART 01 안드로이드와 코틀린

Chapter 01 코틀린 안드로이드 이해하기

PART 02 안드로이드의 화면 구성과 생명 주기

Chapter 04 위젯과 리소스 다루기

Chapter 05   화면 구성하기

PART 03 안드로이드 프로그래밍

Chapter 06 권한

Chapter 07 파일 입출력과 SharedPreferences

Chapter **11** **서비스와 콘텐트 리졸버**

Chapter **12** **구글 지도, 네트워크, Open API**

Chapter **13** **파이어베이스**

안드로이드와
코틀린

코틀린 안드로이드 이해하기

이 장의 핵심 개념

- 안드로이드가 무엇이고 어떻게 발전해 왔는지 알아봅니다.

- 코틀린을 자바와 비교하면서 코틀린을 사용하는 이유에 대해 알아봅니다.

- 안드로이드 아키텍처를 살펴보고, 스마트폰에 설치된 앱이 실행되기까지의 과정을 알아봅니다.

1장을 시작하기 전에

2020년 statcounter 통계에 따르면 전 세계 스마트폰 사용자 중 71%가 안드로이드를 사용하고 있습니다. 안드로이드란 용어는 많이 들어봤는데 정확히 안드로이드가 무엇일까요?

우리가 말하는 안드로이드는 안드로이드 플랫폼입니다. 2005년 구글이 안드로이드 사의 운영체제, 안드로이드를 인수해 오픈소스로 공개한 게 지금의 안드로이드 플랫폼입니다. 2008년 9월, 버전 1.0을 처음 공개하였고 버전 1.5 컵케이크부터 코드네임에 디저트 이름을 붙였습니다. 이런 식의 코드네임은 2018년 9.0 버전인 파이Pie가 마지막이었으며, 2019년 버전 10부터는 디저트 이름을 붙이지 않고 있습니다.

- statcounter

  https://gs.statcounter.com/os-market-share/mobile/worldwide

안드로이드와 코틀린

여기에서는 안드로이드가 동작하는 플랫폼과 리눅스 커널, 현재 사용되고 있는 안드로이드의 API 레벨 그리고 함수형 프로그래밍에 대해 알아보겠습니다.

1.1 운영체제와 플랫폼

안드로이드 플랫폼은 리눅스 운영체제 안에서 리눅스와 상호작용하면서 동작합니다. 아래 그림은 안드로이드 플랫폼으로 아직 이해하기에는 어렵겠지만, 전체 아키텍처 위쪽에 안드로이드가 실행되는 런타임 영역(녹색으로 표시)이 존재한다는 점은 이해하고 있어야 합니다.

System Apps
Java API Framework

Native C/C++ Libraries	Android Runtime

Hardware Abstraction Layer(HAL)
Linux Kernel

▶ 안드로이드 플랫폼 출처 https://developer.android.com/guide/platform

자세한 내용은 안드로이드 공식 문서에서 확인할 수 있습니다.

- https://developer.android.com/guide/platform

1.2 플랫폼 버전과 API 레벨

안드로이드는 사용하는 플랫폼 버전과 별개로 API 레벨이 있습니다. API는 개발자에게 안드로이드 플랫폼의 기능을 사용할 수 있게 제공하는 도구로 API 레벨에 따라서 새로운 기능이 추가되거나 코드 전체를 변경해야 하는 경우도 있습니다. 그러므로 API 레벨의 변경 사항이 있을 때는 기존 코드를 다시 한번 확인할 필요가 있습니다.

플랫폼 버전	코드네임	API 레벨	버전 코드
12.0	Android 12	31	S
11.0	Android 11	30	R
10.0	Android 10	29	Q
9.0	Pie	28	P
8.1	Oreo	27	O_MR1
8.0	Oreo	26	O
7.1.1	Nougat	25	N_MR1
7.0	Nougat	24	N
6.0	Marshmallow	23	M
5.1	Lollipop	22	LOLLIPOP_MR1
5.0	Lollipop	21	LOLLIPOP
4.4W	KitKat Wear	20	KITKAT_WATCH
4.4	KitKat	19	KITKAT
4.3	Jelly Bean	18	JELLY_BEAN_MR2
4.2 / 4.2.2	Jelly Bean	17	JELLY_BEAN_MR1
4.1 / 4.1.1	Jelly Bean	16	JELLY_BEAN
4.0.3 / 4.0.4	IceCreamSandwich	15	ICE_CREAM_SANDWICH_MR1
4.0 / 4.0.1 / 4.0.2	IceCreamSandwich	14	ICE_CREAM_SANDWICH

플랫폼의 최신 버전은 안드로이드 12이지만 실제 사용자가 사용하는 버전은 훨씬 다양합니다. 개발용 툴인 안드로이드 스튜디오에서 새로운 프로젝트를 생성할 때 나타나는 'Help me choose' 링크를 눌러 버전별 점유율을 확인할 수 있습니다. 이 부분은 안드로이드 스튜디오 설치 후 설명하겠습니다.[54쪽]

2021년 12월 기준으로 API 레벨 21, 롤리팝 버전 이상을 사용하는 디바이스가 전체의 98.0%입니다. 특별한 경우가 아니라면 그 이전 버전은 고려하지 않아도 됩니다. 이 책을 읽는 시점에 따라 점유율이 달라질 수 있습니다

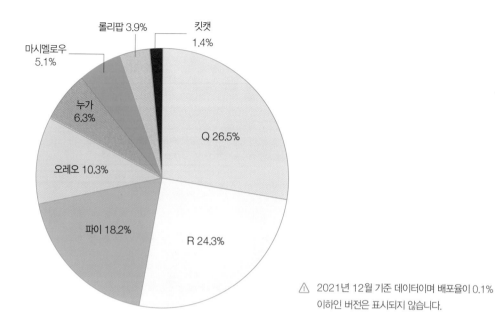

△ 2021년 12월 기준 데이터이며 배포율이 0.1% 이하인 버전은 표시되지 않습니다.

☼ **짧은 업데이트 주기에 대처하기**

안드로이드는 일 년에 한 번 정도, 메이저 버전이 업데이트되고 있습니다(메이저 버전이 바뀐다는 것은 새로운 버전의 안드로이드가 출시된다는 의미입니다). 하지만 새로운 버전으로 사용자가 옮겨 가는 데는 적어도 몇 년의 시간이 소요되기 때문에 항상 최신 버전에 맞춰서 개발할 필요는 없습니다.

1.3 코틀린

다시 안드로이드 플랫폼의 구조를 떠올리면 리눅스 커널과 자바 API 프레임워크가 결합된 형태입니다. 과거에 안드로이드 플랫폼에 대한 설명에는 JVM(정확하게는 Dalvik VM입니다만 독자의 이해를 돕고자 JVM으로 표기합니다)이 항상 따라붙었는데 자바 가상 머신 위에서 앱이 동작했기 때문입니다. 현재는 이를 대신해 안드로이드 런타임Android RunTime, ART을 사용합니다. 따라서 JVM이 없지만 여전히 가상 머신 위에서 동작한다는 점에서 자바의 동작 구조를 차용하고 있습니다.

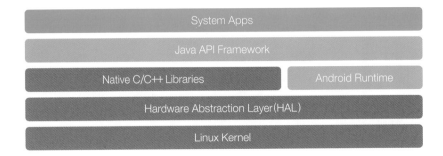

기존에는 주로 자바를 앱 개발 언어로 사용했지만 2017년 5월 Google I/O에서 코틀린^{Kotlin}을 공식 언어로 채택한 후 코틀린으로 앱을 개발하는 기업이 차츰 늘어나고 있습니다. 구글은 2019년 Google I/O에서 코틀린 퍼스트를 선언하며 모든 문서에서 코틀린 코드를 먼저 노출하는 등 좀 더 강력하게 코틀린을 메인 언어로 지원하고 있습니다.

- **코틀린으로 안드로이드 앱 개발하기**: https://developer.android.com/kotlin

코틀린은 젯브레인^{JetBrains} 사가 만든 프로그래밍 언어입니다. 여담으로 젯브레인 사에서 만든 가장 유명한 프로그램은 인텔리제이^{IntelliJ}라는 개발 툴이고, 이를 기반으로 2장에서 배울 안드로이드 스튜디오가 만들어졌습니다.

간략하게 코틀린의 역사를 도표로 살펴보겠습니다. 이 글을 쓰는 시점에서 코틀린 최신 버전은 1.4.20입니다.

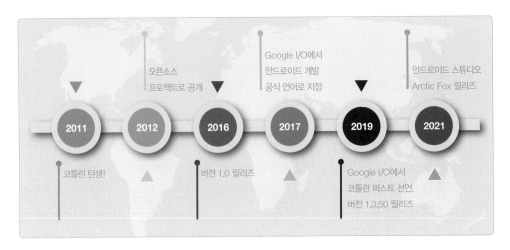

1.4 함수형 프로그래밍 언어 코틀린

코틀린은 함수형 프로그래밍을 표방하고 있습니다. 객체지향 프로그래밍과 비교하자면 객체지향 프로그래밍은 클래스 내부에 있는 함수에서만 로직을 작성하지만, 함수형 프로그래밍은 이런 제한 없이 어디에서나 작성할 수 있습니다.

'Hello World'를 출력하는 짧은 코드로 비교하면 다음과 같습니다.

자바 코드 - 객체지향 프로그래밍

```
class Hello {
    public static void main(String args[]) {
        System.out.print("Hello World");
    }
}
```

코틀린 코드 - 함수형 프로그래밍

```
System.out.print("Hello World");
```

1.5 안드로이드 개발에 있어서 자바와 코틀린의 차이

앞서 다섯 줄짜리 자바로 이뤄진 코드가 한 줄짜리 코틀린 코드로 바뀐 것을 보고 여러분은 환호했을 겁니다. 하지만 안타깝게도, 안드로이드 앱을 개발할 때는 코틀린도 객체지향 언어처럼 클래스 내에서 로직을 작성해야 합니다. 코틀린이 자바와 100% 호환된다는 이야기를 들어봤을 겁니다. 이는 분명 장점이지만, 여전히 안드로이드는 자바와 코틀린을 동시에 지원하므로 자바의 형식에 맞춰서 코틀린으로도 개발해야 합니다.

조금 불편하지만 그래도 코틀린으로 작성하면 자바로 작성했을 때보다는 코드의 양이 훨씬 적어집니다.

간단하게 체크박스를 클릭하면 화면에서 이미지를 숨겼다가 보여주는 코드를 살펴보겠습니다. 다음 코드는 각각 자바와 코틀린으로 작성한 예제입니다. 자바로 작성하기 위해서는 기본 코드 외에 약 열 줄 이상의 코드가 필요하지만 코틀린으로 작성하면 세 줄의 코드로 표현할 수 있습니다.

자바 코드 – ButtonActivity.java

```java
CheckBox check = findViewById(R.id.check);
ImageView image = findViewById(R.id.image);
check.setOnCheckedChangeListener(new CompoundButton.OnCheckedChangeListener() {
    public void onChanged(CompoundButton buttonView, boolean isChecked) {
        if (isChecked) {
            image.setVisibility(View.VISIBLE);
        } else {
            image.setVisibility(View.GONE);
        }
    }
});
```

코틀린 코드 – ButtonActivity.kt

```kotlin
binding.check.setOnCheckedChangeListener { buttonView, isChecked ->
    binding.image.visibility = if(isChecked).View.VISIBLE else View.GONE
}
```

 **안드로이드 아키텍쳐**

안드로이드와 코틀린에 대해 어렴풋이 알았으리라 생각합니다. 이번에 공부할 핵심 키워드는 컴파일, 빌드, 런타임, APK입니다.

'1. 안드로이드와 코틀린[29쪽]'에서 안드로이드 플랫폼에 대해 설명했는데 아키텍처는 이 플랫폼의 실제적인 동작 구조 또는 형태를 말합니다. 우리가 작성한 소스 코드가 디바이스에 설치되면 이 아키텍처 구조 안에서 모든 동작이 결정됩니다.

코드는 어떻게 앱으로 만들어지고 스마트폰에서 실행될까요? 지금부터 작성한 소스 코드의 설치 파일 생성 과정과 스마트폰에서 실행되기까지의 전 과정에 대해 알아보겠습니다.

이 책에서 다루는 안드로이드 플랫폼은 단순히 안드로이드 운영체제와 앱이 동작하는 소프트웨어만 포함합니다. 하지만 더 넓게 보자면 앞으로 배울 안드로이드 스튜디오와 앱이 거래(공유)되는 플레이 스토어, 앱이 동작하는 안드로이드 스마트폰까지도 하나의 거대한 안드로이드 플랫폼입니다.

2.1 소스 코드 작성에서 실행까지

소스 코드 작성에서 실행까지는 아주 간단합니다. 먼저 간략하게 무엇을 하는지 나열해보겠습니다.

    A. 소스 코드 작성: 코틀린으로 소스 코드를 작성합니다.

    B. 설치 파일 생성: 명령을 통해 안드로이드에서 실행될 수 있는 설치 파일의 형태로 변환합니다.

    C. 업로드: 구글 플레이 스토어에 앱을 업로드합니다.

    D. 앱 등록: 구글 플레이 스토어에 앱을 등록합니다.

    E. 앱 선택/설치: 스마트폰으로 구글 플레이 스토어에 접속한 다음 설치할 앱을 선택/설치합니다.

    F. 스마트폰에서 실행: 아이콘을 터치해서 앱을 실행합니다.

2.2 코드가 스마트폰에서 실행되는 과정

앞서 간단하게 설명했던 소스 코드 작성에서 실행까지의 단계가 실제 내부에서는 어떻게 진행되는
지 살펴보겠습니다.

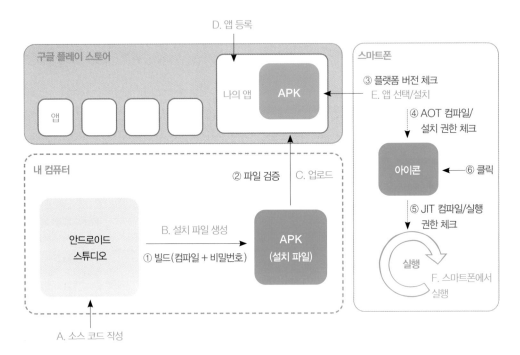

① **빌드(컴파일 + 비밀번호)**: 'B. 설치 파일 생성' 단계는 빌드를 통해 진행합니다. 이 과정에서 먼저 소스 코드를
바이트코드로 변환하며 APK 매니저에서 비밀번호를 가지고 있는 키 스토어와 조합해서 최종 설치 파일을 생성
합니다.

② **파일 검증**: 'C. 업로드' 단계로 단순히 파일을 업로드하는 데서 끝나는 게 아니라 구글 플레이 스토어에서 앱
을 검수하는 과정을 거칩니다. 이때 설치 파일이 정상적으로 동작하는지, 보안상의 문제는 없는지 등을 검사합
니다.

③ **플랫폼 버전 체크**: 'E. 앱 선택' 단계입니다. 스마트폰으로 구글 플레이 스토어에 접속하면 스마트폰의 플랫폼
버전을 확인한 다음 설치 가능한 앱의 목록만 보여줍니다.

④ **AOT 컴파일/설치 권한 체크**: 'E. 앱 설치' 단계입니다. APK 파일을 설치하면 리눅스에서 실행 가능한 파일로
안드로이드폰 내부에서 한 번 더 컴파일합니다. 이 과정을 통해 실행 속도가 빨라지며 사용자에게 기능의 사용
권한을 요청합니다.

⑤ **JIT 컴파일/실행 권한 체크**: 'F. 스마트폰에서 실행' 단계입니다. ④에서 설치할 때는 필요한 파일만 컴파일합니다. 그리고 첫 번째 앱을 실행할 때 미리 컴파일되지 않은 파일을 호출하면서 리눅스 실행 파일로 컴파일합니다. 그리고 권한 중에 '실행 시 권한'이 포함되어 있으면 해당 코드가 동작해서 사용자에게 확인 요청을 합니다.

AOT와 JIT에 관해서는 이 절의 끝⁴⁰쪽에서 다시 설명하겠습니다.

> **여기서 잠깐**
>
> ☆ **바이트코드와 APK**
>
> 바이트코드란 우리가 작성한 코틀린 코드를 가상 머신인 안드로이드 런타임에서 이해할 수 있도록 변환한 코드입니다. APK는 안드로이드 패키지(Android Package)의 줄임말로 안드로이드 설치 파일의 확장자명으로 사용됩니다. 특정 앱의 APK 파일이 있으면 스마트폰에 수동으로 해당 앱을 설치할 수 있습니다.

2.3 빌드

소스 코드를 변환해서 안드로이드의 실행 파일인 APK 파일로 만드는 것을 빌드^{Build}라고 합니다. 빌드는 소스 코드를 기계어로 변환한 후 라이브러리와 연결해서 실제 실행 파일로 만드는 과정을 일컫는 용어입니다. 안드로이드는 리눅스 커널 기반이므로 리눅스 시스템의 빌드를 이해하는 것이 도움이 됩니다.

컴파일이란?

컴파일^{Compile}이란 사람이 읽을 수 있는 형태의 소스 코드를 컴퓨터가 읽을 수 있는 형태의 기계어로 변환해주는 과정입니다. 컴퓨터는 기계어만 이해하고 동작하는데 이 기계어의 구조를 사람이 이해하는 것이 어려워 C, 자바, 코틀린과 같은 컴퓨터 언어가 생겨난 것입니다.

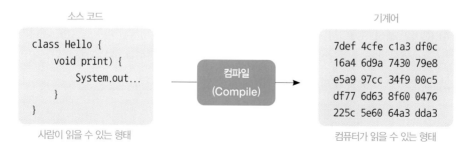

리눅스에서의 빌드

리눅스에서 빌드란 소스 코드를 컴퓨터가 읽을 수 있는 기계어로 번역(컴파일)하고, 내가 만든 소스 코드에서 사용하는 라이브러리와 연결Link해서 최종 실행 파일 형태로 만드는 것입니다.

안드로이드에서의 빌드

안드로이드에서의 빌드를 이해하기 위해서는 먼저 컴파일 과정부터 다시 살펴보는 것이 좋습니다. 리눅스 컴파일과의 차이점은 안드로이드에는 리소스Resource라는 개념이 있다는 점입니다. 안드로이드는 2단계로 컴파일을 나눌 수 있습니다. 먼저, 1단계는 바이트코드 단계입니다. 다음 그림과 같이 소스 코드와 리소스(이미지 파일, 음악 파일 등), 라이브러리까지 한 번에 컴파일해줍니다. 이때 생성된 파일은 안드로이드 플랫폼에서 인식할 수 있는 바이트코드로 컴파일됩니다. 이 파일은 스마트폰에서 바로 실행할 수 없습니다.

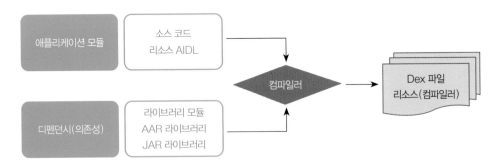

2단계는 APK 파일 생성 단계입니다. 안드로이드의 빌드는 1단계에서 생성된 파일을 APK 매니저라는 도구로 개발자가 설정한 패스워드와 조합해서 설치 파일인 APK 파일로 만들어줍니다. 이렇게 1단계와 2단계를 모두 거쳐 APK 파일이 생성되는 과정을 빌드라고 합니다.

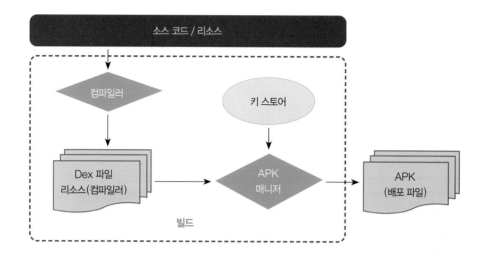

여기서 잠깐

☼ APK와 AAB

AAB는 안드로이드가 새롭게 제안하는 APK 파일을 대체하는 빌드 파일 형태입니다. 구글 플레이 스토어에 AAB 파일 형태로 앱을 등록하면 사용자가 앱을 다운로드할 때 사용자의 디바이스에 필요한 모듈만 골라서 APK 파일로 다시 생성해줍니다. 예를 들어 영어, 일본어, 중국어를 지원하는 앱을 AAB 파일로 등록하면 각 디바이스에 필요한 언어 파일만 모아서 설치되도록 해줍니다. 현재는 저자도 AAB 파일로 빌드된 파일을 앱 스토어에 등록하고 있습니다.

2.4 설치와 실행

안드로이드의 아키텍처는 앱 설치부터 실행 후 종료할 때까지 계속 따라다니면서 관여합니다. 앞서 29쪽에서 안드로이드 플랫폼을 설명하며 살펴봤던 그림이 실은 안드로이드의 아키텍처 구조입니다. 우리가 설치하는 앱이 가장 상단에 있는 애플리케이션 영역에서 동작하고, 안드로이드는 중간에 있는 안드로이드 런타임 영역에서 개발자가 만든 앱을 제어합니다.

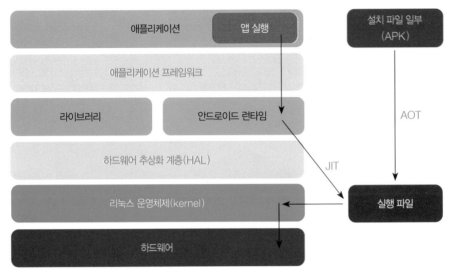

▶ 안드로이드 아키텍처

위 그림의 우측 위에서부터 순서대로 앱을 설치하면 설치 파일의 일부가 리눅스 운영체제에서 실행할 수 있는 파일 형태로 한 번 더(이미 빌드 시에 한 번 컴파일된 상태) 컴파일되는데 이런 구조를 AOT$^{Ahead\ of\ Time}$라고 합니다. 플랫폼 버전 5.0 롤리팝에서는 이와 같이 모든 파일이 설치 시 컴파일되는 형태였다가 효율성의 문제로 일부만 컴파일되는 형태로 변경되었습니다.

앱을 실행하면 호출되는 파일 중에서 컴파일되지 않았던 파일이 한 번 더 컴파일되는데 이 구조를 JIT$^{Just-in-Time}$라고 합니다. 안드로이드는 이렇게 AOT와 JIT라는 2개의 컴파일 형태를 같이 사용함으로써 효율성을 높이고 있습니다.

여기서 잠깐

☼ **안드로이드는 왜 두 번이나 컴파일을 하나요?**

AOT 컴파일을 하면 설치 시 모두 컴파일되므로 사용할 때 속도는 빠르지만, 컴파일된 파일만큼 디스크의 용량을 차지합니다. 즉, 많은 앱을 설치할 수 없습니다. 반면에 JIT 컴파일을 하면 호출 시 컴파일되므로 잠시 성능에 영향을 줄 수는 있지만 한 번 컴파일된 이후로는 AOT와 동일한 속도를 내고, 디스크의 용량을 적게 차지합니다.

이 두 컴파일 방식은 각기 장단점이 있으므로 안드로이드는 상황에 맞춰서 컴파일을 두 번 합니다.

새롭게 다루는 것들

기존 안드로이드에서 성능 및 사용성의 문제로 제거되는 것을 대체하기 위해 개정판부터는 다음과 같은 요소를 새롭게 다룹니다.

- **젯팩**: 파편화되어 있는 수많은 버전에서 일관되게 동작하는 라이브러리 모음입니다.
- **뷰 바인딩**: 전통적인 findViewById( )에서 코틀린 익스텐션으로 대체되었던 뷰에 대한 접근이 뷰 바인딩이라는 방식으로 대체되었습니다.
- **코루틴**: 기존의 스레드를 대체하는 새로운 백그라운드 처리 방식입니다.

3.1 젯팩

안드로이드는 모든 버전과 기기에서 일관되게 동작하는 젯팩^{Jetpack} 라이브러리를 제공합니다. 안드로이드 개발자들은 수많은 파편화로 인해 각각의 버전 및 기기별로 여러 버전의 코드를 작성해 왔습니다. 이런 문제들을 해결하기 위해 젯팩이 개발되었고, 개발자들은 필요한 로직에만 집중할 수 있게 되었습니다.

젯팩을 사용하는 이유

젯팩을 사용하는 이유는 다음과 같이 총 세 가지로 볼 수 있습니다.

① **하위 버전 호환성**: 최신 설계 방식을 바탕으로 빌드된 젯팩 라이브러리는 이전 버전과의 호환성 기능이 통합되어 비정상 종료와 메모리 누수를 줄일 수 있게 해줍니다.

② **반복되는 코드 제거**: 젯팩은 개발자가 비즈니스 로직을 작성하는 데 집중할 수 있도록 백그라운드 작업, 수명 주기 관리 등 반복적이고 지루한 코드를 제거해줍니다.

③ **낮은 복잡도**: 모든 버전 및 기기에서 일관된 동작으로 코드의 복잡도를 낮춰줍니다.

젯팩 라이브러리

젯팩은 약 90개 정도의 라이브러리를 제공합니다. 지면의 한계가 있기 때문에 모든 걸 다루기는 어렵고, 다음은 입문 단계에서 꼭 필요한 라이브러리로 이 책에서도 다루는 라이브러리입니다.

- **컬렉션(Collection)**: 3장
- **컨스트레인트 레이아웃(ConstraintLayout)**: 4장
- **프래그먼트(Fragment)**: 5장
- **리사이클러뷰(RecyclerView)**: 5장
- **뷰페이저2(ViewPager2)**: 5장
- **프리퍼런스(Preference)**: 7장
- **룸(Room)**: 8장

이 외에도 코드에서 직접적으로 언급하지는 않지만 액티비티^{Activity}, 애너테이션^{Annotation}, 코어^{Core} 등이 사용됩니다.

3.2 뷰 바인딩

초판과 다르게 개정판에서는 뷰(화면 요소)에 접근해서 값을 입력하거나 사용자와 상호작용하는 방식에 변경 사항이 있습니다. 그간 전통적인 방식의 findViewById()를 대체해서 코틀린 익스텐션을 사용했는데, 코틀린 1.4.20부터는 코틀린 익스텐션이 폐기^{deprecated} 처리됩니다. 2021년 9월 기준으로 코틀린 릴리즈에서 완전히 제거될 예정입니다.

안드로이드 스튜디오 3.6 버전부터는 코틀린 익스텐션을 개선한 뷰 바인딩^{View Binding}을 지원하고 있습니다. 뷰 바인딩은 레이아웃 파일이 사용되는 모든 곳에서 코틀린 익스텐션을 대체할 수 있는데, 액티비티^{Activity}와 프래그먼트^{Fragment}, 어댑터^{Adapter}에서 각각의 사용법이 다음처럼 조금씩 다릅니다. 자세한 내용은 본문에서 다루겠습니다.

액티비티에서 사용하기

```
val binding by lazy { 레이아웃파일명Binding.inflate(layoutInflater) }
```

프래그먼트에서 사용하기

```
// onCreateView() 안에서 다음과 같이 사용됩니다.
var binding = 레이아웃파일명Binding.inflate(LayoutInflater.from(container.context),
                                            container, false)
```

어댑터에서 사용하기

```
// onCreateViewHolder() 안에서 다음과 같이 사용됩니다.
var binding = 레이아웃파일명Binding.inflate(LayoutInflater.from(parent.context), parent,
                                            false)
```

3.3 코루틴

백그라운드 처리를 위해 사용되던 스레드^{Thread}를 경량화한 코루틴^{Coroutine}이 제공됩니다. 동시성 프로그래밍이 가능한 코루틴은 다른 언어에서 이미 사용되고 있는 개념을 코틀린에 도입한 것입니다. 기존의 스레드는 코루틴을 위해 실행 가능한 공간을 제공하는 역할만 하며, 하나의 스레드에 여러 개의 코루틴이 존재할 수 있도록 설계되었습니다. 그래서 2개 이상의 코루틴이 있을 때 프로세스 흐름이 코루틴 1에서 코루틴 2로 변경된다 하더라도 기존 스레드의 변경에서 발생할 수 있었던 성능 저하는 더 이상 발생하지 않습니다.

이 책에서는 코루틴의 동작 범위를 설정하는 코루틴 스코프^{Coroutine Scope}와 코루틴이 동작하는 스레드를 결정하는 디스패처^{Dispatcher}, 그리고 코루틴의 핵심이라고 할 수 있는 서스펜드^{suspend} 키워드를 중점적으로 다룹니다.

개발 도구 설치와
앱 실행하기

이 장의 핵심 개념

- 개발 도구인 안드로이드 스튜디오를 설치하고 인터페이스를 둘러봅니다.

- 소스 코드 파일이 어떻게 관리되고 있는지 프로젝트 구조 전반에 대해 알아봅니다.

- 코드를 보다 효율적으로 작성할 수 있도록 도와주는 편의 도구와 에뮬레이터를 살펴봅니다.

- 스마트폰을 연결해서 앱을 실행하는 방법까지 알아봅니다.

2장을 시작하기 전에

프로그래밍을 시작하기 전에 통합 개발 환경을 갖추고 시작하면 좀 더 편리합니다. 통합 개발 환경 Integrated Development Environment, IDE이란 개발부터 배포까지 프로그램 개발과 관련된 모든 작업을 처리할 수 있도록 제공하는 환경을 의미합니다.

과거에는 이클립스에 ADT Android Development Toolkit를 추가해서 안드로이드 앱을 개발했습니다. 2013년 Google I/O에서 공식 통합 개발 환경인 안드로이드 스튜디오를 발표한 뒤로는 주로 안드로이드 스튜디오를 사용합니다. 이 책 또한 안드로이드 스튜디오를 기반으로 설명합니다.

- **안드로이드 스튜디오 홈페이지**

  https://developer.android.com/studio

 안드로이드 스튜디오 설치/시작

안드로이드는 소스 코드 작성 및 컴파일을 위해 공식 통합 개발 환경인 안드로이드 스튜디오Android Studio를 제공합니다. 지금부터 안드로이드 스튜디오를 설치하고 안드로이드 스튜디오가 어떻게 구성되어 있는지 알아보겠습니다.

1.1 파일 다운로드 및 설치하기

안드로이드 스튜디오 홈페이지에서 설치 파일을 내려받은 다음 설치해보겠습니다. 네트워크 상태나 시스템 사양에 따라 편차가 크긴 하지만 약 1~2시간 정도 시간이 소요되므로 충분한 시간을 갖고 설치하길 바랍니다. 버전이 빠르게 바뀌는 만큼 이 책을 읽는 시점에 따라 설치 화면이 책과 조금 다를 수 있습니다.

01. 안드로이드 스튜디오 홈페이지(https://developer.android.com/studio)에 접속해서 화면 중앙의 [DOWNLOAD ANDROID STUDIO]를 클릭해 설치 파일을 다운로드합니다.

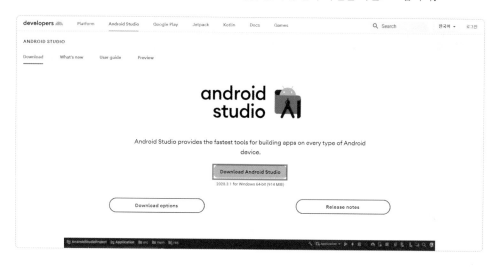

02. 사용 약관에 동의하는 체크박스에 체크하고 [다운로드: ANDROID STUDIO]를 클릭하여 파일을 다운로드합니다.

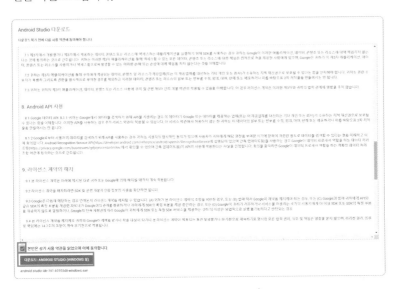

03. 다운로드가 완료되면 설치 파일을 더블클릭해서 안드로이드 스튜디오 설치를 시작합니다. 설치 파일명은 android-studio-ide-xxxxxxxxxxxxxx.exe입니다. 버전에 따라 뒤의 숫자는 달라집니다. 맥은 설치 파일의 확장자가 dmg입니다.

- **윈도우용**: android-studio-20xx.xxxx-windows.exe
- **맥용**: android-studio-20xx.xxxx-mac.dmg

04. 설치 시작 화면이 나오면 [Next]를 클릭하고 [Android Studio]와 [Android Virtual Device]에 모두 체크한 다음 [Next]를 클릭합니다.

05. 설치 경로를 선택하고 [Next]를 클릭합니다.

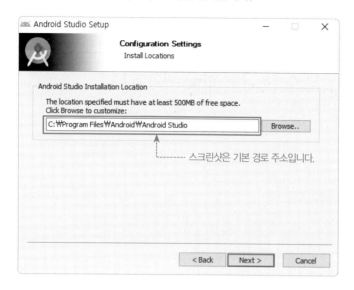

스크린샷은 기본 경로 주소입니다.

06. 'Android Studio 바로가기'를 추가하는 창입니다. 그대로 두고 [Install]을 클릭합니다.

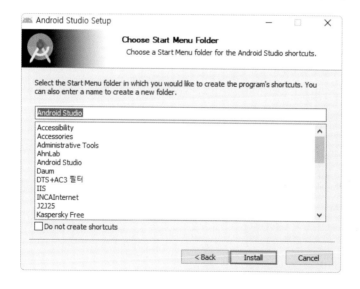

07. 설치가 진행됩니다. 설치가 완료되면 [Next]를 클릭합니다.

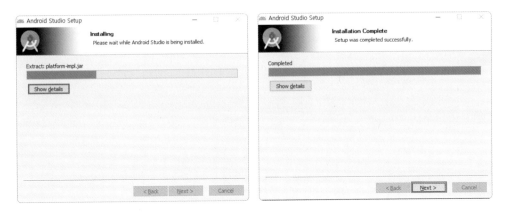

08. [Start Android Studio]의 체크 표시를 해제하고 [Finish]를 클릭합니다. 다음 과정에서 시작 메뉴에 추가된 'Android Studio 바로가기'를 클릭해서 실행해보겠습니다.

1.2 안드로이드 스튜디오 시작하기

설치를 진행하면서 시작 메뉴에 'Android Studio 바로가기'를 추가했습니다. 이를 클릭해 안드로이드 스튜디오를 실행해보겠습니다.

01. 윈도우의 [시작] 버튼을 클릭해서 [Android Studio]를 선택하거나, 시작 옆의 [검색 아이콘 (🔍)]을 클릭해서 'Android Studio'라고 입력하면 나타나는 [바로가기] 메뉴를 클릭합니다.

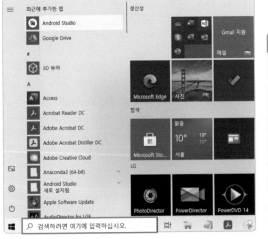

여기서 잠깐

☀ **맥에서 안드로이드 스튜디오 시작하기**

맥에서는 다음과 같이 두 가지 방법으로 실행 할 수 있습니다.

1. Launchpad에서 Android Studio 아이콘 선택

2. Command + Space 〉 Android Studio 입력 〉 Enter

02. [Do not import settings]를 선택하고 [OK]를 클릭합니다.

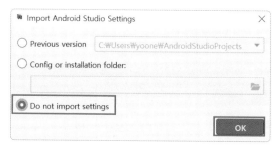

⚠ 기존 환경 정보를 가져오는 체크 항목이 있는데 처음 사용자에게는 필요치 않은 옵션입니다. 안드로이드 스튜디오를 재설치하거나 PC를 바꿨을 때 사용합니다.

03. 안드로이드 스튜디오가 시작됩니다.

04. 안드로이드 스튜디오 및 관련 도구의 데이터 수집을 동의하는지를 물어봅니다. 동의하면 [Send usage statistics to Google]을, 동의하지 않으면 [Don't send]를 클릭합니다.

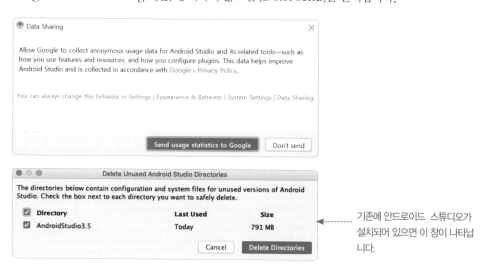

기존에 안드로이드 스튜디오가 설치되어 있으면 이 창이 나타납니다.

05. 컴포넌트 체크가 완료되면 설정을 시작합니다. Welcome 화면에서 [Next]를 클릭하면 Install Type 화면이 나타납니다. Install Type 화면에서 [Standard]를 선택하고 [Next]를 클릭합니다. Standard를 선택하면 대부분의 컴포넌트를 모두 설치합니다.

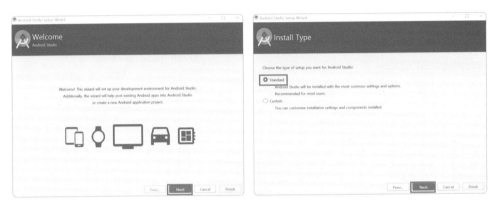

06. 화면의 테마를 선택하고 [Next]를 클릭합니다.

⚠️ 흰색 바탕의 [Light]를 선택하면 장시간 프로그래밍을 할 때 눈의 피로도가 높아집니다. 책에서는 인쇄물의 품질을 위해 흰색 바탕을 선택했지만 필자가 프로그래밍을 할 때는 보통 검은색 바탕의 [Darcula]를 사용합니다. 실제로 많은 프로그래머가 검은색 바탕을 선택합니다.

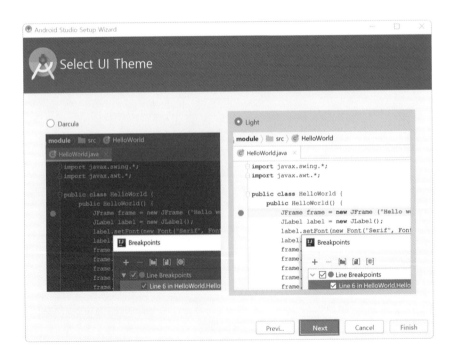

07. 설치할 목록을 확인합니다. [Finish]를 클릭하면 목록에 있는 컴포넌트를 다운로드하고 설치합니다.

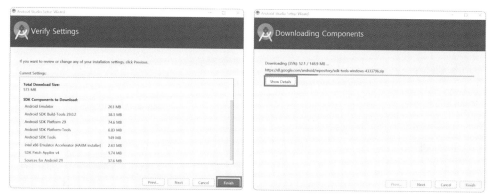

⚠ [Show Details] 버튼을 클릭하면 설치되는 파일 목록을 확인할 수 있습니다.

08. 버전에 따라 중간에 에뮬레이터의 하드웨어 가속기 사용을 위한 Intel HAXM 설치 메시지가 나타나는 경우가 있는데 [확인]을 클릭합니다. 설치가 완료되면 [Finish]를 클릭합니다.

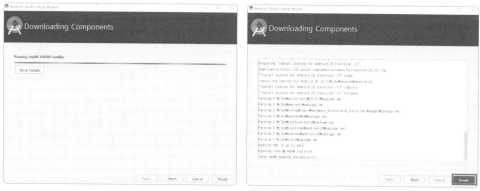

⚠ 책을 보는 시점에 따라 설치 과정이 다를 수도 있습니다.

09. 설치가 완료되면 다음 그림과 같은 시작 화면이 나타납니다. 새로운 프로젝트를 생성해봅시다. [New Project]를 클릭합니다. 이어서 프로젝트 형태를 선택하는 화면입니다. [Empty Activity]를 선택하고 [Next]를 클릭합니다.

 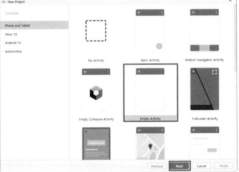

10. 프로젝트를 설정하는 화면입니다. 화면 정보 그대로 수정하지 않고 [Finish]를 클릭해 프로젝트를 생성합니다.

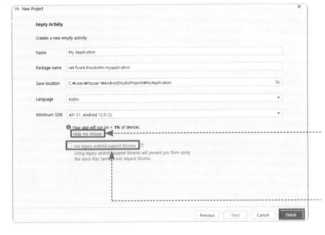

클릭하면 안드로이드 버전별 점유율을 확인할 수 있습니다.

3.6 이상 버전부터 use legacy android. support libraries 옵션이 추가되었는데, 체크하면 이전 버전의 라이브러리를 사용할 수 있습니다. 하지만 이 책을 읽는 독자에게는 불필요하므로 사용하지 않습니다.

1.3 안드로이드 스튜디오 익숙해지기

안드로이드 스튜디오는 다음 그림과 같은 인터페이스 영역으로 구분되어 있습니다.

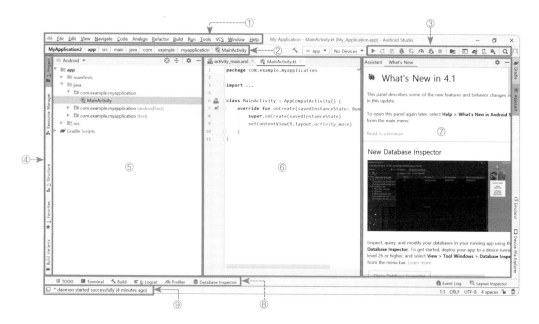

① **메인 메뉴**: 안드로이드 스튜디오 메인 메뉴입니다.

② **탐색 메뉴**: 프로젝트를 탐색하고 편집할 파일을 열 수 있습니다. 탐색 메뉴는 Project 창에 나타나는 구조를 보다 간략하게 표시합니다.

③ **툴바**: 앱 및 에뮬레이터 실행, SDK 다운로드 등 다양한 작업을 수행할 수 있습니다. 안드로이드 스튜디오 3.x 버전부터는 툴바가 탐색 메뉴와 같은 줄에 표시됩니다.

④ **도구 창 모음**: 안드로이드 스튜디오 창의 둘레에 있으며 개별 도구 창을 펼치거나 접을 수 있게 해줍니다.

⑤ **프로젝트 관리 영역**: 마치 윈도우의 탐색기나 맥의 파인더처럼 프로젝트에 필요한 소스 파일, 설정 파일, 이미지 파일 등과 디렉터리를 관리할 수 있습니다.

⑥ **편집기 창**: 코드를 작성하고 수정할 수 있습니다. 파일 유형에 따라 편집기가 바뀔 수 있습니다.

⑦ **새 소식 창**: 새로운 소식을 전하는 창입니다. 보통은 닫고 편집기 창을 넓게 사용합니다.

⑧ **도구 창**: 로그 보기, 버전 관리, 터미널 실행 등의 특정 도구를 사용할 수 있습니다. 도구 창 아래쪽의 탭을 클릭하면 해당 도구를 열 수 있고, 오른쪽 위의 닫기 버튼을 클릭하면 창을 닫을 수 있습니다.

⑨ **상태 표시줄**: 프로젝트와 안드로이드 스튜디오의 상태를 표시하며 경고 또는 기타 필요한 메시지도 표시합니다.

1.4 Android SDK 기본 설정 확인하기

안드로이드 스튜디오는 편집을 편하게 해주는 도구일 뿐, 실제 컴파일러와 같은 개발 환경은 모두 SDK에 있습니다. 안드로이드 스튜디오는 이 SDK를 사용해서 최종 설치 파일을 만들어줍니다.

01. 메인 메뉴에서 [File] – [Settings]를 선택합니다. 맥은 상단 메인 메뉴에서 [Android Studio]– [Preferences]를 선택합니다.

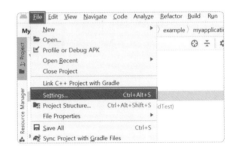

02. [Settings] 창의 좌측 메뉴에서 [Appearance & Behavior] – [System Settings] – [Android SDK]를 클릭하면 Android SDK Location에서 설치 경로를 확인할 수 있습니다.

SDK Platforms

현재 설치된 안드로이드 스튜디오의 기본 설정을 확인해보겠습니다. [SDK Platforms] 탭을 클릭하면 소스 코드를 빌드할 때 사용하는 플랫폼이 버전별로 표시된 것을 확인할 수 있습니다. 컴퓨터에 설치된 플랫폼은 Status 부분이 'Installed'로 표시되어 있습니다. 'Not installed'로 표시된 플랫폼 중 설치를 원하는 플랫폼 이름 앞의 체크박스를 체크해서 설치 항목을 선택할 수 있습니다.

SDK Tools

안드로이드에서 사용할 수 있는 도구(에뮬레이터, 디버거 등)의 목록을 확인할 수 있습니다.

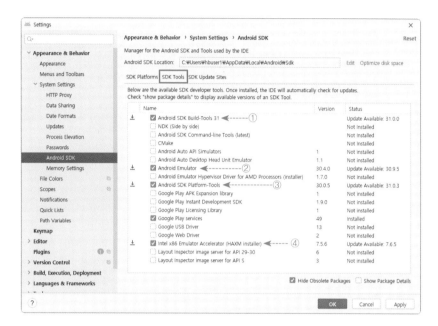

① **Android SDK Build-Tools** : 리소스 아이디를 가지고 있는 R 파일을 생성하고 설치 파일인 APK 파일을 최적화하는 도구입니다. 자바 바이트코드Java Bytecode를 달빅 바이트코드Dalvik Bytecode로 변환하는 도구도 포함하고 있습니다.

② **Android Emulator** : 가상의 스마트폰 환경으로 앱을 설치하고 테스트할 수 있습니다.

③ **Android SDK Platform-Tools** : 에뮬레이터와 스마트폰에 연결하기 위한 ADBAndroid Debug Bridge라는 도구와 성능 분석 도구인 Systrace가 제공됩니다.

④ **Intel x86 Emulator Accelerator(HAXM installer)** : 에뮬레이터의 처리 속도를 빠르게 해주는 하드웨어 가속기입니다. 설치되어 있지 않으면 에뮬레이터를 사용할 수 없을 정도로 느려질 수 있습니다.

SDK Update Sites

[SDK Update Sites] 탭에는 필요한 도구를 다운로드할 수 있는 웹 사이트 주소가 등록되어 있습니다. 필요에 따라 다른 주소를 등록할 수 있습니다. 수정이 있으면 [Apply]를 클릭하고 없으면 [OK]를 클릭해서 창을 닫습니다.

1.5 프로젝트 구조 이해하기

안드로이드 앱을 만들기 위해서는 프로젝트를 생성해야 합니다. 프로젝트Project는 소스 코드와 이미지, 음악, 텍스트 파일 등의 리소스를 체계적으로 관리하는 최상위 디렉터리입니다.

대부분의 통합 개발 환경은 필요에 따라 프로젝트 내부에 생성되는 실제 디렉터리 구조를 재배열해서 보여주는데, 안드로이드 스튜디오도 동일한 기능을 제공합니다. 기본적으로 안드로이드 스튜디오 화면에 보이는 디렉터리의 구조를 실제 파일 탐색기나 파인더로 열어보면 그 구조가 완전히 다릅니다. 그래서 프로그래머는 필요에 따라 실제 디렉터리 뷰를 열어서 사용하기도 하고, 기본 구조인 Android 뷰를 사용하기도 합니다. 안드로이드 스튜디오에서 실제 디렉터리 뷰를 보기 위해서는 [Project]를 선택합니다.

안드로이드 스튜디오의 좌측 상단에는 파일 탐색기 모양의 프로젝트 관리 영역이 있습니다. 기본적으로 [Android]가 선택되어 있고 클릭하면 선택할 수 있는 뷰의 목록이 펼쳐집니다.

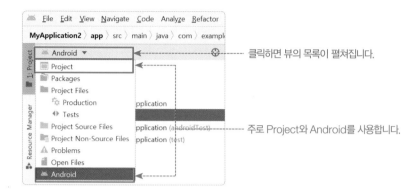

Android 뷰의 구조

Android 뷰는 안드로이드 개발을 편하게 하기 위해 재배치한 가상의 디렉터리 구조를 보여줍니다. 크게 app과 Gradle Scripts로 구성되는데 app에는 코딩하면서 생성한 모든 파일이 저장되고, Gradle Scripts에는 빌드에 필요한 설정 정보들이 저장됩니다.

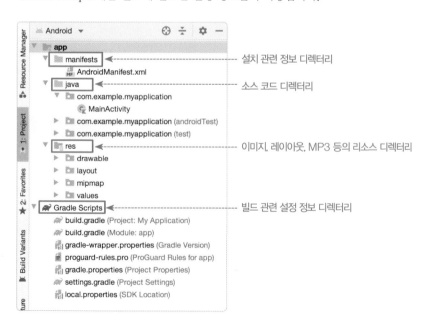

Project 뷰의 구조

Project 뷰는 실제 디렉터리의 구조를 그대로 보여줍니다. 이미지를 추가하거나 다양한 화면 크기를 처리하는 작업 등의 리소스를 변경할 때 Project 뷰로 전환해서 작업하는 것이 좋습니다.

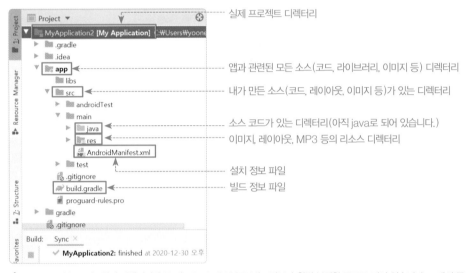

⚠ Project 뷰로 보는 실제 디렉터리의 구조는 Android 뷰로 보는 것보다 훨씬 복잡한 구조로 되어 있습니다. 그래서 꼭 필요할 때를 제외하고, 보통 작업할 때는 Android 뷰로 보는 것이 더 효율적입니다.

🔅 ─(미니 퀴즈 **2-1**)─────────────────────────────

1. 안드로이드 스튜디오의 디렉터리 구조에서 이미지와 같은 리소스를 저장하는 디렉터리의 이름은 무엇인가요?

2. 내가 만드는 앱의 빌드 정보가 들어 있는 파일명은 무엇인가요?

3. 에뮬레이터의 속도를 빠르게 해주는 하드웨어 가속기의 이름은 무엇인가요?

❰2❱ 앱을 만들어 실행하기

이번에는 에뮬레이터Emulator를 생성하고 연결하는 방법과 스마트폰을 연결하는 방법을 알아봅니다. 그리고 코틀린으로 작성한 코드를 에뮬레이터에서 실행해보겠습니다. 에뮬레이터에 나타난 버튼을 누르면 문자열 "Hello World!"가 "Hello Kotlin!!!"으로 바뀝니다. 이와 함께 레이아웃 편집기, 디자인 편집 모드, 디버거를 사용하는 방법도 알아보겠습니다.

2.1 에뮬레이터 생성 및 실행하기

프로그램을 만든 후 매번 스마트폰에 올려 테스트하려면 꽤 귀찮습니다. 그래서 에뮬레이터를 사용합니다. 에뮬레이터는 한 시스템에서 다른 시스템을 복제해서 복제된 시스템이 원본 시스템을 그대로 재현해주는 것을 말합니다. 일종의 가상 환경입니다. 안드로이드 스튜디오에도 에뮬레이터가 있어서 스마트폰이 없어도 작성한 코드를 테스트할 수 있습니다.

01. 안드로이드 스튜디오의 상단 툴바에서 [AVD Manager(🖳)]를 클릭해 실행합니다.

AVD Manager

02. [Create Virtual Device]를 클릭해서 에뮬레이터 생성을 시작합니다.

⚠ 안드로이드 스튜디오 버전에 따라 화면이 다를 수 있습니다. 화면이 다를 때도 [Create Virtual Device]를 클릭하면 실습을 따라할 수 있습니다.

03. 에뮬레이터를 설정하는 팝업창 좌측의 Category에서 [Phone]을 선택한 다음 가운데 목록에서 [Nexus 4]를 선택합니다. 그리고 [Next]를 클릭해 다음 화면으로 넘어갑니다.

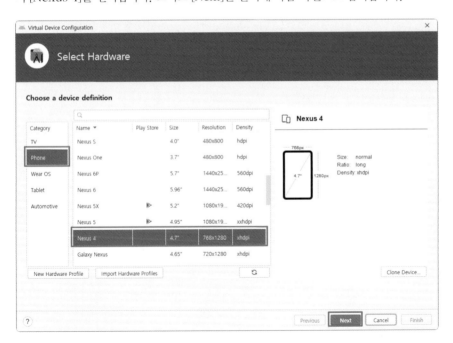

04. 실행 환경이 압축된 파일을 선택하는 System Image 화면입니다. Select a system image 아
래에 보이는 3개의 탭 메뉴 중 가운데 있는 [x86 Images] 탭을 클릭하면 ABI가 [x86_64]인 이미
지가 있습니다. 64비트 컴퓨터에서 32비트 프로그램을 실행하면 처리 속도가 느리기 때문에 다음
화면과 같이 맨 상단의 [x86_64]를 선택합니다. API Level이 31인 S의 우측에 있는 [Download]
를 클릭해서 이미지를 내려받습니다.

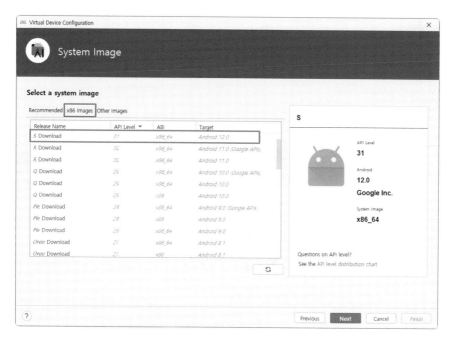

05. [android-sdk-license] 동의를 확인하는 팝업창이 나오면 [Accept]를 선택하고 [Next]를 클릭합니다.

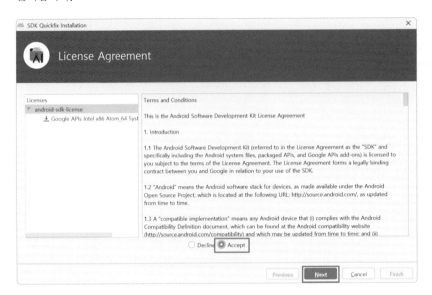

06. 설치를 진행합니다. 설치가 모두 끝나면 [Finish]를 클릭합니다.

07. 설치가 완료되면 S 옆의 파란색 Download 글자가 없어지고 이제 에뮬레이터를 생성할 수 있습니다. 다운로드한 [S]를 선택하고 [Next]를 클릭합니다.

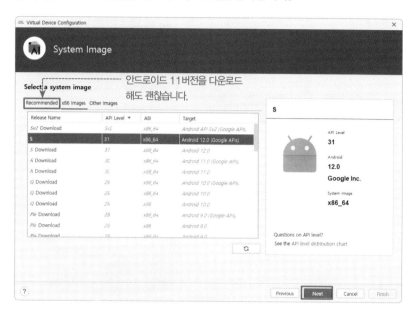

08. 본 실습은 안드로이드 11과 12 모두를 지원합니다. AVD Name을 입력하고(또는 그대로 둔 채로) [Finish]를 클릭해서 에뮬레이터를 생성합니다.

⚠ HAXM 설치 관련 문구가 뜨면 [Install Haxm]을 클릭하세요.

09. 생성된 에뮬레이터가 목록에 나타납니다. 목록 우측의 [실행 아이콘(▶)]을 클릭해서 에뮬레이터를 실행합니다.

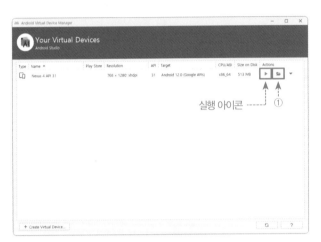

▶ 실행된 에뮬레이터

☆ 에뮬레이터가 실행되지 않아요

여러 가지 이유로 에뮬레이터가 실행되지 않을 수 있습니다. 세 가지 방법을 안내해드립니다.

- 방법 1. 실습 중에 'the emulator process for avd nexus_4_api_31 was killed' 메시지가 뜨고 에뮬레이터가 실행 중에 사라지면 위의 실행 아이콘 옆의 수정 아이콘(①)을 눌러서 Graphics를 [Software – GLES 2.0]으로 변경한 다음에 다시 실행해보세요.

- 방법 2. 윈도우 검색창([Ctrl] + [Esc])에서 '고급 시스템 설정 보기'를 검색해서 실행한 다음 하단의 [환경 변수(N)]을 클릭합니다. 시스템 변수에서 [새로 만들기]를 클릭하고 다음과 같이 환경 변수를 추가합니다. 사용자 변수로 추가해도 상관없습니다.

  - 변수 이름: ANDROID_SDK_ROOT
  - 변수 값: C:\사용자\사용자아이디\AppData\Local\Android\Sdk

- 방법 3. 안드로이드 스튜디오를 언인스톨한 후 재설치합니다.

- 방법 4. CPU가 AMD일 경우 바이오스에서 SVM 모드를 Enabled해서 활성화 해야 합니다. CPU 모델에 따라서 SVM을 지원하지 않는 경우도 있습니다.

  예) 라이젠 5 1600

- 방법 5. 컴퓨터가 하드웨어 엑셀러레이터를 지원하지 않을 경우 이전 페이지로 이동한 후, 세 번째 탭인 Other Images에 있는 arm 계열의 ABI를 사용하면 됩니다.

2.2 스마트폰 설정 및 연결하기

스마트폰에 연결하기 위해서는 설정 화면에 있는 빌드 번호가 적힌 메뉴를 클릭하여 스마트폰의 개발자 옵션Developer Options을 활성화해야 합니다. 스마트폰마다 화면 모양, 설정 메뉴의 위치 등 편차가 크기 때문에 화면으로 설명하기보다는 메뉴의 이름으로 설명하겠습니다.

여기서 잠깐

☼ 에뮬레이터에서 개발자 모드 설정

에뮬레이터에서 개발자 모드를 설정하려면 01~04를 에뮬레이터에서 진행하면 됩니다.

에뮬레이터에서 [빌드 번호] 위치는 보통 다음 순서대로 따라가면 찾을 수 있습니다.

- [설정]-[에뮬레이트된 기기 정보]-[빌드 번호]

---

01. 스마트폰을 켜고 [설정(Settings)] 아이콘을 눌러 이동합니다.

02. [설정] 화면에서 [휴대전화 정보]를 눌러 이동합니다.

03. [휴대전화 정보]에서 아래로 내려가면 [빌드 번호]를 찾을 수 있습니다. 이 빌드 번호를 5회 이상 연속해서 누르면 개발자가 되었다는 메시지가 나옵니다.

04. 다시 [설정] 화면에서 [시스템]-[{ }개발자 옵션]을 클릭해 화면으로 이동합니다.

05. 그런 다음 [USB 디버깅] 옆의 스위치 버튼을 눌러 활성화해줍니다.

06. USB 케이블을 이용해 스마트폰을 컴퓨터에 연결합니다.

07. 안드로이드 스튜디오 창의 상단 툴바에서 [Running devices] 목록 버튼에 해당 기기가 연결된 것을 확인할 수 있습니다.

08. [Select Multiple Devices]–[Available devices] 목록에서도 확인할 수 있으며 연결된 기기를 선택하고 [Run] 버튼을 클릭하면 스마트폰에 앱이 설치된 후 실행됩니다.

여기서 잠깐

☆ 목록에 스마트폰이 나타나지 않는 경우

윈도우 10 이상의 운영체제를 사용하고 있다면 대부분의 국내산 스마트폰은 목록에 나타나지만, 만일 스마트폰이 나타나지 않을 때에는 스마트폰 제조사 웹 사이트에서 USB 드라이버를 다운로드해서 설치해야 합니다.

2.3 개발을 도와주는 유용한 기능

안드로이드 스튜디오에는 개발을 도와주는 여러 기능이 있습니다. 자주 사용하는 몇 가지 기능을 소개합니다.

자동 저장

안드로이드 스튜디오에는 자동 저장Auto Save이 기본적으로 적용되어 있습니다. 작성한 코드는 실시간으로 저장되기에 따로 저장할 필요가 없습니다. 자동 저장 옵션은 메인 메뉴의 [File] - [Settings]를 선택하면 나타나는 세팅 창의 [System Settings]에서 선택 또는 해제할 수 있습니다. 가급적 자동 저장 옵션은 체크된 상태로 사용합니다.

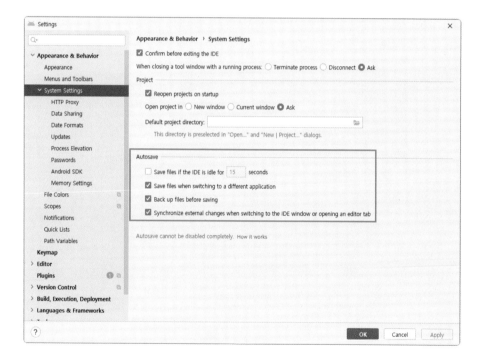

코드 자동 완성

앞자리 몇 글자만 입력하면 해당 글자가 포함된 코드를 제안해주는 코드 자동 완성^{Code Completion} 기능이 있습니다.

다음의 그림처럼 'System.o'까지 입력하면 o가 포함된 이름이 나열되는데 마우스 스크롤을 위아래로 움직여 필요한 이름을 선택하면 됩니다. 찾고자 하는 이름이 가장 위에 표시된다면 그냥 Enter 키를 눌러 입력하면 됩니다.

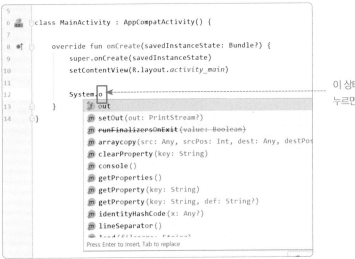

이 상태에서 키보드의 Enter 키를 누르면 out이 입력됩니다.

디버깅

오류를 찾고 수정하기 위한 디버깅Debugging 도구를 제공합니다. 디버깅 도구를 사용하기 위해서는 먼저 에뮬레이터가 실행되어 있어야 합니다. 에뮬레이터가 실행된 상태에서 편집기 창 좌측에 있는 숫자 옆을 클릭하여 중단점Breakpoint을 찍으면 해당 라인부터 코드를 분석할 수 있습니다.

중단점을 사용해서 앱을 디버깅하려면 중단점을 찍은 후 툴바의 [실행 아이콘(▶)]이 아닌 [디버그 아이콘(🐞)]을 클릭해서 앱을 실행합니다.

디버거로 앱이 실행되면 화면 하단의 [Debug] 탭에서 현재 시점의 앱 상태와 변수에 저장된 값을 확인할 수 있습니다.

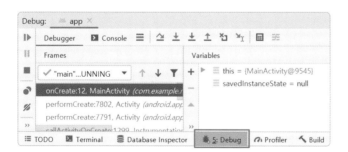

성능 모니터

앱을 실행하면 하단에 [Profiler]라는 탭이 나타나고 클릭하면 현재 앱이 사용하는 CPU 및 메모리 사용량 등의 성능을 모니터링할 수 있습니다.

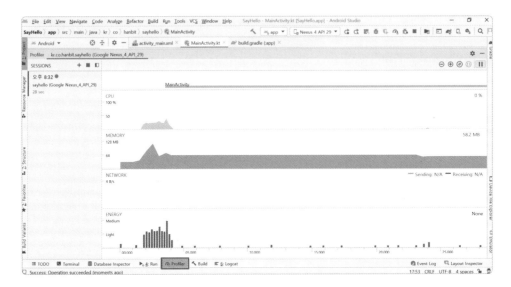

2.4 앱 만들어 실행하기: Say! Hello~

이제 본격적으로 앱을 만들어 실행해보겠습니다. 앱을 만들어 실행하는 과정은 크게 4단계로 진행됩니다.

1단계: 프로젝트 생성하기

안드로이드 스튜디오를 실행하면 Welcome 화면이 나타납니다.

여기서 잠깐

☼ Welcome 화면 열기

안드로이드 스튜디오는 프로젝트 실행 시 마지막 프로젝트를 여는 옵션이 기본으로 설정되어 있습니다. 따라서 Welcome 화면이 나타나지 않을 수가 있는데, 안드로이드 스튜디오를 실행한 상태에서 [File]-[Settings] 메뉴를 선택한 다음 세팅 창의 좌측 메뉴에서 [Appearance & Behavior]-[System Settings]를 선택하면 보이는 우측의 화면에서 [Reopen last project on startup]의 체크를 해제하면 Welcome 화면을 볼 수 있습니다. 여러 프로젝트를 동시에 진행한다면 체크를 해제하는 편이 좋습니다.

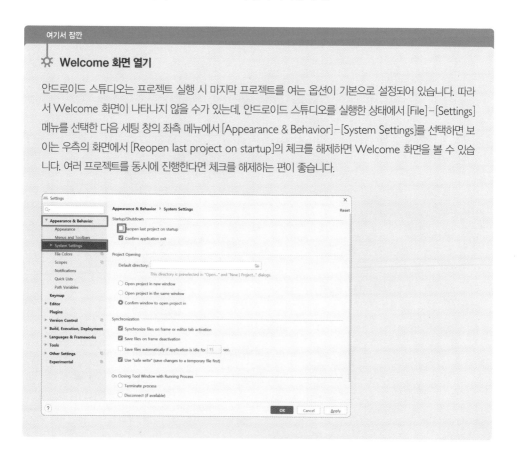

01. Welcome 화면에서 [New Project]를 클릭해서 새로운 프로젝트를 생성합니다.

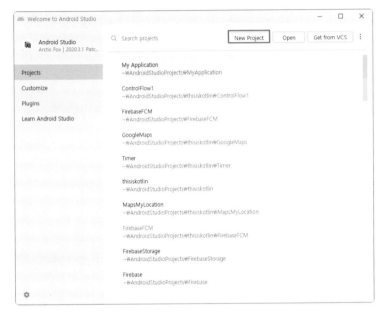

⚠️ 앞에서 한 번 프로젝트를 생성한 적이 있기 때문에 우측에는 이전 프로젝트 목록이 나타납니다.

02. 프로젝트 형태를 선택합니다. [Empty Activity]를 선택하고 [Next]를 클릭합니다.

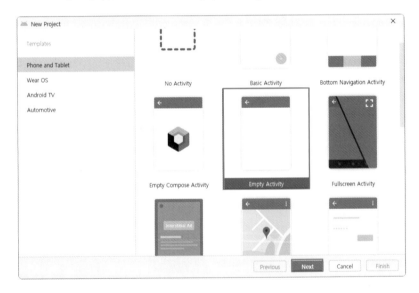

03. 다음 그림을 따라 빈칸에 입력합니다. Language는 꼭 [Kotlin]으로 선택해야 합니다. 그다음 Minimum API Level이 [API 30] 이상에 맞춰져 있는지를 확인한 다음 [Finish] 버튼을 클릭합니다.

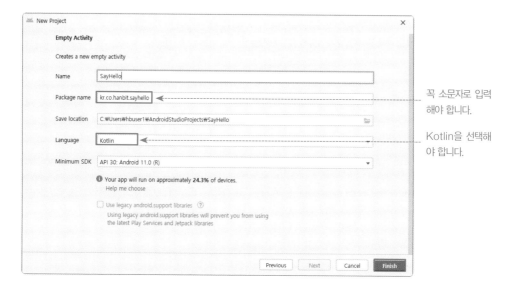

- **Name**: 프로젝트명입니다. 이 프로젝트명(이름)은 'SayHello'입니다.
- **Package name**: 패키지명입니다. 다음에 자세히 설명하겠지만 애플리케이션 ID이며 나중에 변경할 수 있습니다. 패키지명은 꼭 소문자로만 입력해야 합니다. 필자는 'kr.co.hanbit.sayhello'라고 입력했습니다. 기본은 com.example.sayhello입니다.
- **Save location**: 프로젝트를 저장할 위치입니다. 각자 다를 수 있습니다.
- **Language**: Kotlin
- **Minimum SDK**: API 30

⚠ Minimum SDK(min SDK)는 추후 build.gradle 파일에서 수정할 수 있습니다.

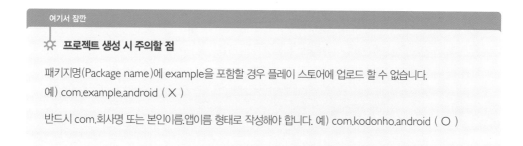

여기서 잠깐

☀ **프로젝트 생성 시 주의할 점**

패키지명(Package name)에 example을 포함할 경우 플레이 스토어에 업로드 할 수 없습니다.
예) com.example.android (X)

반드시 com.회사명 또는 본인이름.앱이름 형태로 작성해야 합니다. 예) com.kodonho.android (O)

04. 프로젝트가 생성됩니다. 첫 번째 줄은 패키지명, 세 번째 줄 import는 다른 곳에서 필요한 명령을 가져오는 명령입니다. 자세한 내용은 나중에 설명하겠습니다. class 이후부터가 실제 코드입니다.

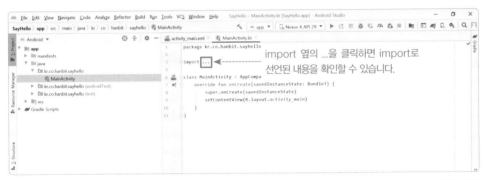

⚠️ 프로젝트가 열리면 나타나는 Tip of the Day는 안드로이드 스튜디오를 사용하는 여러 가지 팁을 알려주는데, 필요 없다면 'Don't show tips'를 체크한 후 창을 닫습니다.

2단계: 레이아웃 편집하기

레이아웃은 텍스트나 이미지 등을 화면에 배치할 수 있는 도구입니다.

프로젝트가 생성되면 다음과 같은 기본 화면이 나타나는데 편집기 창 상단에 보이는 파일명으로 된 탭을 선택하면 레이아웃 편집기로 이동할 수 있습니다. 파일의 확장자에 따라서 .kt 파일은 코드 편집기가 열리고 .xml 파일은 레이아웃 편집기가 자동으로 선택되어 열립니다.

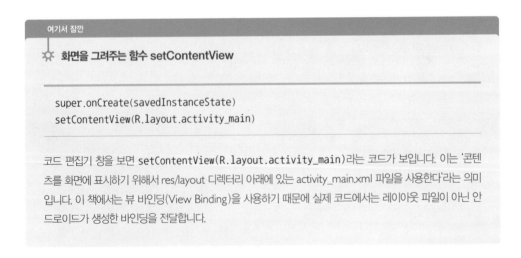

여기서 잠깐

☆ **화면을 그려주는 함수 setContentView**

```
super.onCreate(savedInstanceState)
setContentView(R.layout.activity_main)
```

코드 편집기 창을 보면 setContentView(R.layout.activity_main)라는 코드가 보입니다. 이는 '콘텐츠를 화면에 표시하기 위해서 res/layout 디렉터리 아래에 있는 activity_main.xml 파일을 사용한다'라는 의미입니다. 이 책에서는 뷰 바인딩(View Binding)을 사용하기 때문에 실제 코드에서는 레이아웃 파일이 아닌 안드로이드가 생성한 바인딩을 전달합니다.

01. 화면 우측의 편집기 창에서 소스 코드를 작성하고 편집할 수 있습니다.

소스 코드
편집

여기서 잠깐

☼ Design + Blueprint 모드 변경하기

한 가지 데 화면이 Blueprint 모드로 열릴 때가 있습니다. 이름 그대로 레이아웃의 외곽선만 나타내는 청사진
모드입니다. 이 모드에서도 동일하게 편집할 수 있지만 불편할 경우 [Select Design Surface 아이콘(◉)]을
클릭하면 디자인 모드를 [Design], [Blueprint], [Design + Blueprint] 모드로 변경할 수 있습니다. 화면이 큰
모니터를 사용한다면 필요에 따라 [Design + Blueprint] 모드를 선택해서 2개의 화면을 모두 열어 놓고 편집
할 수도 있습니다.

Design + Blueprint 모드   Blueprint 모드   Design 모드

02. 이제 [activity_main.xml] 탭을 클릭해서 화면을 설정할 수 있는 파일을 엽니다. 편집기 창이 레이아웃을 편집할 수 있는 형태로 바뀝니다. 우측 상단에 있는 모드 버튼을 클릭하면 [Code], [Split], [Design] 모드로 변경되면서 각각의 모드에서 편집이 가능합니다.

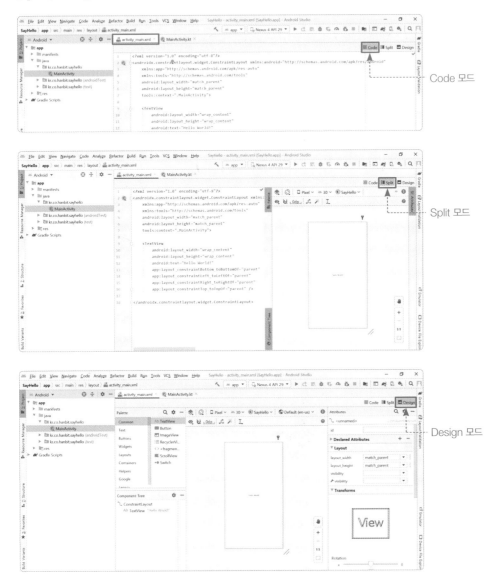

03. 디자인 모드를 선택하는 아이콘()을 클릭하여 [Design] 모드로 변경합니다. 좌측 상단의 팔레트(Palette) 영역에 있는 커먼(Common) 카테고리를 클릭합니다. 그리고 우측에 보이는 버튼(Button)을 드래그해서 화면 중앙의 'Hello World!'라는 글자 아래에 가져다 놓습니다.

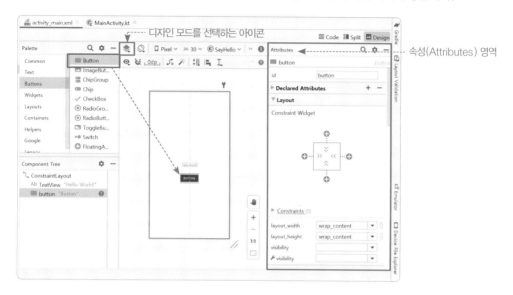

04. 버튼이 클릭 된 상태라면 다음 그림과 같이 다른 요소들과 연결할 수 있는 컨스트레인트(Constraint) 편집기가 화면 우측에 나타납니다.

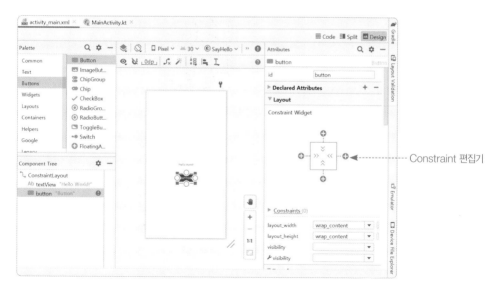

05. 컨스트레인트 편집기 위쪽에 있는 를 더블클릭하면 'Hello World!'가 쓰여 있는 텍스트뷰 (TextView)에 버튼의 레이아웃이 연결되고, 편집 화면이 다음의 우측 그림과 같이 바뀝니다.

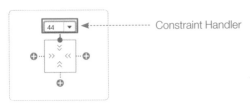

▶ Constraint 편집기

▶ Design 화면에서의 버튼 표시

 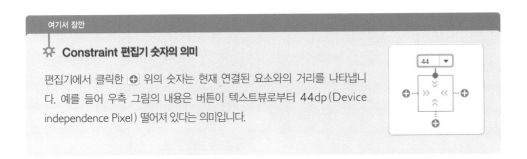
06. 컨스트레인트 편집기에서 양쪽에 있는 를 클릭합니다. 편집기 화면이 다음의 좌측 그림과 같이 연결된 형태로 바뀌고, 디자인 화면에서도 버튼의 양쪽으로 화살표가 화면 끝까지 이어집니다.

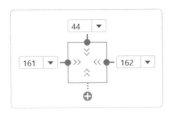

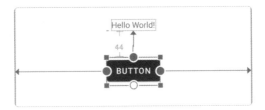

07. 이번에는 모드가 가로세로로 변경될 때 텍스트뷰와 버튼이 어떻게 적용되는지 확인하기 위해서 편집 화면을 회전해보겠습니다. 편집기 상단의 [회전 아이콘(◎)]을 클릭하면 나타나는 바로 가기 메뉴에서 [Landscape]를 선택해 화면을 가로로 전환합니다.

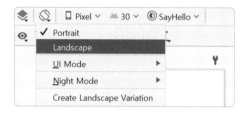

08. 연결이 잘 되었으면 화면이 가로 모드로 변해도 버튼이 화면의 중앙에 위치합니다. 다시 [회전 아이콘(◎)]을 클릭해 바로 가기 메뉴에서 [Portrait]를 선택해 화면을 세로로 돌려놓습니다.

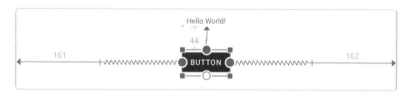

09. 컨스트레인트 편집기의 좌우 숫자를 클릭해서 값을 '0'으로 변경합니다.

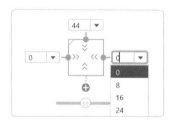

10. 그리고 사각형 안쪽에 있는 >> <<를 클릭합니다. 연속해서 클릭하면 세 가지 모드로 변경할 수 있습니다. 계속 클릭해서 주름 모양(┣┥ ┝┫)으로 변경하면 다음 우측 그림과 같이 버튼이 좌우로 화면에 꽉 찬 형태로 변경됩니다.

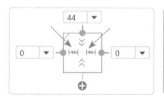
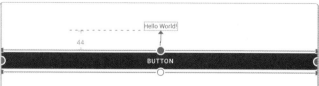

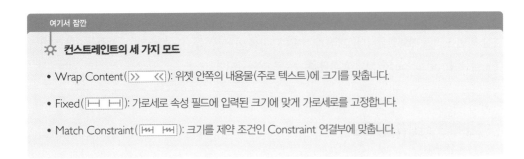

☼ **컨스트레인트의 세 가지 모드**

- Wrap Content(>>   <<): 위젯 안쪽의 내용물(주로 텍스트)에 크기를 맞춥니다.

- Fixed(⊢ ⊣): 가로세로 속성 필드에 입력된 크기에 맞게 가로세로를 고정합니다.

- Match Constraint(⊢⊣ ⊢⊣): 크기를 제약 조건인 Constraint 연결부에 맞춥니다.

11. 이제 버튼과 텍스트뷰 위젯의 아이디를 변경하고 코드와 연결할 준비를 합니다. 먼저 버튼을 클릭하고 속성(Attributes) 영역 가장 위에 있는 id 입력 필드에 'btnSay'라고 입력합니다. 대소문자를 구분하며 띄어쓰기를 사용할 수 없습니다.

⚠ 아이디를 변경하면 도중에 변경 내역을 반영하겠냐는 팝업 메시지가 출력될 때가 있습니다. [Yes]를 클릭해서 반영합니다.

☼ **Rename 팝업이 뜹니다.**

아이디를 변경하면 Rename 팝업 메시지가 출력될 때가 있습니다. 변경할 이름을 확인하고 Scope는 [Current File(현재 파일만)]을 선택한 후 [Refactor]를 클릭해서 반영합니다.

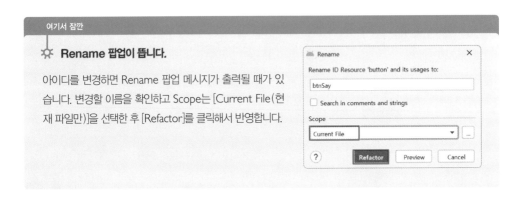

12. 'Hello World!'라고 쓰여 있는 텍스트뷰를 클릭하고 id 속성에 'textSay'라고 입력합니다.

⚠ id를 잘못 입력하거나 수정이 안 될 때는 해당 위젯을 삭제하고 다시 배치하는 것이 좋습니다.

2.5 코틀린 코드와 레이아웃 연결하기

앞에서 레이아웃을 만들었는데 이렇게 만들어진 레이아웃이나 사용자에게 보이는 것들을 통칭해서 뷰^{View}라고 합니다.

이렇게 만들어진 뷰에서 버튼 같은 요소를 동작시키기 위해서는 먼저 뷰와 소스 코드를 연결해야 하는데, 안드로이드는 findViewById라는 함수를 제공하고 있으며 이를 조금 효율적으로 사용하기 위해서 코틀린에서는 코틀린 익스텐션^{Kotlin Extension}이라는 부가 기능을 제공해 왔습니다.

하지만 코틀린 익스텐션은 다음과 같은 이유로 최신 버전의 안드로이드 스튜디오에서는 사용을 권장하지 않습니다.

- 코틀린에서만 제공하므로 자바에서는 사용할 수 없습니다.
- 일부 상황에서 뷰를 찾을 수 없는 오류가 발생합니다.
- 어디서나 뷰를 호출할 수 있기 때문에 잘못된 참조로 인해 앱이 강제 종료될 수 있습니다. 예를 들어 activity_main.xml과 fragment_sub.xml에서 동일하게 button 아이디를 사용하면 실수로 다른 XML의 아이디를 참조하여 앱이 강제로 종료될 수도 있습니다.
- 모듈화를 추천하고 있는데 코틀린 익스텐션을 사용할 경우 다른 모듈에서 뷰에 대한 접근이 불가능합니다.

책에서는 코틀린 익스텐션 대신에 뷰 바인딩 방식을 사용해서 뷰와 코드를 연결하는 방법을 공부합니다. 뷰 바인딩을 사용하는 방법을 간략하게 보고 바로 실습하겠습니다.

1 build.gradle 파일에 viewBinding 설정을 추가합니다.

```
viewBinding true
```

2 안드로이드 스튜디오 상단에 나타나는 [Sync Now]를 클릭해서 설정을 적용합니다.

3 activity_main.xml 레이아웃 파일을 작성합니다(이 장에서는 레이아웃 작성을 먼저 진행했습니다).

4 viewBinding이 설정되어 있기 때문에 안드로이드가 레이아웃 파일을 바인딩으로 생성합니다.

- 자동변환 공식: 레이아웃파일명(첫 글자와 언더바 다음 영문을 대문자로 변환) + Binding
  예) activity_main.xml = ActivityMainBinding

5-1 MainActivity.kt 파일에 있는 코틀린 코드에서 클래스로 변환된 바인딩의 inflate 함수로 초기화하고 변수에 저장합니다.

```
val 변수 = ActivityMainBinding.inflate(layoutInflater)
```

함수에 전달되는 layoutInflater는 MainActivity가 가지고 있습니다.

5-2 이어서 변수에 저장된 바인딩의 root 뷰를 setContentView에 전달합니다.

```
setContentView(변수.root)
```

6 바인딩을 도트 연산자(.)로 뷰의 id에 접근 후 사용합니다.

```
변수.textView = "Hello"
```

순서를 살펴봤으니 이제 뷰 바인딩을 사용해서 뷰와 코드를 연결하는 실습을 해보겠습니다.

01. 먼저 스튜디오 좌측 프로젝트 영역에서 Gradle Scripts 아래에 있는 build.gradle (Module : 프로젝트명.app) 파일을 더블클릭해서 열고, android{} 코드 영역 바로 아래에 다음 그림과 같이 `viewBinding true` 설정을 추가합니다. 설정을 추가하고 나면 스튜디오 우측 상단에 [Sync Now]가 나타나는데 클릭해서 설정을 완료합니다.

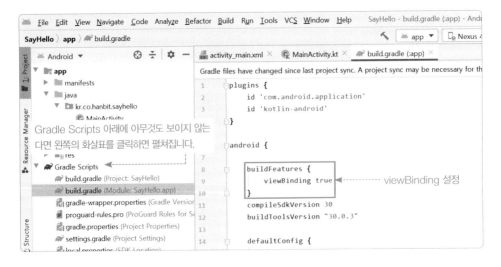

02. [MainActivity.kt] 탭을 클릭해서 파일을 열고 소스 코드를 편집합니다. onCreate( ) 함수 코드 블록({ }) 안에서 setContentView 줄 위에 레이아웃 파일명인 activity_main의 단어 첫 글자를 대문자로 바꿔서 ActivityMain(언더바는 생략합니다)이라고 입력하면 다음과 같은 코드 자동 완성이 나타납니다. ActivityMainBinding을 클릭해서 선택하거나 Enter 키를 입력하면 코드가 자동으로 완성됩니다.

⚠ ActivityMainBinding이 자동 완성으로 사용할 수 있는 이유는 앞에서 build.gradle 파일에서 viewBinding true를 설정했기 때문입니다.

```
   activity_main.xml ×    MainActivity.kt ×    build.gradle (:app) ×
1     package kr.co.hanbit.sayhello
2
3     import ...
5
6     class MainActivity : AppCompatActivity() {
7
8        override fun onCreate(savedInstanceState: Bundle?) {
9            super.onCreate(savedInstanceState)                    ┆------- Enter 키 또는 선택
10
11           ActivityMain
12           Ⓒ ActivityMainBinding  (kr.co.hanbit.sayhello.databinding)
13           Press Enter to insert, Tab to replace                💡 ⋮
14           setContentView(R.layout.activity_main)
15       }
16   }
```

03. ActivityMainBinding을 추가한 뒤 소스 코드의 class 선언부 위쪽을 보면 다음과 같이 import가 자동으로 추가되어 있습니다.

```
import kr.co.hanbit.sayhello.databinding.ActivityMainBinding
```

```
   activity_main.xml ×    MainActivity.kt ×    build.gradle (:app) ×
1     package kr.co.hanbit.sayhello
2
3     import androidx.appcompat.app.AppCompatActivity
4     import android.os.Bundle
5     import kr.co.hanbit.sayhello.databinding.ActivityMainBinding
6
7     class MainActivity : AppCompatActivity() {
8
9        override fun onCreate(savedInstanceState: Bundle?) {
10           super.onCreate(savedInstanceState)
11
12           ActivityMainBinding
13
14
15           setContentView(R.layout.activity_main)
16       }
17   }
```

04. ActivityMainBinding을 다음과 같이 수정해서 뷰 바인딩을 사용할 준비를 합니다. ActivityMainBinding이 가지고 있는 inflate 함수에 layoutInflater를 입력한 후 binding 변수에 저장합니다. layoutInflater는 모든 Activity에서 호출해서 사용할 수 있습니다.

```
val binding = ActivityMainBinding.inflate(layoutInflater)
```

```
activity_main.xml ×    MainActivity.kt ×    build.gradle (:app) ×
1      package kr.co.hanbit.sayhello
2
3      import androidx.appcompat.app.AppCompatActivity
4      import android.os.Bundle
5      import kr.co.hanbit.sayhello.databinding.ActivityMainBinding
6
7      class MainActivity : AppCompatActivity() {
8
9          override fun onCreate(savedInstanceState: Bundle?) {
10             super.onCreate(savedInstanceState)
11
12             val binding = ActivityMainBinding.inflate(layoutInflater)
13
14
15             setContentView(R.layout.activity_main)
16         }
17     }
```

05. 바로 다음 줄에 있는 setContentView에 입력되어 있는 R.layout.activity_main을 삭제하고 binding.root를 대신 입력하면 화면 안의 버튼을 사용할 수 있습니다.

```
setContentView(binding.root)
```

```
activity_main.xml ×    MainActivity.kt ×    build.gradle (:app) ×
1      package kr.co.hanbit.sayhello
2
3      import ...
6
7      class MainActivity : AppCompatActivity() {
8
9          override fun onCreate(savedInstanceState: Bundle?) {
10             super.onCreate(savedInstanceState)
11
12             val binding = ActivityMainBinding.inflate(layoutInflater)
13
14
15             setContentView(binding.root)
16         }
17     }
```

⚠ setContentView에 R.layout.activity_main을 사용해도 화면에는 동일하게 나타나지만, 뷰 바인딩을 사용하기 위해서는 이런 과정이 필요합니다. 처음에는 조금 어려울 수 있지만 몇 번 반복하면 금방 익숙해질 수 있습니다.

06. binding 변수를 통해 뷰에 미리 작성해두었던 버튼의 id에 접근할 수 있습니다. 다음과 같이 버튼의 id에 리스너(Listener)를 설정합니다. 리스너의 역할은 버튼을 클릭했을 때 내부의 코드를 동작시키는 것입니다.

```
binding.btnSay.setOnClickListener { } ●---------
```
아이디가 btnSay인 버튼에 setOnClickListener 이름을 가진 리스너를 설정하면, 버튼이 클릭되었을 경우 이 괄호 안에 작성된 코드가 실행됩니다.

```
activity_main.xml ×    MainActivity.kt ×    build.gradle (:app) ×
1      package kr.co.hanbit.sayhello
2
3      import ...
6
7      class MainActivity : AppCompatActivity() {
8
9          override fun onCreate(savedInstanceState: Bundle?) {
10             super.onCreate(savedInstanceState)
11
12             val binding = ActivityMainBinding.inflate(layoutInflater)
13
14
15             setContentView(binding.root)
16             binding.btnSay.setOnClickListener {}
17         }
18     }
```

07. 중괄호({}) 사이에서 Enter 키를 누르면 프롬프트가 한 줄 내려가면서 자동으로 들여쓰기가 됩니다. 이때 다음과 같이 입력합니다.

```
binding.btnSay.setOnClickListener {
    binding.textSay.text = "Hello Kotlin!!!" ●---------
}
```
버튼을 클릭하면 내용을 "Hello Kotlin!!" 으로 설정하는 코드입니다.

```
activity_main.xml ×    MainActivity.kt ×    build.gradle (:app) ×
1      package kr.co.hanbit.sayhello
2
3      import ...
6
7      class MainActivity : AppCompatActivity() {
8
9          override fun onCreate(savedInstanceState: Bundle?) {
10             super.onCreate(savedInstanceState)
11
12             val binding = ActivityMainBinding.inflate(layoutInflater)
13
14
15             setContentView(binding.root)
16             binding.btnSay.setOnClickListener {
17                 binding.textSay.text = "Hellp Kotlin!!!"
18             }
19         }
20     }
```

MainActivity.kt의 전체 코드입니다.

```kotlin
package kr.co.hanbit.sayhello

import androidx.appcompat.app.AppCompatActivity
import android.os.Bundle
import kr.co.hanbit.sayhello.databinding.ActivityMainBinding

class MainActivity: AppCompatActivity() {
    override fun onCreate(savedInstanceState: Bundle?) {
        super.onCreate(savedInstanceState)

        val binding = ActivityMainBinding.inflate(layoutInflater)
        setContentView(binding.root)

        binding.btnSay.setOnClickListener {
            binding.textSay.text = "Hello Kotlin!!!"
        }
    }
}
```

ActivityMainBinding은 activity_main.xml 파일을 안드로이드가 자동으로 변환한 것입니다.

여기서 잠깐

☼ **주석의 의미**

소스 코드 중간에 //(슬래시)로 주석 처리된 문장은 개발자가 참고하기 위해 작성하는 부분으로 컴파일러는 해석하지 않습니다. 주석은 아래와 같이 세 가지 방식으로 작성합니다.

① 한 줄 처리를 위한 주석

```
// 주석 처리할 문자열
```

② 여러 줄에 걸쳐 있는 문자를 처리하기 위한 주석

```
/* 여러 줄에 걸친 주석 문자열을
처리할 때 사용할 수 있습니다. */
```

③ / 다음에 *(애스터리스크)를 2개 입력하면 Javadoc 도구를 사용해서 자동으로 문서화할 수 있습니다.

```
/** 여기에 내용 **/
```

2.6 앱 실행하기

01. 이제 소스 코드를 에뮬레이터에서 실행해보겠습니다. 상단 툴바에서 [실행 아이콘(▶)]을 클릭해서 프로그램을 에뮬레이터에 설치하고 실행합니다(에뮬레이터가 설치되지 않았다면 61쪽 참조). 에뮬레이터를 실행하면 스마트폰의 전원을 켜는 것과 유사하게 부팅 화면부터 시작합니다.

02. 에뮬레이터가 실행되면 다음과 같은 앱 화면이 나옵니다. 화면에 보이는 [BUTTON]을 클릭해보세요. 문자열 "Hello World!"가 "Hello Kotlin!!!"으로 바뀌는 것을 확인할 수 있습니다.

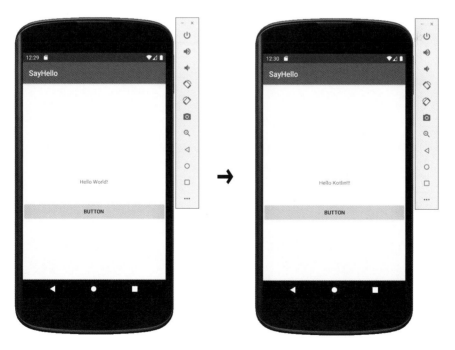

이번 장에서는 코틀린으로 작성한 소스 코드를 에뮬레이터에서 실행해보았습니다. 다음 장에서는 원활한 코드 작성을 위해 코틀린의 기본 문법을 알아보겠습니다.

2.7 깃허브 소스 사용하기

이 책의 전체 프로젝트 소스 코드는 깃허브^{Github}로 제공하고 있습니다. 하지만 책을 읽으며 모든 프로젝트는 직접 따라 입력하기를 권합니다. 깃허브에 익숙하지 않은 독자를 위해 간략하게 깃허브의 코드를 사용하는 방법을 안내합니다. 깃허브의 소스 코드를 내려받는 방법은 이미 11쪽에서 설명했습니다.

01. 보통 안드로이드 프로젝트 하나당 1개의 깃 프로젝트를 생성하는데 책에서는 여러 개의 안드로이드 프로젝트를 하나의 깃 프로젝트에 묶어 놓았습니다. 따라서 깃허브에 있는 프로젝트를 다운로드해서 사용할 때는 안드로이드 스튜디오의 Open 메뉴에서 다운로드한 최상위 디렉터리 바로 아래의 프로젝트를 개별로 선택해서 열어야 합니다. 이렇게 개별로 하나씩 열어도 진행이 되지 않을 겁니다. 자세히 보면 안드로이드 스튜디오 좌측 하단에 다음과 같은 에러 메시지가 떠 있는데 여기서 [Configure..]를 클릭합니다.

02. 다음 그림과 같이 [Version Control]의 VCS를 'Git'에서 '〈none〉'으로 수정한 다음 우측 하단의 [OK]를 클릭하면 프로젝트를 정상적으로 불러옵니다.

코틀린 사용을 위한 기본 문법

이 장의 핵심 개념

- 로그를 사용해서 코드의 흐름을 파악합니다.

- 프로그래밍 언어의 기본이라고 할 수 있는 변수 선언 방법에 대해 알아봅니다.

- 선언한 변수에 값을 담고, 담은 값을 사용하는 방법에 대해 알아봅니다.

- 조건문을 통해 의사결정을 하고 연속되는 값을 출력하기 위해 반복문으로 코드를 작성합니다.

- 여러 개의 값을 저장하기 위해 배열과 함께 컬렉션을 알아봅니다.

- 타입 안정성을 위한 여러 가지 방법들을 알아봅니다.

3장을 시작하기 전에

이번 장에서는 코틀린의 기본 문법을 배울 겁니다. 다른 장에 비해서 분량이 많으니 섹션 단위로 나눠서 학습하길 바랍니다.

2장에서 앱을 만들어 실행결과를 에뮬레이터(또는 스마트폰)로 확인하는 과정을 실습했습니다. 기본 문법을 익힐 때도 같은 방법으로 진행하는데, 이번 장에서는 소스 코드의 실행결과를 안드로이드 스튜디오의 로그캣으로 확인합니다. 로그캣은 로그를 확인하는 도구입니다.

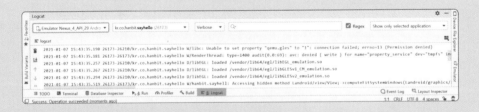

여기서 잠깐

⚙ 로그(Log)

로그는 동작에 대한 기록입니다. 여기서 말하는 로그는 안드로이드 라이브러리로, 로그 안에 미리 정의된 함수들을 호출해서 사용하는 것입니다.

⟪1⟫ 코딩 준비하기

'코딩 준비하기'의 핵심 키워드는 로그Log와 로그캣Logcat입니다. 안드로이드 앱을 실행하면 엄청나게 많은 로그가 생성됩니다. 이 중에서 원하는 내용을 찾기란 쉽지 않기 때문에 안드로이드 스튜디오의 Log 클래스를 코드 중간중간에 적절하게 사용하면 앱의 실행 흐름 혹은 결괏값을 확인할 수 있습니다.

지금부터 Log 클래스에서 주로 사용하는 다섯 가지 함수 v(verbose), i(information), d(debug), w(warning), e(error)의 사용 방법을 알아보겠습니다.

1.1 새 프로젝트 생성하기

여기서 잠깐

☆ 안드로이드 스튜디오 아이콘이 안 보여요!

간혹 바탕화면이나 윈도우 시작 메뉴에 아이콘이 없는 경우가 있습니다. 그때는 설치한 폴더를 찾아서 바로 가기 아이콘을 직접 만들면 됩니다. 드라이브 아래에 있는 Program Files\Android\Android Studio\bin 디렉터리로 이동한 다음 각자의 컴퓨터 사양에 따라 64비트라면 [studio64.exe]를, 32비트라면 [studio.exe]를 선택하고 마우스 오른쪽 버튼을 누르면 [바로 가기 만들기]가 보입니다. 이 메뉴를 선택해서 아이콘을 만들 수 있습니다.

01. 처음 나타나는 화면이 Welcome 화면이라면 [Create New Project]를 클릭하고, 프로젝트 형태는 [Empty Activity]를 선택한 후 [Next]를 클릭합니다.

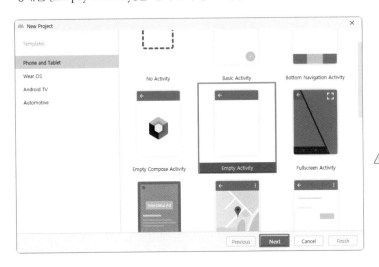

⚠ Welcome 화면 없이 안드로이드 스튜디오가 바로 실행된다면 [File]-[New]-[New Project] 메뉴를 선택해서 새 프로젝트를 생성합니다.

02. Name에 'BasicSyntax'를 입력합니다. Package name은 프로젝트명(Name)에 따라 자동 생성됩니다. Minimum SDK도 기본값인 API 30을 그대로 사용합니다. [Finish] 클릭하여 다음 화면으로 넘어갑니다.

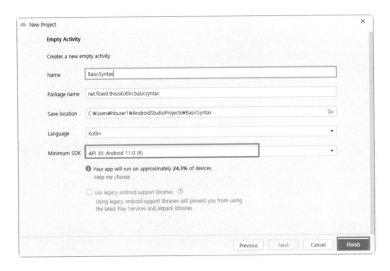

1.2 로그의 활용

이제 기본 문법을 코딩할 준비가 되었습니다. 앞으로 작성할 소스 코드의 실행결과는 에뮬레이터 (또는 스마트폰) 화면 대신 안드로이드 스튜디오가 제공하는 로그에 정의되어 있는 함수를 활용해서 확인하겠습니다.

```
Log.d("태그", "출력 메시지");
```

Log.d에서 d는 debug를 의미하며 첫 번째 인자에는 검색 용도로 사용되는 '태그'를 입력하고, 두 번째 인자에는 '실제 출력할 메시지'를 입력합니다.

01. 먼저 소스 코드를 작성해서 로그를 안드로이드 스튜디오 내에 있는 로그캣 창에 출력해보겠습니다. MainActivity.kt 파일을 열고 다음 코드를 setContentView... 밑에 입력합니다.

```
Log.d("BasicSyntax", "로그를 출력합니다. method = Log.d")
```

BasicSyntax 프로젝트: 로그 출력해보기

```
01    package kr.co.hanbit.basicsyntax
02
03    import androidx.appcompat.app.AppCompatActivity    ●------- 버전에 따라 import되는 클래
04    import android.os.Bundle                                     스가 다를 수 있습니다. 최신 버
05                                                                 전이라면 androidx로 시작하는
06    class MainActivity: AppCompatActivity() {                    이름을 사용합니다.
07        override fun onCreate(savedInstanceState: Bundle?) {
08            super.onCreate(savedInstanceState)
09            setContentView(R.layout.activity_main)
10                                                          ┌------ 로그 내용
11            Log.d("BasicSyntax", "로그를 출력합니다. method = Log.d")
12        }                     └-------- 태그(로그 검색용)
13    }
```

⚠ MainActivity.kt 파일을 열면 import 옆에 ...만 있고 코드가 보이지 않습니다. ...을 클릭해 숨겨져 있는 코드를 보이게 합니다.

02. 코드를 추가하면 'Log'라는 글자가 빨간색으로 나타나는데 Log 글자를 클릭하면 다음과 같은 메시지가 나타납니다. 안드로이드에서 기본으로 제공하는 클래스나 함수를 사용하기 위해서는 import라는 과정을 거쳐야 하는데, 아직 Log 클래스를 import하지 않았기 때문에 나타나는 메시지입니다. Alt + Enter 키를 누르면 상단에 필요한 import 문구가 자동으로 생성됩니다.

```
1    package kr.co.hanbit.basicsyntax
2
3    import androidx.appcompat.app.AppCompatActivity
4    import android.os.Bundle
5
6    class MainActivity : AppCompatActivity() {
7        override fun onCreate(savedInstanceState: Bundle?) {
8            super.onCreate(savedInstanceState)
9    android.util.Log? Alt+Enter     w(R.layout.activity_main)
10
11           Log.d("BasicSyntax", "로그를 출력합니다. method = Log.d")
12       }
13   }
```

```
1    package kr.co.hanbit.basicsyntax
2
3    import androidx.appcompat.app.AppCompatActivity
4    import android.os.Bundle
5
6    class MainActivity : AppCompatActivity() {
7        override fun onCreate(savedInstanceState: Bundle?) {
8            super.onCreate(savedInstanceState)
9            setContentView(R.layout.activity_main)
10
11           Log.d("BasicSyntax", "로그를 출력합니다. method = Log.d")
12       Import
13       Create class 'Log'
         Create enum 'Log'
         Create interface 'Log'
```

⚠ Log 앞의 느낌표를 누르고 import 버튼을 눌러도 동일하게 상단에 필요한 문구가 자동 생성됩니다.

03. 소스 코드 상단에 import android.util.Log가 추가됩니다.

```
import androidx.appcompat.app.AppCompatActivity
import android.os.Bundle
import android.util.Log    ●------------ 자동으로 추가된 코드
```

04. 이제 앱을 에뮬레이터에서 실행하기 위해 안드로이드 스튜디오 상단 툴바의 [Run 'app' 아이콘 (▶)]을 클릭합니다.

05. 에뮬레이터를 선택한 후 [OK] 버튼을 클릭합니다. 에뮬레이터가 이미 실행되어 있다면 이 화면은 나타나지 않습니다.

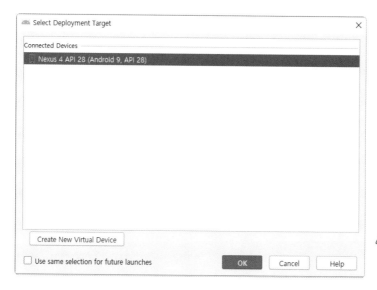

⚠ 디바이스가 연결되어 있다면 목록에서 디바이스를 선택해도 됩니다.

06. 에뮬레이터를 통해 앱 화면을 보면 다음 그림과 같이 'Hello World!'라고만 적혀 있고 아무런 동작을 하지 않습니다.

07. 안드로이드 스튜디오 하단의 [Logcat] 탭을 클릭해서 창을 열어봅니다. 로그 내용이 많은데, 소스 코드의 Log.d 함수에 입력했던 태그 'BasicSyntax'를 로그 영역 상단에 있는 돋보기 표시의 검색창에 입력하면 해당 로그만 볼 수 있습니다.

여기에 소스 코드에 입력했던 'BasicSyntax' 태그를 입력

⚠ Log.d 함수에 입력해주는 태그(tag)는 위와 같이 검색 용도로 사용할 수 있습니다.

이렇게 Log 클래스를 사용하고, 로그캣을 통해 여러분이 작성한 코드를 확인할 수 있습니다. 로그와 로그캣에 대해 다시 한번 정리하면 다음과 같습니다.

- **로그(Log)**: 코딩을 할 때 코드의 흐름을 파악하기 위해 앱 외부에 출력하는 정보입니다. 디버거를 사용할 수도 있지만 매번 디버깅할 포인트를 지정해야 하는 불편함이 있는 반면, 로그를 사용하면 한 번 설정으로 항상 해당 코드의 흐름을 확인할 수 있습니다.

- **로그캣(Logcat)**: 출력되는 로그를 모아서 보는 도구입니다. 내가 작성한 앱의 로그만 볼 수도 있고, 태그를 잘 활용하면 해당 태그를 필터로 사용해서 특정 로그만 확인할 수도 있습니다.

당장은 로그와 로그캣이 무엇이고 어떻게 확인하는지만 알아봤습니다. 다음은 앞으로 자주 접할 로그 사용법입니다. 외울 필요는 없습니다.

함수	의미	내용
Log.v()	verbose	상세한 로그 내용을 출력하기 위해 사용합니다.
Log.d()	debug	개발에 필요한 내용을 출력하기 위해 사용합니다(개발자용).
Log.i()	information	정보성의 일반적인 메시지를 전달하기 위해 사용합니다.
Log.w()	warning	에러는 아니지만 경고성 메시지를 전달하기 위해 사용합니다.
Log.e()	error	실제 에러 메시지를 출력하기 위해 사용합니다.

☼ **미니 퀴즈 3-1**

1. 실제 에러를 출력하기 위한 로그함수의 이름은 무엇인가요?

2. 개발자들이 보기 위한 목적으로 사용되는 로그함수의 이름은 무엇인가요?

3. 특정 로그를 필터링하기 위해 사용되는 로그함수의 첫 번째 파라미터는 무엇인가요?

〈2〉 변수

이 절에서는 변수를 사용하는 방법과 데이터 타입(자료형), 작성 규칙(코딩 컨벤션)에 대해 알아봅니다. 변수는 프로그래밍의 가장 기초 내용이므로 꼭 이해해야 합니다.

2.1 변수 var

변수Variable란 값을 임시로 메모리(저장 공간)에 저장하고 그 저장 공간에 이름을 부여한 것을 말합니다. 변수는 이름과 값으로 구성되는데 변수에 이름을 부여하고 값을 입력하는 행위는 메모리의 특정 위치에 이름표를 붙이고 값을 담아두는 것과 같습니다. 이렇게 메모리에 값을 입력하면서 이름표를 붙여두면 소스 코드에서 해당 값을 사용하고자 할 때 앞에서 붙였던 이름으로 사용할 수 있습니다.

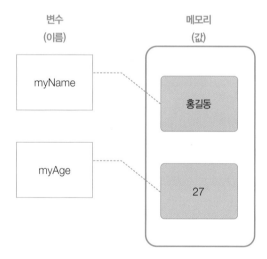

변수는 변수의 이름 앞에 var를 입력해서 선언할 수 있는데 다음 두 가지 방법으로 선언하고 사용할 수 있습니다.

첫째. 변수 선언과 동시에 값 넣기

입력되는 값으로 타입을 추론할 수 있습니다. 값이 입력되는 순간 해당 값의 형태(문자, 숫자, 불린 등)로 변수의 타입이 결정됩니다.

```
var 변수명(이름) = 값
```

다음은 변수명 myName에 문자열 "홍길동"을 입력하는 예시입니다.

```
var myName = "홍길동"
```

둘째. 값으로 초기화하지 않고 선언만 하고 사용하기

선언만 할 경우에는 반드시 먼저 변수명 옆에 콜론(:) 구분자를 붙여서 타입(자료형)을 지정해야 합니다.

```
var 변수명: 타입
변수명 = 값
```

다음은 변수명 myAge를 Int 타입(102쪽 참고)으로 선언하고 다음 줄에서 숫자 '27'을 입력하는 예시입니다.

```
var myAge: Int
myAge = 27
```

위의 두 가지 예시로 변수는 최초 선언 시에 타입이 결정된다는 것을 예상할 수 있습니다. 변수는 한 번 타입을 결정하면 동일한 타입의 값만 담을 수 있습니다. 앞의 예제에서 Int 값인 27이 입력되어 있는 변수 myAge에는 문자열 "홍길동"을 입력할 수 없습니다.

```
myAge = "홍길동"  •------------ X, 선언했던 값의 타입과 다르기 때문에 입력할 수 없습니다.
myAge = 19  •-------------------- O, 선언했던 타입과 같은 숫자(Int)는 입력할 수 있습니다.
```

2.2 데이터 타입

코틀린에서 제공되는 기본 데이터 타입은 다음과 같습니다.

구분	데이터 타입	설명	값의 범위 및 예
숫자형	Double	64비트 실수	−1.7E+308의 근삿값 ~ 1.7E+308의 근삿값
	Float	32비트 실수	−3.4E+38의 근삿값 ~ 3.4E+38의 근삿값
	Long	64비트 정수	−2E63 ~ 2E63−1
	Int	32비트 정수	−2,147,483,648 ~ 2,147,483,647
	Short	16비트 정수	−32,768 ~ 32,767
	Byte	8비트 정수	−128 ~ 127
문자형	Char	1개의 문자	'글' (외따옴표)
	String	여러 개의 문자	"여러 개의 글자입니다." (쌍따옴표)
불린형	Boolean	true, false 두 가지 값	true 또는 false

> **여기서 잠깐**
>
> ☆ **기본 타입**
>
> 기본 타입(Primitive Type)이란 변수에 저장되는 값의 크기가 미리 정해져 있는 타입을 말합니다. Int는 2,147,483,647까지만 저장할 수 있고, Byte는 127까지만 저장할 수 있습니다. Byte에 저장 범위를 넘어서는 128을 입력하면 전혀 다른 숫자가 됩니다. String의 경우는 쌍따옴표(" ") 사이에 몇 글자가 들어가도 상관없기 때문에 값의 크기를 특정할 수 없습니다. 그래서 String은 기본 타입이 아닙니다. 하지만 사용 빈도가 높기 때문에 이번 장에서 기본 타입과 함께 알아보겠습니다.

먼저 타입별 변수 선언 방법에 대해 살펴보겠습니다.

Double

소수점이 있는 값을 저장할 때 사용합니다.

```
var doubleValue: Double
doubleValue = 3.141592
```

Float

Double과 동일한 용도이지만 더 작은 범위의 숫자를 저장할 때 사용합니다. 안드로이드 스튜디오는 Double과 구분하기 위해 Float의 경우 숫자 끝에 'F'를 붙여줍니다.

```
var floatValue: Float
floatValue = 3.141592F
```

⚠ 소문자 f를 사용해도 되지만, 다음에 나올 Long 타입과 일관성을 유지하기 위해서 대문자 F를 사용하는 것을 권장합니다.

Int

소수점이 없는 정숫값을 저장할 때 사용합니다.

```
var intValue: Int
intValue = 2147483647
```

다음처럼 가독성을 높이기 위해서 언더바(_)로 자릿수를 구분해줄 수 있습니다. 다만, 언더바는 개발자가 읽기 쉽게 하기 위한 것으로 컴퓨터는 앞의 값과 동일하게 인식합니다.

```
var intValue: Int
intValue = 2_147_483_647
```

Long

Int보다 큰 범위의 정수를 저장할 수 있습니다. Double과 Float의 관계처럼 Int와 구분하기 위해서 숫자의 끝에 'L'을 붙여줍니다. Long 타입의 경우에는 설정한 글꼴에 따라 숫자 1과 구분이 어려울 수 있기 때문에 대문자를 사용합니다.

```
var longValue: Long
longValue = 2147483647L
```

여기서 잠깐

☼ 정수형 변수에 실수형 값을 입력할 수 있나요?

같은 숫자라도 타입이 다르면 기본적으로는 입력할 수 없습니다. 예를 들어 정수형(Int) 숫자 1과 실수형 (Double) 숫자 1.0은 서로 다른 타입으로 인식하기 때문에 정수형으로 선언된 변수에 실수형 값을 입력할 수 없습니다. 꼭 필요한 경우에는 데이터 타입(자료형)을 변환하는 과정을 거쳐서 입력할 수 있습니다.

Short와 Byte

역시 정숫값을 저장할 때 사용하는데 입력할 수 있는 값의 크기가 Int보다 작습니다.

```
var shortValue: Short = 32_767
var byteValue: Byte = 127
```

여기서 잠깐

☼ 타입을 지정하지 않은 숫자는 어떻게 저장되나요?

앞의 예제들을 살펴보면 정수형 변수 다음에 항상 콜론(:) 구분자를 사용해서 타입을 지정했습니다. 그 이유는 타입을 지정하지 않은 일반 숫자 값을 모두 Int 타입으로 인식해 의도치 못한 결과를 가져올 수 있기 때문입니다.

```
var byteValue: Byte = 127   •──────── 127이 Byte 타입으로 저장됩니다.
var byteValue2 = 127   •───────┐
                               └──── 127이 Int 타입으로 저장됩니다.
```

위의 예제와 마찬가지로 소수점이 있는 값은 끝에 F를 붙이지 않으면 Double로 저장됩니다.

Char

Char는 하나의 글자만 외따옴표(' ')로 감싸서 저장할 수 있습니다. Char는 타입을 특정하지 않아도 외따옴표 안에 하나의 글자만 지정하기 때문에 Char로 저장됩니다.

```
var charValue = 'A'
```

String

여러 개의 문자를 저장할 수 있습니다. 기본 타입에는 포함되지 않지만 거의 모든 컴퓨터 언어에서 가장 많이 사용되는 타입입니다.

```
var stringValue: String = "ABCDEF"
```

Boolean

true, false 둘 중에 1개의 값을 저장할 수 있습니다. 주로 조건문에서 의사결정을 하기 위한 용도로 많이 사용됩니다.

```
var boolValue = true
```

여기서 잠깐

☆ **Int 2,147,483,647에 1을 더하면?**

양수의 저장

Int는 32비트까지 표현할 수 있기 때문에 32개의 비트로 구성되어 있습니다. Int 2,147,483,647을 2진 수로 변환하면 32개의 비트로 다음과 같이 표현됩니다.

0111 1111 1111 1111 1111 1111 1111 1111

부호 비트

가장 앞의 비트 0은 값이 아닌 부호 비트로, 부호 비트가 0이면 양수(+), 1이면 음수(−)입니다.

2의 보수와 입력값의 제한

대부분의 컴퓨터는 음수를 '2의 보수법'으로 계산하여 저장하는데, 이는 음수의 절댓값을 2진수로 바꾸고(1의 보수), 여기에 다시 1을 더하는(2의 보수) 것을 말합니다. −2,147,483,648은 104쪽의 값(1의 보수)에 1을 더한 결과이므로 가장 오른쪽의 1부터 자리가 바뀌면서 모두 0으로 바뀌게 됩니다. 이와 같은 상황을 숫자로 예를 들어보겠습니다.

Int 타입에 저장할 수 있는 가장 큰 값인 2,147,483,647을 이진수로 표시하면 다음과 같습니다.

```
0111 1111 1111 1111 1111 1111 1111 1111
```

이 값에 1을 더하면 모든 값이 올림이 되면서 앞에서 설명한 음수 −2,147,483,648이 되고 의도치 않은 결과가 발생할 수 있습니다.

```
1000 0000 0000 0000 0000 0000 0000 0000
```

Byte나 Long도 동일한 원리로 동작합니다. 그러므로 데이터 타입을 선언할 때는 저장될 데이터의 크기를 고려해주어야 합니다.

이제 앞에서의 예시를 실제 코딩에 적용하여 결과로 출력해보겠습니다. 앞서 생성한 BasicSyntax 프로젝트를 그대로 사용하겠습니다. MainActivity.kt 파일의 onCreate() 함수 코드 블록에 소스 코드를 추가합니다. 그리고 안드로이드 스튜디오 툴바의 [Run 'app' 아이콘(▶)]을 클릭해서 앱을 실행한 후 로그캣 창에서 확인해보세요.

BasicSyntax 프로젝트 수정 타입 출력해보기

```
package kr.co.hanbit.basicsyntax

import androidx.appcompat.app.AppCompatActivity
import android.os.Bundle
import android.util.Log

class MainActivity: AppCompatActivity() {

    override fun onCreate(savedInstanceState: Bundle?) {
        super.onCreate(savedInstanceState)
        setContentView(R.layout.activity_main)
```

```
        var myName = "홍길동"
        var myAge: Int
        myAge = 27
        myAge = myAge + 1
        Log.d("BasicSyntax", "myName = $myName, myAge = $myAge")
    }
}
```

```
myName = 홍길동, myAge = 28
```

여기서 잠깐

☆ 문자열 템플릿

코틀린에서는 더하기(+) 연산으로 2개의 문자를 하나로 합칠 수 있습니다. 예를 들어 "홍" + "길동"처럼 2개의 문자를 더하면 "홍길동"과 같이 하나의 문자로 만들어줍니다. 여기에 추가로 문자열을 보다 쉽게 다룰 수 있는 문자열 템플릿도 제공합니다.

문자열 내부에서 달러($) 기호를 넣으면 해당 영역이 문자가 아닌 코드라는 것을 알려줍니다.

```
 var name = "홍길동"                    ┈┈┈┈┈ 코드로 인식
 Log.d("BasicSyntax", "제 이름은 $name 입니다.")
```

```
 제 이름은 홍길동 입니다.
```

주의할 점은 $변수 다음에 이어지는 문자가 있다면 공백으로 구분되어야 합니다.

```
"제 이름은 $name(공백) 입니다."
```
┈┈┈┈┈ 이어지는 문자열과의 사이에 공백이 없으면 문자열로 인식합니다.

⚠ 실제로 편집기 창에서 Log.d 코드를 입력하면 다음과 같이 'tag'와 'msg'가 자동으로 입력됩니다.

```
17          Log.d( tag: "BasicSyntax",  msg: "myName = $myName, myAge = $myAge")
```

2.3 읽기 전용 변수 val

변수의 다른 선언 방법으로는 읽기 전용 변수인 val이 있습니다. 앞의 var와는 다르게 한 번 입력된 값은 변경할 수 없습니다. 그래서 변하지 않는 값을 미리 입력해둘 때 사용합니다.

몇몇 번역서에서는 상수라고 부르기도 하지만 상수와는 의미가 조금 다릅니다.

읽기 전용 변수 val 선언하기

선언하는 방법은 변수와 동일하며 이름 앞에 val을 붙이면 읽기 전용 변수가 됩니다.

```
val 변수명(이름) = 값
```

변하지 않는 값을 미리 지정해두고 필요에 따라 다른 값과 조합해서 사용할 수 있습니다.

```
val roadName = "국제금융로" ●---------- 미리 지정해두고
var address = roadName + " 8길" ●---------- 필요할 때 조합해서 사용합니다.
```

그리고 val로 정의된 변수는 값을 변경할 수 없으므로 다음과 같이 입력하면 에러가 발생합니다.

```
val language = "kotlin"
language = "java" ●--------------- ERROR, val은 값을 변경할 수 없습니다.
```

2.4 상수 const

상수는 주로 기준이 되는 변하지 않는 값을 입력해둘 때 사용하며, 읽기 전용 변수인 val 앞에 const 키워드를 붙여서 만듭니다.

```
const val PI = 3.141592
```

val과 같이 읽기 전용인 것은 동일하지만, 컴파일 시에 값이 결정되기 때문에 Int, Long과 같은 기본형과 문자열인 String만 입력할 수 있습니다.

2.5 코딩 컨벤션

프로젝트별로 다르지만, 규모가 큰 프로젝트는 천 명 이상의 프로그래머가 함께 일하기도 합니다. 이렇게 많은 프로그래머가 각자의 방식으로 코딩하면 개발이 완료된 다음 오류를 수정하거나 업데이트를 할 때 코드를 분석하기 어려울 수 있습니다. 대부분의 회사에서는 최초 개발자와 유지보수 담당자가 다르기 때문입니다. 그래서 각 프로젝트별로 코드를 작성하는 규칙을 만드는데 이것을 코딩 컨벤션^{Coding Convention}이라고 합니다. 인터넷을 검색하면 아주 많은 작성 규칙을 찾아볼 수 있는데 이 책에서는 그중에서 꼭 필요한 몇 가지와 이렇게 작성해야 하는 이유를 알아보겠습니다.

클래스명

아직 클래스를 접해본 적이 없다면, 클래스란 코드를 알아보기 쉽게 하나의 파일에 모아 놓은 것으로 생각하면 됩니다. 대체로 클래스의 네이밍 컨벤션(명명 규칙)은 캐멀 케이스^{Camel Case}를 사용합니다. 클래스명은 단어의 첫 글자는 대문자로, 나머지 글자는 소문자로 표기합니다. 그리고 새로운 단어가 나타나면 첫 글자를 대문자로 표기합니다. 마치 낙타의 등처럼 높낮이가 생긴다고 해서 캐멀 케이스(낙타표기법)라고 불립니다. 클래스명은 일반적으로 파일명과 동일하지만 항상 그런 것은 아닙니다. 우리가 앞에서 작성한 코드 중에 class MainActivity...로 시작하는 줄이 있는데, 여기서 MainActivity가 클래스명입니다.

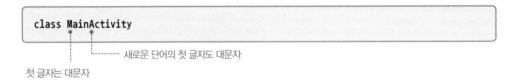

첫 글자는 대문자

클래스는 다음과 같이 변수와 함수를 포함합니다.

```
class MainActivity {
    val name = "kotlin"
    var age = 17
    fun getFullName(): String {
        ...
    }
}
```

함수명과 변수명

캐멀 케이스를 따르며 첫 글자만 소문자로, 이후 새로운 단어의 첫 글자는 대문자로 표기합니다.

```
fun onCreateActivity( )
```
첫 글자는 소문자 ──── 새로운 단어의 첫 글자만 대문자

```
var intValue: Int
```
첫 글자는 소문자 ──── 새로운 단어의 첫 글자만 대문자

상수명

모두 대문자로 작성합니다.

```
const val HELLO: String = "안녕"
```

상수명이 2개의 단어로 이루어져 있다면 다음 예시 코드의 상수명처럼 단어 사이를 언더바(_)로 구분하는 스네이크 케이스^{Snake Case}를 사용할 수 있습니다.

```
const val HOW_ARE_YOU: String = "어떻게 지내?"
```

여기서 잠깐

☆ 요즘의 함수명과 변수명 작성 규칙은?

요즘은 클래스명을 제외한 함수명과 변수명을 스네이크 케이스로 작성하는 회사도 많아졌습니다. 캐멀 케이스보다 가독성이 좋기 때문입니다. 다만, 스네이크 케이스의 경우 상수명만 대문자를 사용하고 다른 때는 소문자를 사용합니다.

```
fun on_create_activity()
```

따라서 개인적으로 작성하는 코드의 경우 캐멀 케이스 또는 스네이크 케이스를 개인의 선호도에 따라 선택할 수 있지만, 하나의 프로젝트를 스네이크 케이스로 시작했다면 모든 코드를 스네이크 케이스로 작성하는 일관성이 있어야 합니다.

들여쓰기

새로운 코드 블록이 시작되면 스페이스바^{Spacebar} 또는 탭^{Tab} 키로 동일한 간격만큼 들여쓰기를 합니다. 코딩 규칙을 통틀어서 가장 중요한 규칙입니다. 여러분의 코드에 들여쓰기^{Indent}가 되어 있지 않다면 프로그래머로서 면접을 볼 기회조차 없을 수 있을 정도로 프로그래머들은 중요하게 생각합니다.

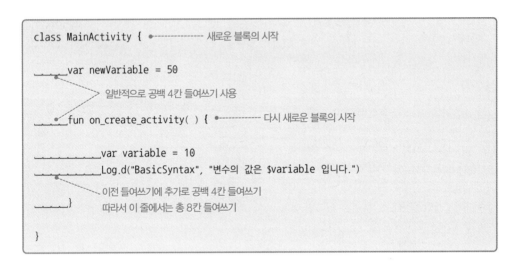

미니 퀴즈 3-2

1. 코드 작성 규칙에서 가장 중요한 것은 무엇인가요?

2. 16비트의 정숫값을 저장할 수 있는 타입은 무엇인가요?

3. 2개의 문자열을 합칠 수 있는 방법은 무엇인가요?

4. 한 번 입력한 값을 바꿀 수 없는 변수를 무엇이라고 하나요?

들여쓰기를 탭으로 지정하는 방법

대부분의 작성 규칙에서 들여쓰기를 주로 공백 4칸으로 권장하지만 필자는 탭을 사용하는 것을 더 권장합니다. 왜냐하면 사람마다 가독성의 정도가 다르기 때문입니다. 어떤 사람은 3칸 들여쓰기했을 때, 또 어떤 사람은 8칸 들여쓰기했을 때 읽는 것이 더 편할 수 있는데 탭을 사용하면 에디터에서 탭의 간격을 사용자가 원하는 폭으로 조절할 수 있기 때문입니다.

더불어 코드 블록이 많이 중첩되는 코드는 들여쓰기를 특정 공백의 개수로 고정할 경우 읽는 것 자체가 더 불편해질 수 있습니다. 탭으로 들여쓰기하면 상황에 맞춰서 보이는 간격을 조절할 수 있습니다. 탭 간격은 [File]–[Settings] 메뉴를 선택한 후 [Editor]–[Code Style]–[Kotlin] 메뉴에서 변경할 수 있습니다. 처음 선택되어 있는 [Tabs and Indents] 탭에서 [Use tab character]를 체크 표시한 후 Tab size와 Indent 값을 조절한 다음 [Apply] 버튼을 클릭해 적용합니다. 그리고 에디터에서 들여쓰기 간격이 바뀌는 것을 확인해보세요.

에디터에서 바로 적용되지 않는다면 안드로이드 스튜디오 우측 하단에 보이는 [4 spaces] 글자를 클릭하면 나타나는 바로 가기 메뉴에서 [Reindent File with Spaces]를 클릭하면 적용됩니다.

3장 · 코틀린 사용을 위한 기본 문법　　113

⟨3⟩ 조건문

조건문이란 특정 조건에 따라 실행을 달리하고자 할 때 사용합니다. '제어문'이라고도 하는데 이는 코드의 흐름을 조건에 따라 바꿀 수 있기 때문입니다. 제어문에는 크게 조건문에 해당하는 if, when 그리고 반복문에 해당하는 for, while이 있습니다.

이들 중에서 특정 조건의 만족 여부를 판단하는 조건문 if와 when에 대해 알아보겠습니다. 비교 연산자와 논리 연산자도 다루니 잘 기억해두세요.

3.1 조건문 if

조건문은 어떨 때 사용할까요? 대표적인 예로 복권 당첨 프로그램을 들 수 있습니다. 내가 가진 복권 번호가 1, 2, 3, 4, 5, 6이고 이번 주 당첨 번호가 5, 6, 7, 8, 9, 10일 경우 당첨 여부를 조건문 중 하나인 if를 사용해서 다음과 같이 작성할 수 있습니다.

```
var myNumbers = "1, 2, 3, 4, 5, 6"
var thisWeekNumbers = "5, 6, 7, 8, 9, 10"
if (myNumbers == thisWeekNumbers) {          조건을 만족하면 if 안의
    Log.d("Lotto", "당첨되었습니다.")      if 시작    코드를 실행합니다.
}
if 끝
```

이 코드에서처럼 내 번호인 myNumbers와 이번 주 당첨 번호인 thisWeekNumbers가 같은지를 조건문인 if로 비교한 후 같을 경우에는 "당첨되었습니다."를 출력하지만 다를 경우에는 아무것도 출력하지 않습니다.

이렇게 특정 코드를 실행하거나 실행하지 않을 때에 조건문을 사용할 수 있습니다.

조건문이란 주어진 조건식의 결괏값이 참인지 거짓인지에 따라 코드를 실행할 것인지 혹은 다른 코드를 실행할 것인지 판단하기 위한 프로그래밍 문법입니다. 코틀린에서는 if와 when, 두 가지 형태의 조건문을 사용할 수 있습니다.

if 문을 사용하기 위한 조건

if 문의 조건식에는 비교 연산자(==, <, >)와 논리 연산자(&&, ||)를 사용한 조건식만 사용 가능하며, 조건식의 결과는 Boolean 타입인 true(참)와 false(거짓)로 나타납니다.

비교 연산자는 보통 두 값을 비교하는 연산자로 다음과 같은 종류가 있습니다. ==을 제외하면 바로 이해할 수 있을 겁니다.

연산자	의미	사용 예	결과
>	왼쪽이 크면 true, 작으면 false 반환	1 > 2	false
<	왼쪽이 작으면 true, 크면 false 반환	1 < 2	true
>=	왼쪽이 크거나 같으면 true, 아니면 false	1 >= 2	false
<=	왼쪽이 작거나 같으면 true, 아니면 false	2 <= 2	true
==	2개 항의 값이 같으면 true, 아니면 false	1 == 2	false
!=	2개 항의 값이 다르면 true, 아니면 false	1 != 2	true

비교 연산자는 다음 예제처럼 비교의 결괏값이 true 또는 false 중의 하나인 Boolean 타입으로 반환됩니다.

```
var a = 30
var b = 19
var bigger = a > b
Log.d("비교 연산자", "a는 b보다 큽니다.: $bigger")
```

```
a는 b보다 큽니다.: true
```

논리 연산자는 주로 비교 연산자로 나타난 결과를 한 번 더 연산하기 위해서 사용됩니다.

연산자	의미	사용 예	결과
&&	논리곱. 두 항이 모두 true일 때에는 true, 아니면 false	(2 > 1) && (3 < 1)	false
||	논리합. 두 항 중 하나의 항이 true일 때에는 true, 아니면 false	(2 > 1) || (3 < 1)	true
!	부정 단항 연산자. true를 false로, false를 true로 바꿈	! (2 > 1)	false

논리 연산자의 결괏값도 다음처럼 Boolean 타입으로, true 또는 false입니다.

```
var a = 30
var b = 19
var c = 37
var bigger = a > b && a > c
Log.d("비교 연산자", "a는 b보다 크고, c보다도 큽니다.:$bigger")
```

a는 b보다 크고, c보다도 큽니다.: false

기본적인 if 문 사용하기

예제를 통해 if 문의 다양한 형식을 살펴보겠습니다. 다음은 기본적인 if 문의 사용 예입니다.

```
if (조건식) {
    조건식이 참일 경우 실행되는 코드 영역          코드 블록
}
```

if 다음에 소괄호(())를 작성하고, 소괄호 안에 조건식을 작성합니다. 그리고 조건식의 결과가 true일 때 처리할 코드를 코드 블록({}) 안에 작성해줍니다. 코드 중간의 여는 중괄호({)로 시작해 닫는 중괄호(})를 만날 때까지를 **코드 블록**Code Block 또는 **코드 스코프**Code Scope라고 합니다.

다음 예제 코드의 결과를 예측해볼까요?

```
var out = 0
var strike = 3
if (strike > 2) {
    out = out + 1
}
```

if 문의 조건식에서 strike가 2보다 크므로 out에 1을 더해줍니다. Log를 사용해서 변수 out을 출력하면 '1'이 출력됩니다.

if ~ else 문 사용하기

이번에는 if와 else를 같이 사용한 예입니다. 조건식의 결과가 참이면 if 다음에 있는 코드 블록({})의 코드가 실행되고, 거짓이면 else 다음에 있는 코드 블록({})의 코드가 실행됩니다.

```
if (조건식) {
    조건식이 참일 경우 실행되는 코드 영역
} else {
    조건식이 거짓일 경우 실행되는 코드 영역
}
```

앞으로 사용할 모든 기본 코드는 다음과 같습니다. 각 프로젝트의 MainActivity.kt를 열어 5행에 'import android.util.Log'를 입력해주세요. 1행의 패키지명은 앞서 설명한 것과 같이 프로젝트명에 따라 계속 바뀔 겁니다.

기본 코드

```
01  package kr.co.hanbit.controlflow1 ●------------ 프로젝트명에 따라서 패키지명의 이 부분은 바뀝니다.
02
03  import androidx.appcompat.app.AppCompatActivity
04  import android.os.Bundle
05  import android.util.Log ●------------ 기본 문법을 익히는 동안 항상 추가해주세요.
06
07  class MainActivity: AppCompatActivity() {
08      override fun onCreate(savedInstanceState: Bundle?) {
09          super.onCreate(savedInstanceState)
10          setContentView(R.layout.activity_main)
11
12          /*
**              여기에 실행할 코드를 넣습니다. ●------------ 코드는 항상 여기에 있습니다.
**          */
13      }
14  }
```

if 문에서 사용할 프로젝트명은 ControlFlow1입니다. ControlFlow1 프로젝트를 생성한 다음 MainActivity.kt를 열어 5행에 'import android.util.Log'를 입력하고 11행은 빈 줄로 남겨주고 12행부터 다음 내용을 입력해주세요.

```
12          var ball = 4
13          if (ball > 3) {     // ball이 3보다 크면 여기 블록의 코드가 실행됩니다.
14              Log.d("ControlFlow", "4볼로 출루합니다.")
15          } else {        // 그렇지 않으면 else 다음에 있는 블록의 코드가 실행됩니다.
16              Log.d("ControlFlow", "타석에서 다음 타구를 기다립니다.")
17          }
18      }
```

전체 코드가 맞는지 불안할 겁니다. 코드가 다음과 같으면 됩니다. 앞으로는 변경되거나 추가하는 코드만 보여주겠습니다.

ControlFlow1 프로젝트: if ~ else 문 연습하기

```
package kr.co.hanbit.controlflow1

import androidx.appcompat.app.AppCompatActivity
import android.os.Bundle
import android.util.Log

class MainActivity: AppCompatActivity() {
    override fun onCreate(savedInstanceState: Bundle?) {
        super.onCreate(savedInstanceState)
        setContentView(R.layout.activity_main)

        var ball = 4
        if (ball > 3) {     // ball이 3보다 크면 여기 블록의 코드가 실행됩니다.
            Log.d("ControlFlow", "4볼로 출루합니다.")
        } else {        // 그렇지 않으면 else 다음에 있는 블록의 코드가 실행됩니다.
            Log.d("ControlFlow", "타석에서 다음 타구를 기다립니다.")
        }
                        ┊
                      태그
    }
}
```

4볼로 출루합니다.

실행결과를 볼 때는 로그캣 검색창에 태그를 입력해야 보인다는 걸 잊지 마세요. 이 코드의 태그는 ControlFlow입니다.

 주석

87쪽에서 간단하게 설명하였지만 개발자가 코딩과 관련한 메모를 코드상에 남길 수 있는 것을 주석이라고 합니다. 위의 코드에서 if 문이 있는 줄의 중간에 //를 사용해서 뒤에 나오는 문장을 주석 처리했는데, 주석 처리된 문장은 컴퓨터가 해석하지 않습니다. 주석은 크게 세 가지로 사용됩니다.

- **// 한 줄**: 한 줄을 주석 처리할 때 사용합니다. 줄의 어느 위치에서 사용해도 해당 줄의 끝까지 주석 처리됩니다.
- **/* 여러 줄 */**: 여러 줄에 걸쳐서 주석 처리할 때 사용합니다. /*로 시작해서 다음에 나타나는 */를 만날 때까지 모든 글을 주석 처리해서 컴퓨터가 해석하지 않습니다.
- **/** 문서화 */**: 자동화 툴을 사용해서 문서화할 정보를 작성할 때는 / 다음에 **가 2개입니다.

주석 사용도 중요하지만 요즘 추세는 클래스, 함수, 변수의 이름을 점점 더 구체적으로 작성하고 있습니다. 예를 들어 나이를 저장하는 변수를 a라고 작성하고 주석 처리하기보다는 변수명 자체를 age로 작성해서 명시적으로 기술하는 것이 더 좋습니다.

// 나쁜 예	// 좋은 예
// a: 나이 var a = 19	var age = 19

변수명뿐만 아니라 함수명, 클래스명 또한 이름만으로 이 함수가 무엇을 하는 함수인지, 이 클래스가 무엇을 위한 클래스인지를 유추할 수 있도록 이름을 구체적으로 기술하는 것이 중요합니다. 다음은 로또 번호를 만들어주는 클래스와 함수명을 작성하는 예제입니다.

```
class Lotto {
    fun generateNumbers() {
        /* 실행 코드 */
    }
}
```

if ~ else if ~ else 문 사용하기

다음 구문은 if 문을 반복해서 사용하는 if 문의 예시입니다. 처음 조건이 만족되지 않았을 때만 다음 조건을 비교하는 것으로 같은 조건에서 if 문만 2개 사용했을 때와는 결과가 다를 수 있습니다.

```
if (조건식1) {
    조건식1의 결과가 참일 경우 실행되는 코드 영역
} else if (조건식2) {
    조건식1의 결과가 거짓이고, 조건식2의 결과가 참일 경우 실행되는 코드 영역
} else {
    조건식1과 조건식2의 결과가 모두 거짓일 경우 실행되는 코드 영역
}
```

이번에는 ControlFlow2 프로젝트를 생성해서 동일한 조건에서 2개의 if 문으로 작성했을 때와 else if 문을 사용했을 때를 비교해보겠습니다. 5행에 잊지 말고 'import android.util.Log'를 입력해준 다음 12행부터 다음 내용을 입력해주세요.

ControlFlow2 프로젝트: 다중 if 문과 else if 문 비교하기

```
01 package kr.co.hanbit.controlflow2
...
05 import android.util.Log
...
12          var a = 1
13          var b = 2
14          var c = 3
15
16          // 1. if 문 두 번 사용하기
17          if (a < b) {
18              Log.d("ControlFlow", "1: a는 b보다 작습니다.")
19          }
20          if (a < c) {
21              Log.d("ControlFlow", "1: a는 c보다 작습니다.")
22          }
23
24          // 2. else if 문 사용하기
25          if (a < b) {
26              Log.d("ControlFlow", "2: a는 b보다 작습니다.")
27          } else if (a < c) {
```

```
28              Log.d("ControlFlow", "2: a는 c보다 작습니다.")
29          }
```
로그캣에서 검색할 태그입니다. 이 태그를
입력해야 쉽게 확인할 수 있습니다.

1: a는 b보다 작습니다.
1: a는 c보다 작습니다.
2: a는 b보다 작습니다.

if 문만 2개 사용할 경우 2개의 if 문이 모두 실행되지만, else if 문을 사용하면 앞의 if 문 조건식을 만족하면 다음에 나오는 else if 문은 실행되지 않습니다.

변수에 직접 if 문 사용하기

if 문의 조건식 결과를 변수에 대입할 수 있습니다. 다음 예제는 a와 b를 비교했을 때 a가 b보다 더 크므로 변수 bigger에 '5'를 대입합니다.

```
var a = 5
var b = 3
var bigger = if (a > b) a else b
```

if 문의 마지막 값을 반환값으로 사용하기

위의 코드와 같은데 if 문의 코드 영역이 여러 줄일 경우에도 마지막 줄을 변숫값으로 사용할 수 있습니다.

```
var a = 5
var b = 3
var bigger = if (a > b) {
    var c = 30
    a // 마지막 줄의 a 값이 변수 bigger에 저장됩니다.
} else {
    b
}
```

ControlFlow3 프로젝트를 만들어 다음과 같이 수정하세요.

ControlFlow3 프로젝트: 변수에 직접 if 문 사용해보기

```
01    package kr.co.hanbit.controlflow3
...
05    import android.util.Log
...
12        var eraOfRyu = 2.32
13        var eraOfDegrom = 2.43
14
15        val era = if (eraOfRyu < eraOfDegrom) {
16            Log.d("MLB_Result", "2019 류현진이 디그롬을 이겼습니다.")
17            eraOfRyu
18        } else {
19            Log.d("MLB_Result", "2019 디그롬이 류현진을 이겼습니다.")
20            eraOfDegrom
21        }                    로그캣 검색에 사용할 태그입니다.
22
23        Log.d("MLB_Result", "2019 MLB에서 가장 높은 ERA는 ${era}입니다.")
```

```
2019 류현진이 디그롬을 이겼습니다.
2019 MLB에서 가장 높은 ERA는 2.32입니다.
```

여기서 잠깐

☼ **문자열 템플릿: 문자열 안에서 수식 사용하기**

위 소스 코드의 마지막 줄을 보면 문자열 템플릿에 ${}(달러와 중괄호)를 사용한 것을 확인할 수 있습니다. 변수가 하나인 경우에는 $변수의 형태로 사용할 수 있지만, 추가적인 연산식이 필요한 경우에는 ${코드 블록} 안에 수식을 입력하는 형태로 사용할 수 있습니다.

```
"문자열 $변수 문자열"
"문자열 ${변수 + 1} 문자열"
```

가독성을 높이기 위해 위의 예제에서처럼 변수 하나만 있을 때도 {}를 사용할 수 있습니다.

```
"문자열 ${변수} 문자열"
```

3.2 조건문 when

조건문 when을 이해하기 위해서는 먼저 다른 언어의 switch 문을 공부하는 것이 도움이 됩니다. 다른 언어에서의 switch 문을 if 문과 비교하자면 switch 문은 if 문의 연산식에서 사용되는 비교 연산자 중에 ==만 사용해서 같은 값인지를 비교하는 조건문입니다.

코틀린을 제외한 거의 모든 컴퓨터 언어에서는 switch라는 이름으로 사용되며 선택문이라고 불리기도 합니다.

```
switch (변수) {
    case 비교값:
        // 변숫값이 비교값과 같다면 이 영역이 실행됩니다.
}
```

하지만 코틀린의 when 문은 다른 언어와는 다르게 같은 값뿐만 아니라 범위 값도 처리할 수 있고 사용 방법도 더 많습니다. 코틀린에서의 when 문은 특정 값을 선택할 수 있는 switch의 사용법에 if 문의 범위 비교 기능이 더해진 if 문의 확장판이라고 생각하면 될 것 같습니다.

그럼 예제를 통해 when 문의 사용법을 알아보겠습니다.

일반적인 형태의 when 사용하기

when 다음에 괄호(())를 작성하고 괄호 안에는 주로 비교 대상 파라미터로 사용할 변수명을 입력합니다. if에서처럼 괄호 다음에 중괄호({})를 사용해서 when 블록을 구분하고 블록 내부에서 비교할 값은 화살표 연산자^{Arrow Operator}(->)를 사용해서 선택합니다.

```
when (파라미터) {  ●----------------- 이렇게 괄호 안에 특정 변수를 할당하는 것을 파라미터라고 합니다.
    비교값 -> {
            // 변숫값이 비교값과 같다면 이 영역이 실행됩니다.
    }
}
```

앞에서 잠깐 살펴본 switch 문과 비교하면 값을 비교하는 줄 앞의 case가 없어지고 비교값 다음의
콜론이 화살표 연산자(->)로 대체되었습니다. 여러 개의 값을 하나의 when 문에서 비교할 수도 있
습니다. 새로운 프로젝트 ControlFlow4를 생성해서 확인해봅니다.

```
when (파라미터) {
    비교값1 -> {
        // 변숫값이 비교값1과 같다면 이 영역이 실행됩니다.
    }
    비교값2 -> {
        // 변숫값이 비교값2와 같다면 이 영역이 실행됩니다.
    }
    else -> {
        // 변숫값이 앞에서 비교한 값들과 다르면 이 영역이 실행됩니다.
    }
}
```

다음 예제처럼 실제 값을 적용해보면 now의 값이 10이기 때문에 가장 마지막의 else 코드 블록이
실행됩니다.

ControlFlow4 프로젝트: 일반적인 방법으로 when 사용하기

```
01 package kr.co.hanbit.controlflow4
...
05 import android.util.Log
...
12        var now = 10
13        when (now) {
14            8 -> {
15                Log.d("when", "현재 시간은 8시입니다.")
16            }
17            9 -> {
18                Log.d("when", "현재 시간은 9시입니다.")
```

```
19              }
20              else -> { // 위의 모든 조건에 맞지 않으면 else 다음 코드가 실행됩니다.
21                  Log.d("when", "현재 시간은 9시가 아닙니다.")
22              }
23          }
```

현재 시간은 9시가 아닙니다.

콤마로 구분해서 사용하기

특정 값을 비교하는데 결과 처리가 동일하다면 콤마(,)로 구분해서 한 번에 비교할 수 있습니다.

ControlFlow4 프로젝트: 콤마로 구분해서 when 사용하기

```
01 package kr.co.hanbit.controlflow4
...
05 import android.util.Log
...
12          var now = 9
13          when (now) {
14              8, 9 -> {
15                  Log.d("when", "현재 시간은 8시 또는 9시입니다.")
16              }
17              else -> {
18                  Log.d("when", "현재 시간은 9시가 아닙니다.")
19              }
20          }
```

현재 시간은 8시 또는 9시입니다.

범위 값을 비교하기

in을 사용해서 범위 값을 비교할 수도 있습니다. if 문의 비교 연산자 중 <=, >=과 같은 기능을 구현할 수 있습니다.

```
01 package kr.co.hanbit.controlflow4
...
05 import android.util.Log
...
12          var ageOfMichael = 19
13          when (ageOfMichael) {
14              in 10..19 -> {
15                  Log.d("when", "마이클은 10대입니다.")
16              }
17              !in 10..19 -> {
18                  Log.d("when", "마이클은 10대가 아닙니다.")
19              }
20              else -> {
21                  Log.d("when", "마이클의 나이를 알 수 없습니다.")
22              }
23          }
```

마이클은 10대입니다.

파라미터 없는 when 사용하기

when 다음에 오는 괄호를 생략하고 마치 if 문처럼 사용할 수도 있습니다.

ControlFlow4 프로젝트: 파라미터 없이 if 문 사용하기

```
01 package kr.co.hanbit.controlflow4
...
05 import android.util.Log
...
12          var currentTime = 6
13          when {
14              currentTime == 5 -> {
15                  Log.d("when", "현재 시간은 5시입니다.")
16              }
17              currentTime > 5 -> {
18                  Log.d("when", "현재 시간은 5시가 넘었습니다.")
```

```
19                    }
20              else -> {
21                  Log.d("when", "현재 시간은 5시 이전입니다.")
22              }
23          }
```

현재 시간은 5시가 넘었습니다.

3.3 if 문과 when 문은 언제 사용할까?

조건문을 설명하면 가장 많이 하는 질문 중 하나가 "조건문이 2개나 있는데 어떤 것을, 언제 사용할지 모르겠다"입니다. 그 구분 방법을 살펴보겠습니다.

우리가 일상적으로 사용하는 데이터 중에서 시간과 관련된 데이터가 있는데 시간 데이터에는 년, 월, 일, 요일, 시간 등의 많은 종류의 데이터가 있습니다. 이 데이터 중에서 연도 데이터와 요일 데이터를 비교하면 다음과 같은 구체적인 특징이 있습니다.

연도 데이터

• ... 2019, 2020, 2021, 2022, 2023 ...: 범위를 한정할 수 없고 개수가 많습니다.

요일 데이터

• 월, 화, 수, 목, 금, 토, 일: 값을 특정할 수 있고 개수가 7개로 한정되어 있습니다.

이 특징에도 나타나듯이 연도 데이터는 2021년과 같이 해당 값을 특정할 수는 있지만 그 범위가 넓고 미래의 어떤 연도까지 사용한다면 범위 자체를 한정할 수 없습니다. 이렇게 범위가 넓고 값을 특정할 수 없을 경우에는 if 문을 사용해서 처리하는 것이 바람직합니다. 반면, 요일 데이터는 7개로 범위가 제한되고 값도 특정할 수 있습니다. 이럴 경우는 when 문을 사용하는 것이 더 낫습니다.

다음은 특정 요일에 정해진 행동을 하는 코드를 when 문으로 작성한 예제입니다.

```
when (요일) {
    월 -> 영어 공부를 합니다.
    화 -> 자전거 모임이 있습니다.
```

```
    수 -> 친구를 만납니다.
    목 -> 피아노를 칩니다.
    금 -> 코딩 공부로 밤을 새웁니다.
    토 -> 빨래를 합니다.
    else -> 집 청소를 합니다.
}
```

이처럼 값을 특정할 수 있고, 개수가 많지 않은 경우에는 when 문을 사용하면 쉽게 잘 읽히는 코드를 작성할 수 있습니다.

반면에 이 코드를 그대로 if 문으로 작성하면 다음과 같습니다.

```
if (요일 == 월) {
    영어 공부를 합니다.
} else if (요일 == 화) {
    자전거 모임이 있습니다.
} else if (요일 == 수) {
    친구를 만납니다.
} else if (요일 == 목) {
    피아노를 칩니다.
} else if (요일 == 금) {
    코딩 공부로 밤을 새웁니다.
} else if (요일 == 토) {
    빨래를 합니다.
} else {
    집 청소를 합니다.
}
```

어떤가요? 위의 코드는 너무 많은 else if 문으로 잘 읽히지가 않죠? 이처럼 사용하려는 값을 특정할 수 있고 값의 범위가 넓지 않다면 when 문을 사용하는 것이 더 좋은 방법일 수 있습니다.

1. if 문의 수식이 false일 때 특정한 코드를 처리하기 위해서는 어떤 문법을 사용할 수 있을까요?

2. when 문에서 범위 값을 비교하기 위해서 무엇을 사용할 수 있나요?

3. when 문에서 비교 대상 파라미터가 없어도 사용할 수 있습니다. (O, X)

4. 다음 코드에서 변수 result에 입력되는 값은 무엇인가요?

```
var result = when (10) {
    9 -> { true }
    in 5..20 -> { false }
    else -> { true }
}
```

《4》 배열과 컬렉션

앞에서 제어문은 조건문과 반복문이 있다고 했습니다. 반복문을 제대로 이해하려면 먼저 반복문에서 필수적으로 다루는 데이터 타입 배열과 컬렉션을 알아야 합니다.

Int와 Double 같은 기본 타입은 모두 하나의 변수에 하나의 값만 저장하도록 설계되어 있는데 프로그래밍을 하다 보면 하나의 변수에 여러 개의 값을 저장해야 할 필요성이 있습니다. 코틀린 뿐만 아니라 대부분의 컴퓨터 언어들은 이처럼 여러 개의 값을 하나의 변수에 저장할 수 있도록 배열^{Array}과 컬렉션^{Collection}이라는 데이터 타입을 제공합니다.

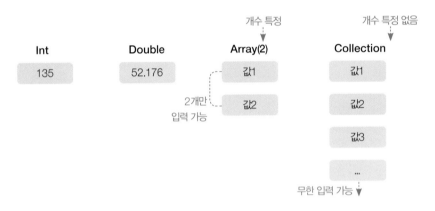

4.1 배열

여러 개의 값을 담을 수 있는 대표적인 자료형인 배열^{Array}은 값을 담기 전에 먼저 배열 공간의 개수를 할당하거나 초기화 시에 데이터를 저장해두면 데이터의 개수만큼 배열의 크기가 결정됩니다. 먼저 개수를 정해 놓고 사용해야 하며 중간에 개수를 추가하거나 제거할 수 없습니다.

배열은 다른 데이터 타입과 마찬가지로 변수에 저장해서 사용할 수 있으며 다음과 같은 형태로 선언합니다.

```
var 변수 = Array(개수)
```

배열 객체는 Int, Long, Char 등과 같은 기본 타입 뒤에 Array를 붙여서 만듭니다.

```
var students = IntArray(10)
var longArray = LongArray(10)
var CharArray = CharArray(10)
var FloatArray = FloatArray(10)
var DoubleArray = DoubleArray(10)
```

이 코드 중 첫 번째 줄은 변수 students에 Int(정수형) 공간을 10개 할당하라는 의미입니다. 그림으로 표현하면 다음과 같습니다.

students

?	?	?	?	?	?	?	?	?	?
[0]	[1]	[2]	[3]	[4]	[5]	[6]	[7]	[8]	[9]

students라는 이름으로 정수형 데이터를 담을 수 있는 10개의 공간을 가진 배열이 만들어지고 각 공간에는 아직 무슨 값이 들어 있는지 모릅니다. 그림 아래쪽의 [0], [1], [2]... 숫자는 각 공간의 위치^{인덱스, Index}입니다.

우리는 보통 첫 번째라고 하면 1이라고 생각하지만 컴퓨터는 0을 첫 번째로 인식하도록 설계되어 있습니다. 그래서 10개의 공간을 가지는 위의 배열을 잘 보면 0부터 시작해서 9에서 끝나는 것을 볼 수 있습니다.

> **여기서 잠깐**
>
> ☼ **인덱스가 0부터 시작하는 컴퓨터 언어**
>
> 배열뿐만 아니라 컴퓨터 언어에서 위치를 나타내는 인덱스는 0부터 시작합니다. 다양한 견해가 있지만 컴퓨터의 시작이 0과 1로 만들어진 하드웨어이고 수의 표현을 2진수(Binary)로 하기 때문에 셈의 시작을 1부터 했을 때와 0부터 했을 때, 그 값이 커질수록 표현 범위에 큰 차이가 난다는 것에 기인했다는 견해가 가장 설득력이 있습니다.

문자 배열에 빈 공간 할당하기

String은 기본 타입이 아니기 때문에 StringArray는 없지만 다음과 같이 사용할 수 있습니다. 수식이 조금 특이해 보일 수 있지만 일단은 괄호 안의 첫 번째 숫자인 10만 변경해서 사용하면 그 숫자만큼 빈 문자열로 된 배열 공간을 할당합니다.

```
var stringArray = Array(10, {item->""})
```

값으로 배열 공간 할당하기

arrayOf 함수를 사용해서 String 값을 직접 할당할 수도 있습니다.

```
var dayArray = arrayOf("MON", "TUE", "WED", "THU", "FRI", "SAT", "SUN")
```

배열에 값 입력하기

다음은 배열의 인덱스에 있는 값을 바꾸는 방법을 다른 방식으로 표현한 것입니다. 이 두 방식은 표현식만 다를 뿐 동일한 코드입니다.

1 배열을 선언한 변수명 옆에 대괄호([ ])를 사용하고, 대괄호 안에 값을 저장할 위치의 인덱스 번호를 작성합니다. 그리고 등호(=)를 사용해서 값을 입력하면 됩니다.

> 배열명[인덱스] = 값

2 set 함수를 사용할 수 있습니다. 배열이 제공하는 set 함수에 인덱스와 값을 파라미터로 넘겨주면 됩니다.

> 배열명.set(인덱스, 값)

다음 코드는 첫 번째부터 열 번째까지의 인덱스값을 바꾸는 예제입니다.

```
students[0] = 90
students.set(1, 91)
```

```
...
students.set(8, 98)
students[9] = 99
```

이 코드에서 배열의 각 인덱스를 이용해서 90부터 99까지의 값을 첫 번째 배열부터 순차적으로 입력하였습니다. 그림으로 표현하면 다음과 같습니다.

students

90	91	92	93	94	95	96	97	98	99
[0]	[1]	[2]	[3]	[4]	[5]	[6]	[7]	[8]	[9]

여기서 잠깐

☆ **배열의 범위를 벗어난 인덱스에 값을 넣을 경우**

다음처럼 10개의 공간이 할당된 배열에서 열한 번째에 해당하는 10번 인덱스에 값을 넣으려고 하면 범위를 넘어섰다는 Exception이 발생하고 프로그램이 종료됩니다.

```
var intArray = IntArray(10)
intArray[10] = 100 // Exception 발생. intArray의 마지막 인덱스는 9입니다.
```

```
java.lang.ArrayIndexOutOfBoundsException:
```

배열에 있는 값 꺼내기

값을 입력할 때와 같은 방식으로 인덱스로 값을 가져올 수 있습니다. 저장할 때와 마찬가지로 대괄호 안에 인덱스를 입력해서 가져올 수 있으며 값을 꺼내는 배열의 함수는 get( )입니다.

```
배열명[인덱스]
배열명.get(인덱스)
```

배열 intArray의 일곱 번째 값을 seventhValue 변수에 저장합니다.

```
var seventhValue = intArray[6]
```

배열 intArray의 열 번째 값을 get 함수를 사용해서 tenthValue 변수에 저장합니다.

```
var tenthValue = intArray.get(9)
```

다음은 Array 프로젝트의 전체 코드입니다. 전체 코드를 보여줄 때는 줄 번호를 붙이지 않았습니다.

Array 프로젝트: 배열 사용하기

```
package kr.co.hanbit.array

import androidx.appcompat.app.AppCompatActivity
import android.os.Bundle
import android.util.Log

class MainActivity: AppCompatActivity() {
    override fun onCreate(savedInstanceState: Bundle?) {
        super.onCreate(savedInstanceState)
        setContentView(R.layout.activity_main)

        // 1. 기본 타입 배열 선언하기 - 각 기본 타입별로 10개의 빈 공간이 할당됩니다.
        var students = IntArray(10)
        var longArray = LongArray(10)
        var CharArray = CharArray(10)
        var FloatArray = FloatArray(10)
        var DoubleArray = DoubleArray(10)
        // arrayOf 함수를 사용하면 선언과 동시에 값을 입력할 수 있습니다.
        var intArray = intArrayOf(1, 2, 3, 4, 5, 6, 7, 8, 9, 10)
        // intArray 변수에는 1부터 10까지의 값이 각각의 배열 공간에 저장되어 있습니다.

        // 2. 문자열 타입 배열 선언하기
        var stringArray = Array(10, {item->""})
        // arrayOf 함수로 값을 직접 입력해서 배열을 생성할 수 있습니다.
        var dayArray = arrayOf("MON", "TUE", "WED", "THU", "FRI", "SAT", "SUN")
```

실제 사용하지는 않지만 배열 선언 형식을 보여주기 위해 넣은 코드입니다.

```kotlin
// 3. 앞에서 선언한 students 변수에 값 넣기
// 가. 대괄호를 사용하는 방법
students[0] = 90
students[1] = 91
students[2] = 92
students[3] = 93
students[4] = 94
// 나. set 함수를 사용하는 방법
students.set(5, 95)
students.set(6, 96)
students.set(7, 97)
students.set(8, 98)
students.set(9, 99)

// 4. 값 변경해보기
intArray[6] = 137 // 6번 인덱스인 일곱 번째 값 7이 137로 변경됩니다.
intArray.set(9, 200) // 9번 인덱스인 열 번째 값 99가 200으로 변경됩니다.

// 5. 배열 값 사용하기
var seventhValue = intArray[6]
Log.d("Array", "여덟 번째 intArray의 값은 ${seventhValue}입니다.")
var tenthValue = intArray.get(9)
Log.d("Array", "열 번째 intArray의 값은 ${tenthValue}입니다.")
// 6. 변수에 담지 않고 직접 사용해도 된다.
Log.d("Array", "첫 번째 dayArray의 값은 ${dayArray[0]}입니다.")
Log.d("Array", "여섯 번째 dayArray의 값은 ${dayArray.get(5)}입니다.")
    }
}
```

잊지 마세요, 로그캣 검색창에 입력해서 로그를 입력할 수 있는 태그입니다.

여덟 번째 intArray의 값은 137입니다.
열 번째 intArray의 값은 200입니다.
첫 번째 dayArray의 값은 MON입니다.
여섯 번째 dayArray의 값은 SAT입니다.

4.2 컬렉션

여러 개의 값을 넣을 수 있는 자료형에는 배열 외에도 컬렉션^{Collection}이 있습니다. 컬렉션은 다른 이름으로 동적 배열이라고도 하는데, 이는 배열과는 다르게 공간의 크기를 처음 크기로 고정하지 않고 임의의 개수를 담을 수 있기 때문입니다.

컬렉션은 크게 세 가지로 리스트^{List}, 맵^{Map}, 셋^{Set}이 있으며 각각은 다음과 같은 용도로 사용할 수 있습니다.

리스트

리스트^{List}는 저장되는 데이터에 인덱스를 부여한 컬렉션이며 중복된 값을 입력할 수 있습니다. 코틀린에서 동적으로 리스트를 사용하기 위해서는 리스트 자료형 앞에 뮤터블^{Mutable}이라는 접두어 ^{prefix}가 붙습니다. 접두어가 없는 리스트도 있지만 잘 사용하지 않기 때문에 항상 mutableList, mutableMap, mutableSet을 사용한다고 알고 있으면 됩니다.

사용법은 Array와 같이 '데이터 타입Of' 형태로 사용할 수 있습니다.

```
var list = mutableListOf("MON", "TUE", "WED")
```

여기서 잠깐

뮤터블이란?

영화 X맨 시리즈에서 뮤턴트(Mutant)라는 용어가 나오는데 들어본 적 있으신가요? 영화에서 뮤턴트는 돌연변이라는 뜻이 있는데, 프로그래밍 언어에서 뮤터블은 변할 수 있는 데이터 타입을 가리키는 용어입니다. 앞에서 공부한 변수와 비교하면 var이 뮤터블입니다. 그리고 반대 개념인 이뮤터블(Immutable)이 있는데 이것은 val과 같이 변할 수 없는 데이터 타입을 가리키는 용어입니다.

코틀린은 컬렉션 데이터 타입을 설계할 때 모두 이뮤터블로 설계하였습니다. 기본 컬렉션인 리스트(List), 맵(Map), 셋(Set)은 모두 한 번 입력된 값을 바꿀 수 없습니다. 그래서 컬렉션의 원래 용도인 동적 배열로 사용하기 위해서는 뮤터블로 만들어진 데이터 타입을 사용해야 합니다.

리스트 생성하기: mutableListOf

다음처럼 작성하면 mutableList 변수에 "MON", "TUE", "WED" 3개의 값을 가진 크기가 3인 동적 배열 리스트가 생성됩니다.

```
var mutableList = mutableListOf("MON", "TUE", "WED")
```

mutableList

MON	TUE	WED
[0]	[1]	[2]

리스트에 값 추가하기: add

mutableList 변수에 add 함수를 사용해서 값을 추가합니다. 값이 추가되면서 동적으로 리스트의 공간이 자동으로 증가합니다.

```
mutableList.add("THU")
```

add 함수를 사용하면 입력될 위치인 인덱스를 따로 지정해주지 않아도 입력되는 순서대로 인덱스가 지정됩니다.

mutableList

리스트에 입력된 값 사용하기: get

get 함수로 리스트에서 값을 꺼낼 수 있습니다. 입력할 때와는 다르게 사용할 때는 인덱스를 지정해서 몇 번째 값을 꺼낼 것인지 명시해야 합니다. 다음은 두 번째 값을 변수에 저장하는 예시입니다.

```
var variable = mutableList.get(1)
```

리스트값 수정하기: set

set 함수를 사용해서 특정 인덱스의 값을 수정할 수 있습니다. 다음은 두 번째 값을 수정하는 예시입니다.

```
mutableList.set(1, "수정할 값")
```

리스트에 입력된 값 제거하기: removeAt

removeAt 함수로 리스트에 입력된 값의 인덱스를 지정해서 삭제할 수 있습니다. 다음은 두 번째 값을 삭제하는 예시입니다.

```
mutableList.removeAt(1)
```

두 번째 값을 삭제하면 세 번째 값부터 인덱스가 하나씩 감소하면서 빈자리의 인덱스로 이동합니다.

빈 리스트 사용하기

아무것도 없는 빈 리스트를 생성하면 앞으로 입력되는 값의 데이터 타입을 알 수 없기 때문에 값의 타입을 추론할 수 없습니다. 그래서 빈 컬렉션의 경우 앞에서처럼 '데이터 타입Of'만으로는 생성되지 않고 데이터 타입을 직접적으로 알려주는 방법을 사용해야 합니다.

다음 예제에서처럼 'mutableListOf<타입>' 형태로 사용할 수 있습니다.

```
var 변수명 = mutableListOf<컬렉션에 입력될 값의 타입>()
var stringList = mutableListOf<String>()
```

다음 예제와 같이 문자열로 된 빈 리스트를 생성하고 조작할 수 있습니다.

```
// 생성
var stringList = mutableListOf<String>() // 문자열로 된 빈 컬렉션을 생성합니다.

// 입력
stringList.add("월")
stringList.add("화")

// 사용
Log.d("Collection", "stringList에 입력된 두 번째 값은 ${stringList.get(1)}입니다.")

// 수정
stringList.set(1, "수정된 값")

// 삭제
stringList.removeAt(1) // 두 번째 값이 삭제됩니다.
```

☆ 제네릭

앞에서 리스트 컬렉션을 생성하면서 〈 〉 괄호를 사용했는데, 이 괄호의 정식 명칭은 제네릭(Generic)입니다. 제네릭은 컬렉션이 사용하는 값의 타입을 지정하기 위한 도구입니다. 코틀린에서 컬렉션은 제네릭을 사용하지 않으면 생성할 수 없습니다. 단, 값으로 초기화할 때는 입력되는 값으로 타입을 추론할 수 있기 때문에 제네릭을 쓰지 않아도 생성할 수 있습니다.

컬렉션 개수 가져오기: size

size 프로퍼티를 사용하면 컬렉션의 개수를 가져올 수 있습니다.

```
mutableList.size
```

앞에서 set, get 등은 '함수'라고 하고, size는 '프로퍼티'라는 용어를 사용했는데 이 둘을 구분하는 방법은 괄호의 유무입니다. 괄호가 있으면 함수, 괄호가 없으면 프로퍼티라고 알고 있으면 됩니다. 이 부분은 이 장의 후반부에서 다시 한번 설명하겠습니다.

```kotlin
package kr.co.hanbit.collection

import androidx.appcompat.app.AppCompatActivity
import android.os.Bundle
import android.util.Log

class MainActivity: AppCompatActivity() {
    override fun onCreate(savedInstanceState: Bundle?) {
        super.onCreate(savedInstanceState)
        setContentView(R.layout.activity_main)

        // 1. 값으로 컬렉션 생성하기
        var mutableList = mutableListOf("MON", "TUE", "WED")
        //  값을 추가합니다.
        mutableList.add("THU")
        //  값을 꺼냅니다.
        Log.d("Collection", "mutableList의 첫 번째 값은 ${mutableList.get(0)}입니다.")
        Log.d("Collection", "mutableList의 두 번째 값은 ${mutableList.get(1)}입니다.")


        // 2. 빈 컬렉션 생성하기
        var stringList = mutableListOf<String>() // 문자열로 된 빈 컬렉션을 생성합니다.
        // 값을 추가합니다.
        stringList.add("월")
        stringList.add("화")
        stringList.add("수")
        //  값을 변경합니다.
        stringList.set(1, "요일 변경")
        // 사용
        Log.d("Collection", "stringList에 입력된 두 번째 값은 ${stringList.get(1)}입니다.")
        // 삭제
        stringList.removeAt(1) // 두 번째 값이 삭제됩니다.
        Log.d("Collection", "stringList에 입력된 두 번째 값은 ${stringList.get(1)}입니다.")
        // 개수를 출력합니다.
        Log.d("Collection", "stringList에는 ${stringList.size}개의 값이 있습니다.")
    }
}
```

```
mutableList의 첫 번째 값은 MON입니다.
mutableList의 두 번째 값은 TUE입니다.
stringList에 입력된 두 번째 값은 요일 변경입니다.
stringList에 입력된 두 번째 값은 수입니다.
stringList에는 2개의 값이 있습니다.
```

셋

셋(set)은 중복을 허용하지 않는 리스트라고 할 수 있습니다. 리스트와 유사한 구조이지만 인덱스로 조회할 수 없고, get 함수도 지원하지 않습니다.

String 타입의 값을 입력받기 위해 다음과 같이 선언할 수 있습니다.

```
var set = mutableSetOf<String>()
```

빈 셋으로 초기화하고 값 입력하기

셋(set)은 중복을 허용하지 않기 때문에 네 번째 줄에서 입력한 "JAN"은 입력되지 않습니다.

```
set = mutableSetOf<String>()
set.add("JAN")
set.add("FEB")
set.add("MAR")
set.add("JAN") // 동일한 값은 입력되지 않습니다.
```

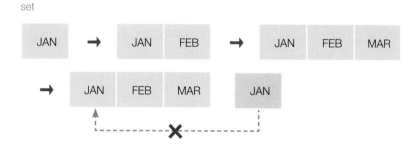

셋 사용하기

셋(set)은 인덱스로 조회하는 함수가 없기 때문에 특정 위치의 값을 직접 사용할 수 없습니다. 다음은 셋에 있는 모든 값을 출력해보는 예제입니다.

```
Log.d("Collection", "Set 전체 출력 = ${set}")
```

셋 삭제하기

셋(set)은 값이 중복되지 않기 때문에 값으로 직접 조회해서 삭제할 수 있습니다.

```
set.remove("FEB")
```

set

CollectionSet 프로젝트: 셋 다루기

```
package kr.co.hanbit.collectionset

import androidx.appcompat.app.AppCompatActivity
import android.os.Bundle
import android.util.Log

class MainActivity: AppCompatActivity() {
    override fun onCreate(savedInstanceState: Bundle?) {
        super.onCreate(savedInstanceState)
        setContentView(R.layout.activity_main)

        // 1. 셋 생성하고 값 추가하기
        var set = mutableSetOf<String>()
        set.add("JAN")
        set.add("FEB")
        set.add("MAR")
        set.add("JAN") // 동일한 값은 입력되지 않습니다.
```

```
        // 2. 전체 데이터 출력해보기
        Log.d("Collection", "Set 전체 출력 = ${set}")

        // 3. 특정 값 삭제하기
        set.remove("FEB")
        Log.d("Collection", "Set 전체 출력 = ${set}")
    }
}
```

```
Set 전체 출력 = [JAN, FEB, MAR]
Set 전체 출력 = [JAN, MAR]
```

맵

맵 생성하기

맵Map은 키Key와 값Value의 쌍으로 입력되는 컬렉션입니다. 맵의 키는 리스트의 인덱스와 비슷한데 맵에서는 키를 직접 입력해야 합니다.

제네릭으로 키와 값의 데이터 타입을 지정해서 맵을 생성합니다. 다음은 키와 값의 타입을 모두 String으로 사용하기 위한 생성 예제입니다.

```
var map = mutableMapOf<String, String>()
```

인덱스에 해당하는 키를 직접 지정해서 사용해야 합니다.

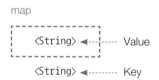

빈 맵으로 생성하고 값 추가하기

값을 추가하기 위해 제공되는 맵(map)에서 제공되는 put 함수에 키와 값을 입력하면 됩니다.

```
var map = mutableMapOf<String, String>()
map.put("키1", "값2")
map.put("키2", "값2")
map.put("키3", "값3")
```

키와 값을 추가할 때마다 리스트처럼 공간이 늘어납니다.

map

값1		값1	값2		값1	값2	값3
[키1]		[키1]	[키2]		[키1]	[키2]	[키3]

맵 사용하기

get 함수에 키를 직접 입력해서 값을 꺼낼 수 있습니다.

```
Log.d("CollectionMap", "map에 입력된 키1의 값은 ${map.get("키1")}입니다.")
```

맵 수정하기

put 함수를 사용할 때 동일한 키를 가진 값이 있으면 키는 유지된 채로 그 값만 수정됩니다.

```
map.put("키2", "수정")
```

map

값1	값2	값3		값1	수정	값3
[키1]	[키2]	[키3]		[키1]	[키2]	[키3]

맵 삭제하기

remove 함수에 키를 입력해서 값을 삭제할 수 있습니다. 리스트와는 다르게 인덱스에 해당하는 키의 값이 변경되지 않고 그대로 유지됩니다.

```
map.remove("키2")
```

컬렉션에서 배운 내용을 다음 예제로 복습해봅니다.

CollectionMap 프로젝트: 맵 다루기

```
package kr.co.hanbit.collectionmap

import androidx.appcompat.app.AppCompatActivity
import android.os.Bundle
import android.util.Log

class MainActivity: AppCompatActivity() {
    override fun onCreate(savedInstanceState: Bundle?) {
        super.onCreate(savedInstanceState)
        setContentView(R.layout.activity_main)

        // 1. 맵 생성하기
        var map = mutableMapOf<String, String>()
        // 2. 값 넣기
        map.put("키1", "값2")  ●------- 설정 예제이며 코드와는 무관합니다.
        map.put("키2", "값2")
        map.put("키3", "값3")  ●┘
        // 3. 값 사용하기
        var variable = map.get("키2")
        Log.d("Collection", "키2의 값은 ${variable}입니다.")
        // 4. 값 수정하기
        map.put("키2", "두 번째 값 수정")
        Log.d("Collection", "키2의 값은 ${map.get("키2")}입니다.")
```

```
        // 5. 값 삭제하기
        map.remove("키2")
        // 5.1 없는 값을 불러오면 null 값이 출력된다.
        Log.d("Collection", "키2의 값은 ${map.get("키2")}입니다.")
    }
}
```

키2의 값은 값2입니다.
키2의 값은 두 번째 값 수정입니다.
키2의 값은 null입니다.

여기서 잠깐

☆ 컬렉션 값의 단위 = 엘리먼트

컬렉션에 입력되는 값은 각각을 엘리먼트(Element)라고 합니다. 값이라고 해도 되지만 맵을 지칭할 때 맵의
값(엘리먼트 자체)을 가리키는 건지 엘리먼트의 값(실제 값)을 가르키는 건지, 2개의 용어가 충돌할 수 있기
때문에 엘리먼트라고 이해하고 있는 것이 좋습니다.

엘리먼트는 맵의 입력 단위인 키와 값을 합친 것을 말하는데 이것은 리스트와 셋에서도 동일한 용어로 사용됩
니다. 즉, 리스트의 값 또한 엘리먼트라고 부릅니다.

리스트 엘리먼트 = 리스트의 (값)
맵 엘리먼트 = 맵의 (키와 값)

4.3 이뮤터블 컬렉션

앞에서 한 번 언급했는데 코틀린은 일반 배열처럼 크기를 변경할 수 없으면서 값 또한 변경할 수 없
는 이뮤터블 컬렉션Immutable Collection을 지원합니다. 이뮤터블 컬렉션은 기존 컬렉션에서 mutable이
라는 접두어가 제거된 형태로 사용됩니다.

```
var list = mutableListOf("1", "2")
```
➡
```
var list = listOf("1", "2")
```

불변형 컬렉션은 한 번 입력된 값을 변경할 수 없기 때문에 add나 set 함수는 지원하지 않고 최초 입력된 값을 '사용'만 할 수 있습니다. 배열과 다른 점은 크기뿐만 아니라 값의 변경 또한 불가능하다는 것입니다. 즉 불변형 컬렉션은 수정, 추가, 제거 모두 안 됩니다.

```
val IMMUTABLE_LIST = listOf("JAN", "FEB", "MAR") // 생성
Log.d("Collection", "리스트의 두 번째 값은 ${IMMUTABLE_LIST.get(1)}입니다.") // 사용
```

그렇다면 이뮤터블 컬렉션은 언제 사용할 수 있을까요?

일반 변수 var와 읽기 전용 변수 val의 관계에서 그 사용법을 유추할 수 있는데, 기준이 되는 어떤 값의 모음을 하나의 변수에 저장할 필요가 있거나 또는 여러 개의 값을 중간에 수정하지 않고 사용할 필요가 있을 때 이뮤터블 컬렉션을 사용합니다. 대표적인 예로 요일 데이터가 있습니다.

다음처럼 7개의 요일을 이뮤터블 리스트로 선언하면 중간에 바뀌지 않기 때문에 계속 같은 값을 유지하면서 사용할 수 있습니다.

```
val DAY_LIST = listOf("월", "화", "수", "목", "금", "토", "일")
```

이뮤터블 컬렉션을 저장할 때는 val로 선언하고 변수명을 대문자로 표시하는 게 좋습니다. 셋과 맵도 동일하게 사용합니다.

이번에 배운 배열과 컬렉션을 잘 이해해야 다음 반복문을 제대로 학습할 수 있습니다. 몇 가지 중요한 사항만 다시 한번 살펴보고 반복문을 배우겠습니다.

- **배열(Array)**: 하나의 변수에 여러 개의 정해진 값을 담을 수 있게 해주는 데이터 타입입니다. 처음 정해진 값의 개수는 바꿀 수 없습니다.

- **컬렉션(Collection)**: 여러 개의 값을 담을 수 있는 배열은 값의 개수가 증가하면 사용할 수 없는 단점이 있기 때문에 동적으로 크기를 변경할 수 있도록 만들어진 동적 배열입니다. 동적 배열에는 크게 리스트(List), 셋(Set), 맵(Map) 세 가지의 데이터 타입이 있으며 이것들을 모두 통칭해서 부르는 용어가 컬렉션입니다.

- **뮤터블(Mutable)**: 입력된 값을 변경할 수 있는 것을 말합니다. 대표적으로 var로 선언된 변수는 모두 뮤터블입니다.

- **리스트(List)**: 컬렉션의 한 종류로 인덱스를 사용하는 데이터 타입입니다. 인덱스가 있기 때문에 중복된 값을 넣을 수도 있습니다.

- **셋(Set)**: 리스트에서 인덱스가 빠진 데이터 타입입니다. 값을 중복해서 넣을 수 없습니다.
- **맵(Map)**: 키(Key)와 값(Value)을 쌍으로 갖는 데이터 타입입니다. 맵의 키는 리스트의 인덱스처럼 사용할 수 있습니다.

 미니 퀴즈 3-4

1. 여러 개의 값을 하나의 변수에 담을 수 있는 데이터 타입에는 어떤 것들이 있나요?

2. 리스트와 셋의 가장 큰 차이점은 무엇인가요?

3. 배열은 뮤터블인가요?

4. 다음 코드의 결과로 출력되는 값은 무엇인가요?

```
var map = mutableMapOf<String, String>()
map.put("키1", "값2")
map.put("키2", "값2")
map.put("키3", "값3")
map.remove("키3")
Log.d("Collection", "${map.get("키3")}")
```

〈5〉 반복문

반복문은 코드를 반복적으로 실행하고자 할 때 사용합니다. 예를 들어 1부터 10까지의 숫자를 Log를 사용하여 출력할 때 반복문이 없다면 Log 코드를 열 줄 작성해야 하지만 반복문을 사용하면 반복문 내에서 Log 코드를 한 줄만 작성하면 됩니다.

반복문에는 for와 while 두 가지가 있는데 for는 특정 횟수만큼 코드를 반복하기 위해 사용하고, while은 특정 조건이 만족할 때까지 코드를 반복할 때 사용합니다. while은 if 문처럼 조건식을 사용해서 언제까지 반복할지를 결정할 수 있습니다.

5.1 for 반복문

다음처럼 for 다음의 괄호(( )) 안에 반복할 범위를 지정하면 for 블록의 코드가 지정한 횟수만큼 반복해서 동작합니다.

```
for (반복할 범위) {
    // 실행 코드
}
```

for in ..(온점 2개): 일반적인 형태의 for 반복문

시작값과 종료값으로 지정한 숫자 범위만큼 코드를 반복하는 일반적인 방법입니다. in을 사용해서 반복하는 범위의 숫자를 변수에 담아두고 사용할 수 있습니다.

```
for (변수 in 시작값..종료값) {
    // 실행 코드
}
```

다음은 1부터 10까지 열 번 반복하면서 그 숫자를 변수 index에 먼저 저장하고, 반복하는 횟수만큼

for 블록의 코드를 실행합니다.

```
for (index in 1..10) {
    Log.d("For", "현재 숫자는 ${index}")
}
```

첫 번째 반복에서는 변수 index에 '1'이 저장되고, 두 번째 반복에서는 index에 '2'가 저장됩니다.

until: 마지막 숫자 제외하기

시작값과 종료값 사이의 .. (온점 2개) 대신에 until을 사용하면 종료값 이전까지만 반복합니다.

```
for (변수 in 시작값 until 종료값) {
    // 실행 코드
}
```

컴퓨터의 인덱스가 항상 0부터 시작하기 때문에 배열의 인덱스를 사용하여 처리하는 코드에서 사용할 수 있습니다.

```
var array = arrayOf("JAN", "FEB", "MAR", "APR", "MAY", "JUN")
for (index in 0 until array.size) {
    Log.d("For", "현재 월은 ${array.get(index)}입니다.")
}
```

배열의 인덱스가 0부터 시작하기 때문에 배열의 크기는 항상 '마지막 인덱스 + 1의 값'입니다. 따라서 반복을 할 때 배열의 크기 바로 전까지만 반복해야 합니다.

step: 건너뛰기

1부터 100까지 반복하면서 3의 배수만 사용하고 싶다면 어떻게 해야 할까요? for 문 안에 if 문을 사용해서 현재 값이 3의 배수일 때만 출력하도록 할 수 있습니다. 그런데 이렇게 하면 매번 해당 if 문을 실행해서 코드가 낭비되는 단점이 있습니다. 이럴 때 step을 사용하면 for 문의 블록을 step 수만큼 건너뛰어서 실행합니다.

```
for (변수 in 시작값..종료값 step 3) {
    // 실행 코드
}
```

다음의 코드는 0부터 100까지 반복하며 시작값에서 종료값까지 한 번 반복할 때마다 3씩 증가시켜서 실행합니다.

```
for (index in 0..100 step 3) {
    Log.d("For", "현재 숫자는 ${index}")
}
```

downTo: 감소시키기

앞의 예제에서는 작은 수에서 큰 수로 값을 증가시키며 코드를 실행했는데, downTo를 사용하면 큰 수에서 작은 수로 감소시키면서 실행할 수 있습니다. 증가할 때와 같이 step을 사용할 수도 있습니다.

```
for (index in 10 downTo 0) {
    Log.d("For", "현재 숫자는 ${index}")
}
```

배열, 컬렉션에 들어 있는 엘리먼트 반복하기

배열이나 컬렉션을 엘리먼트의 개수만큼 반복하면서 사용할 수 있습니다.

```
for (변수 in 배열 또는 컬렉션) {
    // 실행 코드
}
```

다음은 arrayMonth에 담겨 있는 엘리먼트들을 month 변수에 담은 후에 로그로 출력하는 예제입니다. 인덱스를 사용하는 방법보다 더 편하고 가독성도 좋습니다.

```
var arrayMonth = arrayOf("JAN", "FEB", "MAR", "APR", "MAY", "JUN")
for (month in arrayMonth) {
    Log.d("for", "현재 월은 ${month}입니다.")
}
```

ControlFlowFor 프로젝트: for 반복문 다루기

```
package kr.co.hanbit.controllflowfor

import androidx.appcompat.app.AppCompatActivity
import android.os.Bundle
import android.util.Log

class MainActivity: AppCompatActivity() {
    override fun onCreate(savedInstanceState: Bundle?) {
        super.onCreate(savedInstanceState)
        setContentView(R.layout.activity_main)

        // 1. 일반적인 반복문 사용으로 열 번 반복하기
        for (index in 1..10) {
            Log.d("For", "현재 숫자는 ${index}")
        }
        // 2. 마지막 숫자 제외하기
        var array = arrayOf("JAN", "FEB", "MAR", "APR", "MAY", "JUN")
        for (index in 0 until array.size) {
            Log.d("For", "현재 월은 ${array.get(index)}입니다.")
        }
        // 3. 건너뛰기
        for (index in 0..10 step 3) {
            Log.d("For", "건너뛰기: ${index}")
        }
        // 4. 감소시키기
        for (index in 10 downTo 0) {
            Log.d("For", "감소시키기: ${index}")
        }
        // 4.1 건너뛰면서 감소시키기
        for (index in 10 downTo 0 step 3) {
            Log.d("For", "건너뛰면서 감소시키기: ${index}")
        }
```

```
        // 5.1 배열, 컬렉션 사용하기
        for (month in array) {
            Log.d("For", "현재 월은 ${month}입니다.")
        }
    }
}
```

현재 숫자는 1

현재 숫자는 2

...

현재 숫자는 9

현재 숫자는 10

현재 월은 JAN입니다.

현재 월은 FEB입니다.

...

현재 월은 MAY입니다.

현재 월은 JUN입니다.

건너뛰기: 0

건너뛰기: 3

건너뛰기: 6

건너뛰기: 9

감소시키기: 10

감소시키기: 9

...

감소시키지: 1

감소시키기: 0

건너뛰면서 감소시키기: 10

건너뛰면서 감소시키기: 7

건너뛰면서 감소시키기: 4

건너뛰면서 감소시키기: 1

현재 월은 JAN입니다.

현재 월은 FEB입니다.

...

현재 월은 MAY입니다.

현재 월은 JUN입니다.

5.2 while 반복문

for 문이 특정 범위만큼 반복하기 위한 구문이라면, while 문은 특정 조건이 만족할 때까지 반복하기 위한 구문입니다. 조금 더 쉽게 접근하면 반복이 가능한 if 문이라고 생각할 수 있습니다. 괄호 안의 조건식에는 주로 두 항과 비교 연산자가 사용됩니다.

```
while (조건식) {
    // 실행 코드
}
```

while 문 괄호 안의 조건식 결과가 항상 true이면 끝없이 동작하는 무한루프에 빠지게 됩니다. 다음은 코드가 무한루프에 빠지는 예제입니다.

```
var a = 1
while (a == 1) {
    Log.d("while", "조건을 만족하면 여기를 출력하세요!")
}
```

일반적인 while 반복문

for 문과는 다르게 증감되는 인덱스가 있으면 코드에서 직접 처리해야 합니다. 다음 코드에서는 current 변수가 인덱스의 역할을 하고 있습니다.

```
var current = 1
val until = 12
while (current < until) {
    Log.d("while", "현재 값은 ${current}입니다.")
    current = current + 1
}
```

이 while 문에는 current가 until보다 작을 때만 true를 반환하는 조건식이 입력되어 있습니다. current의 값이 1로 시작하는데 while 문을 만났을 때 괄호 안의 조건식을 풀어 쓰면 while (1 < 12)가 됩니다.

조건을 만족하기 때문에 while 블록의 코드가 실행되며, 먼저 로그를 출력한 후 current에 1을 더하고 다시 한번 while 문의 조건식이 실행됩니다. 이렇게 current가 until에 입력된 12보다 작을 때까지 총 열한 번이 반복됩니다.

do와 함께 사용하기

do와 함께 사용하면 while 문의 조건식과 관계없이 do 블록 안의 코드를 한 번 실행합니다.

```
var game = 1
val match = 6
do {
    Log.d("while", "${game}게임 이겼습니다. 우승까지 ${match-game}게임 남았습니다.")
    game += 1
} while (game < match)
```

while과 do ~ while의 차이점

가장 큰 차이점은 최초 값이 조건식을 만족하지 않았을 경우 실행 코드가 달라지는 것입니다. 위의 코드에서 변수 game의 시작값을 6으로 변경한 후 while과 do ~ while로 실행해보면 while에서는 아무것도 출력되지 않는 반면, do ~ while에서는 조건과 상관없이 처음 한 번 로그가 출력됩니다.

```
// 앞의 코드에 이어서
game = 6
while (game < match) {
    Log.d("while", "while 테스트입니다.")
    game += 1
}
// do ~ while 테스트
game = 6
do {
    Log.d("while", "do ~ while 테스트입니다.")
    game += 1
} while (game < match)
```

5.3 반복문 제어하기

반복문이 실행되는 도중에 특정 조건에서 반복문을 벗어나거나 다음 반복문으로 넘어가야 하는 상황이 있습니다. 이럴 때 사용하는 두 가지 방법을 알아보겠습니다.

break: 반복문 탈출하기

반복문 안에서 break를 만나면 반복문을 탈출할 수 있습니다. 특정 조건에서 무조건 for 블록을 벗어날 때 사용합니다. 다음 코드를 보세요. index의 값이 5보다 크면 break가 실행되기 때문에 여섯 번째 로그가 찍힌 후에 for 블록을 빠져나갑니다.

```
for (index in 1..10) {
Log.d("break", "현재 index는 $index 입니다.")
    if (index > 5) {
        break
    }
}
```

continue: 다음 반복문으로

반복문 내에서 continue를 만나면 continue 다음 코드는 실행하지 않고 반복문의 처음으로 돌아갑니다. 다음의 예시 코드를 보면 except가 3보다 크고 8보다 작으면 continue 명령으로 로그를 찍지 않고 for 문의 처음으로 돌아가기 때문에 4, 5, 6, 7은 출력되지 않습니다.

```
for (except in 1..10) {
    if (except > 3 && except < 8) {
        continue
    }
    Log.d("continue", "현재 index는 $except 입니다.")
}
```

지금까지 다룬 반복문 제어를 다음 ControlFlowWhile 예제로 살펴보겠습니다.

ControlFlowWhile 프로젝트: while과 반복문 제어하기

```
package kr.co.hanbit.controlflowwhile

import androidx.appcompat.app.AppCompatActivity
import android.os.Bundle
import android.util.Log

class MainActivity: AppCompatActivity() {
    override fun onCreate(savedInstanceState: Bundle?) {
        super.onCreate(savedInstanceState)
        setContentView(R.layout.activity_main)

        // 1. 일반적인 while 사용하기
        var current = 1
        val until = 12
        while (current < until) {
            Log.d("while", "현재 값은 ${current}입니다.")
            // current를 1씩 증가시켜서 열한 번 반복한 후 while 문을 빠져나갑니다.
            current = current + 1
        }

        // 2. do ~ while 사용하기
        var game = 1
        val match = 6
        do {
            Log.d("while", "${game}게임 이겼습니다. 우승까지 ${match-game}게임 남았습니다.")
            game += 1
        } while (game < match)
```

```kotlin
// 3. while vs do ~ while
// while 테스트
game = 6
while (game < match) {
    Log.d("while", "**** while 테스트입니다. ****")
    game += 1
}
// do ~ while 테스트
game = 6
do {
    Log.d("while", "**** do ~ while 테스트입니다. ****")
    game += 1
} while (game < match)
// 4. break 반복문 탈출하기
for (index in 1..10) {
    Log.d("while", "break > 현재 index는 $index 입니다.")
    if (index > 5) { // index가 5보다 크면 break 명령어로 현재 반복문을 벗어납니다.
        break // 따라서 Log는 6까지만 출력됩니다.
    }      한 번에 로그를 확인할 수 있게 전체 코드에서는 "while"로 변경했습니다.
}
// 5. continue 다음 반복문으로
for (except in 1..10) {
    // except가 3보다 크고 8보다 작으면 continue 명령으로 로그를 찍지 않고
    // for 문의 처음으로 jump 합니다.
    if (except > 3 && except < 8) {
        continue
    }
    // 따라서 4, 5, 6, 7은 출력되지 않습니다.
    Log.d("while", "continue > 현재 index는 $except 입니다.")
}         ---------- 한 번에 로그를 확인할 수 있게 전체 코드에서는 "while"로 변경했습니다.
// 0. 무한루프 테스트
// 이 아래의 주석을 해제하고 실행해보세요.
// 무한루프에 빠지는 while 문 - 실행 후 멈추기 위해서는 안드로이드 스튜디오
// 우측 상단에 있는 빨간색 사각형 아이콘(Stop, ■)을 클릭하면 됩니다.
// var a = 1
// while (a == 1) {
    // Log.d("while", "조건을 만족하면 여기를 출력하세요!")
    // break
//}
    }
}
```

```
현재 값은 1입니다.
현재 값은 2입니다.
...
현재 값은 10입니다.
현재 값은 11입니다.
1게임 이겼습니다. 우승까지 5게임 남았습니다.
2게임 이겼습니다. 우승까지 4게임 남았습니다.
.....
5게임 이겼습니다. 우승까지 1게임 남았습니다.
**** do ~ while 테스트입니다. ****
break > 현재 index는 1 입니다.
break > 현재 index는 2 입니다.
.....
break > 현재 index는 6 입니다.
continue > 현재 index는 1 입니다.
continue > 현재 index는 2 입니다.
continue > 현재 index는 3 입니다.
continue > 현재 index는 8 입니다.
continue > 현재 index는 9 입니다.
continue > 현재 index는 10 입니다.
```

반복문에서 중요한 사항만 잠시 살펴보고 다음으로 넘어가겠습니다. 다음 사항은 꼭 기억해두세요.

- **for 문**: 정해진 범위만큼 코드를 반복하기 위해 사용하는 문법입니다.

- **while 문**: for 문과는 조금 다르게 정해진 범위가 아닌, 특정 조건을 만족할 때까지 코드를 반복하기 위해 사용합니다.

- **break 문**: 반복문을 완전히 벗어나기 위해서 사용합니다.

- **continue 문**: 반복문 도중에 다음 반복문으로 넘어가기 위해서 사용합니다. break 문처럼 완전히 벗어나지는 않고 다음 반복문의 조건에 따라 실행 여부가 결정됩니다.

1. 1부터 100까지 반복하면서 숫자를 출력하는 코드에는 for와 while 중 어떤 반복문을 사용하는 것이 좋은가요?

2. while 문과 do ~ while 문의 차이점은 무엇인가요?

3. 다음 코드의 실행결과를 예측해보세요.

```
for (index in 0..1000) {
    if (index > 999) {
        Log.d("for", "$index")
    }
}
```

4. 다음 코드의 실행결과를 예측해보세요.

```
var result = 1
while (result < 100) { result += result }
Log.d("while", "$result")
```

⟨6⟩ 함수

함수는 fun으로 정의하고 반환값이 있는 함수는 내부에서 return으로 값을 반환합니다. 함수를 정의할 때 입력값을 기술한 것을 '파라미터'라고 하는데, 이 파라미터를 전달하고 결괏값을 돌려받는 다양한 방법에 대해 알아보겠습니다.

함수는 코드를 사용할 수 있는 최소 단위라고 생각할 수 있습니다. 모든 코드는 함수 안에 작성해야 하며 코드의 실행은 함수를 호출하는 것에서 시작합니다.

안드로이드 앱도 onCreate() 함수를 호출해서 실행된다고 할 수 있습니다. (물론 내부적으로는 더 복잡한 구조로 되어 있지만, 처음에는 단순하게 접근하는 것이 공부하는 데 더 효율적입니다.)

6.1 함수의 정의

함수는 fun 키워드로 정의하며 값을 입력받아 사용할 수 있는데, 이때 입력될 값을 기술한 것을 파라미터Parameter라고 합니다. 기본 구조는 다음과 같습니다.

```
fun 함수명(파라미터 이름: 타입): 반환 타입 {
    return 값
}
```

파라미터와 반환값이 없는 함수도 있는데, 없을 경우에는 둘 다 작성하지 않습니다. 반환값이 없는 대표적인 함수가 여러분이 지금까지 사용해 왔던 Log에 정의되어 있는 d 함수입니다.

함수의 괄호 안에 입력되는 '파라미터 이름: 타입'은 '변수명: 타입'과 동일하게 사용됩니다. 함수를 호출할 때 괄호 안에 값을 넣어서 전달하는데 이때 입력되는 값의 타입은 함수에 정의된 파라미터 타입과 동일하게 입력해야 합니다.

몇 가지 예제를 통해서 구체적인 사용법을 알아보겠습니다.

반환값과 입력값이 있는 함수의 정의

다음은 Int 타입의 x라는 입력 파라미터를 갖는 함수 square()를 정의했습니다.

```
fun square(x: Int): Int {
    return x * x
}
```

square 함수가 호출되면 입력값을 제곱해서 호출한 측으로 반환하고 실행이 종료됩니다.

반환값이 없는 함수의 정의

다음은 반환값 없이 입력값을 받아서 Log로 출력하는 함수 printSum()을 정의했습니다.

```
fun printSum(x: Int, y: Int) {
    Log.d("fun", "x + y = ${x + y}")
}
```

printSum 함수가 호출되면 결괏값을 Log로 출력하고 실행이 종료됩니다.

입력값 없이 반환값만 있는 함수의 정의

getPi 함수는 호출한 측으로 3.14를 반환하고 실행이 종료됩니다.

```
fun getPi(): Double {
    return 3.14
}
```

6.2 함수의 사용

함수의 사용은 이름 뒤에 괄호를 붙여서 명령어를 실행하는 형태입니다.

```
함수명(값)
```

함수는 이름만 호출해서는 실행되지 않고 반드시 괄호를 붙여야 실행됩니다. 괄호를 붙이지 않으면 함수의 코드가 실행되지 않고 마치 값처럼 인식됩니다.

반환값과 입력값이 있는 함수의 호출

파라미터에 전달할 값을 입력하고 반환값은 대입 연산자(=)로 변수에 담은 후에 사용합니다.

```
var squareResult = square(30)
Log.d("fun", "30의 제곱은 ${squareResult}입니다.")
```

반환값이 없는 함수의 호출

반환값이 없으면 대입 연산자(=)를 사용하지 않고 바로 호출해서 실행합니다.

```
printSum(3, 5)
```

입력값이 없는 함수의 호출

입력값이 없다면 괄호만으로 실행하고 결괏값을 받을 수 있습니다.

```
val PI = getPi()
Log.d("fun", "지름이 10인 원의 둘레는 ${10 * PI}입니다.")
```

6.3 함수 파라미터의 정의

함수에 입력되는 파라미터는 마치 변수를 정의하듯이 '이름: 타입'의 형태로 정의되며, 여러 개의 파라미터가 정의될 경우는 콤마로 구분합니다.

코틀린에서 함수 파라미터를 통해 입력되는 모든 값은 변하지 않는 이뮤터블입니다. 따라서 **코틀린에서의 함수 파라미터는 모두 읽기 전용 키워드 val이 생략된 형태라고 생각할 수 있습니다.**

```
fun 함수명((val 생략) name1: String, name2: Int, name3: Double) { 실행 코드 }
```

파라미터의 기본값 정의와 호출

파라미터는 정의할 때 등호(=)를 사용해서 기본값을 설정할 수 있습니다.

```
fun 함수명(name1: String, name2: Int = 157, name3: Double) { 실행 코드 }
```

다음 코드는 파라미터의 기본값을 가지는 함수를 정의한 예입니다. 정의된 newFunction 함수를 호출할 때 기본값이 없는 첫 번째 파라미터에만 값을 입력하면 두 번째와 세 번째 파라미터에는 설정한 기본값이 자동으로 입력됩니다.

Function 프로젝트: 파라미터의 기본값 정의와 호출

```
fun newFunction(name: String, age: Int = 29, weight: Double = 65.5) {
    Log.d("fun", "name의 값은 ${name}입니다.")
    Log.d("fun", "age의 값은 ${age}입니다.")
    Log.d("fun", "weight의 값은 ${weight}입니다.")
}

newFunction("Hello")
```

```
name의 값은 Hello입니다.
age의 값은 29입니다.
weight의 값은 65.5입니다.
```

파라미터 이름으로 값을 입력하기

함수에 정의된 파라미터가 많을 경우 입력하는 값의 의미가 명확하지 않을 때가 있습니다. 이럴 경우 순서와 상관없이 정의된 파라미터 이름을 지정해서 직접 값을 입력할 수 있습니다. 앞쪽의 프로젝트에서 마지막 행을 다음과 같이 수정하고 다시 컴파일해보세요.

```
newFunction("Michael", weight = 67.5)
```

```
name의 값은 Michael입니다.
age의 값은 29입니다.
weight의 값은 67.5입니다.
```

지금까지 함수에서 공부한 내용을 코드로 다시 살펴보겠습니다.

Function 프로젝트: 함수 정의하고 사용하기

```
package kr.co.hanbit.function

import androidx.appcompat.app.AppCompatActivity
import android.os.Bundle
import android.util.Log

class MainActivity: AppCompatActivity() {
    override fun onCreate(savedInstanceState: Bundle?) {
        super.onCreate(savedInstanceState)
        setContentView(R.layout.activity_main)

        // 4. 반환값이 있는 함수 square 사용하기
        var squareResult = square(30)
        Log.d("fun", "30의 제곱은 ${squareResult}입니다.")

        // 5. 반환값이 없는 함수는 그냥 실행한다.
        printSum(3, 5)

        // 6. 입력값이 없는 함수 사용하기
        val PI = getPi()
        Log.d("fun", "지름이 10인 원의 둘레는 ${10 * PI}입니다.")
```

```kotlin
    // 7. 기본값이 있는 함수 사용하기
    newFunction("Hello")

    // 8. 파라미터 이름을 직접 지정하기
    newFunction("Michael", weight = 67.5)
}
// 1. 반환값이 있는 함수
fun square(x: Int): Int {
    return x * x // <- square 함수는 입력받은 값에 2를 곱해서 반환합니다.
}
// 2. 반환값이 없는 함수
fun printSum(x: Int, y: Int) {
    Log.d("fun", "x + y = ${x + y}")
}
// 3. 입력값 없이 반환값만 있는 함수
fun getPi(): Double {
    return 3.14
}
// 7. 기본값을 갖는 함수
fun newFunction(name: String, age: Int = 29, weight: Double = 65.5) {
    Log.d("fun", "name의 값은 ${name}입니다.")
    Log.d("fun", "age의 값은 ${age}입니다.")
    Log.d("fun", "weight의 값은 ${weight}입니다.")
}
}
```

```
30의 제곱은 900입니다.
x + y = 8지름이 10인 원의 둘레는 31.400000000000002입니다.
name의 값은 Hello입니다.
age의 값은 29입니다.
weight의 값은 65.5입니다.
name의 값은 Michael입니다.
age의 값은 29입니다.
weight의 값은 67.5입니다.
```

1. 2개의 Int 타입 입력 파라미터를 가지고 입력된 2개의 값을 더한 후에 반환하는 함수를 작성해보세요.

2. 1개의 Int 타입 입력 파라미터를 가지고 0부터 입력된 값까지 순서대로 모두 더한 후에 반환하는 함수를 작성해보세요.

3. 1개의 문자열 입력 파라미터를 가지고 입력된 값을 그대로 출력하는 함수를 작성해보세요.

4. 문자열을 출력하는 함수 println("문자열")을 Log.d() 대신에 사용해보세요.

⟪7⟫ 클래스와 설계

프로그래밍을 시작하면 클래스^{class}라는 용어를 접할 기회가 많습니다. 지금까지 공부한 내용 안에서 클래스를 정리하면 클래스는 단지 변수와 함수의 모음입니다. 그룹화할 수 있는 함수와 변수를 한군데에 모아 놓고 사용하기 쉽게 이름을 붙여놓은 것을 클래스라고 이해하면 가장 좋은 접근이 될 것 같습니다.

7.1 클래스의 기본 구조

코틀린에서 사용되는 클래스의 기본 구조는 다음과 같습니다.

```
class 클래스명 {
    var 변수
    fun 함수() {
        // 코드
    }
}
```

다음은 문자열을 저장할 수 있는 String 클래스의 코드를 함축해서 보여주는 것입니다. length 변수로 문자열의 길이를 알 수 있고, plus 함수는 문자열을 이어붙일 수 있습니다. 그리고 compareTo는 문자열을 비교하는 기능을 제공합니다. 이렇게 각각의 변수와 함수가 모여서 하나의 클래스로 구성됩니다.

```
class String {
    var length: Int
    fun plus(other: Any) {
        … // 코드
    }
    fun compareTo(other: String) {
        … // 코드
    }
}
```

7.2 클래스 코드 작성하기

클래스를 만들기 위해서는 먼저 클래스의 이름을 정하고 이름 앞에 class 키워드를 붙여서 만들 수 있습니다. 클래스 이름 다음에는 클래스의 범위를 지정하는 중괄호({})가 있어야 합니다. 이 중괄호를 스코프Scope라고 하는데, 클래스에서 사용했기 때문에 클래스 스코프라고 합니다.

```
class 클래스이름 {
    // 클래스 스코프 (class scope)
}
```

몇몇 예외는 있지만 대부분의 코드는 클래스 스코프 안에 작성됩니다.

작성된 클래스를 사용하기 위해서는 생성자라고 불리는 함수가 호출되어야 하는데, 코틀린은 프라이머리Primary와 세컨더리Secondary 2개의 생성자를 제공합니다.

프라이머리 생성자

```
class Person 프라이머리 생성자() {

}
```

함수에서 잠깐 설명했듯이 코드를 실행하는 것은 함수를 호출하는 것과 같습니다.

클래스도 마찬가지로 클래스를 사용한다는 것은 곧 클래스라는 이름으로 묶여 있는 코드를 실행하는 것이기 때문에 함수 형태로 제공되는 생성자를 호출해야지만 클래스가 실행됩니다.

프라이머리Primary 생성자는 마치 클래스의 헤더처럼 사용할 수 있으며 constructor 키워드를 사용해서 정의하는데 조건에 따라 생략할 수 있습니다. 프라이머리 생성자도 결국은 함수이기 때문에 파라미터를 사용할 수 있습니다.

```
class Person constructor(value: String) {
    // 코드
}
```

생성자에 접근 제한자나 다른 옵션이 없다면 constructor 키워드를 생략할 수 있습니다.

```
class Person(value: String) {
    // 코드
}
```

프라이머리 생성자는 마치 헤더처럼 class 키워드와 같은 위치에 작성됩니다.

클래스의 생성자가 호출되면 init 블록의 코드가 실행되고, init 블록에서는 생성자를 통해 넘어온 파라미터에 접근할 수 있습니다.

```
class Person(value: String) {
    init {
        Log.d("class", "생성자로부터 전달받은 값은 ${value}입니다.")
    }
}
```

하지만 init 초기화 작업이 필요하지 않다면 init 블록을 작성하지 않아도 됩니다. 대신 파라미터로 전달된 값을 사용하기 위해서는 파라미터 앞에 변수 키워드인 val을 붙여주면 클래스 스코프 전체에서 해당 파라미터를 사용할 수 있습니다.

```
class Person(val value: String) {
    fun process() {
        print(value)
    }
}
```

생성자 파라미터 앞에 var도 사용할 수 있지만, 읽기 전용인 val을 사용하는 것을 권장합니다.

세컨더리 생성자

세컨더리Secondary 생성자는 constructor 키워드를 마치 함수처럼 클래스 스코프 안에 직접 작성할 수 있습니다. 그리고 다음과 같이 init 블록을 작성하지 않고 constructor 다음에 괄호를 붙여서 코드를 작성할 수 있습니다.

```
class Person {
    constructor (value: String) {
        Log.d("class", "생성자로부터 전달받은 값은 ${value}입니다.")
    }
}
```

세컨더리 생성자는 파라미터의 개수, 또는 파라미터의 타입이 다르다면 여러 개를 중복해서 만들 수 있습니다.

```
class Kotlin {
    constructor (value: String) {
        Log.d("class", "생성자로부터 전달받은 값은 ${value}입니다.")
    }
    constructor (value: Int) {
        Log.d("class", "생성자로부터 전달받은 값은 ${value}입니다.")
    }
    constructor (value1: Int, value2: String) {
        Log.d("class", "생성자로부터 전달받은 값은 ${value1}, ${value2}입니다.")
    }
}
```

Default 생성자

생성자는 작성하지 않을 경우 파라미터가 없는 프라이머리 생성자가 하나 있는 것과 동일합니다.

```
class Student { // 생성자를 작성하지 않아도 기본 생성자가 동작합니다.
    init {
        // 기본 생성자가 없더라도 초기화가 필요하면 여기에 코드를 작성합니다.
    }
}
```

7.3 클래스의 사용

클래스의 이름에 괄호를 붙여서 클래스의 생성자를 호출합니다. constructor 키워드를 호출하지
는 않습니다.

```
클래스명()
```

아무런 파라미터 없이 클래스명에 괄호를 붙여주면 생성자가 호출되면서 init 블록 안의 코드가 자
동으로 실행됩니다. 세컨더리 생성자의 경우 init 블록이 먼저 실행되고, constructor 블록 안
의 코드가 실행됩니다. 다음과 같이 Kotlin 클래스의 생성자를 호출한 후 생성되는 것을 인스턴
스Instance라고 하는데, 생성된 인스턴스는 변수에 담아둘 수 있습니다.

```
var kotlin = Kotlin()
```

클래스와 인스턴스의 관계를 비교할 때 가장 많이 사용되는 예가 붕어빵 틀과 붕어빵인데, 여기서
붕어빵틀이 클래스에 해당되고 계속 만들 수 있는 붕어빵이 인스턴스와 같습니다.

생성자에 파라미터가 있으면 값을 입력해서 호출해야 합니다.

```
var one = Person("value")
// 또는
var two = Person(1004)
```

☼ 프로퍼티와 메서드

클래스 내부에 정의되는 변수와 함수를 멤버 변수, 멤버 함수라고 부릅니다. 그리고 또 다른 용어로 프로퍼티, 메서드라고도 부릅니다.

> **클래스의 변수 > 멤버 변수 >** •············· 프로퍼티(Property)
>
> **클래스의 함수 > 멤버 함수 >** •············· 메서드(Method)

클래스 안에 정의된 변수는 프로퍼티라고 하지만 함수 안에 정의된 변수는 프로퍼티라고 하지 않고 그냥 변수 (또는 지역 변수)라고 합니다.

```
class 클래스명 {
    var 변수A ●············· 프로퍼티: 함수 밖에 있어야 합니다.
    fun 함수() {
        var 변수B ●············· 변수(또는 지역 변수): 함수 안에 있어야 합니다.
    }
}
```

프로퍼티와 메서드를 사용하기 위해서 먼저 다음과 같이 프로퍼티 1개와 메서드 1개를 갖는 클래스를 만듭니다.

```
class Pig {
    var name: String = "Pinky"
    fun printName() {
        Log.d("class", "Pig의 이름은 ${name}입니다.")
    }
}
```

위에서 정의한 클래스를 생성자로 인스턴스화해서 변수에 담습니다.

```
var pig = Pig()
```

인스턴스가 담긴 변수명 다음에 도트 연산자(.)를 붙여서 프로퍼티와 메서드를 사용합니다.

```
pig.name = "Pooh"
pig.printName()
```

실행결과

> Pig의 이름은 Pooh입니다.

클래스 안에 정의된 함수와 변수 사용하기

클래스를 사용한다는 것은 사실상 클래스 내부에 정의된 변수와 함수를 사용한다는 것입니다. 생성자를 통해 변수에 저장된 클래스의 인스턴스는 내부에 정의된 변수와 함수를 도트 연산자(.)로 접근할 수 있습니다.

7.4 오브젝트

오브젝트(object)를 사용하면 클래스를 생성자로 인스턴스화 하지 않아도 블록 안의 프로퍼티와 메서드를 호출해서 사용할 수 있습니다. 자바를 알고 있다면 static과 같은 역할입니다.

```
object Pig {
var name: String = "Pinky"
    fun printName() {
        Log.d("class", "Pig의 이름은 ${name}입니다.")
    }
}
```

object 코드 블록 안의 프로퍼티와 메서드는 클래스명에 도트 연산자를 붙여서 생성자 없이 직접 호출할 수 있습니다. 주의할 점은 클래스명을 그대로 사용하기 때문에 호출하는 클래스명의 첫 글자가 대문자입니다.

```
Pig.name = "Mikey"
Pig.printName()
```

```
Pig의 이름은 Mikey입니다.
```

object는 클래스와 다르게 앱 전체에 1개만 생성됩니다.

컴패니언 오브젝트 (companion object)

companion object는 일반 클래스에 object 기능을 추가하기 위해서 사용합니다. 앞에서 작성한

Pig 코드를 다음과 같이 companion object 블록으로 감싸주면 생성 과정 없이 오브젝트처럼 사용할 수 있습니다.

```
class Pig {
    companion object {
        var name: String = "None"
        fun printName() {
            Log.d("class", "Pig의 이름은 ${name}입니다.")
        }
    }
    fun walk() {
        Log.d("class", "Pig가 걸어갑니다.")
    }
}
```

그리고 class로 선언했기 때문에 일반 함수인 walk()는 생성자인 Pig()를 호출한 다음 변수에 저장한 후에 사용할 수 있습니다.

```
// companion object 안의 코드 사용하기
Pig.name = "Linda"
Pig.printName()
```

Pig의 이름은 Linda입니다.

```
// companion object 밖의 코드 사용하기
val cutePig = Pig()
cutePig.walk()
```

Pig가 걸어갑니다.

여러분이 지금까지 사용한 Log 클래스의 메서드 d(), e()가 모두 object 코드 블록 안에 만들어져 있기 때문에 생성자 없이 바로 호출해서 사용할 수 있었습니다.

⚠ 앞에서 공부한 상수(const)는 오브젝트 안에서만 사용할 수 있습니다.

7.5 데이터 클래스

코틀린은 간단한 값의 저장 용도로 데이터 클래스data class를 제공합니다. 데이터 클래스의 기본 형식은 다음과 같습니다.

> ```
> data class 클래스명 (val 파라미터1: 타입, var 파라미터2: 타입)
> ```

데이터 클래스를 정의할 때 class 앞에 data 키워드를 사용해야 하고, 생성자 파라미터 앞에 입력하는 var(또는 val) 키워드는 생략할 수 없습니다.

생성하는 코드는 일반 클래스와 동일하게 작성합니다.

```
// 정의 - 주로 코드 블록(클래스 스코프)을 사용하지 않고 간단하게 작성합니다.
data class UserData(val name: String, var age: Int)
// 생성 - 일반 class의 생성자 함수를 호출하는 것과 동일합니다.
var userData = UserData("Michael", 21)

// name은 val로 선언되었기 때문에 변경 불가능합니다.
userData.name = "Sindy" (X)
// age는 var로 선언되었기 때문에 변경 가능합니다.
userData.age = 18 (O)
```

일반 변수 선언처럼 데이터 클래스의 파라미터를 val로 정의하면 읽기 전용이 됩니다.

toString() 메서드와 copy() 메서드

일반 클래스에서 toString() 메서드를 호출하면 인스턴스의 주소 값을 반환하지만, 데이터 클래스는 값을 반환하기 때문에 실제 값을 모니터링할 때 좋습니다.

```
Log.d("DataClass", "DataUser는 ${dataUser.toString()}")
```

```
DataUser는 DataUser(name=Michael, age=21)
```

또 copy() 메서드로 간단하게 값을 복사할 수 있습니다.

```
var newData = dataUser.copy()
```

일반 클래스처럼 사용하기

일반 클래스와 동일하게 생성자를 호출하면 init 블록이 동작하고 메서드도 사용할 수 있습니다.

```
data class UserData(var name: String, var age: Int) {
    init {
        Log.d("UserData","initialized")
    }
    fun process() {
        // 클래스와 동일하게 메서드 사용이 가능합니다.
    }
} // 클래스가 생성되면 "initialized"가 출력됩니다.
```

이처럼 클래스와 사용법이 동일하지만 주로 네트워크를 통해 데이터를 주고받거나, 혹은 로컬 앱의 데이터베이스에서 데이터를 다루기 위한 용도로 사용하는 것이 데이터 클래스입니다.

7.6 클래스의 상속과 확장

코틀린은 클래스의 재사용을 위해 상속을 지원합니다. 상속을 개념적으로 접근하면 상당히 어렵지만, 사용 측면에서 바라보면 그렇게 어려운 기능은 아닙니다.

상속은 클래스를 생성한 후 도트 연산자(.)를 통해 메서드와 프로퍼티를 사용하는 것처럼 클래스의 자원을 사용하는 또 다른 방법입니다. 상속을 사용하면 부모 클래스의 메서드와 프로퍼티를 마치 내 클래스의 일부처럼 사용할 수 있습니다. 그러면 상속은 왜 사용할까요?

앞으로 여러분이 코딩할 안드로이드에는 Activity라는 클래스가 미리 만들어져 있으며, 이 Activity 클래스 내부에는 글자를 쓰는 기능, 그림을 그리는 기능, 화면에 새로운 창을 보여주는 기능이 미리 정의되어 있습니다.

상속이 있기에 이런 기능을 직접 구현하지 않고 Activity 클래스를 상속받아 약간의 코드만 추가하면 앱에 필요한 기능을 추가할 수 있습니다.

```kotlin
class Activity {
    fun drawText()
    fun draw()
    fun showWindow()
    ...
}
```

```kotlin
class MainActivity: Activity() {
    fun onCreate() {
        draw("새 그림")
    }
}
```

미리 만들어져 있는 기능 (draw)을 호출만으로 사용할 수 있습니다.

상속은 코드를 재사용하는 측면도 있지만 코드를 체계적으로 관리할 수 있기 때문에 규모가 큰 프로젝트도 효과적으로 설계할 수 있습니다.

클래스의 상속

상속 대상이 되는 부모 클래스는 open 키워드로 만들어야만 자식 클래스에서 사용할 수 있습니다. 만약 open 키워드로 열려 있지 않으면 상속할 수 없습니다. 상속을 받을 자식 클래스에서는 콜론을 이용해서 상속할 부모 클래스를 지정합니다.

그리고 상속은 부모의 인스턴스를 자식이 갖는 과정이기 때문에 부모 클래스명 다음에 괄호를 입력해서 꼭 부모의 생성자를 호출해야 합니다.

```kotlin
open class 상속될 부모 클래스 {
    // 코드
}
class 자식 클래스: 부모 클래스() {
    // 코드
}
```

생성자 파라미터가 있는 클래스의 상속

상속될 부모 클래스의 생성자에 파라미터가 있다면 자식 클래스의 생성자를 통해 값을 전달할 수 있습니다.

```
open class 부모 클래스(value: String) {
    // 코드
}                              ┄┄┄┄┄┄┄┄┄ 파라미터를 전달하는 개념입니다.
class 자식 클래스(value: String): 부모 클래스(value) {
    // 코드
}
```

부모 클래스에 세컨더리 생성자가 있다면, 역시 자식 클래스의 세컨더리 생성자에서 super 키워드로 부모 클래스에 전달할 수 있습니다.

다음은 안드로이드의 View 클래스를 상속받는 예제입니다. 자식 클래스에 세컨더리 생성자만 있을 경우 상속되는 클래스 이름 다음에 괄호가 생략됩니다.

```
                         ┄┄┄┄┄┄┄┄ 부모 클래스명 다음 괄호를 생략했습니다.
class CustomView: View {
    constructor(ctx: Context): super(ctx)
    constructor(ctx: Context, attrs: AttributeSet): super (ctx, attrs)
}
```

부모 클래스의 프로퍼티와 메서드 사용하기

부모 클래스에서 정의된 프로퍼티와 메서드를 내 것처럼 사용할 수 있습니다.

```
open class Parent {
    var hello: String = "안녕하세요."
    fun sayHello() {
        Log.d("inheritance", "${hello}")
    }
}
```

```
class Child: Parent() {
    fun myHello() {
        hello = "Hello!"
        sayHello()
    }
}
```

이 코드에서 Child에는 hello라는 프로퍼티와 sayHello라는 메서드가 없지만 myHello() 메서드를 실행하면 로그에 "Hello!"가 출력됩니다.

프로퍼티와 메서드의 재정의: 오버라이드

상속받은 부모 클래스의 프로퍼티와 메서드 중에 자식 클래스에서는 다른 용도로 사용해야 하는 경우가 있습니다.

앞의 예제에서 Parent 클래스의 메서드를 sayHello로, Child 클래스의 메서드를 myHello라 했는데 이런 경우가 오버라이드Override가 필요한 대표적인 경우입니다. 오버라이드로 Child 클래스의 메서드도 sayHello라고 하는 것이 의미상 더 적합합니다.

이처럼 동일한 이름의 메서드나 프로퍼티를 사용할 필요가 있을 경우에 override 키워드를 사용해서 재정의할 수 있습니다. 오버라이드할 때는 프로퍼티나 메서드도 클래스처럼 앞에 open을 붙여서 상속할 준비가 되어 있어야 합니다.

메서드 오버라이드

상속할 메서드 앞에 open 키워드를 붙이면 오버라이드할 수 있지만, open 키워드가 없는 메서드는 오버라이드할 수 없습니다.

```
open class BaseClass {
    open fun opened() {
    }
    fun notOpend() {
    }
}
```

```
class ChildClass: BaseClass() {
    override fun opened() {
    }
    override fun notOpened {
    }
}
```

notOpened 메서드는 open 키워드
가 없으므로 잘못된 사용입니다.

클래스의 세컨더리 생성자를 여러 개 중복해서 사용할 수 있는 것도 오버라이딩이 가능하기 때문입니다.

프로퍼티 오버라이드

메서드 오버라이드처럼 프로퍼티 역시 open으로 열려 있어야만 오버라이드를 할 수 있습니다.

```
open class BaseClass2 {
    open var opened: String = "I am"
}
class ChildClass2: BaseClass2() {
    override var opened: String = "You are"
}
```

익스텐션

코틀린은 클래스, 메서드, 프로퍼티에 대해 익스텐션Extensions을 지원합니다. 이미 만들어져 있는 클래스에 다음과 같은 형태로 메서드를 추가할 수 있습니다.

```
fun 클래스.확장할 메서드() {
    // 코드
}
```

상속이 미리 만들어져 있는 클래스를 가져다 쓰는 개념이라면 익스텐션은 미리 만들어져 있는 클래스에 메서드를 넣는 개념입니다. 자신이 만든 클래스에 사용하기보다는 누군가 작성해둔, 이미 컴파일되어 있는 클래스에 메서드를 추가하기 위한 용도로 사용하는 것이 좋습니다.

다음 그림처럼 컴파일되어 있는 MyClass에 3개의 메서드가 미리 만들어져 있는데, 여기에 추가로
sleep 메서드를 넣고 싶을 때 익스텐션을 사용할 수 있습니다.

```
class MyClass {
    fun say()
    fun walk()
    fun eat()
}
```

```
MyClass.sleep() {
    // 실행 코드
}
```

```
    fun sleep()
```

익스텐션을 사용한다고 해서 실제 클래스의 코드가 변경되는 것은 아니며 단지 실행 시에 도트 연산
자로 호출해서 사용할 수 있도록 해줍니다. 특별한 경우를 제외하고는 거의 메서드 확장 용도로 사
용되기 때문에 이 책에서는 메서드 확장에 대해서만 알아보겠습니다.

다음 예제는 기본 클래스인 String에 plus 메서드를 확장하는 전체 코드입니다. test 메서드 안
에 선언한 original에 문자열을 입력했기 때문에 original은 String의 익스텐션 메서드인 plus
를 호출해서 사용할 수 있습니다.

InheritanceAndExtension 프로젝트: 확장 예제

```
package kr.co.hanbit.inheritanceandextension

import androidx.appcompat.app.AppCompatActivity
import android.os.Bundle
import android.util.Log

class MainActivity: AppCompatActivity() {
    override fun onCreate(savedInstanceState: Bundle?) {
        super.onCreate(savedInstanceState)
        setContentView(R.layout.activity_main)

        testStringExtension()
    }

    // String 익스텐션 테스트 하기
    fun testStringExtension() {
        var original = "Hello"
```

```kotlin
        var added = " Guys~"
        // plus 메서드를 사용해서 문자열을 더할 수 있습니다.
        Log.d("Extension", "added를 더한 값은 ${original.plus(added)}입니다.")
    }
}
fun String.plus(word: String): String {
    return this + word }
```

---

added를 더한 값은 Hello Guys~입니다.

이어서 클래스의 상속과 확장을 코드 하나로 살펴보겠습니다. 꼭 따라서 입력한 다음 실행해보세요.

InheritanceAndExtension 프로젝트: 상속과 확장

```kotlin
package kr.co.hanbit.inheritanceandextension

import androidx.appcompat.app.AppCompatActivity
import android.os.Bundle
import android.util.Log

class MainActivity: AppCompatActivity() {
    override fun onCreate(savedInstanceState: Bundle?) {
        super.onCreate(savedInstanceState)
        setContentView(R.layout.activity_main)

        // 1. 부모 클래스 직접 호출하기
        var parent = Parent()
        parent.sayHello()
        // 2. 자식 클래스 호출해서 사용하기
        var child = Child()
        child.myHello()

        testStringExtension()
    }

    // String 익스텐션을 테스트 합니다.
    fun testStringExtension() {
        var original = "Hello"
        var added = " Guys~"
```

```kotlin
        // plus 메서드를 사용해서 문자열을 더할 수 있습니다.
        Log.d("Extension", "added를 더한 값은 ${original.plus(added)}입니다.")
    }
}
// 상속 연습
open class Parent {
    var hello: String = "안녕하세요."
    fun sayHello() {
        Log.d("Extension", "${hello}")
    }
}
class Child: Parent() {
    fun myHello() {
        hello = "Hello"
        sayHello()
    }
}
// 메서드 오버라이드 연습
open class BaseClass {
    open fun opened() {
    }
    fun notOpend() {
    }
}
class ChildClass: BaseClass() {
    override fun opened() {

    }
//  override fun notOpend() { // 오버라이드되지 않고 에러가 발생합니다.
//
//  }
}
// 프로퍼티 오버라이드 연습
open class BaseClass2 {
    open var opened: String = "I am"
}
class ChildClass2: BaseClass2() {
    override var opened: String = "You are"
}
fun String.plus(word: String): String {
    return this + word
}
```

```
안녕하세요.
Hello
added를 더한 값은 Hello Guys~입니다.
```

7.7 설계 도구

객체지향 프로그래밍은 구현(실제 로직을 갖는 코딩)과 설계(껍데기만 있는 코딩)로 구분할 수 있는데 지금까지는 모두 구현에 중점을 둔 기법을 살펴봤습니다. 이번에는 프로그래밍 설계에 사용하는 설계 도구에 대해 알아보겠습니다.

이 책의 독자층이 집중적으로 공부해야 되는 영역은 아니지만, 내용을 이해하고 하는 구현과 이해하지 못하고 하는 구현의 차이가 매우 큽니다. 따라서 기본 사항은 이해하고 넘어갈 필요가 있습니다. 설계 기법은 굉장히 방대한데 그 중 꼭 포함되는 기본 내용 중에 필요한 몇 가지만 알아보겠습니다.

패키지

패키지Package를 구현과 설계 중 어디에 포함할지 고민했는데 컴퓨터 언어에서의 패키지 사용 목적이 설계라고 볼 수 있다고 생각해서 설계 부분에서 다룹니다. 설계라는 개념에 대해 아직은 막연할 수도 있지만 여러분이 코딩하면서 파일을 분류하고, 이름을 짓고, 특정 디렉터리에 모아 놓는 것이 모두 설계입니다.

패키지는 클래스와 소스 파일을 관리하기 위한 디렉터리 구조의 저장 공간입니다. 다음과 같이 현재 클래스가 어떤 패키지(디렉터리)에 있는지 표시합니다. 디렉터리가 계층 구조로 만들어져 있으면 온점(.)으로 구분해서 각 디렉터리를 모두 나열해줍니다.

```
package 메인 디렉터리.서브 디렉터리
class 클래스 {

}
```

이 디렉터리 구조를 윈도우의 파일 탐색기(맥은 파인더)에서 보면 다음 그림과 같은 구조로 되어 있는데 메인 디렉터리 아래에 서브 디렉터리가 있고, 서브 디렉터리 안에 실제 코드가 있는 클래스.kt 파일이 있습니다.

하나의 패키지에 여러 개의 파일을 생성할 수 있기 때문에 서로 관계가 있는 파일을 동일한 패키지에 만들어두면 관리가 용이합니다.

추상화

프로그래밍을 하기 전 개념 설계를 하는 단계에서는 클래스의 이름과 클래스 안에 있음 직한 기능을 유추해서 메서드 이름으로 먼저 나열합니다.

이때 명확한 코드는 설계 단계에서 메서드 블록 안에 직접 코드를 작성하는데, 그렇지 않은 경우에는 구현 단계에서 코드를 작성하도록 메서드의 이름만 작성합니다. 이것을 추상화[Abstract]라고 하며 abstract 키워드를 사용해서 명시합니다.

구현 단계에서는 이 추상화된 클래스를 상속받아서 아직 구현되지 않은 부분을 마저 구현합니다.

```
abstract class Design {
    abstract fun drawText()
    abstract fun draw()
    fun showWindow() {
        // 코드
    }
}
```

```
class Implements: Design() {
    fun drawText() {
        // 구현 코드
    }
    fun draw() {
        // 구현 코드
    }
}
```

다음과 같이 추상화된 Animal 클래스를 만들고 동물이 사용할 것 같은 기능 중에 walk와 move를 설계한다고 가정해보세요.

```
abstract class Animal {
    fun walk() {
        Log.d("abstract", "걷습니다.")
    }
    abstract fun move()
}
```

walk는 명확하게 걸어가는 행위이지만 move는 어떤 동물이냐에 따라서 달라질 수 있습니다. 예를 들어 새는 날아가겠지만 고래는 수영을 하겠죠.

이렇게 앞으로 상속받을 자식 클래스의 특징에 따라 코드가 결정될 가능성이 있다면 해당 기능도 모두 abstract 키워드로 추상화합니다. 그리고 실제 구현 클래스는 이 추상 클래스를 상속받아서 아직 구현되지 않은 추상화되어 있는 기능을 모두 구현해줍니다. 추상 클래스는 독립적으로 인스턴스화 할 수 없기 때문에 구현 단계가 고려되지 않는다면 잘못된 설계가 될 수 있습니다.

```
class Bird: Animal() {
    override fun move() {
        Log.d("abstract", "날아서 이동합니다.")
    }
}
```

앞에서 잠깐 안드로이드의 Activity 클래스를 언급했는데, Activity도 수많은 클래스를 상속받아 만들어집니다. 이 Activity가 상속받는 클래스 중에 최상위에 Context라는 클래스가 있는데, 최상위 클래스인 Context가 바로 abstract로 설계되어 있습니다.

인터페이스

인터페이스Interface는 추상화와 비교하면 가장 명확하게 이해할 수 있는데 실행 코드 없이 메서드 이름만 가진 추상 클래스라고 생각해도 무방할 것 같습니다. 즉, 누군가 설계해 놓은 개념 클래스 중에 실행 코드가 한 줄이라도 있으면 추상화, 코드 없이 메서드 이름만 나열되어 있으면 인터페이스입니다.

인터페이스는 상속 관계의 설계보다는 외부 모듈에서 내가 만든 모듈을 사용할 수 있도록 메서드의
이름을 나열해둔 일종의 명세서로 제공됩니다.

```
interface 목록 {
    fun say()
    fun walk()
    fun eat()
}
```

```
class 내부 모듈 {
    fun 처리(목록) {
    }
}
```

제공

목록 중에 있는 것을 요청

```
class 외부 모듈 {
    fun 처리() {
    }
}
```

인터페이스는 interface 예약어를 사용해서 정의할 수 있고 인터페이스에 정의된 메서드를 오버
라이드해서 구현할 수 있습니다. 코틀린은 프로퍼티도 인터페이스 내부에 정의할 수 있는데, 대부분
의 객체지향 언어에서는 지원하지 않습니다. 추상 클래스와 다르게 class 키워드는 사용되지 않습
니다.

```
interface 인터페이스명 {
    var 변수: String
    fun 메서드1()
    fun 메서드2()
}
```

인터페이스 만들기

interface 예약어로 인터페이스를 정의합니다. 코틀린은 인터페이스 내부에 프로퍼티도 정의할
수 있습니다. 메서드는 코드 블록 없이 이름만 작성해 놓습니다. 인터페이스의 프로퍼티와 메서드
앞에는 abstract 키워드가 생략된 형태입니다.

```
interface InterfaceKotlin {
    var variable: String
    fun get()
    fun set()
}                       ——— abstract 키워드가 생략되어 있습니다.
```

클래스에서 구현하기

인터페이스를 클래스에서 구현할 때는 상속과는 다르게 생성자를 호출하지 않고 인터페이스 이름만
지정해주면 됩니다.

```
class KotlinImpl: InterfaceKotlin {
    override var variable: String = "init value"
    override fun get() {
        // 코드 구현
    }
    override fun set() {
        // 코드 구현
    }
}
```

인터페이스를 클래스의 상속 형태가 아닌 소스 코드에서 직접 구현할 때도 있는데, object 키워드
를 사용해서 구현해야 합니다. 실제로 안드로이드 프로젝트를 시작하면 자주 사용하는 형태입니다.

```
var kotlinImpl = object: InterfaceKotlin {
    override var variable: String = "init"
    override fun get() {
        // 코드
    }
    override fun set() {
        // 코드
    }
}
```

인터페이스의 효율적인 사용

인터페이스는 외부의 다른 모듈을 위한 의사소통 방식을 정의하는 것입니다. 혼자 개발하거나 소수의 인원이 하나의 모듈 단위를 개발할 때는 인터페이스를 사용하지 않는 것이 좋습니다. 인터페이스를 남용하면 코드의 가독성과 구현 효율성이 떨어지기 때문입니다.

안드로이드가 제공하는 인터페이스를 자주 사용하는 이유는 안드로이드가 보았을 때 개발자가 만드는 모듈이 외부 모듈이기 때문입니다.

접근 제한자

코틀린에서 정의되는 클래스, 인터페이스, 메서드, 프로퍼티는 모두 접근 제한자Visibility Modifiers를 가질 수 있습니다.

함수형 언어라는 특성 때문에 코틀린은 기존 객체지향에서 접근 제한자의 기준으로 삼았던 패키지 대신에 모듈 개념이 도입되었습니다. internal 접근 제한자로 모듈 간에 접근을 제한할 수 있습니다.

접근 제한자의 종류

접근 제한자는 서로 다른 파일에게 자신에 대한 접근 권한을 제공하는 것인데 각 변수나 클래스 이름 앞에 아무런 예약어를 붙이지 않았을 때는 기본적으로 public 접근 제한자가 적용됩니다.

접근 제한자	제한 범위
private	다른 파일에서 접근할 수 없습니다.
internal	같은 모듈에 있는 파일만 접근할 수 있습니다.
protected	private와 같으나 상속 관계에서 자식 클래스가 접근할 수 있습니다.
public	제한 없이 모든 파일에서 접근할 수 있습니다.

 코틀린에서의 모듈이란?

코틀린에서 모듈이란 한 번에 같이 컴파일되는 모든 파일을 말합니다. 안드로이드를 예로 든다면 하나의 앱이 하나의 모듈이 될 수 있습니다. 또한 라이브러리도 하나의 모듈입니다.

접근 제한자의 적용

접근 제한자를 붙이면 해당 클래스, 멤버 프로퍼티 또는 메서드에 대한 사용이 제한됩니다.

다음 코드를 통해서 접근 제한자가 어떻게 작용하는지 알아보겠습니다. 다양한 접근 제한자를 갖는 부모 클래스를 하나 생성합니다.

```kotlin
open class Parent {
    private val privateVal = 1
    protected open val protectedVal = 2
    internal val internalVal = 3
    val defaultVal = 4
}
```

자식 클래스에서 부모 클래스를 상속받고 테스트합니다.

```kotlin
class Child: Parent() {
    fun callVariables() {
        // privateVal은 호출이 안 됩니다. ●------------①
        Log.d("Modifier", "protected 변수의 값은 ${protectedVal}") ●------------②
        Log.d("Modifier", "internal 변수의 값은 ${internalVal}") ●------------③
        Log.d("Modifier", "기본 제한자 변수 defaultVal의 값은 ${defaultVal}") ●------------④
    }
}
```

① privateVal은 private 멤버이기 때문에 접근할 수 없습니다.

② protected 멤버 protectedVal은 상속 관계이므로 접근할 수 있습니다.

③ internal 멤버 internalVal은 동일한 모듈이므로 접근할 수 있습니다.

④ 접근 제한자가 없는 멤버 defaultVal에는 public이 적용되어 접근할 수 있습니다.

상속 관계가 아닌 외부 클래스에서 Parent 클래스를 생성하고 사용해봅니다. 상속 관계가 아니기 때문에 public과 internal에만 접근할 수 있습니다.

```kotlin
class Stranger {
    fun callVariables() {
        val parent = Parent()
        Log.d("Modifier", "internal 변수의 값은 ${parent.internalVal}입니다.")
```

```
        Log.d("Modifier", "public 변수의 값은 ${parent.defaultVal}입니다.")
    }
}
```

제네릭

제네릭Generics은 입력되는 값의 타입을 자유롭게 사용하기 위한 설계 도구입니다. 다음은 자주 사용되는 MutableList 클래스의 원본 코드를 이해하기 쉽게 변형한 코드입니다.

```
public interface MutableList<E> {
    var list: Array<E>
    …
}
```

클래스명 옆에 <E>라고 되어 있는 부분에 String과 같은 특정 타입이 지정되면 클래스 내부에 선언된 모든 E에 String이 타입으로 지정됩니다. 결과적으로 var list: Array<E>가 var list: Array<String>으로 변경되는 것입니다.

이렇게 설계된 클래스를 우리는 주로 구현하는 용도로 사용하며 컬렉션이나 배열에서 입력되는 값의 타입을 특정하기 위해 다음과 같이 사용됩니다.

```
var list: MutableList<제네릭> = mutableListOf("월", "화", "수")
```

```
fun testGenerics() {
    // String을 제네릭으로 사용했기 때문에 list 변수에는 문자열만 담을 수 있습니다.
    var list: MutableList<String> = mutableListOf()
    list.add("월")
    list.add("화")
    list.add("수")
    // list.add(35) // <- 입력 오류가 발생합니다.
    // String 타입의 item 변수로 꺼내서 사용할 수 있습니다.
    for (item in list) {
        Log.d("Generic", "list에 입력된 값은 ${item}입니다.")
    }
}
```

지금까지 배운 내용을 코드로 살펴보겠습니다. 다음은 DesginTool 프로젝트입니다.

DesignTool 프로젝트: 설계 도구 이해하기

```kotlin
package kr.co.hanbit.designtool

import androidx.appcompat.app.AppCompatActivity
import android.os.Bundle
import android.util.Log

class MainActivity: AppCompatActivity() {
    override fun onCreate(savedInstanceState: Bundle?) {
        super.onCreate(savedInstanceState)
        setContentView(R.layout.activity_main)

        // 접근 제한자 테스트
        var child = Child()
        child.callVariables()

        // 부모 클래스 직접 호출해보기
        var parent = Parent()
        Log.d("Visibility", "Parent: 기본 제한자 defaultVal의 값은 ${parent.defaultVal}")
        Log.d("Visibility", "Parent: internalVal의 값은 ${parent.internalVal}")
    }
}


// 추상 클래스 설계
abstract class Animal {
    fun walk() {
        Log.d("abstract", "걷습니다.")
    }
    abstract fun move()
}
// 구현 •
class Bird: Animal() {
    override fun move() {
        Log.d("abstract", "날아서 이동합니다.")
    }
}
// 인터페이스 설계 •
interface InterfaceKotlin {
    var variable: String
```

코드의 동작과는 무관하지만 실습 예제로 적어둔 코드입니다.

```kotlin
    fun get()
    fun set()
}
// 구현
class KotlinImpl: InterfaceKotlin {
    override var variable: String = "init value"
    override fun get() {
        // 코드 구현
    }
    override fun set() {
        // 코드 구현
    }
}
// 접근 제한자 테스트를 위한 부모 클래스
open class Parent {
    private val privateVal = 1
    protected open val protectedVal = 2
    internal val internalVal = 3
    val defaultVal = 4
}
// 자식 클래스
class Child: Parent() {
    fun callVariables() {
        // privateVal은 호출이 안 됩니다.
        Log.d("Visibility", "Child: protectedVal의 값은 ${protectedVal}")
        Log.d("Visibility", "Child: internalVal의 값은 ${internalVal}")
        Log.d("Visibility", "Child: 기본 제한자 defaultVal의 값은 ${defaultVal}")
    }
}
```

```
Child: protectedVal의 값은 2
Child: internalVal의 값은 3
Child: 기본 제한자 defaultVal의 값은 4
Parent: 기본 제한자 defaultVal의 값은 4
Parent: 기본 제한자 internalVal의 값은 3
```

클래스와 설계는 다른 섹션보다 분량이 많아서 아마 놓친 부분이 있을 겁니다. 다음 요약 내용을 한 번 이상 읽어본 후에 다음 내용을 학습하시기 바랍니다.

- **클래스(class)**: 변수와 함수의 모음으로, 연관성 있는 코드를 그룹화하고 이름을 매긴 것입니다.

- **constructor**: 클래스를 사용하기 위해서 호출하는 일종의 함수입니다.

- **init**: 기본 생성자를 호출하면 실행되는 코드 블록입니다.

- **프로퍼티(Property)**: 클래스에 정의된 변수를 프로퍼티 또는 멤버 변수라고 합니다

- **메서드(method)**: 클래스에 정의된 함수를 메서드 또는 멤버 함수라고 합니다.

- **컴패니언 오브젝트(companion object)**: 컴패니언 오브젝트의 블록 안에서 변수와 함수를 정의하면 생성자를 통하지 않고 클래스의 멤버들을 사용할 수 있습니다.

- **상속**: 코드를 재사용하기 위한 설계 도구입니다. 상속 관계에서 자식 클래스는 부모 클래스의 멤버들을 자신의 것처럼 사용할 수 있습니다.

- **추상화(abstract)**: 클래스를 개념 설계하기 위한 도구입니다.

- **인터페이스(interface)**: 외부 모듈에 제공하기 위해 메서드 이름을 나열한 명세서입니다.

- **패키지(package)**: 연관성 있는 클래스들을 분류하기 위한 디렉터리 구조입니다.

- **접근 제한자**: 클래스의 멤버에 지정된 접근 제한자에 따라 외부에서 사용 여부가 결정됩니다.

- **제네릭(Generic)**: 타입을 특정해서 안정성을 유지하기 위한 설계 도구입니다.

미니 퀴즈 3-7

1. 클래스의 멤버 변수와 멤버 함수를 지칭하는 용어는 무엇인가요?

2. 클래스를 사용하기 위해 호출되는 함수는 무엇인가요?

3. 생성자를 통하지 않고 클래스의 멤버를 사용할 수 있게 해주는 키워드는 무엇인가요?

4. 상속 관계에서 자식이 부모의 멤버에 접근하는 것을 제한하는 것을 무엇이라고 하나요?

5. 접근 제한자에는 어떤 것이 있나요?

6. 기본적으로 아무런 접근 제한자도 지정하지 않으면 어떻게 동작하나요?

7. 클래스를 설계하는 데 있어서 클래스 내부에 코드를 작성할 수 있는 설계 도구는 무엇인가요?

 # null 값에 대한 안정적인 처리: Null Safety

코틀린은 null 값의 처리에 많은 공을 들인 언어입니다. null은 프로그래밍하면서 항상 이슈의 중심에 있는데 null로 인해 프로그램 전체, 혹은 앱 전체가 멈출 수 있기 때문입니다.

프로그램이 멈출 수 있는 상황을 한번 코드로 만들어보겠습니다. 먼저 1개의 메서드를 갖고 있는 클래스를 만듭니다.

```
class One {
    fun print() {
        Log.d("null_safety", "can you call me?")
    }
}
```

그리고 onCreate() 메서드 안에서 다음과 같이 one 변수 하나를 선언하고 타입으로 내가 만든 클래스를 지정해둡니다. 그리고 특정 조건이 만족할 때만 선언한 변수에 생성자를 호출해서 저장해두는 조건문 if를 만듭니다. 그리고 변수를 통해 해당 클래스의 메서드를 하나 호출합니다.

```
var one: One
if (1 > 2) {
    one = One()
}
one.print()
```

이 코드에서는 1 > 2가 false이기 때문에 one 변수는 아무것도 없는 null 상태가 됩니다. 이때 print 메서드를 호출하면 null 포인터 예외가 발생하면서 프로그램이 다운됩니다. 물론 이 코드는 안드로이드 스튜디오에서 오류를 발생 시켜 컴파일되지 않도록 막아줍니다. 하지만 코드의 양이 많아지면 이런 상황이 언제든지 발생할 수 있는데, 코틀린은 이런 상황을 방지하기 위해서 다양한 안전장치를 만들어두었습니다. 그 결과물이 Null Safety입니다.

8.1 null 값 허용하기: ?

코틀린에서 지정하는 기본 변수는 모두 null이 입력되지 않습니다. null 값을 입력하기 위해서는 변수를 선언할 때 타입 뒤에 ?(Nullable, 물음표)를 입력합니다.

```
var variable: String?
```

변수에 null 허용 설정하기

변수의 타입 뒤에 물음표를 붙이지 않으면 null 값을 입력할 수 없습니다. null 예외를 발생시키고 싶지 않다면 기본형으로 선언합니다.

```
var nullable: String? // 타입 다음에 물음표를 붙여서 null 값을 입력할 수 있습니다.
nullable = null

var notNullable: String
notNullable = null // 일반 변수에는 null을 입력할 수 없습니다.
```

함수 파라미터에 null 허용 설정하기

안드로이드의 onCreate() 메서드의 Bundle 파라미터처럼 함수의 파라미터에도 null 허용 여부를 설정할 수 있습니다. 함수의 파라미터가 null을 허용하려면 해당 파라미터에 대해서 null 체크를 먼저 해야만 사용할 수 있습니다.

```
fun nullParameter(str: String?) { •---------- 파라미터 str에 null이 허용되었기 때문에 함수 내부에서
    if (str != null) {                        null 체크를 하기 전에는 str을 사용할 수 없습니다.
        var length2 = str.length
    }
}
```

이 코드에서처럼 str 파라미터를 조건문 if에서 null인지 아닌지 체크해야지만 사용할 수 있습니다.

함수의 리턴 타입에 null 허용 설정하기

함수의 리턴 타입에도 물음표를 붙여서 null 허용 여부를 설정할 수 있습니다.

```
fun nullReturn(): String? {
    return null
}
```

함수의 리턴 타입에 Nullable이 지정되어 있지 않으면 null 값을 리턴할 수 없습니다.

8.2 안전한 호출: ?.

변수를 Nullable로 만들기 위해서 물음표를 사용했습니다. 이제는 ?.(Safe Call, 물음표와 온점)을 사용해서 null 체크를 좀 더 간결하게 하겠습니다.

Nullable인 변수 다음에 ?.을 사용하면 해당 변수가 null일 경우 ?. 다음의 메서드나 프로퍼티를 호출하지 않습니다. 다음 코드에서처럼 문자열의 길이를 반환하는 length 프로퍼티를 호출했는데 str 변수 자체가 null일 경우는 length 프로퍼티를 호출하지 않고 바로 null을 반환합니다.

```
fun testSafeCall(str: String?): Int? {
    // str이 null이면 length를 체크하지 않고 null을 반환합니다.
    var resultNull: Int? = str?.length
    return resultNull
}
```

만약 Safe Call을 사용하지 않았는데 str 변수가 null이라면 프로그램은 다운됩니다.

8.3 Null 값 대체하기: ?:

앞에서 안전한 호출을 위해서 ?.(Safe call)을 사용했습니다. 이제는 ?:(Elvis Operator, 물음표와 콜론)을 사용해서 원본 변수가 null일 때 넘겨줄 기본값을 설정해보겠습니다.

다음 코드에서 Safe Call 다음에 호출되는 프로퍼티 뒤에 다시 ?:을 붙였습니다. 그리고 0이라는 값을 표시했습니다. 이렇게 호출하면 str 변수가 null일 경우 가장 뒤에 표시한 0을 반환합니다.

```
fun testElvis(str: String?): Int {
    // length 오른쪽에 ?:을 사용하면 null일 경우 ?: 오른쪽의 값이 반환됩니다.
    var resultNonNull: Int = str?.length?:0
    return resultNonNull
}
```

여기서 잠깐

☼ **Nullable(?), Safe Call(?.), Elvis operator(?:)를 구분하는 법**

물음표의 위치와 형태에 따라 Nullable, Safe Call, Elvis operator가 구분됩니다.

Nullable

- 표기법: 선언하는 변수의 타입 다음에 ? 표기

- 사용 목적: null을 입력받기 위해 사용

- 사용 예: `var nullable: 타입?`

Safe Call

- 표기법: 선언된 변수의 이름 다음에 ?. 표기

- 사용 목적: null일 때 ?. 다음에 나오는 속성이나 명령어를 처리하지 않기 위해 사용

- 사용 예: `var result = 변수?.length` 또는 `변수?.프로퍼티?.something`

Elvis Operator

- 표기법: 선언된 변수의 이름 다음에 ?: 표기

- 사용 목적: null일 때 ?: 다음에 나오는 값을 기본값으로 사용

- 사용 예: `var result = 변수?:0` 또는 `변수?.프로퍼티?:0`

⚠ ?:는 가수 엘비스 프레슬리의 이모티콘에서 유래되어 엘비스 오퍼레이터라 불린다고 알려져 있습니다. 코틀린뿐만 아니라 C++, PHP, C#, SQL 등 다른 언어에서도 이미 지원하고 있는데 언어마다 용도는 조금씩 다릅니다.

1. 아래 코드의 결괏값은 무엇인가요?

```
var nullable: String? = null
var size = nullable.length
Log.d("Nullable", "문자열의 길이 = $size")
```

2. 아래 코드의 예상되는 결괏값은 무엇인가요?

```
var nullable: String? = null
var size = nullable?.length
Log.d("Nullable", "문자열의 길이 = $size")
```

3. 아래 코드의 예상되는 결괏값은 무엇인가요?

```
var nullable: String? = null
var size = nullable?.length?:33
Log.d("Nullable", "문자열의 길이 = $size")
```

❰9❱ 지연 초기화

코틀린은 지연 초기화를 사용하는데 이는 클래스의 코드에 Nullable(?) 처리가 남용되는 것을 방지해줍니다. 지연 초기화에 사용하는 lateinit과 lazy를 살펴보겠습니다.

9.1 lateinit

개발을 하다 보면 클래스 안에서 변수(프로퍼티)만 Nullable로 미리 선언하고 초기화(생성자 호출)를 나중에 해야 할 경우가 있는데, 이럴 경우 lateinit 키워드를 사용할 수 있습니다.

Nullable로 선언하는 일반적인 방법

일반적인 선언 방식으로 처음에 null 값을 입력해두고, 클래스의 다른 메서드 영역에서 값을 입력합니다.

```kotlin
class Person {
    var name: String? = null
    init {
        name = "Lionel"
    }
    fun process() {
        name?.plus(" Messi")
        print("이름의 길이 = ${name?.length}")
        print("이름의 첫 글자 = ${name?.substring(0,1)}")
    }
}
```

이 방식은 변수에 입력된 값의 메서드나 프로퍼티를 사용할 때 Safe Call(?.)이 남용되어 가독성을 떨어트리는 문제가 있습니다.

lateinit을 사용하는 방법

lateinit을 사용하면 Safe Call을 쓰지 않을 수 있기 때문에 코드에서 발생할 수 있는 수많은 ?를 방지할 수 있습니다. 다음 코드를 보면 ?가 제거되면서 가독성이 좋아진 것을 확인할 수 있습니다.

```
class Person {
    lateinit var name: String
    init {
        name = "Lionel"
    }
    fun process() {
        name.plus(" Messi")
        print("이름의 길이 = ${name.length}")
        print("이름의 첫 글자 = ${name.substring(0,1)}")
    }
}
```

lateinit의 특징은 다음 세 가지를 들 수 있습니다.

- var로 선언된 클래스의 프로퍼티에만 사용할 수 있습니다.
- null은 허용되지 않습니다.
- 기본 자료형 Int, Long, Double, Float 등은 사용할 수 없습니다.

lateinit을 사용할 때는 주의할 점이 있습니다. lateinit은 변수를 미리 선언만 해 놓은 방식이기 때문에 초기화되지 않은 상태에서 메서드나 프로퍼티를 참조하면 null 예외가 발생해서 앱이 종료됩니다. 따라서 변수가 초기화되지 않은 상황이 발생할 수 있다면, Nullable이나 빈 값으로 초기화하는 것이 좋습니다.

9.2 lazy

lazy는 읽기 전용 변수인 val을 사용하는 지연 초기화입니다. lateinit이 입력된 값을 변경할 수 있는 반면, lazy는 입력값을 변경할 수 없습니다. 그리고 사용법도 조금 다릅니다. 코드만으로는 조금 생소할 수 있는데 val로 변수를 먼저 선언한 후 코드의 뒤쪽에 by lazy 키워드를 사용하면 됩니다. 그리고 by lazy 다음에 나오는 중괄호({})에 초기화할 값을 써주면 됩니다.

```
class Company {
    val person: Person by lazy { Person() }
    init {
        // lazy는 선언 시에 초기화를 하기 때문에 초기화 과정이 필요 없습니다.
    }
    fun process() {
        print("person의 이름은 ${person.name}") // 최초 호출하는 시점에 초기화됩니다.
    }
}
```

여기서 잠깐

☼ by lazy와 변수 타입의 생략

by lazy를 사용하면 반환되는 값의 타입을 추론할 수 있기 때문에 앞의 코드에서 작성한 person 변수의 타입은 생략할 수 있습니다.

```
val person by lazy { Person() }
```

lazy의 특징은 다음과 같습니다.

- 주석에 써 있듯이 선언 시에 초기화 코드를 함께 작성하기 때문에, 따로 초기화할 필요가 없습니다.
- lazy로 선언된 변수가 최초 호출되는 시점에 by lazy{} 안에 넣은 값으로 초기화됩니다. 앞의 코드에서 Company 클래스가 초기화되더라도 person에 바로 Person()으로 초기화되지 않고, process 메서드에서 person.name이 호출되는 순간 초기화됩니다.

lazy는 주의해서 사용해야 합니다. 지연 초기화는 말 그대로 최초 호출되는 시점에 초기화 작업이 일어나기 때문에 초기화하는 데 사용하는 리소스가 너무 크면(메모리를 많이 쓰거나 코드가 복잡한 경우) 전체 처리 속도에 나쁜 영향을 미칠 수 있습니다.

예를 들어 앞의 Company 클래스에서 처리하는 Person 클래스의 코드가 복잡하면 단순히 person.name을 호출하는 데 수 초가 걸릴 수도 있습니다. 따라서 복잡한 코드를 가지고 있는 클래스라면 미리 초기화해 놓고 사용하는 것이 좋습니다.

1. 다음 코드에서 ( ) 안에 들어가야 하는 키워드는 무엇인가요?

```
lateinit (    ) school: School
```

2. 다음 코드에서 ( ) 안에 들어가야 하는 키워드는 무엇인가요?

```
(    ) apple: Apple by lazy { Apple() }
```

3. 다음 코드를 실행하면 오류가 발생하는 이유는 무엇인가요?

```
class Market {
    lateinit var candy: Candy
    init {
      Log.d("Candy", "사탕의 이름은 ${candy.name} 입니다.")
    }
}
```

❮10❯ 스코프 함수

스코프 함수$^{Scope\ functions}$는 코드를 축약해서 표현할 수 있도록 도와주는 함수이며 영역 함수라고도 합니다. 사용법은 함수처럼 쓰지 않고 run, let처럼 괄호 없이 일종의 키워드같이 사용할 수 있습니다. lateinit과 함께 Safe Call 남용을 막아주는 역할도 하기 때문에 많이 사용하는 요소입니다. 스코프 함수에는 run, let, apply, also, with가 있습니다.

10.1 run과 let으로 보는 스코프 함수

run과 let은 자신의 함수 스코프(코드 블록) 안에서 호출한 대상을 this와 it로 대체해서 사용할 수 있습니다.

run

스코프 함수 안에서 호출한 대상을 this로 사용할 수 있습니다. 클래스 내부의 함수를 사용하는 것과 동일한 효과이기 때문에 this는 생략하고 메서드나 프로퍼티를 바로 사용할 수 있습니다.

다음 예제에서는 MutableList를 run 함수를 이용해서 스코프를 지정한 후 내부에서 size 프로퍼티를 직접 호출하였습니다.

```
var list = mutableListOf("Scope", "Function")
list.run {                          ·············· this.size 대신에 this를 생략한 채로 도트
    val listSize = size              연산자(.) 없이 바로 사용할 수 있습니다.
    println("리스트의 길이 run = $listSize")
}
```

let

함수 영역 안에서 호출한 대상을 it으로 사용할 수 있습니다. it을 생략할 수는 없지만 target 등
다른 이름으로 바꿀 수 있습니다.

예제에서는 MutableList의 size 속성을 let 스코프 안에서 it.size로 호출하였습니다.

```
var list = mutableListOf("Scope", "Function")
list.let { // it -> 생략된 형태. it -> 대신에 target -> 등으로 변경 가능합니다.
    val listSize = it.size // 모든 속성과 함수를 it.멤버로 사용할 수 있습니다.
    println("리스트의 길이 let = $listSize")
}
```

10.2 this와 it으로 구분하기

앞에서 봤듯이 스코프 함수는 자신을 호출한 대상을 this 또는 it으로 대체해서 사용할 수 있는데,
나머지 스코프 함수의 사용법을 두 가지로 구분해서 알아보겠습니다.

this로 사용되는 스코프 함수: run, apply, with

다음은 apply와 with의 사용 예제입니다. 스코프 함수 안에서 this로 사용되기 때문에 메서드나
프로퍼티를 직접 호출합니다.

```
var list = mutableListOf("Scope", "Function")
list.apply {
    val listSize = size
    println("리스트의 길이 apply = $listSize")
}

with (list) {
    val listSize = size
    println("리스트의 길이 with = $listSize")
}
```

여기서 잠깐

☼ 호출 대상이 null일 경우

with는 스코프 함수이긴 하지만 앞의 2개와는 다르게 확장(Extension) 함수가 아니기 때문에 일반 함수처럼 사용됩니다. 따라서 호출하는 대상이 null일 경우에는 with보다는 apply나 run을 사용하는 것이 효율적입니다.

```
target?.apply { /* 코드 */ }
```

it으로 사용되는 스코프 함수: let, also

다음은 let과 also를 사용하는 예제입니다.

```
var list = mutableListOf("Scope", "Function")
list.let { target -> // it을 target 등과 같이 다른 이름으로 변경 가능합니다.
    val listSize = target.size // target으로 변경했기 때문에 멤버 접근은 target.속성입니다.
    println("리스트의 길이 let = $listSize")
}

list.also {
    val listSize = it.size
    println("리스트의 길이 also = $listSize")
}
```

10.3 반환값으로 구분하기

앞에서 사용해본 것만으로는 this와 it으로 사용되는 함수가 2개 이상씩 중복으로 있는 것처럼 보일 수 있습니다. 하지만 동일하게 this로 사용되는 함수라도 대입 연산자를 사용해서 값을 반환할 경우에는 용도가 달라집니다.

결괏값을 반환할 경우, 스코프가 종료되는 시점에서의 반환값이 다르기 때문에 서로 다른 역할을 하는 스코프 함수가 필요합니다.

호출 대상인 this 자체를 반환하는 스코프 함수: apply, also

apply를 사용하면 스코프 함수 안에서 코드가 모두 완료된 후 자기 자신을 되돌려줍니다. 예제에서 apply 스코프의 마지막 줄에서 count()를 호출했지만 마지막 코드와 상관없이 그냥 MutableList 자신을 돌려주기 때문에 Scope, Function에 Apply가 추가된 값이 출력됩니다.

also도 동일하게 동작합니다.

```kotlin
var list = mutableListOf("Scope", "Function")

val afterApply = list.apply {
    add("Apply")
    count()
}
println("반환값 apply = $afterApply")

val afterAlso = list.also {
    it.add("Also")
    it.count()
}
println("반환값 also = $afterAlso")
```

```
반환값 apply = [Scope, Function, Apply]
반환값 also = [Scope, Function, Apply, Also]
```

마지막 실행 코드를 반환하는 스코프 함수: let, run, with

let, run, with의 결괏값을 반환하는 경우에는 앞의 2개와는 완전히 다른 결과가 나올 수 있으므로 주의해야 합니다. 자기 자신이 아닌 스코프의 마지막 코드를 반환하기 때문입니다.

다음 예제의 let에서 스코프 마지막 코드가 it.count()로 종료되었습니다. apply나 also라면 마지막 코드에 상관없이 Scope, Function, Run이 출력되지만 let은 마지막 코드가 반환되기 때문에 출력값으로 리스트의 개수인 3이 출력됩니다.

run과 with도 역시 마지막 코드가 반환됩니다.

```kotlin
var list = mutableListOf("Scope", "Function")

val lastCount = list.let {
    it.add("Run")
    it.count()
}
println("반환값 let = $lastCount")

val lastItem = list.run {
    add("Run")
    get(size-1)
}
println("반환값 run = $lastItem")

val lastItemWith = with(list) {
    add("With")
    get(size-1)
}
println("반환값 with = $lastItemWith")
```

```
반환값 let = 3
반환값 run = Run
반환값 with = With
```

1. 마지막 실행 코드를 반환하는 스코프 함수는 무엇인가요?

2. 스코프 함수 안에서 it으로 사용되는 것 2개는 무엇인가요?

3. 다음 코드의 예상되는 결과는 무엇인가요?

```
var fruits = mutableListOf("Apple", "Banana")

val afterFruits = fruits.let {
    it.add("Melon")
    it.count()
}
Log.d("결괏값: ", "$afterFruits")
```

안드로이드의 화면 구성과 생명 주기

위젯과 리소스 다루기

이 장의 핵심 개념

• 레이아웃의 의미와 요소를 알아봅니다.

• 디자인 요소인 위젯을 이해하고 위젯을 배치해서 기본 화면을 설정해봅니다.

4장을 시작하기 전에

레이아웃Layout의 어원은 'lay something out, 펼쳐놓다'라는 의미입니다. 보통은 책이나 광고, 일정 공간에 목적과 시각적 효과를 고려하여 요소를 배치하는 것을 뜻합니다. 스마트폰에서도 마찬가지로 화면 위에 요소를 배치하는 일이 레이아웃입니다.

위젯을 포함한 화면 요소들의 배치를 담당하는 레이아웃으로는 컨스트레인트 레이아웃ConstraintLayout, 레이아웃제약, 리니어 레이아웃LinearLayout, 프레임 레이아웃FrameLayout 등이 있습니다. 안드로이드 스튜디오 3.1 이상부터는 상대 레이아웃RelativeLayout과 그리드 레이아웃GridLayout이 레거시Legacy 카테고리로 분류되어 더 이상 업데이트되지 않습니다. 특별한 경우가 아니라면 사용하지 않는 것이 좋습니다.

각각의 레이아웃은 팔레트Palette 영역의 레이아웃 카테고리에서 사용할 수 있습니다.

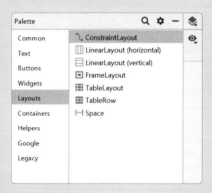

 # 배치를 담당하는 레이아웃

레이아웃은 눈에 보이지 않으면서 그 안에 버튼Button, 텍스트뷰TextView와 같은 여러 요소의 배치를 도와줍니다. 여기에서는 레이아웃의 사용법을 익히고, 레이아웃 안에 버튼이나 텍스트뷰와 같은 위젯들을 배치하는 방법을 알아보겠습니다.

1.1 레이아웃 파일

프로젝트를 처음 생성하면 우리가 아무런 설정을 하지 않아도 소스 코드를 작성할 수 있는 1개의 액티비티(MainActivity.kt) 파일이 만들어집니다. 마찬가지로 화면을 구성할 수 있는 activity_main이라는 이름의 레이아웃 파일도 자동으로 만들어지는데, 레이아웃 파일은 소스 코드가 아닌 리소스로 분류되기 때문에 파일명은 모두 소문자로 작성되고 파일명 끝에 파일의 타입인 XML을 붙여서 activity_main.xml이 됩니다.

> **여기서 잠깐**
>
> ☆ **리소스**
>
> 우리가 만드는 앱은 이미지, MP3, DB와 같은 많은 종류의 파일로 구성되는데, 코틀린으로 작성되는 소스 코드 파일을 제외한 모든 파일을 리소스(Resource)라고 합니다. 이 리소스 파일의 이름은 모두 소문자로 작성해야 합니다.

1.2 컨스트레인트 레이아웃

컨스트레인트 레이아웃ConstraintLayout은 안드로이드 기본Default 레이아웃으로 화면에 배치되는 위젯 사이에 간단한 제약조건Constraint 설정만으로 전체 화면을 쉽게 구성할 수 있도록 도와줍니다.

기본 레이아웃

상단 탭에서 [activity_main.xml]을 클릭해서 레이아웃 파일을 열면 다음 그림과 같은 화면이 기본 적으로 보여집니다. 화면 중앙에 'Hello World!'라고 입력된 텍스트뷰를 클릭해보세요. 클릭하면 그림처럼 우측에 속성을 설정할 수 있는 속성 영역Attributes이 나타나고, 화면 좌측 하단의 컴포넌트 트리Component Tree를 보면 컨스트레인트 레이아웃이 기본 레이아웃으로 지정된 것을 확인할 수 있습니다.

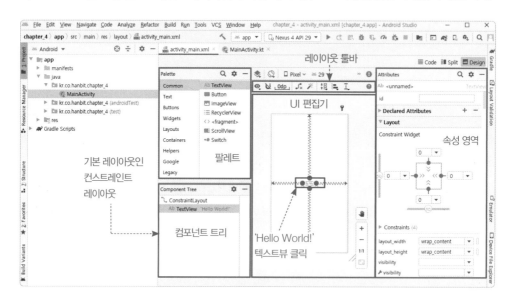

여기서 잠깐

제 화면에는 파란 창이 하나 더 있어요.

우측의 그림처럼 레이아웃 창에 파란 창이 하나 더 있으면 Design + Blueprint 모드로 보고 있는 겁니다. UI 편집기 좌측 상단에 보이는 [Design 모드 아이콘(●▾)]을 클릭해서 [Design] 모드를 선택해주세요.

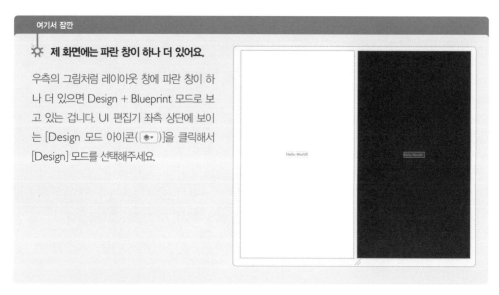

핸들러 사용하기

컴포넌트 트리 또는 UI 편집기에서 컨스트레인트 레이아웃 안에 있는 텍스트뷰를 클릭하면 다음 그림과 같은 선택 영역이 텍스트뷰 주위에 표시됩니다.

텍스트뷰 상하좌우로 그림과 같이 4개의 동그라미가 보이는데 이것을 핸들러Handler라고 합니다. 핸들러가 연결 상태이면 파란색으로, 연결되어 있지 않으면 흰색으로 나타납니다.

핸들러를 드래그해서 연결하고자 하는 다른 위젯의 핸들러에 가져다 놓거나, 자신을 포함하고 있는 레이아웃의 가장자리에 가져다 놓으면 주름무늬선( )이 생성됩니다. 이렇게 연결되는 선을 컨스트레인트Constraint라고 하고, 컨스트레인트가 연결될 수 있는 부위를 앵커 포인트Anchor Point라고 합니다.

컨스트레인트 편집기

컨스트레인트 레이아웃 안에 있는 위젯(지금 화면에서 'Hello World!')을 선택하면 컨스트레인트를 조절할 수 있는 편집기가 속성 영역에 나타납니다.

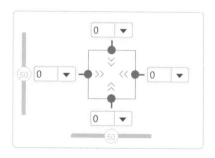

편집기의 검은색 동그라미가 UI 편집기의 파란색 동그라미와 같은 핸들러입니다. 컨스트레인트 편집기에서 연결되어 있는 핸들러를 클릭하면 현재 연결을 해제할 수 있습니다. 연결이 해제되면 다음의 좌측 그림처럼 컨스트레인트 편집기의 위아래 핸들러에 ⊕ 표시가 나타나고, UI 편집기의 파란색 핸들러도 우측 그림처럼 흰색으로 바뀝니다.

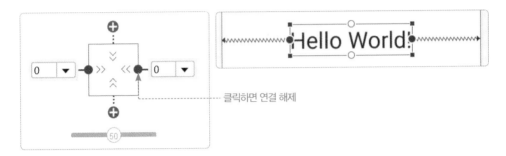

편집기에서 ⊕를 클릭하면 가장 가까이에 있는 다른 위젯 또는 레이아웃의 앵커 포인트에 컨스트레인트가 생성됩니다.

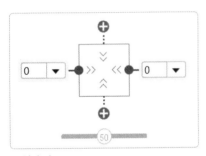

▶ 연결 전

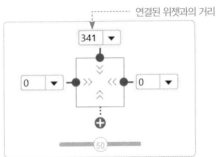

▶ 위쪽 연결 후

연결되면 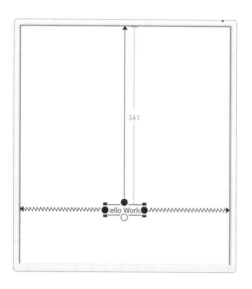 모양이 동그라미로 바뀌고 연결된 앵커 포인트(위젯 또는 레이아웃)와의 마진(거리 값)이 자동으로 설정됩니다. 이때 레이아웃은 다음처럼 보일 겁니다.

여기서 잠깐

☀ **(상, 하) 또는 (좌, 우)의 컨스트레인트가 쌍으로 연결되었을 때**

컨스트레인트가 가로 또는 세로 양쪽이 쌍으로 연결되면 크기 조절 핸들러와 바이어스를 사용할 수 있습니다.

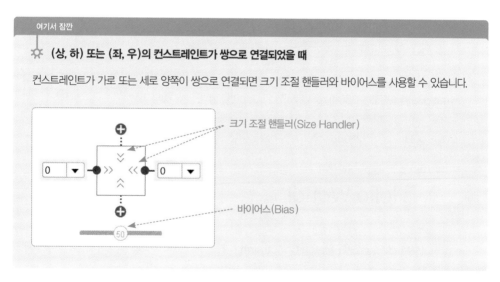

크기 조절 핸들러

크기 조절 핸들러Size Handler는 주로 상하 또는 좌우 양쪽에 컨스트레인트가 연결되었을 때 사용합니다. 다음은 좌우 양쪽으로 연결되었을 때의 모습입니다. 핸들러 가운데에 보이는 사각 박스 안의 ▷▷ ◁◁ 모양을 클릭하면 세 가지 모드로 변경할 수 있습니다.

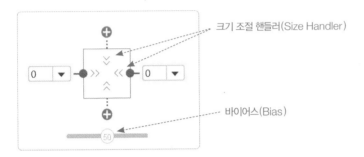

- ▷▷ ◁◁ **(랩 컨텐트, Wrap Content)**: 위젯의 크기를 내용물의 크기에 맞춰줍니다. 텍스트뷰의 경우 입력된 문자의 크기에 맞춰서 크기가 조절됩니다.

- ⊢ ⊣ **(픽스드, Fixed)**: layout_width, layout_height 속성에 입력된 크기로 고정됩니다. 예를 들어 layout_width 속성값에 '250dp'를 입력하면 250dp만큼 영역을 차지합니다.

- ⊢⊣ ⊢⊣ **(매치 컨스트레인트, Match Constraintt)**: 컨스트레인트의 시작과 끝(앵커 포인트)에 맞춰서 크기가 조절됩니다.

[[[[[[(매치 컨스트레인트) 모드에서 값을 직접 입력하면 컨스트레인트에서부터 입력한 값만큼 떨어진 위치에서 크기가 조절됩니다.

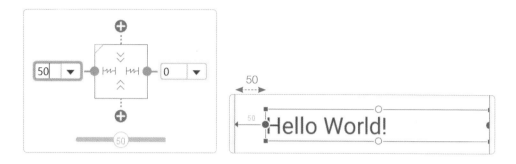

바이어스

상하 또는 좌우 양쪽이 같이 연결되었을 때는 바이어스Bias라는 위치 조절 버튼이 활성화됩니다.

처음에 50으로 설정되어 있는 값은 비율을 의미하며, 위젯을 양쪽 컨스트레인트의 중앙에 위치시킵니다. 바이어스에서 버튼을 좌우로 드래그하면 0~100 사이의 값으로 변경할 수 있습니다.

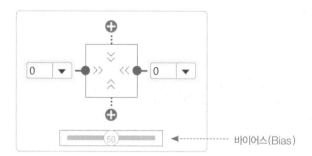

바이어스(Bias)

다음은 텍스트뷰의 좌우 양쪽 컨스트레인트를 연결하고, 크기 조절 핸들러를 >> << (랩 컨텍스) 모드로 놓은 후 바이어스의 값만 바꿨을 때 위치가 변하는 예시입니다.

▶ 바이어스: 50   ▶ 바이어스: 20   ▶ 바이어스: 100

가로세로비 설정

크기를 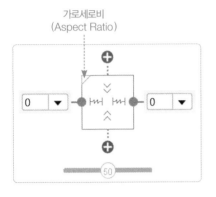(매치 컨스트레인트)로 설정하면 가로세로비^{Aspect Ratio} 기능이 활성화되면서 사각형의 좌측 위 모서리에 작은 삼각형 모양이 나타납니다. 이 모양을 클릭하면 가로:세로 비율을 설정할 수 있는 ratio 필드가 나타나고, '1:1'을 입력하면 해당 위젯의 가로세로 비율이 변경됩니다.

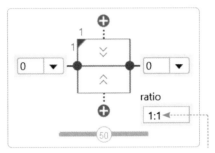

다음은 layout_width를 250dp로 설정하고, ratio를 1:1로 설정했을 때 바뀐 위젯의 크기입니다.

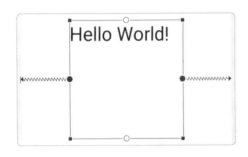

⚠ 실습했을 때는 폰트 크기가 다를 겁니다. 기본 폰트로 했을 시 글자가 작아서 책에 넣기 위해 폰트를 조금 키웠습니다.

텍스트뷰의 경우 상하 또는 좌우 한쪽만 컨스트레인트가 연결되어 있을 때는 내용이 정상적으로 표시되지 않을 수도 있습니다. 내용이 있는 위젯은 상하좌우 모두 컨스트레인트를 연결하고 ratio 값을 입력하면 정상적으로 나타납니다.

텍스트뷰의 상하좌우 모든 컨스트레인트를 연결한 후에 ratio를 2:1로 설정하면 우측 그림과 같이 직사각형 모양이 됩니다.

레이아웃 툴바

어떤 레이아웃을 선택하느냐에 따라서 해당 레이아웃에 맞는 툴바가 UI 편집기 상단에 제공됩니다. 컨스트레인트 레이아웃은 다음과 같이 8개의 도구가 제공됩니다.

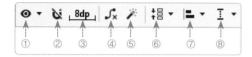

① **뷰 옵션(View Options)**: 제약조건을 화면에 표시하거나 숨길 수 있습니다. 제약조건이 너무 많거나 화면에 표시되는 위젯의 수가 많아져 복잡해졌을 때는 클릭해서 끌 수 있습니다.

② **오토 커넥트(Auto Connect)**: 오토 커넥트가 켜진 상태에서 위젯을 컨스트레인트 레이아웃에 가져다 놓으면 기본 컨스트레인트를 연결해줍니다.

③ **디폴트 마진(Default Margins)**: 컨스트레인트 연결 시 설정한 만큼 기본 마진값을 적용합니다.

④ **클리어 컨스트레인트(Clear Constraints)**: 화면상의 모든 컨스트레인트를 제거합니다. 개별로 제거할 때는 위젯에 마우스 포인터를 올리면 나타나는 동일한 모양의 아이콘을 클릭합니다.

⑤ **인퍼 컨스트레인트(Infer Constraints)**: 오토 커넥트를 끄고 작업할 때 사용합니다. 가까운 위젯이나 레이아웃에 2개 이상의 컨스트레인트를 연결합니다.

⑥ **팩(Pack)**: 여러 개의 위젯을 동시에 선택한 상태에서 크기를 조절할 때 사용합니다. 선택된 위젯의 상태에 따라서 크기가 조절될 때도 있고, 위치가 조절될 때도 있습니다.

⑦ **얼라인(Align)**: 선택된 위젯들을 정렬해줍니다.

⑧ **가이드라인(GuideLine)**: 레이아웃 안의 모든 위젯에 공통의 여백을 지정할 때 사용합니다. 가로 또는 세로 가이드라인을 삽입하면 위젯은 가이드라인에 컨스트레인트를 연결할 수 있습니다.

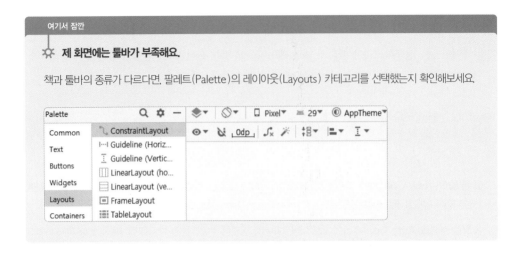
체인으로 연결하기

컨스트레인트 레이아웃을 처음 접하면 가장 다루기 어려운 것이 체이닝Chaining입니다. 체이닝은 컨스트레인트로 연결된 위젯끼리 서로의 위칫값을 공유해서 상대적인 값으로 크기와 위치를 결정해주는데 각 화면 전체를 기준으로 했을 때는 물론, 화면을 가로세로로 전환했을 때도 위젯의 상대 비율을 유지해줍니다. 다음과 같이 스마트폰 화면을 전환해도 각 위젯의 가로세로 크기를 화면의 절반만큼 유지합니다.

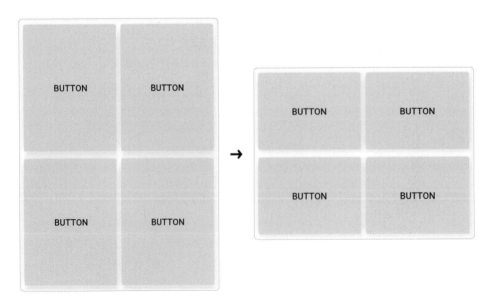

여러 개의 위젯을 한 화면에 구현할 때 기존의 레이아웃에서 작업할 때는 여러 개의 레이아웃을 겹쳐서 사용해야만 구현할 수 있었는데 컨스트레인트 레이아웃은 하나의 레이아웃으로 구현할 수 있습니다. 앞에서 작성한 UI를 모두 지우거나 ConstraintChain 프로젝트를 하나 새로 생성하고 레이아웃 파일을 엽니다. 화면 가운데 있는 텍스트뷰는 삭제합니다.

01. 팔레트의 버튼 카테고리에서 버튼 4개를 차례대로 UI 편집기로 드래그하여 컨스트레인트를 연결하지 않은 채 그림과 같이 배치합니다.

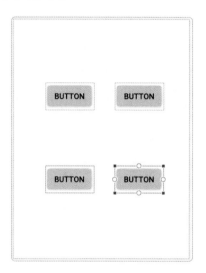

02. 먼저 위쪽에 있는 버튼 2개를 선택한 다음 마우스 우클릭하면 나타나는 메뉴에서 [Chains]-[Create Horizontal Chain]을 선택합니다. 버튼 2개가 두 번째 그림처럼 가로축 체인으로 연결됩니다.

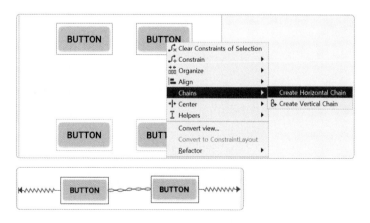

03. 같은 방법으로 아래쪽 버튼 2개도 체인으로 연결합니다.

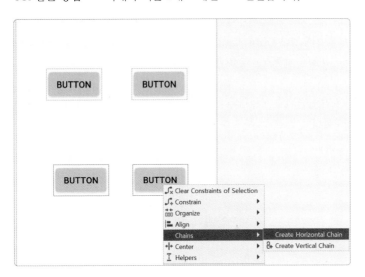

04. 정상적으로 연결되었다면 버튼 4개를 모두 클릭했을 때 다음과 같은 화면이 나타납니다.

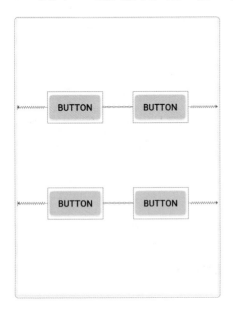

05. 이번에는 세로축 체인을 연결해보세요. 한 번에 한 줄씩 해야 합니다. 4개를 모두 선택하고 적용하면 원하지 않은 결과가 나타나므로 좌측의 버튼 2개를 먼저 선택합니다. 그리고 마우스 우클릭한 다음 메뉴에서 [Chains]–[Create Vertical Chain]을 선택합니다.

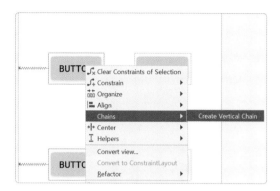

06. 남은 2개의 버튼도 같은 방법으로 [Vertical Chain]을 연결합니다.

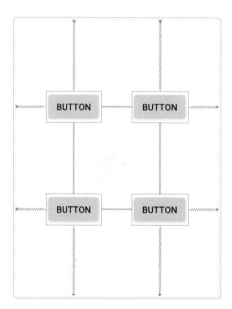

07. 버튼 4개가 모두 체인으로 연결되었습니다. 체인은 컨스트레인트와는 다르게 체인 모양 ()의 인터페이스로 되어 있습니다. 이제 4개의 버튼을 모두 선택하고 속성에서 layout_width와 layout_height 값을 '0dp(match_constraint)'로 변경합니다.

08. match_constraint로 설정하면 '0dp'로 설정됩니다.

09. 체인 연결과 속성 적용이 모두 정상적으로 적용되었다면 222쪽에서 보았던 그림처럼 스마트폰을 회전시켜도 버튼이 모두 화면에 꽉 찬 형태로 보입니다. UI 편집기 상단의 툴바에서 [회전 아이콘(⊘)]을 클릭해 [Landscape]를 선택하면 화면이 회전해도 버튼이 모두 화면에 꽉 찬 형태로 보입니다.

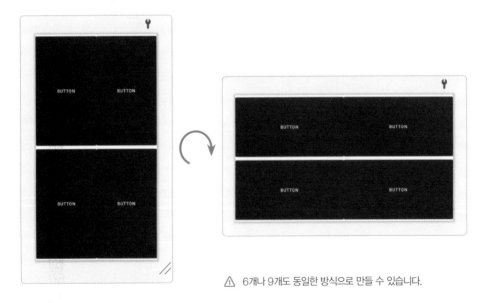

⚠ 6개나 9개도 동일한 방식으로 만들 수 있습니다.

가이드라인

가이드라인GuideLine은 컨스트레인트 레이아웃에서만 사용할 수 있는 보조 도구입니다.

가로세로 두 가지 가이드라인이 있는데, 가이드라인을 드래그해서 화면 임의의 위치에 가져다 놓으면 레이아웃 안에 배치되는 위젯에 가상의 앵커 포인트를 제공합니다.

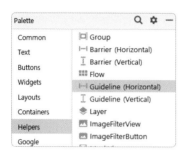 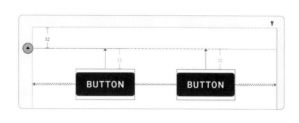

1.3 리니어 레이아웃

리니어 레이아웃LinearLayout은 위젯을 가로 또는 세로 한 줄로 배치하기 위한 레이아웃입니다.

레이아웃 속성 중에 orientation의 가로horizontal, 세로vertical만 변경해주면 기존에 배치되어 있던 위젯들도 방향을 바꿀 수 있습니다.

▶ orientation: horizontal

▶ orientation: vertical

리니어 레이아웃을 기본 레이아웃으로 사용하기

리니어 레이아웃을 사용하기 위해서 컨스트레인트 레이아웃 안에 리니어 레이아웃을 추가할 수도 있지만 레이아웃이 중첩되면 그만큼 그래픽 처리 속도가 느려지기 때문에 기본 레이아웃인 컨스트 레인트 레이아웃을 리니어 레이아웃으로 바꾼 후에 작업하도록 하겠습니다.

LinearLayout 프로젝트를 새로 생성하고 레이아웃 파일을 먼저 열어둡니다.

01. 속성 영역 위에 있는 [Code] 버튼을 클릭해서 모드를 변경합니다.

02. 화면이 XML 코드를 직접 편집할 수 있는 모양으로 변경됩니다.

```xml
<?xml version="1.0" encoding="utf-8"?>
<androidx.constraintlayout.widget.ConstraintLayout xmlns:android="http://schemas.
android.com/apk/res/android"                       03에서 수정할 부분
    xmlns:app="http://schemas.android.com/apk/res-auto"
    xmlns:tools="http://schemas.android.com/tools"
    android:layout_width="match_parent"
    android:layout_height="match_parent"
    tools:context=".MainActivity">

    <TextView
        android:layout_width="wrap_content"
        android:layout_height="wrap_content"
        android:text="Hello World!"
        app:layout_constraintBottom_toBottomOf="parent"
        app:layout_constraintLeft_toLeftOf="parent"
        app:layout_constraintRight_toRightOf="parent"
        app:layout_constraintTop_toTopOf="parent" />

</androidx.constraintlayout.widget.ConstraintLayout>
```

03. XML 코드에서 2행에 있는 `androidx.constraintlayout.widget.ConstraintLayout`을 'LinearLayout'으로 수정합니다.

⚠ 앞 글자 몇 개를 입력하면 아래에 입력하고자 하는 태그 이름 목록이 자동으로 나타납니다. LinearLayout을 선택하면 자동으로 입력됩니다.

04. 다시 우측 상단에 있는 [Design] 버튼을 클릭해서 모드를 변경하면 컴포넌트 트리(Component Tree)의 최상위 레이아웃이 리니어 레이아웃으로 변경된 것을 볼 수 있습니다. 이런 식으로 다른 레이아웃도 기본 레이아웃으로 사용할 수 있습니다.

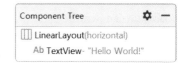

orientation 속성

orientation 하위 버전의 안드로이드 스튜디오에서는 필수 속성이었지만 3.1부터는 입력하지 않으면 가로로 배치됩니다. 레이아웃 안에 있는 기본 텍스트뷰를 삭제하고, 팔레트에서 새로운 텍스트뷰 3개를 드래그해서 레이아웃 안에 가져다 놓습니다. 다음 그림처럼 가로로 정렬됩니다.

layout_weight 속성

레이아웃 안에 배치되는 위젯의 크기를 비율로 나타낼 수 있는 옵션입니다. 리니어 레이아웃에 배치되는 위젯은 layout_weight 속성의 기본 설정값이 1입니다. 따라서 앞의 그림에서 텍스트뷰 3개의 가로 비율은 1:1:1입니다. 리니어 레이아웃의 orientation 속성이 vertical이면 세로 비율이 1:1:1입니다.

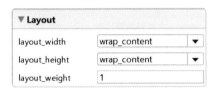

가운데 텍스트뷰를 클릭해서 layout_weight 속성을 '2'로 바꿔보면 버튼의 비율이 변경됩니다.

그런데 자세히 보면 각각의 넓이가 1:2:1이 아닌 1:1.5:1 정도로 보입니다. 이것은 텍스트뷰의 layout_width 속성의 기본값이 wrap_content이기 때문인데 3개의 텍스트뷰를 모두 선택한 상태에서 layout_width의 값을 '0dp'로 변경해주면 정확히 1:2:1로 설정됩니다.

여기서 잠깐

☆ **layout_weight 속성값 변경에 따른 정확한 비율 설정 방법**

layout_weight 속성을 정확하게 주기 위해서는 layout_width 또는 layout_height 속성값을 '0dp'로 입력하고 사용해야 합니다. 그렇지 않으면 각각의 위젯이 가지고 있는 기본 속성값이 부가적으로 적용되어 정확한 비율로 표시되지 않습니다.

gravity 속성

gravity 속성은 다른 레이아웃의 필수 속성이기도 합니다. 레이아웃에 삽입되는 위젯을 gravity 속성에서 설정된 방향으로 정렬합니다. 동시에 2개 이상의 방향을 선택할 수 있습니다.

gravity 속성은 속성 영역 하단에 있는 All Attributes 영역에 있습니다. All Attributes 앞의 [화살표 아이콘(▶)]을 클릭하면 닫힌 메뉴가 아래로 펼쳐집니다.

속성이 너무 많아서 찾기 어려울 때는 속성 영역의 가장 위에 있는 [돋보기 아이콘(🔍)]을 클릭하면 나타나는 검색 필드에 찾고자 하는 속성의 이름을 직접 입력하면 됩니다.

검색창에서 'gravity'를 검색합니다. 'gravi'까지만 입력해도 해당 단어를 포함하는 속성만 필터링되어서 나타납니다.

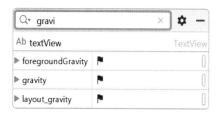

gravity 속성 앞의 화살표를 클릭하면 하위 속성들이 펼쳐집니다.

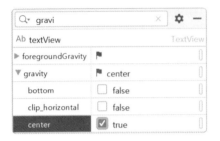

하위 속성 중에 center의 체크박스를 체크하면 'true'로 변경되며 글자가 가운데로 정렬됩니다.

layout_gravity 속성

자신이 속한 레이아웃(부모 레이아웃)을 기준으로 자신의 위치를 설정할 때 사용합니다. 다음 그림에서처럼 gravity 속성과 비교해보면 이해하기가 더 쉽습니다. 그림은 양쪽 모두 리니어 레이아웃 안에 버튼을 삽입하고 삽입한 버튼에 gravity와 layout_gravity 속성을 적용한 경우입니다.

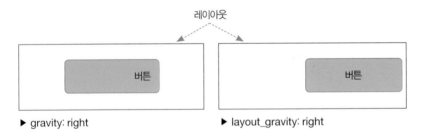

▶ gravity: right   ▶ layout_gravity: right

좌측 그림의 버튼은 gravity 속성이 right이고, 우측 그림의 버튼은 layout_gravity 속성이 right 입니다. 그림에서처럼 버튼의 gravity 속성을 변경하면 버튼 내부의 텍스트 위치가 변경되는 데에 반해 layout_gravity의 속성을 변경하면 버튼 자신의 위치가 변경됩니다. 부모 레이아웃을 기준으로 gravity가 적용되기 때문입니다. 주로 리니어 레이아웃과 프레임 레이아웃에서 사용됩니다.

지금까지 주로 사용되는 속성에 대해 알아봤습니다.

스크롤뷰와 함께 사용하기

리니어 레이아웃과 같은 일반 레이아웃들은 화면 크기(높이 또는 넓이)를 넘어가는 위젯이 삽입돼도 스크롤이 되지 않습니다.

예를 들어 현재 스마트폰 화면의 높이에는 7개의 버튼을 표시할 수 있는데 8개가 삽입되면 여덟 번째 버튼은 화면에 보이지 않고 화면에서 잘리며, 화면을 위로 스와이프해도 스크롤 되지 않습니다.

이럴 때는 최상위 레이아웃을 스크롤 할 수 있는 요소로 감싸야 합니다. 스크롤뷰를 사용하려면 기본 레이아웃(컨스트레인트 레이아웃)을 스크롤뷰로 변경해서 사용하거나 기본 레이아웃 안에 스크롤뷰를 추가해야 합니다. 순서대로 두 가지 모두 사용해보겠습니다.

리니어 레이아웃

ScrollView 프로젝트를 생성하고 레이아웃 파일을 엽니다.

01. 기본 레이아웃을 스크롤뷰로 변경하는 방법은 컨스트레인트 레이아웃을 리니어 레이아웃으로 변경하는 방법과 동일합니다. XML 코드를 편집하기 위해 UI 편집기를 [Code] 모드로 변경한 후 androidx.constraintlayout.widget.ConstraintLayout 문자열을 'ScrollView'로 변경합니다.

```
<?xml version="1.0" encoding="utf-8"?>
<ScrollView xmlns:android="http://schemas.android.com/apk/res/android"
    xmlns:app="http://schemas.android.com/apk/res-auto"
    xmlns:tools="http://schemas.android.com/tools"
    android:layout_width="match_parent"
    android:layout_height="match_parent"
    tools:context=".MainActivity">

</ScrollView>
```

02. 다시 UI 편집기를 [Design] 모드로 변경하고, 기본으로 있는 텍스트뷰를 삭제합니다. 그리고 팔레트 영역의 레이아웃 카테고리에 있는 리니어 레이아웃 1개를 드래그해서 스크롤뷰 안에 가져다 놓습니다. 그런 다음 orientation 속성을 'vertical'로 변경합니다.

⚠ 지금처럼 레이아웃의 방향을 속성에서 바꿔줄 수 있고 레이아웃 카테고리에서 리니어 레이아웃을 드래그할 때 LinearLayout(horizontal)과 LinearLayout(vertical) 중 원하는 방향의 레이아웃을 선택해서 가져올 수도 있습니다.

03. 리니어 레이아웃 안에 버튼을 20개 정도 삽입한 다음 에뮬레이터에서 실행해보면 스크롤 되는 것을 확인할 수 있습니다.

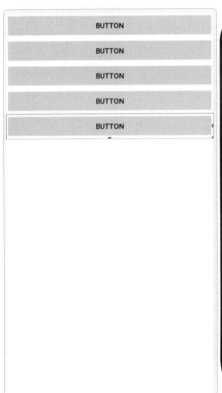
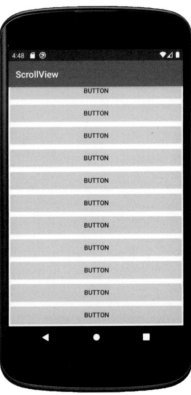

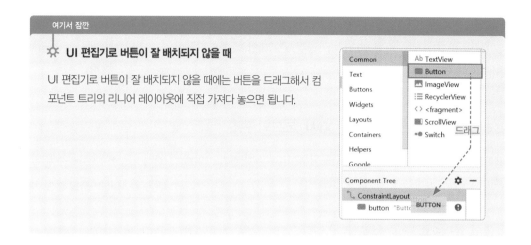

빈 여백을 만드는 Space 도구

레이아웃에 있는 스페이스^{Space}는 빈 여백을 만들 수 있는 레이아웃 보조 도구입니다. 다음 그림처럼 리니어 레이아웃에 여러 개의 버튼을 배치하면서 버튼 사이에 일정한 간격을 두고 싶을 때 사용합니다.

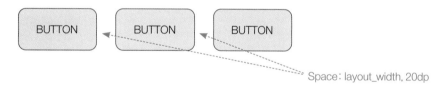

Space: layout_width, 20dp

1.4 프레임 레이아웃

프레임 레이아웃^{FrameLayout}은 입력되는 위젯의 위치를 결정하기보다는 위젯을 중첩해서 사용하기 위한 레이아웃입니다. 주로 게임 화면처럼 배경과 플레이어가 서로 다른 레이어에서 겹쳐 움직여야 할 때 사용하면 좋습니다.

레이아웃 중에서 처리 속도가 가장 빠르기 때문에 1개의 이미지만 화면에 보여준다든지 하는 단순한 형태로 사용할 경우에 성능이 가장 좋습니다.

프레임 레이아웃은 주로 삽입되는 다른 레이아웃이나 위젯을 겹쳐 놓는 용도이기 때문에 레이아웃으로의 필수 속성이 따로 없습니다. 정렬도 프레임 레이아웃이 아닌 삽입되는 위젯의 layout_gravity 속성을 사용합니다.

프레임 레이아웃으로 살펴보는 XML 코드의 구조

다음은 프레임 레이아웃을 사용했을 때의 XML 코드입니다. 속성 영역 위에 있는 [Code 모드 아이콘(≡ Code)]을 클릭하면 확인할 수 있습니다.

```xml
<?xml version="1.0" encoding="utf-8"?>
<FrameLayout xmlns:android="http://schemas.android.com/apk/res/android"
    android:layout_width="match_parent"
    android:layout_height="match_parent">

</FrameLayout>
```

팔레트에서 프레임 레이아웃을 드래그해서 UI 편집기에 가져다 놓으면 위와 같은 코드가 자동으로 생성됩니다. XML 코드는 위젯 또는 레이아웃의 이름 앞뒤를 홑화살괄호(<>)로 감싼 형태로 생성됩니다.

예) <FrameLayout> <Button> <ImageView>

UI 편집기를 다시 [Design] 모드로 변경하고, 팔레트에서 버튼을 드래그해서 UI 편집기에 가져다 놓으면 다음과 같이 편집기에 버튼 모양이 나타납니다.

그리고 UI 편집기를 [Code] 모드로 변경하면 XML 코드가 다음과 같이 변경됩니다.

```xml
<?xml version="1.0" encoding="utf-8"?>
<FrameLayout xmlns:android="http://schemas.android.com/apk/res/android"
    android:layout_width="match_parent"
```

```
        android:layout_height="match_parent">
    <Button
        android:id="@+id/button"
        android:layout_width="wrap_content"
        android:layout_height="wrap_content"
        android:text="Button" />
</FrameLayout>
```

Button 위젯은 코드로 이렇게 표현됩니다.

레이아웃은 팔레트를 이용한 드래그 앤 드롭으로 구성할 수도 있지만, 앞에서 본 것과 같이 XML 코드에 직접 입력해서 구성할 수도 있습니다.

여기서 잠깐

✿ XML 태그 살펴보기

XML 파일을 정의하는 첫 줄(<?xml version="1.0" encoding="utf-8"?>)을 제외하고 보통 XML 태그는 쌍으로 구성됩니다. 예외적으로 태그 내부에 다른 태그를 입력할 필요가 없을 경우는 홀 태그 형태로 사용합니다.

• <태그>: 시작 태그. 괄호 안에 태그 이름을 입력합니다. ex. <Button>

• </태그>: 종료 태그. 괄호 안에 태그 이름을 입력하고 앞에 /를 붙입니다. ex. </Button>

• <태그/>: 홀 태그. 괄호 안에 태그 이름을 입력하고 끝에 /를 붙입니다. ex. <Button/>

```
<!- ① FrameLayout에 다른 태그 요소가 들어갈 경우 시작 태그와 종료 태그를 모두 사용 -->
<FrameLayout
    android:id="@+id/framelayout">
    <TextView
        android:id="@+id/textView"/>
</FrameLayout>

<!- ② FrameLayout에 다른 태그 요소가 없을 경우 태그 끝에 /를 사용하여 종료됨을 알림 -->
<FrameLayout
    android:id="@+id/framelayout"/>

<!- ③ FrameLayout에 다른 태그 요소가 없을 때에도 쌍으로 사용 가능 -->
<FrameLayout
    android:id="@+id/framelayout"></FrameLayout>
```

1.5 레이아웃의 기본 사용법

지금까지 기본적인 레이아웃 사용법에 대해 알아봤습니다. 지금까지 배운 기본 레이아웃은 거의 모든 앱 개발에 사용되니 완전히 이해하고 다음으로 넘어가야 합니다.

- 컨스트레인트 레이아웃(ConstraintLayout)을 사용하면 간단한 드래그 앤 드롭만으로 각각의 화면 요소들을 원하는 곳에 배치할 수 있습니다.
- 리니어 레이아웃(LinearLayout)은 위젯을 가로 또는 세로 한 줄로 배치하기 위한 레이아웃입니다.
- 프레임 레이아웃(FrameLayout)은 입력되는 위젯의 위치를 결정하기보다는 위젯을 중첩해서 사용하기 위한 레이아웃입니다.

1. 안드로이드 스튜디오에서 컨스트레인트 레이아웃에 5개의 버튼 요소를 배치한 후 가장 위에 있는 버튼을 이동시켰을 때 나머지 4개의 버튼도 같이 움직이도록 해보세요.

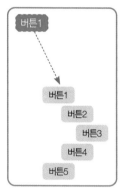

2. 다음 그림처럼 12개의 버튼을 배치하고 화면을 회전했을 때 버튼이 동일한 모양을 유지하도록 설정해보세요.

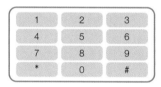

3. 앞에서 공부했던 스크롤뷰를 응용해서 가로로 스크롤 되도록 해보세요. 스크롤뷰를 하나 만들고 20개 정도의 버튼을 삽입한 후에 가로로 스크롤 되는 앱을 만들어보세요.

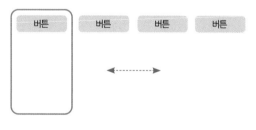

화면에 그려지는 디자인 요소 위젯

위젯은 버튼, 텍스트뷰, 이미지뷰와 같이 화면에 그려지는 디자인 요소입니다. 우리가 익히 알고 있는 스마트폰의 홈 화면에 나타나는 위젯과 동일한 용어로 불리기 때문에 이 둘을 착각하지 않아야합니다. 이번 절에서는 팔레트 영역의 텍스트Text, 버튼Buttons, 위젯Widgets을 살펴보겠습니다.

⚠ 안드로이드 스튜디오 3.0 이전 버전에는 모두 같이 있던 메뉴였는데 3.1부터는 세분화되었습니다.

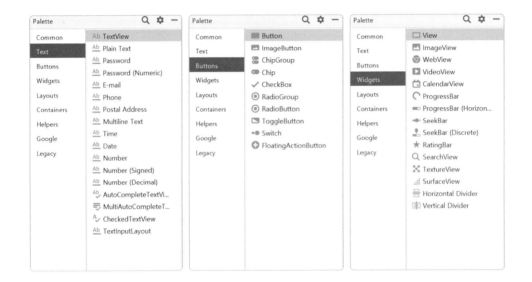

2.1 위젯의 대표 메뉴

어떤 위젯이 있는지 대표 위젯을 알아본 다음에 위젯별 사용법을 설명하겠습니다.

Common

텍스트, 버튼, 레이아웃 등에서 일반적으로 많이 사용되는 것들을 모아놓은 메뉴입니다.

Text

글자를 화면에 나타내거나 입력받을 수 있는 위젯을 모아놓은 메뉴(카테고리)입니다. 텍스트Text에는 글자를 보여주는 기능만 있는 텍스트뷰와 글자를 입력받을 수 있는 에디트텍스트Edit Text가 있습니다. 메뉴에서 첫 번째에 있는 텍스트뷰의 Ab 아이콘은 언더바가 없고, 두 번째부터는 Ab 아이콘에 언더바가 있습니다. Ab 언더바가 있는 것이 모두 에디트텍스트 위젯입니다.

Buttons

버튼Buttons은 사용자로부터 클릭 또는 터치 관련 이벤트를 받을 수 있는 위젯의 모음입니다. 대표적으로 버튼, 라디오버튼RadioButton, 체크박스CheckBox, 스위치Switch 등이 여기에 속합니다.

스마트폰에서는 클릭과 터치 이벤트를 구분합니다. 터치는 손을 대는 순간 발생하지만, 클릭은 특정 위치를 터치한 뒤에 같은 위치에서 손가락을 떼었을 때만 발생합니다. 버튼의 경우 클릭 이벤트를 받는 위젯이기 때문에 버튼을 터치한 후에 손가락을 움직여 다른 위치에서 떼면 동작하지 않습니다(물론 의도적으로 터치 이벤트에 동작하도록 설계된 버튼도 있습니다).

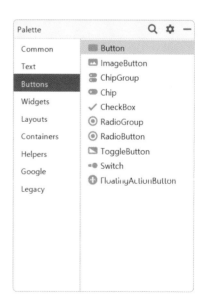

Widgets

위젯Widgets은 이미지, 웹 사이트, 별점 표시, 진행 상태 등의 정보를 화면에 그리는 위젯 모음입니다.

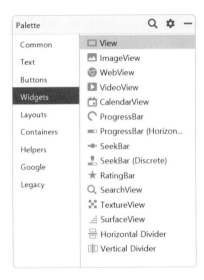

2.2 텍스트뷰

텍스트뷰Textview는 화면에 텍스트를 출력하는 가장 기본적인 위젯입니다. 레이아웃 파일에서 텍스트뷰의 text 속성에 값을 직접 입력할 수도 있고, 소스 코드에서 입력할 수도 있습니다. 위젯 자체의 사용법은 어렵지 않지만 텍스트뷰에서 사용되는 속성들이 다른 위젯에서 동일하게 사용되는 것이 많기 때문에 텍스트뷰의 속성 사용법을 잘 알아두면 좋습니다.

속성들을 테스트하기 위해서 WidgetsTextView 프로젝트를 하나 새로 생성합니다.

사용할 텍스트 정의 및 적용하기: text

text는 화면에 나타낼 텍스트(글자)를 입력하는 속성입니다. text 속성에 직접 입력할 수도 있지만 권장하지는 않습니다. 앱을 개발할 때 strings.xml에 사용할 텍스트를 미리 정의해 놓고 가져다가 사용하는 것이 다국어 처리, 텍스트 수정 등 앱을 관리하기에 용이하기 때문입니다.

strings.xml에 사용할 텍스트를 정의해보겠습니다.

01. 프로젝트 탐색기의 뷰가 Android인 상태에서 [app]-[res]-[values] 디렉터리 아래에 strings.xml 파일이 있습니다.

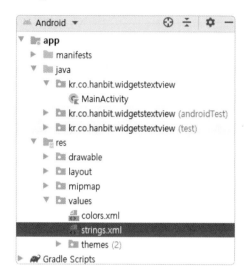

⚠ Android 우측의 아래 화살표를 클릭하면 파일 탐색기의 모양을 바꿀 수 있는 드롭다운 메뉴가 나타납니다. 개발이 익숙해지면 Project 뷰를 주로 사용합니다.

02. 파일을 열어서 다음 3행과 4행을 추가합니다. 태그 형식은 〈string name="스트링이름"〉보여질 텍스트〈/string〉 형식으로 사용합니다. 3행에는 '**〈string name="string_01"〉 화면에 보여질 글자 01〈/string〉**'라고 입력하고, 4행에는 '**〈string name="string_02"〉 화면에 보여질 글자 02〈/string〉**'라고 입력합니다.

```
01 <resources>
02     <string name="app_name">WidgetsTextView</string>
03     <string name="string_01">화면에 보여질 글자 01</string>
04     <string name="string_02">화면에 보여질 글자 02</string>
05 </resources>
```

여기서 잠깐

☼ 스트링 name

스트링 name(string name)에 공백은 사용할 수 없으며 같은 name을 중복해서 사용할 수 없지만 서로 다른 스트링 name에 같은 텍스트를 사용하는 것은 가능합니다. 속성의 이름은 name이지만 사실상 ID(Identification)의 용도로 사용됩니다.

```
<string name="id_01">텍스트</string>
<string name="id_02">텍스트</string> ( O )
<string name="id_01">다른 텍스트</string> ( X ) •⋯⋯⋯⋯
```
name이 첫 번째 것과 같기 때문에 텍스트가 달라도 사용할 수 없습니다.

여기서 잠깐

☼ 태그의 구조

앞서 태그는 여는 태그, 닫는 태그, 홀 태그가 있다고 했습니다. 여는 태그와 닫는 태그 사이에는 다음처럼 값을 입력합니다.

```
<태그>값</태그>
```

- 열리는 태그에는 필요에 따라 추가 속성을 <태그 속성 이름="속성값">의 형태로 작성할 수도 있는데 name과 같은 속성은 모두 열리는 태그에 작성합니다.

- 태그 사이에 값이 없으면 홀 태그 <태그/>의 형태로 사용할 수 있습니다.

- 태그 안에 태그를 넣는 계층화도 가능하며 레이아웃 파일뿐만 아니라 애니메이션과 같은 리소스 파일에서도 사용되고 있습니다.

```
<부모 태그>
    <자식 태그>값</자식 태그>
</부모 태그>
```

03. TextView에 적용하기 위해 activity_main.xml 파일을 열고 UI 편집기에 기본으로 생성되어 있는 텍스트뷰를 선택합니다. 우측 속성 영역에서 'Hello World!'가 입력된 text 속성의 입력 필드에 strings.xml에서 미리 작성해두었던 스트링 name 하나를 '@string/id_01' 형태로 입력합니다. 입력 필드가 @으로 시작하면 특정 리소스를 참조하고 있다는 의미입니다.

여기서 잠깐

☼ **리소스 연결 버튼**

속성 옆의 작은 버튼을 클릭해서 입력할 값을 선택할 수도 있습니다. 안드로이드 스튜디오 4.1을 기준으로 입력 필드 옆의 버튼을 클릭하면 필요한 리소스를 연결할 수 있는데 리소스가 연결되면 버튼 모양이 ▌으로 바뀝니다.

텍스트 색상 지정하기: textColor

textColor는 텍스트의 색상을 지정할 수 있는 속성입니다.

안드로이드의 모든 색상은 빛의 기본색인 RGB(+투명)를 기준으로 각각 0부터 255까지의 숫자를 16진수(0~F)로 입력해서 표현합니다. 샵(#) 기호와 함께 16진수 8자리로 각각의 색상을 두 자리씩 끊어서 해당 색의 비율을 나타냅니다.

색상 지정 예

#FFFFFFFF(흰색), #FF888888(회색), #FFFF0000(빨간색)

색상	투명	빨간색(Red)	녹색(Green)	파란색(Blue)
범위	00~FF	00~FF	00~FF	00~FF

- 투명: 00에 가까울수록 투명, FF에 가까울수록 투명하지 않음(입력하지 않으면 FF)
- 빨간색: 00에 가까울수록 검은색, FF에 가까울수록 빨간색

- 녹색: 00에 가까울수록 검은색, FF에 가까울수록 녹색
- 파란색: 00에 가까울수록 검은색, FF에 가까울수록 파란색

투명 값이 없으면 앞에 두 자리를 빼고 여섯 자리만 입력해도 됩니다.

#FFFFFF(흰색), #888888(회색), #FF0000(빨간색)

색상도 문자열과 같이 직접 입력하지 않고 colors.xml에 작성된 값을 참조해서 사용합니다.

colors.xml 파일은 strings.xml과 같은 디렉터리에 있습니다. 파일이 없을 경우에는 values 디렉터리를 마우스 우클릭(맥은 설정에 따라 두 손가락 클릭)하면 나타나는 메뉴에서 [New]-[Value Resource File]을 선택해 생성할 수 있습니다.

01. colors.xml 파일을 열면 앱에서 사용하는 기본 컬러가 이미 작성되어 있습니다. 기본 컬러 아래에 2개 정도의 컬러를 추가합니다. 스트링 name과 같은 구조로 작성되는데 태그명이 〈color〉인 것만 다릅니다. 다음 그림에서 〈!-- 새로 추가 --〉 이후 코드 두 줄을 입력합니다.

```
<color name="컬러이름">컬러 값</color>
```

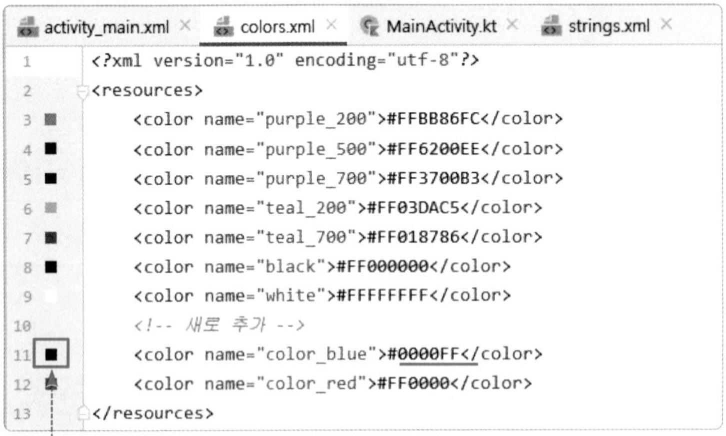

```
activity_main.xml ×   colors.xml ×   MainActivity.kt ×   strings.xml ×
1    <?xml version="1.0" encoding="utf-8"?>
2    <resources>
3        <color name="purple_200">#FFBB86FC</color>
4        <color name="purple_500">#FF6200EE</color>
5        <color name="purple_700">#FF3700B3</color>
6        <color name="teal_200">#FF03DAC5</color>
7        <color name="teal_700">#FF018786</color>
8        <color name="black">#FF000000</color>
9        <color name="white">#FFFFFFFF</color>
10       <!-- 새로 추가 -->
11       <color name="color_blue">#0000FF</color>
12       <color name="color_red">#FF0000</color>
13   </resources>
```

⌐········· 컬러를 태그로 생성하면 태그 앞에 해당 컬러가 네모 아이콘으로 표시됩니다.

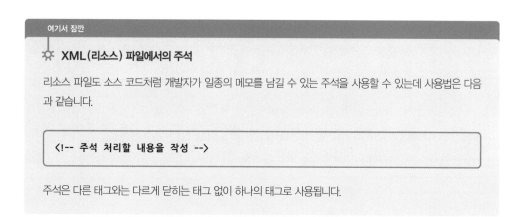

☀ XML (리소스) 파일에서의 주석

리소스 파일도 소스 코드처럼 개발자가 일종의 메모를 남길 수 있는 주석을 사용할 수 있는데 사용법은 다음과 같습니다.

```
<!-- 주석 처리할 내용을 작성 -->
```

주석은 다른 태그와는 다르게 닫히는 태그 없이 하나의 태그로 사용됩니다.

02. 적용 시에는 텍스트를 적용했던 것과 같이 텍스트뷰를 선택한 상태에서 속성 영역의 textColor 속성에 '@color/컬러이름'을 입력하면 됩니다. 앞에서와 마찬가지로 입력 필드 옆의 버튼을 클릭해서 입력할 수도 있고 속성이 많아 찾기 힘들 때는 상단의 [돋보기 아이콘(🔍)]을 클릭해서 속성 이름을 직접 입력해도 됩니다.

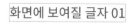

텍스트 크기 지정하기: textSize

textSize는 텍스트의 크기를 지정하는 속성입니다.

안드로이드에서는 dp, px, sp 등과 같은 단위를 사용하는데, 텍스트가 입력되는 위젯(텍스트뷰, 에디트텍스트)은 주로 sp를 사용합니다. sp(또는 sip)는 Scale-independent Pixels의 약자로 문자열 크기를 나타내기 위해 사용하는 단위입니다.

다른 위젯이 모두 dp를 사용하는 것과 달리 텍스트 위젯이 sp 단위를 사용하는 이유는 같은 해상도에서 문자열의 크기를 다르게 사용하는 경우가 있기 때문입니다. 이름에서도 유추할 수 있듯이 화면 스케일에 독립적으로 크기를 조절할 수 있는 단위입니다.

예를 들어 동일한 기종의 핸드폰을 사용하는 사람 중에 눈이 안 좋은 사람은 폰트 크기를 키워야 할 때가 있습니다. 그럴 때 화면상에 sp가 적용된 위젯이 있으면 줌인이나 줌아웃 시에 다른 위젯에는 영향을 주지 않고 해당 위젯의 글자만 커지거나 작아지게 할 수 있습니다.

01. 크기를 조절하는 textSize도 dimens.xml이라는 파일에 따로 입력한 후에 참조해서 사용할 수 있습니다. dimens.xml은 기본으로 제공되는 파일이 아니라 values 디렉터리에 따로 생성해서 사용해야 합니다. values 디렉터리를 마우스 우클릭하면 나타나는 메뉴에서 [New]-[Values Resource File]을 선택합니다.

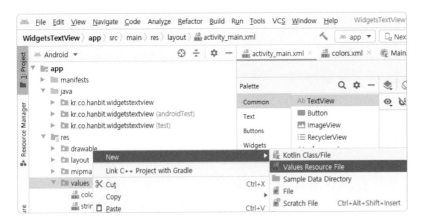

02. File name에 'dimens'를 입력하고 [OK]를 클릭해 파일을 생성합니다. 확장자인 .xml은 자동으로 생성되기 때문에 입력하지 않습니다.

03. '<dimen name="단위이름">150sp</dimen>'의 형태로 작성합니다. dimens.xml 파일에는 단위가 혼재되어 작성되는데, 앞의 태그는 텍스트 사이즈가 150, 그리고 표시하는 단위가 sp라는 것을 의미합니다.

```xml
<?xml version="1.0" encoding="utf-8"?>
<resources>                                      24sp: 텍스트 크기는 sp를 사용합니다.
    <dimen name="text_dimen">24sp</dimen>
    <dimen name="size_dimen">24dp</dimen>
</resources>                                     24dp: 일반적인 크기 단위는 dp를 사용합니다.
```

04. 값을 적용할 때는 앞의 방법과 동일하게 텍스트뷰를 선택한 상태에서 textSize 속성의 입력 필드에 '@dimen/단위이름'을 입력합니다. 예를 들어 위의 dimens.xml에 있는 24sp를 적용하고 싶다면 @dimen/text_dimen을 입력하면 됩니다.

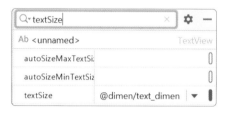

텍스트 스타일 지정하기: textStyle

textStyle은 텍스트의 스타일을 설정하는 속성입니다. 시스템에서 제공해주는 스타일은 normal, bold, italic 세 가지가 있습니다.

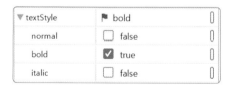

체크박스를 선택해서 스타일을 적용할 수 있는데 안드로이드 스튜디오에서 체크박스로 된 UI는 중복해서 적용할 수 있습니다. bold와 italic을 함께 체크하면 기울어진 굵은 글자가 됩니다.

화면에 보여질 글자 01

입력 가능한 줄 수 설정하기: maxLines, minLines

maxLines 속성은 텍스트뷰에 입력 가능한 최대 줄 수를 설정합니다. 1로 설정한 상태에서 한 줄 이상의 글자가 입력되면 두 번째 줄부터는 화면에 출력되지 않습니다.

minLines 속성은 반대로 입력 가능한 최소 줄 수를 미리 설정하는 것입니다. 3으로 설정하면 글자의 입력 여부와 상관없이 위젯은 세 줄의 공간을 미리 그려둡니다. 값을 설정하지 않으면 입력되는 줄 수에 맞춰서 자동으로 늘어납니다.

- 비교를 위한 세 줄짜리 텍스트뷰: maxLines 없음, minLines 없음

> 화면에 보여질 글자 01
> 두 번째 줄
> 세 번째 줄

strings.xml에 여러 줄을 입력하기 위해서는 '\n'을 줄 바꿈할 위치에 추가하면 됩니다. 3행을 다음처럼 수정해보세요.

```
<!-- 줄 바꿈 첫 번째 예 -->
<string name="test">"뉴라인
테스트"</string>
```

다음 방법으로도 줄을 바꿀 수 있습니다.

```
<!-- 줄 바꿈 두 번째 예 -->
<string name="test">"뉴라인\n테스트"</string>
```

4.0 이하의 스튜디오에서 정상 동작하는 건 문자열 사이에서 엔터를 입력하는 첫 번째 예입니다. 하지만 안드로이드 스튜디오 버전에 따른 버그로 앱을 실행했을 때만 줄 바꿈될 수도 있습니다.

- maxLines: 1 ➡ 두 번째 줄부터는 화면에 나타나지 않습니다.

- **minLines: 5 →** 입력에 상관없이 항상 다섯 줄 만큼의 높이를 차지하고, 여섯 번째 줄이 입력되면 높이가 자동으로 늘어납니다.

텍스트뷰 한 줄로 보이기: singleLine

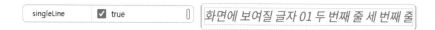

singleLine은 텍스트뷰를 한 줄로 보이게 하는 속성입니다. maxLines 속성을 1로 설정할 때와 다른 점은 여러 줄이 있을 때 두 번째 줄을 없애는 것이 아니라 줄 사이의 '\n'을 없애 한 줄로 보이게 합니다.

말줄임 표시하기: ellipsize

ellipsize는 텍스트뷰의 maxLines 속성이 1이거나 문자열이 길어서 글자가 잘릴 때 설정합니다. ellipsize 속성은 처음, 중간 또는 마지막 부분에 말줄임(…) 표시를 하거나 marquee로 글자를 좌우로 움직이게 할 수 있습니다.

⚠ 보이지 않는다면 maxLines를 1로 설정한 다음에 검색하면 보입니다.

- **none**: 설정하지 않습니다.
- **start**: 텍스트의 첫 부분을 말줄임표로 바꿔줍니다.
- **middle**: 텍스트의 중간 부분을 말줄임표로 바꿔줍니다.
- **end**: 텍스트의 마지막 부분을 말줄임표로 바꿔줍니다.
- **marquee**: 글자가 흐르는 효과를 줍니다. marquee를 사용하기 위해서는 singleLine을 'true'로 설정해야 합니다. maxLines 속성을 통해서도 한 줄 기능을 만들 수 있지만, marquee 기능과 충돌이 일어나 사용할 수 없습니다. 그리고 marquee 기능을 주기 위해서는 텍스트가 포커스를 받아야 하므로 focusable 속성은

'auto', focusableInTouchMode 속성은 'true'로 설정하고, 완료한 후 앱을 실행하면 전광판처럼 텍스트가 움직입니다.

다음은 ellipsize 속성 설정의 예입니다.

▶ start   ▶ middle   ▶ end

텍스트 글꼴 지정하기: fontFamily

fontFamily는 글꼴을 지정하는 속성으로 기본으로 제공하는 글꼴 이외에 외부 폰트도 지정할 수 있습니다. 입력 필드를 클릭하면 나타나는 메뉴에서 스크롤을 밑으로 내리면 [More Fonts…]로 사용할 글꼴을 추가할 수 있습니다.

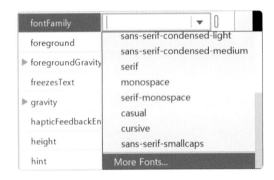

비율로 글꼴 크기 지정하기: ems

ems 속성은 텍스트뷰의 크기를 나타낼 때 현재 글꼴의 크기를 기준으로 설정하는 상댓값입니다. 예를 들어 텍스트뷰에 설정된 크기가 12sp라면, 1em = 12sp이고 2em = 24sp입니다. 즉, 글꼴 크기에 텍스트뷰를 맞춰 글꼴이 커질 때 텍스트와 텍스트뷰의 비율을 유지하는 것입니다. 스마트폰에서 글꼴을 줌인 또는 줌아웃할 때 ems를 기준으로 텍스트뷰의 크기가 커지거나 작아집니다.

텍스트뷰 높이 고정하기: lines

lines 속성은 텍스트뷰의 높이를 고정할 때 사용합니다. maxLines 속성과 사용법이 비슷해 보이나 다른 점은 maxLines의 경우 5로 설정해도 입력되는 문자열의 줄 수가 한 줄이면 텍스트뷰의 높이 도 화면에서 한 줄만 차지하는 반면에, lines는 높이가 5로 항상 고정됩니다.

다음 그림은 lines 속성을 5로 설정한 경우입니다. 마치 minLines 속성에 5를 설정한 것과 같아 보 이지만 lines는 여섯 번째 줄이 입력될 경우 더 늘어나지 않습니다.

텍스트 전체 길이 제한하기: maxLength

maxLength는 텍스트의 전체 길이를 제한하는 속성으로 설정한 값만큼의 글자만 보이고 나머지는 보이지 않게 할 수 있습니다.

지금까지 텍스트뷰에서 많이 사용되는 속성 위주로 살펴보았습니다. 이 외에서도 많은 속성이 있지 만 위에서 설명한 것만 잘 이해하고 있으면 나머지 속성들은 실제 앱을 개발할 때 검색을 통해 쉽게 사용할 수 있습니다.

2.3 에디트텍스트

텍스트 카테고리의 두 번째에 있는 플레인텍스트Plain Text부터 넘버Number(Decimal)까지 이름 앞에 Ab 아이콘이 붙어 있는 것이 모두 에디트텍스트EditText 위젯입니다. 앱 개빌 시 많이 사용되므로 각각의 사용법에 맞게 하나의 위젯을 여러 개로 분리해 놓은 것입니다.

에디트텍스트는 글자를 보여주기도 하지만 주로 입력받는 용도로 사용합니다. 대표적인 예로 안드 로이드 화면 로그인 시 아이디와 패스워드를 입력받는 것이 에디트텍스트입니다. 에디트텍스트는 텍스트뷰의 주요 속성을 거의 그대로 사용하고 입력받는 것이 주된 기능으로 실제 코드를 통해서 사 용법을 알아보겠습니다.

에디트텍스트에 입력되는 글자를 실시간으로 처리하기

에디트텍스트를 통해 입력되는 글자를 실시간으로 로그Log에 출력하는 방법을 알아보겠습니다. 실제 앱을 개발할 때 실시간으로 아이디의 유효성을 검사하거나, 패스워드를 검사할 때 사용하는 코드 형태입니다.

새로운 프로젝트 WidgetsEditText를 하나 새로 생성하고 예제를 따라 해보겠습니다.

01. activity_main_xml 파일을 열고 텍스트 카테고리의 플레인텍스트(PlainText)를 드래그해서 화면 가운데에 미리 생성되어 있는 텍스트뷰 아래에 가져다 놓습니다. 좌우 양쪽 컨스트레인트는 레이아웃의 가장자리에, 위쪽은 텍스트뷰에 연결합니다.

02. 그리고 id 속성 입력 필드에는 'editText'를 입력합니다(id 변경 시 Rename 팝업이 나타나며 [Refactor] 버튼을 클릭해서 적용합니다).

일반적으로 기본 id가 이미 입력되어 있습니다.

03. 위젯을 처음 생성하면 text 속성에 기본값이 적혀 있는데 이것을 삭제합니다. text 속성은 Common Attributes에 있습니다.

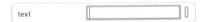

04. build.gradle (Module: WidgetsEditText.app) 파일을 열고 android 스코프(범위)에 다음과 같이 viewBinding true 설정을 추가합니다. 설정 후 우측 상단의 [Sync Now]를 클릭하는 것을 잊으면 안 됩니다.

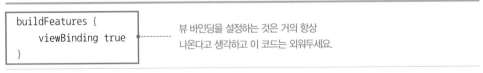

```
buildFeatures {
    viewBinding true
}
```

뷰 바인딩을 설정하는 것은 거의 항상 나온다고 생각하고 이 코드는 외워두세요.

⚠ 안드로이드 스튜디오 버전에 따라 자동으로 추가되는 경우도 있지만 없으면 직접 입력합니다.

```
📄 activity_main.xml  ✕    🟢 MainActivity.kt  ✕    🐘 build.gradle (:app)  ✕

Gradle files have changed since last project sync. A project sync may be necessary for the IDE to work properly.    Sync Now
1    plugins {
2        id 'com.android.application'
3        id 'kotlin-android'
4    }
5
6    android {
7
8        buildFeatures {
9            viewBinding true
10        }
```

05. [MainActivity.kt] 탭을 클릭해서 소스 코드로 이동합니다. class MainActivity에 binding 프로퍼티를 하나 생성하고 by lazy를 사용해서 안드로이드가 생성해둔 ActivityMainBinding을 inflate합니다.

```
class MainActivity: AppCompatActivity() {
    val binding by lazy { ActivityMainBinding.inflate(layoutInflater) } ●-------- 입력한 코드
```

⚠ binding 사용법이 기억나지 않는다면 2장의 '2.5 코틀린 코드와 레이아웃 연결하기'에서 다시 한번 확인합니다.

06. 이제 onCreate( ) 메서드 안에 작성되어 있는 setContentView에 binding.root를 전달합니다.

```
11    class MainActivity : AppCompatActivity() {
12
13        val binding by lazy { ActivityMainBinding.inflate(layoutInflater) }
14
15        override fun onCreate(savedInstanceState: Bundle?) {
16            super.onCreate(savedInstanceState)
17
18            setContentView(binding.root)
```

07. 이어서 binding으로 앞에서 작성해둔 에디트텍스트의 id에 연결합니다. 간단하게 'binding. e'까지만 작성하면 자동 완성 코드가 나타납니다. 코드에서 editText를 선택합니다.

```
19
20        binding.e
21            editText                                    EditText
22        m equals(other: Any?)                            Boolean
```

08. 이제 에디트텍스트의 변경 사항을 캐치할 수 있는 리스너를 달아야 합니다. 계속해서 'binding.editText.addTextC'까지 입력하면 리스너 목록이 나타나는데 다음 그림과 같은 것을 선택합니다.

보여지는 순서는 다를 수 있습니다. 꼭 addTextChangedListener {}를 선택합니다. 그러면 다음과 같이 코드가 자동 완성됩니다.

여기서 잠깐

☆ 람다식

이렇게 리스너 코드를 중괄호만 사용해서 간단하게 작성할 수 있는 형태를 '람다식'이라고 합니다. 람다식에 대해서는 뒤에 나오는 레이팅바에서 다시 한번 설명하겠습니다.

---

09. 추가된 코드의 여는 중괄호({) 안에서 [Enter] 키를 입력하여 줄을 바꾼 후에 다음과 같이 로그를 출력하는 코드를 작성해줍니다.

```
Log.d("EditText", "현재 입력된 값=${it.toString()}")
```

> 중괄호로 된 코드 스코프 안으로 it 변수가 전달되는
> 데, 이 it 변수로 현재 입력 중인 텍스트가 전달됩니다.

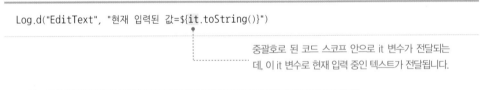

⚠ 그림에 보이는 회색 tag:나 msg:는 안드로이드 스튜디오에서 자동으로 붙여주는 태그입니다. 따라 입력하지 마세요.

10. [Run 'app' 아이콘(▶)]을 클릭해서 에뮬레이터를 실행합니다. 컴파일이 안 되는 분이 분명 있을 겁니다. 자세히 보면 코드의 Log가 빨간색일 겁니다. Log를 사용하려면 import를 해줘야 합

니다. 앞에서 했던 것처럼 Log를 클릭한 다음 Alt + Enter 키를 눌러서 [Import]를 선택하세요. 이제 소스 코드 상단에 `import android.util.Log` 코드가 추가되었을 겁니다. 다시 [Run 'app' 아이콘(▶)]을 클릭하세요.

11. 실행한 앱에 나타나는 입력 필드에 '안녕하세요'라고 입력하면 로그캣 창에 다음과 같은 로그가 실시간으로 발생합니다.

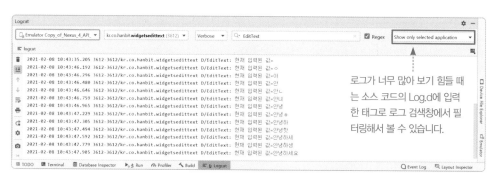

로그가 너무 많아 보기 힘들 때는 소스 코드의 Log.d에 입력한 태그로 로그 검색창에서 필터링해서 볼 수 있습니다.

여기서 잠깐

☆ 한글 키보드 설정

① 에뮬레이터에서 화면 하단(하단 가운데 버튼 근처)을 클릭한 다음에 위쪽으로 드래그하면 앱 목록이 펼쳐집니다(버전에 따라 다를 수 있습니다. 화면에 앱 목록이 있거나 메인 화면에 Settings 아이콘이 있다면 ②로 넘어갑니다).

② 목록에서 Settings를 선택해서 설정 화면으로 이동합니다.

③ 설정 화면을 아래쪽으로 스크롤 해서 System 메뉴를 선택합니다.

④ Languages & Input을 선택합니다.

⑤ 다시 한번 Languages(English)를 선택합니다.

⑥ English가 이미 추가되어 있는 화면이 나오고, 아래에 + Add a language가 있습니다. 클릭합니다.

⑦ 우측 상단 돋보기 아이콘을 클릭한 후 'Korean'을 입력하면 한국어가 검색됩니다. 한국어를 선택합니다.

⑧ 다음 화면에서 대한민국을 선택합니다(이 단계는 없을 수도 있습니다).

⑨ 다시 앱으로 돌아가거나 입력 필드가 있는 앱(예를 들면 웹 브라우저)을 실행한 후 입력 필드를 선택합니다.

⑩ 키보드의 스페이스바 키 왼쪽에 지구본 모양의 아이콘이 생겼을 텐데 클릭하면 한국어로 키보드 자판이 변경됩니다. 한 번 더 클릭하면 영어 자판으로 변경됩니다.

12. 로그인 시 아이디를 체크할 때처럼 입력된 글자가 8자 이상인지를 체크하고 싶다면 다음과 같이 메서드 안에 코드를 작성한 다음 실행해보세요. '안녕하세요'만 입력했을 때는 글자 수가 적어서 나타나지 않다가 8자가 넘어가는 순간부터 나타납니다.

```
20    binding.editText.addTextChangedListener { it: Editable?
21        if (it.toString().length >= 8) {
22            Log.d( tag: "EditText",  msg: "8자 이상일 때만 출력=${it.toString()}")
23        }
24    }
```

클릭하면 사라지는 미리보기: hint

클릭하면 사라지는 미리보기를 작성할 수 있습니다. 다른 프래그래밍 툴에서는 'place holder'라는 이름으로도 불립니다.

▶ hint 속성   ▶ 스마트폰 화면

키보드 모양 설정하기: inputType

inputType 속성에 입력되는 옵션에 따라서 나타나는 키보드의 모양이 바뀝니다. inputType 속성에서 [number]를 선택하면 숫자만 있는 키보드가 나타나고, [textPassword]를 선택하면 입력되는 텍스트가 검은색 점으로 가려집니다. 팔레트의 텍스트 카테고리에 있는 플레인텍스트 아래의 대부분이 에디트텍스트에서 inputType의 옵션값만 바꾼 형태입니다.

inputType	옵션값
textUri	URI 형식의 문자 입력
textEmailAddress	email 주소 형식의 문자 입력
textPostalAddress	우편 번호 형식의 문자 입력
textPassword	비밀번호 입력
textVisiblePassword	비밀번호를 문자열 그대로 표시
number	숫자 형식
numberPassword	숫자로만 구성된 비밀번호 입력
phone	전화번호 형식
date	날짜 형식

▶ number 선택 시 나타나는 숫자 키보드

이벤트 설정하기: imeOptions

입력 완료 후 실행할 이벤트를 설정합니다. ime는 input method editor의 약자로 텍스트 편집기를 뜻합니다. inputType 속성을 통해서 어떤 입력을 가능하게 할지 결정했다면 imeOptions 속성에서는 입력이 완료된 상황에서 다음 이벤트로 어떤 처리를 할 것인지 결정하는 것입니다.

예를 들어 키보드 오른쪽 아래에 확인 키가 나타나는데 imeOptions를 'actionSearch'로 설정하면 돋보기 모양의 키가 나타납니다.

imeOptions 속성의 옵션은 다음과 같은 종류가 있고 키보드의 확인 키 부분에 있는 아이콘 모양이 그림과 같이 달라집니다.

imeOptions 옵션		옵션값
↵	normal	특별한 기능 없음
	actionUnspecified	특별한 액션 없음
	actionNone	액션을 사용하지 않음

	actionGo	어딘가로 넘어감, URL 입력 후 해당 페이지로 넘어가기
	actionSearch	검색하기, 구글, 네이버, 다음 검색
	actionSend	메일, 메시지 보내기
	actionNext	다음으로 넘어가기, 다음 입력창으로 이동
	actionDone	입력 완료, 키보드 숨김
	actionPrevious	이전 단계로 돌아가기, 이전 입력창으로 이동

바뀐 확인 키 아이콘

▶ imeOptions: actionSend 설정 시 나타나는 확인 키의 모양 → 오른쪽 아래의 체크 모양 버튼이 종이비행기 모양으로 바뀐 것을 확인할 수 있습니다.

2.4 이미지버튼

일반적인 버튼은 텍스트뷰를 상속받기 때문에 기본 속성 사용법은 텍스트뷰와 비슷합니다. 동작을 위한 클릭리스너의 사용법 또한 앞장에서 이미 언급했기 때문에 여기서는 생략하고, 바로 이미지버튼ImageButton에 대해 알아보겠습니다.

버튼, 이미지버튼 둘 다 백그라운드 속성으로 이미지를 부여할 수 있는데 버튼은 백그라운드 이미지 위에 텍스트만, 이미지버튼은 백그라운드 이미지 위에 아이콘과 같은 이미지를 추가할 수 있습니다. 버튼의 경우 다음의 표에서처럼 백그라운드로 버튼 이미지만 만든 후에 안의 내용을 바꿔서 사용하는 경우가 많은데 이때 버튼에 삽입되는 콘텐츠의 종류에 따라 버튼의 종류가 결정됩니다.

버튼	이미지버튼
이미지 위에 텍스트	이미지 위에 이미지
검색	→
등록	♥

버튼과 이미지버튼의 차이는 클릭을 받아주는 리스너를 텍스트에 구현했느냐, 이미지뷰에 구현했느냐의 정도이며 버튼은 텍스트뷰의 속성을, 이미지버튼은 이미지뷰의 속성을 거의 그대로 사용합니다.

기본 이미지 사용하기

activity_main.xml을 열고 이미지버튼을 드래그해서 UI 편집기에 가져다 놓으면 사용할 이미지를 선택하는 창이 나타납니다. 좌측 메뉴에서 [Drawable]을 선택하면 임시로 사용할 수 있는 Sample data가 나오고, 그중에서 하나를 선택할 수 있습니다. Sample data 중에서 [avatars]를 선택하고 [OK]를 클릭합니다.

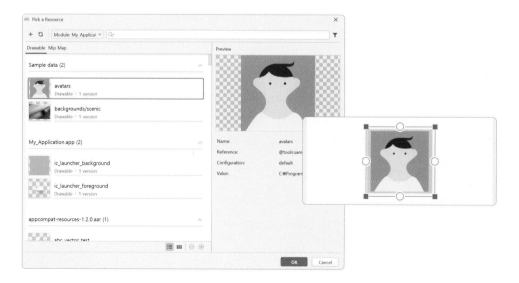

새로운 이미지 사용하기

새로운 프로젝트 WidgetsImageButton을 하나 생성합니다.

01. 사용할 이미지를 준비합니다. 없다면 구글에서 PNG 이미지를 검색해서 내려받습니다. 준비한 이미지를 drawable 디렉터리에 붙여넣기(또는 탐색기에서 드래그 앤 드롭) 한 다음 그림과 같은 팝업창이 나타나면 [Refactor]를 클릭해 drawable 디렉터리에 저장합니다.

붙여넣기를 완료하면 drawable 디렉터리 아래에 해당 이미지 파일이 생성됩니다.

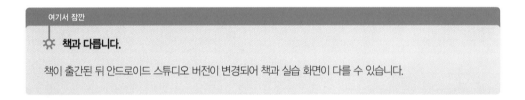

> **여기서 잠깐**
>
> ☼ **책과 다릅니다.**
>
> 책이 출간된 뒤 안드로이드 스튜디오 버전이 변경되어 책과 실습 화면이 다를 수 있습니다.

다음 그림은 kotlin.png 파일을 붙여넣기 한 후의 모습입니다.

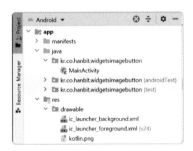

02. 팔레트에서 이미지버튼을 드래그해서 UI 편집기에 가져다 놓습니다. 이미지버튼을 선택한 상태에서 속성 영역의 src 옆의 버튼을 클릭하면 이미지를 선택할 수 있는 팝업창이 다시 나타납니다. 앞에서 붙여넣기 했던 이미지(kotlin.png)를 선택합니다.

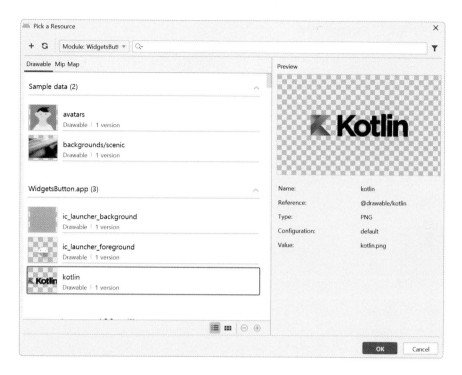

03. 선택한 이미지가 나타납니다.

⚠ 경우에 따라 다운로드한 이미지가 너무 커서 일부만 보일 수 있습니다. 이미지 크기를 조절하는 scaleType은 뒤에서 설명하겠습니다.

투명 배경 설정하기

이미지버튼은 기본적으로 배경에 회색 영역을 포함하고 있는데 속성 중 backgound 속성에 '@android:color/transparent'를 적용하면 회색 영역을 없애고 투명하게 만들 수 있습니다.

▶ 적용 전

▶ 적용 후

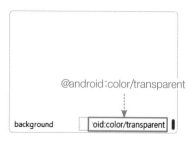

이미지 크기 설정하기: scaleType

scaleType은 이미지버튼뿐만 아니라 이미지뷰에서도 많이 사용하는 속성으로 다음과 같은 효과가 있습니다.

- matrix: 실제 이미지를 좌측 상단부터 이미지버튼 크기만큼만 보여줍니다.

- fitXY: 상하좌우를 이미지뷰 또는 이미지버튼 크기에 맞춰 늘려줍니다.

- fitStart: 좌측 상단부터 시작해서 비율에 맞게 이미지 크기를 조절하여 위젯 안에 채워줍니다.

- fitCenter: 중앙을 기준으로 비율에 맞게 이미지 크기를 조절하여 위젯 안에 채워줍니다.

- fitEnd: 우측 하단부터 시작해서 비율에 맞게 이미지 크기를 조절하여 위젯 안에 채워줍니다.

- center: 실제 이미지 사이즈대로 정중앙에 위치시킵니다. 이미지가 위젯보다 크면 위아래가 잘립니다.

- centerCrop: 가로세로 사이즈 중 근접한 길이를 기준으로 나머지 한쪽을 잘라 비율을 맞춰줍니다. 뷰에 이미지를 가득 채워주기 때문에 앨범 이미지를 섬네일로 보여줄 때 많이 사용합니다.

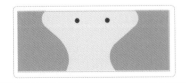

- centerInside: 이미지가 위젯보다 크면 fitCenter와 동일하게 동작하고, 작으면 위젯의 중앙에 위치시킵니다.

이미지 영역에 색 채우기: tint

tint는 이미지 영역에 색을 채우는 속성입니다. [스포이드 아이콘(🖊)]을 클릭해서 색을 선택할 수 있습니다.

입력 필드의 오른쪽 아이콘(〔〕)은 리소스인 colors. xml에 정의해둔 값을 연결하기 위해서 사용되고, [스포이드 아이콘(🖊)]을 클릭하면 색을 직접 선택할 수 있는 팝업창이 나타납니다.

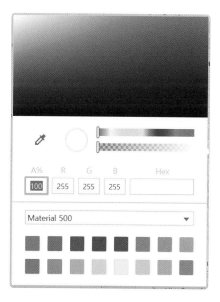

tint 속성의 경우 이미지의 투명도를 기준으로 색이 적용되기 때문에 일반적으로 투명 배경을 가진 이미지에 사용합니다.

▶ 일반 이미지에 보라색을 적용했을 때

▶ 투명 배경을 가진 안경 이미지에 보라색을 적용했을 때

투명도 조절하기: alpha

alpha는 투명도를 조절합니다. 1부터 0까지의 값을 입력하며 1이면 투명하지 않은 상태, 0이면 투명한 상태가 됩니다.

▶ 1   ▶ 0.5   ▶ 0

2.5 라디오그룹과 라디오버튼

라디오버튼RadioButton은 여러 개의 선택지 중에서 하나만 선택할 때 사용합니다. 라디오버튼을 단독으로 사용할 수도 있지만 라디오그룹RadioGroup과 함께 사용하면 다루기가 더 쉽습니다.

라디오그룹과 라디오버튼 사용하기

WidgetsRadio 프로젝트를 생성합니다. 그리고 activity_main.xml 파일을 열고 기본 텍스트뷰는 삭제합니다.

01. 버튼 카테고리에서 라디오그룹을 찾아 UI 편집기에 드래그해서 가져다 놓고 id 속성에 'radioGroup'이 입력되어 있는지 확인합니다. 없다면 'radioGroup'이라고 입력합니다.

⚠ id 변경 시 Rename 팝업이 나타나면 [Refactor] 버튼을 클릭해서 적용합니다.

02. 라디오그룹의 경우 UI 편집기에는 아무것도 나타나지 않을 수 있습니다. 찾기 힘들 때는 컴포넌트 트리에서 [radioGroup]을 찾아 클릭합니다.

03. 컨스트레인트를 네 방향 모두 연결해서 화면 가운데에 배치합니다.

04. 라디오그룹 안에 3개의 라디오버튼을 가져다 놓습니다. UI 편집기에서 라디오그룹 선택이 잘 안 되기 때문에 컴포넌트 트리에 있는 라디오그룹 아래에 드래그해 놓으면 쉽게 들어갑니다. 라디오버튼의 id 속성에는 각각 'radioApple', 'radioBanana', 'radioOrange'라고 입력합니다.

05. 라디오버튼은 스마트폰 화면에서 볼 수 있도록 이름을 입력해줍니다. text 속성에 각각 '사과', '바나나', '오렌지'를 입력합니다.

06. 모두 작성하면 다음과 같은 레이아웃이 구성됩니다. 다음은 컴포넌트 트리에서 radioGroup을 선택한 상태입니다.

07. build.gradle 파일을 열고 android 스코프에 다음과 같이 viewBinding true 설정을 추가합니다. 설정 후 우측 상단의 [Sync Now]를 클릭하는 것을 잊으면 안 됩니다.

```
buildFeatures {
    viewBinding true
}
```

08. [MainActivity.kt] 탭을 클릭해서 소스 코드로 이동합니다. onCreate() 메서드 위에 binding 프로퍼티를 하나 생성하고 by lazy를 사용해서 ActivityMainBinding을 inflate합니다.

```
val binding by lazy { ActivityMainBinding.inflate(layoutInflater) }
```

⚠ binding 사용법이 기억나지 않는다면 '2.3 에디트텍스트'에서 다시 한번 확인합니다.

09. onCreate() 메서드 안에 작성되어 있는 setContentView에 binding.root를 전달합니다.

```
setContentView(binding.root)
```

10. 다음 줄에 binding으로 앞에서 작성해둔 라디오그룹의 id에 연결합니다. 간단하게 'binding.r'까지만 작성하면 자동 완성 코드가 나타납니다. 코드에서 radioGroup을 선택합니다.

11. 이어서 'setOnChecked'까지만 입력하면 자동 완성 코드가 나타납니다. 여는 중괄호({)로 시작하는 코드를 선택해서 생성합니다.

```
11      override fun onCreate(savedInstanceState: Bundle?) {
12          super.onCreate(savedInstanceState)
13          setContentView(binding.root)
14
15          binding.radioGroup.setOnChecked
16      }           m setOnCheckedChangeListener(listener: ((RadioGroup!…   Unit
17  }               m setOnCheckedChangeListener { group, checkedId -> ... } {list
                    m setOnCheckedChangeListener(listener: RadioGroup.On…   Unit
                    Press Enter to insert, Tab to replace                        ⋮
```

⚠ 일반적으로 첫 번째에 나타나지 않으므로 마우스로 클릭하여 선택하거나 키보드 방향키로 이동한 후 Enter 키를 누릅니다 (안드로이드 스튜디오 버전에 따라 표시되는 자동 완성 코드의 순서가 그림과 다를 수 있습니다).

☆ 자동 완성 코드 창의 크기 조절하기

코드를 입력해서 나타나는 자동 완성 코드 창의 크기가 작아서 여는 중괄호({) 이후의 내용이 보이지 않을 때는 우측 하단의 모서리를 드래그해서 키울 수 있습니다.

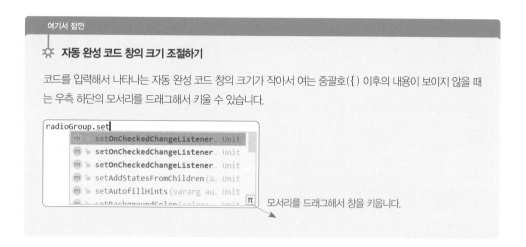

모서리를 드래그해서 창을 키웁니다.

12. 다음과 같은 코드가 생성되는데 안드로이드 스튜디오 버전에 따라 두 번째 파라미터가 i와 같은 약어로 표시되는 경우가 있습니다. id 또는 checkedId로 바꿔서 알아보기 쉽게 합니다(본인이 알아볼 수 있다면 변경하지 않아도 무방합니다).

```
binding.radioGroup.setOnCheckedChangeListener { group, checkedId -> }
```

두 번째 파라미터가 i로 표시될 경우 이것을
id 또는 checkedId로 변경합니다.

이제 radioGroup이라는 id를 가진 위젯에 클릭과 같은 변경 사항이 생기면 이 코드 블록({})이 실행되면서 첫 번째 파라미터에는 변경된 라디오그룹 위젯이, 두 번째 파라미터에는 라디오그룹 안에서 클릭 된 라디오버튼의 id가 전달됩니다.

13. 코드 블록 끝에 있는 화살표(->) 다음에서 Enter 키를 입력하고 블록 안에 다음과 같이 코드를 추가합니다.

```
binding.radioGroup.setOnCheckedChangeListener { group, checkedId ->
    when (checkedId) {
        R.id.radioApple -> Log.d("RadioButton", "사과가 선택되었습니다.")
        R.id.radioBanana -> Log.d("RadioButton", "바나나가 선택되었습니다.")
        R.id.radioOrange -> Log.d("RadioButton", "오렌지가 선택되었습니다.")
    }
}
```

Log가 빨간색으로 나타나면 클릭한 후
Alt + Enter 키를 입력해서 import합니다.

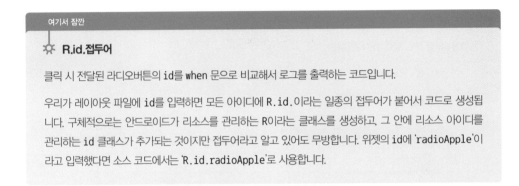

14. 에뮬레이터를 실행하고 라디오버튼을 클릭해보면 로그캣 창에 메시지가 출력되는 것을 확인할 수 있습니다. 로그캣의 검색창에 'RadioButton'이라고 입력한 다음에 테스트해보세요.

이렇게 라디오버튼은 각각의 버튼에 따로 리스너 처리를 할 필요 없이 버튼을 감싸고 있는 그룹에만 리스너를 연결해주면 코드를 간단하게 처리할 수 있습니다.

라디오버튼 배치하기: orientation

라디오그룹은 리니어 레이아웃에 라디오버튼을 담을 수 있는 형태의 레이아웃입니다. 리니어 레이아웃처럼 orientation 속성을 조절해서 배치되는 라디오버튼들을 가로로 정렬할 건지 세로로 정렬할 건지를 결정할 수 있습니다. vertical로 되어 있던 orientation을 속성에서 horizontal로 설정하면 다음 우측 그림과 같이 버튼이 세로에서 가로로 나열됩니다.

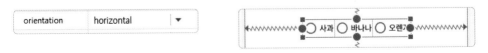

선택된 라디오버튼 설정하기: checkedButton

미리 선택되어 있는 라디오버튼을 설정할 수 있습니다. 입력 필드를 클릭해서 펼치면 라디오그룹 안에 삽입한 라디오버튼의 목록이 나타납니다.

2.6 체크박스

체크박스CheckBox는 라디오버튼처럼 여러 개의 선택지가 있지만 하나가 아닌 여러 개를 한 번에 선택할 때 사용합니다. 기본적으로 1개의 위젯당 1개의 리스너를 달아줘야 하지만 공통으로 사용되는 리스너를 1개만 구현해서 사용할 수 있습니다.

WidgetsCheckBox 프로젝트를 새로 만든 후 순서대로 작성합니다.

01. 체크박스를 라디오버튼처럼 구성하기 위해서 기본 텍스트뷰는 삭제하고 리니어 레이아웃 (horizontal)을 화면 가운데 배치합니다. 컨스트레인트를 네 방향 모두 연결하여 화면 가운데 배치합니다. 그런 다음 3개의 체크박스를 리니어 레이아웃 안에 가져다 놓고 각각의 id 속성에는 'checkApple', 'checkBanana', 'checkOrange'를 입력합니다. 그리고 text 속성에도 역시 라디오버튼과 동일하게 '사과', '바나나', '오렌지'를 순서대로 입력합니다.

⚠ id 변경 시 Rename 팝업이 나타나면 [Refactor] 버튼을 클릭해서 적용합니다.

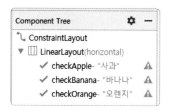

02. 리니어 레이아웃의 외곽선이 입력된 체크박스에 맞추기 위해 각 체크박스의 layout_width와 layout_height 속성을 모두 'wrap_content'로 설정합니다. 대부분 기본값일 겁니다.

03. 소스 코드와 연결하기 위해서 그래들 설정에 viewBinding을 추가합니다. build.gradle 파일을 열고 android 스코프에 viewBinding true 설정을 추가합니다. 설정 후 우측 상단의 [Sync Now]를 클릭하는 것을 잊으면 안 됩니다.

04. 이제 소스 코드로 이동해서 사과의 체크박스에만 먼저 리스너를 달아보겠습니다. [MainActivity.kt] 탭을 클릭해서 소스 코드로 이동합니다. onCreate() 위에 binding 프로퍼티를 하나 생성하고 by lazy를 사용해서 ActivityMainBinding을 inflate합니다.

```
val binding by lazy { ActivityMainBinding.inflate(layoutInflater) }
```

05. onCreate() 메서드 안에 작성되어 있는 setContentView에 binding.root를 전달합니다.

```
setContentView(binding.root)
```

06. 이어서 binding으로 앞에서 작성해둔 체크박스의 id에 연결합니다. 간단하게 'binding.c'까지만 작성하면 자동 완성 코드가 나옵니다. 코드에서 checkApple을 선택합니다.

07. 이어서 'setOnChecked'까지 입력하면 나타나는 리스너 중에 중괄호로 시작하는 코드를 선택합니다.

```
binding.checkApple.setOnChecked
  ⓜ setOnCheckedChangeListener(listener: ((CompoundBut…    Unit
  ⓜ setOnCheckedChangeListener { buttonView, isChecked -> ... }
  ⓜ setOnCheckedChangeListener(listener: CompoundButto…    Unit
  Press Enter to insert, Tab to replace                        ⋮
```

08. 생성되는 코드 블록의 두 번째 파라미터가 영문 이니셜(b 또는 다른 글자)로 표시되어 있으면 알아보기 쉽게 'isChecked'로 바꿔줍니다. 체크박스 리스너의 첫 번째 파라미터에는 상태 변화가 있는 체크박스 위젯이 그대로 전달되고, 두 번째 파라미터에는 라디오그룹과는 다르게 체크 여부가 Boolean 타입으로 전달됩니다.

```
binding.checkApple.setOnCheckedChangeListener { buttonView, isChecked -> }
```

안드로이드 스튜디오 버전에 따라 b 또는 i와 같은 이니셜로 표시될 때가 있습니다. isChecked로 변경하면 알아보기 쉽습니다.

여기서 잠깐

☆ 컴파운드버튼

체크박스는 컴파운드버튼(CompoundButton)을 상속받아서 만들어졌습니다. 그래서 리스너의 첫 번째 파라미터 타입에 CompoundButton?이라고 써 있는 것입니다. 코드를 자동 완성하면 buttonView, isChecked -> 라는 2개의 변수가 만들어지는데, 이 변수를 조금 더 풀어서 작성하면 buttonView: CompoundButton?, isChecked: Boolean -> 과 같은 의미입니다.

좀 더 이해하기 쉬운 코드를 작성하고 싶다면 buttonView를 checkbox로 이름을 변경해서 사용하는 것도 좋은 방법입니다.

09. 다음과 같이 코드를 추가해서 완성합니다. Log 다음에 Alt + Enter 키를 눌러 import하는 것을 잊지 마세요.

```
binding.checkApple.setOnCheckedChangeListener { checkBox, isChecked ->
    if (isChecked) Log.d("CheckBox", "사과가 선택되었습니다.")
    else Log.d("CheckBox", "사과가 선택 해제되었습니다.")
}
```

10. 에뮬레이터에서 정상적으로 동작하는지 테스트합니다. 그런데 이런 방식으로 코딩하면 모든 체크박스에 리스너를 달아줘야 해서 코드량이 늘어나는 단점이 있습니다. 라디오그룹에서처럼 하나의 코드 블록에서 처리하기 위해 코드를 조금 바꿔보겠습니다.

리스너를 앞에서와 같이 작성하지 않고 원래 형태로 작성하겠습니다. onCreate() 메서드 위에 listener 프로퍼티를 하나 만듭니다. 그리고 by lazy를 사용해서 CompoundButton 클래스에 있는 OnCheckedChangeListener를 직접 작성합니다.

'CompoundButton.OnChe'까지 입력하면 나오는 자동 완성 코드에서 역시 중괄호로 시작되는 두 번째 코드를 선택합니다. (이름이 길어서 중괄호가 보이지 않을 때는 키보드의 방향키를 이용해서 아래위로 이동하면 보입니다.)

```
class MainActivity : AppCompatActivity() {

    val binding by lazy { ActivityMainBinding.inflate(layoutInflater) }
    val listener by lazy { CompoundButton.OnChe }
                        ⓘ OnCheckedChangeListener   CompoundButton.OnCheckedChangeL...
    override fun onCreate(savedInstance ⓘ OnCheckedChangeListener { buttonView, isChecked -> ... } (fu
        super.onCreate(savedInstanceSta ⓘ OnCheckedChangeListener (android.widget.CompoundButton)
        setContentView(binding.root)    Press Enter to insert, Tab to replace                    ⋮
```

안드로이드 스튜디오 버전에 따라 b 또는 i와 같은 이니셜로 표시될 때가 있습니다. isChecked로 변경하면 알아보기 쉽습니다.

```
val listener by lazy {
    CompoundButton.OnCheckedChangeListener { buttonView, isChecked -> }
}
```

여기서 잠깐

☆ **자동 완성되는 한 줄의 코드가 너무 길 경우**

자동 완성되는 한 줄의 코드가 너무 길 경우 Enter 키로 위와 같이 세 줄로 변경하고 작업하는 것이 더 보기 쉬울 수 있습니다.

11. 이 리스너를 모든 체크박스에서 사용할 것이기 때문에 when 문으로 어떤 체크박스가 이 리스너로 전달되는지 확인하는 코드를 작성합니다. 리스너의 첫 번째 파라미터인 buttonView로 클릭된 체크박스 위젯 자체가 전달되기 때문에 buttonView.id로 레이아웃에 그려둔 체크박스 id에 접근할 수 있습니다.

```
val listener by lazy {
    CompoundButton.OnCheckedChangeListener { buttonView, isChecked ->
        when (buttonView.id) {
            R.id.checkApple -> Log.d("CheckBox", "사과가 선택되었습니다.")
            R.id.checkBanana -> Log.d("CheckBox", "바나나가 선택되었습니다.")
            R.id.checkOrange -> Log.d("CheckBox", "오렌지가 선택되었습니다.")
        }
    }
}
```

12. onCreate() 메서드 안에 작성했던 리스너의 중괄호({})를 괄호(())로 변경한 다음 앞에서 작성한 listener 프로퍼티를 입력해서 세 줄의 코드를 한 줄로 변경합니다.

```
binding.checkApple.setOnCheckedChangeListener (listener)
```

지금까지 setOnCheckedChangeListener 다음에 코드 블록을 사용한 것은 리스너를 위젯에 직접 구현해주는 방식이었고, 이렇게 리스너를 따로 변수에 담아서 위젯에 간접적으로 연결하는 형태로 사용할 수도 있습니다.

13. 이어서 다음 코드를 입력해 바나나와 오렌지를 추가로 연결합니다.

```
binding.checkBanana.setOnCheckedChangeListener (listener)
binding.checkOrange.setOnCheckedChangeListener (listener)
```

14. 에뮬레이터에서 실행하고 로그를 확인합니다.

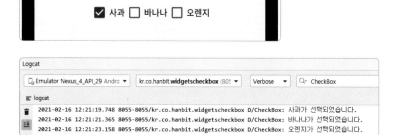

다음은 MainActivity.kt의 전체 코드입니다. 체크박스는 보통 체크와 해제를 모두 확인해야 하기 때문에 실제 프로젝트에서는 다음처럼 체크박스 해제 코드도 추가해야 합니다.

```
package kr.co.hanbit.widgetscheckbox

import androidx.appcompat.app.AppCompatActivity
import android.os.Bundle
import android.util.Log
import android.widget.CompoundButton
import kr.co.hanbit.widgetscheckbox.databinding.ActivityMainBinding

class MainActivity: AppCompatActivity() {

    val binding by lazy { ActivityMainBinding.inflate(layoutInflater) }

    val listener by lazy {
        CompoundButton.OnCheckedChangeListener { buttonView, isChecked ->
            if (isChecked) {
```

```
            when (buttonView.id) {
                R.id.checkApple -> Log.d("CheckBox", "사과가 선택되었습니다.")
                R.id.checkBanana -> Log.d("CheckBox", "바나나가 선택되었습니다.")
                R.id.checkOrange -> Log.d("CheckBox", "오렌지가 선택되었습니다.")
            }
        } else {
            when (buttonView.id) {
                R.id.checkApple -> Log.d("CheckBox", "사과가 선택 해제되었습니다.")
                R.id.checkBanana -> Log.d("CheckBox", "바나나가 선택 해제되었습니다.")
                R.id.checkOrange -> Log.d("CheckBox", "오렌지가 선택 해제되었습니다.")
            }
        }
    }                                    └──── 체크박스 해제 코드
}

    override fun onCreate(savedInstanceState: Bundle?) {
        super.onCreate(savedInstanceState)
        setContentView(binding.root)

        binding.checkApple.setOnCheckedChangeListener(listener)
        binding.checkBanana.setOnCheckedChangeListener(listener)
        binding.checkOrange.setOnCheckedChangeListener(listener)
    }
}
```

2.7 토글버튼, 스위치, 이미지뷰

토글버튼ToggleButton은 체크박스와 동일합니다. 부모 클래스인 CompoundButton을 상속받아 사용하기 때문에 체크박스의 리스너와 구현이 완전히 동일합니다. 단지 화면에 나타나는 모양만 조금 다릅니다.

스위치Switch도 체크박스와 구현이 동일하며 체크박스, 토글버튼, 스위치는 모두 CompoundButton을 상속받아 사용하므로 하나의 사용법만 익히면 동일한 리스너로 컨트롤할 수 있습니다.

이미지뷰는 이미지버튼과 사용법은 유사하고 리스너를 달아서 click 이벤트도 받을 수 있지만 이미지를 보여주는 용도로만 사용하는 것이 좋습니다. src, background, scaleType과 같은 주요 속성 또한 이미지버튼과 동일합니다.

2.8 프로그래스바

프로그래스바^{ProgressBar}는 진행 상태를 나타내는 위젯입니다.

주로 두 가지로 사용되는데, 하나는 파일 다운로드와 같이 시간이 일정하지 않은 작업을 할 때 '현재 진행 중'임을 보여주는 용도로 많이 사용합니다.

⚠ 파일 다운로드는 사이즈나 네트워크의 상태에 따라 모두 다운로드하는 데 걸리는 시간을 미리 확정할 수 없습니다.

또 하나는 위와 같은 상황에서 진행 중임과 동시에 얼마 정도 진행되었는지 진척도를 %로 보여주는 용도로 사용합니다.

프로그래스바의 진행 상태 표시하기

WidgetsProgressBar 프로젝트를 새로 생성하고 레이아웃 파일을 엽니다. 화면 가운데 있는 텍스트뷰는 삭제합니다.

01. activity_main.xml에서 화면에 리니어 레이아웃(vertical)을 가져다 놓고 컨스트레인트는 네 방향 모두 연결합니다. 리니어 레이아웃의 id 속성에 'progressLayout'이라고 입력하고 gravity 속성을 'center'로 설정합니다.

02. 그다음 팔레트의 위젯 카테고리에서 프로그래스바(ProgressBar)와 텍스트 카테고리의 텍스트뷰를 1개씩 리니어 레이아웃 안에 가져다 놓습니다. 텍스트뷰의 gravitry 속성도 'center'로 설정합니다.

03. 텍스트뷰의 text 속성에 'Downloading...'이라고 입력해주면 다음 그림과 같이 됩니다.

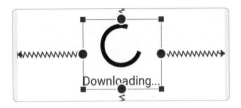

⚠ 프로그래스바를 감싸고 있는 리니어 레이아웃만 컨트롤하면 되기 때문에 2개의 위젯에는 id를 부여하지 않아도 됩니다.

04. build.gradle 파일에 viewBinding을 설정하고 [MainActivity.kt] 탭을 클릭해서 소스 코드로 이동합니다. 그리고 binding을 생성한 후 setContentView에 binding.root를 전달합니다.

```
val binding by lazy { ActivityMainBinding.inflate(layoutInflater) } // 추가한 코드

override fun onCreate(savedInstanceState: Bundle?) {
    super.onCreate(savedInstanceState)
    setContentView(binding.root) // 수정한 코드
}
```

05. 클래스 안에 showProgress 메서드를 만들고 리니어 레이아웃을 숨겼다 보였다 할 수 있는 코드를 추가합니다.

```
override fun onCreate(savedInstanceState: Bundle?) {
    super.onCreate(savedInstanceState)
    setContentView(binding.root)
}

fun showProgress(show: Boolean) {
    if (show) {
        binding.progressLayout.visibility = View.VISIBLE
    } else {
        binding.progressLayout.visibility = View.GONE
    }
}
```

View에 빨간색 밑줄이 보이면 클릭한 후
[Alt] + [Enter] 키를 눌러 import합니다.

showProgress 메서드의 if 문은 코틀린과 같은 함수형 언어에서는 다음과 같이 축약해서 사용할 수 있습니다.

```
binding.progressLayout.visibility = if(show) View.VISIBLE else View.GONE
```

위젯의 visibility 속성이 VISIBLE이면 화면에 나타나고, GONE이면 사라집니다.

☼ 공통 속성 visibility

• VISIBLE: 현재 보이는 상태

• INVISIBLE: 현재 안 보이는 상태. 보이지는 않지만 공간을 차지하고 있습니다. 예를 들어 리니어 레이아웃에서 3개의 버튼을 배치하고 가운데 버튼을 INVISIBLE 처리하면 가운데가 빈 상태로 화면에 나타납니다. 같은 자리에 있는데 투명 망토를 쓴 상태라고 생각하면 됩니다.

• GONE: 현재 안 보이는 상태. 보이지도 않고 공간도 차지하지 않습니다. 리니어 레이아웃에서 3개의 버튼을 배치하고 가운데 버튼을 GONE 처리하면 세 번째 버튼이 두 번째 버튼 자리로 이동합니다.

---

06. 앱이 실행되고 3초 후에 showProgress(false)를 호출하는 코드를 onCreate( ) 메서드 안에 작성합니다. Thread.sleep( ) 메서드를 사용하면 지정된 시간 동안 다음 코드가 실행되지 않습니다.

```
setContentView(binding.root)

Thread.sleep(3000) // 3000 밀리초 = 3초
showProgress(false)
```

---

07. 에뮬레이터에서 실행해봅니다. 실행해도 에뮬레이터 화면에는 아무것도 보이지 않습니다. 메인 스레드에서 동작을 멈추는 Thread.sleep( ) 메서드를 호출했기 때문입니다.

☼ 화면을 그려주는 메인 스레드

안드로이드는 메인 스레드(Main Thread)라는 개념이 있는데, 화면에 그림을 그려주는 것이 메인 스레드의 역할입니다. 화면을 그리는 것은 모두 메인 스레드에서 실행되어야 합니다(다른 이름으로 UI Thread라고 불리기도 합니다).

onCreate( ) 메서드 안의 코드는 모두 메인 스레드에서 동작하기 때문에 Thread.sleep 메서드를 사용하면 화면을 그리는 것도 모두 멈춥니다.

08. Thread.sleep 메서드를 백그라운드(서브 스레드)에서 동작시키기 위해 코드를 추가합니다. thread(start=true) 함수를 사용하면 함수 블록 안의 코드가 모두 백그라운드에서 동작합니다. **06**에서 추가한 코드를 다음과 같이 수정합니다.

```
thread(start=true) {
    Thread.sleep(3000)
    showProgress(false)
}
```

thread 함수를 사용할 때 'thread'까지만 입력한 후 [Enter] 키를 누르면 자동으로 import됩니다.

```
import kotlin.concurrent.thread •
```
thread 함수를 추가하면서 import 할 때
자동으로 상단에 추가된 코드입니다.

이대로 실행하면 3초간 프로그래스바가 동작하다가 앱이 죽습니다. 앞에서 언급했듯이 그림을 그리는 코드, 즉 UI와 관련된 모든 코드는 메인 스레드에서 실행해야만 합니다. 앞의 코드에서 showProgress 메서드를 백그라운드에서 호출하기 때문에 앱이 강제 종료되는 것입니다.

09. 그래서 다음과 같이 showProgress 메서드만 메인 스레드에서 실행하도록 코드를 한 줄 더 추가합니다. runOnUiThread 스코프 안에서 코드를 실행하면 모두 메인 스레드에서 동작합니다.

```
thread(start=true) {        // 서브 스레드
    Thread.sleep(3000)
    runOnUiThread {         // 메인 스레드
        showProgress(false)
    }
}
```

10. 이제 앱을 다시 실행하면 3초간 프로그래스바가 동작하다가 없어집니다.

2.9 시크바

시크바SeekBar는 볼륨을 조절하거나 뮤직플레이어에서 재생 시간을 조절하는 용도로 많이 사용합니다. 시크바를 드래그하면 시크바의 값이 텍스트뷰에 나타나는 예제를 구현해보겠습니다. WidgetsSeekBar 프로젝트를 새로 생성합니다. activity_main_xml 파일을 열고 기본 'Hello World!' 텍스트뷰는 삭제합니다.

01. 위젯 카테고리의 시크바(SeekBar)를 드래그해서 화면 가운데에 가져다 놓고 컨스트레인트를 네 방향 모두 연결합니다. 그리고 layout_with 속성은 '0dp', layout_height 속성은 'wrap_content'로 입력합니다.

02. id 속성에 seekBar가 입력되어 있는 것을 확인합니다. 없으면 입력합니다.

03. 시크바 위에 텍스트뷰를 하나 가져다 놓고 컨스트레인트를 연결합니다. 텍스트뷰의 id 속성에는 'textView', text 속성에는 '0'을 입력합니다.

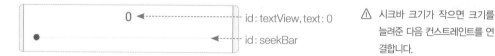

⚠ 시크바 크기가 작으면 크기를 늘려준 다음 컨스트레인트를 연결합니다.

04. build.gradle 파일에 **viewBinding** 설정을 하고 [MainActivity.kt] 탭을 클릭해서 소스 코드로 이동합니다. 그리고 **binding**을 생성한 후, **setContentView**에 **binding.root**를 전달합니다.

```
val binding by lazy { ActivityMainBinding.inflate(layoutInflater) } // 추가한 코드

override fun onCreate(savedInstanceState: Bundle?) {
    super.onCreate(savedInstanceState)
    setContentView(binding.root) // 수정한 코드
}
```

05. setContentView 아랫줄에 'binding.seekBar.set'까지만 입력하면 나타나는 목록에서 setOnSeekBarChangeListener를 선택합니다. 시크바는 사용할 수 있는 리스너가 하나만 있습니다.

```
binding.seekBar.set
    m setOnSeekBarChangeListener(l: SeekBar.OnSeekBarCha…    Unit
    v secondaryProgressTintBlendMode (from getSeco…    BlendMode?
    v secondaryProgress (from getSecondaryProgress()/setS…    Int
```

06. 앞에서 생성된 리스너의 괄호 안에 'object: SeekBar.OnSeekBarChangeListener {}' 코드를 다음과 같이 추가합니다. object: 다음에 입력하는 SeekBar는 $\boxed{\text{Alt}}$ + $\boxed{\text{Enter}}$ 키로 먼저 import해야 합니다.

```
binding.seekBar.setOnSeekBarChangeListener(object: SeekBar.OnSeekBarChangeListener {

})
```

07. 리스너의 코드 블록 사이를 클릭한 채로 (중괄호 안에 마우스 포인터를 두고) $\boxed{\text{Ctrl}}$ + $\boxed{\text{I}}$ 키를 입력한 후 나타나는 [Implement Members] 팝업창에서 3개의 메서드를 모두 선택하고 [OK]를 클릭합니다. 메서드를 생성한 다음 각 메서드의 TODO 행은 삭제합니다.

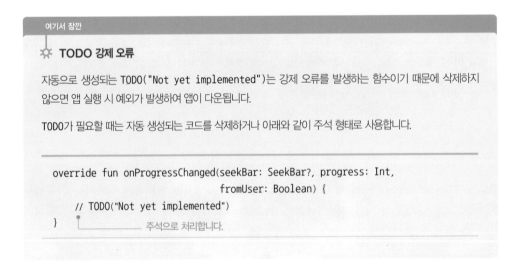

> **여기서 잠깐**
>
> ☼ **TODO 강제 오류**
>
> 자동으로 생성되는 TODO("Not yet implemented")는 강제 오류를 발생하는 함수이기 때문에 삭제하지 않으면 앱 실행 시 예외가 발생하여 앱이 다운됩니다.
>
> TODO가 필요할 때는 자동 생성되는 코드를 삭제하거나 아래와 같이 주석 형태로 사용합니다.
>
> ```
> override fun onProgressChanged(seekBar: SeekBar?, progress: Int,
>                                fromUser: Boolean) {
>     // TODO("Not yet implemented")
> }                 └──────── 주석으로 처리합니다.
> ```

08. onProgressChanged 메서드 안에 다음의 코드를 한 줄 추가합니다.

```
override fun onProgressChanged(seekBar: SeekBar?, progress: Int, fromUser: Boolean) {
    binding.textView.text = "$progress"
}
```

여기서 잠깐

☼ **텍스트뷰의 text 속성**

텍스트뷰의 text 속성에는 문자열만 입력이 가능합니다. 텍스트뷰의 text에 Int 타입의 숫자를 입력하면 리소스 아이디로 인식해서 오류가 발생합니다. 따라서 Int 타입의 숫자를 입력할 때는 쌍따옴표(" ") 안에 $변수를 넣는 형태로 입력해야 합니다.

09. 에뮬레이터에서 실행한 후 시크바를 드래그하면 상단의 숫자가 바뀌는 것을 확인할 수 있습니다.

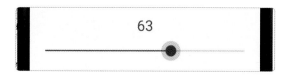

OnSeekBarChangeListener의 첫 번째 메서드인 onPrgressChanged의 파라미터는 다음과 같습니다.

- seekBar: 리스너가 동작하고 있는 시크바 위젯
- progress: 현재 시크바의 현재 progress 값
- fromUser: 사용자 터치 여부(코드에서 시크바를 움직일 수도 있기 때문에 사용자의 터치에 의해 동작하는 것 인지를 일기 위한 값)

시크바의 리스너도 안드로이드 스튜디오 버전에 따라 파라미터 이름이 이니셜로 표기되는 경우가 있습니다. 예를 들어 seekBar가 s로 표시되거나, progress가 p로 표기되기도 합니다. 이것도 역시 순서에 맞춰서 알아보기 쉽게 변경해서 사용하면 됩니다.

다음은 MainActivity.kt의 전체 코드입니다.

```kotlin
package kr.co.hanbit.widgetsseekbar

import androidx.appcompat.app.AppCompatActivity
import android.os.Bundle
import android.widget.SeekBar
import kr.co.hanbit.widgetsseekbar.databinding.ActivityMainBinding

class MainActivity: AppCompatActivity() {
    val binding by lazy { ActivityMainBinding.inflate(layoutInflater) }

    override fun onCreate(savedInstanceState: Bundle?) {
        super.onCreate(savedInstanceState)
        setContentView(binding.root)

        binding.seekBar.setOnSeekBarChangeListener(object: SeekBar.
                                                OnSeekBarChangeListener {
            override fun onProgressChanged(seekBar: SeekBar?, progress: Int,
                                        fromUser: Boolean) {
                binding.textView.text = "$progress"
            }

            override fun onStartTrackingTouch(seekBar: SeekBar?) {
                // TODO("Not yet implemented")
            }

            override fun onStopTrackingTouch(seekBar: SeekBar?) {
                // TODO("Not yet implemented")
            }
        })
    }
}
```

시크바의 주요 속성은 다음과 같습니다.

- max: 시크바의 최대값을 설정합니다. 위의 예제에서 드래그를 좌측 끝까지 설정하면 100이 되는데, max 값을 200으로 설정하면 200까지 표현할 수 있습니다.
- progress: 처음 시작하는 시크바의 값을 설정합니다. 기본값은 0입니다.

2.10 레이팅바

레이팅바^{RatingBar}는 한글로는 별점바, 등급바 등으로 불리는데 인터넷에서 흔히 볼 수 있는 별점을 매기는 위젯입니다. 이번에도 시크바와 비슷한 예제로 레이팅바를 클릭하거나 드래그하면 현재 별점이 텍스트뷰에 표시되도록 하겠습니다.

WidgetsRatingBar 프로젝트를 새로 생성하고 화면 가운데의 텍스트뷰를 삭제합니다.

01. 화면 중앙에 위젯의 레이팅바(RatingBar)를 가져다 놓고 컨스트레인트를 네 방향 모두 연결합니다. id 속성에는 'ratingBar'가 입력되어 있는지 확인합니다.

02. 이번에는 레이팅바 오른쪽에 텍스트뷰를 배치하고 컨스트레인트를 레이팅바에 연결합니다. 그리고 텍스트뷰의 id 속성에는 'textView', text 속성에는 '0.0'을 입력합니다.

⚠ 크기가 다를 수 있습니다.

03. build.gradle 파일에 viewBinding 설정을 하고 [MainActivity.kt] 탭을 클릭해서 소스 코드로 이동합니다. 그리고 binding을 생성한 후 setContentView에 binding.root를 전달합니다.

```
val binding by lazy { ActivityMainBinding.inflate(layoutInflater) }

override fun onCreate(savedInstanceState: Bundle?) {
    super.onCreate(savedInstanceState)
    setContentView(binding.root)
}
```

04. setContentView 다음 줄에 'binding.ratingBar.setOn'까지만 입력하면 나타나는 리스너 메서드 중에 중괄호로 시작하는 코드를 선택합니다.

```
binding.ratingBar.setOn
        m setOnRatingBarChangeListener(listener: ((RatingBar…    Unit
        m setOnRatingBarChangeListener { ratingBar, rating, fromUser
```

그러면 다음과 같이 코드가 생성됩니다.

```
binding.ratingBar.setOnRatingBarChangeListener { ratingBar, rating, fromUser -> }
```

05. 시크바와 마찬가지로 안드로이드 스튜디오 버전에 따라 파라미터 이름이 다를 수 있습니다. 앞의 순서대로 변경해서 사용하면 됩니다.

- rating: 현재 별점
- fromUser: 사용자 입력 여부

06. 시크바와는 인터페이스 구조가 다르기 때문에 중괄호 안에 식을 바로 사용할 수 있습니다. 소스 코드를 다음과 같이 입력합니다.

```
binding.ratingBar.setOnRatingBarChangeListener { ratingBar, rating, fromUser ->
    binding.textView.text = "$rating"
}
```

07. 에뮬레이터에서 실행하고 드래그해보면 숫자의 값이 바뀌는 것을 확인할 수 있습니다.

⚠ 크기가 조금 다를 수 있습니다.

레이팅바에서 사용하는 주요 속성은 다음과 같습니다.

- numStars: 전체 표시되는 별의 개수를 설정할 수 있습니다.
- rating: 기본 별점. 처음 시작하는 별점값입니다.
- stepSize: 별을 드래그했을 때 움직이는 최소 단위. 0.1로 설정하면 별 하나를 10단위로 쪼개서 표시해줍니다.

사용자 터치가 아닌 코드에서 레이팅바에 직접 값을 입력할 수 있습니다. `ratingBar.rating = 2.5F` 와 같이 각각의 속성에 도트 연산자(.)로 접근해서 값을 입력할 수 있습니다.

☆ 리스너 다음에 오는 중괄호 vs 괄호

리스너(Listener)는 코틀린 문법에서 배운 인터페이스입니다. 안드로이드는 리스너라는 개념으로 인터페이스를 제공하는데, 인터페이스 안에 개발자가 구현해야 되는 메서드의 목록이 미리 정의되어 있습니다.

아직까지 안드로이드는 기반 코드가 자바로 되어 있기 때문에 실제 리스너 인터페이스는 다음과 같이 대부분 자바 문법을 사용합니다.

• 레이팅바(RatingBar)의 리스너

```
public interface OnRatingBarChangeListener {
    void onRatingChanged(RatingBar ratingBar, float rating, boolean fromUser);
}
```

이렇게 정의되어 있는 메서드의 개수가 1개면 메서드 이름을 작성하지 않고 중괄호를 사용해서 처리할 수 있습니다. 중괄호를 사용하여 코드를 축약한 형태를 '람다식'이라고 합니다.

• 시크바(SeekBar)의 리스너

```
public interface OnSeekBarChangeListener {
    void onSeekBarChaged(SeekBar seekBar, int progress, boolean fromUser);

    void onStartTrackingTouch(SeekBar seekBar);

    void onStopTrackingTouch(SeekBar seekBar);
}
```

메서드가 2개 이상이면 괄호를 사용하고 인터페이스에 정의되어 있는 메서드를 모두 구현해야만 정상적으로 동작합니다. 그래서 시크바의 리스너는 괄호를 사용해야 하고, 괄호 안에 오브젝트 형태로 모든 메서드를 구현하는 것입니다. 메서드가 1개인 리스너에 괄호를 사용하는 것은 코드가 길어질 뿐 정상 동작합니다.

1. 라디오버튼의 코드를 응용해서 라디오버튼을 클릭하면 화면의 텍스트뷰에 값이 출력하는 코드를 작성해보세요.

2. 체크박스 코드를 실행하면 매번 아이템 하나의 상태만 출력하는데, 한 번 체크할 때 현재 체크되어 있는 모든 아이템을 출력하는 코드를 작성해보세요. (예를 들어 바나나를 체크한 상태에서 추가로 오렌지를 체크하면 "바나나와 오렌지가 체크되었습니다."라는 메시지를 출력해야 합니다.)

3. 프로그래스바 다음 텍스트뷰를 배치하고 1초에 한 번, 1씩 증가하는 숫자를 출력하는 코드를 작성해보세요.

⟨3⟩ 리소스 다루기

앞서 위젯과 함께 몇 개의 리소스를 간단하게 다뤄보았습니다. 이번 절에서는 이미지 리소스인 drawable에 대해 조금 더 자세하게 알아보고 앱 아이콘에 사용되는 mipmap, 그리고 strings를 이용한 다국어 처리에 대해 알아보겠습니다.

3.1 drawable과 단위

안드로이드는 스마트폰마다 가로세로 화소(픽셀)의 개수가 다르기 때문에 사이즈를 표시하는 단위로 가상 화소 개념인 dp를 사용합니다. dp는 화면 밀도인 DPI에 따라서 실제 픽셀로 변환되는 크기가 달라지는데 drawable 또한 DPI에 따라서 서로 다른 이름의 디렉터리를 사용합니다.

DPI

DPI^{Dots Per Inch}는 가로세로 1인치(2.54cm)의 정사각형 공간에 들어 있는 픽셀의 숫자를 나타내는 단위입니다. 안드로이드는 160DPI를 기본으로 사용하는데 이를 mdpi라고 합니다. 내 스마트폰의 DPI가 mdpi라면 화면을 켰을 때 1인치의 사각형 안에 160개의 화소가 그려집니다.

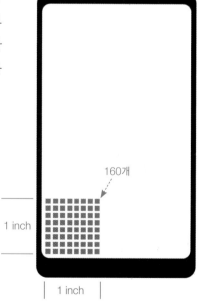

안드로이드 스마트폰은 다음과 같이 6개의 DPI를 사용하고 있는데 ldpi는 현재 거의 사용되지 않습니다.

표현	1인치 안의 화소수	비고
ldpi	120	사용하지 않음
mdpi	160	기준 : 1dp = 1pixel
hdpi	240	
xhdpi	320	1dp = 2pixel
xxhdpi	480	1dp = 3pixel
xxxhdpi	640	1dp = 4pixel

2020년을 기준으로 최신 스마트폰은 xxxhdpi를 지원하는데, 1인치 정사각형 안에 무려 640개의 화소로 화면 밀도Density가 높기 때문에 화질이 더 선명합니다.

dp

dpDensity-independent Pixels는 안드로이드에서 사용하는 독립적 수치 단위로, 해상도와 관계없이 동일한 크기로 화면에 표시하기 위해서 사용됩니다. 예를 들어 가로세로가 각각 3dp인 사각형을 mdpi 스마트폰에 그릴 때와 xhdpi 스마트폰에 그릴 때 두 화면에서 같은 크기로 보이기 위해서 다음과 같이 그립니다.

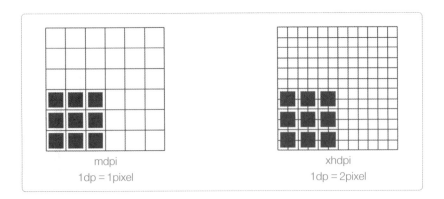

mdpi
1dp = 1pixel

xhdpi
1dp = 2pixel

이처럼 xhdpi에서는 단일 면적에 그려지는 화소의 수가 많지만, 1dp에 4개의 화소를 사용해서 그리므로 사용자 눈에는 같은 크기로 보입니다.

sp

텍스트뷰에서 한 번 언급한 바와 같이, 문자열 크기를 나타내기 위해 사용하는 단위입니다. 단위에 sp$^{Scale-independent\ Pixels}$를 사용하면 줌인이나 줌아웃 시에 다른 위젯에는 영향을 주지 않고 해당 위젯의 글자만 커지거나 작아지게 할 수 있습니다.

drawable 디렉터리 구성

위젯을 설명할 때 예제를 쉽게 사용하기 위하여 drawable 디렉터리를 사용했지만, 실제로는 앞에서 설명한 DPI 구조로 인해 각각의 해상도에 맞는 drawable 디렉터리에 이미지를 넣고 사용해야 합니다. 실무에서 디자이너와 함께 협업하면 총 5개의 디렉터리에 각 사이즈에 맞는 이미지를 전달해줍니다. 예를 들어 car.png라는 이미지를 사용한다면 다음과 같은 5개의 디렉터리에 같은 이름으로 이미지가 저장됩니다.

▶ Projcet 뷰   ▶ Android 뷰

안드로이드 스튜디오의 좌측 탐색 영역 모드를 Project로 놓고 사용하는 것이 디렉터리 구조를 그대로 보여주기 때문에 이미지와 같은 리소스를 관리하기에 더 편합니다.

DPI별 디렉터리를 수동으로 생성하려면 Project 뷰에서 res 디렉터리를 마우스 우클릭하면 나타나는 메뉴에서 [New]-[Directory]를 선택하고 이름을 입력하면 됩니다.

각각의 drawable 디렉터리에 저장된 이미지는 소스 코드나 레이아웃 파일에서는 그냥 기존처럼 파일 이름, car.png를 호출해서 사용하고, 안드로이드는 호출된 car.png의 이름을 확인한 후 스마트폰의 해상도에 맞는 디렉터리 안에 있는 car.png를 선택해서 화면에 그려줍니다.

같은 원리로 중간에 −v24가 붙어 있는 drawable−v24 디렉터리에 있는 이미지는 안드로이드 디바이스의 버전이 24 이상일 때 자동으로 선택됩니다.

이처럼 앱을 개발할 때는 동일한 이미지를 최소 5개의 해상도로 만들어서 사용해야 합니다.

뒤에 아무런 접미사suffix가 없는 drawable 디렉터리는 이미지 외에 화면과 관련된 XML 파일을 관리하는 용도로 제공됩니다. 예를 들어 안드로이드는 XML로 벡터 기반(좌표로 이루어진)의 그림을 그릴 수 있는데 이렇게 만들어진 XML 파일을 drawable에 저장하면 해상도와 상관없이 사용할 수 있습니다.

⚠ 앱을 빌드할 때 AAB를 사용하면 앱스토어에서 다운로드할 때부터 해당 디바이스의 DPI에 맞는 이미지만 다운로드되도록 설계되어 있습니다.

여기서 잠깐

☼ 비트맵(Bitmap) vs 벡터(Vector)

비트맵과 벡터는 둘 다 이미지를 표현하는 방식을 말합니다.

우리가 화면에서 보는 사진들은 대부분 비트맵으로 만들어져 있는데, 화면을 표현하는 최소 단위인 픽셀마다 각각의 색을 입혀서 표현하는 방식입니다. 각각의 픽셀마다 색상 값이 필요하기 때문에 사진의 크기가 커질수록 용량이 늘어난다는 단점이 있습니다.

벡터는 이런 용량이 늘어나는 단점을 보완할 수 있는 방식입니다. 점, 선, 다각형, 타원과 같이 수치로 표현할 수 있는 도형으로 만들어집니다. 수치로 표현되기 때문에 그림의 크기가 커져도 용량의 변화가 없습니다. 단 사진과 같이 정교한 이미지는 표현하기 어렵다는 단점이 있습니다.

비교	비트맵	벡터
확장자	PNG, JPG, BMP	SVG, AI
크기(용량)	이미지 크기에 따라 증가	변화 없음
표현	사진과 같은 정밀한 표현	도형과 같은 수치화 된 표현
확대	확대 시 깨짐	확대해도 동일함
용도	사진	아이콘

그러므로 사진은 비트맵으로, 아이콘과 같은 것은 벡터로 만드는 것이 효율적입니다.

3.2 mipmap 앱 아이콘 사용하기

mipmap

안드로이드는 drawable과 더불어 앱의 아이콘에 사용하는 용도로 mipmap 디렉터리를 제공합니다. mipmap은 앱 아이콘 관리용으로만 사용되도록 권장하므로 일반 이미지는 drawable에 넣고 사용해야 합니다. Project 뷰에서 확인하면 그림처럼 mipmap은 따로 생성하지 않아도 5개의 dpi 디렉터리가 기본으로 제공됩니다. mipmap도 drawable처럼 Project 뷰로 놓고 사용하는 것이 편리합니다.

```
▶  📁 mipmap-anydpi-v26
▶  📁 mipmap-hdpi
▶  📁 mipmap-mdpi
▶  📁 mipmap-xhdpi
▶  📁 mipmap-xxhdpi
▶  📁 mipmap-xxxhdpi
```

안드로이드 버전 26부터는 아이콘에 백그라운드, 포어그라운드 개념이 도입되면서 mipmap-anydpi-v26 디렉터리가 추가되었습니다. 각각의 디렉터리에 아이콘 이미지를 넣고 AndroidManifest.xml에 있는 〈application〉 태그의 icon 속성에 설정하면 앱 설치 후 안드로이드 화면에 나타납니다.

```
<application
    android:allowBackup="true"
    android:icon="@mipmap/ic_launcher"
    android:label="Camera And Gallery"
    android:roundIcon="@mipmap/ic_launcher_round"
```

roundIcon 속성은 버전 25부터 지원한 속성으로 안드로이드 런처가 동그란 아이콘을 사용하면 해당 속성에 지정된 mipmap 이미지를 사용합니다.

adaptive icon

mipmap-anydpi-v26 디렉터리 안에 있는 ic_launcher.xml 파일을 열어보면 다음과 같은

XML 코드가 작성되어 있는데, 태그명에서 유추할 수 있듯이 백그라운드 이미지와 포어그라운드 이미지 2개를 포개어서 아이콘으로 그려주는 역할을 합니다.

```xml
<?xml version="1.0" encoding="utf-8"?>
<adaptive-icon xmlns:android="http://schemas.android.com/apk/res/android">
    <background android:drawable="@drawable/ic_launcher_background" />
    <foreground android:drawable="@drawable/ic_launcher_foreground" />
</adaptive-icon>
```

<background> 태그값에 @drawable/ic_launcher_background 파일명이 지정되어 있는데, 이 파일에 앞서 설명한 벡터 기반의 이미지가 입력되어 있습니다. 이런 구조를 어댑티브 아이콘adaptive icon이라고 합니다. 이미지 아이콘과 동일하게 AndroidManifest.xml에 있는 <application> 태그의 icon 속성에 적용하고 사용합니다.

3.3 strings와 다국어 처리

strings 다루기

안드로이드는 strings.xml을 Translations Editor를 통해서 관리할 수 있습니다.

01. strings.xml 파일을 열어 우측 상단에 있는 [Open editor] 링크를 클릭합니다.

02. 링크를 클릭하면 Translation Editor가 나타나는데 [Code] 모드에서 직접 XML을 수정하는 대신에 이 에디터를 통해서 strings를 추가하거나 삭제할 수 있습니다.

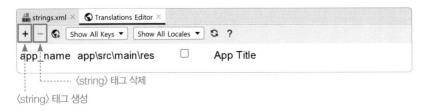

03. 에디터 상단에 [+] 버튼을 클릭하면 `<string>` 태그를 생성할 수 있는 팝업창이 나타납니다. Key와 Value를 입력해서 하나 생성해보세요.

04. [−] 버튼은 `<string>`을 삭제하는 데 사용합니다. 이미 생성되어 있는(03에서 생성한) Key를 클릭한 상태에서 [−] 버튼을 클릭하면 해당 `<string>`이 삭제됩니다.

다국어 처리하기

Translations Editor의 원래 기능은 단순히 `<string>` 태그를 생성하는 게 아니라 이름에서 유추할 수 있듯이 다국어를 처리하는 데 목적이 있습니다.

01. [+]와 [−] 버튼 오른쪽에 있는 지구본을 클릭하면 나타나는 선택 메뉴에서 [Korean(ko)]을 선택합니다. 또는 그냥 키보드에서 'Korean'이라고 입력하면 자동으로 검색됩니다.

02. 'Korean(ko)'을 선택하면 기존 strings 목록의 컬럼에 Korean(ko)이 추가됩니다.

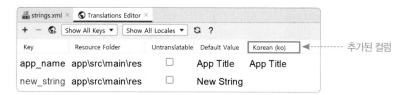

03. 좌측의 탐색기를 보면 새로운 디렉터리인 values-ko가 생성되어 있고 그 안에 strings.xml이 추가되어 있습니다. 다국어 처리 시에도 Project 뷰로 놓고 사용하는 것이 좋습니다.

▶ Project 뷰   ▶ Android 뷰

04. 다시 Translations Editor로 돌아가서 새로 생긴 Korean(ko) 컬럼에 한글을 입력합니다.

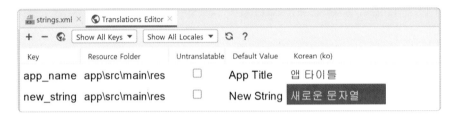

05. 입력을 완료하고 strings.xml(ko) 파일을 열어보면 원본 strings.xml에 있는 Key와 같은 Key로 된 〈string〉 태그에 한글 Value가 입력되어 있습니다.

이렇게 Translations Editor를 이용해서 국가별 strings.xml 파일이 구성되어 있는 앱을 스마트폰에 설치하면, 해당 스마트폰의 언어 설정에 맞는 strings.xml의 값을 사용해서 화면에 문자를 세팅합니다. 만약 구성에 없는 언어 설정일 경우는 기본으로 제공되는 strings.xml의 값이 사용됩니다.

예를 들어 strings.xml에 영어로 값을 입력하고, strings.xml(ko)를 생성해서 한국어 값을 입력한 후 앱을 배포했는데, 사용자 스마트폰의 언어 설정이 일본어라면 영어로 된 값을 사용합니다. 그래서 출시국을 기준으로 기본 strings.xml의 언어를 정하는 것이 좋습니다.

⚠ 실제 앱 개발 시에는 Translations Editor를 사용하는 경우는 드뭅니다. 대부분 다국어가 들어가 있는 DB나 엑셀 형태의 Sheet를 사용해서 한꺼번에 입력한 후, 코드로 각각의 strings.xml을 생성해서 사용합니다.

1. 화면 1인치에 표현할 수 있는 화소(픽셀)의 수를 나타내는 단위는 무엇인가요?

2. 앱 아이콘에 사용하기 위한 리소스의 이름은 무엇인가요?

3. 주로 아이콘에 사용할 수 있는 이미지 표현 방식은 무엇인가요?

화면 구성하기

이 장의 핵심 개념

- 컴포넌트의 구성을 이해합니다.

- 액티비티와 컨테이너, 프래그먼트를 심도 있게 학습합니다.

- 컨텍스트를 이해합니다.

- View 클래스를 이해하고 커스텀 위젯을 만듭니다.

- ViewPager와 TabLayout을 학습합니다.

5장을 시작하기 전에

5장의 시작은 액티비티입니다. 4장에서 실습을 통해 다뤄봤던 액티비티는 실은 컴포넌트의 한 종류입니다. 컴포넌트는 안드로이드 앱을 구성하는 요소인데, 안드로이드는 4개의 핵심 컴포넌트^{Major Components}를 제공합니다. 컴포넌트는 독립적인 생명 주기에 의해서 실행됩니다. 다음 그림에서 ①~④는 컴포넌트, ⑤와 ⑥은 컴포넌트를 사용하기 위한 도구입니다.

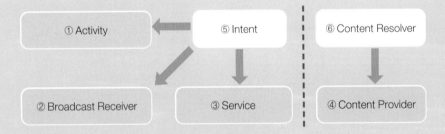

① 액티비티(Activity): 화면 UI를 담당하는 컴포넌트

② 브로드캐스트 리시버(Broadcast Receiver): 시스템 또는 사용자가 발생하는 메시지를 수신하는 컴포넌트

③ 서비스(Service): 백그라운드 코드 처리를 담당하는 컴포넌트(앞장에서 잠깐 사용해본 서브 스레드와 비슷한 개념으로 화면이 없는 Activity라고 생각하면 됩니다)

④ 콘텐트 프로바이더(Content Provider): 앱끼리 데이터를 공유하기 위한 컴포넌트

⑤ 인텐트(Intent): ①~③까지 3개의 컴포넌트를 실행하기 위해 시스템에 전달되는 메시지 도구

⑥ 콘텐트 리졸버(Content Resolver): Content Provider가 제공하는 데이터를 사용하기 위한 도구

〈1〉 액티비티

액티비티는 사용자가 직접 보고 입력하는 화면을 담당하는 컴포넌트입니다. 레이아웃을 화면에 그리기 위해서는 액티비티를 통해서만 가능하기 때문에 4장 레이아웃에서 액티비티를 사용했습니다. 메이저 컴포넌트 중 하나인 액티비티를 다루기 위해서는 먼저 컴포넌트를 구성하고 있는 핵심 요소인 컨텍스트에 대한 이해가 선행되어야 합니다. 액티비티를 직접 다루기 전에 컨텍스트에 대해서 알아보겠습니다.

1.1 컨텍스트란

앞으로 사용할 액티비티, 서비스 등의 컴포넌트와 스피너, 리사이클러뷰와 같은 화면 요소를 사용하기 위해서는 컨텍스트가 필요합니다. 이후에 배울 내용을 위해 컨텍스트에 대한 개념을 간단하게 짚어보고 넘어가도록 하겠습니다.

컨텍스트Context는 시스템을 사용하기 위한 정보(프로퍼티)와 도구(메서드)가 담겨 있는 클래스입니다. 대부분의 컨텍스트는 컴포넌트 실행Runtime시 함께 생성되고, 생성된 컴포넌트가 가지고 있는 메서드를 호출해서 각각의 도구들을 사용할 수 있습니다.

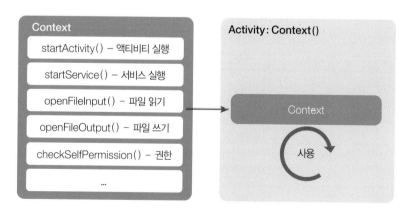

안드로이드에서의 컨텍스트는 앱을 실행하기 위해 잘 짜여진 설계도의 개념으로 앱에서 사용하는 기본 기능이 담겨 있는 기본 클래스Base Class입니다. 액티비티는 컨텍스트를 상속받아 구현됩니다.

액티비티처럼 컨텍스트를 상속받은 컴포넌트들은 코드상에서 baseContext를 호출하는 것만으로 안드로이드의 기본 기능을 사용할 수 있습니다. 예로 액티비티 안에서 startActivity() 메서드를 통해 다른 액티비티를 호출할 수 있는 것도 모든 액티비티가 startActivity()가 설계되어 있는 컨텍스트를 상속받아서 구현되어 있기 때문입니다.

컨텍스트의 종류

컨텍스트는 애플리케이션 컨텍스트와 베이스 컨텍스트가 있습니다.

① 애플리케이션 컨텍스트(Application Context)

애플리케이션 컨텍스트는 애플리케이션과 관련된 핵심 기능을 담고 있는 클래스입니다. 앱을 통틀어서 하나의 인스턴스만 생성됩니다. 액티비티나 서비스 같은 컴포넌트에서 applicationContext를 직접 호출해서 사용할 수 있는데 호출하는 지점과 관계없이 모두 동일한 컨텍스트가 호출됩니다.

② 베이스 컨텍스트(Base Context)

베이스 컨텍스트는 안드로이드의 4대 메이저 컴포넌트인 액티비티, 서비스, 컨텐트 프로바이더, 브로드캐스트 리시버의 기반 클래스입니다. 각각의 컴포넌트에서 baseContext 또는 this로 컨텍스트를 사용할 수 있고 컴포넌트의 개수만큼 컨텍스트도 함께 생성되기 때문에 호출되는 지점에 따라 서로 다른 컨텍스트가 호출됩니다.

컴포넌트별 컨텍스트의 기능

다음은 각 컴포넌트의 컨텍스트에서 지원하는 기능입니다. 표에서처럼 화면과 관련된 기능은 액티비티의 컨텍스트에서만 제공하고 있습니다. 화면에 다이얼로그 창을 띄운다든지, 리소스 파일을 화면에 그리는 것은 액티비티만 할 수 있습니다.

	Application	Activity	Service	Content Provider	Broadcast Receiver
Show a Dialog	No	Yes	No	No	No
Start an Activity	No	Yes	No	No	No
Layout Inflation	No	Yes	No	No	No
Start a Service	Yes	Yes	Yes	Yes	Yes
Bind to a Service	Yes	Yes	Yes	Yes	No
Send a Broadcast	Yes	Yes	Yes	Yes	Yes

| Register Broadcast Receiver | Yes | Yes | Yes | Yes | No |
| Load Resource Values | Yes | Yes | Yes | Yes | Yes |

지금까지 액티비티를 사용하기 위해서 먼저 컨텍스트에 대해 알아보았습니다.

1.2 인텐트

액티비티를 실행하기 위해서는 단순히 컨텍스트가 제공하는 메서드를 호출하면 되는데, 이때 실행할 액티비티가 명시된 인텐트Intent를 해당 메서드에 전달해야 합니다. 인텐트는 그대로 직역하면 '의도'라고 해석할 수 있는데, 개발자가 어떤 의도를 가지고 메서드를 실행할 것인지를 인텐트에 담아서 안드로이드에 전달하면 안드로이드는 해당 인텐트를 해석하고 실행합니다. 인텐트는 안드로이드 프로그래밍을 하는 데 있어서 컨텍스트와 함께 꼭 알고 있어야 하는 개념입니다.

액티비티를 실행하려면 기본적으로 인텐트가 필요하지만, 프로젝트를 생성할 때 함께 만들어지는 MainActivity는 특별한 설정을 하지 않아도 안드로이드에 자동으로 등록되고 실행됩니다. 하지만 MainActivity 외에 다른 액티비티를 사용할 때는 인텐트에 새 액티비티의 이름을 담아서 시스템에 전달합니다. 다음은 새로 생성된 액티비티를 실행하기 위해 인텐트가 전달되는 과정입니다.

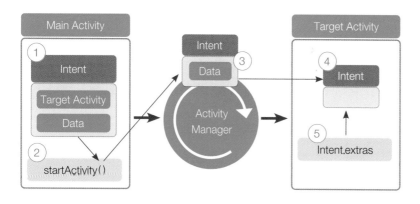

① 실행할 대상의 액티비티 이름과 전달할 데이터를 담아서 인텐트를 생성합니다.

② 생성한 인텐트를 startActivity() 메서드에 담아서 호출하면 액티비티 매니저에 전달됩니다.

③ 액티비티 매니저는 인텐트를 분석해서 지정한 액티비티를 실행시킵니다.

④ 전달된 인텐트는 최종 목적지인 타깃 액티비티까지 전달됩니다.

⑤ 타깃 액티비티에서는 전달받은 인텐트에 데이터가 있다면 이를 꺼내서 사용할 수 있습니다.

1.3 새 액티비티 만들고 실행하기

직접 만들어서 동작을 살펴보겠습니다. Activity 프로젝트를 생성합니다.

01. [app]-[java] 디렉터리 밑에 있는 패키지명을 마우스 우클릭하여 나타나는 메뉴에서 [New]-[Activity]-[Empty Activity]를 선택합니다. (패키지명 다음에 회색 괄호가 있는 것은 테스트를 위한 용도이기 때문에 이 책에서는 사용하지 않습니다.)

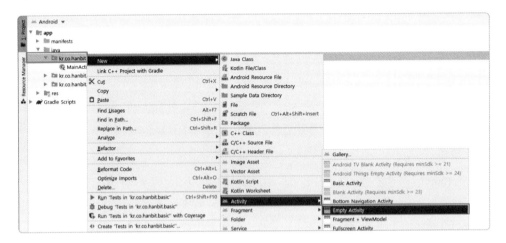

02. 액티비티 생성 창의 Activity Name에 'SubActivity'라고 입력하면 Layout Name은 자동으로 'activity_sub'라고 입력됩니다. 액티비티명은 낙타표기법Camel-Case을 사용합니다. 파일명의 첫 글자는 대문자로, 중간에 단어가 바뀌면 해당 단어의 첫 글자를 대문자로 작성합니다. 다음 그림과 같으면 하단의 [Finish] 버튼을 클릭해서 액티비티와 레이아웃 파일을 생성합니다.

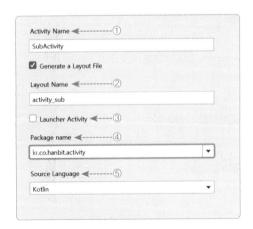

① **Activity Name** : 액티비티명은 낙타표기법을 사용합니다. 파일명의 첫 글자는 대문자로, 중간에 단어가 바뀌면 해당 단어의 첫 글자를 대문자로 작성합니다. 예) YouAreNice, GoodToSeeYou

② **Layout Name** : 자동으로 생성된 레이아웃 파일의 이름을 변경해도 됩니다. 이름을 변경할 경우 소스 코드가 아닌 리소스 파일의 이름은 모두 소문자로 작성하고 중간에 단어가 바뀌면 단어와 단어 사이에 언더바(_)를 입력합니다. 예) you_are_nice, good_to_see_you

③ **Launcher Activity** : Launcher Activity를 체크하면 안드로이드 설정 파일인 AndroidManifest.xml에 런처로 등록되어 프로그램 실행 시 가장 먼저 호출되도록 설정됩니다. 2개가 설정될 경우 원하지 않은 액티비티가 실행될 수 있으므로 설정 파일을 수정해야 합니다.

④ **Package name** : 액티비티가 위치할 패키지명을 선택할 수 있습니다. 보통은 패키지명을 마우스 우클릭해서 액티비티를 생성하므로 수정하지 않습니다.

⑤ **Source Language** : 메인 언어로 코틀린을 사용하지만 자바도 함께 사용할 수 있습니다.

03. 생성된 activity_sub.xml 파일을 열고 화면 상단에 텍스트뷰를 하나 가져다 놓고 속성 영역의 text 속성에 '서브 액티비티'라고 입력합니다. 컨스트레인트는 위쪽과 좌우, 세 방향을 연결한 다음 화면 상단 중앙에 위치시킵니다.

메인 액티비티 화면 구성하기

이번에는 activity_main.xml 파일을 열어 수정하겠습니다.

01. 'Hello World!'가 적힌 텍스트뷰의 text 속성에 '메인 액티비티'라고 입력합니다. 컨스트레인트는 앞에서처럼 세 방향을 연결하고 아래쪽은 해제한 다음 '서브 액티비티'와 같은 위치에 배치합니다. 속성 영역의 Layout에서 상단 숫자를 같게 입력하면 같은 위치가 됩니다.

02. 버튼을 텍스트뷰 아래에 가져다 놓고 위쪽 컨스트레인트를 텍스트뷰에 연결하고 좌우는 화면의 가장자리에 연결합니다. 버튼의 id 속성에는 'btnStart', text 속성에는 '서브 액티비티 실행'이라고 입력합니다.

메인 액티비티에서 서브 액티비티 실행하기

이제 메인 액티비티의 버튼을 클릭하면 서브 액티비티를 실행하는 코드를 작성하겠습니다.

01. build.gradle 파일에 viewBinding 설정을 하고 [MainActivity.kt] 탭을 클릭해서 소스 코드로 이동합니다. 그리고 binding을 생성한 후 setContentView에 binding.root를 전달합니다.

```
class MainActivity: AppCompatActivity() {

    val binding by lazy { ActivityMainBinding.inflate(layoutInflater) }

    override fun onCreate(savedInstanceState: Bundle?) {
        super.onCreate(savedInstanceState)
        setContentView(binding.root)
```

02. setContentView(binding.root) 아래에 다음 코드를 추가해 인텐트를 생성합니다. 인텐트를 생성할 때 호출할 클래스명 뒤에 '::class.java'라고 정확하게 입력해야 합니다. 조금 특이한 형태이지만 Intent를 사용하기 위한 작성 규칙입니다.

```
val intent = Intent(this, SubActivity::class.java)
```

03. Intent 부분이 또 빨간색으로 보일 겁니다. 이때는 Alt + Enter 키를 눌러 [Import]를 선택합니다. 상단에 import가 한 줄 추가되고 코드가 한 줄씩 밀립니다. 이후 과정에서 import하는 과정을 설명하지 않아도 빨간색 글씨가 보인다면 import가 되었는지 먼저 확인해보세요.

04. 이어서 버튼의 id인 'btnStart'를 입력하고 import한 후에 클릭리스너를 달아줍니다.

```
binding.btnStart.setOnClickListener { }
```

05. 클릭리스너 코드 블록 안에서 startActivity( ) 메서드를 호출하면서, **01**에서 미리 만들어둔 인텐트를 값으로 넘겨줍니다. 간단하게 두 줄을 추가하는 것만으로 새로 만든 액티비티를 실행할 수 있습니다.

```
binding.btnStart.setOnClickListener { startActivity(intent) }
```

06. 에뮬레이터에서 실행하면 메인 액티비티 화면에 실행 버튼이 보입니다. 버튼을 클릭하면 서브 액티비티가 실행됩니다.

1.4 액티비티 사이에 값 주고받기

액티비티와 같은 컴포넌트는 인텐트에 실행 메시지도 전달하지만 인텐트를 통해 데이터도 주고받을 수 있습니다. 인텐트 내부에는 번들^{bundle}이라는 데이터 저장 공간이 있는데, 이 번들에 데이터를 담아서 주고받을 수 있습니다.

인텐트에 값을 입력할 때는 키와 값의 조합으로 번들에 직접 넣고, 꺼낼 때는 처음 입력했던 키로 꺼냅니다. 마치 코틀린 문법에서 공부했던 맵Map처럼 동작합니다.

앞서 생성한 Activity 프로젝트에 이어서 계속 따라 해봅니다.

01. 인텐트를 생성하는 val intent = ...와 binding.btnStart... 코드 사이에 putExtra( ) 메서드를 사용해서 인텐트에 값을 전달하는 코드를 추가합니다. putExtra는 2개의 파라미터가 사용되는데, 첫 번째 값이 키로, 두 번째가 값입니다. 인텐트에 값을 담을 때는 타입 구분이 없지만 꺼낼 때는 값의 타입을 구분합니다. 테스트 용도로 'from1' 키에는 문자 값을, 'from2' 키에는 숫자 값을 담았습니다.

```
val intent = Intent(this, SubActivity::class.java)
intent.putExtra("from1", "Hello Bundle")
intent.putExtra("from2", 2021)
binding.btnStart.setOnClickListener { startActivity(intent) }
```

> **여기서 잠깐**
>
> ☆ **오버로드 되어 있는 putExtra 메서드**
>
> putExtra 메서드는 여러 타입의 값을 담을 수 있도록 다음과 같이 오버로드 되어 있기 때문에 대부분의 값을 담을 수 있습니다.
>
> ```
> putExtra(key:String, value:Int) { }
> putExtra(key:String, value:Long) { }
> putExtra(key:String, value:Float) { }
> putExtra(key:String, value:String) { }
> ...
> ```

02. 값을 받는 측의 코드를 작성하기 전에, 전달받은 값을 출력할 텍스트뷰 2개를 화면에 배치하겠습니다. activity_sub.xml을 열고 텍스트뷰 2개를 화면에 배치합니다. 다음 그림처럼 첫 번째 텍스트뷰는 화면 좌측에 위치시키고 id와 text 속성에 모두 'to1'이라고 입력합니다. 두 번째 텍스트뷰는

화면 우측에 위치시키고 id와 text 속성에 모두 'to2'라
고 입력합니다. 컨스트레인트는 다음 그림을 참고해 연
결하세요.

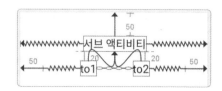

03. SubActivity.kt 파일을 열고 binding을 생성한 후 setContentView에 binding.root를
전달합니다. SubActivity에서 사용하는 레이아웃 파일의 이름이 activity_sub.xml이기 때문에 바
인딩도 ActivitySubBinding이 됩니다.

```kotlin
class SubActivity: AppCompatActivity() {

    val binding by lazy { ActivitySubBinding.inflate(layoutInflater) }

    override fun onCreate(savedInstanceState: Bundle?) {
        super.onCreate(savedInstanceState)
        setContentView(binding.root)
```

04. setContentView 아래에 다음 코드를 추가합니다. 먼저 텍스트뷰와 연결하기 위해 'to1'을 입
력하고 Enter 키를 눌러 [Import]를 선택합니다. 상단에 새로운 import가 추가됩니다. 다음으로
to1의 text에 인텐트에 담겨온 값을 from1 키로 꺼내서 입력합니다. 인텐트에 담겨온 값이 문자이
기 때문에 문자열을 꺼내는 getStringExtra() 메서드를 사용해야 합니다.

```kotlin
binding.to1.text = intent.getStringExtra("from1")
```

여기서 잠깐

☼ **intent는 액티비티의 기본 프로퍼티**

intent가 액티비티의 기본 프로퍼티이기 때문에 전달된 인텐트는 intent로 바로 호출해서 사용할 수 있습
니다.

05. 전달받은 인텐트에서 from2도 같은 방법으로 꺼내서 to2의 text에 입력합니다. from2에 전달된 값의 타입이 숫자이기 때문에 getIntExtra() 메서드를 사용합니다. getIntExtra() 메서드는 파라미터를 2개 가지고 있는데, 두 번째 파라미터는 일단 '0'이라고 입력해둡니다.

```
binding.to2.text = intent.getIntExtra("from2", 0)
```

그런데 입력해보면 intent.getInt...로 시작하는 코드에 빨간색 밑줄이 생깁니다. 텍스트뷰의 text 속성은 문자열만 받을 수 있는데 숫자 값이 입력되었기 때문입니다. 쌍따옴표("")로 감싸고 문자열 템플릿(${})을 사용해서 문자열로 변환해줍니다.

문자열로 변환해줍니다.

여기서 잠깐

☆ **getIntExtra() 메서드의 두 번째 파라미터는 기본값**

getIntExtra() 메서드에 입력되는 두 번째 값은 from2 키로 값을 꺼냈는데 아무런 값도 전달되지 않았을 경우 디폴트로 사용할 기본값을 설정하는 파라미터입니다. 특별한 경우가 아니라면 '0'으로 입력하고 사용합니다.

---

06. 에뮬레이터에서 실행한 다음 결과를 확인합니다. 정상적으로 작성되었다면 to1의 텍스트뷰에는 Hello Bundle이, to2의 텍스트뷰에는 2021이 출력됩니다.

여기까지 MainActivity.kt의 코드를 살펴보겠습니다.

```
val binding by lazy { ActivityMainBinding.inflate(layoutInflater) }

override fun onCreate(savedInstanceState: Bundle?) {
    super.onCreate(savedInstanceState)
```

```
    setContentView(binding.root)

    val intent = Intent(this, SubActivity::class.java)
    intent.putExtra("from1", "Hello Bundle")
    intent.putExtra("from2", 2021)

    binding.btnStart.setOnClickListener { startActivity(intent) }
}
```

다음은 SubActivity.kt의 코드입니다.

```
val binding by lazy { ActivitySubBinding.inflate(layoutInflater) }

override fun onCreate(savedInstanceState: Bundle?) {
    super.onCreate(savedInstanceState)
    setContentView(binding.root)

    binding.to1.text = intent.getStringExtra("from1")
    binding.to2.text = "${intent.getIntExtra("from2", 0)}"
}
```

메인 액티비티에서 값 돌려받기

이번에는 반대로 서브 액티비티가 종료되면 메인 액티비티로 값을 돌려주는 코드를 작성해보겠습니다.

01. activity_sub.xml 파일을 열고 to1 텍스트뷰 아래에 플레인텍스트(EditText)를 하나 추가하고 컨스트레인트를 연결합니다. id 속성에는 'editMessage', hint 속성에는 '전달할 메시지를 입력하세요'라고 입력하고, text 속성값은 지웁니다.

02. 플레인텍스트 하단에 버튼을 하나 추가하고 오른쪽 그림을 참고해서 컨스트레인트를 연결합니다. 버튼의 id 속성에는 'btnClose', text 속성에는 '액티비티 닫기'를 입력합니다.

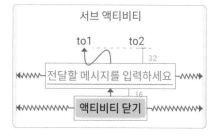

03. 서브 액티비티가 종료될 때 자신을 호출했던 액티비티로 값을 돌려주는 코드를 추가하겠습니다. SubActivity.kt 파일을 열고 onCreate( ) 메서드 안에 'btnClose'를 입력한 후에 클릭리스너를 달아줍니다. 액티비티 닫기 버튼을 클릭하면 이 리스너 블록 안의 코드가 실행됩니다.

```
binding.btnClose.setOnClickListener {
        ●-------- 다음 단계에서 입력할 부분입니다.
}
```

04. 리스너 블록 안에 호출한 메인 액티비티에 돌려줄 인텐트를 하나 생성하고 변수에 저장합니다. 돌려줄 때는 대상을 지정하지 않아도 되므로 Intent 안에는 아무것도 담지 않습니다. 앞서 비워둔 행에 다음 코드를 입력합니다. Intent에 다시 빨간색 밑줄이 생길 겁니다. Alt + Enter 키를 눌러 import합니다. 상단에 Intent 관련 import한 줄이 추가됩니다.

```
val returnIntent = Intent()
```

여기서 잠깐

☆ **코드의 줄번호보다 맥락을 이해하세요.**

03에서 **04**로 넘어가면서 import를 추가해서 코딩했던 줄 번호가 하나씩 밀렸을 겁니다. 예를 들어 **03**에서 binding...이 18행이었으면 **04**를 실행하고 나면 다음과 같이 19행으로 변경됩니다.

뒤쪽에 나오는 코드들도 이런 식으로 줄 번호가 조금씩 달라질 수 있기 때문에 줄 번호보다는 코드의 맥락을 이해하는 것이 중요합니다.

---

05. 앞에서 생성한 returnIntent에 editMessage의 값을 담는 코드를 다음 줄에 입력합니다.

```
val returnIntent = Intent()
returnIntent.putExtra("returnValue", binding.editMessage.text.toString())
```

06. returnIntent와 상태 값을 setResult() 메서드에 담아서 실행하면 호출한 측으로 전달됩니다. 상태 값은 RESULT_OK와 RESULT_CANCELED로 안드로이드에 이미 상수로 정의되어 있습니다. 처리한 결괏값에 따라 성공이면 OK를, 실패이거나 취소되었으면 CANCELED을 사용하면 됩니다. setResult() 메서드의 첫 번째 파라미터가 상태 값, 두 번째가 전달하려는 인텐트입니다.

```
setResult(RESULT_OK, returnIntent)
```

07. 이어서 finish() 메서드를 호출하면 서브 액티비티가 종료되면서 메인 액티비티에 값이 전달됩니다.

```
finish()
```

다음은 지금까지 작성한 SubActivity.kt의 코드입니다.

```kotlin
class SubActivity: AppCompatActivity() {

    val binding by lazy { ActivitySubBinding.inflate(layoutInflater) }

    override fun onCreate(savedInstanceState: Bundle?) {
        super.onCreate(savedInstanceState)
        setContentView(binding.root)

        binding.to1.text = intent.getStringExtra("from1")
        binding.to2.text = "${intent.getIntExtra("from2", 0)}"

        binding.btnClose.setOnClickListener {
            val returnIntent = Intent()
            returnIntent.putExtra("returnValue", binding.editMessage.text.toString())
            setResult(RESULT_OK, returnIntent)
            finish()
        }
    }
}
```

08. 액티비티에서 값을 돌려받기 전에 먼저 의존성을 추가해야 합니다. 기존에 사용하던 onActivityResult( )는 안정성 문제로 2020년 10월부터 deprecated 목록에 추가되었기 때문에 대안으로 제공되는 ActivityResultContracts 방식을 사용합니다.

먼저 build.gradle(Module:)을 열고 다음과 같이 의존성을 추가한 후 Sync Now를 클릭해서 다운로드 받습니다.

```
dependencies {

    def dependency_version = "1.3.1"
    implementation "androidx.activity:activity-ktx:$dependency_version"
    implementation "androidx.fragment:fragment-ktx:$dependency_version"

    // ... 생략
}
```

⚠ deprecated 코드는 더 이상 본 코드를 지원하지 않겠다는 뜻으로, 버전이 바뀌면서 삭제되거나 오작동이 일어나도 책임지지 않겠다는 의미를 내포하고 있습니다. 따라서 deprecated 목록의 코드는 사용하지 않는 것이 좋습니다.

09. MainActivity.kt 안에 SubActivity에서 돌려준 값을 받는 코드를 추가합니다. onCreate( ) 메서드 안에 registerForActivityResult 코드를 다음과 같이 작성하고 activityResult 변수에 저장합니다. 앞에서 정상적으로 의존성이 추가되었다면 registerFor...와 같이 앞부분 까지만 입력하면 자동 완성 팝업이 나타납니다. registerForActivityResult( )의 반환 값은 ActivityResultLauncher입니다.

```
override fun onCreate(savedInstanceState: Bundle?) {
    super.onCreate(savedInstanceState)
    setContentView(binding.root)

    val activityResult = registerForActivityResult(ActivityResultContracts.
        StartActivityForResult()) {

    }
    // ... 생략
```

10. registerForActivityResult( ) 메서드 안에 서브 액티비티에서 돌려받은 resultCode가 정상인지 체크하는 코드를 추가합니다. RESULT_OK는 Activity의 부모 클래스에 미리 정의되어

있는 상수입니다.

```
val activityResult = registerForActivityResult(ActivityResultContracts.
    StartActivityForResult()) {
    if (it.resultCode == RESULT_OK) {
    }
}
```

11. 정상이라면 돌려받은 인텐트에서 메시지를 꺼내 변수에 저장해둡니다.

```
val message = it.data?.getStringExtra("returnValue")
```

12. 해당 메시지를 토스트(Toast)로 화면에 보여주는 코드를 작성합니다. 토스트는 화면에 잠깐 나타났다 사라지는 메시지 출력 도구입니다. 메서드의 닫는 괄호()) 다음에 반드시 .show()를 호출해야지만 화면에 나타납니다.

```
Toast.makeText(this, message, Toast.LENGTH_LONG).show()
```

여기서 잠깐

☼ Toast.makeText의 파라미터

- 첫 번째 파라미터: 화면을 위한 기본 도구인 컨텍스트가 필요한데, 액티비티가 이미 가지고 있습니다. this 라고 입력하면 됩니다.
- 두 번째 파라미터: 출력될 메시지를 문자열로 전달합니다.
- 세 번째 파라미터: 메시지가 얼마 동안 출력될지를 결정합니다. LENGTH_LONG과 LENGTH_SHORT 두 가지로 여기서는 메시지 확인을 위해 오랫동안 출력되는 LENGTH_LONG을 사용합니다.

지금까지 추가한 MainActivity.kt 안의 코드입니다.

```
override fun onCreate(savedInstanceState: Bundle?) {
    super.onCreate(savedInstanceState)
    setContentView(binding.root)
```

```
    val activityResult = registerForActivityResult(ActivityResultContracts.
        StartActivityForResult()) {
        if (it.resultCode == Activity.RESULT_OK) {
            val message = it.data?.getStringExtra("returnValue")
            Toast.makeText(this, message, Toast.LENGTH_LONG).show()
        }
    }
}
```

13. 여기까지 작성하고 에뮬레이터에서 실행한 후 액티비티 닫기 버튼을 클릭해보세요.
그런데 서브 액티비티는 닫히지만 받는 메인 액티비티에는 아무런 변화가 없습니다.
startActivity() 메서드로 실행된 액티비티에서는 값을 돌려받을 수 없기 때문입니다. 메인 액티
비티에서 서브 액티비티를 호출한 후 값을 돌려받고 싶을 때는 activityResult 변수의 launch()
메서드를 사용해야만 합니다.

launch() 메서드 사용하기

01. 이어서 MainActivity.kt의 onCreate() 메서드 코드 블록 안에 있는 클릭리스너에서 호출하는
startActivity() 메서드를 activityResult.launch()로 변경합니다.

변경 전

```
binding.btnStart.setOnClickListener { startActivity(intent) }
```

변경 후

```
binding.btnStart.setOnClickListener { activityResult.launch(intent) }
```

02. 에뮬레이터를 실행해서 결과를 확인합니다.

▶ 서브 액티비티 입력 후 액티비티 닫기

▶ 메인 액티비티 토스트 출력

MainActivity.kt의 전체 코드

```
package kr.co.hanbit.activity

import android.content.Intent
import androidx.appcompat.app.AppCompatActivity
import android.os.Bundle
import android.widget.Toast
import androidx.activity.result.contract.ActivityResultContracts
import kr.co.hanbit.activity.databinding.ActivityMainBinding

class MainActivity : AppCompatActivity() {

    val binding by lazy { ActivityMainBinding.inflate(layoutInflater) }

    override fun onCreate(savedInstanceState: Bundle?) {
        super.onCreate(savedInstanceState)
        setContentView(binding.root)

        // onActivityResult의 대안
        val activityResult = registerForActivityResult(ActivityResultContracts.
            StartActivityForResult()) {
            if (it.resultCode == RESULT_OK) {
                val message = it.data?.getStringExtra("returnValue")
```

```kotlin
                Toast.makeText(this, message, Toast.LENGTH_LONG).show()
            }
        }

        val intent = Intent(this, SubActivity::class.java)
        intent.putExtra("from1", "hello Bundle")
        intent.putExtra("from2", 2021)

        // startActivityForResult의 대안
        binding.btnStart.setOnClickListener { activityResult.launch(intent) }
    }
}
        super.onActivityResult(requestCode, resultCode, data)

        if (resultCode == RESULT_OK) {
            when (requestCode) {
                99 -> {
                    val message = data?.getStringExtra("returnValue")
                    Toast.makeText(this, message, Toast.LENGTH_LONG).show()
                }
            }
        }
    }
}
```

SubActivity.kt의 전체 코드

```kotlin
package kr.co.hanbit.activity

import android.content.Intent
import androidx.appcompat.app.AppCompatActivity
import android.os.Bundle
import kr.co.hanbit.activity.databinding.ActivitySubBinding

class SubActivity: AppCompatActivity() {

    val binding by lazy { ActivitySubBinding.inflate(layoutInflater) }

    override fun onCreate(savedInstanceState: Bundle?) {
        super.onCreate(savedInstanceState)
```

```
setContentView(binding.root)

binding.to1.text = intent.getStringExtra("from1")
binding.to2.text = "${intent.getIntExtra("from2", 0)}"

binding.btnClose.setOnClickListener {
    val returnIntent = Intent()
    returnIntent.putExtra("returnValue", binding.editMessage.text.toString())
    setResult(RESULT_OK, returnIntent)
    finish()
    }
  }
}
```

1.5 액티비티 생명 주기

안드로이드는 앱이 실행된 후 다른 액티비티 화면으로 전환되거나, 스마트폰 화면이 꺼지거나, 혹은 앱이 종료될 때와 같이 상태 변화가 있을 때마다 화면에 보여지는 액티비티의 생명 주기 메서드를 호출하여 상태 변화를 알려줍니다.

액티비티 생명 주기 메서드

액티비티의 상태 변화에 따라 호출되는 생명 주기 메서드는 다음과 같습니다.

호출되는 메서드	액티비티 상태	설명
onCreate()	만들어짐	액티비티가 생성됩니다. 우리가 실제 코드를 가장 많이 작성하는 메서드입니다.
onStart()	화면에 나타남	화면에 보이기 시작합니다.
onResume()	화면에 나타남	실제 액티비티가 실행되고 있습니다.
	현재 실행 중	(실행 중은 생명 주기 메서드가 따로 없고, onResume이 호출되었다면 실행 중이라는 의미입니다.)
onPause()	화면이 가려짐	액티비티 화면의 일부가 다른 액티비티에 가려집니다.
onStop()	화면이 없어짐	다른 액티비티가 실행되어서 화면이 완전히 가려집니다.
onDestroy()	종료됨	종료됩니다.

이 메서드들은 다음처럼 override를 통해서 사용합니다. 편의상 01번부터 행 번호를 붙여서 설명

합니다.

```
01    override fun onCreate(savedInstanceState: Bundle?) {
02        super.onCreate(savedInstanceState)
03        setContentView(R.layout.activity_main)
04    }
05
06    override fun onStart() {
07        super.onStart()
08    }
09
10    override fun onResume() {
11        super.onResume()
12    }
13
14    override fun onPause() {
15        super.onPause()
16    }
17
18    override fun onStop() {
19        super.onStop()
20    }
21
22    override fun onDestroy() {
23        super.onDestroy()
24    }
```

onCreate() 메서드(1~4행)는 앞에서부터 계속 사용해 왔던 코드입니다. 액티비티의 부모 클래스에 이미 작성되어 있는 코드를 실행하고자 2행에서 super.onCreate(savedInstanceState)를 호출합니다. super를 호출하지 않으면 액티비티가 정상적으로 동작하지 않으므로 꼭 가장 먼저 호출한 후에 다른 코드를 추가합니다. 예를 들어 10행의 onResume() 메서드에 다른 코드를 추가할 때도 마찬가지입니다.

```
override fun onResume() {
    super.onResume()
    textView.text = "액티비티가 실행 중입니다."
}
```

생명 주기 메서드 안에서 상태 변화에 대응할 수 있는데, 이런 생명 주기 메서드를 사용하는 대표적인 예로는 동영상 플레이어가 있습니다.

메인 액티비티에서 동영상을 실행하고 있을 때 서브 액티비티로 화면이 전환된다면 메인 액티비티의 onPause() 또는 onStop() 메서드 안에 동영상을 정지시키는 코드를 작성해둬야 합니다. 그렇지 않으면 그만큼의 자원(배터리, 네트워크 트래픽 등)이 낭비되기 때문입니다.

```
override fun onPause() {
    super.onPause()
    videoView.stopPlayback()
}
```

⚠ 각각의 메서드는 상태 변화에 따라 안드로이드가 호출하므로 activity.onStop()의 형태로 직접 호출해서는 안 됩니다.

생명 주기 콜백의 이해

액티비티는 인스턴스 생성과 동시에 생성과 관련된 생명 주기 메서드가 순차적으로 호출됩니다. 그리고 finish() 메서드나 뒤로가기로 액티비티를 종료하면 소멸과 관련된 생명 주기 메서드가 순차적으로 호출됩니다. 생명 주기의 기본 구조는 다음과 같습니다.

1 먼저 액티비티를 생성해서 화면에 나타내는 생명 주기를 살펴봅니다. 액티비티는 onCreate() 메서드로 생성된 다음 화면 구성 요소를 메모리에 로드하고, onStart()와 onResume()에서 화면의 구성 요소를 나타내고 사용자와의 상호작용을 시작합니다. onResume() 메서드 다음의 상태 표시인 Resumed(실행 중)는 액티비티가 화면에서 실행되고 있음을 의미합니다.

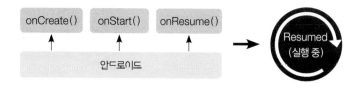

2 다음으로 액티비티를 화면에서 제거하는 생명 주기를 살펴봅니다. 액티비티를 벗어나게 되면 소멸과 관련된 생명 주기가 시작되는데 뒤로가기를 하거나 finish() 메서드로 액티비티를 종료하면 onPause()와 onStop()이 동시에 실행되고, 최종적으로 onDestroy()가 호출되면서 액티비티가 메모리에서 제거됩니다.

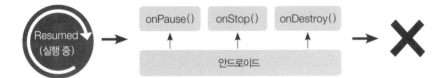

3 새로운 액티비티가 생성될 때 현재 액티비티의 생명 주기를 살펴봅니다. 액티비티를 종료하지 않고 현재 액티비티에서 새로운 액티비티를 실행하면 현재 액티비티의 생명 주기가 onPause()를 거쳐서 onStop()까지만 호출되고 종료되지는 않습니다. 그리고 새로 생성된 액티비티는 onStart()와 onResume()을 연속적으로 호출한 후 실행 상태가 됩니다.

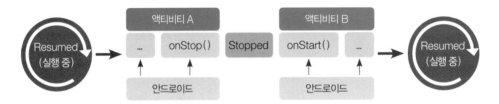

4 새로운 액티비티가 현재 액티비티를 모두 가리지 않고 생성될 때 현재 액티비티의 생명 주기를 살펴봅니다. 현재 액티비티에서 실행되는 새로운 액티비티가 반투명하거나 전체 화면이 아니라서 현재 액티비티의 영역이 1dp라도 화면에 표시되면 onPause()까지만 진행된 후 Paused 상태에서 대기하고, 새로 생성됐던 액티비티가 종료되면 onStart()를 거치지 않고 바로 onResume()이 호출됩니다.

액티비티 백스택

백스택Back Stack은 액티비티 또는 화면 컴포넌트를 담는 안드로이드의 저장 공간입니다. 액티비티 A에서 액티비티 B를 실행하고, 다시 액티비티 B에서 액티비티 C를 실행하면 다음 그림과 같이 마치 종이가 쌓이듯이 액티비티가 화면(백스택)에 쌓이게 되고, 사용자는 가장 위에 있는 액티비티를 보게 됩니다.

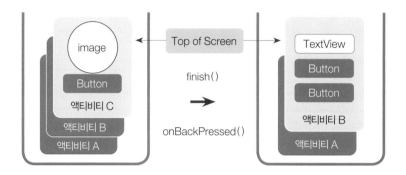

뒤로가기 버튼을 누르거나 현재 액티비티를 종료하면 현재 액티비티가 스택에서 제거되므로 현재 액티비티 다음에 쌓여있던 액티비티가 백스택의 가장 위로 오면서 화면에 나타납니다.

태스크와 프로세스

태스크Task는 애플리케이션에서 실행되는 프로세스Process를 관리하는 작업 단위입니다. 안드로이드는 애플리케이션의 실행 단위로 프로세스를 사용하는데 먼저 애플리케이션의 실행 단위인 프로세스를 살펴보겠습니다. 다음 그림과 같이 하나의 앱을 만들고 실행하면 앱당 하나의 프로세스가 생성되고 액티비티를 처리합니다.

안드로이드에서 태스크는 다른 프로세스의 액티비티를 함께 담을 수 있습니다. 안드로이드는 서로 다른 애플리케이션의 액티비티를 공유할 수 있는데 카메라와 갤러리 액티비티를 예로 들 수 있습니다. 카메라 기능을 간단한 코드로 호출해서 사용하면 실제로는 카메라 앱의 독자적인 프로세스가 실행되고 카메라 액티비티 또한 카메라 앱의 프로세스에 의해 처리됩니다.

다음은 특정 앱의 액티비티에서 카메라를 사용할 때 인텐트를 시스템을 통해 카메라 앱에 전달하는 예제 코드입니다. 카메라 앱을 호출하는 코드를 간략하게 구현하면 다음과 같습니다.

```kotlin
class Activity_B: AppCompatActivity() {
    // ... 중략
    fun openCamera() {
        val intent = Intent(MediaStore.ACTION_IMAGE_CAPTURE)
        activityResult.launch(intent)
    }
}
```

여기서 잠깐

☆ 카메라 기능도 하나의 앱

짧은 코드로 호출해서 사용하는 카메라도 하나의 앱으로 안드로이드에 미리 만들어져 있습니다. 카메라를 호출한다는 것은 카메라의 액티비티 이름을 담은 인텐트를 안드로이드에 전달하는 것입니다.

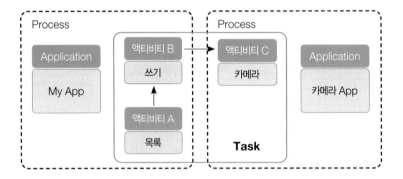

카메라를 사용하기 위한 인텐트를 시스템으로 전달하면 카메라 액티비티가 다른 앱(카메라도 하나의 독립적인 앱)에 있기 때문에 프로세스를 새로 생성합니다. 호출된 카메라 액티비티가 새로운 프로세스를 통해 동작하지만 하나의 작업 단위인 태스크로 묶입니다. 또한 마치 하나의 앱처럼 동일한 태스크로 묶이고 백스택에 쌓이게 됩니다.

같은 태스크의 백스택에 쌓이기 때문에 뒤로가기 버튼을 누르면 같은 앱의 액티비티처럼 백스택에서 제거되고, 홈 버튼을 누르면 마치 하나의 앱처럼 태스크 전체가 백그라운드로 이동합니다.

액티비티 태스크 관리하기

액티비티 태스크는 두 가지 방법으로 관리할 수 있습니다. 먼저 매니페스트의 설정으로 관리하는 방법을 살펴보겠습니다. 태스크와 백스택으로 관리되는 액티비티는 설정 파일인 AndroidManifest.xml에 작성되는 〈activity〉 태그 안에 다음 코드처럼 속성으로 사용할 수 있습니다.

```
<activity android:name=".MainActivity" android:launchMode="singleInstance"></activity>
```

〈activity〉 태그 안에 사용할 때는 모든 속성
이름 앞에 android:가 붙어야 합니다.

자세한 속성은 표로 살펴보겠습니다.

속성	설명
launchMode	호출할 액티비티를 새로 생성할 것인지 재사용할 것인지를 결정합니다. 기본값은 항상 새로 생성하게 되어 있습니다. 네 가지 모드: standard, singleTop, singleTask, singleInstance
taskAffinity	affinity가 동일한 액티비티들은 같은 task에 들어갑니다. 기본값은 manifest에 정의된 패키지명이므로 기본적으로 한 앱의 모든 액티비티들은 동일한 affinity를 가집니다. affinity를 사용하여 액티비티를 서로 다르게 그룹화거나, 서로 다른 앱(프로세스)에 정의된 액티비티를 같은 태스크에 둘 수도 있습니다.
allowTaskReparenting	기본값은 false이며, true일 경우 호출한 액티비티를 동일한 affinity를 가진 태스크에 쌓이도록 합니다.
clearTaskOnLaunch	True이면 액티비티가 재실행될 때 실행된 액티비티의 수와 관계없이 메인 액티비티를 제외하고 모두 제거합니다. 기본값은 false입니다.
alwaysRetainTaskState	기본값은 false이며 사용자가 특정 시간 동안 앱을 사용하지 않을 경우 시스템이 루트 액티비티(태스크에서 가장 먼저 실행된 액티비티)를 제외한 액티비티들을 제거합니다. true일 경우는 시스템이 관여하지 않습니다.
finishOnTaskLaunch	앱을 다시 사용할 때 태스크에 이 옵션이 true인 액티비티가 있다면 해당 태스크를 종료시킵니다.

액티비티 태스크를 관리하는 또 다른 방법으로는 소스 코드에서 startActivity() 메서드에 전달하는 intent의 플래그 값으로 태스크를 관리하는 방법입니다. 다음 코드를 보세요.

```
val intent = Intent(this, SubActivity::class.java)
intent.addFlags(Intent.FLAG_ACTIVITY_NEW_TASK)
```

일반적으로 많이 사용하는 플래그는 다음과 같습니다.

플래그	설명
FLAG_ACTIVITY_CLEAR_TOP	호출하는 액티비티가 스택에 있으면 해당 액티비티를 Top으로 만들기 위해 그 위에 존재하던 액티비티를 모두 삭제합니다. 예를 들어 액티비티 A/B/C/D/E가 스택에 있을 때 C를 호출하면 D/E를 삭제해서 C를 화면에 나타냅니다.
FLAG_ACTIVITY_NEW_TASK	새로운 태스크를 생성하여 안에 액티비티를 추가할 때 사용합니다. 단, 기존에 존재하는 태스크 중에 생성하려는 액티비티와 동일한 affinity를 가지고 있는 태스크가 있으면 해당 태스크로 액티비티가 들어갑니다.
FLAG_ACTIVITY_MULTIPLE_TASK	호출되는 액티비티를 메인으로 하는 새로운 태스크를 생성합니다. 이렇게 하면 동일한 액티비티를 하나 이상의 태스크에서 열 수 있습니다. FLAG_ACTIVITY_NEW_TASK와 함께 사용하지 않는다면 아무 효과 없는 플래그입니다.
FLAG_ACTIVITY_SINGLE_TOP	호출되는 액티비티가 Top에 있으면 해당 액티비티를 다시 생성하지 않고, 존재하던 액티비티를 다시 사용합니다. 액티비티 A/B/C가 있을 때 C를 호출하면 기존과 동일하게 A/B/C가 나옵니다.

 미니 퀴즈 5-1

1. 액티비티는 직접 생성할 수 없고 메시지를 안드로이드에 전달해서만 생성할 수 있습니다. 이 메시지는 무엇인가요?

2. 안드로이드의 4대 핵심 컴포넌트 중에 화면을 담당하는 컴포넌트로 자신만의 생명 주기를 가진 이것은 무엇인가요?

3. 앱을 실행한 상태에서 화면을 끄면 앱의 액티비티의 생명 주기는 어떻게 바뀌나요?

〈2〉 컨테이너: 목록 만들기

이번에는 안드로이드의 기본 컨테이너를 다뤄보겠습니다. 위젯의 위치를 다룰 때에 레이아웃을 사용했다면 위젯이나 다른 레이아웃에 데이터를 동적으로 표현해줄 때에는 컨테이너를 사용합니다. 컨테이너는 데이터를 반복적으로 표시하는 용도로 사용하며 대표적인 컨테이너로는 목록ᴸⁱˢᵗ을 화면에 출력할 때 사용하는 리사이클러뷰ᴿᵉᶜʸᶜˡᵉʳⱽⁱᵉʷ가 있습니다.

⚠ 안드로이드 스튜디오 3.1부터는 리사이클러뷰를 사용합니다. 그 이전 버전에서 사용하던 ListView와 GridView의 기능을 모두 수행하며 이 두 가지는 레거시(Legacy) 카테고리로 이동되었습니다.

가장 많이 사용되는 것이 리사이클러뷰이고 가장 복잡한 것도 리사이클러뷰입니다. 코드의 난이도가 갑자기 올라갈 수 있기 때문에 리사이클러뷰의 축소 버전이라고 할 수 있는 스피너를 먼저 살펴보고 리사이클러뷰를 공부해보겠습니다.

컨테이너는 레이아웃과는 다르게 내부 요소의 위치를 결정할 수 있는 속성이 없으므로 컨테이너를 사용할 때는 다른 레이아웃을 컨테이너 안에 삽입해서 사용합니다.

2.1 스피너

스피너Spinner는 여러 개의 목록 중에서 하나를 선택할 수 있는 선택 도구입니다. 다음의 그림처럼 스피너 우측에 있는 화살표(▼)를 누르면 선택할 수 있는 목록이 나열되는 형태입니다. 마치 버튼이나 텍스트뷰와 같이 작은 위젯처럼 보이지만 내부는 복수의 데이터를 처리할 수 있는 컨테이너 구조로 되어 있습니다.

스피너는 어댑터Adapter라는 연결 도구를 사용해 화면에 나타낼 데이터와 화면에 보여주는 스피너를 연결합니다. 여러 개의 데이터가 어댑터에 입력되면 1개의 데이터당 1개의 아이템 레이아웃이 생성되어 화면에 목록 형태로 나타납니다. 목록에서 한 줄은 1개의 아이템 레이아웃입니다.

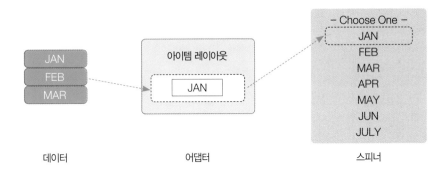

데이터   어댑터   스피너

스피너로 보는 어댑터의 동작 구조

이제부터 안드로이드 프로젝트를 만들어서 실제 스피너에 값을 입력하고 동작시켜 보겠습니다. ContainerSpinner 프로젝트를 생성합니다.

01. activity_main.xml의 [Design] 모드에서 'Hello World!' 텍스트뷰의 id 속성을 'result'로 변경합니다. 그리고 text 속성에는 '선택 결과'라고 입력합니다.

02. 팔레트의 컨테이너(Containers) 카테고리에서 스피너(Spinner)를 드래그해서 텍스트뷰 아래에 가져다 놓습니다. 스피너의 id 속성에 'spinner'라고 입력되어 있는 것을 확인합니다. 없으면 입력합니다.

03. 스피너의 컨스트레인트를 좌우는 끝까지 연결하고 위는 텍스트뷰와 연결합니다. 마진은 좌우는 '50', 위는 '25'로 설정합니다.

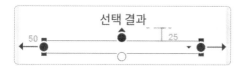

04. 혹시 그림과 같이 마진값이 적용되지 않는다면 사각형 중앙의 가로 측 사이즈 조절바를 클릭해서 매치 컨스트레인트(〰〰)로 만들어줍니다. 또는 layout_width 속성에 '0dp'라고 입력해도 됩니다.

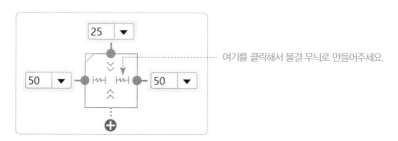

여기를 클릭해서 물결 무늬로 만들어주세요.

05. build.gradle 파일에 **viewBinding** 설정을 하고 [MainActivity.kt] 탭을 클릭해서 소스 코드로 이동합니다. 그리고 **binding**을 생성한 후 **setContentView**에 **binding.root**를 전달합니다.

```
class MainActivity: AppCompatActivity() {
    val binding by lazy {ActivityMainBinding.inflate(layoutInflater)}  // 추가한 코드

    override fun onCreate(savedInstanceState: Bundle?) {
        super.onCreate(savedInstanceState)
        setContentView(binding.root) // 수정한 코드
```

06. 위 코드에 이어서 다음 행에 스피너에 입력될 가상의 데이터를 작성합니다. **data** 변수를 만들고 **listOf**를 사용해서 여러 개의 데이터를 입력합니다. 첫 번째 데이터는 아직 데이터가 선택하지 않았을 때 기본으로 보여주는 '- 선택하세요 -'로 입력합니다.

```
var data = listOf("- 선택하세요 -", "1월", "2월", "3월", "4월", "5월", "6월")
```

07. 앞에서 만든 데이터와 스피너를 연결해줄 ArrayAdapter 클래스를 만들어 adapter 변수에 저장합니다. ArrayAdapter 클래스는 adapter에서 사용할 데이터 타입을 제네릭으로 지정해야 합니다. 앞에서 문자열로 데이터를 구성했기 때문에 〈String〉으로 지정합니다. ArrayAdapter의 파라미터는 총 3개이며 (스피너를 화면에 그리기 위한 컨텍스트, 스피너에 보여줄 목록 하나하나가 그려질 레이아웃, 어댑터에서 사용할 데이터) 순으로 입력합니다. 컨텍스트는 this를 사용하고, 레이아웃은 기본으로 제공하는 simple_list_item1을 사용합니다. 마지막 값으로 미리 만들어둔 data 변수를 입력합니다.

```
var adapter = ArrayAdapter<String>(this, android.R.layout.simple_list_item_1, data)
```

여기서 잠깐

☼ simple_list_item1 레이아웃

simple_list_item1 레이아웃은 텍스트뷰 1개만을 가지고 있는 특수한 레이아웃입니다. ArrayAdapter
와 같은 기본 어댑터에 사용하면 입력된 데이터에서 문자열 1개를 꺼내서 레이아웃에 그려줍니다.

---

08. 다음 코드를 입력해 어댑터를 스피너 위젯에 연결합니다. 스피너의 adapter 속성에 담아주는 것만으로 간단하게 연결됩니다. 에뮬레이터에서 앱을 실행하고 스피너를 클릭하면 오른쪽 그림과 같이 동작해야 합니다.

```
binding.spinner.adapter = adapter
```

09. 이번에는 사용자가 스피너를 선택하면 선택한 값을 선택 결과에 보여주는 코드를 작성하겠습니다. 스피너를 선택하는 동작을 인식하기 위해서 onItemSelectedListener를 사용하는데, 이름 그대로 스피너에 있는 아이템이 선택되면 동작하는 리스너입니다. 소스 코드에서 'binding. spinner.on'까지만 입력하면 나타나는 자동 완성 코드에서 onItemSelectedListener를 선택합니다.

```
binding.spinner.onItem
                    ⓥ onItemSelectedListener    AdapterView.OnItemSel…
                    ⓥ onItemClickListener       AdapterView.OnItemClickL…
                    ⓥ onItemLongClickListener   AdapterView.OnItemLo…
```

10. 이어서 '= object: OnItem'까지만 입력하면 나타나는 자동 완성 코드에서 OnItem SelectedListener를 선택하고 중괄호({})를 붙여서 코드를 작성합니다.

```
binding.spinner.onItemSelectedListener = object: AdapterView.OnItemSelectedListener {

    }                                        이 부분은 'OnItem'까지 입력하고 선택하면 AdapterView가 함께 입력됩니다.
```

---

11. 코드 블록 사이를 클릭한 다음 마우스 오른쪽 버튼을 클릭해서 [Generate] – [Implements Methods]를 선택합니다. 나오는 메서드 목록 2개를 모두 선택하면 코드가 자동 완성되는데 TODO() 행은 모두 삭제합니다.

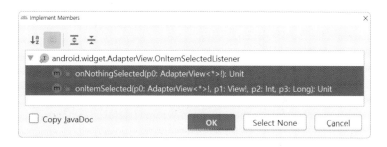

```
override fun onNothingSelected(p0: AdapterView<*>?) {
}                      안드로이드 스튜디오 버전에 따라 parent로 나오기도 합니다.
override fun onItemSelected(p0: AdapterView<*>?, view: View?, position: Int, id: Long) {
}
```

---

12. 자동 완성된 코드 중에서 onItemSelected( ) 메서드만 사용할 예정입니다. 이 메서드에 파라미터가 4개 있는데 OnItemSelectedListener를 사용할 때는 대부분 세 번째 position만 사용합니다. 사용자가 스피너에서 선택을 하면 몇 번째 아이템인지를 알려주는 파라미터입니다. 혹시 파라미터 이름이 다르면 책과 동일하게 수정한 다음 진행합니다. 두 번째 메서드 안에 다음 코드를 추가합니다. 리스너에서 넘겨주는 position 값으로 data의 해당 위치에 있는 문자 값을 선택 결과 텍스트뷰에 입력하는 코드입니다.

```
binding.result.text = data.get(position)
```

13. 이제 스피너를 선택하면 해당 값이 선택 결과의 위치에 표시됩니다.

MainActivity.kt의 코드

```kotlin
class MainActivity: AppCompatActivity() {

    val binding by lazy {ActivityMainBinding.inflate(layoutInflater)}

    override fun onCreate(savedInstanceState: Bundle?) {
        super.onCreate(savedInstanceState)
        setContentView(binding.root)

        var data = listOf("- 선택하세요 -", "1월","2월","3월","4월","5월","6월")
        var adapter = ArrayAdapter<String>(this, android.R.layout.simple_list_item_1,
                                    data)
        binding.spinner.adapter = adapter

        binding.spinner.onItemSelectedListener = object: AdapterView.
          OnItemSelectedListener {
            override fun onNothingSelected(p0: AdapterView<*>?) { }
            override fun onItemSelected(adapterView: AdapterView<*>?, view:
                                    View?, position: Int, id: Long) {
                binding.result.text = data.get(position)
```

```
            }
        }
    }
}
```

2.2 리사이클러뷰

리사이클러뷰^{RecyclerView}는 스피너가 조금 더 확장된 형태입니다. 리사이클러뷰도 스피너처럼 목록을
화면에 출력하는데, 레이아웃 매니저를 이용하면 간단한 코드만으로 리스트를 그리드로 바꿀 수도
있습니다.

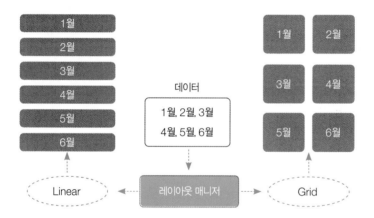

리사이클러뷰처럼 목록을 표시하는 컨테이너들은 표시될 데이터와 아이템 레이아웃을 어댑터에서
연결해주므로 어댑터에서 어떤 아이템 레이아웃을 사용하느냐에 따라 표시되는 모양을 다르게 만들
수 있습니다.

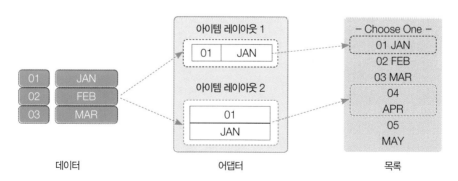

목록에 표시되는 아이템 레이아웃을 직접 만들어서 사용하겠습니다. 아이템 레이아웃은 다음 그림과 같이 아이템 번호, 제목, 작성 일자를 가지고 있는 독립적인 레이아웃으로 구성되고, 리사이클러뷰는 연결되는 어댑터 내부에서 화면에 그려질 개수만큼 레이아웃을 생성하고 보여줍니다.

화면 구성하기

ContainerRecyclerView 프로젝트를 생성합니다.

01. activity_main.xml 파일을 열고 기본 텍스트뷰는 삭제합니다. 리사이클러뷰(RecyclerView)를 처음 사용한다면 팔레트의 컨테이너를 클릭했을 때 리사이클러뷰 오른쪽에 [다운로드 아이콘(⬇)]이 보일 것입니다. 이 상태에서 리사이클러뷰를 드래그해서 UI 편집기에 가져다 놓습니다.

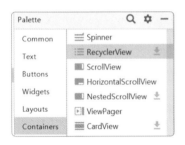

02. 다운로드가 완료되면 Item0, Item1…이라는 글자가 여러 줄 쓰여 있는 리사이클러뷰가 화면에 그려집니다. id 속성에 'recyclerView'라고 입력합니다.

03. 컨스트레인트는 상하좌우를 모두 연결합니다. 네 방향을 모두 연결해야 할 때는 아이콘을 하나씩 클릭하는 대신 UI 편집기 상단의 [Infer Constraints 아이콘()]을 클릭하면 컨스트레인트를 가장 가까운 곳에 모두 연결해줍니다. 잘못 연결되면 수정하면 되니 한번 눌러서 연결해보세요. 스피너뷰에서 사용했던 simple_list_item_1은 1개의 텍스트만 표시해줄 수 있는 고정된 레이아웃으로 아이템뷰 또는 아이템 레이아웃이라고 합니다.

04. 여러 개의 정보를 하나의 아이템에 보여줘야 하니 아이템 레이아웃을 레이아웃 파일로 직접 생성하여 사용합니다. [app]-[res]-[layout] 디렉터리를 마우스 우클릭하면 나타나는 메뉴에서 [New]-[Layout Resource File]을 선택합니다.

05. File name에 'item_recycler'를, Root element에 'LinearLayout'을 입력하고 [OK]를 클릭해서 파일을 생성합니다. 다른 값은 건드리지 않습니다. activity_main.xml 아래에 item_recycler.xml이 생성된 걸 확인할 수 있습니다.

06. item_recycler.xml 파일을 열어서 컴포넌트 트리의 최상위 레이아웃이 리니어 레이아웃인 것을 확인한 후 다음 단계(**07**)로 넘어갑니다.

07. 리니어 레이아웃의 속성 영역에서 layout_height를 '50dp'로 변경합니다. 대부분 match_parent일 텐데 '50dp'를 입력하면 바로 수정됩니다. 반드시 뒤에 'dp'를 같이 입력해야 합니다. 숫자만 입력하면 오류가 발생할 수 있습니다. 이어서 orientation 속성을 'horizontal'로 변경하고, gravity 속성에 'center_vertical'을 적용합니다. 이렇게 수정하면 다음에 들어가는 텍스트뷰가 가로축 가운데에 위치하게 됩니다.

 ⚠ 50dp는 목록에서 한 줄 정도의 높이입니다.

08. 레이아웃 안에 텍스트뷰를 3개 배치합니다. 각각 번호, 제목, 날짜 데이터를 표시할 텍스트뷰입니다. 이어서 layout_weight 속성을 각각 '1, 5, 3'으로 수정하면 다음과 같이 보입니다. 가로 비율이 맞지 않으면 각 텍스트뷰의 layout_width 속성을 '0dp'로 설정합니다.

09. 첫 번째 텍스트뷰의 text 속성은 '01', id 속성은 'textNo'로 입력합니다. 두 번째 텍스트뷰의 text 속성은 'Title', id 속성은 'textTitle'로 입력하고, 세 번째 텍스트뷰의 text 속성은 '2021-01-01', id 속성은 'textDate'로 입력합니다.

여기까지 모두 잘 따라왔다면 이제 데이터를 다뤄보겠습니다.

데이터 정의하고 가상 데이터 만들기

이제 아이템 레이아웃에 맞춰서 화면에 뿌려질 데이터 클래스를 하나 생성하겠습니다. 목록에 나타나는 아이템 레이아웃 1개에 3개의 데이터를 출력하므로 String을 사용하지 않습니다. String은 단일 값을 담는 데이터 타입입니다. 번호, 타이틀, 날짜 세 종류의 값을 담을 데이터 클래스를 하나 만들겠습니다.

10. java 디렉터리 아래에 있는 기본 패키지명을 마우스 우클릭하여 나타나는 메뉴에서 [New]-[Kotlin File/Class]를 선택합니다. 입력 필드에 'Memo'를 입력하고, 바로 아래 목록 중에 Data Class를 더블클릭하면 파일이 생성됩니다.

안드로이드 스튜디오 버전 차이로 Data Class가 없을 수 있습니다. 그럴 때는 Class로 생성하고 다음 단계를 참고하세요.

11. 생성된 Memo 클래스를 열어보면 기본 코드가 있는데 class 코드를 약간 수정하여 파라미터를 3개 가지는 데이터 클래스로 만듭니다. 마지막 날짜 파라미터의 이름을 timestamp로 만들고 Long 타입을 선언하였습니다. 날짜는 실제 개발할 때에도 타임스탬프라고 불리는 숫자형을 저장해 놓고 변환해서 많이 사용하기 때문에 여기서도 그렇게 사용하겠습니다.

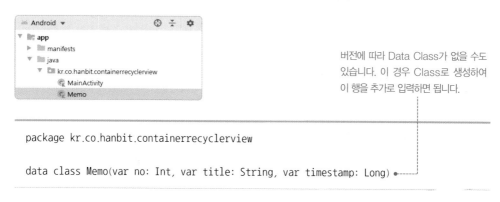

버전에 따라 Data Class가 없을 수도 있습니다. 이 경우 Class로 생성하여 이 행을 추가로 입력하면 됩니다.

```
package kr.co.hanbit.containerrecyclerview

data class Memo(var no: Int, var title: String, var timestamp: Long)
```

12. 이어서 MainActivity.kt 안에 100개의 가상 데이터를 만드는 코드를 작성해보겠습니다. MainActivity.kt를 열고 MutableList<Memo>를 반환하는 loadData() 메서드를 onCreate() 메서드 아래에 만듭니다.

```
fun loadData(): MutableList<Memo> {
    // 13~16은 여기에 입력합니다 .
}
```

13. 메서드 안에 리턴할 MutableList 컬렉션을 선언합니다.

```
val data: MutableList<Memo> = mutableListOf()
```

14. 100개의 가상 데이터를 만들어야 하니 for 문을 사용해서 백 번 반복합니다. for 문에 사용한 no 변수는 그대로 Memo 클래스의 번호로 사용할 것입니다.

```
for (no in 1..100) {

}
```

15. for 문 안에 타이틀과 날짜로 사용할 데이터를 가상으로 생성해서 변수에 담아둡니다. title 변수에는 "이것이 안드로이드다 1", "이것이 안드로이드다 2"...의 형태의 제목이 백 번 반복하며 저장되고, date 변수에는 안드로이드 스마트폰의 현재 시간이 숫자 값으로 저장됩니다.

```
val title = "이것이 안드로이드다 ${no}"
val date = System.currentTimeMillis()
```

16. 변수에 저장된 값과 번호로 Memo 클래스를 생성하고, **13**에서 선언해둔 data 변수에 추가합니다.

```
var memo = Memo(no, title, date)
data.add(memo)
```

17. 마지막으로 반복문이 끝나면 100개의 Memo 클래스가 담겨 있는 data 변수를 리턴해서 호출한 측에 전달합니다. 이제 loadData() 메서드를 호출하면 100개의 가상 데이터를 받을 수 있습니다.

```
return data
```

여기까지 입력한 MainActivity.kt의 추가 코드를 살펴보면 다음과 같습니다.

```
fun loadData(): MutableList<Memo> {
    val data:MutableList<Memo> = mutableListOf()
    for (no in 1..100) {
```

```
            val title = "이것이 안드로이드다 ${no}"
            val date = System.currentTimeMillis()
            var memo = Memo(no, title, date)
            data.add(memo)
        }
        return data
    }
```

어댑터 정의하기

리사이클러뷰는 리사이클러뷰어댑터라는 메서드 어댑터를 사용해서 데이터를 연결합니다. 스피너보다는 훨씬 복잡한 구조이며 상속이 필요합니다. 상속을 하면 어댑터와 관련된 대부분의 기능을 사용할 수 있고 추가로 필요한 몇 개의 요소만 개발자가 직접 구현합니다.

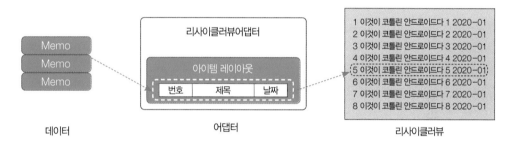

리사이클러뷰어댑터는 개별 데이터에 대응하는 뷰홀더 클래스를 사용합니다. 상속하는 리사이클러뷰어댑터에 뷰홀더 클래스를 제네릭으로 지정해야 하므로 뷰홀더 클래스를 먼저 만들고 나서 어댑터 클래스를 생성하는 것이 더 편합니다.

```
class 커스텀어댑터: RecyclerView.Adapter<여기에 사용할 뷰홀더 지정> {

}
```

상속받는 Adapter 클래스에 제네릭으로 뷰홀더를 지정해두면, Implement Methods로 코드를 자동 완성할 때에 자동 완성된 메서드 중 하나가 파라미터 타입에 제네릭으로 지정해둔 뷰홀더를 사용합니다.

```
class 커스텀어댑터: RecyclerView.Adapter<뷰홀더> {
    ...
    override fun onBindViewHolder(뷰홀더, 아이템 위치) {
    }
}
```

어댑터를 먼저 만들 경우에는 뷰홀더 자리에 안드로이드에서 제공하는 타입이 입력되기 때문에 코드를 한 번 더 수정해야 합니다.

뷰홀더 클래스도 기본 기능이 이미 만들어져 있는 ViewHolder 클래스를 상속받아서 만듭니다. 뷰홀더 클래스는 아이템 레이아웃을 포함하고 있는데, 1,000개의 데이터가 있다고 가정했을 때 이것들을 모두 화면에 그리기 위해서 1,000개의 아이템 레이아웃을 생성하면 시스템 자원이 낭비되고, 심각할 경우 앱이 종료될 수도 있습니다.

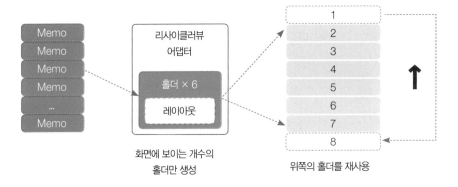

뷰홀더는 현재 화면에 보여지는 개수만큼만 생성되고 목록이 위쪽으로 스크롤 될 경우 가장 위의 뷰홀더를 아래에서 재사용한 후 데이터만 바꿔주기 때문에 앱의 효율이 향상됩니다.

ViewHolder 클래스의 생성자에는 다음에 만들 어댑터의 아이템 레이아웃을 넘겨줘야 하므로 Holder 클래스를 생성할 때 생성자에게서 레이아웃의 바인딩을 넘겨받아야 합니다.

```
class 홀더(바인딩): RecyclerView.ViewHolder(바인딩.root) {

}
```

앞서 작성한 ContainerRecyclerView 프로젝트에 이어서 코드를 작성하겠습니다.

01. build.gradle 파일에 viewBinding 설정을 하고 [MainActivity.kt] 탭을 클릭해서 소스 코드
로 이동합니다. 그리고 binding을 생성한 후 setContentView에 binding.root를 전달합니다.

```
val binding by lazy { ActivityMainBinding.inflate(layoutInflater) }

override fun onCreate(savedInstanceState: Bundle?) {
    super.onCreate(savedInstanceState)
    setContentView(binding.root)
}
```

02. java 디렉터리 밑에 있는 패키지에 CustomAdapter 클래스를 하나 생성하고 같은 파일 안에
Holder 클래스를 작성하겠습니다. 패키지명을 마우스 우클릭하여 [New]-[Kotlin File/Class]를
선택한 후 나타나는 팝업의 입력란에 'CustomAdapter'를 입력하고 그 아래 목록에서 Class를 더
블클릭해서 파일을 생성합니다.

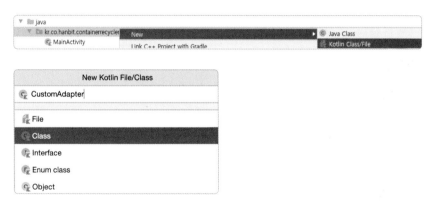

03. 소스 코드가 생성되면 class CustomAdapter 아래에 class Holder를 추가로 작성합니다.
CustomAdapter 클래스 코드 블록 밖에 작성해야 하고 바로 아래 작성하는 것이 보기에 편합니다.

```
package kr.co.hanbit.containerrecyclerview

class CustomAdapter {
}

class Holder {
}
```
────── 추가한 코드입니다.

04. Holder 클래스에 RecyclerView의 ViewHolder를 상속받습니다.

```
class Holder: RecyclerView.ViewHolder {
}
```

05. ViewHolder에 빨간색 밑줄이 생기는데 생성자에 1개의 값이 필수로 입력되야 하기 때문에 그렇습니다. 아이템 레이아웃은 ViewHolder 자체에서 만들지 않고 어댑터가 만들어서 넘겨주므로 코드를 다음과 같이 수정해야 합니다. 어댑터에서 넘겨주는 바인딩을 Holder 클래스의 생성자에게서 받아 ViewHolder의 생성자에게로 넘겨주는 구조입니다. ViewHolder의 생성자는 바인딩이 아닌 View를 필요로 하기 때문에 binding.root를 전달합니다. 그리고 binding은 Holder 클래스 안에서 전역변수(프로퍼티)로 사용돼야 하기 때문에 val 키워드를 앞에 붙여줍니다.

```
class Holder(val binding: ItemRecyclerBinding): RecyclerView.ViewHolder(binding.root) {
}
                            └──── itemView를 ViewHolder의 생성자에 전달합니다.
```

여기서 잠깐

☆ 바인딩 생성은 어댑터에서

뷰홀더가 사용하는 바인딩은 어댑터에서 생성한 후에 넘겨줍니다. 이 어댑터에서 사용할 레이아웃의 이름이 item_recycler이기 때문에 안드로이드에서 생성해주는 바인딩의 이름은 ItemRecyclerBinding이 됩니다.

---

06. Holder 내부의 코드가 실행되기 전에 어댑터 클래스 코드가 먼저 선행되어야 하므로 어댑터 클래스를 먼저 수정하겠습니다. 다음과 같이 CustomAdapter 코드는 RecyclerView의 Adapter를 상속받고 앞에서 생성한 Holder를 제네릭으로 지정합니다.

```
class CustomAdapter: RecyclerView.Adapter<Holder>() {
              └──── CustomAdapter 아래의 빨간색 줄은 다음 단계에서
}                    인터페이스를 구현하면 사라집니다.
```

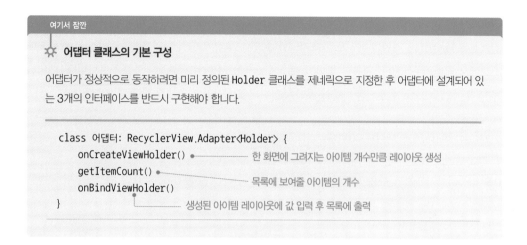

여기서 잠깐

☆ 어댑터 클래스의 기본 구성

어댑터가 정상적으로 동작하려면 미리 정의된 **Holder** 클래스를 제네릭으로 지정한 후 어댑터에 설계되어 있는 3개의 인터페이스를 반드시 구현해야 합니다.

```
class 어댑터: RecyclerView.Adapter<Holder> {
    onCreateViewHolder()  ● ─────── 한 화면에 그려지는 아이템 개수만큼 레이아웃 생성
    getItemCount()  ●
    onBindViewHolder()  ── 목록에 보여줄 아이템의 개수
}                      └── 생성된 아이템 레이아웃에 값 입력 후 목록에 출력
```

07. class CustomAdapter... 코드 블록({})의 중간에서 Ctrl + I 키를 누르거나 마우스 오른쪽 버튼을 클릭하면 나타나는 메뉴에서 [Generate]−[Implement Methods]를 순서대로 선택합니다. 팝업창에서 3개의 인터페이스를 모두 선택해서 import하면 코드가 자동으로 추가됩니다. TODO( ) 행은 모두 삭제합니다.

```
class CustomAdapter: RecyclerView.Adapter<Holder>() {
    override fun onCreateViewHolder(parent: ViewGroup, viewType: Int): Holder {
    }
    override fun getItemCount(): Int {
    }
    override fun onBindViewHolder(holder: Holder, position: Int) {
    }
}
```

08. 추가된 코드의 맨 윗줄에 이 어댑터에서 사용할 데이터 목록 변수를 하나 선언합니다. 목록형 컬렉션은 listOf() 계열의 메서드로 초기화할 수 있습니다. 앞에서 미리 작성해둔 loadData() 메서드에서 리턴해주는 값을 사용할 것이기 때문에 mutableListOf<Memo>()를 사용합니다. 데이터가 담기는 listData 변수에는 나중에 메인 액티비티에서 직접 호출해서 값을 넣겠습니다.

```
var listData = mutableListOf<Memo>()
```

09. 리사이클러뷰에서 사용할 데이터의 총 개수를 리턴하는 getItemCount() 메서드부터 구현합니다.

```
override fun getItemCount(): Int {
    return listData.size
}
```

10. 이어서 아이템 레이아웃을 생성하는 onCreateViewHolder() 메서드를 구현합니다. 스마트폰의 한 화면에 보이는 개수만큼 안드로이드가 이 메서드를 호출합니다. 한 화면에 여덟 줄이 보이면 여덟 번 호출됩니다. 액티비티와는 다르게 어댑터에서 사용하는 바인딩인 ItemRecyclerBinding의 inflate 메서드는 3개의 파라미터가 사용됩니다.

첫 번째 파라미터로 전달되는 인플레이터는 LayoutInflater.from으로 생성해서 입력합니다. from에는 파라미터로 context가 전달돼야 하는데, 이는 안드로이드가 넘겨주는 parent에서 꺼낼 수 있습니다. 두 번째는 parent를 그대로 사용하고, 세 번째는 항상 false를 사용하면 됩니다. 그리고 다음 줄에서 생성된 바인딩을 Holder 클래스에 담아서 반환합니다.

안드로이드는 이런 과정을 거쳐 전달된 Holder 클래스를 메모리에 저장했다가 요청이 있을 때마다 꺼내서 사용합니다.

```
override fun onCreateViewHolder(parent: ViewGroup, viewType: Int): Holder {
    val binding = ItemRecyclerBinding.inflate(LayoutInflater.from(parent.context),
                                              parent, false)
    return Holder(binding)
}
```

☆ inflate(inflater, parent, attachToRoot) 파라미터의 의미

- inflater: 바인딩을 생성할 때 사용하는 인플레이터입니다. 액티비티에서와는 다르게 LayoutInflater. from을 사용해서 생성해야 합니다.

- parent: 생성되는 바인딩이 속하는 부모 뷰(레이아웃)입니다.

- attachToRoot: true일 경우 attach 해야 하는 대상으로 root를 지정하고 아래에 붙입니다. false일 경우 뷰의 최상위 레이아웃의 속성을 기본으로 레이아웃이 적용됩니다.

11. 생성된 뷰홀더를 화면에 보여주는 onBindViewHolder() 메서드를 구현합니다. 먼저 listData에서 현재 위치에 해당하는 메모를 하나 꺼내 memo 변수에 저장한 후 홀더에 전달합니다. 임의로 홀더에 setMemo()라는 메서드가 있다고 가정하고 다음과 같이 작성합니다.

```
override fun onBindViewHolder(holder: Holder, position: Int) {
    val memo = listData.get(position)
    holder.setMemo(memo)
}                     └┈┈┈┈┈┈┈ 곧이어 구현합니다.
```

12. 이제 마지막으로 Holder 클래스에서 화면에 데이터를 세팅하는 setMemo() 메서드를 구현합니다.

```
class Holder(val binding: ItemRecyclerBinding): RecyclerView.ViewHolder(binding.root) {
    fun setMemo(memo: Memo) {

    }
}
```

13. setMemo() 메서드 안에 다음 코드를 추가합니다. textNo 위젯에는 memo의 no 값을 입력합니다.

```
binding.textNo.text = "${memo.no}"
```

14. 마찬가지로 나머지 2개의 위젯도 메모 데이터와 연결합니다. 날짜에 해당하는 `timestamp` 값은 SimpleDateFormat을 사용해서 날짜 형식으로 먼저 변환합니다. SimpleDateFormat을 import하면 선택지가 2개 나타나는데 java.text의 SimpleDateFormat을 선택합니다. SimpleDateFormat을 생성하면서 생성자에 날짜가 보여질 형식을 'yyyy/MM/dd'로 정의합니다. SimpleDateFormat을 사용할 때는 Alt + Enter 키를 눌러 import를 선택해야 합니다.

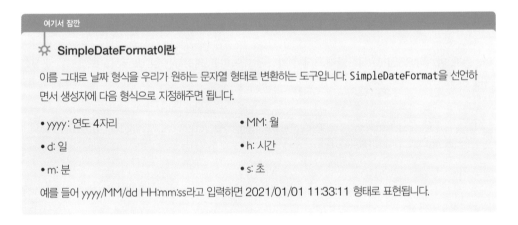

```
binding.textTitle.text = memo.title

var sdf = SimpleDateFormat("yyyy/MM/dd")
var formattedDate = sdf.format(memo.timestamp)
binding.textDate.text = formattedDate
```

여기서 잠깐

☼ SimpleDateFormat이란

이름 그대로 날짜 형식을 우리가 원하는 문자열 형태로 변환하는 도구입니다. SimpleDateFormat을 선언하면서 생성자에 다음 형식으로 지정해주면 됩니다.

- yyyy: 연도 4자리
- d: 일
- m: 분

- MM: 월
- h: 시간
- s: 초

예를 들어 yyyy/MM/dd HH:mm:ss라고 입력하면 2021/01/01 11:33:11 형태로 표현됩니다.

다음은 CustomAdapter.kt의 전체 코드입니다.

```
package kr.co.hanbit.containerrecyclerview

import android.view.LayoutInflater
import android.view.ViewGroup
import androidx.recyclerview.widget.RecyclerView
```

```kotlin
import kr.co.hanbit.containerrecyclerview.databinding.ItemRecyclerBinding
import java.text.SimpleDateFormat

class CustomAdapter: RecyclerView.Adapter<Holder>() {
    var listData = mutableListOf<Memo>()

    override fun onCreateViewHolder(parent: ViewGroup, viewType: Int): Holder {
        val binding = ItemRecyclerBinding.inflate(LayoutInflater.from(parent.context),
                                                  parent, false)

        return Holder(binding)
    }
    override fun getItemCount(): Int {
        return listData.size
    }

    override fun onBindViewHolder(holder: Holder, position: Int) {
        val memo = listData.get(position)
        holder.setMemo(memo)
    }
}

class Holder(val binding: ItemRecyclerBinding): RecyclerView.ViewHolder(binding.root) {
    fun setMemo(memo: Memo) {
        binding.textNo.text = "${memo.no}"
        binding.textTitle.text = memo.title
        var sdf = SimpleDateFormat("yyyy/MM/dd")
        var formattedDate = sdf.format(memo.timestamp)
        binding.textDate.text = formattedDate
    }
}
```

MainActivity.kt에서 어댑터 사용하기

지금까지 생성한 레이아웃과 소스 코드를 MainActivity.kt에서 모두 연결합니다.

01. setContentView 메서드 아래에 먼저 사용할 데이터를 생성하는 코드를 추가합니다.

```kotlin
val data:MutableList<Memo> = loadData()
```

02. 어댑터를 생성하고 어댑터의 listData 변수에 위에서 생성한 데이터 목록을 저장합니다.

```
var adapter = CustomAdapter()
adapter.listData = data
```

03. recyclerView 위젯의 adapter 속성에 생성할 어댑터를 연결합니다.

```
binding.recyclerView.adapter = adapter
```

04. 마지막으로 리사이클러뷰를 화면에 보여주는 형태를 결정하는 레이아웃 매니저를 연결합니다.

```
binding.recyclerView.layoutManager = LinearLayoutManager(this)
```

05. 실행하고 에뮬레이터에서 확인해봅니다.

다음은 MainActivity.kt의 전체 코드입니다.

```kotlin
package kr.co.hanbit.containerrecyclerview

import androidx.appcompat.app.AppCompatActivity
import android.os.Bundle
import androidx.recyclerview.widget.LinearLayoutManager
import kr.co.hanbit.containerrecyclerview.databinding.ActivityMainBinding

class MainActivity: AppCompatActivity() {

    val binding by lazy { ActivityMainBinding.inflate(layoutInflater) }

    override fun onCreate(savedInstanceState: Bundle?) {
        super.onCreate(savedInstanceState)
        setContentView(binding.root)

        val data:MutableList<Memo> = loadData()
        var adapter = CustomAdapter()
        adapter.listData = data
        binding.recyclerView.adapter = adapter

        binding.recyclerView.layoutManager = LinearLayoutManager(this)
    }

    fun loadData(): MutableList<Memo> {
        val data:MutableList<Memo> = mutableListOf()
        for (no in 1..100) {
            val title = "이것이 안드로이드다 ${no}"
            val date = System.currentTimeMillis()
            var memo = Memo(no, title, date)
            data.add(memo)
        }
        return data;
    }
}
```

레이아웃 매니저의 종류

리사이클러뷰에서 사용할 수 있는 레이아웃 매니저^{Layout Manager}의 종류는 세 가지입니다. 이 중에서 세 번째 StaggeredGridLayoutManager는 핀터레스트 같은 사진 앱에서 자주 사용되는 형태입니다.

세 가지 종류의 레이아웃 매니저는 소스 코드에서 다음과 같이 사용합니다.

① LinearLayoutManager

- **세로 스크롤**: 기본으로 세로 스크롤을 하며 일반 리스트처럼 한 줄로 목록을 생성합니다. 추가로 설정하면 가로 스크롤도 할 수 있습니다. 앞에서 사용한 것 같이 생성자에 컨텍스트 1개만 입력하면 됩니다.

```
LinearLayoutManager(this)
```

- **가로 스크롤**: 컬럼 개수를 지정해서 개수만큼 그리드 형태로 목록을 생성합니다. 리니어 레이아웃 매니저의 두 번째 파라미터에 가로 스크롤 옵션을 설정합니다.

```
LinearLayoutManager(this, LinearLayoutManager.HORIZONTAL, false)
```

② GridLayoutManager

- 데이터의 사이즈에 따라 그리드의 크기가 결정됩니다. 두 번째 파라미터에 한 줄에 몇 개의 아이템을 표시할 건지 개수를 설정합니다.

```
GridLayoutManager(this, 3)
```

③ StaggeredGridLayoutManager

- **세로 스크롤**: 컨텍스트를 사용하지 않으므로 this를 넘기지 않아도 됩니다. 첫 번째 파라미터에는 한 줄에 표시되는 아이템의 개수, 두 번째 파라미터에는 세로 방향을 설정합니다.

```
StaggeredGridLayoutManager(3, StaggeredGridLayoutManager.VERTICAL)
```

- **가로 스크롤**: 두 번째 파라미터에 가로 방향을 설정합니다.

```
StaggeredGridLayoutManager(3, StaggeredGridLayoutManager.HORIZONTAL)
```

목록 클릭 이벤트 처리

이번에는 목록에서 아이템 1개가 클릭 되었을 때 처리하는 방법을 알아보겠습니다.

간단하게 홀더가 가지고 있는 아이템뷰에 클릭리스너를 달고, 리스너 블록에 실행할 코드만 추가하면 목록이 클릭 될 때마다 해당 코드가 실행됩니다.

01. CustomAdapter.kt 파일을 열어 Holder 클래스가 생성되는 시점에 클릭리스너를 추가하려면 먼저 Holder 클래스에 init을 추가해야 합니다. init에서 아이템뷰에 클릭리스너를 달고 리스너 블록 안에 토스트로 간단한 메시지를 보여주는 코드를 setMemo() 메서드 위에 작성합니다.

```
init {
    binding.root.setOnClickListener {
        Toast.makeText(binding.root.context, "클릭된 아이템 = ${binding.textTitle.text}",
                Toast.LENGTH_LONG).show()
    }
}
```

Toast.makeText 메서드가 사용하는 첫 번째 파라미터인 context는 binding.root에서 꺼낼 수 있습니다.

02. 에뮬레이터를 실행하고 목록을 클릭해보면 토스트 메시지가 나타납니다. 목록에서의 클릭 처리는 이렇게 뷰홀더 안에서 간단하게 만들 수 있습니다. 목록 〉 상세로 화면 이동이 일어날 경우는 클릭리스너 안에서 startActivity를 호출하는 형태로 처리할 수 있습니다.

☼ **모든 뷰는 컨텍스트를 가지고 있습니다.**

토스트(Toast)와 같은 화면 요소를 사용하기 위해서는 컨텍스트가 필요합니다. 액티비티 이외의 다른 클래스에는 컨텍스트가 없기 때문에 액티비티로부터 미리 받아서 저장해두고 사용하기도 하는데, 단계가 복잡해지는 단점이 있습니다.

이럴 때 해당 클래스에서 뷰를 사용한다면 모든 종류의 뷰가 컨텍스트를 가지고 있고, binding의 root 또한 뷰이기 때문에 binding.root.context의 형태로 직접 꺼내서 사용할 수 있습니다.

1. 이것은 목록으로 뿌려지는 선택형 컨테이너로 리사이클러뷰의 기초 형태입니다. 이것은 무엇인가요?

2. 리사이클러뷰에서 데이터와 아이템 레이아웃을 연결해주는 것은 무엇인가요?

3. XML로 작성된 레이아웃 파일을 코드에서 사용할 수 있도록 변환해주는 메서드의 이름은 무엇인가요?

4. 리사이클러뷰에서 생성되는 아이템 레이아웃을 재사용할 수 있도록 제공되는 클래스는 무엇인가요?

액티비티의 조각 프래그먼트 다루기

안드로이드의 액티비티는 화면을 표현하기 위한 기본 단위입니다. 액티비티를 구성하다 보면 화면이 너무 복잡하거나 또는 코드의 양이 너무 많아졌거나 하는 이유로 화면 부위별로 따로 동작시키고 싶을 때가 있습니다. 그럴 때 화면을 각각 분할해서 독립적인 코드로 구성할 수 있게 도와주는 것이 프래그먼트Fragment입니다.

프래그먼트는 서로 다른 크기의 화면을 가진 기기(태블릿, 스마트폰 등)에서 하나의 액티비티로 서로 다른 레이아웃을 구성할 수 있도록 설계되었습니다. 목록 프래그먼트List Fragment와 상세 프래그먼트Detail Fragment가 있을 때 태블릿과 같은 큰 화면에서는 두 프래그먼트를 한 화면에 표시하고, 스마트폰처럼 작은 화면에서는 먼저 목록 프래그먼트만 표시한 후 목록을 클릭하면 상세가 나타나는 구조입니다.

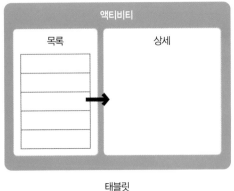

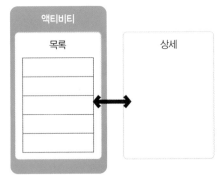

이렇게 프래그먼트를 사용하면 하나의 액티비티로 조건에 따라 서로 다른 화면 구성을 만들 수 있습니다.

구글의 설계 의도는 앞의 구조처럼 사용하는 것이지만, 실제 개발할 때에는 태블릿 환경을 고려하기보다는 다음과 같은 구조로 더 많이 사용됩니다.

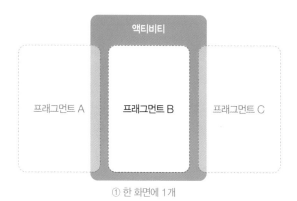
① 한 화면에 1개

② 한 화면에 여러 개

①은 한 번에 1개의 프래그먼트가 화면에 나타나는 형태로 프래그먼트 여러 개를 미리 만들어두고 탭 메뉴나 스와이프Swipe로 화면 간 이동을 할 때 사용됩니다. ②는 한 번에 여러 개의 프래그먼트가 동시에 화면에 나타나는 형태로 태블릿과 같은 대형 화면을 가진 디바이스에서 메뉴와 뷰를 함께 나타내거나 여러 개의 섹션을 모듈화한 후 한 화면에 나타낼 때 사용됩니다.

> **여기서 잠깐**
>
> ☀ **화면(뷰)이 하나만 필요할 때는 프래그먼트를 사용하지 않습니다.**
>
> 프래그먼트는 2개 이상의 화면을 빠르게 이동한다든지 탭으로 구성된 화면의 자연스러운 움직임을 구현할 때 주로 사용됩니다. 따라서 1개의 액티비티에 1개의 뷰만 필요한 구조라면 프래그먼트를 사용하지 않는 것이 바람직합니다.
>
> 프래그먼트 또한 하나의 모듈로써 동작하기 때문에 생성에 따른 자원이 낭비되고, 액티비티와 별개의 생명 주기를 갖고 있어서 상황에 따라 생명 주기 관련 코드를 액티비티와 프래그먼트 양쪽에 작성해야 할 수도 있습니다.

3.1 프래그먼트를 만들어 액티비티에 추가하기

프래그먼트는 단독으로 사용되지 않고 액티비티의 일부로 사용됩니다. 이번에는 프래그먼트를 액티비티에 추가하는 방법을 예제를 통해 알아보겠습니다. Fragment 프로젝트를 하나 생성합니다.

프로젝트가 생성되면 build.gradle 파일을 열고 먼저 `viewBinding` 설정을 합니다.

목록 프래그먼트 만들기

액티비티를 생성하듯이 메뉴를 통해 프래그먼트를 생성하면 기본 코드가 작성된 채로 생성할 수 있습니다.

01. java 디렉터리 밑에 있는 패키지명을 선택하여 마우스 우클릭하면 나타나는 메뉴에서 [New]-[Fragment]-[Fragment (Blank)]를 선택합니다.

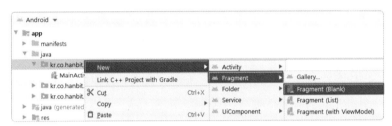

⚠ 안드로이드 스튜디오 4.2 이후 버전부터는 build.gradle 파일의 minSdkVersion 설정이 16 이하일 경우 New 메뉴를 통해서 프래그먼트를 생성할 수 없습니다. build.gradle(Module:)에서 minSDKVersion(혹은 minSDK)을 16 이상으로 수정하세요.

02. Fragment Name에 'ListFragment'를 입력하면 해당 프래그먼트가 사용하는 레이아웃인 fragment_list를 자동으로 생성해줍니다. 레이아웃 이름은 액티비티를 사용할 때 자동으로 만들어 주는 규칙과 동일합니다.

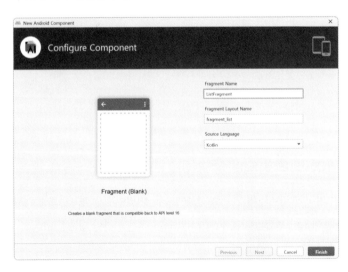

⚠ 안드로이드 스튜디오 버전에 따라 화면이 다르게 보일 수 있습니다.

03. 이제 layout 디렉터리 아래에 fragment_list.xml과 java 디렉터리 아래의 패키지명 밑에 ListFragment.kt 파일이 생성되고 화면에 열려 있습니다. ListFragment.kt의 onCreateView() 메서드는 리사이클러뷰의 onCreateViewHolder() 메서드처럼 동작합니다. 액티비티가 프래그먼트를 요청하면 onCreateView() 메서드를 통해 뷰를 만들어서 보여줍니다. inflate 메서드는 리사이클러뷰에서와 동일하게 동작합니다. 다음은 프래그먼트 생성 후 ListFragment.kt의 기본 코드입니다. 주석 처리되어 있는 부분은 현재 실습에서 사용하지 않는 코드이기 때문에 가독성을 위해 모두 지워줍니다.

ListFragment.kt 기본 코드

```
package kr.co.hanbit.fragment

import android.os.Bundle
import androidx.fragment.app.Fragment
import android.view.LayoutInflater
import android.view.View
import android.view.ViewGroup

// 주석 처리되어 있는 부분은 현재 실습에서 사용하지 않는 코드입니다.
// TODO: Rename parameter arguments, choose names that match
// the fragment initialization parameters, e.g. ARG_ITEM_NUMBER
// private const val ARG_PARAM1 = "param1"
// private const val ARG_PARAM2 = "param2"
/**
 * A simple [Fragment] subclass.
 * Use the [ListFragment.newInstance] factory method to
 * create an instance of this fragment.
 */

class ListFragment: Fragment() {

//    TODO: Rename and change types of parameters
//    private var param1: String? = null
//    private var param2: String? = null
//
//    override fun onCreate(savedInstanceState: Bundle?) {
//        super.onCreate(savedInstanceState)
//
```

```
//          arguments?.let {
//                param1 = it.getString(ARG_PARAM1)
//                param2 = it.getString(ARG_PARAM2)
//            }
//      }

    override fun onCreateView(inflater: LayoutInflater, container: ViewGroup?,
                              savedInstanceState: Bundle?): View? {
        // Inflate the layout for this fragment
        return inflater.inflate(R.layout.fragment_list, container, false)
    }
//    companion object {
//        /**
//         * Use this factory method to create a new instance of
//         * this fragment using the provided parameters.
//         *
//         * @param param1 Parameter 1.
//         * @param param2 Parameter 2.
//         * @return A new instance of fragment ListFragment.
//         */
//        TODO: Rename and change types and number of parameters
//        @JvmStatic
//        fun newInstance(param1: String, param2: String) =
//            ListFragment().apply {
//                arguments = Bundle().apply {
//                    putString(ARG_PARAM1, param1)
//                    putString(ARG_PARAM2, param2)
//                }
//            }
//    }
}
```

```
package kr.co.hanbit.fragment

import android.os.Bundle
import androidx.fragment.app.Fragment
import android.view.LayoutInflater
import android.view.View
import android.view.ViewGroup

class ListFragment : Fragment() {
    override fun onCreateView(
        inflater: LayoutInflater, container: ViewGroup?,
        savedInstanceState: Bundle?
    ): View? {
        return inflater.inflate(R.layout.fragment_list, container, false)
    }
}
```

여기서 잠깐

☆ onCreateView의 파라미터

- inflater: 레이아웃 파일을 로드하기 위한 레이아웃 인플레이터를 기본으로 제공합니다.

- container: 프래그먼트 레이아웃이 배치되는 부모 레이아웃입니다(액티비티의 레이아웃입니다).

- savedInstanceState: 상태 값 저장을 위한 보조 도구. 액티비티의 onCreate의 파라미터와 동일하게 동작합니다.

이렇게 두고 나중에 return inflater...로 시작하는 부분을 binding을 사용하는 코드로 변경한 후에 사용합니다.

04. 이제 목록 프래그먼트의 레이아웃을 작성합니다. fragment_list.xml 파일을 열어보면 프래그먼트의 기본 레이아웃에는 프레임 레이아웃과 그 안에 1개의 텍스트뷰 위젯이 있습니다. 그리고 텍스트뷰 위젯의 layout_width와 layout_height 속성의 설정값이 'match_ parent'로 설정되어 있어 텍스트뷰 영역이 화면 전체를 차지합니다.

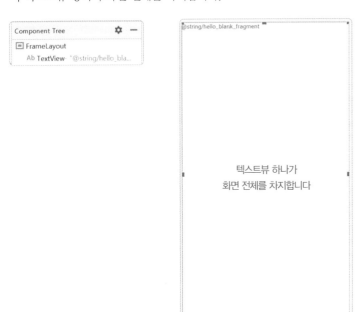

05. 화면 우측 상단의 [Code] 버튼을 클릭해서 모드를 변경합니다. [Code] 모드에서 두 번째 줄에 있는 〈FrameLayout〉 태그를 'ConstraintLayout'으로 변경합니다. 'Con'까지 입력하면 나오는 자동 완성 코드에서 첫 번째 코드를 선택합니다.

```xml
<?xml version="1.0" encoding="utf-8"?>
<androidx.constraintlayout.widget.ConstraintLayout xmlns:android="http://schemas.android.com/apk/res/android"
    xmlns:tools="http://schemas.android.com/tools"
    android:layout_width="match_parent"
    android:layout_height="match_parent"
    tools:context=".ListFragment">

    <!-- TODO: Update blank fragment layout -->
    <TextView
        android:layout_width="match_parent"
        android:layout_height="match_parent"
        android:text="@string/hello_blank_fragment" />

</androidx.constraintlayout.widget.ConstraintLayout>
```

06. 편집기 우측 상단의 [Design] 버튼을 클릭해서 모드를 변경합니다. 텍스트뷰의 layout_width와 layout_height 속성을 모두 'wrap_content'로 바꿉니다. 그다음 text 속성에 'List'를 입력하고 드래그해서 화면 상단 중앙에 가져다 놓고 좌우 그리고 위쪽의 컨스트레인트를 화면 끝에 연결합니다. 위쪽의 거리는 컨스트레인트 편집기에서 '32'로 설정해줍니다.

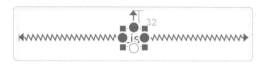

07. 팔레트 영역에서 버튼을 화면 중앙에 추가합니다. 버튼의 좌우 컨스트레인트는 화면 가장자리에 연결하고, 위쪽은 텍스트뷰에 연결하며 거리는 '24'로 설정합니다. text 속성에 'Next'를 입력하고, id 속성에 'btnNext'를 입력합니다.

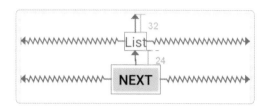

액티비티에 프래그먼트 추가하기

프래그먼트의 기본 화면을 구성한 상태에서 액티비티와 연결하겠습니다. 프래그먼트는 기본적으로 하나의 뷰로 동작하기 때문에 액티비티 안에 뷰를 삽입할 수 있는 레이아웃을 준비해야 합니다.

프래그먼트를 삽입하기 위한 전용 레이아웃으로 컨테이너 카테고리의 〈fragmentContainerView〉와 레이아웃 카테고리의 프레임 레이아웃이 있는데, 화면 전환(목록 〈→〉 상세)이 필요할 때는 프레임 레이아웃을 사용하는 것이 좋습니다. 〈fragmentContainerView〉는 화면 전환 없이 프래그먼트 하나만 화면에 표시할 때 사용합니다.

01. activity_main.xml 파일을 열고 액티비티 영역과 프래그먼트 영역을 구분해주기 위해서 레이아웃을 수정합니다. 기본 텍스트뷰를 화면 상단으로 옮기고 text 속성에 'Activity'를 입력합니다. 컨스트레인트는 아래를 제외하고 모두 연결하며 위쪽과의 거리는 '16'으로 설정합니다.

02. 레이아웃 카테고리의 프레임 레이아웃을 드래그해서 화면에 가져다 놓고 텍스트뷰 아래 화면에 꽉 차도록 컨스트레인트를 설정합니다. id 속성에 'frameLayout'을 입력합니다.

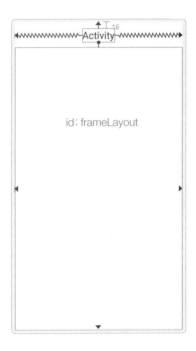

03. 앞에서 만든 프래그먼트를 액티비티에 삽입하는 코드를 작성해야 하는데, 이번 절에서는 액티비티에서 레이아웃에 접근하는 코드가 없기 때문에 MainActivity에는 바인딩 관련 코드를 작성하지 않습니다.

MainActivity.kt 파일을 열고 onCreate() 메서드 아래에 프래그먼트를 삽입하는 빈 메서드인 setFragment()를 만들고 onCreate() 안에서 미리 호출합니다.

이제 앱이 시작되면 setFragment() 메서드가 호출되고 내부의 코드가 실행됩니다.

```kotlin
override fun onCreate(savedInstanceState: Bundle?) {
    super.onCreate(savedInstanceState)
    setContentView(R.layout.activity_main)

    setFragment()
}

fun setFragment() {

}
```

04. 액티비티에 프래그먼트를 삽입하기 위해서는 프래그먼트 매니저를 통해 삽입할 레이아웃의 id를 지정합니다. 프래그먼트를 삽입하는 과정은 하나의 트랜잭션으로 관리되기 때문에 트랜잭션 매니저를 통해 begin transaction 〉 add fragment 〉 commit transaction의 순서로 처리됩니다. setFragment( ) 메서드 안에 다음과 같이 ListFragment를 생성합니다.

```
val listFragment: ListFragment = ListFragment()
```

여기서 잠깐

☼ **트랜잭션이란?**

여러 개의 의존성이 있는 동작을 한 번에 실행할 때 중간에 하나라도 잘못되면 모든 동작을 복구하는 하나의 작업 단위입니다.

은행에서 송금하는 과정을 예로 들겠습니다. 네트워크로 연결된 2개의 은행 시스템을 두고 전송하는 은행에서 100만 원을 전송했는데, 수신받는 은행에서 100만 원을 수신하지 못했다면 전송하는 은행에서 취소해야 합니다. 이때 전송과 수신하는 은행을 하나의 트랜잭션으로 묶어서 어느 한쪽에 문제가 있으면 트랜잭션 내부에서 처리된 모든 작업을 취소하게 됩니다. 프래그먼트도 삽입 또는 삭제를 하는 도중에 문제가 발생하면 원래 상태로 되돌리기 위해 트랜잭션이라는 개념을 사용하고 있습니다.

---

05. 이어서 액티비티가 가지고 있는 프래그먼트 매니저를 통해서 트랜잭션을 시작하고, 시작한 트랜잭션을 변수에 저장해둡니다.

```
val transaction = supportFragmentManager.beginTransaction()
```

06. 트랜잭션의 add( ) 메서드로 frameLayout을 id로 가지고 있는 레이아웃에 앞에서 생성한 listFragment를 삽입합니다.

```
transaction.add(R.id.frameLayout, listFragment)
```

07. commit( ) 메서드로 모든 작업이 정상적으로 처리되었음을 트랜잭션에 알려주면 작업이 반영됩니다.

```
transaction.commit()
```

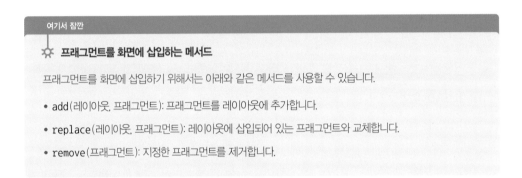

여기서 잠깐

☆ **프래그먼트를 화면에 삽입하는 메서드**

프래그먼트를 화면에 삽입하기 위해서는 아래와 같은 메서드를 사용할 수 있습니다.

- add(레이아웃, 프래그먼트): 프래그먼트를 레이아웃에 추가합니다.
- replace(레이아웃, 프래그먼트): 레이아웃에 삽입되어 있는 프래그먼트와 교체합니다.
- remove(프래그먼트): 지정한 프래그먼트를 제거합니다.

08. 에뮬레이터에서 실행하면 Activity 안에 List가 나타납니다.

다음은 MainActivity.kt 파일에 작성된 코드의 일부입니다.

```kotlin
override fun onCreate(savedInstanceState: Bundle?) {
    super.onCreate(savedInstanceState)
    setContentView(R.layout.activity_main)

    setFragment()
}

fun setFragment() {
    val listFragment: ListFragment = ListFragment()
```

```
    val transaction = supportFragmentManager.beginTransaction()
    transaction.add(R.id.frameLayout, listFragment)
    transaction.commit()
}
```

레이아웃에서 프래그먼트 추가하기

fragment 컨테이너를 사용하면 소스 코드를 거치지 않고 레이아웃 파일에서도 위젯처럼 프래그먼트를 추가할 수 있습니다. 하나의 프래그먼트를 화면 전환 없이 사용하면 소스 코드에서 추가하는 것보다 레이아웃에서 추가하는 것이 훨씬 효율적입니다.

레이아웃 파일에서 프래그먼트를 추가하기 위해서는 메인 액티비티의 레이아웃에 추가했던 'FrameLayout'을 'Fragment'로 변경해야 합니다.

01. activity_main.xml 파일을 열고 [Code] 버튼을 클릭해서 모드를 변경합니다. XML 태그 중간에 〈FrameLayout 부터 〈/FrameLayout〉까지 주석으로 처리합니다(코드를 그대로 따라 했다면 보통 21~35행으로 나옵니다). 또는 XML에서의 주석은 〈!-- 주석 처리할 내용 --〉으로 처리할 수 있습니다.

```
<!-- FrameLayout
// 중략
</FrameLayout -->          앞뒤로 이렇게 붙여서 주석으로 처리합니다.
```

02. 다시 디자인 모드로 변경하고 컨테이너 카테고리의 〈fragmentContainerView〉를 화면에 가져다 놓습니다. 이때 〈fragmentContainerView〉 태그에 삽입할 클래스 선택 팝업창이 뜨는데 앞에서 작성한 [ListFragment]를 선택합니다.

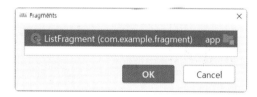

03. 속성 영역에서 id를 'fragmentLayout'으로 변경합니다. 〈fragmentContainerView〉의 컨스트레인트를 네 방향 모두 연결합니다. 위쪽은 텍스트뷰에 연결합니다. layout_width와 layout_height 속성을 모두 'match_constraint'로 변경합니다. 그러면 우측 그림처럼 변경될 겁니다. 화면이 회색빛으로 나오는 것은 미리보기를 설정하지 않아서 그렇습니다.

04. 미리보기를 하기 위해서 layout 속성을 입력하는 필드의 우측에 보이는 버튼을 클릭해서 리소스 선택 창을 엽니다.

▼ All Attributes	
class	
id	fragmentLayout
🔧 layout	🔘

◀----- 미리보기 선택

안드로이드 스튜디오 버전에 따라서 layout 속성이 화면에 나타나지 않을 수도 있습니다. 그럴 때는 xml 소스 코드에서 다음과 같이 직접 입력할 수 있습니다.

```
<FragmentContainerView
    ...
    tools:layout="@layout/레이아웃이름"  />
```

여기서 잠깐

☆ **안드로이드 스튜디오 버전별 Fragment 컨테이너 사용**

이 책을 처음 집필할 때는 4.1 버전을 사용했습니다. 4.2 버전부
터는 Fragment 컨테이너 사용법이 바뀌니 다음 내용을 참고해
주세요.

- 4.2.x 이상: Containers 팔레트에 있는
  FragmentContainerView를 사용

- 4.1.x 미만: Containers 팔레트에 있는 〈fragment〉를 사용

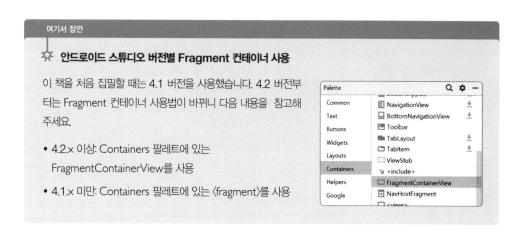

05. 리소스 선택 창에서 앞에서 만든 [fragment_list]를 선택하고 [OK]를 클릭합니다. Layout 하
단의 Fragment.app(2) 섹션에 있습니다. 정상적으로 선택되었다면 다음 우측 그림과 같이 프래
그먼트의 미리보기가 정상적으로 동작합니다.

06. MainActivity.kt 파일을 열고 setFragment() 메서드 안의 내용을 모두 주석 처리합니다.

```
fun setFragment() {
    // val listFragment: ListFragment = ListFragment()
    // val transaction = supportFragmentManager.beginTransaction()
    // transaction.add(R.id.frameLayout, listFragment)
    // transaction.commit()
    }
```

07. 에뮬레이터에서 확인하면 **05**에서 본 화면과 같은 화면이 나타납니다.

다음에 알아볼 프래그먼트 간의 화면 전환을 위해서 **01~07**까지의 코드와 레이아웃 파일을 이전 상태인 프레임 레이아웃을 사용했던 상태로 되돌려 놓습니다.

3.2 프래그먼트 화면 전환

DetailFragment를 새로 하나 만들고, 앞에서 만든 ListFragment의 Next 버튼을 클릭하면 DetailFragment로 화면이 전환되는 과정을 알아보겠습니다.

상세 프래그먼트 만들기

01. 파일 탐색기에 있는 java 디렉터리 밑에 있는 패키지명을 마우스 우클릭하면 나오는 메뉴에서 [New]-[Fragment]-[Gallery]-[Fragment (Blank)]를 선택합니다. Fragment Name을 'DetailFragment'로 수정하고 [Finish] 버튼을 클릭하면 프래그먼트 파일과 레이아웃 파일이 생성됩니다(3절 시작 부분에 있는 ListFragment.kt 파일과 같습니다).

02. fragment_detail.xml 파일을 열고 [Code] 모드에서 'FrameLayout'을 'ConstraintLayout' 으로 변경합니다('목록 프래그먼트 만들기'의 **05** 참고).

03. [Design] 버튼을 클릭해서 모드를 바꿉니다. 기존 텍스트뷰의 text 속성에는 'Detail'을 입력하고 layout_width와 layout_height 속성은 모두 'wrap_content'로 바꿉니다. 텍스트뷰를 화면 상단 중앙으로 옮기고 컨스트레인트는 좌우와 위쪽을 연결합니다. 위쪽 거리는 '24'로 설정합니다.

04. 텍스트뷰 아래에 버튼을 하나 드래그해서 가져다 놓고, id 속성에 'btnBack', text 속성에는 'Back'을 입력합니다. 컨스트레인트의 위쪽은 텍스트뷰와 연결하고 거리를 '24'로 설정하고 좌우로도 화면 가장자리에 연결합니다. 다음 그림과 같이 화면을 구성하는 겁니다.

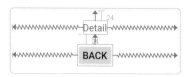

메인 액티비티에 두 프래그먼트 연결하기

이제 앞에서 만든 목록 프래그먼트의 Next 버튼을 클릭하면 상세 프래그먼트로 이동하고 다시 상세 프래그먼트의 [Back] 버튼을 클릭하면 목록 프래그먼트로 돌아가는 코드를 작성하겠습니다. 프래그먼트를 메인 액티비티에서 생성하고 프래그먼트를 담는 레이아웃도 메인 액티비티에 있으므로 화면 전환을 위한 기본적인 소스 코드는 메인 액티비티에서 작성합니다.

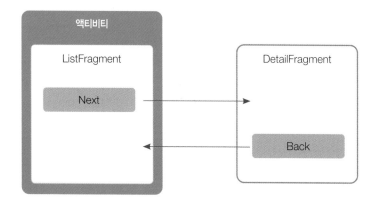

01. MainActivity.kt을 열고 ListFragment의 Next 버튼을 클릭했을 때 호출할 goDetail() 메서드를 setFragment() 메서드 아래에 작성합니다. goDetail() 메서드가 호출되면 DetailFragment를 생성해서 메인 액티비티의 frameLayout에 삽입할 겁니다.

```
fun goDetail() {
}
```

⚠️ Next 버튼이 ListFragment에 있지만 코드는 MainActivity.kt에 작성하고 호출합니다.

02. goDetail() 메서드 안에서 DetailFragment를 생성하고 detailFragment 변수에 저장합니다.

```
fun goDetail() {
    val detailFragment = DetailFragment()
```

03. 생성된 DetailFragment를 액티비티에 삽입하기 위해 setFragment에 작성했던 코드 세 줄을 복사해서 붙여넣습니다. 그리고 listFragment만 detailFragment로 다음처럼 수정합니다. 간략하게 도트 연산자(.)를 사용해서 작성할 수 있습니다.

```
val transaction = supportFragmentManager.beginTransaction()
transaction.add(R.id.frameLayout, detailFragment)    setFragment의 코드를 복사해와서
transaction.commit()                                 이 부분만 고쳤습니다.
```

여기서 잠깐

☼ **addToBackStack으로 프래그먼트 트랜잭션을 백스택에 담을 수 있습니다.**

addToBackStack을 사용하면 프래그먼트를 백스택에 담아둘 수 있습니다. 따라서 스마트폰의 삽입하기 위해 사용되는 트랜잭션을 마치 하나의 액티비티처럼 백스택에 담아둘 수 있습니다. 따라서 스마트폰의 뒤로가기 버튼으로 트랜잭션 전체를 마치 액티비티처럼 제거할 수 있게 됩니다. 주의할 점은 개별 프래그먼트가 스택에 담기는 것이 아니라 트랜잭션 전체가 담기기 때문에 add나 replace에 상관없이 해당 트랜잭션 전체가 제거됩니다.

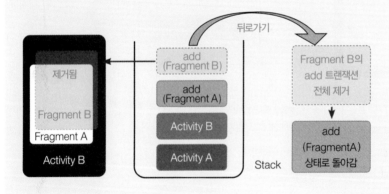

04. transaction의 add( )와 commit( ) 사이에 addToBackStack( )을 추가합니다. 이렇게 하면 스마트폰의 뒤로가기 버튼을 사용할 수 있습니다.

```
transaction.addToBackStack("detail")
```

⚠ addToBackStack을 사용하지 않은 채로 뒤로가기를 하면 액티비티가 종료됩니다.

05. DetailFragment.kt의 Back 버튼을 클릭하면 호출되는 goBack( ) 메서드를 작성합니다. Back 버튼 역시 DetailFragment에 있지만 코드는 MainActivity.kt에 작성합니다. 상세 프래그 먼트에서 목록으로 돌아가는 코드는 트랜잭션 없이 뒤로가기로 간단하게 처리할 수 있으므로 메서 드의 이름을 goBack( )으로 작성합니다. onBackPressed( )는 뒤로가기가 필요할 때 액티비티에서 사용할 수 있는 기본 메서드입니다.

```
fun goBack() {
    onBackPressed()  ●──────── 액티비티 기본 메서드
}
```

ListFragment.kt 코드 수정하기

이번에는 ListFragment.kt에서 Next 버튼의 클릭리스너를 작성합니다. 프래그먼트의 버튼으로 사용자의 클릭이 전달되면 메인 액티비티의 goDetail( ) 메서드를 호출하는 형태로 만들어집니다. MainActivity.kt에 작성된 goDetail( ) 메서드를 호출해야 하므로 MainActivity를 전달받는 코 드를 먼저 작성해야 합니다. 프래그먼트의 생명 주기 메서드 중에 onAttach( )를 통해 코드를 전달 받는 것이 가장 일반적인 방법입니다.

01. MainActivity를 담아둘 멤버 변수 mainActivity를 class 바로 밑에 선언합니다.

```
class ListFragment: Fragment() {
    var mainActivity: MainActivity? = null
```

☼ **인터페이스를 사용하지 않고 액티비티를 직접 변수에 담아 사용합니다.**

프래그먼트를 만들면 자동으로 생성되는 기본 코드에서는 인터페이스를 통해 의존성을 제거하는 코드로 작성
되어 있지만, 처음 공부할 때는 이런 코드가 오히려 이해하는 데 방해가 될 수 있어서 액티비티를 그대로 사용
하는 것을 권장합니다.

02. ListFragment의 빈 공간을 클릭한 상태에서 키보드의 Ctrl + O 키를 입력하면 메서드를 오
버라이드할 수 있는 팝업창이 나타납니다. onAttach(context: Context) 메서드를 오버라이드
합니다.

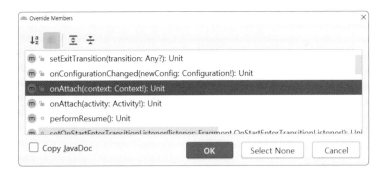

☼ **메서드를 오버라이드할 때 클릭 위치**

메서드를 오버라이드할 때 어디를 클릭해야 할지 아직 모르겠다면 거의 모든 메서드 오버라이드는
onCreate() 메서드 블록 바로 아랫줄을 클릭하면 됩니다.

바로 아랫줄이 클래스의 마지막 줄이라면 Enter 키를 눌러서 한 줄을 벌려두고 클릭하면 됩니다.

```
14  class ListFragment : Fragment() {
15      var mainActivity:MainActivity? = null
16
17      override fun onCreateView(
18          inflater: LayoutInflater, container: ViewGroup?,
19          savedInstanceState: Bundle?
20      ): View? {
21          // Inflate the layout for this fragment
22          return inflater.inflate(R.layout.fragment_list, container, attachToRoot: false)
23      }
24  |  ————— 여기 정도를 클릭하고 Ctrl + O 키를 누르면 됩니다.
25  }
26
```

03. onAttach( ) 메서드를 통해 넘어온 Context를 캐스팅해서 MainActivity에 담습니다. 프래그먼트의 onAttach( ) 메서드를 통해서 넘어오는 Context는 부모 액티비티 전체가 담겨 있습니다. context의 타입이 MainActivity인 것을 확인하고 mainActivty 프로퍼티에 저장해둡니다.

```
override fun onAttach(context: Context) {
    super.onAttach(context)

    if (context is MainActivity) mainActivity = context
}
```

04. 목록 프래그먼트의 레이아웃에 있는 버튼을 사용하기 위해서 onCreateView( ) 메서드에 만들어져 있는 코드 한 줄을 수정합니다.

```
/* 원본 코드: inflater로 생성한 뷰를 바로 리턴하는 구조입니다. */
        // return inflater.inflate(R.layout.fragment_list, container, false)

/* 수정 코드: 바인딩으로 생성한 후 레이아웃에 있는 btnNext 버튼에 리스너를 등록한 후에 binding.
root를 리턴합니다. */
        val binding = FragmentListBinding.inflate(inflater, container, false)
        binding.btnNext.setOnClickListener { mainActivity?.goDetail() }
        return binding.root
```

코드의 마지막 줄이 return binding이 아니라 binding.root인 이유는 onCreateView( ) 메서드의 반환값이 View이기 때문에 바인딩이 가지고 있는 root 뷰를 넘겨주는 것입니다.

ListFragment의 전체 코드

```
package kr.co.hanbit.fragment

import android.content.Context
import android.os.Bundle
import androidx.fragment.app.Fragment
import android.view.LayoutInflater
import android.view.View
import android.view.ViewGroup
import kr.co.hanbit.fragment.databinding.FragmentListBinding
```

```
class ListFragment: Fragment() {
    var mainActivity: MainActivity? = null

    override fun onCreateView(
        inflater: LayoutInflater, container: ViewGroup?,
        savedInstanceState: Bundle?
    ): View? {
        val binding = FragmentListBinding.inflate(inflater, container, false)
        binding.btnNext.setOnClickListener { mainActivity?.goDetail() }
        return binding.root
    }

    override fun onAttach(context: Context) {
        super.onAttach(context)

        if (context is MainActivity) mainActivity = context
    }
}
```

05. 에뮬레이터에서 실행한 후 Next 버튼을 클릭하면 Detail 프래그먼트가 화면에 겹쳐 보입니다. 프래그먼트는 하나의 레이아웃에 한 층씩 쌓이는 형태라서 기본 배경색을 설정하지 않으면 화면이 중첩된 채로 그려집니다.

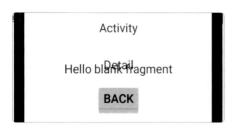

06. fragment_detail.xml 파일을 열고 컴포넌트 트리의 컨스트레인트 레이아웃을 선택한 다음 속성 영역의 background 속성에 '#ff0000'을 입력해서 배경을 빨간색으로 설정합니다. 다시 에뮬레이터에서 실행하고 Next 버튼을 클릭하면 상세 프래그먼트의 배경색이 빨간색으로 바뀌고 목록 프래그먼트를 완전히 가린 상태로 나타납니다.

07. 여기서 한 가지 더 해야 될 것이 있습니다. 프래그먼트가 중첩되었을 때 아래쪽 프래그먼트에 버튼과 같은 클릭 가능한 요소가 있으면 위쪽 프래그먼트를 통과해서 클릭됩니다. 그래서 예상치 못한 이벤트가 발생할 수 있는데 이를 방지하기 위해서 컴포넌트 트리의 컨스트레인트 레이아웃의 clickable 속성을 체크해서 'true'로 변경합니다.

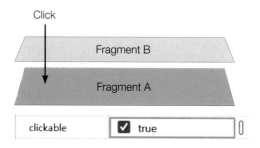

08. 이제 마지막으로 DetailFragment.kt의 Back 버튼을 클릭했을 때 ListFragment.kt로 돌아가는 코드를 작성하겠습니다. DetailFragment.kt 파일을 열고 ListFragment.kt에서 한 것과 같은 순서로 코드를 추가합니다. class... 바로 밑 첫 줄에 메인 액티비티를 담아두는 변수 mainActivity를 선언합니다. 여기서는 앞의 코드와 조금 다르게 앞에서 공부했던 lateinit을 사용해보겠습니다.

```
lateinit var mainActivity:MainActivity
```

이렇게 상황에 따라 var, lateinit var 등을 선택해서 사용할 수 있습니다.

09. onCreateView() 아래에 onAttach() 메서드를 오버라이드하고 context를 MainActivity로 캐스팅해서 미리 선언한 mainActivity 변수에 담습니다. 역시 이 코드도 ListFragment와 조금 다르게 작성하겠습니다.

if 문으로 타입을 비교하는 대신 as 키워드로 타입캐스팅(형 변환)해서 사용할 수 있습니다.

```
override fun onAttach(context: Context) {
    super.onAttach(context)

    mainActivity = context as MainActivity
}
```

10. onCreateView( )의 코드에서 인플레이트한 레이아웃을 view 변수에 담고 버튼에 리스너를 등록한 후 mainActivity의 goBack( ) 메서드를 호출하도록 수정합니다. DetailFragment.kt의 전체 코드를 살펴보면 ListFragment.kt와 거의 유사할 겁니다.

DetailFragment.kt의 전체 코드

```
package kr.co.hanbit.fragment

import android.content.Context
import android.os.Bundle
import androidx.fragment.app.Fragment
import android.view.LayoutInflater
import android.view.View
import android.view.ViewGroup
import kr.co.hanbit.fragment.databinding.FragmentDetailBinding

class DetailFragment: Fragment() {
    lateinit var mainActivity:MainActivity

    override fun onCreateView(
        inflater: LayoutInflater, container: ViewGroup?,
        savedInstanceState: Bundle?
    ): View? {
        val binding = FragmentDetailBinding.inflate(inflater, container, false)
        binding.btnBack.setOnClickListener { mainActivity.goBack() }
        return binding.root
    }

    override fun onAttach(context: Context) {
        super.onAttach(context)
        mainActivity = context as MainActivity
    }
}
```

11. 에뮬레이터에서 실행하고 테스트합니다.

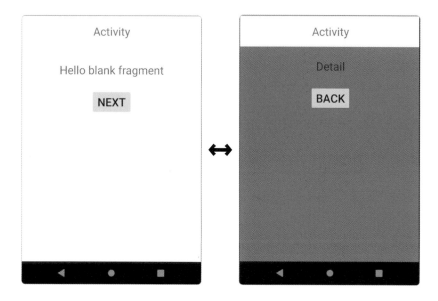

DetailFragment에서는 안드로이드의 뒤로가기를 눌러도 동일하게 동작합니다.

3.3 프래그먼트로 값 전달하기

프래그먼트로 값을 전달하는 방법에는 크게 두 가지가 있습니다. 하나는 프래그먼트 생성 시에 값을 전달하는 것이고, 또 하나는 이미 생성되어 있는 프래그먼트에 값을 전달하는 것입니다.

프래그먼트 생성 시 값 전달하기

안드로이드에서는 프래그먼트를 생성하면서 값을 전달하는 방법으로 arguments를 제공합니다. arguments는 프래그먼트의 기본 프로퍼티이기 때문에 선언 없이 사용할 수 있습니다. 번들을 arguments에 전달하면 생성된 프래그먼트에서 arguments로 꺼낼 수 있습니다.

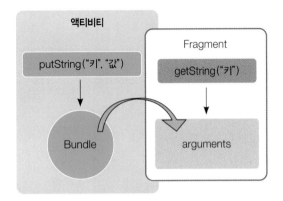

앞의 프로젝트에 이어서 작성합니다.

01. MainActivity.kt 파일을 열고 setFragment( ) 메서드의 첫 번째 줄 val listFragment...
바로 다음 줄에 다음과 같이 번들을 하나 생성한 후 전달할 값을 담습니다. Intent에 값을 담을 때
와 동일한 구조입니다.

```
var bundle = Bundle()
bundle.putString("key1", "List Fragment")
bundle.putInt("key2", 20210101)
```

02. 값이 담긴 번들을 프래그먼트의 arguments에 담습니다.

```
listFragment.arguments = bundle
```

나머지 코드는 그대로 두면 됩니다. 이제 프래그먼트 매니저를 통해서 프래그먼트를 액티비티에 삽
입하면 값이 전달됩니다.

03. setFragment( ) 메서드의 전체 코드입니다.

```
fun setFragment() {
    val listFragment:ListFragment = ListFragment()

    var bundle = Bundle()
    bundle.putString("key1", "List Fragment")
    bundle.putInt("key2", 20210101)
```

```
        listFragment.arguments = bundle

        val transaction = supportFragmentManager.beginTransaction()
        transaction.add(R.id.frameLayout, listFragment)
        transaction.commit()
    }
```

04. ListFragment에서 사용하는 레이아웃 파일인 fragment_list.xml 파일을 열고, 화면의 Next 버튼 바로 아래에 텍스트뷰 2개를 추가한 후 다음과 같이 설정합니다. 왼쪽 텍스트의 id 속성은 'textTitle', 오른쪽 텍스트의 id 속성은 'textValue'를 각각 입력하고 컨스트레인트를 연결해서 화면과 비슷하게 배치합니다.

05. 프래그먼트에서 전달받은 값을 꺼낼 때에는 arguments에서 직접 꺼낼 수 있습니다. 액티비티에서 intent를 통해 값을 전달하는 것과 같은 구조입니다.

ListFragment.kt 파일을 열고 onCreateView() 메서드의 마지막 줄에 있는 return binding. root 바로 윗줄에 코드를 입력합니다. arguments에서 값을 꺼낸 후 레이아웃에 작성해둔 텍스트뷰에 입력하는 코드입니다.

```
    override fun onCreateView(inflater: LayoutInflater, container: ViewGroup?,
                              savedInstanceState: Bundle?): View? {
        // ...
        binding.textTitle.text = arguments?.getString("key1")          ┈┈┈┈ 추가한 코드
        binding.textValue.text = "${arguments?.getInt("key2")}"
        return binding.root
    }
```

두 번째 값은 정수형이기 때문에 문자열 템플릿을 이용해서 값을 입력해야 합니다.

06. 이제 에뮬레이터에서 실행하면 ListFragment에 액티비티에서 전달한 2개의 값이 표시되는 것을 확인할 수 있습니다.

생성되어 화면에 보이는 프래그먼트에 값 전달하기

액티비티에서 이미 생성되어 화면에 보이는 프래그먼트로 값을 전달하기 위해서는 프래그먼트에 메서드를 정의하고 `fragment.setValue()`의 형태로 만들어둔 메서드를 직접 호출하면 되기 때문에 앞의 코드를 조금 응용해서 사용할 수 있습니다.

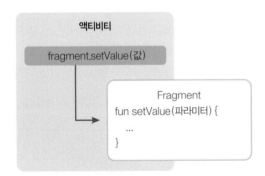

01. 앞의 코드에 이어서 따라 해보겠습니다. fragment_list.xml 파일을 열고 텍스트뷰를 하나 더 추가하고 다음과 같이 설정합니다. text 속성과 id 속성에 'textFromActivity'를 입력하고 컨스트레인트를 연결해서 그림과 같이 배치합니다.

```
┌─────────────────────────────┐
│              List            │
│                              │
│            ┌──────┐          │
│            │ NEXT │          │
│            └──────┘          │
│     textTitle    textValue   │
│                              │
│         textFromActivity     │
└─────────────────────────────┘
```

02. ListFragment.kt를 열고 액티비티로부터 전달받을 문자열을 출력하는 setValue( ) 메서드를 하나 추가합니다. 메서드 안에서 textFromActivity에 전달받은 문자열을 세팅하는 코드를 다음과 같이 작성하면 되는데 binding이 아직 프로퍼티로 생성되지 않았기 때문에 빨간색으로 나타납니다. **03**에서 생성합니다.

```kotlin
class ListFragment: Fragment() {
...
    fun setValue(value:String) {
        binding.textFromActivity.text = value
    }
}
```

03. onCreateView( ) 메서드의 가장 윗줄에 선언된 binding 변수를 메서드 밖으로 빼서 프로퍼티로 만들어줍니다(①). 그리고 onCreateView( ) 메서드 안에서 val 예약어를 삭제(②)하면 클래스 안에서 모두 사용할 수 있게 바뀌면서, 앞에서 빨간색으로 보였던 binding이 정상적으로 보입니다.

```kotlin
...
lateinit var binding:FragmentListBinding •--------- ①

override fun onCreateView(
    inflater: LayoutInflater, container: ViewGroup?,
    savedInstanceState: Bundle?
): View? {
    binding = FragmentListBinding.inflate(inflater, container, false) •--------- ②
    ...
}
```

04. activity_main.xml 파일을 열고 화면에 버튼을 하나 추가하고 id 속성에 'btnSend'를 입력합니다. 그리고 컨스트레인트를 연결해서 그림과 같이 배치합니다.

05. MainActivity.kt 파일을 열고 onCreate( ) 메서드 위에 바인딩을 추가하고, setContentView에는 binding.root를 입력합니다.

```
...
    val binding by lazy {ActivityMainBinding.inflate(layoutInflater) }   // 바인딩 추가

    // 07의 ①을 여기에 작성합니다.
    override fun onCreate(savedInstanceState: Bundle?) {
        super.onCreate(savedInstanceState)
        setContentView(binding.root) // 수정한 코드

        setFragment()
        // 06을 여기에 작성합니다.
        ...
```

06. onCreate( ) 메서드의 가장 아랫줄에 버튼이 클릭되면 listFragment를 통해서 setValue를 호출하는 코드를 작성합니다. listFragment가 프로퍼티가 아니기 때문에 빨간색으로 나타납니다.

```
...
binding.btnSend.setOnClickListener {
    listFragment.setValue("전달할 값")
}
```

07. setFragment( ) 메서드 안에서 변수로 선언된 val listFragment를 메서드 밖으로 빼서 프로퍼티로 만들어줍니다. 위치는 **05**에서 만든 val binding... 코드 아래입니다.

```
...
    lateinit var listFragment:ListFragment ●-------- ①
    ...
    fun setFragment() {
        listFragment = ListFragment() // 수정한 코드
        ...
```

```kotlin
package kr.co.hanbit.fragment

import androidx.appcompat.app.AppCompatActivity
import android.os.Bundle
import kr.co.hanbit.fragment.databinding.ActivityMainBinding

class MainActivity: AppCompatActivity() {

    val binding by lazy {ActivityMainBinding.inflate(layoutInflater) }

    lateinit var listFragment:ListFragment

    override fun onCreate(savedInstanceState: Bundle?) {
        super.onCreate(savedInstanceState)
        setContentView(binding.root)

        setFragment()

        binding.btnSend.setOnClickListener {
            listFragment.setValue("전달할 값")
        }
    }

    fun setFragment() {
        listFragment = ListFragment()

        var bundle = Bundle()
        bundle.putString("key1", "List Fragment")
        bundle.putInt("key2", 20210101)
        listFragment.arguments = bundle

        val transaction = supportFragmentManager.beginTransaction()
        transaction.add(R.id.frameLayout, listFragment)
        transaction.commit()
    }

    fun goDetail(){
        val detailFragment = DetailFragment()

        val transaction = supportFragmentManager.beginTransaction()
```

```
        transaction.add(R.id.frameLayout, detailFragment)
        transaction.addToBackStack("detail")
        transaction.commit()
    }

    fun goBack(){
        onBackPressed()
    }
}
```

08. 이제 에뮬레이터에서 실행한 후 SEND 버튼을 클릭하면 setValue( ) 메서드를 통해서 전달한 값이 ListFragment 화면에 나타나는 것을 확인할 수 있습니다.

프래그먼트에서 프래그먼트로 값 전달하기

안드로이드는 fragment 버전 1.3.x부터 프래그먼트 간 통신을 위해 Fragment Listener라는 새로운 기능을 제공합니다.

새 프로젝트 Fragment_1_3을 생성하고 예제를 따라 해보겠습니다.

01. 액티비티를 통한 액션이나 값 전달은 앞의 예제와 같이 사용할 수 있는데, 프래그먼트에서 다른 프래그먼트로 직접 값을 전달하기 위해서는 부가적인 설정이 필요합니다. build.gradle 파일을 열고 아래쪽 dependencies 영역에 프래그먼트 버전 1.3.0−beta02와 코틀린용 fragment 1.3.0 버전을 추가하고 우측 상단의 [Sync Now]를 클릭해 설정을 반영합니다.

```
dependencies {
    ...
    def fragment_version = "1.3.0-beta02"
```

```
    // 자바용 fragment 1.3.0
    implementation "androidx.fragment:fragment:$fragment_version"
    // 코틀린용 fragment 1.3.0
    implementation "androidx.fragment:fragment-ktx:$fragment_version"
}
```

여기서 잠깐

☼ **fragment 버전 확인**

책을 쓰는 시점에서 fragment의 버전이 1.3.0-beta02이지만, 책이 출시된 시점에서는 버전이 변경되거나
내장 모듈로 탑재될 수도 있습니다. 다음 주소에서 프래그먼트의 버전을 확인하고 사용하면 됩니다.

• https://developer.android.com/jetpack/androidx/releases/fragment

02. 위쪽 android 스코프에 viewBinding 설정도 미리 추가합니다.

```
android {
    buildFeatures {
        viewBinding true
    }
```

03. java 디렉터리 밑에 있는 패키지명을 마우스 우클릭하면 나타나는 메뉴에서 [New]-
[Fragment]-[Fragment (Blank)]를 선택합니다. ReceiverFragment를 생성합니다.

04. 자동으로 같이 생성된 fragment_receiver.xml 파일을 열고, 가운데 있는 텍스트뷰를 선택한
후 id에 'textView'를 입력하고, gravity 속성에 'center'를 적용합니다(텍스트뷰가 만들어져 있지
않다면 팔레트에서 드래그해서 가져다 놓은 후 앞의 속성을 적용합니다). 그리고 text 속성에 알아
보기 쉽게 '리시버'라고 입력해둡니다. 다음에 만들 프래그먼트에서 값을 전송하면 이 '리시버' 텍스
트뷰에 출력됩니다.

리시버

05. ReceiverFragment.kt 파일을 열고 onCreateView( ) 메서드만 남기고 코드를 모두 삭제합니다.

```kotlin
class ReceiverFragment: Fragment() {

    override fun onCreateView(
        inflater: LayoutInflater, container: ViewGroup?,
        savedInstanceState: Bundle?
    ): View? {
        // Inflate the layout for this fragment
        return inflater.inflate(R.layout.fragment_receiver, container, false)
    }
}
```

06. onCreateView( ) 메서드 위에 lateinit으로 binding 선언을 다음과 같이 추가합니다. 다른 메서드에서도 사용하기 위해 onCreateView( ) 메서드 밖에 바인딩을 생성했습니다. 그리고 프래 그먼트는 바인딩 생성 시에 onCreateView( ) 메서드 안에서만 사용할 수 있는 파라미터가 필요하 므로 이렇게 앞에서 미리 lateinit으로 선언만하고 진행합니다.

```kotlin
lateinit var binding:FragmentReceiverBinding

override fun onCreateView( ...
```

07. onCreateView( ) 메서드 안에서 바인딩을 생성해서 binding 프로퍼티에 저장하고, return...을 수정해서 binding.root를 반환합니다. 이제 binding 프로퍼티에 바인딩을 저장했기 때문에 다른 메서드에서도 가져다 쓸 수 있습니다.

```kotlin
override fun onCreateView(
    inflater: LayoutInflater, container: ViewGroup?,
    savedInstanceState: Bundle?
): View? {
    binding = FragmentReceiverBinding.inflate(inflater, container, false)// 추가한 코드
    return binding.root // 수정한 코드
}
```

08. onCreateView() 아래에서 Ctrl + O 키를 눌러 onViewCreated 메서드를 오버라이드합니다. 자동 생성된 onViewCreated... 코드 아랫줄에 다음과 같이 setFragmentResultListener() 메서드를 추가합니다. 파라미터는 "request"를 입력해둡니다. 이제 값을 보내는 측 프래그먼트에서 "request"라는 키로 값을 보내면 이 리스너 안의 코드가 실행됩니다.

```kotlin
override fun onViewCreated(view: View, savedInstanceState: Bundle?) {
    super.onViewCreated(view, savedInstanceState)

    setFragmentResultListener("request") { key, bundle ->

    }
}
```

09. 계속해서 리스너 블록 안에 코드를 추가합니다. 리스너는 값을 수신하면 key와 bundle 2개의 파라미터를 사용할 수 있는데, 실제 값은 bundle 안에 Map의 형태로 담겨 있습니다. bundle. getString("키")로 값을 꺼낼 수 있습니다. 스코프 함수 let을 사용해서 꺼낸 값이 있을 때만 화면의 textView에 값을 세팅하도록 합니다.
setFragmentResultListener에 입력되는 "request"는 요청 전체에 대한 키이고, bundle. getString에 입력되는 "valueKey"는 요청에 담겨 있는 여러 개의 값 중에 하나의 값을 가리키는 키입니다.

```kotlin
setFragmentResultListener("request") { key, bundle ->
    bundle.getString("valueKey")?.let {
        binding.textView.setText(it)
    }
}
```

이제 수신 측의 코드는 완료되었습니다.

ReceiverFragment.kt의 전체 코드

```kotlin
package kr.co.hanbit.fragment_1_3

import android.os.Bundle
import androidx.fragment.app.Fragment
```

```
import android.view.LayoutInflater
import android.view.View
import android.view.ViewGroup
import androidx.fragment.app.setFragmentResultListener
import kr.co.hanbit.fragment_1_3.databinding.FragmentReceiverBinding

class ReceiverFragment: Fragment() {

    lateinit var binding:FragmentReceiverBinding

    override fun onCreateView(
        inflater: LayoutInflater, container: ViewGroup?,
        savedInstanceState: Bundle?
    ): View? {
        binding = FragmentReceiverBinding.inflate(inflater, container, false)
        return binding.root
    }

    override fun onViewCreated(view: View, savedInstanceState: Bundle?) {
        super.onViewCreated(view, savedInstanceState)

        setFragmentResultListener("request") { key, bundle ->
            bundle.getString("valueKey")?.let {
                binding.textView.setText(it)
            }
        }
    }
}
```

10. 값을 전달하는 송신 측 프래그먼트를 만들 차례입니다. 패키지명을 마우스 우클릭하면 나타나는 메뉴에서 [New]−[Fragment]−[Fragment (Blank)]를 선택하고 SenderFragment를 생성합니다.

11. 자동 생성된 fragment_sender.xml 파일을 열고 다음과 같이 화면을 구성합니다. [Code] 모드에서 두 번째 줄에 있는 〈FrameLayout〉 태그를 'ConstraintLayout'으로 변경합니다. 그리고 화면 가운데 2개의 버튼을 배치하고 버튼 이름에 각각 'YES', 'NO'를 입력합니다. id에도 각각 'btnYes'와 'btnNo'를 입력해둡니다.

12. SenderFragment.kt 파일을 열고 ReceiverFragment.kt 파일과 마찬가지로 onCreateView 메서드만 남기고 코드를 모두 삭제합니다. onCreateView 메서드 위에 바인딩을 선언합니다. 레이 아웃의 이름이 fragment_sender.xml이기 때문에 바인딩 이름은 FragmentSenderBinding입 니다.

```kotlin
class SenderFragment: Fragment() {

    lateinit var binding:FragmentSenderBinding

    override fun onCreateView(
```

13. 계속해서 onCreateView 안에서 바인딩을 생성하고, binding.root를 반환합니다.

```kotlin
override fun onCreateView(
    inflater: LayoutInflater, container: ViewGroup?,
    savedInstanceState: Bundle?
): View? {
    binding = FragmentSenderBinding.inflate(inflater, container, false)
    return binding.root
}
```

14. onCreateView 메서드 아래에서 [Ctrl] + [O] 키를 눌러 onViewCreated 메서드를 오버라이드 합니다.

```kotlin
override fun onViewCreated(view: View, savedInstanceState: Bundle?) {
    super.onViewCreated(view, savedInstanceState)
}
```

15. super.onView... 코드 아랫줄에 다음과 같이 코드를 추가합니다. 먼저 YES 버튼이 클릭 됐을 때 값을 전송하는 코드입니다. btnYes에 클릭리스너를 달고, 리스너 안에서 "valueKey"를 키로 "Yes"를 값으로 갖는 번들을 생성하고 bundle 변수에 저장합니다. 그리고 setFragmentResult 메서드를 "request"와 번들을 입력해서 호출하면 수신 측 프래그먼트로 전달됩니다.

```
binding.btnYes.setOnClickListener {
    val bundle = bundleOf("valueKey" to "Yes")
    setFragmentResult("request", bundle)
}
```

16. NO 버튼이 클릭 됐을 때 값을 전송하는 코드를 작성합니다. 각각 키는 동일하고 값만 "NO"로 다릅니다.

```
binding.btnNo.setOnClickListener {
    val bundle = bundleOf("valueKey" to "No")
    setFragmentResult("request", bundle)
}
```

이제 송신 측도 준비가 되었습니다.

SenderFragment.kt의 전체 코드

```
package kr.co.hanbit.fragment_1_3

import android.os.Bundle
import androidx.fragment.app.Fragment
import android.view.LayoutInflater
import android.view.View
```

```
import android.view.ViewGroup
import androidx.core.os.bundleOf
import androidx.fragment.app.setFragmentResult
import kr.co.hanbit.fragment_1_3.databinding.FragmentSenderBinding

class SenderFragment: Fragment() {

    lateinit var binding:FragmentSenderBinding

    override fun onCreateView(
        inflater: LayoutInflater, container: ViewGroup?,
        savedInstanceState: Bundle?
    ): View? {
        binding = FragmentSenderBinding.inflate(inflater, container, false)
        return binding.root
    }

    override fun onViewCreated(view: View, savedInstanceState: Bundle?) {
        super.onViewCreated(view, savedInstanceState)

        binding.btnYes.setOnClickListener {
            val bundle = bundleOf("valueKey" to "Yes")
            setFragmentResult("request", bundle)
        }

        binding.btnNo.setOnClickListener {
            val bundle = bundleOf("valueKey" to "No")
            setFragmentResult("request", bundle)
        }
    }
}
```

17. 이제 마지막으로 activity_main.xml 파일을 열고 화면의 위쪽 절반에는 SenderFragment를 배치하고, 아래쪽 절반에는 ReceiverFragment를 배치하겠습니다.

18. 사용할 프래그먼트를 선택하는 팝업창이 나타납니다. 먼저 SenderFragment를 선택해서 화면 위쪽에 배치합니다. 위쪽과 좌우 컨스트레인트를 연결하고 높이를 3dp 정도로 미리 고정해두는 것이 배치하기 편합니다.

19. ReceiverFragment를 같은 방식으로 화면 아래쪽에 배치합니다. SenderFragment의 높이를 고정했기 때문에 ReceiverFragment는 상하좌우 컨스트레인트를 모두 연결합니다. 다음과 같은 배치가 되어야 합니다.

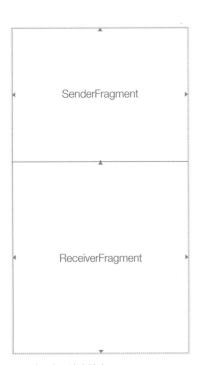

▶ 프래그먼트 설정 위치

▶ 실행 화면

20. 에뮬레이터를 실행하고 YES와 NO 버튼을 클릭하면 '리시버'에 값이 각각 전달되는 것을 확인할 수 있습니다.

3.4 프래그먼트의 생명 주기 관리

프래그먼트는 액티비티와 마찬가지로 화면에 보이는 것을 기준으로 생명 주기 메서드를 가지는데, 생성에 관련된 5개와 소멸에 관련된 5개를 가지고 있습니다.

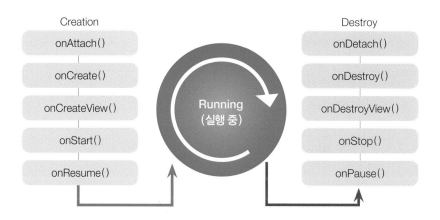

생성 주기 메서드

생성과 관련된 5개의 생명 주기 메서드가 있지만 프래그먼트를 포함하고 있는 액티비티가 화면에 계속 나타나고 있는 상태에서는 onAttach()부터 onResume()까지의 메서드가 모두 한 번에 호출됩니다. 개발자는 상황에 따라 필요한 생명 주기 메서드에 코드를 넣어 사용할 수 있습니다.

① **onAttach()**

프래그먼트 매니저를 통해 액티비티에 프래그먼트가 추가되고 commit 되는 순간 호출됩니다. 액티비티 소스 코드에서 var fragment = Fragment() 형태로 생성자를 호출하는 순간에는 호출되지 않습니다.

파라미터로 전달되는 Context를 저장해 놓고 사용하거나 또는 Context로부터 상위 액티비티를 꺼내서 사용합니다. 객체지향의 설계구조로 인해 onAttach()를 통해 넘어오는 Context에서만 상위 액티비티를 꺼낼 수 있습니다.

API 레벨 23 이전에서는 onAttach() 메서드의 파라미터로 액티비티를 사용할 수 있었지만 23 이상부터는 Context만 받도록 변경되었습니다.

② onCreate( )

프래그먼트가 생성됨과 동시에 호출됩니다. 사용자 인터페이스인 뷰와 관련된 것을 제외한 프래그먼트 자원(주로 변수)을 초기화할 때 사용합니다.

③ onCreateView( )

사용자 인터페이스와 관련된 뷰를 초기화하기 위해 사용됩니다.

④ onStart( )

액티비티의 startActivity로 새로운 액티비티를 호출하는 것처럼 프래그먼트가 새로 add 되거나 화면에서 사라졌다가 다시 나타나면 onCreateView( )는 호출되지 않고 onStart( )만 호출됩니다. 주로 화면 생성 후에 화면에 입력될 값을 초기화하는 용도로 사용됩니다.

⑤ onResume( )

onStart( )와 같은 용도로 사용됩니다. 다른 점은 소멸 주기 메서드가 onPause( ) 상태에서 멈췄을 때(현재 프래그먼트의 일부가 가려지지 않았을 때)는 onStart( )를 거치지 않고 onResume( )이 바로 호출된다는 점입니다.

소멸 주기 메서드

현재 프래그먼트 위로 새로운 프래그먼트가 add 되거나 현재 프래그먼트를 제거하면 소멸 주기와 관련된 메서드가 순차적으로 호출됩니다.

① onPause( )

현재 프래그먼트가 화면에서 사라지면 호출됩니다. 주로 동영상 플레이어를 일시정지한다거나 현재 작업을 잠시 멈추는 용도로 사용됩니다.

② onStop( )

onPause( )와 다른 점은 현재 프래그먼트가 화면에 일부분이라도 보이면 onStop( )은 호출되지 않습니다. 예를 들어 add 되는 새로운 프래그먼트가 반투명하면 현재 프래그먼트의 생명 주기 메서드는 onPause( )까지만 호출됩니다. 동영상 플레이어를 예로 든다면 일시정지가 아닌 정지를 하는 용도로 사용됩니다.

③ onDestroyView()

뷰의 초기화를 해제하는 용도로 사용됩니다. 이 메서드가 호출된 후에 생성 주기 메서드인 onCreateView()에서 인플레이터로 생성한 View가 모두 소멸됩니다.

④ onDestroy()

액티비티에는 아직 남아있지만 프래그먼트 자체는 소멸됩니다. 프래그먼트에 연결된 모든 자원을 해제하는 용도로 사용됩니다.

⑤ onDetach()

액티비티에서 연결이 해제됩니다.

미니 퀴즈 5-3

1. 프래그먼트에서 부모 액티비티를 사용할 수 있는 Context를 전달해주는 생명 주기 메서드는 무엇인가요?

2. 프래그먼트의 생명 주기 중에 바인딩을 생성할 수 있는 생명 주기는 무엇인가요?

3. 하나의 액티비티에서 목록과 상세 2개의 프래그먼트를 사용할 때, 목록에서 상세로 화면 전환을 하면 2개의 프래그먼트가 겹치게 됩니다. 이때 사용자가 클릭을 하면 상세 화면을 뚫고 목록 화면에 이벤트가 전달되는데 이를 막기 위해서 어떤 속성값을 어떻게 바꿔야 하나요?

4. fragment 1.3.x 버전부터 프래그먼트 간에 전달되는 값을 수신할 수 있도록 제공되는 메서드는 무엇인가요?

⟪4⟫ 뷰 사용하기

뷰^{View}는 화면을 구성하는 최소 단위의 컴포넌트라고 할 수 있습니다. 계층 구조로 나타낸다면 앱 〉
액티비티 〉 (프래그먼트) 〉 뷰그룹 〉 뷰로 표시할 수 있습니다.

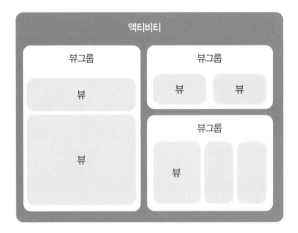

⚠ 이 그림은 이해를 돕기 위해 간략화한 것이고, ViewGroup도 View를 상속받아서 만들어져 있습니다.

- 뷰그룹(ViewGroup): 레이아웃이라고 할 수 있습니다.
- 뷰(View): UI 편집기의 팔레트에 있는 모든 것들이 뷰라고 할 수 있습니다.

지금까지 화면을 구성하기 위해 컨스트레인트 레이아웃, 리니어 레이아웃 등의 레이아웃과 텍스트
뷰, 버튼 등을 사용했는데 모두 최상위 클래스인 View 클래스를 상속받아서 구현합니다.

레이아웃 편집기를 [Code] 모드로 열면 각 요소는 〈TextView〉, 〈Button〉과 같이 태그로 이뤄져
있는데 이 태그 이름과 동일한 클래스들이 이미 안드로이드에 만들어져 있습니다.

TextView 클래스도 View 클래스를 상속받아서 구현되어 있습니다.

```
open class TextView: View {
    constructor(context: Context): super(context, null, 0) {
    }
```

```
    constructor(context: Context, attrs: AttributeSet?): super(context, attrs, 0) {
    }

    constructor(context: Context, attrs: AttributeSet?, defStyleAttr: Int):
            super(context, attrs, defStyleAttr) {
    }
    // ...
```

레이아웃 파일에서 UI 편집기로 만들어진 텍스트뷰는 다음과 같은 XML 태그로 표현되는데 클래스화(Inflating) 하는 과정을 거쳐서 TextView 클래스로 변환됩니다. 태그 안의 속성들은 AttributeSet으로 만들어진 후에 TextView 클래스의 생성자에 파라미터로 전달되고, 안드로이드는 입력된 속성들을 분석해서 화면에 그려줍니다.

```
<TextView

    android:id="@+id/button"
    android:layout_width="wrap_content"
    android:layout_height="wrap_content"
    android:text="텍스트"/>

open class TextView: View {
    constructor(context: Context, attrs: AttributeSet?, defStyleAttr: Int):
            super(context,attrs,defStyleAttr) {
    }
```

이 예제처럼 android:text의 속성에 "텍스트" 값이 입력되어 있으면 버튼 모양을 화면에 그린 다음 그 위에 "텍스트"를 그려서 속성을 표현합니다.

TextView 클래스 앞에 open 키워드가 있는 것은 상속으로 확장이 가능하다는 의미입니다. TextView가 View를 상속받아서 만든 것처럼 TextView를 상속받아서 얼마든지 확장할 수 있습니다. 이번에는 모든 위젯의 기본이 되는 뷰를 직접 사용해보고 또 레이아웃에서 태그로 사용되고 있는 TextView 클래스를 상속받아서 커스텀 위젯을 만들고 사용해보겠습니다.

4.1 뷰 클래스 다루기

위젯과 레이아웃의 최상위 클래스인 View는 화면에 그림을 그리기 위한 메서드를 가지고 있습니다.

텍스트뷰 위젯의 text 속성에 '안녕하세요'라고 입력하면 TextView는 부모 클래스인 View에 입력된 문자열을 전달하고, View는 문자열을 받아서 글자 크기, 색상, 위치 등을 결정하고 onDraw() 메서드를 사용해서 화면에 그려줍니다.

onDraw() 메서드의 사용법만 정확하게 이해한다면 원하는 위젯이 없어도 직접 만들어서 사용할 수 있습니다.

뷰에 텍스트 출력하기

예제를 따라 할 CustomView 프로젝트를 하나 새로 만든 후에 build.gradle 파일을 열고 viewBinding 설정을 추가합니다.

01. MainActivity.kt 파일을 열어서 class MainActivity... 밖에 다음과 같이 View를 상속받는 CustomView 클래스를 하나 만듭니다. View는 컨텍스트를 생성자에서 입력받아야 하므로 CustomView에는 컨텍스트를 입력받는 생성자가 하나 꼭 있어야만 합니다.

```
class MainActivity: AppCompatActivity() {
    // ...
}

class CustomView(context: Context): View(context) {

}
```

02. CustomView 안에서 onDraw() 메서드를 오버라이드합니다. onDraw() 메서드의 파라미터로 넘어오는 Canvas는 일종의 그리기 도구입니다. Canvas에는 그림판과 함께 그림을 그리기 위해서 draw로 시작하는 메서드들이 제공됩니다.

⚠ 코드를 따라 하면서 빨간색으로 표시될 때는 Alt + Enter 키를 눌러 import를 선택합니다.

```
class CustomView(context: Context): View(context) {
    override fun onDraw(canvas: Canvas?) {
        super.onDraw(canvas)
    }
}
```

03. 텍스트를 출력하기 위해서는 Canvas의 drawText() 메서드를 사용하는데, drawText() 메서드는 출력할 문자열, 가로세로 좌표 그리고 글자의 색과 두께 정보를 가지고 있는 Paint가 필요합니다. super.onDraw(canvas) 아랫줄에 Paint를 하나 만들어서 paint 변수에 저장하고, Paint의 color 프로퍼티에 'Color.Black'을 입력합니다. 그리고 textSize 프로퍼티에는 '100f'를 입력합니다. 값의 타입이 Float형이기 때문에 숫자 뒤에 f를 같이 입력해야 합니다.

```
val paint = Paint()
paint.color = Color.BLACK
paint.textSize = 100f
```

여기서 잠깐

☼ **텍스트에 사용하는 Paint의 프로퍼티**

- color: 대상의 색상. 글자나 도형의 색상을 정의합니다.
- textSize: 글자의 크기. drawText() 메서드일 경우만 사용합니다.

04. 이제 onDraw() 메서드의 파라미터로 전달되는 canvas의 drawText() 메서드를 호출해서 텍스트를 그려줍니다. 첫 번째 파라미터부터 순서대로 출력할 글자, x 좌표, y 좌표, 색상 정보입니다. CustomView의 전체 코드는 다음과 같습니다.

```
class CustomView(context: Context): View(context) {
    override fun onDraw(canvas: Canvas?) {
        super.onDraw(canvas)

        val paint = Paint()
        paint.color = Color.BLACK
        paint.textSize = 100f
```

```
        canvas?.drawText("안녕하세요", 0f, 0f, paint) // drawText 메서드
    }
}
```

05. activity_main.xml 파일을 열고 'Hello World!'가 적힌 텍스트뷰의 text 속성을 'Draw Text'로 바꿔주고 위쪽으로부터 거리는 '24'로 설정합니다. 그리고 팔레트의 레이아웃에서 프레임 레이아웃을 하나 추가하고 텍스트뷰의 위치를 조정하여 다음과 같은 화면을 만듭니다. 프레임 레이아웃의 id 속성에는 'frameLayout'을 입력합니다.

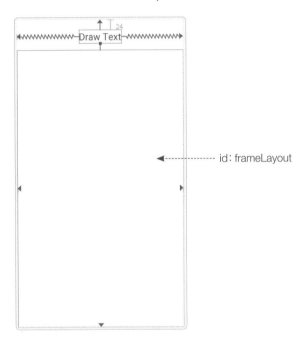

06. MainActivity.kt 파일을 열고 바인딩을 생성한 후 binding 변수에 담아둡니다. 그리고 setContentView에 binding.root를 입력합니다.

```
val binding by lazy { ActivityMainBinding.inflate(layoutInflater) }

override fun onCreate(savedInstanceState: Bundle?) {
    super.onCreate(savedInstanceState)
    setContentView(binding.root)
}
```

07. setContentView 아랫줄에 앞에서 만든 CustomView를 생성한 후 frameLayout에 삽입합니다. 레이아웃의 addView() 메서드를 사용하면 소스 코드에서 생성한 뷰를 레이아웃에 삽입할 수 있습니다.

```
val customView = CustomView(this)
binding.frameLayout.addView(customView)
```

08. 에뮬레이터에서 실행합니다. 다음처럼 '안녕하세요' 글자의 아래쪽만 살짝 걸친 듯이 출력됩니다. drawText를 할 때 좌표의 기준이 문자열의 좌측 하단이기 때문에 그렇습니다.

09. 정상적으로 표시하기 위해서 drawText의 세 번째 파라미터인 y 좌푯값에 텍스트의 크기인 '100f'를 입력한 후 다시 한번 실행합니다. 다음처럼 제대로 출력되는 것을 확인할 수 있습니다.

drawText의 크기 표시

drawText가 화면에 글자를 출력할 때 그림과 같이 좌측 하단이 시작점입니다.

하지만 화면의 레이아웃은 좌표계의 시작점이 좌측 위부터 (0, 0)이기 때문에 y축을 텍스트의 크기인 100만큼 증가시켰을 때 정상적으로 화면에 표시됩니다.

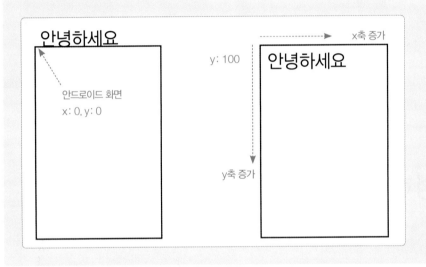

10. 앞의 코드에서 CustomView는 항상 '안녕하세요'라는 글자만 출력할 수 있습니다. CustomView의 생성자에 문자열을 입력받는 파라미터를 추가해서 내가 원하는 글자를 출력할 수 있도록 변경하겠습니다. CustomView의 생성자에 문자열 타입인 text 파라미터를 추가해보겠습니다. class CustomView(context: Context): View(context) 코드에 'text: String'을 다음과 같이 입력합니다.

```
class CustomView(text: String, context: Context): View(context)
```

11. text 파라미터를 onDraw( ) 메서드에서 사용하기 위해 text 변수를 하나 선언하고, init 블록에서 생성자를 통해 넘어온 문자열을 저장합니다. onDraw( ) 메서드 위에 다음 내용을 작성합니다.

```
class CustomView(text: String, context: Context): View(context) {
    val text: String
    init {
        this.text = text
    }
```

12. MainActivity.kt의 CustomView를 호출하는 부분에서 문자열을 넘기도록 수정합니다. 또 onDraw( ) 메서드에서 "안녕하세요"라고 문자열을 직접 입력한 부분도 text로 변경합니다.

```
val customView = CustomView("안녕 코틀린!", this)
// ...
canvas?.drawText(text, 0f, 100f, paint)
```

13. 에뮬레이터에서 실행하고 확인합니다.

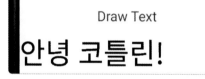

MainActivity.kr의 전체 코드

```
package kr.co.hanbit.customview

import android.content.Context
import android.graphics.*
import androidx.appcompat.app.AppCompatActivity
import android.os.Bundle
import android.view.View
import kr.co.hanbit.customview.databinding.ActivityMainBinding

class MainActivity: AppCompatActivity() {
    val binding by lazy { ActivityMainBinding.inflate(layoutInflater) }
```

```kotlin
    override fun onCreate(savedInstanceState: Bundle?) {
        super.onCreate(savedInstanceState)
        setContentView(binding.root)

        val customView = CustomView("안녕 코틀린!", this)
        binding.frameLayout.addView(customView)
    }
}

class CustomView(text: String, context: Context): View(context) {
    val text: String
    init {
        this.text = text
    }

    override fun onDraw(canvas: Canvas?) {
        super.onDraw(canvas)

        val paint = Paint()
        paint.color = Color.BLACK
        paint.textSize = 100f
        canvas?.drawText(text, 0f, 100f, paint)

    }
}
```

뷰에 그림 그리기

텍스트뿐만 아니라 일반적인 도형도 뷰에 그릴 수 있습니다. 도형 그림을 그리는데 필요한 Paint의 프로퍼티를 먼저 간단히 정리하겠습니다.

- **color**: 대상의 색상. 도형의 색상을 정의합니다.
- **style**: 도형의 형태. 외곽선을 그리거나 면을 채우는 등의 모양을 정의합니다. 색상이 Color 클래스에 정의된 것처럼 사용할 스타일이 Style 클래스에 상수로 미리 정의되어 있습니다.
  - Style.STROKE, Style.FILL, Style.STROKE_AND_FILL
- **strokeWidth**: 외곽선을 그릴 경우 외곽선의 두께를 정의합니다.

① drawCircle(): 원 그리기

drawCircle의 파라미터는 순서대로 (원의 x축 중심, 원의 y축 중심, 반지름, 페인트)입니다.

```
val blue = Paint()
blue.style = Paint.Style.FILL
blue.color = Color.BLUE
canvas?.drawCircle(150f, 300f, 100f, blue)
```

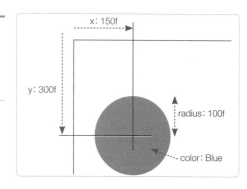

② drawArc(): 원호 그리기

STROKE 스타일을 사용하면 도형의 외곽선을 그릴 수 있습니다.

```
val red = Paint()
red.style = Paint.Style.STROKE
red.color = Color.RED
canvas?.drawCircle(400f, 300f, 100f, red)
```

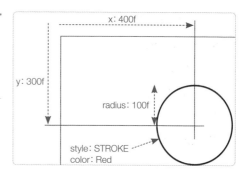

③ drawRect(): 사각형 그리기

drawRect는 사각형을 그리기 전에 Rect 클래스에 사각형의 left, top, right, bottom 좌표를 입력해서 생성합니다.

```
val green = Paint()
green.style = Paint.Style.STROKE
green.strokeWidth = 20f
green.color = Color.GREEN
val rect = Rect(50f, 450f, 250f, 650f)
canvas?.drawRect(rect, green)
```

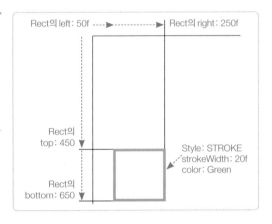

④ drawRoundRect(): 라운드 사각형 그리기

drawRoundRect는 사각형의 네 귀퉁이에 라운드를 줄 수 있는 메서드인데, roundRect와는 다르게 RectF 클래스를 사용합니다. RectF 클래스는 좌푯값을 Float로 입력하기 때문에 소수점 이하 좌표를 입력해서 조금 더 정밀하게 표현할 수 있습니다. 메서드의 두 번째(rx)와 세 번째 (ry) 파라미터가 라운드의 크기를 결정하는데 동일한 값을 입력해야만 일반적인 형태의 라운드 사각형이 그려집니다.

```
val cyan = Paint()
cyan.style = Paint.Style.FILL
cyan.color = Color.CYAN
val rectF = RectF(300f, 450f, 500f,
650f)
canvas?.drawRoundRect(rectF, 50f, 50f,
cyan)
```

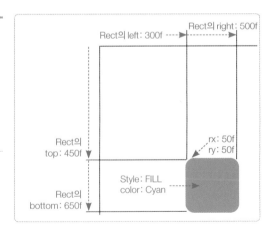

이런 식으로 View 클래스를 상속받은 후에 onDraw( ) 메서드로 전달되는 Canvas를 사용하면 원하는 그림을 그릴 수 있습니다.

〈Button〉과 같이 태그로 사용하는 위젯들도 실제로는 View를 상속한 후에 이와 비슷한 형태의 코드로 구성되어 있습니다.

drawRoundRect( ) ——→ **텍스트** ←—— drawText( )

4.2 커스텀 위젯 만들기

회사에서 프로젝트를 진행하면 텍스트뷰와 같은 기본 위젯은 잘 사용하지 않습니다. 보통 기본 위젯을 상속받아 앞에 접두어Prefix를 붙여 커스텀 위젯으로 사용하는데, 예를 들어 카카오를 다닌다면 KakaoTextView와 같은 이름의 위젯을 사용합니다.

커스텀 위젯에 사용할 접두어Prefix를 정하고 나면 위젯의 커스터마이징은 크게 3단계로 진행됩니다.

① attrs.xml 파일 생성

새로운 위젯을 생성하고 사용할 때 위젯 이름뿐만 아니라 속성의 이름과 입력되는 값의 타입을 정의하고 사용할 수 있도록 해줍니다.

```
<declare-styleable name="CustomWidget">
    <attr name="새로운 속성" format="string"/>
</declare-styleable>
```

레이아웃 파일에서는 태그 속성의 prefix가 android가 아닌 custom을 사용해서 attrs.xml에 정의된 새로운 속성값을 사용할 수 있습니다

```
<CustomWidget
    android:id="@+id/button"
    custom:새로운 속성="값"
    android:text="새로 만든 위젯이에요"/>
```

② 커스텀 위젯 클래스 생성

커스터마이징을 하기 위한 위젯 클래스를 상속받아 클래스를 생성하고 위에서 새롭게 정의한 속성을 처리하는 코드를 작성합니다.

```
class CustomWidget: TextView {
    constructor(context: Context, attrs: AttributeSet?, defStyleAttr: Int):
                super(context, attrs, defStyleAttr) {
    }
}
```

③ 레이아웃에 태그 적용

생성된 커스텀 클래스를 레이아웃 파일에 태그로 적용합니다. 커스텀 위젯은 컨스트레인트 레이아웃처럼 위젯 클래스의 패키지 경로명도 함께 입력해서 사용합니다.

```
<패키지명.CustomWidget
    android:id="@+id/button"
    custom:새로운 속성="값"
    android:text="새로 만든 위젯이에요"/>
```

커스텀 TextView의 설계

text 속성의 입력값으로 '20210101'이 입력되면 연월일을 구분하기 위해 연월일 사이에 구분값으로 '-(하이픈)'을 자동으로 입력해서 화면에 출력하는 위젯을 만들겠습니다.

부가적으로 구분값에 해당하는 delimeter 속성을 하나 만들 텐데, 값이 없으면 Default로 '-'을 사용하고 delimeter에 값이 입력되면 delimeter를 구분자로 사용합니다. 예를 들어 text 속성에 '20210101'이 입력되고 delimeter 속성에 '+(더하기)'가 입력되면 화면에는 '2021+01+01'이 나타나야 합니다.

실습을 위해 CustomText 프로젝트를 새로 생성합니다.

attrs.xml 속성 파일을 생성하고 CustomText 클래스 생성하기

01. [app]-[res]-[values] 디렉터리를 마우스 우클릭하면 나타나는 메뉴에서 [New]-[Value Resource File]을 선택합니다.

02. File name에 'attrs'를 입력하고 [OK] 버튼을 클릭하면 파일이 생성됩니다.

03. 생성된 파일의 ⟨resources⟩ 태그 사이에 다음과 같이 입력합니다. strings나 dimens와는 다르게 정의하는 클래스와 속성을 계층형으로 입력해야 하므로 여러 줄이 필요합니다.

```
<?xml version="1.0" encoding="utf-8"?>
<resources>
    <declare-styleable name="CustomText">            커스텀 속성을 적용할 타입(클래스) 이름
        <attr name="delimeter" format="string"/>
    </declare-styleable>            속성 이름            속성값의 형태(string 또는 reference)
</resources>
```

이렇게 커스텀 속성 정보를 정의하면 activity_main.xml과 같은 레이아웃 파일에서 새로운 태그로 사용할 수 있습니다.

```
<CustomText
    android:id="@+id/customtext"
    custom:delimeter="/"
    android:text="20210101"/>
```

04. [app]-[java] 디렉터리 밑에 있는 패키지명을 마우스 우클릭하면 나타나는 메뉴에서 [New]-
[Kotlin File/Class]를 선택하여 나타난 팝업창의 입력란에 'CustomText'를 입력한 후 목록에서
Class를 더블클릭해서 파일을 생성합니다.

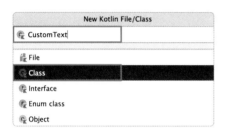

05. 파일이 열리면 다음과 같이 수정해서 AppCompatTextView 클래스를 상속받습니다.

⚠ 버전 호환성을 위해 기본 위젯인 TextView가 아니라 AppCompatTextView를 상속받습니다.

```
class CustomText: AppCompatTextView {

}
```
└──── 이 부분을 추가로 입력하면 import되는 문장이 자동으로 상단에 추가됩니다.

06. AppCompatTextView에 빨간색 밑줄이 생기는데 아래와 같이 생성자 3개를 추가하고 super
예약어로 AppCompatTextView의 생성자에게 파라미터를 전달합니다. 위젯 클래스를 소스 코드에
서 사용할 때는 Context 하나만 입력받는 첫 번째 생성자가 호출되고, 레이아웃 파일에서는 두 번
째 생성자가 주로 호출됩니다. 커스텀 위젯은 레이아웃에서도 사용되지만 코드에서도 직접 사용할
수 있기 때문에 항상 3개의 생성자를 모두 작성해두는 것이 좋습니다.

```
class CustomText: AppCompatTextView {
    constructor(context: Context): super(context) {
    }
    constructor(context: Context, attrs: AttributeSet): super(context, attrs) {
    }
```

```
        constructor(context: Context, attrs: AttributeSet, defStyleAttr: Int):
                super(context, attrs, defStyleAttr) {
        }
    }
```

⚠ Context, AttributeSet 등은 import합니다.

07. 두 번째 생성자에 다음과 같이 코드를 작성합니다.

```
constructor(context: Context, attrs: AttributeSet): super (context, attrs) {
    val typed = context.obtainStyledAttributes(attrs, R.styleable.CustomText)
    val size = typed.indexCount
                              현재 속성을 확인하고           res/values/attrs.xml에 정의된
                              delimeter와 같으면           어트리뷰트를 가져옵니다.
    for (i in 0 until size) {
        when (typed.getIndex(i)) {
            R.styleable.CustomText_delimeter -> {
                val delimeter = typed.getString(typed.getIndex(i)) ?: "-"
                process(delimeter)
            }                            XML에 입력된 delimeter 값을 꺼내고
        }
    }            꺼낸 값을 process() 메서드에 넘겨서 처리합니다.
}                process() 메서드는 아직 작성하지 않았습니다.
```

08. delimeter와 입력된 값을 조합해서 처리하는 process() 메서드를 첫 번째 class
CustomText... 바로 밑에 다음과 같이 작성합니다.

```
fun process(delimeter: String) {
    var one = text.substring(0, 4)     ●────── 입력된 텍스트의 앞 4글자 자르기
    var two = text.substring(4, 6)     ●────── 입력된 텍스트의 중간 2글자 자르기
    var three = text.substring(6)      ●────── 입력된 텍스트의 마지막 2글자 자르기

    setText("$one $delimeter $two $delimeter $three")
}
                                       자른 글자 사이에 delimeter를 넣어서 화면에 세팅
```

```
package kr.co.hanbit.customtext

import android.content.Context
import android.util.AttributeSet
import androidx.appcompat.widget.AppCompatTextView

class CustomText: AppCompatTextView {
    fun process(delimeter: String) {
        var one = text.substring(0,4)
        var two = text.substring(4,6)
        var three = text.substring(6)

        setText("$one $delimeter $two $delimeter $three")
    }

    constructor(context: Context): super(context) {

    }

    constructor(context: Context, attrs: AttributeSet): super(context, attrs) {
        val typed = context.obtainStyledAttributes(attrs,R.styleable.CustomText)
        val size = typed.indexCount

        for (i in 0 until size) {
            when (typed.getIndex(i)) {
                R.styleable.CustomText_delimeter -> {
                    val delimeter = typed.getString(typed.getIndex(i)) ?: "-"
                    process(delimeter)
                }
            }
        }
    }
    constructor(context: Context, attrs: AttributeSet, defStyleAttr: Int):
            super(context, attrs, defStyleAttr) {
    }
}
```

레이아웃에서 CustomText 사용하기

01. activity_main.xml 파일을 열고 화면 가운데 있는 텍스트뷰를 삭제합니다.

02. 팔레트의 가장 아래에 프로젝트(Project)라는 카테고리가 생성되어 있고, 프로젝트 카테고리를 클릭하면 우측에 커스텀텍스트(CustomText) 위젯이 추가된 것을 확인할 수 있습니다.

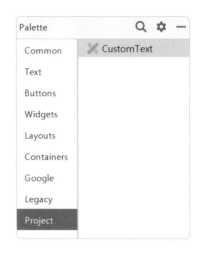

⚠ 팔레트에 프로젝트 카테고리가 없다면 안드로이드 스튜디오를 재시작하면 됩니다. 그래도 나오지 않을 경우는 코딩을 처음부터 다시 해봅니다.

03. 커스텀텍스트를 드래그해서 화면 가운데 가져다 놓고 컨스트레인트를 상하좌우 모두 연결합니다. 커스텀텍스트 위젯을 클릭한 상태에서 text 속성에 '20210101'을 입력합니다.

04. 속성 영역의 All Attributes를 펼치면 중간쯤에 delimeter 속성이 추가되어 있습니다. '‒'을 입력합니다. 아직 안드로이드 스튜디오에서는 delimeter가 보이지 않습니다.

05. 에뮬레이터에서 실행하면 text 속성에 입력했던 '20210101'이 '2021‒01‒01'로 변경된 것을 확인할 수 있습니다. delimeter 속성에 콜론(:)이나 다른 값을 입력하면 출력되는 모양도 달라집니다.

- **View**: 화면에 보이는 모든 요소의 최상위 클래스입니다. 화면에 무엇인가를 그리기 위해서는 View 클래스가 상속받아져 있어야 합니다.

- **onDraw() 메서드**: View 클래스가 화면에 텍스트를 출력하거나 그림을 그릴 때 호출하는 메서드입니다.

- **Canvas**: onDraw() 메서드를 통해 전달되는 그리기 도구입니다. drawText(), drawCircle() 등의 메서드를 사용하여 화면에 그릴 수 있습니다.

- **Paint**: 화면에 그려지는 요소들의 색상, 스타일, 굵기 정보 등을 정의하는 클래스입니다.

- **attrs.xml**: 내가 만든 위젯에 새로운 속성을 정의할 때 사용되는 리소스 파일입니다.

- **custom**: attrs.xml에 정의한 새로운 속성을 custom이라는 Prefix로 레이아웃에서 사용할 수 있습니다.

 미니 퀴즈 5-4

1. 화면에서 보이는 위젯의 최상위 클래스는 무엇인가요?

2. 컨스트레인트와 같은 뷰그룹의 최상위 클래스는 무엇인가요?

3. View 클래스에서 화면에 그림을 그릴 때 호출되는 메서드 무엇인가요?

4. 커스텀뷰 클래스를 하나 만들고 테두리는 빨간색, 배경색이 파란색인 라운드 사각형을 그려보세요.

5. 커스텀뷰 클래스를 하나 만들고 빨간색 도넛 모양을 STROKE 스타일을 사용하지 않고 만들어보세요.

# 탭 메뉴로 화면 구성하기: 뷰 페이저와 탭 레이아웃

안드로이드나 아이폰에서 가장 많이 사용되는 메뉴의 형태는 탭이나 스와이프swipe로 화면을 전환하는 형태입니다.

아래 그림에서 메뉴를 클릭하면 화면이 전환되고, 화면을 좌우로 스와이프하면 화면 전환과 동시에 메뉴의 인디케이터도 함께 동작합니다.

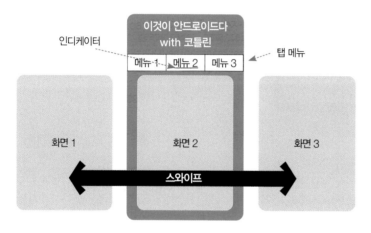

⚠ 스와이프는 손가락으로 화면을 쓸어 넘기는 동작을 의미합니다.

안드로이드에서는 스와이프로 화면을 전환할 수 있도록 컨테이너인 뷰페이저ViewPager를 제공하고, 탭 메뉴 구성을 위해서는 탭 레이아웃TabLayout을 제공합니다.

제공되는 2개의 컨테이너를 소스 코드에서 코드로 연결하면 위와 같은 메뉴 화면을 손쉽게 구성할 수 있습니다.

여기에서는 뷰페이저와 탭 레이아웃을 사용하여 탭 메뉴와 스와이프로 화면을 전환하는 레이아웃을 구성하고 사용해보겠습니다.

5.1 뷰페이저에서 프래그먼트 사용하기

탭 메뉴와 함께 4개의 화면을 프래그먼트로 구성해보겠습니다. 각 프래그먼트에 해당하는 4개의 메뉴를 탭으로 구성한 다음 탭 메뉴를 클릭하거나 스와이프(손가락으로 화면을 쓸어 넘기는 동작)하면 다음 화면으로 전환됩니다.

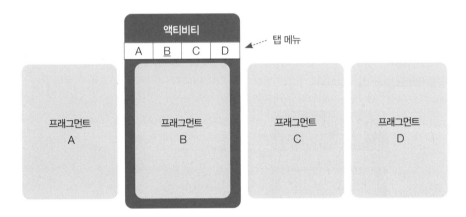

프래그먼트 화면 4개 만들기

ViewPager 프로젝트를 하나 새로 생성하고, build.gradle 파일에 viewBinding 설정을 추가합니다. FragmentA.kt부터 설명합니다. FragmentB.kt, FragmentC.kt, FragmentD.kt도 같은 과정으로 만듭니다.

01. 탐색기의 [app]-[java] 디렉터리 밑에 있는 패키지명을 마우스 우클릭하면 나타나는 메뉴에서 [New]-[Fragment]-[Fragment (Blank)]를 선택합니다.

02. Fragment Name에 'FragmentA'라고 입력합니다. 레이아웃 이름이 자동으로 생성되는데 fragment_만 있거나 fragment_fragment_a와 같이 이름이 중복되어 있다면 fragment_a로 변경합니다. 클래스의 이름을 참조해 레이아웃 파일의 이름이 결정되는데, fragment_a.xml 형식으로 된 이름을 자동으로 만들기 위해서는 A를 이름 앞에 작성하고 Fragment를 뒤에 붙여서 AFragment라고 하면 됩니다.

⚠ 안드로이드 스튜디오 버전에 따라 화면이 다르게 보일 수 있습니다.

03. [Finish] 버튼을 클릭해서 프래그먼트를 생성합니다.

04. fragment_a.xml 파일을 열고 기본으로 생성된 텍스트뷰의 layout_width와 layout_height 속성을 'wrap_content'로 변경하고, 화면 가운데에 배치합니다. FrameLayout에는 정렬 기능이 따로 없기 때문에 텍스트뷰를 선택한 상태에서 텍스트뷰의 속성인 layout_gravity의 값을 'center' 로 바꿔주면 가운데 정렬이 됩니다. text 속성에 '프래그먼트 A'를 입력합니다.

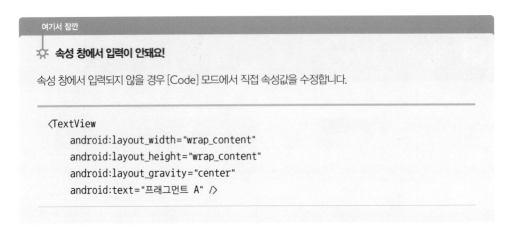

```
<TextView
     android:layout_width="wrap_content"
     android:layout_height="wrap_content"
     android:layout_gravity="center"
     android:text="프래그먼트 A" />
```

FragmentB.kt, FragmentC.kt, FragmentD.kt도 01~04의 순서대로 작성한 다음 text 속성에 각각 '프래그먼트 B', '프래그먼트 C', '프래그먼트 D'라고 적습니다. 4개의 프래그먼트를 모두 만들면 탐색기의 파일 구조가 오른쪽 그림과 같이 됩니다.

액티비티 파일인 MainActivity 1개와 4개의 프래그먼트, 그리고 레이아웃 파일이 만들어져야 합니다.

뷰페이저와 어댑터 만들기

뷰페이저^{ViewPager}는 리사이클러뷰와 구현 방식이 비슷한데 한 화면에 하나의 아이템만 보이는 리사이클러뷰라고 생각하면 됩니다. 페이저어댑터^{PagerAdapter}를 통해서 뷰페이저에서 보일 화면들을 연결하는 구조도 리사이클러뷰와 같습니다. 먼저 메인 레이아웃에 뷰페이저를 배치하고 소스 코드에서 연결하겠습니다. 그다음 뷰페이저와 연결하기 위한 프래그먼트 어댑터를 만들겠습니다.

01. activity_main.xml 파일을 열고 화면 가운데 있는 텍스트뷰는 삭제합니다.

02. 팔레트의 컨테이너 카테고리에 있는 ViewPager2(안드로이드 스튜디오 4 버전부터 ViewPager가 ViewPager2로 변경됨)를 드래그해서 추가하고, 상하좌우 컨스트레인트를 화면 가장자리에 연결합니다.

⚠ 안드로이드 스튜디오 버전이 4.2 미만이면 라이브러리를 추가할 것인지 묻는 메시지 팝업창이 나타날 수도 있습니다. 확인을 눌러서 추가합니다.

03. id에 'viewPager'를 입력합니다.

04. 이제 프래그먼트를 뷰페이저에 보여주기 위한 프래그먼트 어댑터를 만들 차례입니다. 마치 리사이클러뷰에서 Adapter를 상속받아 커스텀어댑터를 만들었던 것처럼 프래그먼트를 담을 수 있는 FragmentStateAdapter를 상속받아서 FragmentAdapter를 만들겠습니다. java 디렉터리 밑에 있는 패키지명을 마우스 우클릭하면 나타나는 메뉴에서 우측과 같이 FragmentAdapter 클래스를 생성합니다.

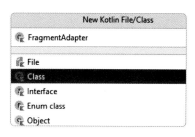

05. 생성된 클래스 파일에서 FragmentStateAdapter를 상속받도록 소스 코드를 수정합니다. 끝에 괄호를 생략하고 상속받습니다.

```
class FragmentAdapter: FragmentStateAdapter {

}
```

06. FragmentPagerAdapter 아래에 빨간색 밑줄이 생기는데 글자를 클릭 후 [Alt] + [Enter] 키를 눌러 목록에서 [Add constructor parameters... (FragmentActivity)]를 선택해 생성자를 추가합니다.

```
class FragmentAdapter(fragmentActivity: FragmentActivity):
                FragmentStateAdapter(fragmentActivity) {

}
```

07. 아직 클래스명 아래에 빨간색 밑줄이 생기는데 클릭한 후에 [Alt] + [Enter] 키를 눌러 목록에서 Implement members를 선택합니다.

08. 그다음 선택 창에서 2개의 메서드를 모두 선택하고 [OK]를 클릭하면 코드가 자동 생성됩니다. TODO 행은 모두 삭제합니다.

```kotlin
class FragmentAdapter(fragmentActivity: FragmentActivity):
                    FragmentStateAdapter(fragmentActivity) {
    override fun getItemCount(): Int {
        // TODO("Not yet implemented")
    }

    override fun createFragment(position: Int): Fragment {
        // TODO("Not yet implemented")
    }
}
```

> **여기서 잠깐**
>
> ☆ **FragmentStateAdapter의 필수 메서드**
>
> - createFragment(): 현재 페이지의 position이 파라미터로 넘어옵니다. position에 해당하는 위치의 프래그먼트를 만들어서 안드로이드에 반환해야 합니다.
> - getItemCount(): 어댑터가 화면에 보여줄 전체 프래그먼트의 개수를 반환해야 합니다.

09. 리사이클러뷰어댑터에서 사용했던 것처럼 페이저어댑터도 화면에 표시해줄 아이템의 목록이 필요합니다. class FragmentAdapter... 밑에 fragmentList 변수를 하나 만들고 초기화합니다. 메뉴 형태로 사용하는 뷰페이저의 화면 아이템은 대부분 중간에 개수가 늘거나 줄지 않고, 처음에 정해진 개수만큼 사용합니다. 그래서 mutableListOf가 아닌 listOf를 사용하는 것이 효율적입니다.

```
var fragmentList = listOf<Fragment>()
```

⚠ Fragment는 androidx.fragment.app 패키지에 있는 Fragment를 import합니다

10. 앞에서 implement 했던 2개의 메서드를 마저 구현합니다. 먼저 페이지의 개수를 결정하기 위해 getItemCount 메서드에서 프래그먼트의 개수를 리턴합니다.

```
override fun getItemCount(): Int {
    return fragmentList.size
}
```

11. 페이지가 요청될 때 getItem으로 요청되는 페이지의 position 값이 넘어옵니다. position 값을 이용해서 프래그먼트 목록에서 해당 position에 있는 프래그먼트 1개를 리턴합니다.

```
override fun createFragment(position: Int): Fragment {
    return fragmentList.get(position)
}
```

FragmentAdapter.kt의 전체 코드

```
package kr.co.hanbit.viewpager

import androidx.fragment.app.Fragment
import androidx.fragment.app.FragmentActivity
import androidx.viewpager2.adapter.FragmentStateAdapter

class FragmentAdapter(fragmentActivity: FragmentActivity):
                    FragmentStateAdapter(fragmentActivity) {
    var fragmentList = listOf<Fragment>()
```

```
    override fun getItemCount(): Int {
        return fragmentList.size
    }

    override fun createFragment(position: Int): Fragment {
        return fragmentList[position]
    }
}
```

MainActivity에서 연결하기

지금까지 만든 프래그먼트와 어댑터를 MainAcitivy의 소스 코드에서 연결합니다.

01. MainActivity.kt 파일을 열고 onCreate( ) 메서드 위에 바인딩을 생성하여 binding 변수에 저장하고 setContentView( )에 binding.root를 입력합니다.

```
val binding by lazy { ActivityMainBinding.inflate(layoutInflater) }

override fun onCreate(savedInstanceState: Bundle?) {
    super.onCreate(savedInstanceState)
    setContentView(binding.root)
}
```

02. setContentView 아랫줄에 프래그먼트 목록을 생성하는 코드를 추가합니다.

```
val fragmentList = listOf(FragmentA(), FragmentB(), FragmentC(), FragmentD())
```

03. 어댑터를 생성하고, 앞에서 생성해둔 프래그먼트 목록을 저장합니다. 어댑터의 첫 번째 파라미터에는 항상 supportFragmentManger를 사용합니다.

```
val adapter = FragmentAdapter(this)
adapter.fragmentList = fragmentList
```

04. 레이아웃의 viewPager를 import하고 어댑터를 적용합니다.

```
binding.viewPager.adapter = adapter
```

```
package kr.co.hanbit.viewpager

import android.os.Bundle
import androidx.fragment.app.FragmentActivity
import kr.co.hanbit.viewpager.databinding.ActivityMainBinding

class MainActivity: FragmentActivity() {

    val binding by lazy { ActivityMainBinding.inflate(layoutInflater) }

    override fun onCreate(savedInstanceState: Bundle?) {
        super.onCreate(savedInstanceState)
        setContentView(binding.root)

        val fragmentList = listOf(FragmentA(), FragmentB(), FragmentC(), FragmentD())
        val adapter = FragmentAdapter(this)
        adapter.fragmentList = fragmentList
        binding.viewPager.adapter = adapter
    }
}
```

05. 작성한 코드를 실행합니다. 화면을 양옆으로 스와이프해보면 프래그먼트 A부터 D까지 화면이 이동하는 것을 확인할 수 있습니다.

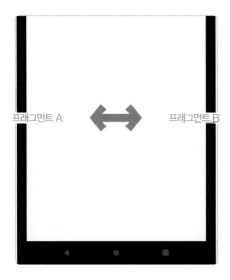

뷰페이저를 사용하면 여러 개의 화면이 스와이프되는 앱을 짧은 코드로 작성할 수 있습니다.

탭 레이아웃 적용하기

앞에서 만든 화면의 상단에 탭 메뉴를 배치하고 탭 메뉴 클릭 시 해당 프래그먼트로 이동하는 코드를 작성해보겠습니다.

01. activity_main.xml 파일을 열고 팔레트의 컨테이너에 있는 탭 레이아웃(TabLayout)을 드래그해서 뷰페이저 위에 배치하고(다운로드를 묻는 팝업이 나타나면 OK를 눌러서 다운로드합니다) id는 'tabLayout'으로 변경합니다. 뷰페이저의 위쪽 컨스트레인트를 삭제한 후 작업하는 것이 편합니다. 탭 레이아웃이 정상적으로 배치되었으면 뷰페이저의 위쪽 컨스트레인트를 탭 레이아웃 아래에 연결하여 다음 그림과 같이 만들어줍니다.

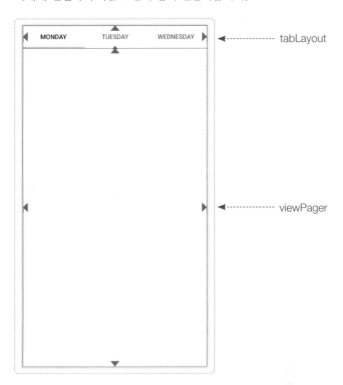

02. ViewPager1과는 다르게 ViewPager2에서는 TabLayoutMediator를 사용해서 TabLayout 과 뷰페이저를 연결합니다. 먼저 메뉴명으로 사용할 이름들을 배열에 저장합니다. 앞에서 작성한 MainActivity.kt 파일을 열어서 binding.viewPager... 다음 줄에 작성합니다.

```
val tabTitles = listOf<String>("A", "B", "C", "D")
```

03. TabLayoutMediator를 사용해서 TabLayout과 뷰페이저를 연결합니다. 코드 블록으로 전달 되는 tab 파라미터의 text 속성에 앞에서 미리 정의해둔 메뉴명을 입력합니다. 그다음 코드 블록의 끝에서 attach() 메서드를 호출해서 적용합니다.

```
TabLayoutMediator(binding.tabLayout, binding.viewPager) { tab, position ->
    tab.text = tabTitles[position]
}.attach()
```

04. 애뮬레이터에서 실행하면 메뉴와 뷰페이저가 모 두 정상적으로 동작합니다.

TabLayoutMediator가 추가된 MainActivity.kt의 전체 코드

```
package kr.co.hanbit.viewpager

import android.os.Bundle
```

```
import androidx.fragment.app.FragmentActivity
import com.google.android.material.tabs.TabLayoutMediator
import kr.co.hanbit.viewpager.databinding.ActivityMainBinding

class MainActivity: FragmentActivity() {

    val binding by lazy { ActivityMainBinding.inflate(layoutInflater) }

    override fun onCreate(savedInstanceState: Bundle?) {
        super.onCreate(savedInstanceState)
        setContentView(binding.root)

        val fragmentList = listOf(FragmentA(), FragmentB(), FragmentC(), FragmentD())
        val adapter = FragmentAdapter(this)
        adapter.fragmentList = fragmentList
        binding.viewPager.adapter = adapter

        val tabTitles = listOf<String>("A", "B", "C", "D")
        TabLayoutMediator(binding.tabLayout, binding.viewPager) { tab, position ->
            tab.text = tabTitles[position]
        }.attach()
    }
}
```

5.2 뷰를 사용하는 뷰페이저 만들기

앞에서 프래그먼트를 사용하여 뷰페이저를 구현해봤는데 이는 각각의 화면들이 독립적으로 구성될 필요가 있을 때 사용할 수 있습니다.

그런데 리사이클러뷰에서 하나의 아이템 레이아웃을 사용해서 반복적으로 동일한 구조의 텍스트나 이미지를 보여주는 용도라면 프래그먼트 보다는 뷰를 사용합니다.

목록을 가로로 스와이프해서 보여줄 필요가 있을 때 사용하는데, 일반적인 사진 갤러리 앱이 동작하는 방식을 생각하시면 됩니다.

프래그먼트 대신에 뷰를 사용해서 레이아웃 안의 내용을 교체해보겠습니다.

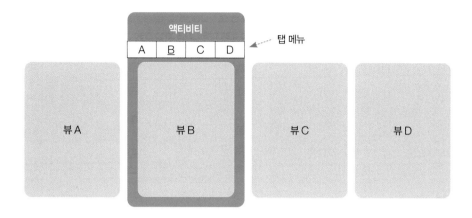

ViewpagerView라는 새 프로젝트를 하나 생성하고 build.gradle 파일에 `viewBinding` 설정을 추가합니다.

아이템 레이아웃 만들기

먼저 레이아웃을 만들겠습니다.

01. 리사이클러뷰의 아이템 레이아웃처럼 하나의 뷰에서 사용할 아이템 레이아웃을 생성합니다. [res]-[layout] 디렉터리를 마우스 우클릭하면 나타나는 메뉴에서 [New]-[Layout Resource File]을 선택합니다.

02. File name에 'item_viewpager'라고 입력하고 파일을 생성합니다.

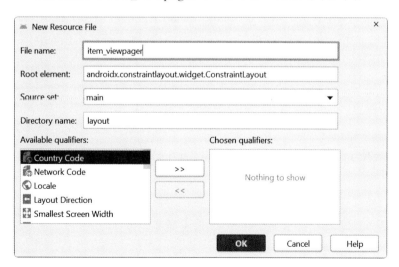

03. 레이아웃 파일 가운데에 텍스트뷰를 하나 가져다 놓고 상하좌우 컨스트레인트를 연결해서 가운데에 오도록 배치합니다. 텍스트뷰의 text 속성에 '여기제목'을 입력합니다. 텍스트뷰의 id에 'textView'를 입력합니다.

⚠ 프래그먼트와는 다르게 레이아웃 파일만 생성하고 따로 클래스는 만들지 않습니다.

CustomPagerAdapter 만들기

앞에서 생성한 레이아웃을 사용하는 커스텀어댑터를 생성합니다. 목록을 만들 때 사용하는 RecyclerView.Adapter를 상속받아서 사용합니다.

01. CustomPagerAdapter 클래스를 하나 생성합니다.

New Kotlin File/Class

- CustomPagerAdapter
- File
- Class
- Interface
- Enum class

⚠ 이후부터는 리사이클러뷰를 사용하는 방법과 같습니다. 뷰페이저에 리사이클러뷰어댑터를 사용하면 기존에 세로로 출력되는 것을 가로로 출력되도록 해준다고 생각하면 이해하기가 더 쉽습니다.

02. 먼저 RecyclerView.ViewHolder를 상속받는 Holder 클래스를 파일 아래쪽에 하나 만듭니다. Holder 클래스의 binding 파라미터로 **08**의 onCreateViewHolder에서 생성할 바인딩이 전달됩니다. 바인딩 이름은 앞에서 작성한 레이아웃의 이름이 변환된 ItemViewpagerBinding입니다. ViewHolder 클래스의 생성자에는 binding.root를 전달합니다.

```
class CustomPagerAdapter {
}

class Holder(val binding: ItemViewpagerBinding): RecyclerView.ViewHolder(binding.root) {

}
```

⚠ 홀더에서 binding 파라미터를 전역변수로 사용하기 위해서 앞에 val 키워드를 사용하는 것을 꼭 기억하고 있어야 합니다.

03. Holder 클래스 안에 setText( ) 메서드를 하나 만들고 item_viewpager 레이아웃 안에 미리 만들어둔 텍스트뷰(id: textView)에 값을 입력하는 코드를 작성합니다. setText( ) 메서드의 파라미터에는 가상으로 text:String이라고 미리 정의하고 사용합니다.

```
class Holder(val binding: ItemViewpagerBinding): RecyclerView.ViewHolder(binding.root)
{
    fun setText(text:String) {
        binding.textView.text = text
    }
}
```

04. CustomPagerAdapter에서 RecyclerView.Adapter를 상속받고 제네릭으로 앞에서 만든 Holder 클래스를 지정합니다.

```
class CustomPagerAdapter: RecyclerView.Adapter<Holder>(){

}
```

05. 클래스 안쪽을 클릭한 상태로 키보드의 Ctrl + I 키를 눌러 나타나는 메뉴에서 3개의 메서드를 선택하고 오버라이드합니다. 자동 생성된 코드에서 TODO 행은 모두 삭제합니다.

```
class CustomPagerAdapter: RecyclerView.Adapter<Holder>() {
    override fun onCreateViewHolder(parent: ViewGroup, viewType: Int): Holder {
    }

    override fun getItemCount(): Int {
    }
```

```
    override fun onBindViewHolder(holder: Holder, position: Int) {
    }
}
```

06. 어댑터에서 사용할 `textList` 변수를 선언하고 `listOf` 함수로 초기화합니다. `MainActivity`
에서 어댑터를 생성한 후 `textList` 변수로 각각의 페이지에서 보여줄 텍스트를 전달합니다.

```
var textList = listOf<String>()
```

07. `getItemCount` 메서드는 몇 개의 페이지가 보일 건지 결정합니다.

```
override fun getItemCount(): Int {
    return textList.size
}
```

08. `onCreateViewHolder()`에서 바인딩을 생성한 후 `Holder`에 전달합니다.

```
override fun onCreateViewHolder(parent: ViewGroup, viewType: Int): Holder {
    val binding = ItemViewpagerBinding.inflate(LayoutInflater.from(parent.context),
                                               parent, false)
    return Holder(binding)
}
```

09. 마지막으로 `onBindViewHolder()`에서 `Holder`에 만들어둔 `setText` 메서드를 호출해서 화면
에 출력합니다.

```
override fun onBindViewHolder(holder: Holder, position: Int) {
    val text = textList[position]
    holder.setText(text)
}
```

```
package kr.co.hanbit.ViewpagerView

import android.view.LayoutInflater
import android.view.ViewGroup
import androidx.recyclerview.widget.RecyclerView
import kr.co.hanbit.viewpagerview.databinding.ItemViewpagerBinding

class CustomPagerAdapter: RecyclerView.Adapter<Holder>() {
    var textList = listOf<String>()

    override fun onCreateViewHolder(parent: ViewGroup, viewType: Int): Holder {
        val binding = ItemViewpagerBinding.inflate(LayoutInflater.from(parent.
                                                   context), parent, false)
        return Holder(binding)
    }

    override fun getItemCount(): Int {
        return textList.size
    }

    override fun onBindViewHolder(holder: Holder, position: Int) {
        val text = textList[position]
        holder.setText(text)
    }
}

class Holder(val binding: ItemViewpagerBinding): RecyclerView.ViewHolder(binding.root)
{
    fun setText(text:String) {
        binding.textView.text = text
    }
}
```

레이아웃 파일에 ViewPager와 TabLayout 추가하기

앞에서 만든 어댑터를 연결할 화면을 작성합니다. 프래그먼트에서 작성했던 것과 동일합니다.

01. activity_main.xml 파일을 열고 화면에 있는 텍스트뷰는 삭제합니다. 그리고 팔레트에서 탭 레이아웃을 드래그해서 화면에 가져다 놓습니다.

02. 좌우와 위쪽 컨스트레인트를 연결한 후 id에 'tabLayout'을 입력합니다.

03. ViewPager2를 드래그해서 탭 레이아웃 아래에 배치하고 상하좌우 컨스트레인트를 연결합니다.

04. id에 'viewPager'를 입력합니다.

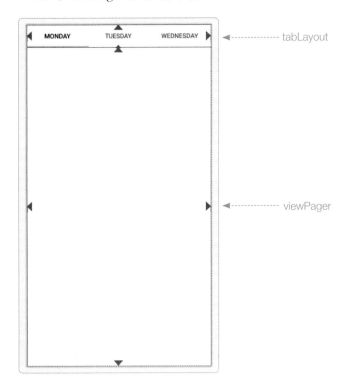

MainActivity 소스 코드 연결하기

끝으로 MainActivity 소스 코드를 연결하겠습니다.

01. MainActivity.kt 파일을 열고 바인딩을 생성해서 binding 변수에 담고 setContentView에 binding.root를 입력합니다.

```
val binding by lazy { ActivityMainBinding.inflate(layoutInflater) }

override fun onCreate(savedInstanceState: Bundle?) {
    super.onCreate(savedInstanceState)
    setContentView(binding.root)
}
```

02. 계속해서 setContentView 아래에 소스 코드를 추가합니다. 뷰페이저에서 사용할 데이터를 가상으로 생성한 후 textList 변수에 담습니다.

```
val textList = listOf("뷰A", "뷰B", "뷰C", "뷰D")
```

03. 커스텀어댑터를 생성합니다.

```
val customAdapter = CustomPagerAdapter()
```

04. 생성해둔 가상 데이터를 어댑터에 전달합니다.

```
customAdapter.textList = textList
```

05. viewPager에 어댑터를 연결합니다.

```
binding.viewPager.adapter = customAdapter
```

06. 메뉴명으로 사용할 이름들을 배열에 저장합니다.

```
val tabTitles = listOf("View A", "View B", "View C", "View D")
```

07. TabLayoutMediator를 사용해서 탭 레이아웃과 뷰페이저를 연결합니다. 코드 블록으로 전달되는 tab 파라미터의 text 속성에 앞에서 미리 정의해둔 메뉴명을 입력합니다. 코드 블록의 끝에서 attach() 메서드를 호출해서 적용합니다. 에뮬레이터에서 실행하고 확인합니다.

```
TabLayoutMediator(binding.tabLayout, binding.viewPager) { tab, position ->
    tab.text = tabTitles[position]
}.attach()
```

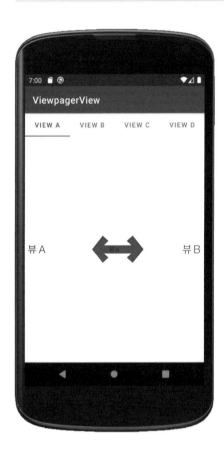

MainActivity.kt의 전체 코드

```
package kr.co.hanbit.ViewpagerView

import androidx.appcompat.app.AppCompatActivity
import android.os.Bundle
import com.google.android.material.tabs.TabLayoutMediator
import kr.co.hanbit.viewpagerview.databinding.ActivityMainBinding

class MainActivity: AppCompatActivity() {

    val binding by lazy { ActivityMainBinding.inflate(layoutInflater) }

    override fun onCreate(savedInstanceState: Bundle?) {
        super.onCreate(savedInstanceState)
        setContentView(binding.root)

        val textList = listOf("뷰A", "뷰B", "뷰C", "뷰D")
        val customAdapter = CustomPagerAdapter()
        customAdapter.textList = textList
        binding.viewPager.adapter = customAdapter

        val tabTitles = listOf("View A", "View B", "View C", "View D")
        TabLayoutMediator(binding.tabLayout, binding.viewPager) {tab, position ->
            tab.text = tabTitles[position]
        }.attach()
    }
}
```

여기서 잠깐

☆ Ctrl + I 키와 Ctrl + O 키의 차이

- Ctrl + I (Implement): 메서드명만 있는 인터페이스가 설계되어 있습니다. 메서드 내부에 코드를 작성해두면 부모 클래스에 작성된 코드에서 우리가 작성한 인터페이스 메서드를 호출해서 사용합니다. 인터페이스는 구현하지 않으면 컴파일이 되지 않습니다.

- Ctrl + O (Override): 부모 클래스에 이미 만들어져 있는 메서드를 내 코드에 맞게 재정의하는 것입니다. 인터페이스는 구현하지 않아도 컴파일이 되며, 부모 클래스에 있는 메서드가 호출되고 실행됩니다.

미니 퀴즈 5-5

1. 뷰페이저와 탭 레이아웃으로 화면을 구성할 때 뷰페이저의 아이템으로 사용한다면 어떤 어댑터를 사용할 수 있나요?

2. 뷰페이저와 탭 레이아웃을 연결할 때 사용하는 클래스의 이름은 무엇인가요?

3. 뷰를 사용하는 뷰페이저에는 어떤 어댑터가 사용되나요?

안드로이드 프로그래밍

권한

이 장의 핵심 개념

- 민감한 사용자 데이터와 특정 시스템 기능에 액세스할 수 있는 권한을 이해합니다.

- 권한의 유형을 이해하고 권한을 요청하고 처리하는 방법을 학습합니다.

6장을 시작하기 전에

안드로이드 앱이 동작하면서 시스템의 특정 부분을 사용하려면 안드로이드로부터 권한을 위임받아야 합니다. 안드로이드 앱의 권한은 두 가지 방법으로 설정합니다. 하나는 설정 파일인 AndroidManifest. xml에 작성하는 방법이고, 다른 하나는 소스 코드에 작성하는 방법입니다. 사용하려는 권한이 전화번호부 요청처럼 개인정보를 노출할 우려가 있다면 소스 코드에 위험 권한으로 분류한 뒤 복잡한 방법으로 권한을 위임받습니다.

하지만 개인정보 노출이 직접적으로 일어나지 않는 인터넷 접속 같은 권한은 일반 권한으로 분류하여 설정 파일에 작성하면 됩니다. 안드로이드폰에 앱을 설치하고 실행할 때 권한을 요청하는 팝업창을 본 적이 있을 겁니다. 이처럼 팝업으로 요청되는 권한이 모두 위험 권한입니다.

권한과 권한의 유형

1.1 권한 명세와 기능 명세

설정 파일에 작성하는 명세에는 권한 명세와 기능 명세 두 가지가 있습니다. 권한 명세는 해당 데이터나 기능의 사용 여부를 설정하고, 기능 명세는 해당 기능이 있는 안드로이드폰에서만 내려받을 수 있도록 플레이 스토어에서 내려받는 것을 방지합니다.

권한 명세

권한 명세를 설정하는 AndroidManifest.xml 파일은 [app]–[manifests] 디렉터리 밑에 있습니다. 프로젝트를 처음 생성한 상태에서 권한 태그는 아무것도 없습니다.

파일을 열어 ⟨uses-permission /⟩ 태그를 포함하여 필요한 권한을 명세합니다. 다음 코드는 안드로이드의 인터넷 접근 권한과 와이파이 정보 접근 권한을 부여하는 내용입니다.

```
<uses-permission android:name="android.permission.INTERNET"/>  •·················· 인터넷 접근 권한
<uses-permission android:name="android.permission.ACCESS_WIFI_STATE"/>  •··········┐
                                                                                   │
                                                                        와이파이 접근 권한
```

기능 명세

권한 이외에도 기능에 대한 명세가 필요할 때가 있는데 기능 명세는 AndroidManifest.xml 파일에 따로 추가하지 않아도 해당 기능을 사용할 때 시스템이 자동으로 부여합니다. 이때 사용하는 태그는 ⟨uses-feature /⟩ 태그입니다.

또 ⟨uses-feature /⟩ 태그를 사용해 직접 사용하려는 기능을 명세할 수도 있습니다. 이렇게 기능 명세를 AndroidManifest.xml 파일에 작성하면 기능 사용 여부로 플레이 스토어 검색 조건이 결정됩니다.

예를 들어 앱에 카메라 기능을 추가하는 순간 자동으로 AndroidManifest.xml 파일에 <uses-feature android:name="android.hardware.camera" android:required="true" />가 명세됩니다. 이렇게 개발한 앱을 플레이 스토어에 올렸을 때, 카메라가 없는 스마트폰의 플레이 스토어에서는 이 앱이 검색되지 않습니다. 그렇다면 카메라 기능이 없는 스마트폰에서 이 앱을 내려받을 수 있는 방법은 없을까요?

있습니다. 기능 명세에서 required 옵션을 false로 작성하면 카메라가 없는 스마트폰에서도 검색하고 설치할 수 있습니다. 하지만 앱을 내려받아 사용하면 카메라를 사용하는 코드에서 오류가 발생할 수 있으므로 이때는 꼭 예외처리를 해줘야 합니다.

이런 오류를 방지하는 차원에서 특별한 경우가 아니라면 기능 명세의 required 옵션은 false로 사용하지 않는 것을 권합니다.

1.2 권한의 보호 수준

권한은 일반 권한Normal Permission, 위험 권한Dangerous Permission, 서명 권한Signature Permission 세 가지의 보호 수준으로 나뉩니다. 보호 수준에 따라 앱을 실행할 때 해당 권한에 대해 사용자에게 확인 요청이 필요한지 여부를 결정합니다.

일반 권한

일반 권한Normal Permission으로 설정 파일인 AndroidManifest.xml에 명세하면 설치 시 사용자에게 권한 승인을 묻는 팝업창을 보여줍니다. 인터넷 사용, 알람 설정 등이 일반 권한에 포함됩니다.

권한	설명
ACCESS_NETWORK_STATE	네트워크 연결 상태 확인
ACCESS_WIFI_STATE	와이파이 상태 확인
BLUETOOTH	블루투스 상태 확인
INTERNET	네트워크 및 인터넷 사용
NFC	기기 간 근거리 통신 사용
SET_ALARM	알람 설정
VIBRATE	진동 설정

설정 파일에 명세하는 방법은 다음의 블루투스 상태 확인 권한처럼 〈uses-permission/〉 태그를 사용하여 권한을 입력하고 쌍따옴표(" ") 안의 permission. 다음에 필요한 권한을 적으면 됩니다.

```
<users-permission android:name="android.permission.BLUETOOTH"/>
```

위험 권한

위험 권한Dangerous Permission은 앱이 사용자의 개인정보와 관련된 데이터나 기능을 액세스하거나 다른 앱 및 기기의 작동에 영향을 줄 우려가 있는 권한입니다. 위험 권한은 Gradle Scripts 디렉터리에 있는 build.gradle 파일의 targetSdkVersion이 23 이상으로 설정돼야 정상으로 동작합니다. 이는 앞서 설명한 API 레벨과 같은 의미입니다.

다음 파일은 targetSdkVersion이 29입니다. 지금까지 프로젝트를 생성하면서 최신 버전으로 설정했던 터라 크게 신경 쓰지 않아도 됩니다. 지금까지 생성했던 프로젝트를 모두 확인해보면 23 이상일 겁니다.

```
You can use the Project Structure dialog to view and edit your project configuration
1   plugins {
2       id 'com.android.application'
3       id 'kotlin-android'
4   }
5
6   android {
7       compileSdk 31
8
9       defaultConfig {
10          applicationId "kr.co.hanbit.myapplication"
11          minSdk 31
12          targetSdk 31
13          versionCode 1
14          versionName "1.0"
15
```

안드로이드 6.0(API Level 23)부터는 위험 권한을 사용하려면 설정 파일인 AndroidManifest.xml에 권한을 명세하고, 부가적으로 소스 코드에 권한 요청 및 처리 로직을 작성해야 합니다.

설정 파일에 명세하는 방법은 일반 권한과 같습니다. 다음은 위치 정보를 사용하는 위험 권한 명세입니다.

```
<uses-permission android:name="android.permission.ACCESS_FINE_LOCATION"/>
```

다음 표의 권한 그룹은 이어서 설명하겠습니다. 소스 코드에 위험 권한을 작성하는 방법은 이 장의 '2. 위험한 권한 처리하기'에서 살펴보겠습니다.

권한 그룹	권한	설명
CALENDAR	READ_CALENDAR	캘린더 읽기
	WRITE_CALENDAR	캘린더 쓰기
CAMERA	CAMERA	카메라
CONTACTS	READ_CONTACTS	주소록 읽기
	WRITE_CONTACTS	주소록 쓰기
	GET_ACCOUNTS	계정 정보 가져오기
LOCATION	ACCESS_FINE_LOCATION	위치 정보 사용
	ACCESS_COARSE_LOCATION	위치 정보 사용
MICROPHONE	RECORD_AUDIO	마이크 녹음
PHONE	READ_PHONE_STATE	폰 상태 정보
	READ_PHONE_NUMBERS	전화번호 가져오기
	CALL_PHONE	발신하기
	ANSWER_PHONE_CALLS	응답하기
	READ_CALL_LOG	전화 로그 읽기
	WRITE_CALL_LOG	전화 로그 쓰기
	ADD_VOICEMAIL	음성메일 추가
	USE_SIP	SIP 사용
	PROCESS_OUTGOING_CALLS	통화 관련 Broadcast 수신
SENSORS	BODY_SENSORS	바디센서
SMS	SEND_SMS	SMS 보내기
	RECEIVE_SMS	SMS 받기
	READ_SMS	SMS 읽기
	RECEIVE_WAP_PUSH	WAP 수신
	RECEIVE_MMS	MMS 받기

| STORAGE | READ_EXTERNAL_STORAGE | 안드로이드 공용 저장소 읽기 |
| | WRITE_EXTERNAL_STORAGE | 안드로이드 공용 저장소 쓰기 |

서명 권한

서명 권한Signature Permission은 권한을 사용하려는 앱이 권한을 정의하는 앱과 동일한 인증서로 서명된 경우 시스템은 권한을 자동으로 부여합니다. 풀어서 설명하면 구글에서 만든 앱은 권한이 자동으로 부여되는 것과 같다고 생각하면 됩니다. 몇몇 서명 권한은 써드파티 앱에서는 사용할 수 없습니다.

1.3 권한 그룹

각각의 권한은 그룹 단위로 구성됩니다. 파일에 대해 읽기/쓰기 권한이 있으면 이 2개의 권한은 하나의 그룹에 속합니다. 권한에 대한 요청은 그룹 단위로 처리되며 동일한 권한 그룹 내에서 다른 권한이 이미 부여된 경우 시스템은 즉시 권한을 부여합니다. 예를 들어 앞쪽의 표를 보세요. 앱에서 동일한 권한 그룹 CONTACTS에 있는 READ_CONTACTS와 WRITE_CONTACTS를 사용한다고 가정합시다. 앱에서 READ_CONTACTS 요청에 대한 승인이 있었다면, 시스템은 사용자에게 다시 물어보지 않고 WRITE_CONTACTS 권한에 대한 사용을 허가합니다. 권한 그룹으로 묶인 권한은 모두 한 번에 처리한다고 이해하면 편합니다.

 미니 퀴즈 6-1

1. 권한의 유형에는 사용자에게 권한 부여 여부만 물어보고 앱의 매니페스트에 공개하면 자동으로 부여되는 (   ) 권한과 권한이 부여되면 사용자 데이터 및 특정 시스템 기능에 액세스할 수 있는 (   ) 권한이 있습니다.

2. 안드로이드 6.0 버전부터는 앱의 매니페스트에서 위험 권한을 공개하고 권한 요청을 코드로도 처리해야 합니다. 액티비티에서 권한을 요청하고 처리하는 메서드는 무엇입니까?

❰2❱ 위험한 권한 처리하기

이제 간단한 실습을 통해서 위험한 권한을 직접 처리해보겠습니다. 위험한 권한에 대해서는 AndroidManifest.xml 파일을 수정한 다음 소스 코드에도 추가로 처리해야 한다고 했습니다.

카메라 권한을 사용하는 앱을 하나 만들면서 설명하겠습니다. 카메라에 관한 내용은 이후 장에서 추가로 설명하겠습니다. 이번 실습에서는 권한을 이해하는 데 집중합니다.

2.1 권한 요청 처리 흐름도

앱을 개발할 때 권한 요청을 하면 다음과 같은 과정을 거칩니다.

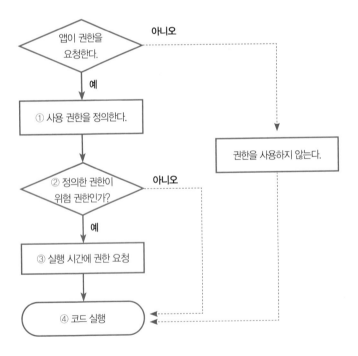

권한 요청이 필요한 앱을 개발할 경우 ① 먼저 개발할 때 사용할 권한을 정의하고, ② 설치한 앱이 사용하는 권한이 위험 권한이면, ③ 실행 시간에 사용자에게 권한 승인 요청을 합니다. 그리고 ④ 승인이 되었을 경우에만 해당 코드가 실행되도록 구성되어 있습니다.

2.2 설정 파일 AndroidManifest.xml에 명세하기

01. Permission 프로젝트를 새로 생성하고, build.gradle(Module:) 파일에서 viewBinding 설정을 확인한 다음 registerForActivityResult 관련 의존성을 추가합니다.

```
dependencies {
    def dependency_version = "1.3.1"
    implementation "androidx.activity:activity-ktx:$dependency_version"
    implementation "androidx.fragment:fragment-ktx:$dependency_version"

    // ... 생략
}
```

02. [app]-[manifests] 디렉터리 밑에 있는 AndroidManifest.xml 파일을 열고 사용할 권한을 작성합니다.

03. ⟨uses-permission/⟩ 태그를 사용해서 카메라 권한을 추가합니다. 카메라 권한을 추가하는 태그는 코드 2행의 ⟨manifest⟩ 태그 안에 있으며 ⟨application⟩ 태그 위에 작성합니다. 다음은 AndroidManifest.xml의 일부이며 카메라 권한을 추가한 코드입니다.

```
<?xml version="1.0" encoding="utf-8"?>
<manifest xmlns:android="http://schemas.android.com/apk/res/android"
    package="kr.co.hanbit.permission">
                                                        이 코드를 추가합니다.
<uses-permission android:name="android.permission.CAMERA"/>
```

2.3 권한을 요청하는 버튼 만들기

제대로 권한을 요청하는지 테스트하기 위해 버튼을 하나 만들어 사용하겠습니다.

01. activity_main.xml 파일을 열고 [Design] 모드에서 기본으로 생성되어 있는 텍스트뷰의 text 속성에 '위험 권한'이라고 입력합니다.

02. 텍스트뷰 아래에 버튼을 하나 가져다 놓고 text 속성에는 '카메라'를, id 속성에는 'btnCamera' 를 입력합니다. 컨스트레인트는 다음 그림과 같이 좌우는 화면 가장자리에 연결하고, 위쪽은 텍스트 뷰에 연결하며 거리를 '24'로 설정합니다.

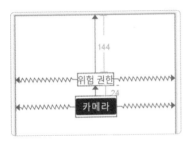

2.4 registerForActivityResult

위험 권한 처리를 소스 코드에서 처리하기 위해서는 registerForActivityResult에 대한 이해가 필요합니다. 5장에서 호출된 액티비티 종료 시 결괏값 처리를 위해 한번 사용해봤지만 이번 장에서 조금 더 디테일한 부분까지 살펴보겠습니다.

registerForActivityResult를 사용하면 내가 만든 액티비티 이외에도 사용하는 컨트랙트(Contract) 의 종류에 따라서 카메라, 갤러리와 같이 안드로이드가 기본적으로 제공하는 기능을 사용할 수 있습니다. 또한 권한을 다루는 컨트랙트를 사용하면 사용자에게 권한 요청 팝업을 보여준 후 승인 여부에 대한 결과 처리를 할 수도 있습니다. 기본적인 사용법은 registerForActivityResult() 메서드로 ActivityResultLauncher(런처)를 생성하고, 이 런처를 실행하면 메서드에 작성해 둔 코드 블록이 실행되는 구조입니다.

ActivityResultLauncher

일반적으로 registerForActivityResult()에 정해진 컨트랙트를 담아서 호출하면 Activity ResultLauncher가 생성되는데 기본적인 흐름은 아래 그림과 같습니다. 권한 처리에서는 그림의 [Contract]에 해당하는 곳에 RequestPermission() 또는 RequestMultiplePemissions()를 사용합니다.

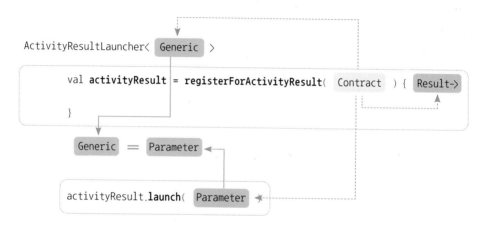

registerForActivityResult()에 ActivityResultContracts를 입력하면 입력된 컨트랙트의 종류에 따라서 ActivityResultLauncher의 제네릭 타입이 결정됩니다. 앞의 그림과 같이 생성과 동시에 activityResult 변수에 저장할 때는 타입이 자동으로 결정되기 때문에 신경 쓰지 않아도 되지만, 프로퍼티와 같이 전역변수로 미리 선언할 때는 ActivityResultContracts(그림의 Contract)의 종류에 따라서 변수 타입의 제네릭 또한 변경됩니다.

```
lateinit var activityResult:ActivityResultLauncher<String>
                                                용도에 맞는 제네릭을 선언합니다.
override func onCreate() {
    activityResult = registerForActivityResult(ActivityResultContracts.
        RequestPermission()) {
        // 승인 처리 후 실행 할 코드를 입력합니다.
    }
}
```

ActivityResultContracts

사용되는 Contract의 종류에 따라 앞에서 선언한 변수의 제네릭 뿐만 아니라 launch()에 입력되는 파라미터의 타입도 결정됩니다.

권한 처리 시 컨트랙트

RequestPermission()을 컨트랙트로 사용하면 승인 처리를 위해서 1개의 파라미터를 문자열로 launch() 메서드에 입력하면 됩니다. RequestMultiplePermissions()를 사용하면 배열로 입력합니다. 결괏값인 isGranted는 개발자가 알아보기 쉽게 별칭을 적용한 것입니다. 기본 변수명인 it로 사용할 수도 있습니다.

```
val activityResult

    = registerForActivityResult(ActivityResultContracts. RequestPemission() ) {
isGranted->
}
```

```
activityResult.launch( String )
```

카메라 호출 시 컨트랙트

```
val activityResult

    = registerForActivityResult(ActivityResultContracts. TakePicture() ) {
isSuccess->
}
```

```
activityResult.launch( Uri )
```

이미지 갤러리 호출 시 컨트랙트

```
val activityResult

    = registerForActivityResult(ActivityResultContracts. GetContent() ) { uri ->
}
```

```
activityResult.launch( "image/*" )
```

PDF 문서 목록 호출 시 컨트랙트

GetContent의 launch() 파라미터 값으로 "image/*"를 사용하면 이미지 목록을 불러올 수 있고, "application/pdf"를 사용하면 pdf 문서 목록을 가져올 수 있습니다.

GetContent는 파일의 마임타입mime-type 만으로 내 폰에 저장된 대부분의 컨텐츠를 가져올 수 있도록 설계되어 있습니다.

```
val activityResult

    = registerForActivityResult(ActivityResultContracts. GetContent() ) { uri ->
}
```

```
activityResult.launch( "application/pdf" )
```

ActivityResultContracts의 종류

컨트랙트만 변경하면 안드로이드에 미리 만들어져 있는 기능들을 사용할 수 있는데, 종류는 다음과 같습니다.

CaptureVideo	제공된 컨텐츠 Uri에 비디오를 저장한다.
CreateDocument	생성된 항목의 Uri를 반환하여 새 문서를 생성하기 위한 경로를 선택하라는 메시지를 표시한다.
GetContent	1개의 콘텐츠를 선택하라는 메시지를 표시한다.

GetMultipleContents	여러 개의 콘텐츠를 선택하라는 메시지를 표시한다.
OpenDocument	문서를 열 수 있도록 프롬프트를 표시한다.
OpenDocumentTree	디렉토리를 선택하라는 메시지를 표시하고 선택된 것을 Uri로 반환한다.
OpenMultipleDocuments	여러 개의 문서를 열 수 있도록 요청하고, 문서의 내용을 Uri로 수신한다.
PickContact	연락처 앱에서 연락처를 선택한다.
RequestMultiplePermissions	다중 권한 요청을 위한 컨트랙트
RequestPermission	권한 요청을 위한 컨트랙트
StartActivityForResult	액티비티의 결괏값을 받는 컨트랙트
StartIntentSenderForResult	StartIntentSender를 호출하는 컨트랙트
TakePicture	촬영한 사진을 Uri에 저장하는 컨트랙트
TakePicturePreview	촬영한 사진의 미리보기를 비트맵으로 반환하는 컨트랙트

각각의 컨트랙트 사용법을 잘 이해하고 있으면 안드로이드폰에 미리 정의되어 있는 기능들을 짧은 코드로 손쉽게 사용할 수 있습니다.

2.5 소스 코드에서 위험 권한 처리하기

앞에서 알아본 registerForActivityResult()를 사용해서 위험 권한을 처리하는 코드를 직접 작성해보겠습니다.

1단계: 권한 요청 런처 만들기

먼저 기본적인 앱 코드를 작성하고 권한 요청을 위한 런처를 생성하겠습니다.

01. MainActivity.kt 파일을 열고 바인딩을 생성합니다. 그리고 binding 프로퍼티에 저장한 후, setContentView에 binding.root를 전달합니다.

```
val binding by lazy { ActivityMainBinding.inflate(layoutInflater) }

override fun onCreate(savedInstanceState: Bundle?) {
    super.onCreate(savedInstanceState)
    setContentView(binding.root)
}
```

02. onCreate( ) 메서드 위에 권한을 처리하는 프로퍼티를 하나 선언해둡니다. 다음 코드에서 컨트랙트로 RequestPemission( )을 사용하는데 RequestPermission( )의 파라미터로 하나의 문자열을 사용하기 때문에 제네릭에는 〈String〉을 정의합니다.

⚠ onCreate( ) 메서드 안에 만드는 게 아니라 바깥에 만든다는 사실을 기억하세요.

```
lateinit var activityResult:ActivityResultLauncher<String>

override fun onCreate( ) {
// ... 생략
}
```

03. onCreate( ) 메서드 안에 registerForActivityResult( )로 런처를 만들어서 activityResult에 저장합니다.

```
activityResult = registerForActivityResult(ActivityResultContracts.
    RequestPermission()) { }
```

⚠ 책의 코드를 입력하다가 코드에 빨간색 글씨가 보이면 이제는 자동으로 [Alt] + [Enter] 키를 눌러 import합니다. import 팝업창이 나타나지 않으면 오타일 수 있습니다.

04. 이어서 registerForActivityResult( ) 코드 블록에 다음과 같이 코드를 작성합니다. 결괏값으로 승인 결과가 true 또는 false로 반환됩니다. 카메라 권한이 승인(true)이라면 startProcess( ) 메서드를 호출해서 카메라를 실행하고 승인되지 않았다면 앱을 종료합니다.

```
registerForActivityResult(ActivityResultContracts
    .RequestPermission()) {
    if (it) {
        startProcess() // ① 승인이면 프로그램 신행
    } else {
        finish() // ② 미승인이면 권한 요청
    }
}
```

⚠ 다음과 같이 입력했을 때 ①과 ② 메서드를 아직 정의하지 않았으므로 코드는 빨간색으로 뜹니다. 오류가 아닙니다.

기본 키워드인 it를 사용해도 상관없지만 다음과 같이 알아보기 쉽게 별칭을 사용하면 좋은 코딩 습관을 만들 수 있습니다.

```
registerForActivityResult(ActivityResultContracts.RequestPermission()) { isGranted ->
    if (isGranted) {
        startProcess()
    // ... 생략
```

05. startProcess() 메서드를 onCreate() 메서드 아래에 만들고 startProcess() 메서드 안에 카메라를 실행한다는 메시지를 토스트로 알려주는 코드를 작성합니다. Toast를 import해주는 것도 잊지 마세요. 이제 권한이 승인되었다면 어디서든 startProcess() 메서드만 호출하면 카메라가 실행됩니다.

```
fun startProcess() { // ① 승인이면 프로그램을 진행하는 메서드
    Toast.makeText(this, "카메라를 실행합니다.", Toast.LENGTH_LONG).show()
}
```

2단계: 사용자에게 승인 요청

01. onCreate() 안에 작성된 런처 코드 아래에 카메라 버튼을 클릭하면 런처를 실행하는 코드를 작성합니다. launch()의 파라미터에는 카메라 권한 1개만 넘겨주면 됩니다.

```
...

binding.btnCamera.setOnClickListener {
    activityResult.launch(Manifest.permission.CAMERA)
}                                    안드로이드 패키지를 import하세요.
```

02. 앱을 실행하고 테스트합니다. 카메라 버튼을 클릭하면 권한을 요청하는 팝업창이 나타나고 승인하면 '카메라를 실행합니다'라는 토스트 메시지가 출력됩니다.

▶ 9.0 버전

▶ 10 버전

▶ 11,12 버전

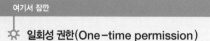

▶ 실행 화면

여기서 잠깐

☼ 일회성 권한(One-time permission)

안드로이드 버전 11(R)부터 실행 시 승인을 요청하는 위험 권한은 종류에 따라 3개의 옵션이 보여지는 것과 2개의 옵션이 보여지는 것으로 나뉩니다.

10(Q)버전까지는 허용(Allow)과 거부(Deny) 두 가지로 나타나던 옵션이, 11로 넘어오면서 카메라, 위치, 마이크에 대한 권한 요청일 경우 앱 사용 중에만 허용(While using the app), 이번만 허용(Only this time), 거부(Deny) 3개로 세분화되었습니다. 이 중에 이번만 허용(Only this time)을 선택하면 임시로 일회성 권한이 부여되고, 앱을 껐다 켜면 다시 승인 요청 팝업창이 나타납니다.

03. 앱을 지웠다가 재설치한 후 Deny(거절)를 클릭하면 앱이 종료됩니다. 앱을 삭제하지 않으면 기존 승인 상태를 저장하고 있어 제대로 테스트할 수 없으므로 삭제한 다음 재설치하고 테스트하길 바랍니다.

여기서 잠깐

☀ **에뮬레이터에서 앱 삭제하기**

에뮬레이터 화면에서 마우스를 아래에서 위로 올리는 제스처를 통해 앱 목록을 확인합니다. 그다음 Camera 앱 아이콘을 오래 클릭하면 [App info] 메뉴가 나타납니다. [App info]를 클릭하면 [Uninstall]이 보이며 이를 클릭하면 앱이 삭제됩니다. 에뮬레이터 버전에 따라 [Uninstall] 버튼의 위치가 다를 수 있습니다.

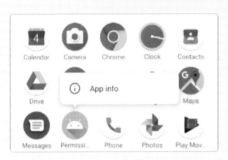 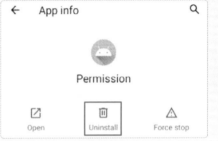

MainActivity.kt의 전체 코드

```
package kr.co.hanbit.permission

import android.Manifest
import androidx.appcompat.app.AppCompatActivity
import android.os.Bundle
import android.widget.Toast
import androidx.activity.result.ActivityResultLauncher
import androidx.activity.result.contract.ActivityResultContracts
import com.example.permission.databinding.ActivityMainBinding

class MainActivity : AppCompatActivity() {

    val binding by lazy {ActivityMainBinding.inflate(layoutInflater)}

    lateinit var activityResult:ActivityResultLauncher<String>
```

```
override fun onCreate(savedInstanceState: Bundle?) {
    super.onCreate(savedInstanceState)
    setContentView(binding.root)

    activityResult = registerForActivityResult(ActivityResultContracts.
        RequestPermission()) { isGranted ->
        if (isGranted) {
            startProcess()
        } else {
            finish()
        }
    }

    binding.btnCamera.setOnClickListener {
        activityResult.launch(Manifest.permission.CAMERA)
    }
}

fun startProcess() {
    Toast.makeText(this, "카메라를 실행합니다.", Toast.LENGTH_LONG).show()
}
```

1. 이 권한이 부여되면 민감한 개인정보 및 기능에 접근할 수 있으며 안드로이드 6.0 버전부터 는 앱 매니페스트에 공개하고 코틀린 코드에 권한 요청 및 처리로 액세스가 가능한 권한은 무엇인가요?

2. 사용자에게 권한을 요청하는 팝업을 표시하는 컨트랙트의 이름은 무엇인가요?

3. 사용자에게 권한을 요청한 결과를 알려주는 메서드의 이름은 무엇인가요?

4. 안드로이드 11 버전부터 카메라, 위치, 마이크에 대한 권한 요청 시 승인 후 한 번만 사용할 수 있고 앱을 껐다 켜면 다시 승인 요청을 하는 권한은 무엇인가요?

파일 입출력과
SharedPreferences

이 장의 핵심 개념

- 내부 저장소와 외부 저장소를 구분하고 저장소의 권한을 이해합니다.

- 내부 저장소에서 파일의 입출력을 학습합니다.

- SharedPreferences가 무엇인지 알고, 어떻게 사용하는지를 실습합니다.

7장을 시작하기 전에

안드로이드폰에서 앱을 동작시키면 필수적으로 파일 입출력을 경험합니다. 앱이 구동하면서 이미지를 보여주는 것은 파일의 출력이고, 메모장 등의 앱에 내용을 기록하는 것이 파일의 입력입니다.

이렇게 안드로이드 앱에서의 파일 입출력을 이해하려면 먼저 안드로이드 시스템을 이해해야 합니다. 안드로이드는 리눅스 기반의 파일 시스템을 사용합니다. 안드로이드뿐만 아니라 대부분의 컴퓨터 시스템은 파일을 열어서 읽고 쓰는 것으로 입력과 출력을 처리합니다. 이번 장에서는 안드로이드에서 파일 입출력이 어떻게 동작하는지 살펴보겠습니다.

〈1〉 파일 입출력

안드로이드는 텍스트, 이미지, 음원, 영상 등의 파일을 읽고 쓸 수 있도록 파일 입출력 도구를 제공합니다. 파일 입출력^{File I/O, File Input Output}이라는 용어는 기계의 입장에서 사용되는 용어로 기기에 저장하는 것을 입력이라 하고 사용자나 다른 기기에 전달하는 것을 출력이라고 합니다.

파일을 입출력하기 위해서 먼저 안드로이드 파일 시스템의 구조와 리눅스 파일 시스템을 사용할 수 있도록 각각의 앱에 부여되는 권한에 대해 함께 알아보겠습니다.

1.1 저장소의 종류와 권한

안드로이드는 리눅스 위에 가상 머신이 동작하는 플랫폼입니다. 그래서 내부적으로 리눅스 기반의 파일 시스템으로 구성되어 있습니다. 리눅스 파일 시스템의 특징 중 하나는 파일과 디렉터리에 대한 권한 설정인데, 설치된 앱 하나당 리눅스 사용자 아이디와 그에 해당하는 디렉터리가 할당되며 각각의 디렉터리는 해당 사용자만 접근할 수 있습니다.

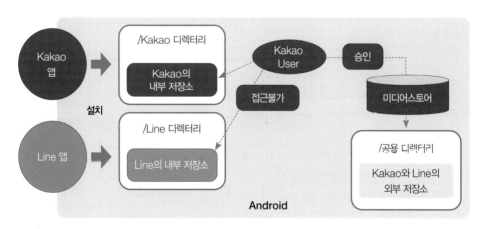

예를 들어 Kakao 앱은 루트 디렉터리 밑 /data/data/Kakao 디렉터리에 설치됩니다. 그리고 앱을 설치할 때 Kakao라는 사용자도 함께 생성되는데, Kakao 사용자는 시스템의 다른 앱이나 디렉터리에는 접근할 수 없고 오직 /data/data/Kakao 디렉터리에만 읽고 쓰는 권한이 있습니다.

이렇게 특정 앱의 사용자가 접근할 수 있는 영역을 내부 저장소^{Internal Storage}라 하고, 모든 앱이 공용으로 사용할 수 있는 영역을 외부 저장소^{External Storage}라고 합니다.

안드로이드 Q부터는 보안이 강화되어 미디어스토어를 통해서만 외부 저장소에 접근할 수 있습니다. 미디어스토어^{MediaStore}는 외부 저장소에 저장되는 파일을 관리하는 데이터베이스인데 조금 단순하게 접근하면 파일 목록을 관리하는 앱이라고 생각할 수 있습니다.

내부 저장소(앱별 저장 공간)

내부 저장소는 설치한 앱에 제공되는 디렉터리입니다. A 앱을 설치하면 /data/data/A 디렉터리가 생성되며 A 앱은 해당 디렉터리에 한해서만 특별한 권한이 없어도 읽고 쓸 수 있습니다. A 앱이 해당 디렉터리의 소유주^{owner}이기 때문입니다.

내부 저장소에는 주로 내 앱에서만 사용하는 데이터를 저장합니다. 예를 들어 일기장 앱이라면 일기의 내용을 다른 앱이 공유할 필요가 없으므로 데이터를 내부 저장소에 저장하는 것이 좋습니다.

외부 저장소(공유 저장 공간)

외부 저장소는 모든 앱이 함께 사용할 수 있는 공간입니다. 일종의 공용 공간입니다. 외부 저장소에 저장된 파일에 접근하려면 앱의 매니페스트에 접근하려는 파일은 물론 외부 저장소 디렉터리의 권한을 명세해야 합니다.

```
<!-- 외부 저장소 읽기 권한 -->
<uses-permission android:name="android.permission.READ_EXTERNAL_STORAGE"/>
<!-- 외부 저장소 쓰기 권한 -->
<uses-permission android:name="android.permission.WRITE_EXTERNAL_STORAGE"/>
```

외부 저장소에 기록되는 내용은 사용자가 앱을 제거한 뒤에도 저장되어야 하는 데이터이거나 다른 앱도 접근할 수 있는 데이터여야 합니다. 화면 캡처나 다운로드한 파일 등이 좋은 예입니다.

이러한 종류의 파일을 위해 시스템은 표준 디렉터리(외부 저장소)를 제공하며 다른 앱에서 사용할 수도 있는 사진, 벨소리, 음악 등을 모두 이곳에 보관할 수 있습니다.

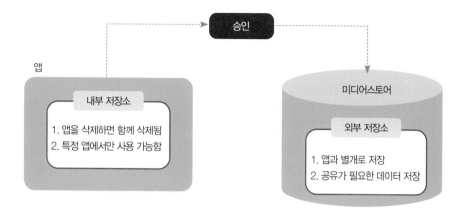

그래서 내부 저장소에는 해당 앱에서만 사용하는 데이터를 저장하고, 외부 저장소에는 서로 다른 앱 간에 공유가 필요한 데이터를 저장합니다. 또한 외부 저장소를 사용하려면 사용자의 승인이 필요합니다.

1.2 내부 저장소 파일 읽기

파일을 활용할 때는 텍스트 파일이냐 아니냐에 따라서 파일을 읽고 쓰기 위해 사용하는 API가 달라지므로 먼저 파일의 형태를 알아야 합니다.

파일 사용하기

파일 정보를 사용하려면 File 클래스를 먼저 생성해야 합니다. 그리고 생성된 File 클래스를 통해서 각종 정보를 얻거나 기능을 사용할 수 있습니다.

File은 파일 또는 디렉터리의 경로를 생성자에 입력해서 생성할 수 있습니다. 디렉터리도 일종의 파일이기 때문에 입력된 경로에 따라 파일이 될 수도 있고 디렉터리가 될 수도 있습니다. 이렇게 생성된 File을 변수에 저장해두고 File에서 제공하는 메서드를 이용해서 정보를 처리하면 됩니다.

```
val file = File("경로")
```

또 다른 방법으로는 파일의 경로와 파일명을 입력해서 생성할 수도 있습니다. 파일의 경로는 컨텍스트가 가지고 있는 filesDir 프로퍼티를 통해 내부 저장소의 files 디렉터리에 접근할 수 있습니다.

컨텍스트를 상속받은 액티비티나 프래그먼트에서 바로 사용할 수 있기 때문에 `files`라는 동일한 공간에 읽고 쓰기를 한다면 다음과 같은 방식이 편리합니다.

```kotlin
val file = File(baseContext.filesDir, "파일명")
// 액티비티의 경우 filesDir이 기본 프로퍼티입니다.
val file = File(filesDir, "파일명")
```

File 클래스를 사용해 생성된 파일은 코드에서 다음과 같이 사용할 수 있습니다.

exists

File의 존재 여부를 확인합니다.

```kotlin
if (file.exists()) {
    Log.d("File", "파일이 존재합니다.")
}
```

isFile

File의 생성자에 전달된 경로가 파일인지를 확인합니다.

```kotlin
if (file.isFile) {
    Log.d("File", "파일입니다.")
}
```

isDirectory

File의 생성자에 전달된 경로가 디렉터리인지를 확인합니다.

```kotlin
if (file.isDirectory) {
    Log.d("File", "디렉터리입니다.")
}
```

name

생성된 파일 또는 디렉터리의 이름을 반환합니다.

```
Log.d("File", "이 파일(디렉터리)의 이름은 ${file.name}입니다.")
```

createNewFile()

해당 경로에 파일이 존재하지 않으면 createNewFile()로 파일을 생성하며 보통 exists()와
함께 사용합니다.

```
if (!file.exists()) {
    file.createNewFile()
}
```

mkdirs()

디렉터리를 생성합니다. 생성하려는 디렉터리의 중간 경로도 함께 생성합니다.

```
if (!file.exists()) {
    file.mkdirs()
}
```

여기서 잠깐

☼ mkdir()을 사용해도 될까요?

mkdir()을 사용하면 생성하려는 디렉터리의 경로 중 중간 디렉터리가 없으면 대상 디렉터리도 생성되지 않
으므로 잘 사용하지 않습니다. 예를 들어 /root/a/b/target 디렉터리를 생성하려는데 중간 a 디렉터리가 없는
상태에서 mkdir()을 실행하면 target 디렉터리가 생성되지 않습니다. 반면 mkdirs()는 중간 디렉터리가 없
으면 중간 디렉터리도 생성해주므로 mkdirs()를 주로 사용합니다.

delete()

파일이나 디렉터리를 삭제합니다. 디렉터리의 경우 내부에 파일이 존재한다면 삭제되지 않습
니다.

```
file.delete()
```

absolutePath

파일 또는 디렉터리의 절대경로를 반환합니다. 절대경로는 시스템의 루트(/)부터 시작하는 경로입니다. 일반적으로 파일을 저장하거나 읽을 때는 절대경로를 기준으로 사용합니다.

```
Log.d("File", "이 파일(디렉터리)의 절대경로는 ${file.absolutePath}입니다.")
```

파일을 읽고 쓰는 스트림

파일의 기본 정보는 File 클래스를 사용해서 간단하게 처리할 수 있는데 반해서, 파일의 실제 데이터를 읽고 쓰려면 스트림^{stream}이라는 복잡한 클래스를 사용합니다. 스트림은 파일에 파이프를 하나 연결해 놓고 해당 파이프를 통해서 데이터를 꺼내오는 방식으로 동작합니다.

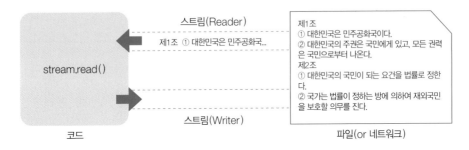

기가바이트 단위의 큰 파일은 읽는 데 몇 분이 걸리기도 하고 킬로바이트 단위의 작은 파일은 1초만에 읽기도 합니다. 파일의 크기를 특정할 수 없기 때문에 읽거나 쓸 때만 파이프를 연결하고 사용이 끝나면 파이프를 제거하는 방식으로 컴퓨터 자원을 효율적으로 사용합니다.

스트림은 읽는 용도와 쓰는 용도가 구분되어 있으며 읽기 위해서는 읽기 전용 스트림을, 쓰기 위해서는 쓰기 전용 스트림을 사용해야 합니다.

☼ 스트림의 종류

우리가 사용하는 스트림은 다음 그림과 같이 분류되어 있습니다.

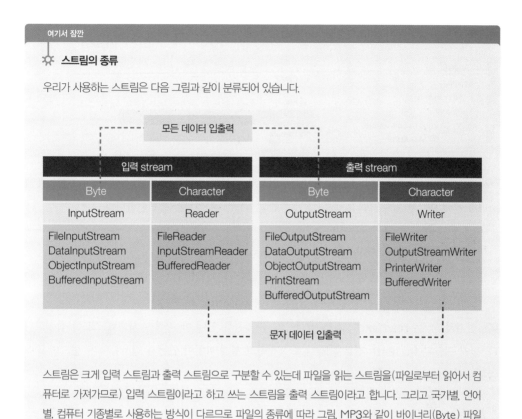

스트림은 크게 입력 스트림과 출력 스트림으로 구분할 수 있는데 파일을 읽는 스트림을(파일로부터 읽어서 컴퓨터로 가져가므로) 입력 스트림이라고 하고 쓰는 스트림을 출력 스트림이라고 합니다. 그리고 국가별, 언어별, 컴퓨터 기종별로 사용하는 방식이 다르므로 파일의 종류에 따라 그림, MP3와 같이 바이너리(Byte) 파일에 사용하는 스트림과 일반 텍스트(Character)에 사용하는 Reader, Writer 계열의 스트림으로 나눕니다.

텍스트 파일 읽기

텍스트 파일을 읽을 때는 Reader 계열의 스트림을 사용합니다. FileIO 프로젝트를 만들어 예제를 따라 하면서 파일 경로를 파라미터로 전달받아 파일 정보를 읽은 후에 스트림을 사용해서 파일의 실제 데이터를 읽는 방법을 하나씩 알아보겠습니다.

01. [app]-[java] 디렉터리 밑에 있는 패키지 밑에 FileUtil 클래스를 생성합니다. 클래스를 만드는 방법을 마지막으로 설명하자면 패키지명을 마우스 우클릭한 다음 [New]-[Kotlin File/Class]를

클릭해 나오는 팝업창의 Name에는 'FileUtil'을 입력하고 [Class]를 더블클릭해 생성합니다.

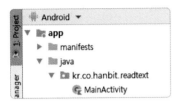 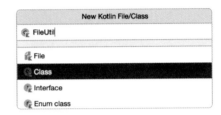

02. FileUtil.kt 파일을 열고 `fullPath` 파라미터로 파일의 경로를 전달받는 메서드를 `FileUtil` 클래스 안에 생성합니다. 그리고 `result` 변수로 파일을 읽은 결괏값을 리턴합니다.

```
fun readTextFile(fullPath: String): String {
    // 이후 작성하는 코드는 이 안에 적습니다.
}
```

03. 여기서부터는 `readTextFile()` 메서드의 코드 블록 안에 한 줄씩 순서대로 코드를 작성합니다. 먼저 전달된 `fullPath` 경로를 File로 생성하고 실제 파일이 있는지 검사합니다. 없으면 공백 값을 리턴합니다.

```
val file = File(fullPath)
if (!file.exists()) return ""
```

04. `FileReader`로 `file`을 읽고 `BufferedReader`에 담아서 속도를 향상시킵니다.

```
val reader = FileReader(file)
val buffer = BufferedReader(reader)
```

05. `buffer`를 통해 한 줄씩 읽은 내용을 임시로 저장할 `temp` 변수를 선언하고 모든 내용을 저장할 `StringBuffer`를 `result` 변수로 선언합니다.

```
var temp = ""
val result = StringBuffer()
```

06. `while` 문을 반복하면서 `buffer`에서 한 줄을 꺼내 `temp` 변수에 담고 그 값이 `null`이라면 더

이상 읽을 내용이 없으니 반복문을 빠져나갑니다. 값이 있다면(null이 아니라면) result 변수에 append() 합니다.

```
while (true) {
    temp = buffer.readLine()
    if (temp == null) break;
    else result.append(buffer)
}
```

07. buffer를 close()로 닫고 결괏값을 리턴합니다.

```
buffer.close()
return result.toString()
```

파일 읽기 메서드의 전체 코드

```
fun readTextFile(fullPath: String): String {
    val file = File(fullPath)
    if (!file.exists()) return ""

    val reader = FileReader(file)
    val buffer = BufferedReader(reader)
    var temp = ""
    val result = StringBuffer()
    while (true) {
        temp = buffer.readLine()
        if (temp == null) break;
        else result.append(buffer)
    }
    buffer.close()
    return result.toString()
}
```

내부 저장소에서 파일을 읽으려면 내부 저장소인 filesDir과 파일명을 조합합니다. 그리고 readTextFile()의 파라미터로 넘기면 됩니다. 디렉터리와 파일명 사이를 슬래시(/)로 구분하거나 File.pathSeparator로 구분할 수 있습니다.

```
var content = readTextFile("${filesDir}/파일명.txt")
```

openFileInput을 사용해서 코드 축약하기

안드로이드는 파일을 읽어서 스트림으로 반환해주는 openFileInput을 읽기 메서드로 제공합니다.
openFileInput과 함께 몇 개의 메서드들을 조합하면 다음과 같이 짧은 코드로 텍스트 파일을 읽
을 수 있습니다.

```
var contents = ""
context.openFileInput("파일 경로").bufferedReader().useLines { lines ->
    contents = lines.joinToString("\n")
}
```

openFileInput으로 시작하는 줄 끝의 lines에는 줄 단위의 텍스트가 저장되는데, 이것을
joinToString 메서드로 줄마다 NewLine("\n")을 추가한 후 contents 변수에 저장하고 사용할
수 있습니다.

1.3 내부 저장소에 파일 쓰기

쓰기도 역시 읽기와 동일합니다. 파일의 형태에 따라 사용하는 API가 달라집니다.

텍스트 파일 쓰기

파일은 읽기보다 쓰기가 조금 더 단순한 로직으로 구성되어 있습니다. 계속해서 FileUtil 클래스
에 코드를 작성합니다.

01. 쓰기 파일은 총 3개의 파라미터를 사용합니다. 파일을 생성할 디렉터리, 파일명, 작성할 내용
이렇게 3개의 값이 전달되어야 합니다. 먼저 3개의 파라미터를 가진 메서드를 생성합니다.

```
fun writeTextFile(directory: String, filename: String, content: String) {
    // 이후 작성하는 코드는 이 안에 작성합니다.
}
```

02. directory가 존재하는지 검사하고 없으면 생성합니다. 파일처럼 디렉터리도 File 객체에 경로를 전달하면 상태를 체크할 수 있습니다.

```
val dir = File(directory)
if (!dir.exists()) {
    dir.mkdirs()
}
```

03. 디렉터리가 생성되었으면 디렉터리에 파일명을 합해서 FileWriter로 생성합니다. 생성된 FileWriter를 buffer에 담으면 쓰기 속도가 향상됩니다.

```
val writer = FileWriter(directory + "/" + filename)
val buffer = BufferedWriter(writer)
```

04. buffer로 내용을 쓰고 close()로 닫습니다.

```
buffer.write(content)
buffer.close()
```

파일 쓰기 메서드의 전체 코드

```
fun writeTextFile(directory: String, filename: String, content: String) {
    val dir = File(directory)
    if (!dir.exists()) {
        dir.mkdirs()
    }
    val writer = FileWriter(directory + "/" + filename)
    val buffer = BufferedWriter(writer)
    buffer.write(content)
    buffer.close()
}
```

내부 저장소에 텍스트 파일을 쓸 때는 다음과 같이 사용합니다.

```
writeTextFile(filesDir, "filename.txt", "글의 내용")
```

openFileOutput으로 쓰기 코드 축약하기

읽기와 마찬가지로 파일 쓰기도 openFileOutput() 메서드로 다음과 같이 축약해서 사용할 수 있습니다. 파일명 다음에 입력되는 Context.MODE_PRIVATE 대신에 Context.MODE_APPEND를 사용하면 기존에 동일한 파일명이 있을 경우 기존 내용에 이어서 새로운 내용을 저장할 수 있습니다.

```
val contents = "Hello\nworld!"
context.openFileOutput("파일명", Context.MODE_PRIVATE).use { stream ->
    stream.write(contents.toByteArray())
}
```

내용이 담긴 contents 변수는 스트림에 쓸 때 바이트 배열(ByteArray)로 변환해야 합니다.

외부 저장소에 쓰기는 9장의 '카메라와 갤러리'에서, 읽기는 11장의 '컨텐트 리졸버'에서 다루겠습니다.

☆ **미니 퀴즈 7-1**

1. 앱을 위한 전용 디렉터리이며 다른 앱 및 사용자의 접근이 제한되는 저장소는 무엇인가요?

2. Stream API의 기능은 무엇인가요?

3. 외부 저장소에 쓰기를 위해 앱 매니페스트에 선언하는 권한은 무엇인가요?

⟨2⟩ SharedPreferences

안드로이드 플랫폼은 간단한 데이터의 저장을 목적으로 SharedPreferences를 제공합니다(끝에 s 가 있습니다). 앞에서 공부한 파일은 사용하기가 까다롭고 외부 저장소에 저장할 때는 권한 설정이 필요한 반면, SharedPreferences는 내부 저장소를 이용하기 때문에 권한 설정이 필요 없고 훨씬 간단한 코드로 사용할 수 있습니다.

주로 로그인 정보나 앱의 상태 정보를 저장하는 용도로 사용되는데 액티비티에서 인텐트에 값을 넣고 빼는 것과 비슷한 형태로 동작합니다.

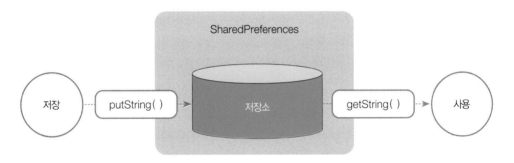

SharedPreferences로 데이터를 저장하고 불러오는 방법에 대해 알아봅니다.

2.1 SharedPreferences를 사용하고 데이터 저장하기

SharedPreferences는 인텐트에 값을 전달하듯이 데이터를 키와 값 쌍으로 저장할 수 있습니다. 데이터는 XML 형식으로 된 파일로 저장되며 앱이 종료되어도 남아 있습니다.

SharedPreference 사용하기

SharedPreference를 사용하기 위해서는 몇 가지 과정이 필요합니다. 값을 저장하기 위해서는 마지막에 꼭 apply( )를 해줘야 하지만 읽어올 때는 필요하지 않습니다.

먼저 4단계를 거쳐 값을 저장합니다.

- 1단계: SharedPreference 생성하기
- 2단계: Editor 꺼내기
- 3단계: putInt(), putString() 메서드로 저장하기
- 4단계: apply()로 파일에 반영하기

그리고 2단계에 걸쳐 값을 읽어옵니다.

- 1단계: SharedPreference 생성하기
- 2단계: getInt(), getString() 메서드로 값 읽어오기

값을 읽어올 때는 apply()가 필요하지 않습니다.

getSharedPreferences()

getSharedPreferences()는 Context를 가지고 있는 모든 컴포넌트에서 접근과 호출이 가능합니다. getSharedPreferences(이름, 모드)를 액티비티에서 호출하면 SharedPreferences가 반환됩니다.

```
val shared = getSharedPreferences("이름", Context.MODE_PRIVATE)
```

첫 번째 파라미터에는 입력된 데이터가 저장될 파일명을, 두 번째 파라미터에는 파일 접근 권한을 설정합니다. MODE_PRIVATE, MODE_WORLD_READABLE, MODE_WORLD_WRITEABLE의 접근 권한이 있지만, API Level 17부터 보안상의 이유로 MODE_PRIVATE만 사용합니다.

getPreferences()

개별 액티비티에서 사용하거나 액티비티가 하나밖에 없는 앱이라면 getPreferences()를 호출해서 사용할 수 있습니다. 호출하는 액티비티의 이름으로 저장 파일이 생성됩니다.

```
var preference = getPreferences(Context.MODE_PRIVATE)
```

Editor로 데이터를 저장하고 불러오기

SharedPreferences로 데이터를 저장하기 위해서는 Editor 인터페이스를 사용해야 합니다. Editor 인터페이스는 edit() 메서드를 호출해서 사용할 수 있습니다.

```
val shared = getSharedPreferences("이름", Context.MODE_PRIVATE)
val editor = shared.edit()
```

데이터를 저장할 때는 입력될 값의 타입에 맞는 Editor의 메서드를 사용해서 저장할 수 있는데, 마지막에 apply() 메서드를 호출해야지만 실제 파일에 반영됩니다. 다음은 예시입니다.

```
val shared = getSharedPreferences("이름", Context.MODE_PRIVATE)
val editor = shared.edit()
editor.putString("키", "값")
editor.apply()
```

다음 메서드로 데이터를 저장할 수 있습니다. 메서드 이름의 접두사[prefix]인 put 다음에 나오는 문자가 입력값의 타입입니다. putFloat()이면 Float형을 저장하는 메서드입니다. 또 key = 이름표, value = 타입별 저장할 값이 들어갑니다.

- putFloat(key: String, value: Float)
- putLong(key: String, value: Long)
- putInt(key: String, value: Int)
- putString(key: String, value: String)
- putBoolean(key: String, value: Boolean)
- putStringSet(key: String, value: Set<String>)

반면 데이터를 불러올 때는 데이터를 저장할 때와는 다르게 중간에 Editor를 사용하는 단계가 없으며, SharedPreferences의 메서드를 직접 호출해서 데이터를 불러옵니다. defaultValue를 지정하면 해당 키의 데이터가 없으면 지정한 기본값을 반환합니다.

```
val shared = getSharedPreferences("이름", Context.MODE_PRIVATE)
shared.getString("키", "기본값")
```

다음 메서드들로 데이터를 불러올 수 있습니다. 메서드의 사용법은 put과는 다르게 입력값이 들어가는 파라미터 대신에 기본값을 지정할 수 있습니다.

- getFloat(key: String, defaultValue: Float)
- getLong(key: String, defaultValue: Long)
- getInt(key: String, defaultValue: Int)
- getString(key: String, defaultValue: String)
- getBoolean(key: String, defaultValue: Boolean)
- getStringSet(key: String, defaultValue: Set<String>)

그 외에도 Editor를 사용해서 삭제 처리도 할 수 있습니다. 삭제 처리 후에도 apply()를 호출해야 합니다.

메서드	설명
remove(String key)	해당 키의 데이터를 삭제합니다.
clear()	모든 데이터를 삭제합니다.
apply()	변경한 업데이트를 파일에 비동기적으로 저장합니다.
commit()	변경한 업데이트를 파일에 동기적으로 저장합니다. 동기 작업이므로 UI 스레드에서 호출하는 것을 피해야 합니다.

표에서 보면 commit()도 파일에 변경 사항을 반영하는 메서드입니다. 그런데 commit()은 메인 스레드(UI 스레드)를 사용하는 터라 짧은 순간이지만 화면이 멈출 수 있습니다. 따라서 특별한 경우가 아니면 항상 apply() 메서드를 사용하는 것이 좋습니다.

2.2 설정 화면 만들기

안드로이드는 레이아웃 파일을 이용해서 화면을 구성하지 않아도, 설정 화면을 만들 수 있는 SharedPreferences API를 제공합니다. 안드로이드 10부터 AndroidX Preference 라이브러리의 PreferenceFragment를 사용해 설정 화면을 만들 수 있습니다.

예제를 따라 하면서 설정 화면을 만드는 방법을 알아보겠습니다. 새로운 SharedPreferences 프로젝트를 하나 생성합니다.

androidx.preference 의존성 추가하기

AndroidX Preference를 사용하기 위해서는 라이브러리가 설치되어야 합니다. 특정 라이브러리가 있어야만 프로그램이 동작하며 해당 라이브러리에 의존성dependency이 있다고 표현합니다.

01. Gradle Scripts 디렉터리 밑에 있는 build.gradle 파일을 엽니다.

02. 다음처럼 dependencies { 바로 밑에 `androidx.preference` 의존성을 추가합니다.

```
def preference_version = "1.1.1"
implementation "androidx.preference:preference-ktx:$preference_version"
```

여기서 잠깐

☆ 프로젝트 스트럭처에서 의존성 추가하기

위의 단계는 다음과 같은 방법으로 할 수도 있습니다.

1. build.gradle 파일 열기

2. 에디터 우측 상단에 [Open] 버튼 클릭

3. 좌측 메뉴에서 Dependencies 선택

4. 가운데 Declared Dependencies 아래에 있는 + 버튼(Add Dependency) 클릭

5. Library Dependency 선택

6. [Step 1.]의 입력 필드에 preference 입력 후 Search 버튼 클릭

7. 검색된 목록에서 Group ID가 androidx.preference인 것 선택

8. 오른쪽 Versions에서 rc, 또는 beta 없이 숫자로만 이루어진 버전 선택(2021년 2월 기준으로 1.1.1)

9. [Step 2.]에 implementation 선택된 것 확인

10. OK 버튼을 클릭하여 의존성 추가

11. 다시 한번 OK 버튼을 클릭하여 프로젝트에 적용

여기서 잠깐

☆ android.preference 버전 확인

androidx.preference는 버전이 빠른 주기로 바뀌고 있기 때문에, 이 책을 읽는 시점에는 버전이 달라졌을 수도 있습니다. 다음 주소에서 최신 버전을 확인할 수 있습니다.

- https://developer.android.com/jetpack/androidx/releases/preference

PreferenceScreen 화면 정의하기

preferences.xml 파일에 설정 화면에서 사용할 화면 구조를 XML로 정의해두면 안드로이드가 정의된 XML의 구조를 분석해서 화면을 그려줍니다.

01. 리소스 디렉터리 res를 마우스 우클릭하면 나타나는 메뉴에서 [New]–[Android Resource File]을 선택합니다.

⚠ res 디렉터리 아래의 values나 drawable을 직접 클릭해서 생성할 때와는 모양이 조금 다릅니다.

02. 다음 그림과 같이 입력 필드를 채우고 [OK] 버튼을 클릭해 파일을 생성합니다.

- File name: preferences
- Resource type: XML
- Root element: PreferenceScreen
- Source set: main
- Directory name: xml(xml 디렉터리가 생성되고 그 안에 preferences.xml이 생깁니다.)

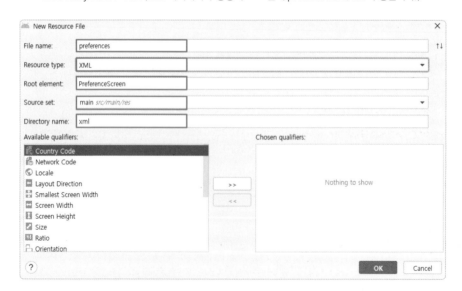

⚠ 가장 아래에 있는 Directory name의 입력 필드에 'values'라고 입력하면 values 디렉터리를 마우스 우클릭하여 [New]–[Android Resource File]을 선택한 것과 같습니다.

03. preferences.xml 파일을 [Code] 모드로 변경한 다음 화면에 보여줄 설정 화면의 구조를 XML로 작성합니다. 계층 구조로 작성해야 하는데 처음에는 조금 생소할 수 있습니다. 〈PreferenceScreen〉 태그 다음 계층에 설정 화면에 보여질 카테고리를 구성합니다. 여기서는 기능과 옵션 2개의 카테고리를 만들겠습니다. 카테고리는 주로 입력 필드의 그룹명을 출력하는 용도로 사용됩니다.

```xml
<?xml version="1.0" encoding="utf-8"?>

<PreferenceScreen
    xmlns:android="http://schemas.android.com/apk/res/android"
    xmlns:app="http://schemas.android.com/apk/res-auto"
    android:iconSpaceReserved="false">

    <PreferenceCategory
        android:title="기능 설정"
        app:iconSpaceReserved="false">
    </PreferenceCategory>

    <PreferenceCategory
        android:title="옵션 설정"
        app:iconSpaceReserved="false">
    </PreferenceCategory>

</PreferenceScreen>
```

04. 각각의 카테고리 안에 실제 입력 필드를 구성합니다. 각각의 입력 필드를 2개의 카테고리에 골고루 배치합니다. 다음 코드와 똑같이 배치할 필요는 없지만 key, title, icon 속성은 타입에 맞춰서 그대로 사용하는 게 좋습니다. 중간에 ListPreference에는 XML로 정의된 목록 데이터가 필요하므로 일단 이름만 먼저 정의합니다.

```xml
<?xml version="1.0" encoding="utf-8"?>
<PreferenceScreen
    xmlns:android="http://schemas.android.com/apk/res/android"
    xmlns:app="http://schemas.android.com/apk/res-auto"
    android:iconSpaceReserved="false">

    <PreferenceCategory
        android:title="기능 설정"
        app:iconSpaceReserved="false">

        <CheckBoxPreference
            android:key="key_add_shortcut"
            android:title="바로가기 아이콘"
            android:icon="@mipmap/ic_launcher"
            android:defaultValue="true"/>

        <SwitchPreference
            android:key="key_switch_on"
            android:title="화면 켜짐"
            android:icon="@mipmap/ic_launcher"
            android:defaultValue="false"/>

    </PreferenceCategory>

    <PreferenceCategory
        android:title="옵션 설정"
        app:iconSpaceReserved="false">

        <EditTextPreference
            android:key="key_edit_name"
            android:title="이름"
            android:summary="이름을 입력하세요."
            android:dialogTitle="이름 입력"
            app:iconSpaceReserved="false"/>

        <ListPreference
            android:key="key_set_item"
            android:title="목록 선택형"
            android:summary="목록"
            android:entries="@array/action_list"       ●┈┈┈┈┈┈┈  아직 만들지 않았기 때문에
            android:entryValues="@array/action_values"  ●┈┈┈     글자가 빨간색으로 나타납니다.
```

```
            android:dialogTitle="목록 선택 제목"
            app:iconSpaceReserved="false"/>

    <PreferenceScreen
        android:title="설정 화면 타이틀"
        android:summary="설정 화면 요약"
        app:iconSpaceReserved="false">
        <intent android:action="android.intent.action.VIEW"
            android:data="http://www.android.com"/>
    </PreferenceScreen>

    </PreferenceCategory>

</PreferenceScreen>
```

여기서 잠깐

☆ 입력 필드의 종류

이 코드에서 사용한 입력 필드를 간략하게 표로 정리했습니다.

이름	설명
CheckBoxPreference	체크박스 타입의 입력 필드
SwitchPreference	스위치(On 또는 Off 설정) 타입의 입력 필드
EditTextPreference	값을 직접 입력하는 타입의 입력 필드
ListPreference	목록형 입력 필드

05. ListPreference에서 사용할 리소스 파일을 생성하고 목록 데이터를 입력합니다. [res]-[values] 디렉터리를 마우스 우클릭한 다음 [New]-[Values Resource File]을 선택하고, File name에 'array'를 입력하여 array.xml 파일을 생성합니다.

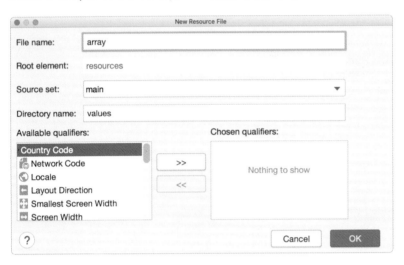

06. 생성된 array.xml에 다음과 같이 작성합니다. 각 태그의 name에 해당하는 부분이 ListPreference의 entries와 entryValues의 값으로 사용됩니다.

```xml
<?xml version="1.0" encoding="utf-8"?>
<resources>
    <string-array name="action_list">
        <item>action 1</item>
        <item>action 2</item>
        <item>action 3</item>
        <item>action 4</item>
    </string-array>
    <string-array name="action_values">
        <item>value 1</item>
        <item>value 2</item>
        <item>value 3</item>
        <item>value 4</item>
    </string-array>
</resources>
```

07. 이어서 java 디렉터리 밑에 있는 기본 패키지를 마우스 우클릭한 다음 [New]–[Kotlin File/Class]를 클릭합니다. 다음과 같이 입력하여 SettingFragment 클래스를 생성합니다.

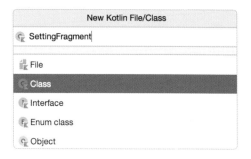

08. 생성된 SettingFragment.kt 파일을 열고 PreferenceFragmentCompat 추상 클래스를 상속받습니다. 그리고 onCreatePreferences() 메서드를 오버라이드합니다.

```kotlin
class SettingFragment: PreferenceFragmentCompat() {
    override fun onCreatePreferences(savedInstanceState: Bundle?, rootKey: String?) {

    }
}
```

09. onCreatePreferences() 메서드 블록 안에서 addPreferencesFromResource를 호출하고 PreferenceScreen이 정의된 preference 파일을 파라미터로 전달하면 설정 항목에 대한 View가 자동으로 생성됩니다.

```kotlin
override fun onCreatePreferences(savedInstanceState: Bundle?, rootKey: String?) {
    addPreferencesFromResource(R.xml.preferences)
}
```

⚠️ 리소스에 접근하는 형식은 R.리소스디렉터리명.파일명입니다.

10. 이제 activity_main.xml을 열고 SettingFragment를 추가하겠습니다. [Design] 모드에서 화면 중앙의 기본 텍스트뷰는 삭제합니다. 그리고 팔레트의 커먼 또는 컨테이너에 있는 〈fragment〉를 화면에 드래그하면 나타나는 팝업창에서 SettingFragment를 추가하면 됩니다.

⚠ 위젯의 카테고리는 안드로이드 스튜디오 버전에 따라 달라질 수 있습니다. 낮은 버전의 안드로이드 스튜디오에서는 〈fragment〉가 컨테이너 카테고리에만 있습니다.

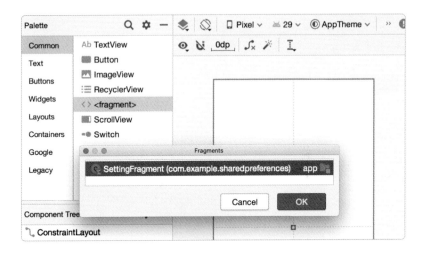

11. 컨스트레인트의 네 방향을 화면 가장자리에 연결하고 layout_width와 layout_height의 속성을 'match_constraint'로 바꿔서 화면에 꽉 차게 배치합니다.

⚠ 꽉 차지 않으면 Constraint Widget을 전부 0으로 변경하는 방법을 사용하세요.

12. 에뮬레이터에서 실행하면 다음 그림처럼 설정 화면이 나타나며 기능과 옵션 설정을 사용할 수 있습니다.

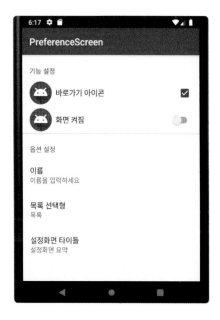

설정값 사용하기

PreferenceScreen에서 값을 조절하면 설정값이 자동으로 지정된 SharedPreferences 파일에 저장됩니다. 해당 파일은 PreferenceManager.getDefaultSharedPreferences() 메서드를 호출해서 사용할 수 있습니다. 사용법은 일반적인 SharedPreferences를 사용하는 방법과 동일합니다.

```
val shared = PreferenceManager.getDefaultSharedPreferences(this)

val checkboxValue = shared.getBoolean("key_add_shortcut", false)
val switchValue = shared.getBoolean("key_switch_on", false)
val name = shared.getString("key_edit_name", "")
val selected = shared.getString("key_set_item", "")
```

CheckBoxPreference와 SwitchPreference는 저장값이 참과 거짓인 Boolean 타입이기 때문에 getBoolean() 메서드로 사용할 수 있고 EditPreference와 ListPreference는 입력된 값과 선택된 값을 모두 getString() 메서드로 사용할 수 있습니다.

onCreate() 메서드에서 PreferenceManager를 이용해서 입력된 값들을 Log로 출력해보세요.

미니 퀴즈 7-2

1. 간단한 데이터의 저장 또는 자동 로그인 기능과 같은 앱 설정값을 저장하는 목적으로 제공하는 클래스는 무엇인가요?

2. SharedPreferences의 데이터를 편집하는 인터페이스의 이름은 무엇인가요?

3. SharedPreferences에서 실제 데이터를 저장하기 위해서 호출해야 하는 메서드는 무엇인가요?

Chapter

08

데이터베이스

이 장의 핵심 개념

- 관계형 데이터베이스의 기초를 배웁니다.

- 관계형 데이터베이스 관리 시스템의 데이터를 관리하는 SQL 언어의 기초를 배웁니다.

- 안드로이드에서 SQLite를 사용하는 방법을 배우고 Room을 통해 구조적으로 접근합니다.

8장을 시작하기 전에

7장에서는 안드로이드에서 파일을 다루는 방법을 배웠습니다. 그런데 파일 외에도 데이터를 저장하는 방식은 다양합니다. 안드로이드 또한 데이터를 저장하기 위해 여러 가지 방식을 제공합니다. 데이터에 필요한 용량, 데이터의 종류, 데이터의 구조에 따라 저장 방식이 다르기 때문입니다.

데이터를 저장하는 방식 중에 데이터만 체계적으로 관리하기에 적합한 게 데이터베이스입니다. 특히 게시판이나 인터넷 기사 또는 사진 갤러리와 같이 동일한 데이터를 반복적으로 보여줄 때 적합합니다.

데이터베이스란 컴퓨터 안에 저장된 구조화된 정보 혹은 데이터의 집합을 뜻합니다. 이러한 데이터를 관리하는 용도로 데이터베이스 관리 시스템Database Management System, DBMS이 있으며, 때로는 데이터와 이 관리 시스템을 통틀어 데이터베이스라고도 합니다.

데이터베이스에도 종류가 많습니다. 이 장에서는 기본적인 데이터베이스의 개념을 먼저 학습한 다음 안드로이드가 지원하는 관계형 데이터베이스인 SQLite의 기본 명령을 익히겠습니다. 그런 다음 SQLite를 조금 더 구조적으로 접근할 수 있게 도와주는 Room의 사용법을 알아보겠습니다.

 **관계형 데이터베이스와 안드로이드**

안드로이드에서 사용하는 SQLite는 관계형 데이터베이스입니다. 관계형 데이터베이스는 데이터의 저장 형태와 관계를 정의하는데, 컬럼Column, 열과 로우Row, 행가 있는 테이블Table, 표을 생각하면 됩니다. 대체로 엑셀이나 구글 스프레드시트 같은 프로그램을 써봤을 텐데 관계형 데이터베이스에서 실제 데이터가 저장되어 있는 테이블은 마치 엑셀의 시트sheet와 같습니다.

1.1 테이블과 쿼리 이해하기

관계형 데이터베이스의 테이블과 쿼리에 대해 먼저 살펴보겠습니다.

데이터베이스			

테이블A

no	name	title	date
1	Michael	first message	2018/07
2	John	Hello!!!	2018/08

테이블B

...

그림에서 '테이블A'가 엑셀에서 하나의 시트 단위이고, 'no, name, title, date'가 각 행의 이름입니다. 엑셀로 표현하면 다음과 같습니다. 엑셀을 잘 모르다면 '행과 열로 구성된 표'라고 생각하면 됩니다.

◢	A	B	C	D
1	no	name	title	date
2	1	Michael	first messa	2018/07
3	2	John	Hello!!!	2018/08
4				
5				

◀ ▶   테이블A   테이블B   ⊕

테이블

테이블은 한 종류의 데이터가 저장되는 단위입니다. 예를 들어 앱에 2개의 게시판 메뉴가 있다면 테이블을 2개로 만들어 사용할 수 있습니다. 즉, [공지사항]과 [묻고답하기]라는 메뉴가 있다면 [공지사항] 메뉴에 사용되는 데이터가 1개의 테이블이 됩니다.

테이블은 컬럼과 로우가 있다고 했습니다. 테이블의 구조를 살펴보면 테이블에 저장되는 데이터의 속성은 컬럼(필드)으로 구분합니다. 그리고 각 컬럼에 값이 채워진 한 줄의 데이터 단위를 로우(레코드, 튜플)라고 합니다.

다음 테이블을 보면 'no, name, title, file, date'와 같은 데이터의 속성이 필드이고, '1, 마이클, 안녕 반가워, 없음, 2019/12'의 한 줄이 레코드라는 데이터 단위입니다. 컬럼, 필드 모두 같은 말이며 로우, 레코드, 튜플 또한 같은 말입니다.

쿼리 이해하기

데이터가 있다면 이 데이터를 조작할 수 있어야 합니다. 관계형 데이터베이스는 SQL[Structured Query Language]이라는 데이터를 정의, 조작, 제어하는 용도의 언어로 사용합니다. 이때 사용하는 명령어를 SQL 구문 또는 쿼리[Query]라고 합니다. 생성과 관련된 쿼리를 제외하면 그 외의 쿼리는 테이블에 읽고, 쓰고, 수정하고, 삭제하는 명령어입니다.

예를 들어 테이블A에 있는 모든 데이터를 조회하는 쿼리는 다음과 같이 한 줄의 문자열로 구성됩니다.

```
SELECT * FROM 테이블A
```

이 문장을 개별로 해석해보겠습니다.

- SELECT: 읽어와라
- *(애스터리스크): 전부
- FROM: 어디로부터
- 테이블A: 테이블A

이 쿼리는 '**테이블A로부터 전부 읽어와라**'라는 문장입니다. 즉, 데이터베이스의 테이블A에서 모든 레코드를 읽고 반환합니다.

특정 컬럼을 지정해서 레코드를 읽어오고 싶다면 * 대신에 컬럼명을 쉼표(,)로 구분해서 나열합니다.

```
SELECT no, name, date FROM 테이블A
```

그리고 모든 레코드가 아니라 번호(no) 2번인 레코드 한 줄을 가져오고 싶을 때는 WHERE 구문을 사용해서 다음과 같이 작성할 수 있습니다.

```
SELECT * FROM 테이블A WHERE no=2
```

마지막으로 위의 2개의 식을 조합할 수도 있습니다. 3번 레코드에서 name과 title 컬럼만 읽어오려면 다음과 같이 작성할 수 있습니다.

```
SELECT name, title FROM 테이블A WHERE no=3
```

쿼리의 종류

쿼리는 테이블의 생성과 관련되는 DDL, 앞서 예로 든 SELECT와 같이 데이터를 읽고 쓰는 것과 관련된 DML, 그리고 모바일용 데이터베이스에서는 잘 사용되지 않지만 권한을 처리하는 DCL, 이렇게 세 가지로 분류할 수 있습니다.

DDL

DDL^{Data Definition Language}은 데이터의 구조를 정의하는 명령어입니다. 테이블을 생성하고 컬럼의 속성을 정의하는 일이 포함됩니다.

SQL	설명
CREATE TABLE	테이블 생성 CREATE TABLE 테이블명 (컬럼 타입)
DROP TABLE	테이블 삭제 DROP TABLE 테이블명
ALTER TABLE	테이블 수정 (컬럼 수정, 추가, 삭제) ALTER TABLE 테이블명 ADD COLUMN 컬럼 타입 ALTER TABLE 테이블명 MODIFY COLUMN 컬럼 타입 ALTER TABLE 테이블명 DROP COLUMN 컬럼 타입

데이터베이스는 하나의 빈 껍데기이고 DDL 쿼리를 실행하여 테이블을 하나씩 만들고 수정합니다.

DML

DML^{Data Manipulation Language}은 데이터를 조작하는 명령어입니다. 가장 많이 사용되는 명령어이고 기본적으로 C(Create), R(Read), U(Update), D(Delete)에 해당하는 네 가지 명령어에 대한 이해가 필요합니다.

SQL	명령	설명
SELECT	Read	데이터 조회 SELECT 컬럼 FROM 테이블명 WHERE 조건
INSERT	Create	데이터 삽입 INSERT INTO 테이블명 VALUES (데이터)
UPDATE	Update	데이터 수정 UPDATE 테이블명 SET 컬럼 = 데이터 WHERE 조건
DELETE	Delete	데이터 삭제 DELETE FROM 테이블명 WHERE 조건

데이터를 읽고 쓰기 위해서 SELECT, INSERT, UPDATE, DELETE 네 가지 명령어만 알고 있으면 거의 모든 처리를 할 수 있습니다.

DCL

DCL^{Data Control Language}은 데이터를 조작하는 명령어로 혼동될 수 있는데 데이터베이스 권한과 관련된 명령어입니다. 특정 유저에게 읽기와 쓰기 권한을 부여할 때 주로 사용합니다. 주로 Oracle, MSSQL, MySQL 같은 DBMS(데이터베이스 관리 시스템)에서 사용합니다.

1.2 SQLite 데이터베이스

안드로이드의 기본 데이터베이스는 경량 데이터베이스인 SQLite입니다. 데이터베이스는 설명하려면 책 한 권이 필요할 만큼 깊이 있는 분야입니다. 이 책에서는 안드로이드 앱에서 사용할 삽입, 조회, 수정, 삭제와 관련된 기능에 한정해서 알아보겠습니다. 실제 데이터베이스를 사용할 때도 이 4개의 명령이 90% 이상을 차지합니다.

```
CREATE TABLE 테이블명 (
    [컬럼명1] [타입] [옵션], [컬럼명2] [타입], [컬럼명3] [타입] [옵션]
)
```

컬럼은 [컬럼명] [타입] [옵션]의 순서대로 작성하고 공백으로 구분합니다. 컬럼이 2개 이상이면 쉼표로 컬럼을 구분합니다. 컬럼에 따라 옵션이 없는 경우가 있습니다. 다음은 데이터베이스 타입의 종류입니다. 이외에도 BLOB, NUMERIC 등이 있지만 다음 3개만 사용하면 됩니다.

- INTEGER: 정수형 컬럼
- TEXT: 문자형 컬럼
- REAL: 소수점이 있는 숫자형

실습용으로 데이테베이스를 설계하고 쿼리를 작성해보겠습니다. 간단한 메모를 저장하고 사용하는 프로젝트를 생성할 텐데, 이 프로젝트에서 메모 데이터를 저장하고 사용할 테이블을 다음처럼 설계합니다.

컬럼명	타입	설명
no	INTEGER	메모의 순번, 자동 증가 옵션 적용
content	TEXT	메모의 내용을 문자로 입력, 옵션 없음
datetime	INTEGER	작성 시간을 숫자로 입력, 옵션 없음

메모장을 열어서 앞에서 한 설계를 바탕으로 쿼리를 한번 작성해보세요.

```
CREATE TABLE memo (
    no INTEGER PRIMARY KEY, ●-------- [컬럼명] [타입] [옵션] 순서
    content TEXT, ●-------- [컬럼명] [타입]만 있는 경우
    datetime INTEGER
)
```

첫 번째 no 컬럼은 PRIMARY KEY 옵션을 정의했습니다. 이 옵션은 '해당 컬럼에 중복 값이 없는 유일한 키로 사용하겠다'는 선언입니다. SQLite에는 PRIMARY KEY의 타입이 INTEGER일 때, 숫자를 자동으로 증가시키는 기능이 있습니다. 즉, no는 레코드가 하나씩 추가될 때마다 자동으로 1씩 증가합니다.

쿼리를 작성할 때 일정한 규칙(특히 컬럼이나 테이블명은 소문자 또는 대문자 한 가지로만 작성)만 있다면 모두 소문자 또는 대문자로 작성해도 상관없습니다.

SQLiteOpenHelper 사용하기

SQLite를 사용하기 위해서는 안드로이드의 컨텍스트가 가지고 있는 createDatabase() 메서드를 사용하거나, SQLiteOpenHelper 클래스를 상속받아서 사용할 수 있습니다.

SQLiteOpenHelper 클래스를 상속 받아서 사용하는 방법이 사용성이 더 좋고 쉬우므로 이 책에서는 SQLiteOpenHelper를 사용해서 데이터베이스를 다루겠습니다. SQLiteOpenHelper 클래스는 데이터베이스를 파일로 생성하고 코틀린 코드에서 사용할 수 있도록 데이터베이스와 연결하는 역할을 합니다.

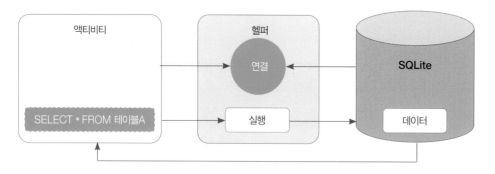

앞에서 예로 들었던 SELECT 쿼리도 Helper 클래스를 통해서 실행한 후 결과 데이터를 반환받게 됩니다. 새로운 SQLite 프로젝트를 하나 생성하고 예제를 따라 하면서 데이터베이스 사용법을 익혀보겠습니다.

01. [app]-[java] 디렉터리 밑에 있는 패키지에 SqliteHelper 클래스를 생성합니다.

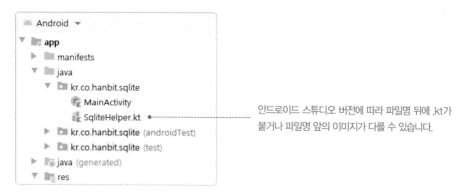

안드로이드 스튜디오 버전에 따라 파일명 뒤에 .kt가
붙거나 파일명 앞의 이미지가 다를 수 있습니다.

02. SQLite 데이터베이스를 사용하려면 SQLiteOpenHelper 클래스를 상속받아야 합니다. SQLiteOpenHelper는 생성 시에 Context, 데이터베이스명, 팩토리, 버전 정보가 필요합니다. 팩토리는 사용하지 않아도 되므로 나머지 세 가지 정보를 내가 만든 클래스의 생성자에 파라미터로 정의한 후에 상속받은 SQLiteOpenHelper에 전달합니다. SqliteHelper.kt 파일의 class SqliteHelper를 다음과 같이 수정합니다. Context를 입력할 때 자동으로 Context가 import될테고, SQLiteOpenHelper를 입력할 때 Alt + Enter 키를 누르면 SQLiteOpenHelper를 import합니다.

```
class SqliteHelper(context: Context, name: String, version: Int):
                   SQLiteOpenHelper(context, name, null, version) {
```

클래스 이름에 빨간색 밑줄이 표시되는 건 아직 구현되지 않은
필수 인터페이스가 있기 때문입니다.

03. 클래스 안쪽을 클릭한 상태에서 Ctrl + I 키를 입력하면 나타나는 목록에서 2개의 메시드를 모두 선택하고 [OK]를 클릭합니다.

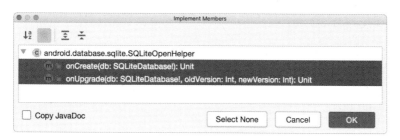

04. 2개의 메서드가 자동으로 생성됩니다. TODO가 입력된 행은 삭제합니다. 생성되는 메서드의 첫 번째 파라미터로 우리가 사용할 데이터베이스가 전달됩니다.

⚠️ 안드로이드 스튜디오 버전에 따라 파라미터명이 영문 이니셜 + 숫자로 구성되어 있는 경우가 있습니다. 예를 들어 p0, s 등으로 표기되어 있을 경우 다음에 나오는 파라미터명으로 변경해서 사용하면 됩니다.

```kotlin
override fun onCreate(db: SQLiteDatabase?) {
}

override fun onUpgrade(db: SQLiteDatabase?, oldVersion: Int, newVersion: Int) {
}
```

여기서 잠깐

☼ onUpgrade() 메서드

onUpgrade() 메서드는 SqliteHelper에 전달되는 버전 정보가 변경되었을 때 현재 생성되어 있는 데이터베이스의 버전과 비교해서 더 높으면 호출됩니다. 버전 변경 사항이 없으면 호출되지 않습니다. onUpgrade()는 이 책에서 다루지 않습니다.

05. 아직 데이터베이스가 생성되지 않았기 때문에 onCreate() 메서드에서 테이블을 생성합니다. 이 메서드 안에 테이블 생성 쿼리를 작성하고 실행하면 됩니다. 데이터베이스가 생성되어 있으면 더 이상 실행되지 않습니다. onCreate() 메서드 안에 앞에서 만든 테이블 생성 쿼리를 문자열로 입력한 후, db의 execSQL() 메서드에 전달해서 실행합니다. 문자열을 한 줄에 늘어 놓을 수도 있지만 보기 어려워지니 다음처럼 문자열 끝에 '+'를 입력해서 다음 줄과 연결합니다.

```kotlin
override fun onCreate(db: SQLiteDatabase?) {
    val create = "create table memo (" +
            "no integer primary key, " +
            "content text, " +
            "datetime integer" +
            ")"

    db?.execSQL(create)
}
```

06. SqliteHelper 클래스 바깥에 Memo 클래스를 하나 생성하고 다음과 같이 정의합니다. no 와 datetime의 타입을 데이터베이스에서는 INTEGER로 정의했는데, 여기서는 Long입니다. 숫자 의 범위가 서로 다르기 때문입니다. 특별한 이유가 없다면 SQLite에서 INTEGER로 선언한 것은 소 스 코드에서는 Long으로 사용합니다. 그리고 no만 null을 허용한 것은 PRIMARY KEY 옵션으로 값 이 자동으로 증가되기 때문에 데이터 삽입 시에는 필요하지 않아서입니다. Memo 클래스의 INSERT, SELECT, UPDATE, DELETE에 모두 사용됩니다.

```
data class Memo(var no: Long?, var content: String, var datetime: Long)
```

사용할 데이터 클래스까지 정의되었기 때문에 이제 삽입, 조회, 수정, 삭제에 해당하는 4개의 기본 메서드를 구현하겠습니다.

삽입 메서드

SqliteHelper 클래스에 데이터 삽입 메서드(INSERT)를 구현합니다.

01. SQLiteOpenHelper를 이용해서 값을 입력할 때는 코틀린의 Map 클래스처럼 키, 값 형태로 사 용되는 ContentValues 클래스를 사용합니다(맵과 사용법은 같고 내부에 구현되어 있는 코드만 조 금 다릅니다). ContentValues에 put("컬럼명", 값)으로 저장합니다.

```
fun insertMemo(memo: Memo) {
    val values = ContentValues()
    values.put("content", memo.content)
    values.put("datetime", memo.datetime)
    // 02는 여기에 입력합니다.
}
```

02. 상속받은 SQLiteOpenHelper에 이미 구현된 writableDatabase에 테이블명과 함께 앞에서 작성한 값을 전달해서 insert()하고, 사용한 후에는 close()를 호출해서 꼭 닫아줘야 합니다.

```
val wd = writableDatabase
wd.insert("memo", null, values)
wd.close()
```

조회 메서드

이번에는 SqliteHelper 클래스에 데이터 조회 메서드(SELECT)를 정의합니다.

01. 조회 메서드는 반환값이 있으므로 메서드의 가장 윗줄에 반환할 값을 변수로 선언하고, 가장 아랫줄에서 반환하는 코드를 작성한 후 그사이에 구현 코드를 작성하는 것이 좋습니다. 앞서 생성한 insertMemo 클래스 아래에 다음 코드를 입력합니다.

```kotlin
fun selectMemo(): MutableList<Memo> {
    val list = mutableListOf<Memo>()
                                            메서드의 가장 윗줄에서 반환할 값을
    // 02부터 08까지는 여기에 입력합니다.        선언하고 가장 아랫줄에서 반환합니다.

    return list
}
```

02. 메모의 전체 데이터를 조회하는 쿼리를 작성합니다.

```kotlin
val select = "select * from memo"
```

03. 읽기 전용 데이터베이스를 변수에 담습니다.

```kotlin
val rd = readableDatabase
```

04. 데이터베이스의 rawQuery() 메서드에 앞에서 작성해둔 쿼리를 담아서 실행하면 커서 (cursor) 형태로 값이 반환됩니다.

```kotlin
val cursor = rd.rawQuery(select, null)
```

☆ 커서(Cursor)

데이터셋을 처리할 때 현재 위치를 포함하는 데이터 요소입니다. 커서를 사용하면 쿼리를 통해 반환된 데이터셋을 반복문으로 반복하며 하나씩 처리할 수 있습니다. 반복할 때마다 커서가 현재 위치를 가리키고 있어 [데이터 읽기 → 다음 줄 이동]의 단순 로직으로 데이터를 쉽게 처리할 수 있습니다.

05. 커서의 `moveToNext()` 메서드가 실행되면 다음 줄에 사용할 수 있는 레코드가 있는지 여부를 반환하고, 해당 커서를 다음 위치로 이동시킵니다. 레코드가 없으면 반복문을 빠져나갑니다. 모든 레코드를 읽을 때까지 반복합니다.

```
while (cursor.moveToNext()) {
    // 06, 07은 여기에 입력합니다.
}
// 08은 반복문이 끝난 다음인 여기에 입력합니다.
```

06. 반복문을 돌면서 테이블에 정의된 3개의 컬럼에서 값을 꺼낸 후 각각 변수에 담습니다.

```
val noIdx = cursor.getColumnIndex("no") // 1. 테이블에서 no 컬럼의 순서
val contentIdx = cursor.getColumnIndex("content") // 2
val dateIdx = cursor.getColumnIndex("datetime") // 3

val no = cursor.getLong(noIdx) // 값은 위에서 저장해 둔 컬럼의 위치로 가져옵니다
val content = cursor.getString(contentIdx)
val datetime = cursor.getLong(dateIdx)
```

☆ 컬럼명으로 조회해서 위칫값으로 값 꺼내기

한 줄의 코드가 조금 복잡해 보일 수 있는데 풀어서 쓰면 다음과 같습니다. 컬럼에서 값을 꺼내기 위해서는 먼저 몇 번째 컬럼인지를 컬럼명으로 조회해야 합니다.

```
val 컬럼 위치 = cursor.getColumnIndex("컬럼명")
```

그리고 위칫값으로 값을 꺼내면 됩니다. 값을 꺼낼 때는 값의 타입에 맞게 getLong(), getString() 메서드가 제공됩니다.

```
cursor.getLong(컬럼 위치)
```

07. 앞에서 변수에 저장해두었던 값들로 Memo 클래스를 생성하고 반환할 목록에 더합니다.

```
list.add(Memo(no, content, datetime))
```

08. while 문의 블록 밖에서 커서와 읽기 전용 데이터베이스를 모두 닫아줍니다.

```
cursor.close()
rd.close()
```

☆ 메모리 누수

데이터베이스를 사용하면 스마트폰의 시스템 자원(메모리, CPU 등)을 점유하는데 한 번 점유한 자원은 반드시 close()를 호출해서 반환합니다. close()를 호출하지 않으면 반환되지 않아 자원을 낭비할 수 있습니다.

최신 프레임워크에서는 자동으로 반환하기도 하지만, 특히 데이터베이스를 사용할 계획이라면 데이터베이스는 기본적으로 연결 후에 꼭 해제해야 한다는 점을 잊지 마세요.

수정 메서드

SqliteHelper 클래스에 데이터 수정 메서드(UPDATE)를 정의합니다.

01. INSERT와 동일하게 ContentValues를 사용해서 수정할 값을 저장합니다.

```
fun updateMemo(memo: Memo) {
    val values = ContentValues()
    values.put("content", memo.content)
    values.put("datetime", memo.datetime)
    // 02는 여기에 입력합니다.
}
```

02. writableDatabase의 update() 메서드를 사용하여 수정한 다음 close()를 호출합니다. update() 메서드의 파라미터는 총 4개인데(테이블명, 수정할 값, 수정할 조건) 순서입니다. 수정할 조건은 PRIMARY KEY로 지정된 컬럼을 사용하며 여기서는 PRIMARY KEY인 컬럼이 no이기 때문에 "no = 숫자"가 됩니다. 네 번째 값은 'null'을 입력합니다. 세 번째 값을 "no = ?"의 형태로 입력하고, 네 번째에 ?에 매핑할 값을 arrayOf("${memo.no}")의 형태로 전달할 수도 있습니다. 여기서는 세 번째에 조건과 값을 모두 할당했기 때문에 네 번째에 null을 사용하는 것입니다.

```
val wd = writableDatabase
wd.update("memo", values, "no = ${memo.no}", null)
wd.close()
```

삭제 메서드

SqliteHelper 클래스를 사용하면 앞에서처럼 insert(), update() 메서드의 사용법만 알면 쿼리를 몰라도 데이터베이스를 사용할 수 있습니다. 하지만 복잡한 데이터베이스를 다룰 때에는 쿼리를 직접 작성하면 데이터를 더 정밀하게 다룰 수 있으므로 쿼리를 공부하는 것은 중요합니다. 삭제 메서드(DELETE)는 쿼리를 직접 입력해서 데이터를 삭제하는 코드로 작성해보겠습니다. 삭제 쿼리를 미리 보면 다음과 같은 구조입니다.

```
DELETE FROM 테이블명 WHERE 조건식
```

01. SqliteHelper 클래스에 데이터 삭제 메서드를 정의합니다. 조건식은 "컬럼명 = 값"의 형태가 됩니다. 삭제 쿼리를 작성하고 변수에 저장합니다.

```
fun deleteMemo(memo: Memo) {
    val delete = "delete from memo where no = ${memo.no}"
    // 02는 여기에 입력합니다.
}
```

02. writableDatabase의 execSQL() 메서드로 쿼리를 실행한 후 close()를 호출합니다. execSQL() 메서드로 쿼리를 직접 실행할 수 있습니다.

```
val db = writableDatabase
db.execSQL(delete)
db.close()
```

SqliteHelper.kt의 전체 코드는 다음과 같습니다.

SqliteHelper.kt의 전체 코드

```
package kr.co.hanbit.sqlite

import android.content.ContentValues
import android.content.Context
import android.database.sqlite.SQLiteDatabase
import android.database.sqlite.SQLiteOpenHelper

class SqliteHelper(context: Context, name: String, version: Int):
                SQLiteOpenHelper(context, name, null, version) {
    override fun onCreate(db: SQLiteDatabase?) {
        val create = "create table memo (" +
                "no integer primary key, " +
                "content text, " +
                "datetime integer" +
                ")"

        db?.execSQL(create)
    }
```

```kotlin
override fun onUpgrade(db: SQLiteDatabase?, oldVersion: Int, newVersion: Int) {
}

fun insertMemo(memo: Memo) {
    val values = ContentValues()
    values.put("content", memo.content)
    values.put("datetime", memo.datetime)

    val wd = writableDatabase
    wd.insert("memo", null, values)
    wd.close()
}

fun selectMemo(): MutableList<Memo> {
    val list = mutableListOf<Memo>()

    val select = "select * from memo"
    val rd = readableDatabase
    val cursor = rd.rawQuery(select, null)
    while (cursor.moveToNext()) {
        val noIdx = cursor.getColumnIndex("no")
        val contentIdx = cursor.getColumnIndex("content")
        val dateIdx = cursor.getColumnIndex("datetime")

        val no = cursor.getLong(noIdx)
        val content = cursor.getString(contentIdx)
        val datetime = cursor.getLong(dateIdx)

        list.add(Memo(no, content, datetime))
    }

    cursor.close()
    rd.close()
    return list
}

fun updateMemo(memo: Memo) {
    val values = ContentValues()
    values.put("content", memo.content)
    values.put("datetime", memo.datetime)

    val wd = writableDatabase
```

```
        wd.update("memo", values, "no = ${memo.no}", null)
        wd.close()
    }

    fun deleteMemo(memo: Memo) {
        val delete = "delete from memo where no = ${memo.no}"

        val db = writableDatabase
        db.execSQL(delete)
        db.close()
    }
}

data class Memo(var no: Long?, var content: String, var datetime: Long)
```

미니 퀴즈 8-1

1. 데이터의 저장 형태를 테이블에 정의하고 테이블 간의 관계를 정의한 데이터베이스는 무엇인가요?
2. 모바일을 위한 경량 데이터베이스로 안드로이드에서 기본으로 사용하는 이 데이터베이스는 무엇인가요?
3. 관계형 데이터베이스에서 데이터의 구조 및 저장 형태를 정의한 것은 무엇인가요?

화면을 만들고 소스 코드 연결하기

SqliteHelper를 만들었으니 이제 화면을 만들고 MainActiviy.kt에 연결해보겠습니다.

2.1 화면 만들기

화면을 구성하려면 두 XML 파일을 수정해야 합니다.

activity_main.xml 편집하기

먼저 activity_main.xml 파일을 편집해서 화면을 구성하겠습니다.

01. 파일의 [Design] 모드에서 기존의 텍스트뷰는 지우고 팔레트의 컨테이너 카테고리에서 리사이클러뷰를 선택해 화면 상단에 배치합니다. 그리고 id 속성에 'recyclerMemo'를 입력합니다. (낮은 버전의 안드로이드 스튜디오에서는 RecyclerView를 다운로드할지 묻는 팝업창이 나타나는데 확인을 눌러 다운로드하면 됩니다.)

여기서 잠깐

☆ **위젯을 클릭했는데 속성 창에 아무것도 나오지 않습니다.**

가끔 리사이클러뷰와 같은 위젯을 화면에 가져다 놓고 클릭을 했을 때 속성 창에 아무것도 나타나지 않고 다음과 같은 메시지만 나타나는 경우가 있습니다. 이것 외에도 안드로이드 스튜디오 화면이 정상적이지 않을 때는 프로그램을 종료했다가 다시 시작하면 대부분 해결됩니다.

> No component selected.
>
> Select a component in the
> Component Tree or on the Design
> Surface.

---

02. 팔레트의 텍스트 카테고리에서 플레인텍스트를 드래그해서 화면 하단에 배치합니다. 여기에 메모를 입력할 겁니다. id 속성은 'editMemo', text 속성은 지우고 hint 속성을 '메모를 입력하세요'라고 수정합니다. 여러 줄을 입력할 수 있어야 하므로 inputType 속성의 아래 화살표를 눌러 textMultiLine을 'true'로 변경합니다. textPersonName도 그대로 체크 상태입니다.

03. 팔레트의 버튼 카테고리에서 버튼을 하나 드래그해서 우측 하단에 가져다둡니다. id 속성에는 'buttonSave', text 속성에는 '저장'이라고 입력합니다. 각 위젯의 컨스트레인트는 다음 그림과 같이 연결해줍니다.

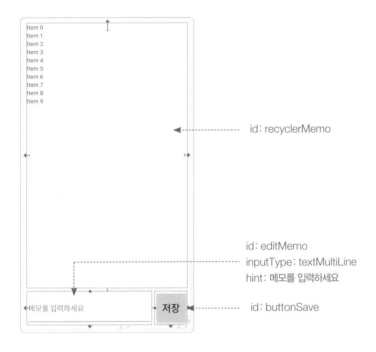

id: recyclerMemo

id: editMemo
inputType: textMultiLine
hint: 메모를 입력하세요

id: buttonSave

item_recycler.xml 추가하기

리사이클러뷰의 아이템 용도로 사용할 item_recycler.xml 레이아웃 파일을 생성해서 편집하겠습니다.

01. [app]−[res]−[layout] 디렉터리에서 새 리소스 파일을 생성해서 다음과 같이 입력합니다. File name과 Root element를 주의해서 입력합니다.

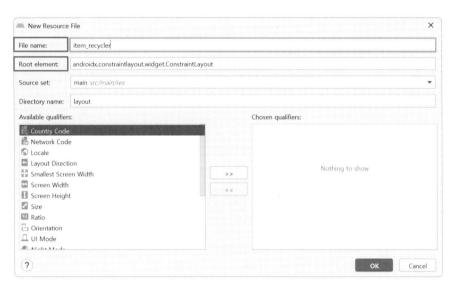

02. 레이아웃 파일이 생성되면 [Design] 모드에서 컴포넌트 트리의 최상위 컨스트레인트 레이아웃을 클릭합니다. 그리고 우측의 layout_height 속성을 '100dp'로 수정해서 아이템의 높이를 미리 정해 놓습니다.

03. 번호와 메모의 내용을 표시할 텍스트뷰를 배치합니다. 그리고 내용을 표시하는 텍스트뷰 아래에 날짜를 표시할 텍스트뷰를 하나 배치합니다. 각 속성의 수정 내용은 다음 그림을 참고합니다. 이 중 ellipsize 속성은 maxLines에서 '2'로 텍스트뷰의 줄을 제한했는데 두 줄이 넘어가면 말줄임표(…)가 나오도록 하는 속성입니다.

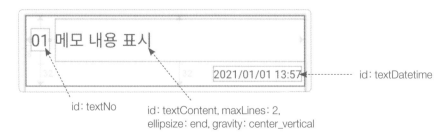

id: textNo

id: textContent, maxLines: 2,
ellipsize: end, gravity: center_vertical

id: textDatetime

2.2 소스 코드 연결하기

이제 레이아웃과 소스 코드를 연결합니다. 아래 코드에서 binding을 사용하므로 build.gradle 파일에 viewBinding 설정을 추가해주세요.

RecyclerAdapter 클래스 만들기

먼저 Memo 클래스를 데이터로 사용하는 RecyclerAdapter 클래스를 정의합니다. [app]-[java] 밑에 있는 패키지에 RecyclerAdapter라는 이름의 클래스를 생성합니다. 다음 코드가 RecyclerAdapter.kt 파일이며 설명은 생략합니다. 5장의 '2. 컨테이너: 목록 만들기'에서 사용했던 어댑터와 비교했을 때 위젯의 id와 Memo 클래스의 변수명만 달라질 뿐 코드는 그대로입니다.

```kotlin
package kr.co.hanbit.sqlite

import java.text.SimpleDateFormat
import android.view.LayoutInflater
import android.view.ViewGroup
import androidx.recyclerview.widget.RecyclerView
import kr.co.hanbit.sqlite.databinding.ItemRecyclerBinding

class RecyclerAdapter: RecyclerView.Adapter<Holder>() {
    var listData = mutableListOf<Memo>()

    override fun onCreateViewHolder(parent: ViewGroup, viewType: Int): Holder {
        val binding = ItemRecyclerBinding.inflate(LayoutInflater.from(parent.context),
                                                  parent, false)
        return Holder(binding)
    }

    override fun getItemCount(): Int {
        return listData.size
    }

    override fun onBindViewHolder(holder: Holder, position: Int) {
        val memo = listData.get(position)
        holder.setMemo(memo)
    }
}
```

```
class Holder(val binding: ItemRecyclerBinding): RecyclerView.ViewHolder(binding.root) {
    fun setMemo(memo: Memo) {
        binding.textNo.text = "${memo.no}"
        binding.textContent.text = memo.content
        val sdf = SimpleDateFormat("yyyy/MM/dd hh:mm")
        // 날짜 포맷은 SimpleDateFormat으로 설정합니다.
        binding.textDatetime.text = "${sdf.format(memo.datetime)}"
    }
}
```

MainActivity에서 코드 조합하기

이제 앞에서 만든 모든 코드를 MainActivity.kt에서 조합해 동작 가능한 코드로 작성하겠습니다.

01. MainActivity.kt를 열고 클래스 코드 블록 맨 윗줄에서 바인딩을 생성하고 binding 변수에 저장합니다. 그리고 바로 아랫줄에서 SqliteHelper를 생성하고 변수에 저장합니다.

```
val binding by lazy { ActivityMainBinding.inflate(layoutInflater) }
val helper = SqliteHelper(this, "memo", 1)
```

02. onCreate()의 setContentView에 binding.root를 전달하고, 다음 줄에서 RecyclerAdapter를 생성합니다.

```
val adapter = RecyclerAdapter()
```

03. 이어서 adapter의 listData에 데이터베이스에서 가져온 데이터를 세팅합니다.

```
adapter.listData.addAll(helper.selectMemo())
```

04. 화면의 리사이클러뷰 위젯에 adapter를 연결하고 레이아웃 매니저를 설정합니다.

```
binding.recyclerMemo.adapter = adapter
binding.recyclerMemo.layoutManager = LinearLayoutManager(this)
```

05. 저장 버튼에 클릭리스너를 달아줍니다.

```
binding.buttonSave.setOnClickListener {
    // 06은 여기에 입력합니다.
}
```

06. 메모를 입력하는 플레인텍스트를 검사해서 값이 있으면 해당 내용으로 Memo 클래스를 생성합니다.

```
if (binding.editMemo.text.toString().isNotEmpty()) {
    val memo = Memo(null, binding.editMemo.text.toString(), System.currentTimeMillis())
    // 07은 여기에 입력합니다.
}
```

07. helper 클래스의 insertMemo() 메서드에 앞에서 생성한 Memo를 전달해 데이터베이스에 저장합니다.

```
helper.insertMemo(memo)
```

08. 아랫줄에 다음 코드를 입력하여 어댑터의 데이터를 모두 초기화합니다.

```
adapter.listData.clear()
```

09. 그리고 데이터베이스에서 새로운 목록을 읽어와 어댑터에 세팅하고 갱신합니다. 새로 생성되는 메모에는 번호가 자동 입력되므로 번호를 갱신하기 위해서 새로운 데이터를 세팅하는 것입니다.

```
adapter.listData.addAll(helper.selectMemo())
adapter.notifyDataSetChanged()
```

10. 끝으로 메모 내용을 입력하는 위젯의 내용을 지워서 초기화합니다.

```
binding.editMemo.setText("")
```

11. 에뮬레이터에서 실행하고 테스트합니다.

MainActivity.kt의 전체 코드

```
package kr.co.hanbit.sqlite

import androidx.appcompat.app.AppCompatActivity
import android.os.Bundle
import androidx.recyclerview.widget.LinearLayoutManager
import kr.co.hanbit.sqlite.databinding.ActivityMainBinding

class MainActivity: AppCompatActivity() {

    val binding by lazy { ActivityMainBinding.inflate(layoutInflater) }
    val helper = SqliteHelper(this, "memo", 1)

    override fun onCreate(savedInstanceState: Bundle?) {
        super.onCreate(savedInstanceState)
        setContentView(binding.root)
```

```kotlin
        val adapter = RecyclerAdapter()

        adapter.listData.addAll(helper.selectMemo())
        binding.recyclerMemo.adapter = adapter
        binding.recyclerMemo.layoutManager = LinearLayoutManager(this)

        binding.buttonSave.setOnClickListener {
            if (binding.editMemo.text.toString().isNotEmpty()) {
                val memo = Memo(null, binding.editMemo.text.toString(),
                                System.currentTimeMillis())
                helper.insertMemo(memo)

                adapter.listData.clear()
                adapter.listData.addAll(helper.selectMemo())
                adapter.notifyDataSetChanged()
                binding.editMemo.setText("")
            }
        }
    }
}
```

삭제 버튼 추가하기

메모 목록에 삭제 버튼을 추가하여 메모를 삭제할 수 있도록 만들겠습니다.

01. item_recycler.xml 파일을 열고 목록 아이템의 우측에 삭제 버튼을 배치합니다.

02. 메모를 삭제하려면 SQLite의 데이터와 어댑터에 있는 Memo 컬렉션의 데이터를 삭제해야 합니다. SQLite의 데이터를 삭제하기 위해서 MainActivity.kt를 열고 클래스의 두 번째 줄에 생성해 둔 helper를 어댑터에 전달합니다. 어댑터 생성 코드 바로 아랫줄에 작성하는데 어댑터에는 아직 helper 프로퍼티가 없기 때문에 빨간색으로 나타납니다.

```
val adapter = RecyclerAdapter()
adapter.helper = helper  // 추가한 코드
```

03. RecyclerAdapter.kt를 열고 클래스 블록 가장 윗줄에 helper 프로퍼티를 만듭니다. 아랫줄에는 listData 프로퍼티가 있습니다.

```
var helper: SqliteHelper? = null
```

04. 계속해서 RecyclerAdapter.kt의 Holder 클래스에 init 블록을 만듭니다. 그리고 추가한 buttonDelete에 클릭리스너를 달아줍니다.

```
init {
    binding.buttonDelete.setOnClickListener {

    }
}
```

05. 삭제 버튼을 클릭하면 어댑터의 helper와 listData에 접근해야 되는데, 지금은 어댑터 밖에 Holder 클래스가 있기 때문에 접근할 수 없습니다. Holder 클래스 전체를 어댑터 클래스 안으로 옮기고 class 앞에 inner 키워드를 붙여줍니다. Holder 클래스의 위치가 바뀌었기 때문에 RecyclerView.Adapter의 제네릭은 다시 import해야 합니다. 빨간색으로 바뀐 〈Holder〉 글자를 클릭하고 [Alt] + [Enter] 키로 import합니다. 이제 Holder 클래스에서 어댑터의 멤버 변수에 접근할 수 있습니다.

```
class RecyclerAdapter: RecyclerView.Adapter<RecyclerAdapter.Holder>() {

    // 중략

    inner class Holder(val binding: ItemRecyclerBinding): RecyclerView.
                    ViewHolder(binding.root) {
        init {
            binding.buttonDelete.setOnClickListener {

            }
```

```
        }

    fun setMemo(memo: Memo) {
        binding.textNo.text = "${memo.no}"
        binding.textContent.text = memo.content
        val sdf = SimpleDateFormat("yyyy/MM/dd hh:mm")
        binding.textDatetime.text = "${sdf.format(memo.datetime)}"
    }
    }
}
```

06. 홀더는 한 화면에 그려지는 개수만큼 만든 후 재사용하므로 1번 메모가 있는 홀더를 스크롤해서 위로 올리면 아래에서 올라오는 새로운 메모가 1번 홀더를 재사용하는 구조입니다. 따라서 클릭하는 시점에 어떤 데이터가 있는지 알아야 하므로 Holder 클래스의 init 위에 변수를 하나 선언하고 setMemo() 메서드로 넘어온 Memo를 임시로 저장합니다.

```
var mMemo: Memo? = null  ●--------- 추가한 코드입니다.
    // 중략
fun setMemo(memo: Memo) {
    // 중략
    this.mMemo = memo  ●--------- 추가한 코드입니다.

}
```

07. init 블록 안에 있는 buttonDelete의 클릭리스너 블록 안에서 SQLite의 데이터를 먼저 삭제하고, listData의 데이터도 삭제합니다. 그리고 어댑터를 갱신합니다.

```
helper?.deleteMemo(mMemo!!)          deleteMemo()는 null을 허용하지 않는데,
listData.remove(mMemo)      ┆·········· mMemo는 null을 허용하도록 설정되었기
notifyDataSetChanged()               때문에 !!를 사용해서 강제해야 합니다.
```

08. 에뮬레이터에서 실행하고 테스트합니다. 메모 데이터 하나를 삭제한 후 앱을 껐다 켰을 때도 삭제되어 있으면 정상적으로 동작하는 것입니다.

메모 내용 전체 보기

앞서 메모 앱의 목록은 두 줄까지만 보여주도록 설계했습니다. 전체 내용을 모두 보여주도록 레이아웃을 조금 수정하겠습니다.

01. item_recycler.xml 파일을 열고 최상위 레이아웃인 컨스트레인트 레이아웃의 layout_height 속성을 'wrap_content'로 변경합니다.

02. 메모 내용이 표시되는 텍스트뷰의 maxlines 속성값을 삭제하고 layout_height 속성을 'wrap_content'로 변경합니다.

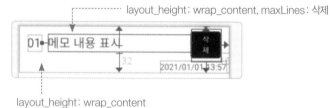

03. 에뮬레이터에서 실행하고 여러 줄의 데이터를 작성해
보세요. 목록에서 여러 줄이 표시되면 정상적으로 동작하
는 것입니다.

프로젝트의 전체 코드

다음은 MainActiviy.kt의 전체 코드입니다.

```
package kr.co.hanbit.sqlite

import androidx.appcompat.app.AppCompatActivity
import android.os.Bundle
import androidx.recyclerview.widget.LinearLayoutManager
import kr.co.hanbit.sqlite.databinding.ActivityMainBinding

class MainActivity: AppCompatActivity() {

    val binding by lazy { ActivityMainBinding.inflate(layoutInflater) }
    val helper = SqliteHelper(this, "memo", 1)

    override fun onCreate(savedInstanceState: Bundle?) {
        super.onCreate(savedInstanceState)
        setContentView(binding.root)

        val adapter = RecyclerAdapter()
        adapter.helper = helper
```

```
            adapter.listData.addAll(helper.selectMemo())
            binding.recyclerMemo.adapter = adapter
            binding.recyclerMemo.layoutManager = LinearLayoutManager(this)

            binding.buttonSave.setOnClickListener {
                if (binding.editMemo.text.toString().isNotEmpty()) {
                    val memo = Memo(null,
                                    binding.editMemo.text.toString(),
                                    System.currentTimeMillis())

                    helper.insertMemo(memo)

                    adapter.listData.clear()
                    adapter.listData.addAll(helper.selectMemo())
                    adapter.notifyDataSetChanged()
                    binding.editMemo.setText("")
                }
            }
        }
    }
}
```

다음은 RecyclerAdapter.kt의 전체 코드입니다.

```
package kr.co.hanbit.sqlite

import java.text.SimpleDateFormat
import android.view.LayoutInflater
import android.view.ViewGroup
import androidx.recyclerview.widget.RecyclerView
import kr.co.hanbit.sqlite.databinding.ItemRecyclerBinding

class RecyclerAdapter. RecyclerView.Adapter<RecyclerAdapter.Holder>() {
    var helper: SqliteHelper? = null
    var listData = mutableListOf<Memo>()
    override fun onCreateViewHolder(parent: ViewGroup, viewType: Int): Holder {
        val binding = ItemRecyclerBinding.inflate(LayoutInflater.from(parent.context),
                                                parent, false)
        return Holder(binding)
    }
    override fun getItemCount(): Int {
```

```
            return listData.size
    }

    override fun onBindViewHolder(holder: Holder, position: Int) {
        val memo = listData.get(position)
        holder.setMemo(memo)
    }

    inner class Holder(val binding: ItemRecyclerBinding):
                       RecyclerView.ViewHolder(binding.root) {
        var mMemo: Memo? = null
        init {
            binding.buttonDelete.setOnClickListener {
                helper?.deleteMemo(mMemo!!)
                listData.remove(mMemo)
                notifyDataSetChanged()
            }
        }
        fun setMemo(memo:Memo) {
            binding.textNo.text = "${memo.no}"
            binding.textContent.text = memo.content
            val sdf = SimpleDateFormat("yyyy/MM/dd hh:mm")
            // 날짜 포맷은 SimpleDateFormat으로 설정합니다.
            binding.textDatetime.text = "${sdf.format(memo.datetime)}"

            this.mMemo = memo
        }
    }
}
```

다음은 item_recycler.xml의 전체 코드입니다.

```
<?xml version="1.0" encoding="utf-8"?>
<androidx.constraintlayout.widget.ConstraintLayout xmlns:android="http://schemas.
android.com/apk/res/android"
    xmlns:app="http://schemas.android.com/apk/res-auto"
    android:layout_width="match_parent"
    android:layout_height="wrap_content">

    <TextView
```

```xml
        android:id="@+id/textContent"
        android:layout_width="0dp"
        android:layout_height="wrap_content"
        android:layout_marginStart="8dp"
        android:layout_marginLeft="8dp"
        android:layout_marginTop="8dp"
        android:layout_marginBottom="32dp"
        android:ellipsize="end"
        android:gravity="center_vertical"
        android:text="메모 내용 표시"
        android:textSize="18sp"
        app:layout_constraintBottom_toBottomOf="parent"
        app:layout_constraintEnd_toStartOf="@+id/buttonDelete"
        app:layout_constraintStart_toEndOf="@+id/textNo"
        app:layout_constraintTop_toTopOf="parent" />

    <TextView
        android:id="@+id/textDatetime"
        android:layout_width="wrap_content"
        android:layout_height="wrap_content"
        android:layout_marginEnd="8dp"
        android:layout_marginRight="8dp"
        android:text="2020/01/01 13:57"
        android:textSize="18sp"
        app:layout_constraintBottom_toBottomOf="parent"
        app:layout_constraintEnd_toEndOf="parent"
        app:layout_constraintTop_toBottomOf="@+id/textContent" />

    <TextView
        android:id="@+id/textNo"
        android:layout_width="wrap_content"
        android:layout_height="wrap_content"
        android:layout_marginStart="8dp"
        android:layout_marginLeft="8dp"
        android:layout_marginTop="8dp"
        android:layout_marginBottom="32dp"
        android:text="01"
        android:textSize="18sp"
        app:layout_constraintBottom_toBottomOf="parent"
        app:layout_constraintStart_toStartOf="parent"
        app:layout_constraintTop_toTopOf="parent" />
```

```xml
<Button
    android:id="@+id/buttonDelete"
    android:layout_width="50dp"
    android:layout_height="50dp"
    android:layout_marginTop="8dp"
    android:layout_marginEnd="8dp"
    android:layout_marginRight="8dp"
    android:layout_marginBottom="32dp"
    android:text= "삭제"
    android:textSize="14sp"
    app:layout_constraintBottom_toBottomOf="parent"
    app:layout_constraintEnd_toEndOf="parent"
    app:layout_constraintTop_toTopOf="parent" />
</androidx.constraintlayout.widget.ConstraintLayout>
```

미니 퀴즈 8-2

1. SQLiteOpenHelper에서 삽입과 수정 메서드에 직접 쿼리를 작성해서 동작하도록 수정해보
   세요.

〈3〉 Room: ORM 라이브러리

ORM^{Object-Relational Mapping}은 객체(Class)와 관계형 데이터베이스의 데이터(Table)를 매핑하고 변환하는 기술로 복잡한 쿼리를 잘 몰라도 코드만으로 데이터베이스의 모든 것을 컨트롤할 수 있도록 도와줍니다.

간단한 예로 다음 그림과 같이 코드의 클래스 파일에 ORM을 적용하면 자동으로 쿼리로 변환해서 테이블을 생성해줍니다.

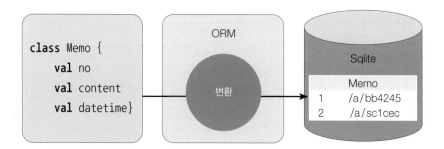

안드로이드는 SQLite를 코드 관점에서 접근할 수 있도록 ORM 라이브러리인 Room을 제공합니다.

3.1 Room 추가하기

Room 프로젝트를 하나 새로 생성합니다. 앞에서 작성했던 SQLite 프로젝트에서 몇 개의 화면과 액티비티는 복사해서 재사용하겠습니다.

01. build.gradle 파일을 열고 가장 윗줄 plugins 블록에 다음과 같이 입력해 kotlin-kapt를 사용한다는 것을 명시하고, android 블록에 viewBinding 설정도 같이 추가합니다.

```
plugins {
    id 'com.android.application'
    id 'kotlin-android'
    id 'kotlin-kapt'
}
```

```
android {
    buildFeatures {
        viewBinding true
    }
    ...
```

02. 그리고 dependencies 블록 앞부분에 다음과 같이 입력해서 Room을 추가합니다. Room은 빠른 처리 속도를 위해서 어노테이션 프로세서annotationProcessor를 사용하는데, 코틀린에서는 이것을 대신해서 kapt를 사용합니다. kapt를 사용하기 위해서는 먼저 build.gradle 파일의 상단에 kotlin-kapt 플러그인을 추가해야 합니다. dependencies 블록에 추가한 코드 중 세 번째줄에 kapt라고 작성되어 있는 부분을 주의해서 작성해야 합니다.

```
dependencies {
    def room_version = "2.3.0"
    implementation "androidx.room:room-runtime:$room_version"
    kapt "androidx.room:room-compiler:$room_version"
    implementation "androidx.room:room-ktx:$room_version"
    ...
```

여기서 잠깐

 Room 버전

이 책을 읽는 시점에는 버전이 변경되었을 수도 있습니다. 다음 주소에 들어가서 버전을 확인하고 최신 버전으로 수정합니다.

• https://developer.android.com/jetpack/androidx/releases/room

03. build.gradle 파일의 우측 상단을 보면 [Sync Now]가 생겼을 겁니다. 클릭해서 설정 사항을 적용합니다.

☀ **kapt란?**

"자바 6부터 도입된 Pluggable Annotation Processing API (JSR 269)를 Kotlin에서도 사용 가능하게 하는 것입니다" [안드로이드 공식 문서]

여기서 어노테이션 프로세싱이란 우리가 간단하게 '@명령어'처럼 사용하는 주석 형태의 문자열을 실제 코드로 생성해주는 것입니다. @으로 시작하는 명령어를 어노테이션이라고 하는데, 어노테이션이 컴파일 시에 코드로 생성되기 때문에 실행 시에 발생할 수 있는 성능 문제가 많이 개선됩니다.

Room을 사용하면 클래스명이나 변수명 위에 @어노테이션을 사용해서 코드로 변환할 수 있습니다.

3.2 RoomMemo 클래스 정의하기

01. 먼저 앞 절 SQLite 프로젝트에서 사용한 파일 중에서 java 패키지 아래에 있는 MainActivity, RecyclerAdapter를 복사해서 이 프로젝트에 붙여넣기 합니다. 동일한 파일인 MainActivity가 이미 있기 때문에 붙여넣기 여부를 묻는 팝업창에서 [Overwrite]를 클릭합니다. 붙여넣기 한 ActivityMain을 열어보면 패키지명과 네 번째 import인 `ActivityMainBinding`의 경로가 다릅니다. 둘 다 `sqlite`를 현재 패키지명인 `room`으로 수정합니다.

MainActivity 변경 전

```
package kr.co.hanbit.sqlite

...

import kr.co.hanbit.sqlite.databinding.ActivityMainBinding
```

MainActivity 변경 후

```
package kr.co.hanbit.room

...

import kr.co.hanbit.room.databinding.ActivityMainBinding
```

RecyclerAdapter도 열어서 같은 위치의 패키지명을 수정합니다.

RecyclerAdapter 변경 후

```
package kr.co.hanbit.room

...

import kr.co.hanbit.room.databinding.ItemRecyclerBinding
```

나머지 빨간색으로 나타나는 코드들은 일단 그대로 둡니다.

02. [res]−[layout] 밑에 있는 activity_main.xml과 item_recycler.xml도 마저 복사해서 붙여넣기 합니다. [Overwrite for all]을 클릭해서 붙여넣기를 완료합니다.

03. 이제 패키지 이름에서 [New]−[Kotlin File/Class]를 선택해서 RoomMemo로 클래스를 생성합니다. 그리고 @Entity 어노테이션을 class RoomMemo 위에 작성합니다. Room 라이브러리는 @Entity 어노테이션이 적용된 클래스를 찾아 테이블로 변환합니다. 데이터베이스에서 테이블명을 클래스명과 다르게 하고 싶을 때는 @Entity(tableName = "테이블명")과 같이 작성하면 됩니다. 여기서는 테이블명을 room_memo로 만듭니다.

```
@Entity(tableName = "room_memo")
class RoomMemo {
// 04는 여기에 작성합니다.
}
```

04. 멤버 변수 no, content, date 3개를 선언하고 변수명 위에 @ColumnInfo 어노테이션을 작성해서 테이블의 컬럼으로 사용된다는 것을 명시합니다. 컬럼명도 테이블명처럼 변수명과 다르게 하고 싶을 때는 @ColumnInfo(name = "컬럼명")과 같이 작성하면 됩니다.

```
@ColumnInfo
var no: Long? = null

@ColumnInfo
var content: String = ""

@ColumnInfo(name = "date")
var datetime: Long = 0
```

05. no 변수에는 @PrimaryKey 어노테이션을 사용해서 키(Key)라는 점을 명시하고 자동 증가 옵션을 추가합니다.

```
@PrimaryKey(autoGenerate = true)  // 추가한 코드
@ColumnInfo
var no: Long? = null
```

06. content와 datetime을 받는 생성자를 작성합니다.

```
constructor(content: String, datetime: Long) {
    this.content = content
    this.datetime = datetime
}
```

07. 코드를 따라서 작성해보고, 빨간색으로 나타나는 코드는 Alt + Enter 키로 모두 import합니다.

RoomMemo.kt의 전체 코드

```
package kr.co.hanbit.room

import androidx.room.ColumnInfo
import androidx.room.Entity
import androidx.room.PrimaryKey

@Entity(tableName = "room_memo")
class RoomMemo {
    @PrimaryKey(autoGenerate = true)
    @ColumnInfo
    var no: Long? = null

    @ColumnInfo
    var content: String = ""

    @ColumnInfo(name = "date")
    var datetime: Long = 0

    constructor(content: String, datetime: Long) {
        this.content = content
```

```
        this.datetime = datetime
    }
}
```

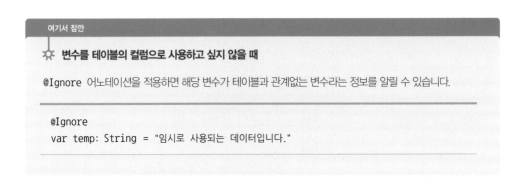

여기서 잠깐

☀ **변수를 테이블의 컬럼으로 사용하고 싶지 않을 때**

@Ignore 어노테이션을 적용하면 해당 변수가 테이블과 관계없는 변수라는 정보를 알릴 수 있습니다.

```
@Ignore
var temp: String = "임시로 사용되는 데이터입니다."
```

3.3 RoomMemoDAO 인터페이스 정의하기

Room은 데이터베이스에 읽고 쓰는 메서드를 인터페이스 형태로 설계하고 사용합니다. 코드 없이 이름만 명시하는 형태로 인터페이스를 만들면 Room이 나머지 코드를 자동 생성합니다.

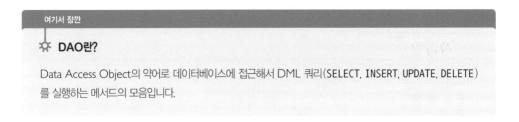

여기서 잠깐

☀ **DAO란?**

Data Access Object의 약어로 데이터베이스에 접근해서 DML 쿼리(SELECT, INSERT, UPDATE, DELETE)를 실행하는 메서드의 모음입니다.

01. [app]-[java] 밑의 패키지 아래에 다음처럼 RoomMemoDao 인터페이스를 생성합니다.

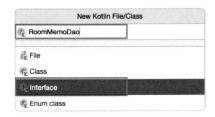

02. RoomMemoDao.kt 파일 class 위에 @Dao 어노테이션을 작성해서 Dao라는 것을 명시하고, Alt + Enter 키를 눌러 import합니다.

```
@Dao
interface RoomMemoDao {

}
```

03. 삽입, 조회, 수정, 삭제에 해당하는 3개의 메서드를 만들고 각각의 어노테이션을 붙여줍니다.

```
@Dao
interface RoomMemoDao {
    @Query("select * from room_memo")
    fun getAll(): List<RoomMemo>

    @Insert(onConflict = REPLACE)
    fun insert(memo: RoomMemo)

    @Delete
    fun delete(memo: RoomMemo)
}
```

> 다른 ORM 툴과는 다르게 조회를 하는 select 쿼리는 직접 작성하도록 설계되어 있습니다. 대부분의 ORM은 select도 메서드 형태로 제공됩니다.

> REPLACE를 import할 때 선택지가 여러 개 나올 수 있는데 androidx.room 패키지로 시작하는 것을 선택합니다.

두 번째 @Insert 어노테이션의 경우 옵션으로 onConflict = REPLACE를 적용하면 동일한 키를 가진 값이 입력되었을 때 UPDATE 쿼리로 실행됩니다.

어노테이션의 종류를 표로 살펴보겠습니다.

어노테이션	위치	옵션	설명
@Database	클래스	entities, version	데이터베이스
@Entity	클래스	(tableName = "테이블명")	테이블
@ColumnInfo	멤버 변수	(name = "컬럼명")	컬럼
@PrimaryKey	멤버 변수	(autoGenerate = true)	컬럼 옵션
@Dao	인터페이스		실행 메서드 인터페이스
@Query	멤버 메서드	("쿼리")	쿼리를 직접 작성하고 실행
@Insert	멤버 메서드	(onConflict = REPLACE)	중복 시 수정
@Delete	멤버 메서드		삭제

```
package kr.co.hanbit.room

import androidx.room.Dao
import androidx.room.Delete
import androidx.room.Insert
import androidx.room.OnConflictStrategy.REPLACE
import androidx.room.Query

@Dao
interface RoomMemoDao {
    @Query("select * from room_memo)
    fun getAll(): List<RoomMemo>

    @Insert(onConflict = REPLACE)
    fun insert(memo: RoomMemo)

    @Delete
    fun delete(memo: RoomMemo)
}
```

3.4 RoomHelper 클래스 정의하기

마치 SQLiteOpenHelper를 상속받아서 구현했던 것처럼 Room도 유사한 구조로 사용할 수 있습니다. Room은 RoomDatabase를 제공하는데 RoomDatabase를 상속받아 클래스를 생성하면 됩니다. 주의할 점은 추상 클래스로 생성해야 한다는 점입니다. 기존 클래스와 동일하게 생성하고 class 앞에 abstract 키워드를 붙이면 추상 클래스가 됩니다.

01. [app]-[java] 밑의 패키지 아래에 RoomHelper 클래스를 생성하고 앞에 abstract 키워드를 붙여서 추상 클래스로 만듭니다. 이 클래스는 RoomDatabase를 상속받습니다.

```
abstract class RoomHelper: RoomDatabase() {

}
```

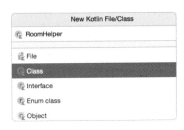

02. 클래스명 위에 @Database 어노테이션을 작성합니다.

```
@Database(entities = arrayOf(RoomMemo::class), version = 1, exportSchema = false)
```

여기서 잠깐

☆ @Database 어노테이션 속성

@Database 어노테이션의 속성을 표로 살펴봅시다.

옵션	설명
entities	Room 라이브러리가 사용할 엔터티(테이블) 클래스 목록
version	데이터베이스의 버전
exportSchema	true면 스키마 정보를 파일로 출력

03. RoomHelper 클래스 안에 앞에서 정의한 RoomMemoDao 인터페이스의 구현체를 사용할 수 있는 메서드명을 정의합니다.

```
abstract fun roomMemoDao(): RoomMemoDao
```

RoomHelper.kt의 전체 코드

```
package kr.co.hanbit.room

import androidx.room.Database
import androidx.room.RoomDatabase

@Database(entities = arrayOf(RoomMemo::class), version = 1, exportSchema = false)
abstract class RoomHelper: RoomDatabase() {
    abstract fun roomMemoDao(): RoomMemoDao
}
```

이렇게 빈 껍데기 코드만 작성해두는 것만으로 Room 라이브러리를 통해서 미리 만들어져 있는 코드를 사용할 수 있게 됩니다.

3.5 어댑터에서 사용하는 Memo 클래스를 RoomMemo 클래스로 변경하기

RecyclerAdapter.kt를 열고 코드를 수정합니다.

01. Ctrl + F 키를 누른 후 Memo 문자열을 모두 RoomMemo로 수정합니다. 대소문자를 구분해야 하기 위해서 Aa 라고 써 있는 아이콘을 클릭해서 활성화한 후 [Replace all]을 눌러서 문자열을 모두 수정합니다.

⚠ [Replace all] 버튼이 보이지 않으면 Ctrl + R 키를 눌러보세요.

02. helper 변수가 선언된 부분을 RoomHelper를 사용할 수 있도록 수정합니다.

수정 전	수정 후
`var helper: SqliteHelper? = null`	`var helper: RoomHelper? = null`

03. buttonDelete 클릭리스너에 있는 deleteMemo() 메서드를 RoomHelper의 메서드로 수정합니다. RoomHelper를 사용할 때는 여러 개의 Dao가 있을 수 있기 때문에 '헬퍼.Dao().메서드()' 형태로 가운데 어떤 Dao를 쓸 것인지를 명시해야 합니다.

수정 전	수정 후
`helper?.deleteMemo(mRoomMemo!!)`	`helper?.roomMemoDao()?.delete(mRoomMemo!!)`

⚠ null 안정성 체크에 유의해서 작성하세요.

3.6 MainActivity에서 RoomHelper 사용하기

MainActivity.kt 파일을 열고 앞에서 작성한 SqliteHelper를 RoomHelper로 교체하겠습니다.

01. MainActivity 맨 윗줄에 정의된 helper 변수를 RoomHelper를 사용할 수 있도록 코드를 수정합니다.

수정 전	수정 후
`var helper = SqliteHelper(this, "memo", 1)`	`var helper: RoomHelper? = null`

02. onCreate()의 setContentView 바로 아랫줄에 helper를 생성하는 부분을 추가합니다. databaseBuilder() 메서드의 세 번째 파라미터가 실제 생성되는 DB 파일의 이름입니다. Room은 기본적으로 서브 스레드에서 동작하도록 설계되어 있기 때문에 allowMainThreadQueries() 옵션이 적용되지 않으면 앱이 동작을 멈춥니다.

⚠ 실제 프로젝트에서는 allowMainThreadQueries 옵션을 사용하지 않기를 권합니다. 책에서는 옵션을 빼고 작성하면 코드가 너무 복잡해지므로 이해를 돕고자 사용했습니다.

```
helper = Room.databaseBuilder(this, RoomHelper::class.java, "room_memo")
    .allowMainThreadQueries()
    .build()
```

03. 어댑터의 데이터 목록에 세팅하는 코드(코드 중간 빨간색 selectMemo가 보이는 행입니다)를 RoomHelper를 사용하는 것으로 수정합니다. 코드가 어려워 보일 수 있는데 하나씩 풀어서 봐야 합니다. helper에 null이 허용되므로 helper 안의 코드를 사용하기 위해서는 helper?.의 형태로 사용해야 합니다. 이어지는 roomMemoDao()?.도 같은 맥락이고, adapter의 listData에 null이 허용되지 않기 때문에 마지막에 ?:(Elvis Operator)를 사용해서 앞의 2개가 null일 경우 사용하기 위한 디폴트값을 설정합니다.

⚠ null 안정성을 위해서 코드 중간에 물음표(?)가 많이 사용되었으니 주의해서 입력하세요.

```
adapter.listData.addAll(helper?.roomMemoDao()?.getAll()?: listOf())
```

04. 저장 버튼을 클릭 시 사용하는 코드도 RoomHelper로 책과 대조하면서 바꿔줍니다.

```
binding.buttonSave.setOnClickListener {
    if (binding.editMemo.text.toString().isNotEmpty()) {
```

```
        val memo = RoomMemo(binding.editMemo.text.toString(), System.currentTimeMillis())
        helper?.roomMemoDao()?.insert(memo)
        adapter.listData.clear()
        adapter.listData.addAll(helper?.roomMemoDao()?.getAll()?: listOf())
        ...
```

05. 에뮬레이터에서 실행하고 테스트합니다.

MainActivity.kt의 전체 코드

```
package kr.co.hanbit.room

import androidx.appcompat.app.AppCompatActivity
import android.os.Bundle
import androidx.recyclerview.widget.LinearLayoutManager
import androidx.room.Room
import kr.co.hanbit.room.databinding.ActivityMainBinding

class MainActivity: AppCompatActivity() {

    val binding by lazy { ActivityMainBinding.inflate(layoutInflater) }
    var helper: RoomHelper? = null

    override fun onCreate(savedInstanceState: Bundle?) {
        super.onCreate(savedInstanceState)
        setContentView(binding.root)

        helper = Room.databaseBuilder(this, RoomHelper::class.java, "room_memo")
                .allowMainThreadQueries()
                .build()

        val adapter = RecyclerAdapter()
        adapter.helper = helper

        adapter.listData.addAll(helper?.roomMemoDao()?.getAll()?: listOf())
        binding.recyclerMemo.adapter = adapter
        binding.recyclerMemo.layoutManager = LinearLayoutManager(this)

        binding.buttonSave.setOnClickListener {
            if (binding.editMemo.text.toString().isNotEmpty()) {
                val memo = RoomMemo(binding.editMemo.text.toString(),
```

```
                    System.currentTimeMillis())
        helper?.roomMemoDao()?.insert(memo)
        adapter.listData.clear()
        adapter.listData.addAll(helper?.roomMemoDao()?.getAll()?: listOf())

        adapter.notifyDataSetChanged()
        binding.editMemo.setText("")
      }
    }
  }
}
```

미니 퀴즈 8-3

1. Room 라이브러리가 사용하는 기술로 클래스와 관계형 데이터베이스의 데이터를 매핑하고
   변환하는 기술은 무엇인가요?

2. 메모의 목록을 선택한 후에 메모를 수정할 수 있도록 코드를 추가해보세요.

카메라와 갤러리

이 장의 핵심 개념

- Intent와 launch( ) 메서드로 카메라 앱을 호출하여 사진을 촬영합니다.

- registerForActivityResult( ) 메서드에서 촬영한 사진의 정보를 받을 수 있습니다.

- 안드로이드의 외부 저장소를 관리하는 데이터베이스 MediaStore를 통해서 외부 저장소의 파일을 읽고 쓸 수 있습니다.

9장을 시작하기 전에

안드로이드폰의 카메라 앱을 호출하여 사진을 촬영하고 이미지를 프리뷰하는 방법과 갤러리에서 사진을 가져와 이미지를 미리보기 하는 방법에 대해 알아봅니다.

⟨1⟩ 카메라 사용하기

6장 권한에서 언급했듯이 안드로이드 6.0(API level 23, targetSdkVersion 23) 버전 이후부터 카메라 관련 작업도 위험 권한으로 분류되어 부가적인 코드 처리가 필요합니다.

예제를 따라 하면서 카메라 권한 처리를 이해하고, 촬영한 이미지를 다루는 방법을 알아보겠습니다.

1.1 UI 화면 만들고 권한 요청하기

새 프로젝트 CameraAndGallery를 생성하고 build.gradle 파일에 `viewBinding` 설정을 합니다.

01. 카메라 촬영 후 결과 처리를 해야 하기 때문에 다음과 같이 ActivityResultLauncher관련 의존성을 추가합니다.

```
// ... 생략
android {
    buildFeatures {
        viewBinding true
    }
    // ... 생략
}
dependencies {
    def dependency_version = "1.3.1"
    implementation "androidx.activity:activity-ktx:$dependency_version"
    implementation "androidx.fragment:fragment-ktx:$dependency_version"
    // ... 생략
}
```

02. activity_main.xml 파일을 열고 텍스트뷰를 삭제합니다.

03. 카메라 앱을 호출하는 버튼을 드래그해서 화면 하단에 배치합니다. 그리고 text 속성에는 '카메라', id 속성에는 'buttonCamera'를 입력하고, 컨스트레인트는 다음 그림과 같이 연결합니다.

id: buttonCamera

04. 카메라 앱으로 촬영한 사진을 미리보기 할 이미지뷰(ImageView)를 버튼 상단에 배치합니다. 이미지뷰를 드래그했을 때 나타나는 팝업창에서 [avatars]를 선택한 다음 [OK] 버튼을 클릭합니다.

05. 이미지뷰의 layout_width와 layout_height의 속성에 '0dp' 를 입력한 다음 컨스트레인트를 다음 그림과 같이 연결합니다. 그리고 id 속성에는 'imagePreview'를 입력합니다.

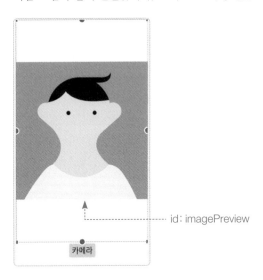

id: imagePreview

06. [app]-[manifests]의 AndroidManifest.xml 파일을 열고 다음의 코드를 입력하여 카메라 권한과 카메라로 촬영한 사진에 대한 접근 권한을 선언합니다. 위치는 〈application〉 태그 시작 전에 입력합니다. (WRITE 권한이 있으면 같은 그룹의 READ 권한은 없어도 되지만, 이렇게 모두 작성하고 사용해도 괜찮습니다.) 카메라를 사용하기 위해서는 〈uses-feature /〉도 같이 설정해야 합니다.

```
<uses-permission android:name="android.permission.CAMERA"/>          카메라 권한
<uses-permission android:name="android.permission.READ_EXTERNAL_STORAGE"/>
<uses-permission android:name="android.permission.WRITE_EXTERNAL_STORAGE"/>
   저장소 읽기 권한                                            저장소 쓰기 권한
<uses-feature android:name="android.hardware.camera" />
```

1.2 권한 처리를 위한 런처 미리 선언하기

카메라 및 촬영한 사진을 저장할 외부 저장소의 권한을 요청하는 코드를 작성합니다.

01. MainActivity.kt를 열고 바인딩을 생성해서 binding 프로퍼티에 저장한 후 setContentView( )에 binding.root를 전달합니다.

```
// ... 생략
    val binding by lazy { ActivityMainBinding.inflate(layoutInflater) }

    override fun onCreate(savedInstanceState: Bundle?) {
        super.onCreate(savedInstanceState)
        setContentView(binding.root)
    }
```

02. 이번 프로젝트에서는 실제 촬영 이미지를 외부 저장소에 저장하기 때문에 카메라 권한과 함께 외부 저장소 권한 처리 런처를 저장해 둘 변수 2개를 먼저 선언해야 합니다.
추가로 바로 아래에 카메라 요청 런처도 하나 선언해 둡니다. 선언한 런처는 총 3개입니다.

```
lateinit var cameraPermission:ActivityResultLauncher<Array<String>> // 카메라 권한
lateinit var storagePermission:ActivityResultLauncher<Array<String>> // 저장소 권한
lateinit var cameraLauncher:ActivityResultLauncher<Uri> // 카메라 앱 호출

override fun onCreate(savedInstanceState: Bundle?) {

    // ... 생략
```

cameraPermission과 storagePermission은 런처의 컨트랙트로 RequestPermission을 사용하기 때문에 제네릭이 문자인 〈String〉입니다. cameraLauncher는 TakePicture를 사용하기 때문에 제네릭으로 〈Uri〉를 지정해야 합니다.

1.3 MainActivity에서 카메라 앱 호출하기

카메라 앱을 호출하기 위해서 먼저 화면을 세팅하는 함수와 카메라를 호출하는 함수를 만들어 두겠습니다.

01. 외부 저장소 권한이 승인되었을 때 호출할 setViews() 메서드를 만듭니다. 메서드 안에 버튼클릭 시 카메라 권한을 요청하는 코드도 함께 작성합니다. 아직 런처를 생성하지 않았지만 프로퍼티를 미리 선언해 두었기 때문에 해당 launch() 메서드에 카메라 권한을 담아서 호출하면 됩니다.

```
fun setViews() {
    binding.buttonCamera.setOnClickListener {
        cameraPermissionLauncher.launch((Manifest.permission.CAMERA)
    }
}
```

02. onCreate() 메서드 안에서 카메라 storagePermission과 cameraPermission을 작성합니다.

```
storagePermission = registerForActivityResult(ActivityResultContracts.
    RequestPermission()) {
}
cameraPermission = registerForActivityResult(ActivityResultContracts.
    RequestPermission()) {
}
```

03. cameraLauncher도 작성합니다. 6장에서는 테스트 용도로 RequestPermission()를 사용했지만 여기서는 실제 카메라의 촬영 결과물을 주고받는 용도로 사용되는 TakePicture()를 사용합니다.

```
// ... 생략
cameraLauncher = registerForActivityResult(ActivityResultContracts.TakePicture()) {
    isSuccess ->
}
```

그리고 런처의 결괏값으로는 사진 촬영이 정상일 경우 true가, 오류가 있을 경우 false가 넘어오기 때문에 isSuccess를 별칭으로 사용하면 코딩할 때 알아보기가 쉽습니다.

04. TakePicture의 결괏값이 Boolean 타입이기 때문에 실제 사진 정보는 여기서 얻을 수 없습니다. 그래서 사진 정보를 담을 변수 하나를 프로퍼티로 미리 선언해 두어야 합니다. onCreate() 메서드 위에 촬영 결과를 저장할 photoUri 프로퍼티를 선언해 둡니다.

```
var photoUri:Uri? = null
```

05. 다시 앞의 **03**번 코드로 돌아가서 isSuccess가 true일 때 photoUri를 화면에 세팅하는 코드를 작성합니다.

```
cameraLauncher = registerForActivityResult(ActivityResultContracts.
    TakePicture()) { isSuccess ->
    if(isSuccess) {
        binding.imagePreview.setImageURI(photoUri)
    }
}
```

06. 다음으로 setView() 메서드 아래에 카메라를 요청하는 openCamera() 메서드를 작성합니다. 먼저 사진 촬영 후 저장할 임시 파일을 생성하고 변수에 담아 둡니다.

```
fun openCamera() {
    val photoFile = File.createTempFile(
        "IMG_",
        ".jpg",
        getExternalFilesDir(Environment.DIRECTORY_PICTURES)
    )
    // 07을 여기에 작성합니다.
}
```

07. 앞에서 생성한 파일의 Uri를 생성해서 photoUri 변수에 담습니다. 그리고 launch() 메서드에 전달해서 카메라를 호출합니다.

```
photoUri = FileProvider.getUriForFile(
    this,
    "${packageName}.provider",
    photoFile
)

cameraLauncher.launch(photoUri)
```

08. 권한 처리 런처의 빈 코드스코프 안에 각각의 코드를 완성해 줍니다. 먼저 **02**에서 작성했던 storagePermission안에 코드를 작성합니다. 권한 요청이 정상적으로 승인(true)되었으면 setViews() 메서드를 호출해서 화면을 시작합니다.

```
storagePermission = registerForActivityResult(ActivityResultContracts.
    RequestPermission()) {
    if(it) { // isGranted 로 변경하고 사용하는게 좋습니다.
        setViews()
    } else {
        Toast.makeText(baseContext, "외부 저장소 권한을 승인해야 앱을 사용할 수 있습니다.",
            Toast.LENGTH_LONG).show()
        finish()
    }
}
```

09. 이어서 cameraPermission 안에 코드를 작성합니다. 권한 요청이 정상적으로 승인되었다면 openCamera() 메서드를 호출해서 카메라를 실행합니다.

```
cameraPermission = registerForActivityResult(ActivityResultContracts.
    RequestPermission()) {
    if(it) {
        openCamera()
    } else {
        Toast.makeText(baseContext,
            "카메라 권한을 승인해야 카메라를 사용할 수 있습니다.",
            Toast.LENGTH_LONG).show()
    }
}
```

여기까지 기본적인 코드 작성이 끝났습니다. 하지만 실행하면 권한 오류가 발생합니다. 카메라에서 외부 저장소에 촬영 결과물을 저장하고 결과물의 Uri를 사용하기 위해서는 부가적으로 FileProvider를 통한 권한 처리가 필요합니다.

10. FileProvider를 설정하기 위해 먼저 [res] 아래에 [xml] 폴더를 만들고 file_paths.xml 파일을 생성합니다.

11. 그리고 다음 코드를 입력합니다.

```
<?xml version="1.0" encoding="utf-8"?>
<paths>
    <external-path name="my_images"
        path="Android/data/프로젝트의패키지명/files/Pictures" />
</paths>
```

12. 생성한 file_paths.xml을 AndroidManifest.xml에 등록해야 합니다. 매니페스트 파일을 열고 〈application〉 태그 안에 다음과 같이 〈provider〉 설정을 추가합니다.

```
<application>
    // ... 생략
    <provider
        android:name="androidx.core.content.FileProvider"
        android:authorities="${applicationId}.provider"
        android:exported="false"
        android:grantUriPermissions="true">
        <meta-data
            android:name="android.support.FILE_PROVIDER_PATHS"
            android:resource="@xml/file_paths"/>
    </provider>
</application>
```

이제 이 앱에서는 file_paths.xml에 설정해 둔 경로에 한해서 FileProvider를 통해 접근이 가능합니다.

13. 앱을 실행하면 openCamera( ) 메서드를 통해서 카메라가 정상적으로 호출되고, 사진 촬영을 완료하면 런처로 결괏값이 전달되면서 화면에 표시됩니다.

여기서 잠깐

☼ URI

통합 자원 식별자(Uniform Resource Identifier, URI)는 특정 리소스 자원을 고유하게 식별할 수 있는 식별자를 의미합니다. URI의 하위 개념으로 웹 서버의 특정 리소스의 위치를 나타내는 URL(Uniform Resource Locator)과 위치와 관계없이 유일한 URN(Uniform Resource Name)이 있습니다.

안드로이드의 Uri는 다음과 같이 한 줄의 텍스트 형태로 구성되어 있습니다.

① 프로토콜: 가장 앞의 content://는 가져올 리소스를 주고받는 방식을 정의한 것으로, 우리가 웹 브라우저의 주소창에 주소를 입력할 때 http:// 를 붙이는 것과 같은 방식으로 동작합니다.

② 프로토콜 ID(리소스 ID): 리소스를 제공하는 앱의 이름 또는 안드로이드에서 해당 리소스를 구분하기 위해서 사용하는 고유한 값입니다.

③ 데이터 경로: 실제 경로가 아닌 가상으로 매핑된 데이터의 주소입니다.

④ 데이터 ID: 데이터 경로에는 복수 개의 데이터가 있는데, 그 하나하나를 구분하기 위한 ID입니다.

MainActivity.kt 전체 코드

```
package kr.co.hanbit.cameraandgallery

import android.Manifest
import android.net.Uri
import android.os.Bundle
import android.os.Environment
```

```
import android.widget.Toast
import androidx.activity.result.ActivityResultLauncher
import androidx.activity.result.contract.ActivityResultContracts
import androidx.appcompat.app.AppCompatActivity
import androidx.core.content.FileProvider
import com.example.cameraandgallery.databinding.ActivityMainBinding
import java.io.File

class MainActivity : AppCompatActivity() {

    var photoUri:Uri? = null

    lateinit var cameraPermission:ActivityResultLauncher<String>
    lateinit var storagePermission:ActivityResultLauncher<String>

    lateinit var cameraLauncher:ActivityResultLauncher<Uri>

    val binding by lazy { ActivityMainBinding.inflate(layoutInflater) }

    override fun onCreate(savedInstanceState: Bundle?) {
        super.onCreate(savedInstanceState)
        setContentView(binding.root)

        storagePermission = registerForActivityResult(
                        ActivityResultContracts.RequestPermission()) { isGranted ->
            if(isGranted) {
                setViews()
            } else {
                Toast.makeText(baseContext,
                    "외부 저장소 권한을 승인해야 앱을 사용할 수 있습니다.",
                    Toast.LENGTH_LONG).show()
                finish()
            }
        }

        cameraPermission = registerForActivityResult(
                        ActivityResultContracts.RequestPermission()) { isGranted ->
            if(isGranted) {
                openCamera()
            } else {
                Toast.makeText(baseContext,
                    "카메라 권한을 승인해야 카메라를 사용할 수 있습니다.",
```

```
                Toast.LENGTH_LONG).show()
                finish()
            }
        }

        cameraLauncher = registerForActivityResult(
            ActivityResultContracts.TakePicture()) { isSuccess  ->
            if(isSuccess) { binding.imagePreview.setImageURI(photoUri) }
        }

        storagePermission.launch(Manifest.permission.WRITE_EXTERNAL_STORAGE)
    }

    fun setViews() {
        binding.buttonCamera.setOnClickListener {
            cameraPermission.launch(Manifest.permission.CAMERA)
        }
    }

    fun openCamera() {
        val photoFile = File.createTempFile(
            "IMG_",
            ".jpg",
            getExternalFilesDir(Environment.DIRECTORY_PICTURES)
        )

        photoUri = FileProvider.getUriForFile(
            this,
            "${packageName}.provider",
            photoFile
        )

        cameraLauncher.launch(photoUri)
    }
}
```

다음은 코드 실행결과입니다.

미니 퀴즈 9-1

1. 카메라에 접근하기 위한 위험 권한의 이름은 무엇인가요?

2. 특정 리소스 자원을 고유하게 식별할 수 있는 식별자는 무엇인가요?

 갤러리에서 사진 가져오기

launch( ) 메서드로 갤러리 앱을 호출한 후 사용자가 선택한 사진의 Uri를 사용하는 코드를 작성해
보겠습니다.

01. activity_main.xml의 [Design] 모드에서 버튼을 추가하고, text 속성은 '갤러리', id 속성은
'buttonGallery'로 입력합니다. 그리고 컨스트레인트는 다음 그림과 같이 연결합니다.

02. MainActivity.kt를 열고 setViews( ) 메서드 안에 buttonGallery.setOnClickListener
를 추가하고 openGallery( ) 메서드를 호출합니다. openGallery( ) 메서드는 **03**에서 작성합
니다.

```
fun setViews() {
    binding.buttonCamera.setOnClickListener {
        requirePermissions(arrayOf(Manifest.permission.CAMERA), PERM_CAMERA)
    }
    binding.buttonGallery.setOnClickListener {          ┄┄┄ 이 부분을 추가합니다.
        openGallery()
    }
}
```

03. 카메라 사용하기에서와 마찬가지로 galleryLauncher 프로퍼티를 추가하고 onCreate( ) 메서
드 안에서 할당합니다.

```
lateinit var galleryLauncher:ActivityResultLauncher<String>

override fun onCreate(savedInstanceState: Bundle?) {
    super.onCreate(savedInstanceState)
```

```
    setContentView(binding.root)

    // ... 생략

    galleryLauncher = registerForActivityResult(ActivityResultContracts.
        GetContent()) { uri ->
        binding.imagePreview.setImageURI(uri)
    }
```

카메라와 다르게 갤러리는 Contract로 GetContent()를 사용합니다. 그리고 이와 함께 프로퍼티에 지정하는 제네릭도 〈String〉를 사용합니다. 하지만 launch() 메서드의 파라미터에는 권한 문자열이 아닌 '마임타입' 형태로 파라미터가 입력됩니다. 단지 타입의 값이 동일하게 문자열이기 때문에 제네릭이 같은 것입니다.

04. openCamera() 메서드 아래에 openGallery() 메서드를 추가하고 갤러리를 호출하는 코드를 작성합니다. launch()를 통해 모든 종류의 이미지를 불러올 수 있도록 "image/*"를 입력하면 됩니다.

```
fun openGallery() {
    galleryLauncher.launch("image/*")
}
```

⚠ 갤러리도 외부 저장소 권한이 필요하지만 이미 앞 절에서 앱을 시작함과 동시에 승인을 받도록 처리했었습니다.

05. 앱을 실행하면 갤러리에서 이미지를 불러와서 화면에 표시되는 것을 확인할 수 있습니다. (혹시 폰에 이미지가 없다면 웹 브라우저에 검색해서 이미지를 다운로드해서 사용해도 됩니다.)

MainActivity.kt의 전체 코드

```
package kr.co.hanbit.cameraandgallery

import android.Manifest
import android.net.Uri
import android.os.Bundle
import android.os.Environment
import android.widget.Toast
import androidx.activity.result.ActivityResultLauncher
import androidx.activity.result.contract.ActivityResultContracts
```

```kotlin
import androidx.appcompat.app.AppCompatActivity
import androidx.core.content.FileProvider
import kr.co.hanbit.cameraandgallery.databinding.ActivityMainBinding
import java.io.File

class MainActivity : AppCompatActivity() {

    var photoUri:Uri? = null

    lateinit var cameraPermission:ActivityResultLauncher<String>
    lateinit var storagePermission:ActivityResultLauncher<String>

    lateinit var cameraLauncher:ActivityResultLauncher<Uri>
    lateinit var galleryLauncher:ActivityResultLauncher<String>

    val binding by lazy { ActivityMainBinding.inflate(layoutInflater) }

    override fun onCreate(savedInstanceState: Bundle?) {
        super.onCreate(savedInstanceState)
        setContentView(binding.root)

        storagePermission = registerForActivityResult(
                        ActivityResultContracts.RequestPermission()) { isGranted ->
            if(isGranted) {
                setViews()
            } else {
                Toast.makeText(baseContext,
                "외부 저장소 권한을 승인해야 앱을 사용할 수 있습니다.",
                Toast.LENGTH_LONG).show()
                finish()
            }
        }

        cameraPermission = registerForActivityResult(
                        ActivityResultContracts.RequestPermission()) { isGranted ->
            if(isGranted) {
                openCamera()
            } else {
                Toast.makeText(baseContext,
                    "카메라 권한을 승인해야 카메라를 사용할 수 있습니다.",
                    Toast.LENGTH_LONG).show()
            }
```

```kotlin
        }

        cameraLauncher = registerForActivityResult(
                    ActivityResultContracts.TakePicture()) { isSuccess ->
            if(isSuccess) { binding.imagePreview.setImageURI(photoUri) }
        }

        galleryLauncher = registerForActivityResult(ActivityResultContracts.
            GetContent()) { uri ->
            binding.imagePreview.setImageURI(uri)
        }

        storagePermission.launch(Manifest.permission.WRITE_EXTERNAL_STORAGE)
    }

    fun setViews() {
        binding.buttonCamera.setOnClickListener {
            cameraPermission.launch(Manifest.permission.CAMERA)
        }
        binding.buttonGallery.setOnClickListener {
            openGallery()
        }
    }

    fun openCamera() {
        val photoFile = File.createTempFile(
            "IMG_",
            ".jpg",
            getExternalFilesDir(Environment.DIRECTORY_PICTURES)
        )

        photoUri = FileProvider.getUriForFile(
            this,
            "${packageName}.provider",
            photoFile
        )

        cameraLauncher.launch(photoUri)
    }

    fun openGallery() {
        galleryLauncher.launch("image/*")
```

```
    }
}
```

⚠ 안드로이드 스튜디오 버전에 따라 다르게 보일 수 있습니다. 실제 구글 아이디를 연동해서 구글 드라이브를 이용해 이미지를 확인할 수도 있습니다.

스레드와 코루틴

이 장의 핵심 개념

- 프로세스와 스레드의 차이를 알고 안드로이드에서의 사용법을 익힙니다.

- 핸들러는 스레드의 Message Queue와 연계하여 메시지나 Runnable 객체를 받거나 처리하여 스레드
  간의 통신을 할 수 있게 합니다.

- 동기와 비동기, 코루틴의 개념을 알고 코루틴의 사용법을 익힙니다.

10장을 시작하기 전에

프로세스Process는 시스템상의 실행 중인 프로그램을 의미합니다. 프로세스는 각각 독립된 메모리 공간을
할당받습니다. 스레드Thread는 하나의 프로세스상의 독립적인 실행 흐름을 의미하고 스레드에 정의된 코
드를 한 줄씩 실행합니다.

하나의 프로세스는 멀티 스레딩을 지원합니다. 다수의 스레드로 동시적 처리가 가능합니다. 그리고 하나
의 프로세스 안에서 동작하는 스레드들은 프로세스의 메모리 공간을 공유할 수 있습니다.

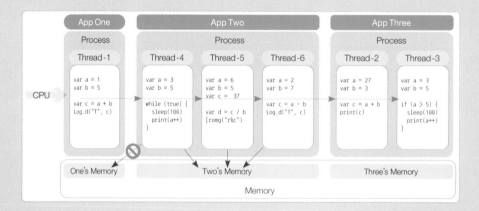

《1》 스레드와 루퍼

안드로이드의 스레드는 크게 1개만 존재하는 메인 스레드와 여러 개가 존재할 수 있는 백그라운드 스레드로 나눌 수 있습니다.

1.1 메인 스레드(UI 스레드)

안드로이드 시스템은 새로운 앱을 실행하면 새로운 리눅스 프로세스를 시작합니다. 기본적으로 메인 액티비티를 비롯한 모든 컴포넌트는 단일 프로세스 및 메인 스레드에서 실행됩니다. 안드로이드의 메인 스레드는 다음과 같은 특징과 제약사항이 있습니다.

- 화면의 UI를 그리는 처리를 담당합니다.
- 안드로이드 UI 툴킷의 구성 요소(android.widget, android.view...)와 상호작용하고, UI 이벤트를 사용자에게 응답하는 스레드입니다.
- UI 이벤트 및 작업에 대해 수 초 내에 응답하지 않으면 안드로이드 시스템은 ANR(Application Not Responding, 응용 프로그램이 응답하지 않음) 팝업창을 표시합니다. 따라서 시간이 오래 걸리는 코드는 새로운 스레드를 생성해서 처리해야 합니다.

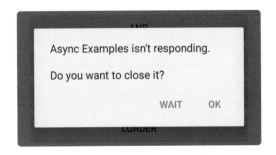

이러한 제약사항의 목적은 지속적이고 유연한 사용자 환경의 제공입니다. 사용자 입장에서는 1초만 느려져도 불편함을 느낄 수 있습니다. 좋은 앱 서비스는 처리 자체의 지연이 있더라도 사용자와 지속적으로 상호작용할 수 있어야 합니다.

1.2 백그라운드 스레드

네트워크 작업, 파일 업로드와 다운로드, 이미지 처리, 데이터 로딩 등은 짧은 시간 안에 끝난다고 하더라도 처리 시간을 미리 계산할 수 없습니다. 큰 파일은 다운로드 시간이 오래 걸리고, 작은 파일은 빨리 끝날 테니까요. 그래서 안드로이드 시스템은 메모리 이외의 다른 곳에서 데이터를 가져오는 작업을 백그라운드 스레드에서 처리하는 것을 권장합니다. 백그라운드 스레드를 생성하는 방법은 다음과 같습니다.

Thread 객체

Thread 클래스를 상속받아 스레드를 생성할 수 있습니다.

01. Thread 클래스를 상속받는 WorkerThread 클래스를 정의합니다. 그리고 스레드가 처리할 로직을 정의하는 run( ) 메서드를 오버라이드합니다.

```kotlin
class WorkerThread: Thread() {
    override fun run() {

    }
}
```

02. run( ) 메서드에서 변수 i를 선언합니다. 그리고 변수 i의 값이 10이 될 때까지 반복하며 로그캣 창에 출력하는 코드를 작성합니다. run( ) 메서드의 실행이 끝나면 스레드는 종료됩니다.

```kotlin
override fun run() {
    var i = 0
    while (i < 10) {
        i += 1
        Log.i("WorkerThread", "$i")
    }
}
```

03. WorkerThread 객체를 생성해 별도의 스레드를 생성하고 start( ) 메서드를 호출하면 run( ) 메서드에 정의된 로직을 생성된 스레드가 처리합니다.

```
override fun onCreate(savedInstanceState: Bundle?) {
    super.onCreate(savedInstanceState)
    setContentView(binding.root)

    var thread = WorkerThread()
    thread.start()
}
```

Runnable 인터페이스

Runnable 인터페이스를 구현해 스레드를 생성할 수 있습니다. Runnable 인터페이스는 다중 상속을 허용하지 않는 코틀린 언어의 특성상 상속 관계에 있는 클래스도 구현할 수 있도록 지원하는 모델입니다.

01. Runnable 인터페이스를 구현하는 WorkerRunnable 클래스를 정의합니다. 그리고 스레드가 처리할 로직을 정의하는 run( ) 메서드를 구현합니다.

```
class WorkerRunnable: Runnable {
    override fun run() {
        var i = 0
        while (i < 10) {
            i += 1
            Log.i("WorkerRunnable", "$i")
        }
    }
}
```

02. Thread를 상속받은 객체와 달리 Runnable 인터페이스를 구현한 객체는 Thread 클래스의 생성자로 전달하고 Thread 클래스의 start( ) 메서드를 호출해야 스레드가 생성됩니다.

```
override fun onCreate(savedInstanceState: Bundle?) {
    super.onCreate(savedInstanceState)
    setContentView(binding.root)

    var thread = Thread(WorkerRunnable()) ●-------- 이 부분이 다릅니다.
    thread.start()
}
```

람다식으로 Runnable 익명객체 구현

인터페이스 내부에 메서드가 하나만 있는 경우는 람다식으로 변환이 가능합니다. Runnable 인터페이스를 이용한 스레드는 람다식으로 변환이 가능합니다.

```
Thread {
    var i = 0
    while (i < 10) {
        i += 1
        Log.i("LambdaThread", "$i")
    }
}.start()
```

코틀린에서 제공하는 thread() 구현

코틀린에서는 다음과 같이 백그라운드를 사용할 수 있습니다. thread() 안에 파라미터로 start=true를 전달하면 thread() 안의 코드 블록이 실행됩니다. thread 글자색이 빨간색이면 Alt + Enter 키로 import해줍니다.

```
thread(start=true) {
    var i = 0
    while (i < 10) {
        i += 1
        Log.i("KotlinThread", "$i")
    }
}
```

1.3 메인 스레드와 백그라운드 스레드

앞에서 백그라운드 스레드를 생성하고 처리하는 방법을 알아보았습니다. 이렇게 백그라운드 스레드로 메인 스레드에 집중될 수 있는 코드를 분산함으로써 더 효율적인 앱을 만들 수 있습니다. 하지만 주의할 점이 하나 있는데, 안드로이드에는 '백그라운드 스레드는 UI 구성 요소에 접근하면 안 된다' 는 중요한 규칙이 있습니다.

4장에서 한 번 살펴보았듯이 activity_main.xml에 텍스트뷰를 하나 만든 후 백그라운드 스레드에서 이 텍스트뷰에 1초마다 한 번씩 값을 입력하는 코드를 실행하면 FATAL EXCEPTION 예외를 발생시키고 앱이 종료됩니다.

```kotlin
override fun onCreate(savedInstanceState: Bundle?) {
    super.onCreate(savedInstanceState)
    setContentView(setContentView(binding.root)

    Thread {
        var i = 0
        while (i < 10) {
            binding.textView.text = "$i"
            i += 1
            Thread.sleep(1000)
        }
    }.start()
}
```

Only the original thread that created a view hierarchy can touch its views.

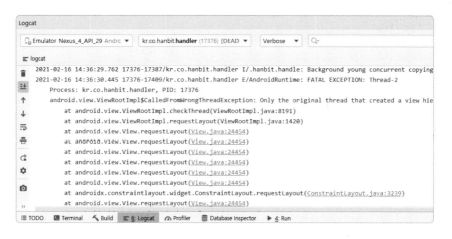

메인 스레드 이외의 스레드는 UI를 업데이트할 수 없습니다. 이 제약사항은 윈도우 프로그램이나 iOS 앱과 같은 다른 애플리케이션에도 공통으로 적용되는 사항입니다.

1.4 핸들러와 루퍼

안드로이드는 메인 스레드와 백그라운드 스레드 및 스레드 간의 통신을 위해 핸들러^{Handler}와 루퍼^{Looper}를 제공합니다. 핸들러와 루퍼의 작동 원리는 다음과 같습니다.

1 메인 스레드는 내부적으로 루퍼를 가지며 루퍼는 Message Queue를 포함합니다.

2 Message Queue는 다른 스레드 혹은 스레드 자기 자신으로부터 전달받은 메시지를 보관하는 Queue입니다.

3 루퍼는 Message Queue에서 메시지, Runnable 객체를 차례로 꺼내서 핸들러가 처리하도록 전달합니다.

4 핸들러는 루퍼로부터 받은 메시지, Runnable 객체를 처리하거나 메시지를 받아서 Message Queue에 넣는 스레드 간의 통신 장치입니다.

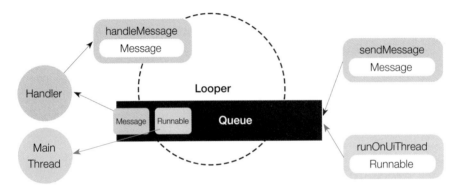

루퍼

루퍼^{Looper}는 MainActivity가 실행됨과 동시에 for 문 하나가 무한루프 돌고 있는 서브 스레드라고 생각하면 됩니다. 이 무한루프는 대기하고 있다가 자신의 큐에 쌓인 메시지를 핸들러에 전달합니다. 여러 개의 백그라운드에서 큐에 메시지를 입력하면, 입력된 순서대로 하나씩 꺼내서 핸들러에 전달합니다.

핸들러

핸들러^{Handler}는 루퍼가 있는 메인 스레드(MainActivity)에서 주로 사용되며 새로 생성된 스레드들과 메인 스레드와의 통신을 담당합니다. 핸들러는 루퍼를 통해 전달되는 메시지를 받아서 처리하는 일종의 명령어 처리기로 사용됩니다.

루퍼는 앱이 실행되면 자동으로 하나 생성되어 무한루프를 돌지만, 핸들러는 개발자가 직접 생성해서 사용해야 합니다.

메시지

메시지Message는 루퍼의 큐에 값을 전달하기 위해서 사용되는 클래스입니다. 메시지 객체에 미리 정의해둔 코드를 입력하고 큐에 담아두면 루퍼가 꺼내서 핸들러에 전달합니다.

1.5 타이머 앱 만들기

공부한 내용을 실제 코드로 구현하면 훨씬 이해도가 높아집니다. Timer 프로젝트를 새로 생성하고 코드를 하나씩 따라 해보겠습니다.

먼저 build.gradle 파일을 열고 viewBinding 설정을 미리 추가해둡니다.

화면 만들기

01. activity_main.xml 파일을 열고 타이머를 컨트롤하기 위한 시작과 종료 버튼을 배치합니다. 각각의 id 속성은 'buttonStart'와 'buttonStop'으로, text 속성은 '시작'과 '종료', textSize 속성을 수정해서 알맞은 크기로 글자 크기를 키웁니다.

02. 시간을 표시할 텍스트뷰를 화면 중간에 배치하고, text 속성에는 '00:00', id 속성은 'textTimer'로 입력하고, textSize 속성으로 글자 크기를 키웁니다. gravity 속성에서 center_horizontal과 center_vertical을 체크해 'true'로 수정해야 텍스트뷰 안의 텍스트가 가운데에 위치합니다. 버튼 2개와 텍스트뷰의 컨스트레인트는 우측 그림을 참고해서 연결합니다.

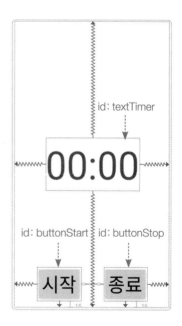

핸들러 다루기

01. MainActivity.kt 파일을 열고 바인딩을 생성한 후 binding 변수에 담고, setContentView에 binding.root를 전달합니다.

```
val binding by lazy { ActivityMainBinding.inflate(layoutInflater) }

override fun onCreate(savedInstanceState: Bundle?) {
    super.onCreate(savedInstanceState)
    setContentView(binding.root)
}
```

02. 이어서 전체 시간을 저장하는 total과 시작됨을 체크할 수 있는 started를 선언합니다. 그리고 total에는 처음 시작값으로 '0'초를, started는 시작되지 않았으므로 'false'를 입력합니다.

```
var total = 0
var started = false
```

03. 이제 total과 started를 이용해서 화면에 시간값을 출력하는 Handler를 구현하고 handler 변수에 저장해둡니다. 이제 핸들러로 메시지가 전달되면 total에 입력되어 있는 시간(초)을 60으로 나눈 값은 분 단위로, 60으로 나눈 나머지 값은 초 단위로 사용해서 textTimer에 입력합니다.

```
val handler = object : Handler(Looper.getMainLooper()) {      android.os를 import합니다.
    override fun handleMessage(msg: Message) {
        val minute = String.format("%02d", total/60)
        val second = String.format("%02d", total%60)
        binding.textTimer.text = "$minute:$second"
    }
}
```

04. onCreate( ) 메서드 안에서 buttonStart에 클릭리스너를 달고 시작 코드를 구현합니다. 버튼이 클릭되면 먼저 started를 true로 변경하고 새로운 스레드를 실행합니다. 스레드는 while 문의 started가 true인 동안 while 문을 반복하면서 1초에 한 번씩 total의 값을 1씩 증가시키고 핸들러에 메시지를 전송합니다. 핸들러를 호출하는 곳이 하나밖에 없으므로 메시지에 0을 담아서 호출합니다.

```
binding.buttonStart.setOnClickListener {
    started = true
    thread(start=true) {
        while (started) {
            Thread.sleep(1000)
            if (started) {
                total = total + 1
                handler?.sendEmptyMessage(0)
            }
        }
    }
}
```

05. buttonStop에 클릭리스너를 달고 종료 코드를 구현합니다. 종료 코드에서는 started에 'false', total에 '0', 시간을 표시하는 텍스트뷰에는 '00:00'을 입력해서 초기화합니다.

```
binding.buttonStop.setOnClickListener {
    if (started) {
        started = false
        total = 0
        binding.textTimer.text = "00:00"
    }
}
```

06. 에뮬레이터에서 실행하고 테스트합니다.

MainActivity.kt의 전체 코드

```
package kr.co.hanbit.timer

import androidx.appcompat.app.AppCompatActivity
import android.os.Bundle
import android.os.Handler
import android.os.Message
import kotlin.concurrent.thread

class MainActivity: AppCompatActivity() {
    val binding by lazy { ActivityMainBinding.inflate(layoutInflater) }

    var total = 0
    var started = false

    val handler = object : Handler(Looper.getMainLooper()) {
        override fun handleMessage(msg: Message) {
            val minute = String.format("%02d", total/60)
            val second = String.format("%02d", total%60)
```

```
                binding.textTimer.text = "$minute:$second"
            }
        }

        override fun onCreate(savedInstanceState: Bundle?) {
            super.onCreate(savedInstanceState)
            setContentView(binding.root)

            binding.buttonStart.setOnClickListener {
                started = true
                thread(start=true) {
                    while (started) {
                        Thread.sleep(1000)
                        if (started) {
                            total = total + 1
                            handler?.sendEmptyMessage(0)
                        }
                    }
                }
            }

            binding.buttonStop.setOnClickListener {
                if (started) {
                    started = false
                    total = 0
                    binding.textTimer.text = "00:00"
                }
            }
        }
    }
}
```

☼ ─ 미니 퀴즈 10-1

1. 루퍼의 Message Queue에 전달할 수 있는 메시지 객체는 무엇인가요?

2. 무한루프를 돌면서 스레드에서 전달된 메시지를 핸들러에 전달하는 것은 무엇인가요?

⟨2⟩ 코루틴

안드로이드는 앞에서 살펴본 스레드를 경량화한 코루틴^{Coroutine}이라는 새로운 도구를 제공합니다. 다른 언어에서 이미 사용되고 있는 동시성 프로그래밍 개념을 코틀린에 도입한 것이 코루틴입니다. 이름 때문에 코틀린의 루틴을 처리하는 것 같은 오해를 할 수도 있지만 코루틴의 코^{Co}는 '함께' 또는 '동시에'라는 의미입니다.

코루틴에서 스레드는 단지 코루틴이 실행되는 공간을 제공하는 역할을 하는데, 실행 중인 스레드를 중단시키지 않기 때문에 하나의 스레드에 여러 개의 코루틴이 존재할 수 있습니다. 예를 들어 다음 그림에서처럼 코루틴 1이 작업을 하는 도중에 코루틴 2로 코드를 넘겨도 코루틴 1만 잠시 멈출 뿐, 공간을 제공한 스레드는 계속 움직이게 됩니다.

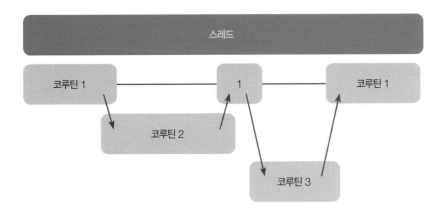

이 구조를 스레드를 이용해서 처리한다면 1번에 해당하는 스레드가 잠시 멈추고 2번 스레드가 처리하도록 우선순위를 넘겨야만 가능합니다. 이런 스레드 간의 전환을 컨텍스트 스위칭$^{Context\ Switching}$이라고 하는데 스위칭이 자주 일어나면 성능 저하가 발생합니다.

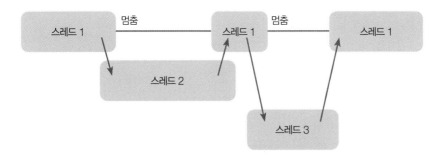

코루틴은 이런 컨텍스트 스위칭을 하나의 스레드에서 처리하므로 성능 저하가 적고, 동일한 구조에서는 스레드보다 훨씬 적은 자원을 소모합니다.

여기서 잠깐

☼ 컨텍스트 스위칭

컨텍스트 스위칭은 원래 연산 처리 시 프로세스를 교체하는 것을 말합니다. 다음 그림과 같이 OS에서 여러 개의 프로세스를 한 번에 처리하고자 할 때 CPU는 이것들을 시간 순서로 잘게 나누어서 처리하는데, 프로세스가 변경되는 시점에 바로 이전 프로세스의 현재 상태 정보를 저장해둔 후에 변경하는 것을 컨텍스트 스위칭이라고 합니다.

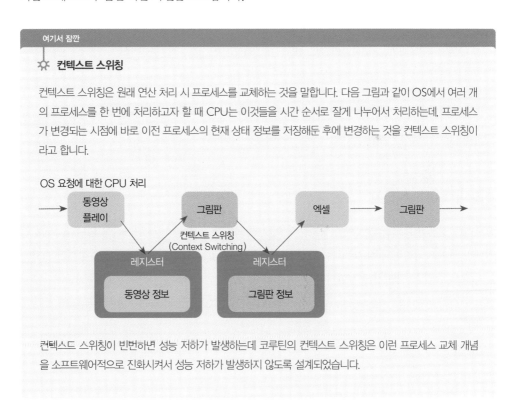

컨텍스트 스위칭이 빈번하면 성능 저하가 발생하는데 코루틴의 컨텍스트 스위칭은 이런 프로세스 교체 개념을 소프트웨어적으로 진화시켜서 성능 저하가 발생하지 않도록 설계되었습니다.

2.1 버전에 따른 코루틴 설정

안드로이드 스튜디오 4.1 버전에는 코루틴이 내장되어 있습니다. 하지만 안드로이드 스튜디오 4.2 부터는 build.gradle 파일의 dependencies에 의존성을 추가해야만 사용할 수 있습니다. 버전에 따른 차이가 발생할 수 있으니 현재 사용하는 안드로이드 스튜디오에서 코루틴을 지원하는지 확인할 필요가 있습니다. MainActivity.kt를 열고 onCreate() 메서드 안에서 CoroutineScope를 입력했을 때 자동 완성된다면 추가 설정을 하지 않아도 됩니다.

자동 완성되지 않는다면 다음과 같이 build.gradle 파일에 의존성을 추가합니다.

```
dependencies {
    ...
    implementation "org.jetbrains.kotlinx:kotlinx-coroutines-android:1.3.9"
}
```

코루틴의 최신 버전은 아래 안드로이드 공식 페이지에서 확인할 수 있습니다.

- https://developer.android.com/kotlin/coroutines?hl=ko

2.2 코루틴 스코프

코루틴은 정해진 스코프 안에서 실행되는데 이것을 코루틴 스코프Coroutine Scope라고 합니다. 마치 앞 절에서 살펴본 코틀린의 'thread(start=true) { /* 실행 코드 */ }'와 비슷하게 정해진 스코프 안의 코드들이 코루틴에서 동작합니다.

다음은 GlobalScope.launch를 사용해서 코루틴을 실행하는 간단한 코드입니다.

```
GlobalScope.launch {
    // 여기 작성된 코드가 코루틴으로 실행됩니다.
}
```

코루틴을 실행하는 스코프에는 글로벌 스코프GlobalScope와 코루틴 스코프CoroutineScope가 있는데 다음과 같은 사용상의 차이점이 있습니다.

- **글로벌 스코프**: 앱의 생명 주기와 함께 동작하기 때문에 앱이 실행되는 동안은 별도의 생명 주기 관리가 필요하지 않습니다. 만약 앱의 시작부터 종료될 때까지 혹은 장시간 실행되어야 하는 코루틴이 있다면 GlobalScope를 사용하면 됩니다.
- **코루틴 스코프**: 버튼을 클릭해서 서버의 정보를 가져오거나 파일을 여는 용도라면 필요할 때만 열고 완료되면 닫는 CoroutineScope를 사용해야 합니다.

```
binding.btnDownload.setOnClickListener {
    CoroutineScope(Dispatchers.IO).launch {
        // 여기서 이미지를 불러오는 등의 코드를 처리합니다.
    }
}
```

글로벌 스코프와는 다르게 코루틴 스코프는 괄호 안에 Dispatchers.IO라는 상숫값이 입력되어 있습니다. 이것을 디스패처라고 하는데 코루틴이 실행될 스레드를 지정하는 것이라고 생각하면 됩니다.

디스패처의 종류

코루틴이 실행될 스레드를 정하는 디스패처Dispatcher는 IO, Main, Default, Unconfined 등이 있는데, 모두 사용할 필요는 없고 우선은 IO와 Main을 잘 조합해서 사용하면 됩니다.

종류	역할
Dispatchers.Default	CPU를 많이 사용하는 작업을 백그라운드 스레드에서 실행하도록 최적화되어 있는 디스패처입니다. 안드로이드의 기본 스레드풀(Thread Pool)을 사용합니다.
Dispatchers.IO	이미지 다운로드, 파일 입출력 등의 입출력에 최적화되어 있는 디스패처입니다.
Dispatchers.Main	안드로이드의 기본 스레드에서 코루틴을 실행하고 UI와 상호작용에 최적화되어 있는 디스패처입니다. 텍스트뷰에 글자를 입력해야 할 경우 Main 컨텍스트를 사용해야 합니다.
Dispatchers.Unconfined	조금 특수한 컨텍스트입니다. 자신을 호출한 컨텍스트를 기본으로 사용하는데, 중단 후 다시 실행하는 시점에 컨텍스트가 바뀌면 자신의 컨텍스트도 다시 실행하는 컨텍스트를 따라갑니다.

2.3 launch와 상태 관리

코루틴은 launch와 async로 시작할 수 있습니다. launch는 상태를 관리할 수 있고 async는 상태를 관리하고 연산 결과까지 반환받을 수 있습니다. launch는 호출하는 것만으로 코루틴을 생성할 수 있고, 반환되는 잡Job을 변수에 저장해두고 상태 관리용으로 사용할 수 있습니다.

생성된 코루틴에서 상태 관리 메서드를 호출하면 코루틴의 실행을 멈추거나 동작을 지연시킬 수 있습니다.

cancel

코루틴의 동작을 멈추는 상태 관리 메서드입니다. 하나의 스코프 안에 여러 개의 코루틴이 있다면 하위의 코루틴도 모두 동작을 멈춥니다.

다음 코드의 마지막 버튼 클릭리스너에서 job의 cancel 메서드가 호출되면 job뿐만 아니라 같은 스코프에 있는 job1의 코드도 모두 동작을 중단합니다.

```
val job = CoroutineScope(Dispatchers.Default).launch {
    val job1 = launch {
        for (i in 0..10) {
            delay(500)
            Log.d("코루틴", "결과 = $i")
        }
    }
}

binding.btnStop.setOnClickListener {
    job.cancel()
}
```

join

상태 관리를 위한 메서드로는 cancel 이외에도 join이 있는데 코루틴 스코프 안에 선언된 여러 개의 launch 블록은 모두 새로운 코루틴으로 분기되면서 동시에 처리되기 때문에 순서를 정할 수 없습니다. 이럴 때 launch 블록 끝에 join() 메서드를 사용하면 각각의 코루틴이 순차적으로 실행됩니다.

다음 코드는 코루틴 스코프 안에 2개의 코루틴이 launch로 사용되었는데, join( ) 메서드로 인해
앞의 코루틴 실행이 완료된 후에 두 번째 코루틴이 실행됩니다.

```
CoroutineScope(Dispatchers.Default).launch() {
    launch {
        for (i in 0..5) {
            delay(500)
            Log.d("코루틴", "결과1 = $i")
        }
    }.join()

    launch {
        for (i in 0..5) {
            delay(500)
            Log.d("코루틴", "결과2 = $i")
        }
    }
}
```

이것은 다음(이 절의 2.5 'suspend')에 나올 suspend 함수처럼 동작하는 것입니다.

2.4 async와 반환값 처리

async는 코루틴 스코프의 연산 결과를 받아서 사용할 수 있습니다. 예를 들어 시간이 오래 걸리는
2개의 코루틴을 async로 선언하고, 결괏값을 처리하는 곳에서 await 함수를 사용하면 결과 처리가
완료된 후에 await를 호출한 줄의 코드가 실행됩니다.

```
CoroutineScope(Dispatchers.Default).async {
    val deferred1 = async {
        delay(500)
        350
    }
    val deferred2 = async {
        delay(1000)
        200
    }
    Log.d("코루틴", "연산 결과 = ${deferred1.await() + deferred2.await()}")
}
```

2.5 suspend

코루틴을 스레드와 비교했을 때 가장 눈에 띄는 차이점이자 코루틴을 가장 잘 설명할 수 있는 것이 suspend 키워드입니다. 코루틴 안에서 suspend 키워드로 선언된 함수가 호출되면 이전까지의 코드 실행이 멈추고, suspend 함수의 처리가 완료된 후에 멈춰 있던 원래 스코프의 다음 코드가 실행됩니다.

코드로 보면 다음과 같습니다. 먼저 subRoutine() 함수를 suspend 키워드로 선언합니다. CoroutineScope가 실행되면 '(코드 1)'이라고 작성된 부분이 실행된 후 subRoutine() 함수가 호출됩니다. 그리고 suspend 키워드를 사용했기 때문에 subRoutine() 안의 코드가 모두 실행된 후에 '(코드 2)'가 실행됩니다.

```
suspend fun subRoutine() {
    for (i in 0..10) {
        Log.d("subRoutine", "$i")
    }
}

CoroutineScope(Dispatchers.Main).launch {
    // (코드 1)
    subRoutine()
    // (코드 2)
}
```

여기서 subRoutine()은 suspend 키워드를 붙였기 때문에 CoroutineScope 안에서 자동으로 백그라운드 스레드처럼 동작합니다. suspend가 코루틴을 가장 잘 나타내는 이유는 subRoutine()이 실행되면서 호출한 측의 코드를 잠시 멈췄지만 스레드의 중단이 없기 때문입니다.

이 코드를 스레드로 작성했다면 부모에 해당하는 '(코드 1)'이 동작하는 스레드를 멈춰야만 가능한데, 코루틴에서는 부모 루틴의 상태 값을 저장한 후 subRoutine()을 실행하고, 다시 subRoutine()이 종료된 후 부모 루틴의 상태 값을 복원하는 형태로 동작하므로 스레드에는 영향을 주지 않습니다.

이런 구조가 스레드의 동시성에서 발생할 수 있는 성능 저하도 막아줍니다.

2.6 withContext로 디스패처 분리

suspend 함수를 코루틴 스코프에서 호출할 때 호출한 스코프와 다른 디스패처를 사용할 때가 있습니다.

예를 들어 호출 측 코루틴은 Main 디스패처에서 UI를 제어하는데, 호출되는 suspend 함수는 디스크에서 파일을 읽어와야 하는 경우가 있습니다. 이럴 때 withContext를 사용해서 호출되는 suspend 함수의 디스패처를 IO로 변경할 수 있습니다. 호출되는 suspend 함수에 반환 값이 있다면 변수에 저장하고 사용할 수도 있습니다.

```kotlin
suspend fun readFile(): String {
    return "파일 내용"
}

CoroutineScope(Dispatchers.Main).launch {
    // 화면 처리
    val result = withContext(Dispatchers.IO) {
        readFile()
    }
    Log.d("코루틴", "파일 결과 = $result")
}
```

2.7 이미지 다운로드 앱 만들기

웹상의 이미지 주소를 입력한 다음 백그라운드에서 이미지를 다운로드하고 완료되면 이미지를 화면에 보여주는 앱을 만들어보겠습니다. Coroutine 프로젝트를 새로 생성하고, build.gradle 파일에 viewBinding 설정을 추가합니다.

코루틴을 사용할 수 있는지 확인하기 위해 MainActivity.kt를 열고 CoroutineScope를 입력해서 자동 완성되는지 확인합니다. 자동 완성되지 않는다면 build.gradle 파일에 코루틴 의존성을 추가합니다.

```
implementation "org.jetbrains.kotlinx:kotlinx-coroutines-android:1.3.9"
```

매니페스트에 권한 설정하고 화면 만들기

01. 인터넷에서 이미지를 다운로드하기 위해 [app]–[manifests] 디렉터리의 AndroidManifest. xml 파일을 열고 다음의 코드를 입력하여 인터넷 권한을 선언합니다.

```
<uses-permission android:name="android.permission.INTERNET"/>
```

⚠ 퍼미션은 〈manifest〉 태그 다음에 추가합니다.

02. activity_main.xml 파일을 열고 [Design] 모드에서 기본 텍스트뷰를 삭제합니다. 그리고 이미지 주소를 입력할 텍스트 카테고리의 플레인텍스트와 버튼 카테고리의 다운로드 버튼을 화면 하단에 배치합니다. id와 hint 속성, 컨스트레인트는 다음 그림을 참고해서 수정합니다.

03. 다운로드한 사진을 보여주는 이미지뷰를 플레인텍스트 상단에 배치합니다. id 속성과 컨스트레인트는 마찬가지로 다음 그림을 참고해서 수정합니다.

04. 그리고 이미지뷰 위에 겹치도록(화면 한가운데에) 위젯 카테고리에 있는 프로그래스바를 가져다 놓고 상하좌우 컨스트레인트를 연결합니다. id 속성에 'progress'를 입력한 뒤 visibility 속성을 'gone'으로 바꿔서 앱을 실행해도 처음에는 화면에 보이지 않게 만들어둡니다.

프로그래스바 속성을 gone으로
설정하면 이미지가 끝으로 사라
져 보이지 않습니다.

id: imagePreview

id: editUrl, hint: 여기에 URL을 입력하세요　　　id: buttonDownload

코드 작성하기

01. MainActivity.kt를 열고 바인딩을 생성해서 binding 프로퍼티에 저장하고, setContentView 에 binding.root를 전달합니다.

```
val binding by lazy { ActivityMainBinding.inflate(layoutInflater) }

override fun onCreate(savedInstanceState: Bundle?) {
    super.onCreate(savedInstanceState)
    setContentView(binding.root)
}
```

여기서 잠깐

☆ 탑레벨에 함수 작성하기

생소한 용어가 하나 나오는데 탑레벨(Top-level)에 함수를 작성하라고 했습니다. 탑레벨은 class, import, package와 같은 위치를 말합니다.

```
package kr.co.hanbit.coroutine
// 파일을 열었을 때 class 스코프에 포함되지 않는 영역이 탑레벨입니다.
import android.graphics.Bitmap
// 1. class 밖 여기
class MainActivity: AppCompatActivity() {
}
// 2. 또는 여기에 loadImage 함수를 작성해야 합니다.
```

그리고 loadImage를 함수라고 부르는 이유는 클래스 밖에 작성되면 더 이상 메서드가 아니기 때문입니다.

02. class 코드 밖 탑레벨^{Top-level}에 loadImage() 함수를 작성하고 suspend 키워드를 사용해서 코루틴으로 만들어줍니다. URL 객체를 만들고 URL이 가지고 있는 openStream을 Bitmap 이미지로 저장한 후 반환하는 간단한 함수입니다.

```
suspend fun loadImage(imageUrl: String): Bitmap {
    val url = URL(imageUrl) ················ java.net을 import합니다.
    val stream = url.openStream()
    return BitmapFactory.decodeStream(stream)
}
```

03. onCreate() 안에 있는 setContentView... 아래에서 buttonDownload에 클릭리스너를 달아줍니다.

```
binding.buttonDownload.setOnClickListener {
}
```

04. 클릭리스너 안에 CoroutineScope를 추가합니다. 컨텍스트는 Main으로 입력해서 UI 관련 요소들을 다룰 수 있도록 구성합니다.

```
binding.buttonDownload.setOnClickListener {
    CoroutineScope(Dispatchers.Main).launch {
        // 05를 여기에 입력합니다.
        // 06을 여기에 입력합니다.
        // 07을 여기에 입력합니다.
    }
}
```

이제 버튼이 클릭되면 가장 먼저 코루틴이 실행됩니다.

05. 코루틴 안에서 먼저 progress의 visibility를 VISIBLE로 바꿔서 프로그래스바가 동작하도록 합니다. 그리고 화면의 플레인텍스트에 입력된 값을 가져와서 url 변수에 저장합니다.

```
binding.progress.visibility = View.VISIBLE
val url = binding.editUrl.text.toString()
```

06. loadImage( ) 함수를 호출하면서 url을 함께 전달하는데, 이 부분은 백그라운드 처리를 담당하는 IO 컨텍스트에서 진행되어야 하기 때문에 withContext( ) 문을 사용해서 컨텍스트를 IO로 전환합니다. 그리고 결괏값을 bitmap 변수에 저장합니다.

```
val bitmap = withContext(Dispatchers.IO) {
    loadImage(url)
}
```

loadImage( ) 함수에서 비트맵이 생성되고 bitmap 변수에 저장되기 전까지는 다음 줄이 실행되지 않고 멈춰 있습니다.

07. 이미지뷰에 bitmap을 입력하고 VISIBLE 상태의 프로그래스바는 다시 GONE으로 바꿔서 화면에서 보이지 않게 합니다.

```
binding.imagePreview.setImageBitmap(bitmap)
binding.progress.visibility = View.GONE
```

08. 다음처럼 클릭리스너부터 시작하는 binding 처리를 run 스코프로 감싸면 다음과 같이 반복되는 binding.을 제거할 수 있습니다.

```
binding.run {
    buttonDownload.setOnClickListener {
        CoroutineScope(Dispatchers.Main).launch {
            progress.visibility = View.VISIBLE
            val url = editUrl.text.toString()
            val bitmap = withContext(Dispatchers.IO) {
                loadImage(url)
            }
            imagePreview.setImageBitmap(bitmap)
            progress.visibility = View.GONE
        }
    }
}
```

09. 앱을 실행합니다. 크롬이나 다른 브라우저에서 이미지를 검색한 후 해당 이미지 주소(https://와 같은 프로토콜도 포함합니다)를 플레인텍스트에 입력하고, 다운로드 버튼을 클릭하면 이미지가 화면에 나타납니다. 이때 이미지 사이즈가 작고 네트워크 속도가 빠르면 프로그래스바가 나타나지 않을 수도 있습니다.

⚠ 실습에서 사용한 이미지의 주소는 https://www.hanbit.co.kr/data/editor/20200519155220_aglmvinv.png입니다.

여기서 잠깐

☆ **이미지 주소가 http면 어떻게 할까요?**

이미지의 주소가 http로 시작되면 AndroidManifest.xml 파일의 〈application〉 태그에 android:uses CleartextTraffic="true" 속성을 추가해야 합니다.

MainActivity.kt의 전체 코드

```
package kr.co.hanbit.coroutine

import android.graphics.Bitmap
import android.graphics.BitmapFactory
import androidx.appcompat.app.AppCompatActivity
import android.os.Bundle
import android.view.View
import kr.co.hanbit.coroutine.databinding.ActivityMainBinding
import kotlinx.coroutines.*
import java.net.URL
```

```
suspend fun loadImage(imageUrl: String): Bitmap {
    val url = URL(imageUrl)
    val stream = url.openStream()
    return BitmapFactory.decodeStream(stream)
}

class MainActivity: AppCompatActivity() {

    val binding by lazy { ActivityMainBinding.inflate(layoutInflater) }

    override fun onCreate(savedInstanceState: Bundle?) {
        super.onCreate(savedInstanceState)
        setContentView(binding.root)

        binding.run {
            buttonDownload.setOnClickListener {
                CoroutineScope(Dispatchers.Main).launch {
                    progress.visibility = View.VISIBLE
                    val url = editUrl.text.toString()
                    val bitmap = withContext(Dispatchers.IO) {
                        loadImage(url)
                    }
                    imagePreview.setImageBitmap(bitmap)
                    progress.visibility = View.GONE
                }
            }
        }
    }
}
```

☆─ 미니 퀴즈 10-2

1. 순차적으로 작업을 처리하는 작업 처리 모델은 무엇인가요?

2. 코루틴에서 파일 입출력과 같은 백그라운드 작업을 위해 사용하는 컨텍스트는 무엇인가요?

3. 일반 함수를 코루틴으로 만들기 위해서 fun 앞에 사용하는 키워드는 무엇인가요?

서비스와 콘텐트 리졸버

이 장의 핵심 개념

- 서비스는 안드로이드의 메인 스레드에서 동작하는 화면이 없는 컴포넌트입니다. 서비스의 특징을 이해하고 일반적인 서비스와 포어그라운드 서비스를 배웁니다.

- 안드로이드의 기본 컴포넌트인 콘텐트 프로바이더의 처리를 돕는 콘텐트 리졸버를 학습합니다.

11장을 시작하기 전에

5장에서 안드로이드는 네 가지 핵심 컴포넌트를 제공한다고 설명했습니다. 이 중 서비스는 안드로이드의 컴포넌트 중 백그라운드에서 실행되는 컴포넌트입니다. 콘텐트 리졸버는 컴포넌트는 아니지만 콘텐트 프로바이더가 제공하는 데이터를 사용하는 도구로 컴포넌트를 배울 때 중요한 부분입니다. 11장에서는 이 두 가지 기능에 대해 좀 더 자세히 살펴보겠습니다.

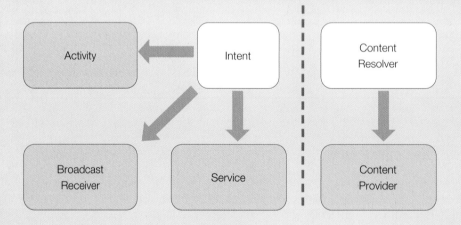

⟨1⟩ 서비스

서비스는 화면이 없는 액티비티입니다. 서비스가 백그라운드(서브 스레드)에서 동작하는 컴포넌트로 알려져 있는데 실제로 서비스만으로는 백그라운드에서 동작하지 않습니다. 그리고 화면이 없는 액티비티라고 표현한 이유는 서비스가 메인 스레드를 사용하기 때문입니다.

액티비티와 서비스 양쪽에 10초 동안, 1초마다 컴포넌트의 이름을 출력하는 코드를 작성합니다. 서비스는 'Service'를 출력하고, 액티비티는 'Activity'를 출력하도록 작성되어야 합니다. 그리고 액티비티에서 startService를 실행함과 동시에 반복문으로 'Activity'를 출력하는 코드를 실행하면, 어느 한쪽의 코드가 끝나야만 다른 쪽 코드가 실행됩니다. 보통 동일한 코드를 백그라운드 스레드로 작성하면 2개가 뒤섞여서 출력됩니다.

서비스로 동작할 때 로그캣	백그라운드 스레드로 동작할 때 로그캣
Activity	Activity
Activity	Service
Activity	Service
... 10번 완료 후	Activity
Service	Service
Service	...
...	

그래서 서비스는 기존의 백그라운드 처리와는 다른 개념으로 접근해야 합니다.

1.1 서비스의 실행 방식

서비스는 스타티드 서비스Started Service와 바운드 서비스Bound Service 두 가지 형태로 실행됩니다. 그리고 최종적으로 앱이 꺼져도 실행되는 서비스는 포어그라운드 서비스Foreground Service 형태로 만들어야 합니다.

스타티드 서비스

스타티드 서비스Started Service는 startService( ) 메서드로 호출하며 액티비티와 상관없이 독립적으로 동작할 때 사용합니다. 액티비티의 종료와 무관하게 동작하므로 일반적으로 많이 사용하는 서비스입니다. 스타티드 서비스가 이미 동작 중인 상태에서 스타티드 서비스의 재시작을 요청할 경우 새로 만들지 않고, 생성되어 있는 서비스의 메서드를 호출합니다.

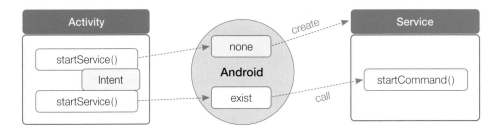

바운드 서비스

바운드 서비스Bound Service는 bindService( ) 메서드로 호출하며 액티비티와 값을 주고받을 필요가 있을 때 사용합니다. 여러 개의 액티비티가 같은 서비스를 사용할 수 있어서 기존에 생성되어 있는 서비스를 바인딩해서 재사용할 수 있습니다. 액티비티와 값을 주고받을 필요가 있을 때 사용하고 값을 주고받기 위한 인터페이스를 제공합니다. 하지만 인터페이스의 사용이 복잡하고 연결된 액티비티가 종료되면 서비스도 같이 종료되는 터라 특별한 경우를 제외하고는 잘 사용되지 않습니다. 단, 액티비티 화면이 떠 있는 상태에서 백그라운드 처리도 함께할 경우에는 스타티드 서비스보다 효율적일 수 있습니다.

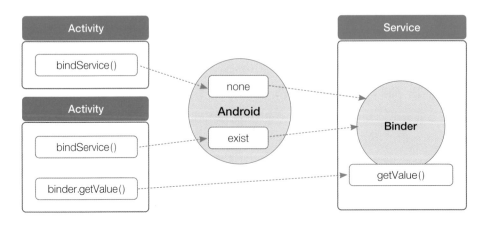

1.2 서비스 만들기

서비스를 만드는 방법은 액티비티와 동일합니다. ServiceTest 프로젝트를 새로 하나 생성합니다.

스타티드 서비스 만들기

01. [app]−[java] 디렉터리 밑에 있는 패키지명을 마우스 우클릭하면 나타나는 메뉴에서 [New]−[Service]−[Service]를 선택합니다. Class Name은 'MyService'로 입력되어 있습니다. 하단의 [Finish]를 클릭하여 MyServie 서비스를 생성하면 MyService.kt 파일이 열립니다.

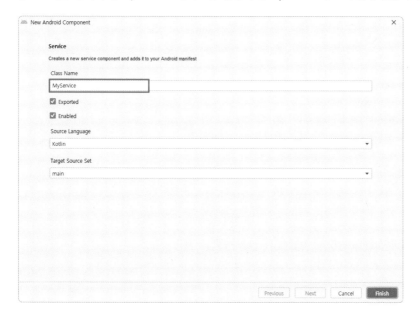

처음 생성하면 바운드 서비스를 할 수 있는 onBind( ) 메서드가 오버라이드되어 있습니다. onBind( ) 메서드는 스타티드 서비스에서는 사용하지 않습니다.

```
class MyService: Service() {
    override fun onBind(intent: Intent): IBinder {
        TODO("Return the communication channel to the service.")
    }
}
```

새로운 서비스를 생성하면 AndroidManifest.xml 파일에 〈service〉 태그로 등록됩니다.

```
<service
    android:name= ".MyService"
    android:enabled="true"
    android:exported="true"×/service>
```

02. MyService.kt의 서비스 클래스 안에 onStartCommand( ) 메서드를 오버라이드하고 다음과 같이 작성합니다. 호출할 때 onStartCommand로 명령어를 전달할 수 있습니다.

⚠ 여전히 로그캣(Logcat)을 사용하려면 Log에서 [Alt] + [Enter] 키를 눌러 import해야 합니다. import하는 과정은 자주 접한 터라 전부 설명하지는 않았습니다. 언급이 없어도 꼭 import하기 바랍니다.

```
override fun onStartCommand(intent: Intent?, flags: Int, startId: Int): Int {
    val action = intent?.action
    Log.d("StartedService", "action = $action")
    return super.onStartCommand(intent, flags, startId)
}
```

03. onStartCommand( ) 메서드 아래에 테스트로 사용할 명령어 몇 개를 companion object로 감싸서 임의로 생성해둡니다. 일반적으로 명령어는 '패키지명 + 명령어' 조합으로 만들어집니다. 이제 이 명령어들을 액티비티에서 서비스를 호출할 때 사용하겠습니다.

```
companion object {
    val ACTION_START = "kr.co.hanbit.servicetest.START"
    val ACTION_RUN = "kr.co.hanbit.servicetest.RUN"
    val ACTION_STOP = "kr.co.hanbit.servicetest.STOP"
}
```

04. MainActivity.kt 파일을 열고 서비스를 호출하는 코드를 작성합니다. 먼저 안드로이드에 전달할 Intent를 만들고, MyService에 미리 정의해둔 명령을 action에 담아서 같이 전달합니다. 새로운 메서드를 만들 때 파라미터로 (view: View)를 사용하면 클릭리스너 연결이 없어도 레이아웃 파일에서 메서드에 직접 접근할 수 있습니다.

```kotlin
fun serviceStart(view: View) {
    val intent = Intent(this, MyService::class.java)
    intent.action = MyService.ACTION_START
    startService(intent)
}
```

05. 액티비티에서 동일한 인텐트를 하나 더 생성하고 startService( )를 해도 서비스는 더 이상 생성되지 않고 onStartCommand( )만 호출되기 때문에 일방적인 명령어 전달 구조에서 사용하기에 간편하고 좋습니다. **04**의 코드 하단에 intent를 intent2로 수정해서 입력하면 됩니다.

06. 서비스를 중단하기 위해서는 stopService( )로 인텐트를 전달합니다.

```kotlin
fun serviceStop(view: View) {
    val intent = Intent(this, MyService::class.java)
    stopService(intent)
}
```

07. 서비스 중지 상태를 확인하기 위해서 MyService.kt 파일에서 서비스 종료 시 호출되는 onDestroy( )를 override 합니다. onDestroy( ) 안에 '서비스가 종료되었습니다.'라는 메시지를 출력하는 코드를 추가합니다.

```kotlin
override fun onDestroy() {
    Log.d("Service", "서비스가 종료되었습니다.")
    super.onDestroy()
}
```

08. activity_main.xml 파일을 열고 다음과 같이 버튼을 구성합니다. 버튼에서 직접 앞에서 작성한 메서드를 호출할 것이기 때문에 id 속성에는 따로 작성하지 않아도 됩니다.

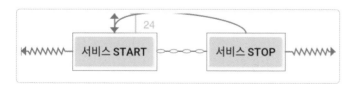

09. 먼저 서비스 START 버튼을 클릭한 상태에서 속성 창을 보면 onClick이라는 속성이 있습니다. 클릭하면 다음 그림과 같이 MainActivity에 (view: View) 파라미터가 적용된 메서드 목록이 나타납니다. 'serviceStart'를 선택합니다.

10. 마찬가지로 서비스 STOP 버튼을 클릭한 상태에서 onClick 속성에 'serviceStop'을 적용합니다.

11. 이제 앱을 실행한 상태에서 버튼을 클릭하고 로그캣에서 로그를 확인합니다.

MainActivity.kt의 전체 코드

```
Package kr.co.hanbit.servicetest

import android.content.Intent
import androidx.appcompat.app.AppCompatActivity
import android.os.Bundle
import android.view.View

class MainActivity: AppCompatActivity() {
    override fun onCreate(savedInstanceState: Bundle?) {
        super.onCreate(savedInstanceState)
        setContentView(R.layout.activity_main)
    }
    fun serviceStart(view: View) {
        val intent = Intent(this, MyService::class.java)
        intent.action = MyService.ACTION_START
        startService(intent)
    }
    fun serviceStop(view: View) {
        val intent = Intent(this, MyService::class.java)
        stopService(intent)
    }
}
```

```kotlin
package kr.co.hanbit.servicetest

import android.app.Service
import android.content.Intent
import android.os.IBinder
import android.util.Log

class MyService: Service() {
    override fun onBind(intent: Intent): IBinder {
        TODO("Return the communication channel to the service.")
    }

    override fun onStartCommand(intent: Intent?, flags: Int, startId: Int): Int {
        val action = intent?.action
        Log.d("StartedService", "action = $action")
        return super.onStartCommand(intent, flags, startId)
    }
    companion object {
        val ACTION_START = "kr.co.hanbit.servicetest.START"
        val ACTION_RUN = "kr.co.hanbit.servicetest.RUN"
        val ACTION_STOP = "kr.co.hanbit.servicetest.STOP"
    }

    override fun onDestroy() {
        Log.d("Service", "서비스가 종료되었습니다.")
        super.onDestroy()
    }
}
```

바운드 서비스 만들기

바운드 서비스를 만들려면 먼저 서비스와 액티비티를 연결하기 위한 ServiceConnection을 생성해야 합니다.

01. MyService.kt 파일을 열고 서비스 클래스 안에 바인더 클래스를 하나 만들고 변수에 담아둡니다. 액티비티와 서비스가 연결되면 바인더의 getService( ) 메서드를 통해 서비스에 접근할 수 있습니다.

```
inner class MyBinder: Binder() {
    fun getService(): MyService {
        return this@MyService
    }
}
val binder = MyBinder()
```

02. 앞서 스타티드 서비스에서는 사용하지 않았던 onBind( ) 메서드를 사용할 차례입니다. TODO( ) 행은 삭제하고 다음과 같이 onBind( ) 메서드에서 binder 변수를 반환하도록 수정합니다.

```
override fun onBind(intent: Intent): IBinder {
    return binder
}
```

03. MainActivity.kt 파일을 열고 서비스와 연결할 수 있는 서비스 커넥션을 만듭니다. 만든 서비스 커넥션을 bindService( ) 메서드를 통해 시스템에 전달하면 서비스와 연결할 수 있습니다. onServiceConnected( )는 서비스가 연결되면 호출되는 데 반해, (이름과 달리) onServiceDisconnected( )는 서비스가 정상적으로 연결 해제되었을 때는 호출되지 않습니다. 이 말은 unbindService( )로 연결을 끊어도 호출되지 않는다는 것입니다. 비정상적으로 서비스가 종료되었을 때만 onServiceDisconnected( )가 호출됩니다. 이런 구조이기 때문에 서비스가 연결되면 isService 변수에 'true'를 입력해두고 현재 서비스가 연결되어 있는지를 확인하는 로직이 필요합니다.

```
var myService:MyService? = null
var isService = false
val connection = object: ServiceConnection {
    override fun onServiceConnected(name: ComponentName, service: IBinder) {
        val binder = service as MyService.MyBinder
        myService = binder.getServcie()
        isService = true
```

```
    }
    override fun onServiceDisconnected(name: ComponentName) {
        isService = false
    }
}
```

04. bindService로 서비스를 호출하면서 앞에서 생성한 커넥션을 같이 넘겨줍니다. 세 번째 옵션인 Context.BIND_AUTO_CREATE를 설정하면 서비스가 생성되어 있지 않으면 생성 후 바인딩을 하고 이미 생성되어 있으면 바로 바인딩을 합니다.

```
fun serviceBind(view: View) {
    val intent = Intent(this, MyService::class.java)
    bindService(intent, connection, Context.BIND_AUTO_CREATE)
}
```

05. 연결을 해제하기 위해서는 unbindService에 커넥션을 담아 실행하면 되는데 서비스가 실행되지 않고 있을 때 unbindService를 실행하면 오류가 발생합니다. 그렇기 때문에 isService가 true인지를 먼저 체크하고 바인드를 해제한 후에 isService를 false로 변경해야 합니다.

```
fun serviceUnbind(view: View) {
    if (isService) {
        unbindService(connection)
        isService = false
    }
}
```

06. activity_main.xml 파일을 열고 서비스 BIND와 서비스 UNBIND 버튼을 다음 그림처럼 배치합니다.

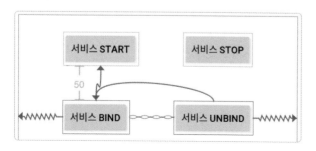

07. 서비스 BIND 버튼의 onClick 속성에는 'serviceBind'를 연결하고, 서비스 UNBIND 버튼에는 'serviceUnbind'를 연결합니다.

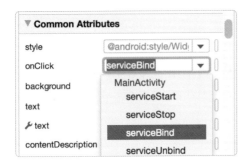

08. 앱을 실행하고 버튼을 클릭해서 테스트합니다.

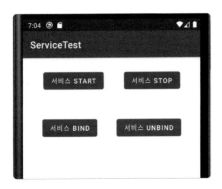

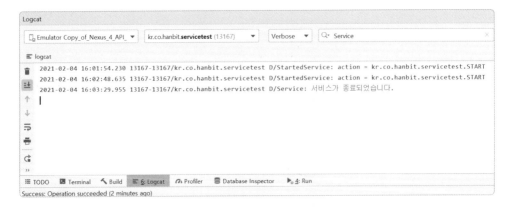

서비스의 메서드 호출하기

바운드 서비스는 스타티드 서비스와 다르게 액티비티에서 서비스의 메서드를 직접 호출해서 사용할 수 있습니다.

01. MyService.kt를 열고 문자열 하나를 반환하는 serviceMessage() 메서드를 추가합니다.

```
fun serviceMessage(): String {
    return "Hello Activity! I am Service!"
}
```

02. MyActivity.kt 파일을 열고 **01**에서 만든 serviceMessage()를 호출하는 callService Function() 메서드를 추가합니다. 화면에서 직접 사용할 것이기 때문에 파라미터에 (view: View)를 작성합니다. 이제 서비스가 연결된 상태에서 호출되면 serviceMessage()에서 반환된 문자열을 화면에 출력합니다.

```
fun callServiceFunction(view: View) {
    if (isService) {
        val message = myService?.serviceMessage()
        Toast.makeText(this, "message=${message}", Toast.LENGTH_SHORT).show()
    } else {
        Toast.makeText(this, "서비스가 연결되지 않았습니다.", Toast.LENGTH_SHORT).show()
    }
}
```

03. 서비스가 연결되었는지 확인하기 위해 onServiceConnected() 안에 '연결되었습니다.'라는 메시지를 출력하는 코드를 추가합니다.

```
val connection = object: ServiceConnection {
    override fun onServiceConnected(name: ComponentName, service: IBinder) {
        ...
        Log.d("BoundService", "연결되었습니다.")
    }
    override fun onServiceDisconnected(name: ComponentName) {
        isService = false
    }
}
```

04. activity_main.xml 파일을 열고 서비스 함수 호출 버튼을 다음 그림과 같이 추가합니다.

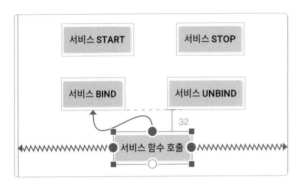

05. 서비스 함수 호출 버튼을 클릭한 상태에서 onClick 속성에 'callServiceFunction'을 적용한 후 앱을 실행하여 서비스 BIND를 클릭합니다.

06. 서비스가 연결되면 이제 서비스 함수 호출 버튼을 클릭해서 정상 동작하는지 테스트합니다. 테스트해보면 바운드 서비스에서는 메서드가 호출되지만 스타티드 서비스에서는 호출되지 않는 것을 확인할 수 있습니다.

MyService.kt의 전체 코드

```
package kr.co.hanbit.servicetest

import android.app.Service
import android.content.Intent
import android.os.Binder
import android.os.IBinder
import android.util.Log
```

```kotlin
class MyService: Service() {

    override fun onBind(intent: Intent): IBinder {
        return binder
    }

    override fun onStartCommand(intent: Intent?, flags: Int, startId: Int): Int {
        val action = intent?.action
        Log.d("StartedService", "action = $action")

        return super.onStartCommand(intent, flags, startId)
    }

    companion object {
        val ACTION_START = "kr.co.hanbit.servicetest.START"
        val ACTION_RUN = "kr.co.hanbit.servicetest.RUN"
        val ACTION_STOP = "kr.co.hanbit.servicetest.STOP"
    }

    override fun onDestroy() {
        Log.d("Service", "서비스가 종료되었습니다.")
        super.onDestroy()
    }

    inner class MyBinder: Binder() {
        fun getServcie(): MyService {
            return this@MyService
        }
    }
    val binder = MyBinder()

    fun serviceMessage(): String {
        return "Hello Activity! I am Service!"
    }
}
```

```
package kr.co.hanbit.servicetest

import android.content.ComponentName
import android.content.Context
import android.content.Intent
import android.content.ServiceConnection
import androidx.appcompat.app.AppCompatActivity
import android.os.Bundle
import android.os.IBinder
import android.util.Log
import android.view.View
import android.widget.Toast

class MainActivity: AppCompatActivity() {

    override fun onCreate(savedInstanceState: Bundle?) {
        super.onCreate(savedInstanceState)
        setContentView(R.layout.activity_main)
    }

    fun serviceStart(view: View) {
        val intent = Intent(this, MyService::class.java)
        intent.action = MyService.ACTION_START
        startService(intent)
    }

    fun serviceStop(view: View) {
        val intent = Intent(this, MyService::class.java)
        stopService(intent)
    }

    fun serviceBind(view: View) {
        val intent = Intent(this, MyService::class.java)
        bindService(intent, connection, Context.BIND_AUTO_CREATE)
    }

    fun serviceUnbind(view: View) {
        if (isService) {
            unbindService(connection)
            isService = false
```

```
        }
    }

    var myService:MyService? = null
    var isService = false
    val connection = object: ServiceConnection {
        override fun onServiceConnected(name: ComponentName, service: IBinder) {
            val binder = service as MyService.MyBinder
            myService = binder.getServcie()
            isService = true
            Log.d("BoundService", "연결되었습니다.")
        }
        override fun onServiceDisconnected(name: ComponentName) {
            isService = false
        }
    }

    fun callServiceFunction(view: View) {
        if (isService) {
            val message = myService?.serviceMessage()
            Toast.makeText(this, "message= ${message}", Toast.LENGTH_SHORT).show()
        } else {
            Toast.makeText(this, "서비스가 연결되지 않았습니다.", Toast.LENGTH_SHORT).show()
        }
    }
}
```

1.3 포어그라운드 서비스

스타티드 서비스와 바운드 서비스는 안드로이드 서비스의 시작 방식을 기준으로 분류하였고, 실행 구조를 기준으로는 포어그라운드와 백그라운드 서비스로 분류할 수 있습니다. 기본적으로 서비스는 모두 백그라운드 서비스입니다.

⚠ 서비스에서 말하는 백그라운드는 '화면에 나타나지 않는다'는 의미이고, 백그라운드 스레드처럼 다른 스레드에서 동시 처리 되는 것과는 다른 개념입니다.

포어그라운드 서비스는 사용자에게 알림을 통해 현재 작업이 진행 중이라는 것을 알려줘야 합니다.

백그라운드 서비스는 안드로이드 앱이 꺼지거나 안드로이드의 가용 자원이 부족하면 시스템에 의해 제거될 수 있지만, 포어그라운드 서비스는 사용자가 알림을 통해 서비스가 동작하고 있다는 것을 인지하고 있기 때문에 가용 자원 부족과 같은 이유로는 종료되지 않습니다.

포어그라운드 서비스를 사용하기 위해서는 서비스를 먼저 생성한 후에 시스템에 포어그라운드로 사용된다는 것을 알려줘야 합니다.

포어그라운드 서비스의 구성

포어그라운드 서비스를 사용하려면 먼저 몇 가지 단계를 거쳐야 합니다.

1 AndroidManifest.xml 파일에 포어그라운드 서비스 권한을 명세해야 합니다.

```
<uses-permission android:name="android.permission.FOREGROUND_SERVICE"/>
```

2 서비스가 먼저 실행되어야 합니다.

3 서비스 안에서 startForeground( ) 메서드를 호출해서 서비스가 포어그라운드로 실행되고 있다는 것을 안드로이드에 알려줘야 합니다.

포어그라운드 서비스 코드 작성하기

ForegroundService 프로젝트를 생성하고 build.gradle 파일에 viewBinding 설정을 추가합니다.

01. [app]–[manifests] 디렉터리에 있는 AndroidManifest.xml 파일을 열고 포어그라운드 권한을 추가합니다.

```
<uses-permission android:name="android.permission.FOREGROUND_SERVICE"/>
```

02. 안드로이드의 패키지명을 마우스 우클릭해 나타나는 메뉴에서 [New]-[Service]-[Service]를 선택하고 Foreground라는 이름의 서비스를 하나 생성합니다. 앞에서 스타티드 서비스를 생성했던 방법과 동일합니다. Class Name에 'Foreground'를 입력하고 생성하면 자동으로 파일이 열립니다. onBind() 메서드 블록 안에 보이는 TODO() 행은 삭제하고 오류를 막기 위해서 비어 있는 Binder()를 리턴해 놓습니다.

```kotlin
class Foreground: Service() {
    override fun onBind(intent: Intent): IBinder {
        return Binder()
    }
}
```

03. 서비스가 사용할 CHANNEL_ID를 상수로 정의해둡니다. 포어그라운드 서비스를 사용하기 위해서는 안드로이드 화면 상단에 나타나는 상태 바에 알림을 함께 띄워야 하는데, 이 알림이 사용할 채널을 설정할 때 사용됩니다.

```kotlin
val CHANNEL_ID = "ForegroundChannel"
```

04. 포어그라운드 서비스에 사용할 알림을 실행하기 전에 알림 채널을 생성하는 메서드를 먼저 만들어 놓습니다. 안드로이드 오레오 버전부터 모든 알림은 채널 단위로 동작하도록 설계되어 있습니다.

```kotlin
fun createNotificationChannel() {
    if (Build.VERSION.SDK_INT >= Build.VERSION_CODES.O) {
        val serviceChannel = NotificationChannel(
            CHANNEL_ID,
            "Foreground Service Channel",
            NotificationManager.IMPORTANCE_DEFAULT)
        val manager = getSystemService(NotificationManager::class.java)
        manager.createNotificationChannel(serviceChannel)
    }
}
```

05. onStartCommand( ) 메서드를 오버라이드합니다.

```
override fun onStartCommand(intent: Intent?, flags: Int, startId: Int): Int {
    // 06~08은 여기에 입력합니다.
    return super.onStartCommand(intent, flags, startId)
}
```

06. onStartCommand( ) 메서드 블록 안에 알림을 생성하는 코드를 작성합니다. 앞에서 만들어둔 메서드를 호출해서 알림 채널을 생성합니다.

```
createNotificationChannel()
```

07. 알림을 생성합니다. 알림 제목으로 "Foreground Service"를, 알림에 사용할 아이콘으로는 프로젝트를 생성하면 기본으로 포함되어 있는 sym_def_app_icon을 사용합니다.

```
val notification: Notification = NotificationCompat.Builder(this, CHANNEL_ID)
    .setContentTitle("Foreground Service")
    .setSmallIcon(R.mipmap.ic_launcher_round)
    .build()
```

08. startForeground( ) 메서드로 생성한 알림을 실행합니다.

```
startForeground(1, notification)
```

화면에 서비스를 실행할 버튼 배치하기

01. activity_main.xml 파일을 열어 [Design] 모드에서 기본 텍스트뷰는 삭제합니다.

02. 서비스 시작과 서비스 종료 버튼을 배치합니다. 그리고 다음 그림과 같이 각 버튼의 id와 text 속성을 변경하고 컨스트레인트를 연결합니다.

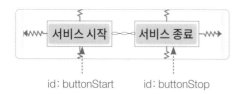

액티비티에서 서비스 호출하기

01. MainActivity.kt를 열고 바인딩을 생성해서 binding 프로퍼티에 저장한 후 setContentView 에 binding.root를 전달합니다.

```
val binding by lazy { ActivityMainBinding.inflate(layoutInflater) }

override fun onCreate(savedInstanceState: Bundle?) {
    super.onCreate(savedInstanceState)
    setContentView(binding.root)
}
```

02. setContentView 아랫줄에 다음과 같이 시작 버튼에 클릭리스너를 연결하는 코드를 작성 합니다. 그리고 리스너 블록 안에 서비스를 시작하는 코드를 추가합니다. 포어그라운드 서비스는 startService()가 아닌 ContextCompat.startForegroundService()를 사용해서 실행해야 합니다.

```
binding.buttonStart.setOnClickListener {
    val intent = Intent(this, Foreground::class.java)
    ContextCompat.startForegroundService(this, intent)
}
```

03. 종료 버튼에 클릭리스너를 연결하고 서비스를 종료하는 코드를 추가합니다.

```
binding.buttonStop.setOnClickListener {
    val intent = Intent(this, Foreground::class.java)
    stopService(intent)
}
```

04. 에뮬레이터에서 실행한 후 서비스 시작 버튼을 클릭합니다. 하얀색 동그란 모양의 아이콘이 안 드로이드 상태 바에 나타납니다.

앞에서 아이콘에 세팅한 sym_def_app_icon입니다.

05. 상단을 아래로 스와이프해서 끌어내리면 알림창도 나타납니다. 포어그라운드 서비스는 사용자에게 현재 서비스가 실행 중임을 항상 알려줘야 합니다. 실행한 액티비티를 강제 종료해도 서비스가 실행되기 때문에 알림이 사라지지 않습니다.

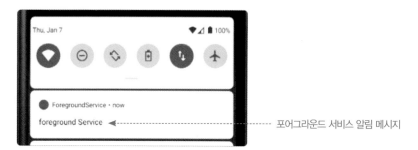

포어그라운드 서비스 알림 메시지

⚠ 안드로이드 스튜디오 버전에 따라 다르게 보일 수 있습니다.

Foreground.kt의 전체 코드

```
package kr.co.hanbit.foregroundservice

import android.app.Notification
import android.app.NotificationChannel
import android.app.NotificationManager
import android.app.Service
import android.content.Intent
import android.os.Binder
import android.os.Build
import android.os.IBinder
import androidx.core.app.NotificationCompat

class Foreground: Service() {

    val CHANNEL_ID = "ForegroundChannel"

    override fun onBind(intent: Intent): IBinder {
        return Binder()
    }

    fun createNotificationChannel() {
        if (Build.VERSION.SDK_INT >= Build.VERSION_CODES.O) {
            val serviceChannel = NotificationChannel(
```

```kotlin
                CHANNEL_ID,
                "Foreground Service Channel",
                NotificationManager.IMPORTANCE_DEFAULT)
            val manager = getSystemService(NotificationManager::class.java)
            manager.createNotificationChannel(serviceChannel)
        }
    }

    override fun onStartCommand(intent: Intent?, flags: Int, startId: Int): Int {

        createNotificationChannel()

        val notification: Notification = NotificationCompat.Builder(this, CHANNEL_ID)
            .setContentTitle("Foreground Service")
            .setSmallIcon(R.mipmap.ic_launcher_round)
            .build()

        startForeground(1, notification)

        return super.onStartCommand(intent, flags, startId)
    }
}
```

MainActivity.kt의 전체 코드

```kotlin
package kr.co.hanbit.foregroundservice

import android.content.Intent
import androidx.appcompat.app.AppCompatActivity
import android.os.Bundle
import androidx.core.content.ContextCompat
import kr.co.hanbit.foregroundservice.databinding.ActivityMainBinding

class MainActivity: AppCompatActivity() {

    val binding by lazy { ActivityMainBinding.inflate(layoutInflater) }

    override fun onCreate(savedInstanceState: Bundle?) {
        super.onCreate(savedInstanceState)
        setContentView(binding.root)
```

```
binding.buttonStart.setOnClickListener {
    val intent = Intent(this, Foreground::class.java)
    ContextCompat.startForegroundService(this, intent)
}

binding.buttonStop.setOnClickListener {
    val intent = Intent(this, Foreground::class.java)
    stopService(intent)
}
    }
}
```

 미니 퀴즈 11-1

1. 안드로이드에서 장시간 백그라운드 처리를 하기 위해 Service 클래스가 제공하는 메서드 이름은 무엇인가요?

2. 액티비티와 값을 주고받을 필요가 있을 때 서비스를 동작시키는 방식은 무엇인가요?

3. 스타티드 서비스Started Service 방식으로 서비스를 실행할 때 서비스에서 명령어를 전달받는 메서드는 무엇인가요?

《2》 콘텐트 리졸버

콘텐트 리졸버는 다른 앱에서 콘텐트 프로바이더를 통해 제공하는 데이터를 사용하기 위한 도구입니다.

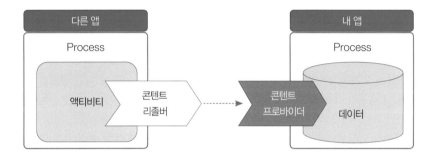

만약 내가 만든 앱의 데이터를 다른 앱에서도 사용할 수 있게 제공하려면 콘텐트 프로바이더를 구현해야 합니다. 하지만 보통 앱을 개발하면서 콘텐트 프로바이더를 사용하는 일은 거의 없습니다. 대부분 다른 앱 또는 안드로이드 OS에 이미 구현되어 있는 콘텐트 프로바이더로부터 데이터를 제공받아 사용합니다.

실제 안드로이드에 있는 연락처, 갤러리, 음악 파일과 같은 기본 데이터를 이용하는 용도로 가장 많이 사용하는데 이렇게 미리 만들어져 있는 콘텐트 프로바이더로부터 데이터를 가져오는 도구가 콘텐트 리졸버Content Resolver입니다.

안드로이드의 4대 메이저 컴포넌트임에도 불구하고 실제 사용 빈도가 높지 않기 때문에 이 책에서는 콘텐트 프로바이더보다는 콘텐트 리졸버를 기준으로 사용법을 알아보겠습니다.

2.1 콘텐트 리졸버 사용하기

콘텐트 리졸버로 사진, 음악 파일 등을 읽어오려면 미디어 정보가 저장된 구조를 이해해야 합니다. 안드로이드는 미디어 정보를 저장하는 저장소 용도로 MediaStore를 사용합니다. MediaStore 안에 각각의 미디어가 종류별로 DB의 테이블처럼 있고, 각 테이블당 주소가 하나씩 제공됩니다(물론 실제 구조는 그렇지 않지만 이해를 돕기 위한 설명입니다). 미디어의 종류마다 1개의 주소를 가진 콘텐트 프로바이더가 구현되어 있다고 생각하면 됩니다.

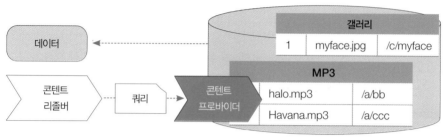

미디어스토어(MediaStore)

그리고 미디어를 읽어오기 위해서 콘텐트 리졸버를 사용합니다. 콘텐트 리졸버로 미디어 정보를 읽어오는 과정은 다음과 같습니다.

01. 데이터 주소를 정의합니다. MediaStore는 테이블 주소들을 상수로 제공하며 데이터베이스에서 테이블명과 같은 역할을 합니다. 데이터를 가져올 주소를 변수에 미리 저장합니다.

```
val listUrl = MediaStore.Audio.Media.EXTERNAL_CONTENT_URI
```

02. 가져올 컬럼명을 정의합니다. 미디어 정보의 상세 데이터 중 원하는 데이터만 선택해서 읽어올 수 있습니다. 테이블 주소와 마찬가지로 컬럼명도 상수로 제공합니다. 가져올 컬럼명을 배열에 저장해서 사용합니다.

```
val proj = arrayOf(
    MediaStore.Audio.Media._ID,
    MediaStore.Audio.Media.TITLE
)
```

03. 데이터 클래스를 정의합니다. 앞에서 정의한 컬럼명에 맞춰서 클래스를 만들면 되고, 클래스를 미리 만들어두면 읽어온 미디어 정보를 다루기가 쉬워집니다. 꼭 데이터 클래스를 사용해야 되는 것은 아닙니다.

```
data class Music(val id: String, val title: String)
```

04. 쿼리를 실행합니다. 콘텐트 리졸버가 제공하는 query( ) 메서드에 앞에서 정의한 주소와 컬럼명을 담아서 호출하면 쿼리를 실행한 결과를 커서라는 형태로 반환합니다. 세 번째, 네 번째, 다섯 번째 파라미터는 쿼리에 조건을 설정하는 옵션용입니다. 'null'을 입력하면 전체 데이터를 읽어옵니다.

```
val cursor = contentResolver.query(listUrl, proj, null, null, null)
```

여기서 잠깐

☆ **query( )의 파라미터 5개**

파라미터	설명
uri: Uri	테이블의 주소 Uri
projection: String[]	테이블의 컬럼명 배열
selection: String	데이터 검색 조건. 어떤 컬럼을 검색할 것인지 컬럼명 지정 (name = ?, title = ?의 형태로 물음표와 함께 검색 컬럼을 지정합니다.)
selectionArgs: String[]	조건의 값. 세 번째 컬럼명에 입력할 값 (selection에서 지정한 물음표(?)를 앞에서부터 순서대로 대체하는데 물음표가 2개면 2개의 배열이 필요합니다.)
sortOrder: String	정렬 순서. 정렬할 컬럼이 오름차순인지 내림차순인지를 설정 (ORDER BY title ASC)

⚠ 커서에 대한 설명은 509쪽의 '여기서 잠깐'을 참조해주세요.

05. 전달받은 커서 객체를 반복문으로 반복하며 레코드(컬럼으로 구성된 데이터 한 줄)를 한 줄씩 읽어서 데이터 클래스에 저장합니다. getColumnIndex( ) 메서드는 접근할 컬럼이 현재 테이블의 몇 번째 컬럼인지 확인한 다음 인덱스를 반환합니다.

```
val musicList = mutableListOf<Music>()
while (cursor.moveToNext()) {
    var index = cursor.getColumnIndex(proj[0])
    val id = cursor.getString(index)

    index = cursor.getColumnIndex(proj[1])
    val title = cursor.getString(index)
```

```
    val music = Music(id, title)
    musicList.add(music)
}
```

⚠ 커서로 반환된 값들은 proj 배열의 컬럼 순서대로 반환되지 않기 때문에 반드시 인덱스를 확인하는 과정이 필요합니다.

2.2 음원 목록 앱 만들기

앞에서 사용해본 콘텐트 리졸버 사용법을 응용해서 MediaStore에서 실제 음원 목록을 가져와 화면에 출력하는 방법을 예제를 통해 알아보겠습니다. 새로운 프로젝트 ContentResolver를 생성하고 build.gradle 파일에 viewBinding 설정을 추가합니다.

매니페스트에 명세하고 권한 요청하기

01. 저장소의 음원에 접근하기 위해 AndroidManifest.xml 파일에 권한을 선언합니다. MediaStore는 안드로이드의 외부 저장소에 있기 때문에 외부 저장소를 읽는 권한이 필요합니다.

```
<uses-permission android:name="android.permission.READ_EXTERNAL_STORAGE"/>
```

02. MainActivity.kt를 열고 onCreate( ) 메서드 위에 storagePermission 런처를 선언해둡니다.

```
lateinit var storagePermission: ActivityResultLauncher<String>
```

03. 바인딩을 생성해서 binding 프로퍼티에 저장하고, setContentView( )에 binding.root를 전달합니다.

```
val binding by lazy { ActivityMainBinding.inflate(layoutInflater) }

override fun onCreate(savedInstanceState: Bundle?) {
    super.onCreate(savedInstanceState)
    setContentView(binding.root)
}
```

04. onCreate() 메서드 아래에 빈 startProcess() 메서드를 하나 만들어둡니다. 권한 요청이 정상적으로 승인되면 이 메서드를 호출해서 앱을 실행할 것입니다.

```kotlin
fun startProcess() {

}
```

05. onCreate() 메서드 안에 registerForActivityResult로 런처를 생성해서 storagePermission 에 저장하는 코드를 작성합니다. 그리고 true면 위에 만들어 둔 startProcess()를 호출하고 false 면 앱을 종료하는 코드를 추가합니다.

```kotlin
storagePermission = registerForActivityResult(
    ActivityResultContracts.RequestPermission()) { isGranted ->
    if(isGranted) {
        startProcess()
    } else {
        Toast.makeText(baseContext,
            "외부 저장소 권한을 승인해야 앱을 사용할 수 있습니다.",
            Toast.LENGTH_LONG).show()
        finish()
    }
}
```

다음은 지금까지 작성한 권한 처리 관련 코드를 반영한 **MainActivity** 클래스의 코드입니다.

```kotlin
class MainActivity : AppCompatActivity() {

    lateinit var storagePermission: ActivityResultLauncher<String>

    val binding by lazy { ActivityMainBinding.inflate(layoutInflater) }

    override fun onCreate(savedInstanceState: Bundle?) {
        super.onCreate(savedInstanceState)
        setContentView(binding.root)

        storagePermission = registerForActivityResult(
            ActivityResultContracts.RequestPermission()) { isGranted ->
```

```
            if(isGranted) {
                startProcess()
            } else {
                Toast.makeText(baseContext,
                    "외부 저장소 권한을 승인해야 앱을 사용할 수 있습니다.",
                    Toast.LENGTH_LONG).show()
                finish()
            }
        }
    }

    fun startProcess() {

    }
}
```

⚠ 코드를 입력하다가 빨간색 글씨가 보이면 Alt + Enter 를 눌러 import합니다.

음원 클래스 정의하기

음원과 관련된 클래스를 정의하기 전에 프로퍼티를 먼저 정의하겠습니다.

프로퍼티	설명
id	MediaStore가 음원을 구분하는 유니크 ID
title	음원의 제목
artist	음원의 아티스트
albumId	앨범을 구분하는 ID
duration	음원의 길이

01. [app]-[java] 디렉터리 밑의 패키지에 Music 클래스를 생성하고 음원 데이터에 대한 클래스를 다음과 같이 정의합니다.

```
class Music(id: String, title: String?, artist: String?, albumId: String?,
            duration: Long?) {

    var id: String = ""
    var title: String?
```

```
        var artist: String?
        var albumId: String?
        var duration: Long?

        init {
            this.id = id
            this.title = title
            this.artist = artist
            this.albumId = albumId
            this.duration = duration
        }
        // 02를 여기에 작성합니다.
    }
```

02. 음원의 URI를 생성하는 getMusicUri() 메서드를 정의합니다. 음원 URI는 기본 MediaStore 의 주소와 음원 ID를 조합해서 만들기 때문에 메서드로 만들어 놓고 사용하는 것이 편리합니다.

```
fun getMusicUri(): Uri {
    return Uri.withAppendedPath(
        MediaStore.Audio.Media.EXTERNAL_CONTENT_URI, id
    )
}
```

03. 이어서 음원 파일별로 썸네일을 지정할 수 있습니다. 보통 앨범 이미지를 사용하며 이것을 앨범 아트라고 하는데, 앨범 아트 URI를 생성하는 getAlbumUri() 메서드를 정의합니다. 앨범 아트의 URI 문자열을 Uri.parse() 메서드로 해석해서 URI를 생성합니다.

```
fun getAlbumUri(): Uri {
    return Uri.parse(
        "content://media/external/audio/albumart/" + albumId
    )
}
```

다음은 지금까지 입력한 Music.kt 파일의 코드입니다.

```
package kr.co.hanbit.contentresolver
```

```
import android.net.Uri
import android.provider.MediaStore

class Music(id: String, title: String?, artist: String?, albumId: String?,
            duration: Long?) {

    var id: String = ""
    var title: String?
    var artist: String?
    var albumId: String?
    var duration: Long?

    init {
        this.id = id
        this.title = title
        this.artist = artist
        this.albumId = albumId
        this.duration = duration
    }

    fun getMusicUri(): Uri {
        return Uri.withAppendedPath(
                MediaStore.Audio.Media.EXTERNAL_CONTENT_URI, id
        )
    }

    fun getAlbumUri(): Uri {
        return Uri.parse(
            "content://media/external/audio/albumart/" + albumId
        )
    }
}
```

음원 목록 화면 만들기

이제 화면을 만들어보겠습니다. 화면은 activity_main.xml의 [Design] 모드에서 작성합니다.

01. activity_main.xml 파일을 열고 기본 텍스트뷰는 삭제합니다. 그다음 팔레트의 커먼 카테고리에 있는 리사이클러뷰를 드래그해서 화면 전체에 배치합니다(라이브러리 추가 메시지가 나타

나면 [OK]를 눌러서 추가합니다). id 속성은 'recyclerView'로 하고 컨스트레인트는 상하좌우를 모두 연결합니다.

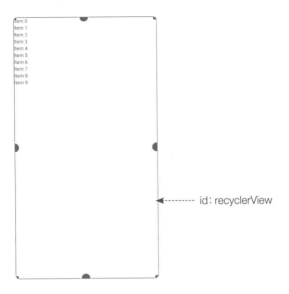

<---------- id: recyclerView

02. 리사이클러뷰에 사용할 item_recycler.xml 파일을 [app]-[res]-[layout] 디렉터리에 생성합니다. File name과 Root elements는 다음과 같이 입력합니다.

⚠ 리소스 파일은 해당 디렉터리에서 마우스 우클릭을 하면 나타나는 메뉴에서 [New]-[Layout resourceFile]을 클릭해서 생성합니다.

03. 최상위 레이아웃인 컨스트레인트 레이아웃의 layout_height 속성을 '100dp'로 설정합니다.

04. 앨범 아트를 보여줄 이미지뷰 1개를 설정합니다. id 속성은 'imageAlbum'으로 설정하고 컨스트레인트는 **05**의 그림과 같이 연결합니다.

05. 아티스트 이름(Artist), 음원 제목(Title), 음원 길이(00:00)를 표시할 텍스트뷰 3개를 다음 그림과 같이 배치하고 id 속성을 입력합니다. 음원 제목만 textSize 속성을 '24', textStyle 속성을 bold로 체크해서 크기를 다르게 합니다.

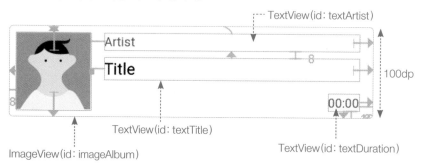

어댑터 만들기

리사이클러뷰에 사용할 어댑터를 생성하고 코드를 작성하겠습니다.

01. [app]-[java] 디렉터리 밑의 패키지 아래에 MusicRecyclerAdapter 클래스를 생성합니다.

02. Holder 클래스를 어댑터 클래스 아래에 작성합니다. Holder 클래스는 항상 바인딩 1개를 파라미터로 가지고 상속받는 ViewHolder에 binding.root를 넘겨주는 구조입니다.

```
class MusicRecyclerAdapter {

}

class Holder(val binding: ItemRecyclerBinding): RecyclerView.ViewHolder(binding.root) {
    // 09에서 구현합니다.
}
```

03. MusicRecyclerAdapter에 Adapter 클래스를 상속받습니다. 그리고 제네릭으로 위에서 만들어둔 Holder를 지정합니다.

```
class MusicRecyclerAdapter: RecyclerView.Adapter<Holder>() {
    // 04를 여기에 작성합니다.
}
```

⚠️ 여기까지 입력하면 MusicRecyclerAdaper에 빨간색 밑줄이 생길 겁니다. 다음 **04**를 진행하면 사라지니 안심하고 진행
하세요.

04. 어댑터에 필수 메서드 3개를 자동 생성합니다. 클래스 안쪽을 클릭한 상태에서 Ctrl + I 키를 눌
러 나타나는 팝업창에서 3개 모두 선택합니다. 자동 생성된 코드에서 TODO( ) 행은 모두 삭제합니다.

```
class MusicRecyclerAdapter: RecyclerView.Adapter<Holder>() {
    // 05는 여기에 작성합니다.
    override fun onCreateViewHolder(parent: ViewGroup, viewType: Int): Holder {
        // 07은 여기에 작성합니다.
    }

    override fun getItemCount(): Int {
        // 06은 여기에 작성합니다.
    }

    override fun onBindViewHolder(holder: Holder, position: Int) {
        // 08은 여기에 작성합니다.
    }
}
```

05. MusicRecyclerAdapter 클래스 가장 윗줄에 음악 목록을 저장해둘 변수를 1개 만듭니다. 제
네릭으로 Music을 사용하는 컬렉션입니다.

```
var musicList = mutableListOf<Music>()
```

06. 목록의 개수를 알려주는 getItemCount()를 구현합니다.

```
return musicList.size
```

07. 화면에 보이는 아이템 레이아웃의 바인딩을 생성하는 onCreateViewHolder()를 구현합니다.

```
val binding = ItemRecyclerBinding.inflate(LayoutInflater.from(parent.context),
                                           parent, false)
return Holder(binding)
```

08. 아이템 레이아웃에 데이터를 출력하는 onBindViewHolder()를 구현합니다. setMusic 메서드는 아직 만들지 않았기 때문에 빨간색으로 나타납니다.

```
val music = musicList.get(position)
holder.setMusic(music)
```

09. Holder 클래스 안에 setMusic() 메서드를 구현합니다. setMusic() 메서드의 파라미터로 넘어온 music은 메서드가 실행되는 순간에만 사용할 수 있기 때문에 클릭 시 음원이 플레이되는 것을 대비해서 musicUri 변수를 하나 만들고 현재 Music 클래스가 가지고 있는 Uri를 저장해두는 것이 좋습니다. 먼저 앨범 이미지가 보일 이미지뷰에 setImageURI를 사용해서 이미지를 세팅하고, 각각의 텍스트뷰, 즉 Artist, Title, Duration의 text 속성에도 값을 입력합니다. 음악 재생 시간은 SimpleDateFormat을 사용해서 '분:초' 형태로 변환해서 사용하면 됩니다.

```
var musicUri: Uri? = null

fun setMusic(music:Music) {
    binding.run { // run 함수를 사용하면 매번 binding.을 입력하지 않아도 됩니다.
        imageAlbum.setImageURI(music.getAlbumUri())
        textArtist.text = music.artist
        textTitle.text = music.title

        val duration = SimpleDateFormat("mm:ss").format(music.duration)
```

```
        textDuration.text = duration
    }
    this.musicUri = music.getMusicUri()
}
```

지금까지 입력한 MusicRecyclerAdapter.kt의 전체 코드는 다음과 같습니다.

```
package kr.co.hanbit.contentresolver

import android.media.MediaPlayer
import android.net.Uri
import android.view.LayoutInflater
import android.view.ViewGroup
import androidx.recyclerview.widget.RecyclerView
import kr.co.hanbit.contentresolver.databinding.ItemRecyclerBinding
import java.text.SimpleDateFormat

class MusicRecyclerAdapter: RecyclerView.Adapter<Holder>() {
    var musicList = mutableListOf<Music>()

    override fun onCreateViewHolder(parent: ViewGroup, viewType: Int): Holder {
        val binding = ItemRecyclerBinding.inflate(LayoutInflater.from(parent.context),
                                                    parent, false)
        return Holder(binding)
    }

    override fun getItemCount(): Int {
        return musicList.size
    }

    override fun onBindViewHolder(holder: Holder, position: Int) {
        val music = musicList.get(position)
        holder.setMusic(music)
    }
}

class Holder(val binding: ItemRecyclerBinding): RecyclerView.ViewHolder(binding.root) {
    var musicUri: Uri? = null

    fun setMusic(music:Music) {
        binding.run {
            imageAlbum.setImageURI(music.getAlbumUri())
```

```
            textArtist.text = music.artist
            textTitle.text = music.title

            val duration = SimpleDateFormat("mm:ss").format(music.duration)
            textDuration.text = duration
        }
        this.musicUri = music.getMusicUri()
    }
}
```

MainActivity에서 음원 목록 보여주기

MainActivity.kt에 음원 정보를 읽어오고 리사이클러뷰에 음원 목록을 보여주는 코드를 작성하겠습니다.

01. MainActivity.kt를 열고 startProcess() 메서드 아래에 음원을 읽어오는 getMusicList() 메서드를 하나 만듭니다.

```
fun getMusicList(): List<Music> {
    // 02~07을 여기에 작성합니다.
}
```

02. 메서드 안에 음원을 읽어오는 코드를 하나씩 작성합니다. 먼저 음원 정보의 주소를 listUrl 변수에 저장합니다.

```
val listUrl = MediaStore.Audio.Media.EXTERNAL_CONTENT_URI
```

03. 앞의 변수 선언에 이어서 음원 정보 테이블에서 읽어올 컬럼명을 배열로 정의합니다. MediaStore에 상수로 이미 정의되어 있습니다.

```
val proj = arrayOf(
    MediaStore.Audio.Media._ID,
    MediaStore.Audio.Media.TITLE,
    MediaStore.Audio.Media.ARTIST,
    MediaStore.Audio.Media.ALBUM_ID,
```

```
MediaStore.Audio.Media.DURATION
)
```

04. 콘텐트 리졸버의 query( ) 메서드에 앞에서 설정한 주소와 컬럼명을 담아서 호출하면 실행결과를 커서로 반환해줍니다.

```
val cursor = contentResolver.query(listUrl, proj, null, null, null)
```

05. 커서로 전달받은 데이터를 꺼내서 저장할 목록 변수를 하나 만듭니다.

```
val musicList = mutableListOf<Music>()
```

06. 반복문으로 커서를 이동하면서 데이터를 한 줄씩 읽습니다. 읽은 데이터를 Music 클래스에 옮긴 후 앞에서 만들어둔 musicList에 하나씩 담습니다. 커서에서 데이터를 꺼낼 때 사용하는 getString( )은 컬럼 타입이 문자일 때, getLong( )은 컬럼 타입이 숫자일 때 사용할 수 있습니다. getString( )과 getLong( )에 입력되는 숫자는 커서에 있는 컬럼 데이터의 순서인데 앞에서 proj 변수에 저장해두었던 컬럼의 순서와 같습니다.

```
while (cursor?.moveToNext() == true) {
    val id = cursor.getString(0)
    val title = cursor.getString(1)
    val artist = cursor.getString(2)
    val albumId = cursor.getString(3)
    val duration = cursor.getLong(4)

    val music = Music(id, title, artist, albumId, duration)
    musicList.add(music)
}
```

07. 데이터가 다 담긴 musicList를 호출한 측에 반환합니다.

```
return musicList
```

08. 이제 startProcess( ) 메서드 안에서 지금까지 생성한 어댑터와 화면 그리고 데이터를 가져오

는 메서드를 연결하는 코드를 작성하겠습니다. 먼저 adapter를 생성하고 정의해둔 musicList에
음원 데이터를 adapter에 넘겨줍니다.

```
val adapter = MusicRecyclerAdapter()
adapter.musicList.addAll(getMusicList())
```

09. 이어서 데이터가 담긴 adapter를 리사이클러뷰에 연결하고 레이아웃 매니저를 설정합니다.

```
binding.recyclerView.adapter = adapter
binding.recyclerView.layoutManager = LinearLayoutManager(this)
```

여기서 잠깐

☼ **에뮬레이터에 MP3 다운로드하기**

1. 에뮬레이터에서 웹 브라우저를 실행하고 검색창에 'free mp3 downloads'를 입력한 후 검색합니다.

2. 검색 내역 중에 Last.fm이라는 음원 사이트를 클릭하고 Download Free Music 페이지로 이동합니다.

3. 다시 스크롤 해보면 음원 목록이 나타나는데, 목록 오른쪽의 다운로드 버튼을 클릭하면 MP3 파일을 에뮬
레이터에 다운로드할 수 있습니다.

몇 개 다운로드한 다음에 앱을 테스트해보세요.

---

10. 에뮬레이터에서 실행하고 테스트해봅니다. 에뮬레이터에는 음원 파일이 없기 때문에 목록에 아무것도 나오지 않습니다. 이메일로 MP3 파일을 전송한 후에 에뮬레이터에서 다운로드해서 사용할 수도 있고, 스마트폰에서 실행해서 확인할 수 있습니다. 다양한 방법으로 테스트해보세요. 그림과 같이 이미지와 제목이 표시됩니다.

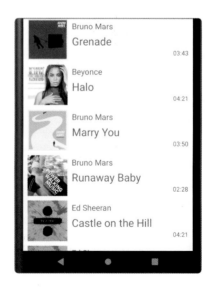

```
package kr.co.hanbit.contentresolver

import android.os.Bundle
import android.provider.MediaStore
import android.widget.Toast
import androidx.activity.result.ActivityResultLauncher
import androidx.activity.result.contract.ActivityResultContracts
import androidx.appcompat.app.AppCompatActivity
import androidx.recyclerview.widget.LinearLayoutManager
import com.example.contentresolver.databinding.ActivityMainBinding

class MainActivity : AppCompatActivity() {

    lateinit var storagePermission: ActivityResultLauncher<String>

    val binding by lazy { ActivityMainBinding.inflate(layoutInflater) }

    override fun onCreate(savedInstanceState: Bundle?) {
        super.onCreate(savedInstanceState)
        setContentView(binding.root)

        storagePermission = registerForActivityResult(ActivityResultContracts.
            RequestPermission()) { isGranted ->
            if(isGranted) {
                startProcess()
            } else {
                Toast.makeText(baseContext,
                    "외부 저장소 권한을 승인해야 앱을 사용할 수 있습니다.",
                    Toast.LENGTH_LONG).show()
                finish()
            }
        }
    }

    fun startProcess() {
        val adapter = MusicRecyclerAdapter()
        adapter.musicList.addAll(getMusicList())
        binding.recyclerView.adapter = adapter
        binding.recyclerView.layoutManager = LinearLayoutManager(this)
    }
```

```
    fun getMusicList() : List<Music> {
        val listUrl = MediaStore.Audio.Media.EXTERNAL_CONTENT_URI
        val proj = arrayOf(
            MediaStore.Audio.Media._ID,
            MediaStore.Audio.Media.TITLE,
            MediaStore.Audio.Media.ARTIST,
            MediaStore.Audio.Media.ALBUM_ID,
            MediaStore.Audio.Media.DURATION
        )
        val cursor = contentResolver.query(listUrl, proj, null, null, null)
        val musicList = mutableListOf<Music>()
        while (cursor?.moveToNext() == true) {
            val id = cursor.getString(0)
            val title = cursor.getString(1)
            val artist = cursor.getString(2)
            val albumId = cursor.getString(3)
            val duration = cursor.getLong(4)

            val music = Music(id, title, artist, albumId, duration)
            musicList.add(music)
        }
        return musicList
    }
}
```

목록을 클릭해서 음원 실행하기

마지막으로 목록을 클릭하면 음원을 실행하는 코드를 작성해보겠습니다. 클릭 이벤트를 어댑터의
홀더에서 받아야 하기 때문에 모든 코드를 MusicRecyclerAdapter.kt에서 작성하겠습니다.

01. 음원을 실행하기 위해서는 MediaPlayer 클래스를 사용해야 하는데 Holder 클래스 안에 생성
하면 Holder 개수만큼 생성되기 때문에 스마트폰의 자원이 낭비됩니다. MediaPlayer를 어댑터에
생성하고 사용하기 위해서 먼저 Holder 클래스 전체를 어댑터 클래스 블록 안으로 이동합니다. 어
댑터의 상속 클래스에서 사용한 제네릭인 Holder의 위치가 바뀌었기 때문에 빨간색으로 변경되는
데, Holder를 클릭한 후 Alt + Enter 키를 눌러서 import하면 없어집니다.

```
class MusicRecyclerAdapter: RecyclerView.Adapter<Holder>() {

    // 중략

        inner class Holder(val binding: ItemRecyclerBinding): RecyclerView.
                            ViewHolder(binding.root) {
            var musicUri: Uri? = null
            fun setMusic(music:Music) {
                binding.run {
                    imageAlbum.setImageURI(music.getAlbumUri())
                    textArtist.text = music.artist
                    textTitle.text = music.title

                    val duration = SimpleDateFormat("mm:ss").format(music.duration)
                    textDuration.text = duration
                }
                this.musicUri = music.getMusicUri()
            }
        }
}
```

Holder 클래스를 내부로 옮기고 inner 키워드를 붙여줍니다.

Alt + Enter 키를 누르기 전입니다. RecyclerView.Adapter<MusicRecyclerAdapter.Holder>로 변경됩니다.

⚠ 클래스 안에 클래스를 넣어줄 때는 inner를 붙여야 합니다.

02. 앞 단계에서 Holder를 클릭한 후 Alt + Enter 키를 눌러 import했다면 다음처럼 제네릭에 선언된 Holder 클래스 모양이 바뀌었을 겁니다. 이는 Holder 클래스 이동으로 인해 모양이 수정된 것입니다. 다음처럼 MediaPlayer를 담아두는 mediaPlayer 변수를 선언합니다.

```
class MusicRecyclerAdapter: RecyclerView.Adapter<MusicRecyclerAdapter.Holder>() {
    var musicList = mutableListOf<Music>()
    var mediaPlayer: MediaPlayer? = null
```

03. 이제 Holder 클래스 안의 musicUri 선언 부분 아래에 init 블록을 하나 만들고 생성자로 넘어온 itemView에 클릭리스너를 연결해줍니다.

```
init {
    itemView.setOnClickListener {
        // 04는 여기에 작성합니다.
```

```
        }
    }
```

04. 클릭리스너 블록 안에서 MediaPlayer에 사용할 음원의 Uri로 설정하고 시작 메서드를 호출합니다. 이제 목록이 클릭되면 음원이 플레이됩니다.

```
mediaPlayer = MediaPlayer.create(itemView.context, musicUri)
mediaPlayer?.start()
```

05. 그럴듯해 보이지만, 실은 이대로 실행하면 목록의 아이템을 클릭할 때마다 음악이 중복해서 실행되는 문제점이 있습니다. 이를 해결하기 위해서 음원 Uri를 설정하기 전에 현재 mediaPlayer에 설정된 값이 있으면 해제한 후 실행하도록 **04**의 코드 위에 다음의 코드를 추가합니다.

```
if (mediaPlayer != null) {
    mediaPlayer?.release()
    mediaPlayer = null
}
```

06. 앱을 실행하고 테스트해봅니다. 실행 화면에 아무것도 뜨지 않는 이유는 에뮬레이터에 음악 파일이 없어서입니다. 에뮬레이터에서 웹 브라우저를 띄워서 무료 MP3 파일을 내려받은 다음에 다시 실행하면 내려받은 MP3 파일이 나타납니다.

MusicRecyclerAdapter.kt의 전체 코드

```
package kr.co.hanbit.contentresolver

import android.media.MediaPlayer
import android.net.Uri
import android.view.LayoutInflater
import android.view.ViewGroup
import androidx.recyclerview.widget.RecyclerView
import kr.co.hanbit.contentresolver.databinding.ItemRecyclerBinding
import java.text.SimpleDateFormat

class MusicRecyclerAdapter: RecyclerView.Adapter<MusicRecyclerAdapter.Holder>() {
    var musicList = mutableListOf<Music>()
    var mediaPlayer: MediaPlayer? = null
```

```kotlin
    override fun onCreateViewHolder(parent: ViewGroup, viewType: Int): Holder {
        val binding = ItemRecyclerBinding.inflate(LayoutInflater.from(parent.context),
                                                  parent, false)
        return Holder(binding)
    }

    override fun getItemCount(): Int {
        return musicList.size
    }

    override fun onBindViewHolder(holder: Holder, position: Int) {
        val music = musicList.get(position)
        holder.setMusic(music)
    }

    inner class Holder(val binding: ItemRecyclerBinding): RecyclerView.ViewHolder
                    (binding.root) {
        var musicUri: Uri? = null

        init {
            binding.root.setOnClickListener {
                if (mediaPlayer != null) {
                    mediaPlayer?.release()
                    mediaPlayer = null
                }
                mediaPlayer = MediaPlayer.create(binding.root.context, musicUri)
                mediaPlayer?.start()
            }
        }

        fun setMusic(music:Music) {
            binding.run {
                imageAlbum.setImageURI(music.getAlbumUri())
                textArtist.text = music.artist
                textTitle.text = music.title

                val duration = SimpleDateFormat("mm:ss").format(music.duration)
                textDuration.text = duration
            }
            this.musicUri = music.getMusicUri()
        }
    }
}
```

1. 내 앱의 데이터를 다른 앱에서 사용할 수 있도록 인터페이스를 제공하는 안드로이드 컴포넌트는 무엇인가요?

2. 콘텐트 리졸버가 요청한 쿼리 결과가 반환되는 클래스는 무엇인가요?

3. 마지막으로 만든 예제에는 음악을 멈추는 기능이 없습니다. 화면에 멈춤 버튼을 자유롭게 배치하고 실행 중인 음악이 있으면 정지시키는 코드를 추가해보세요.

구글 지도, 네트워크, Open API

이 장의 핵심 개념

• 구글 지도 데이터를 기반으로 사용하는 Google Maps API의 사용 방법을 알고, 카메라와 지도 뷰의 관계를 배웁니다.

• API가 무엇인지 알고 Open API를 사용하는 방법을 익힙니다.

• 서울 열린데이터광장의 API를 활용해 서울시 도서관 지도 앱을 제작합니다.

• HTTP의 개념과 동작 원리를 학습하고 데이터 표준 방식인 JSON을 이해합니다.

• 레트로핏을 사용해 통신을 활용한 앱을 제작합니다.

12장을 시작하기 전에

API는 Application Programming Interface의 약어로 응용 프로그래밍 인터페이스, 즉 응용 프로그램에서 운영체제나 다른 프로그래밍 언어 등에서 제공하는 기능을 제어할 수 있는 인터페이스입니다. 좀 더 쉽게 설명하면 API는 프로그램 간의 상호작용을 도와주는 역할을 하며 보통 API를 통해 데이터를 주고받습니다.

가깝게는 지금까지 사용한 안드로이드의 startActivity( ) 메서드도 API입니다.

API를 통해 명령어를 전달하거나 데이터를 주고받을 수 있는데, 데이터를 주고받기 위한 요청 방식이나 데이터의 형식은 대부분 표준으로 제공되고 있습니다. 이를 참고하여 프로그래밍하면 더 풍성한 앱을 만들 수 있습니다.

데이터를 주고받으려면 네트워크의 동작 구조를 이해하는 것이 중요하기 때문에 이 장에서는 네트워크의 통신 방식과 표준 데이터 형식 중 하나인 JSON도 함께 다루겠습니다.

⟨1⟩ 구글 지도

구글 플레이 서비스의 Google Maps API를 사용하면 구글 지도 데이터를 기반으로 앱에 지도를 추가할 수 있습니다. 구글 지도는 Google Maps Platform 서비스 중 하나이며 교통정보 기반의 경로 찾기와 장소 정보, 검색 등의 기능을 제공합니다. 이번 장에서는 내 앱에 구글 지도를 추가하고 스마트폰의 위치를 검색해서 현재 위치를 마커로 표시하는 방법에 대해 알아봅니다.

⚠ 국내에서는 구글 지도의 경로 찾기 메뉴 중 버스만 사용할 수 있습니다.

1.1 구글 지도 시작하기

안드로이드 스튜디오는 구글 지도를 쉽게 사용할 수 있도록 프로젝트 생성 시 프로젝트의 종류를 선택하는 메뉴에서 Google Maps Activity를 제공합니다.

Google Maps Activity

구글 플레이 서비스 SDK 설치하기

Google Maps API를 사용하려면 구글 플레이 서비스 SDK를 설치해야 합니다. 구글 플레이 서비스는 구글 로그인, 지도, 파이어베이스 등의 서비스와 구글 앱 업데이트 기능이 포함됩니다.

01. Welcome to Android Studio 화면에서 하단의 [Configure]-[SDK Manager]를 클릭합니다. 안드로이드 스튜디오가 켜져 있는 상태라면 상단 메뉴의 [Tools]-[SDK Manager]를 클릭합니다.

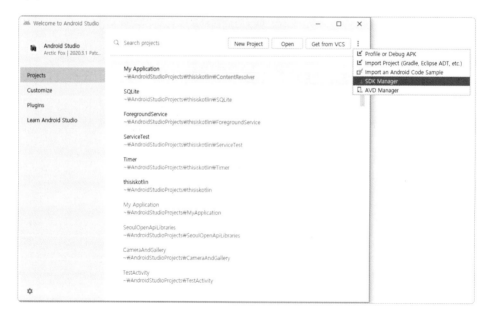

02. 다음의 그림처럼 Android SDK 설정 화면에서 [SDK Tools] 탭을 클릭하면 안드로이드 개발에 필요한 SDK를 설치할 수 있습니다. Google Play services가 [Not installed] 상태이면 체크박스에 체크한 후 [OK]를 클릭합니다.

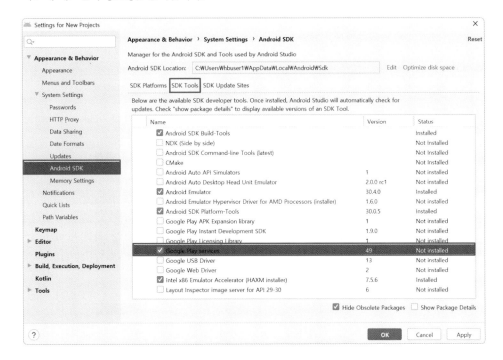

03. 다음과 같은 확인 창이 나타나면 [OK]를 클릭해서 설치를 진행합니다. 설치가 끝나면 [Finish]를 클릭합니다.

Google Maps Activity로 시작하기

이번 예제에서는 구글 지도를 사용할 수 있는 Google Maps Activity를 사용하겠습니다.

01. GoogleMaps라는 이름으로 신규 프로젝트를 하나 생성하겠습니다. [New Project]에서 [Google Maps Activity]를 찾아 선택하고 [Next]를 클릭합니다.

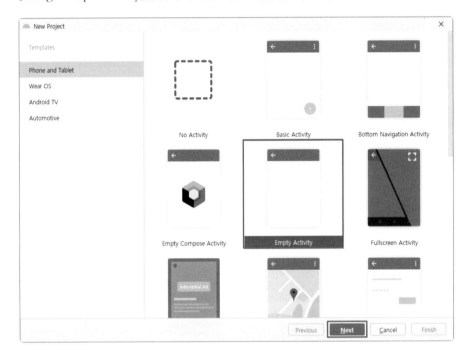

02. Name에 'GoogleMaps'라고 입력하고 [Finish]를 클릭해서 프로젝트를 생성합니다.

Google Maps API 키 받기

구글 지도를 포함한 구글 플레이 서비스에 액세스하려면 구글 플레이 서비스의 API 키가 필요합니다. [Google Maps Activity]로 프로젝트를 생성하면 API 키가 있는 google_maps_api.xml 파일이 자동으로 생성됩니다.

01. [app]-[res]-[values] 디렉터리에 있는 google_maps_api.xml 파일에서 'https://'로 시작하는 첫 번째 URL을 복사해 웹 브라우저의 주소창에 붙여넣은 다음 이동합니다. 또는 키보드의 [Ctrl] 키를 누른 상태에서 마우스로 URL을 클릭하면 새로 웹 브라우저가 열리면서 해당 주소로 이동합니다.

⚠ 보통 파일 코드의 7행에 해당 URL이 있습니다.

☼ API 키를 입력하는 파일이 없어요

범블비와 칩멍크 버전에서는 API 키를 입력하는 곳이 AndroidManifest.xml 파일로 변경되었습니다.

```xml
<?xml version="1.0" encoding="utf-8"?>
<manifest xmlns:android="http://schemas.android.com/apk/res/android"
    package="net.flow9.myapplication">
        ...
        <!--
            TODO: Before you run your application, you need a Google Maps API
            key.
            To get one, follow the directions here:
                https://developers.google.com/maps/documentation/android-sdk/
                get-api-key
            Once you have your API key (it starts with "AIza"), define a new
            property in yourproject's local.properties file
            (e.g. MAPS_API_KEY=Aiza...), and replace the
            "YOUR_API_KEY" string in this file with "${MAPS_API_KEY}".
        -->
        <meta-data
            android:name="com.google.android.geo.API_KEY"
            android:value="YOUR_API_KEY" />
    ...
```
                                                         └───── 여기에 개인 API 키를 입력하세요

02. 구글 계정이 있으면 해당 계정으로 로그인하고 계정이 없으면 가입 후 로그인합니다. 가입 과정은 간단하니 생략합니다. 이미 로그인 상태면 **03**으로 이동합니다.

03. 웹 브라우저에서 다음처럼 Google Cloud Platform 콘솔 페이지가 열렸을 겁니다. 처음 가입한 사용자라면 약관 동의 화면이 나타납니다. 내용을 확인한 후 아래에 동의 및 진행[AGREE AND CONTINUE]을 클릭합니다.

⚠ 언어 설정에 따라 내용이 영어로 나올 수 있습니다.

04. 프로젝트를 처음으로 생성할 경우 다음과 같이 빈 페이지가 나타납니다. 기존에 생성한 프로젝트가 있다면 가장 마지막에 사용했던 프로젝트가 자동으로 선택됩니다. 오른쪽에 [프로젝트 만들기]를 선택하고 프로젝트를 생성합니다.

05. 프로젝트 이름을 입력하고 [만들기] 버튼을 클릭해서 프로젝트를 생성합니다.

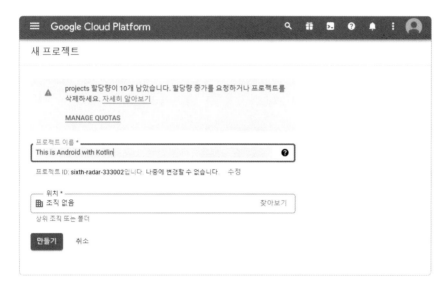

06. 프로젝트가 생성되고 해당 프로젝트가 자동 선택됩니다 [다음]을 클릭합니다.

07. API 사용 설정 화면입니다. [사용 설정]을 클릭합니다.

08. API 키 가져오기 화면입니다. [새 API 키 만들기]를 클릭합니다.

⚠️ 키 만들기를 하면 API 키가 생성되었다는 메시지가 나타날 수도 있습니다. 메시지의 닫기를 눌러서 계속 진행합니다.

09. 정상적으로 진행되었다면 다음과 같이 API 키 1개가 생성됩니다. 키 오른쪽에 복사 아이콘(📋)을 클릭해서 키를 복사합니다.

10. google_maps_api.xml 파일의 <string name="google_maps_key"> 요소 'YOUR_KEY_HERE'이라고 적힌 부분에 복사한 API 키를 붙여넣습니다.

```
<string name="google_maps_key" tempXCNTSeMergeStrategy="preserve" transXCNTSable="fal
se">AIzaSy7e25inwiOJNgOM9p69gqhNCi6vwA4</string>
```

이 부분이 YOUR_KEY_HERE입니다. 책에 있는 API 키를 사용하면 앱이
제대로 동작하지 않습니다. 꼭 개인 API 키를 발급받아서 사용합니다.

11. 안드로이드 스튜디오에서 앱을 빌드하고 시작하면 그림에 보이는 그림처럼 시드니에 마커가 표시된 지도를 표시합니다.

⚠ API Level 31을 사용해도 됩니다. 해당 프로젝트는 안드로이드 11과 12 모두 지원합니다.

여기서 잠깐

☼ **에뮬레이터에 구글 지도 사용하기**

스마트폰 또는 에뮬레이터에 구글 플레이 서비스가 설치되어 있지 않으면 다음과 같은 오류 메시지를 출력합니다.

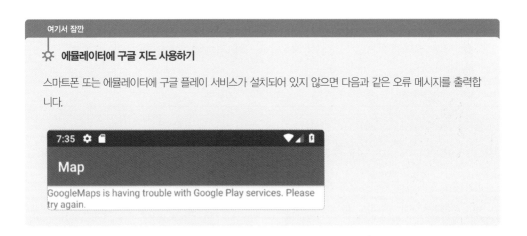

구글 지도를 에뮬레이터에서 사용하려면 구글 플레이 스토어(Google Play Store)를 지원하는 에뮬레이터를 생성해야 합니다.

① AVD Manager를 실행하고 [Create Virtual Device...]를 클릭합니다.

② 시스템 이미지 목록 중에 Target에 Google APIs가 있는 것을 사용하는 게 좋습니다.

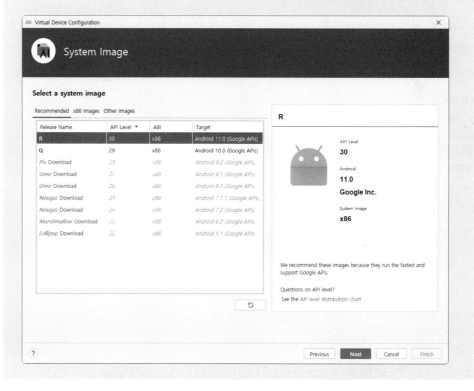

⚠ API Level 31을 사용해도 됩니다. 해당 프로젝트는 안드로이드 11과 12 모두 지원합니다.

1.2 구글 지도 코드 살펴보기

구글 지도를 간단하게 사용하려면 먼저 SupportMapFragment에 대해 알고 있어야 합니다.

activity_maps.xml의 SupportMapFragment

프로젝트를 생성하면 activity_maps.xml 파일이 자동 생성됩니다. 보통은 바로 파일이 열려 있는데 현재는 보이지 않을 겁니다. [app]–[res]–[layout]에 있는 activity_maps.xml 파일을 더블클릭하고 [Code] 모드로 변경합니다. android:name에 "com.google.android.gms.maps.SupportMapFragment"가 설정되어 있습니다. Google Maps API는 SupportMapFragmant에 구글 지도를 표시합니다.

```xml
<?xml version="1.0" encoding="utf-8"?>
<fragment xmlns:android="http://schemas.android.com/apk/res/android"
    xmlns:map="http://schemas.android.com/apk/res-auto"
    xmlns:tools="http://schemas.android.com/tools"
    android:id= "@+id/map"
    android:name="com.google.android.gms.maps.SupportMapFragment"
    android:layout_width="match_parent"          이 부분입니다.
    android:layout_height="match_parent"
    tools:context= ".MapsActivity"/>
```

MapsActivity.kt의 SupportMapFragmant.getMapAsync

MapsActivity.kt 파일을 열면 onCreate() 메서드 블록 안에서는 SupportFragmentManager의 findFragmentById() 메서드로 id가 map인 SupportMapFragment를 찾은 후 getMapAsync()를 호출해서 안드로이드에 구글 지도를 그려달라는 요청을 합니다.

```kotlin
override fun onCreate(savedInstanceState: Bundle?) {
    super.onCreate(savedInstanceState)
    setContentView(R.layout.activity_maps)
    val mapFragment = supportFragmentManager
        .findFragmentById(R.id.map) as SupportMapFragment
    mapFragment.getMapAsync(this)
}
```

MapsActivity.kt의 OnMapReadyCallback

안드로이드는 구글 지도가 준비되면 OnMapReadyCallback 인터페이스의 onMapReady( ) 메서드를 호출하면서 파라미터로 준비된 GoogleMap을 전달해줍니다.

메서드 안에서 미리 선언된 mMap 프로퍼티에 GoogleMap을 저장해두면 액티비티 전체에서 맵을 사용할 수 있습니다.

```kotlin
class MapsActivity: AppCompatActivity(), OnMapReadyCallback {

    private lateinit var mMap: GoogleMap

    ...

    override fun onMapReady(googleMap: GoogleMap) {
        mMap = googleMap
```
구글에서 기본으로 제공하는 시드니 좌표입니다.
실습에서는 사용하지 않는 코드이니 지워주세요.
```kotlin
        // Add a marker in Sydney and move the camera
        val sydney = LatLng(-34.0, 151.0)
        mMap.addMarker(MarkerOptions().position(sydney).title("Marker in Sydney"))
        mMap.moveCamera(CameraUpdateFactory.newLatLng(sydney))
    }
}
```

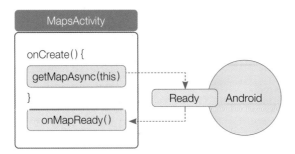

☼ 참고 사항

- API Level 12 이하 버전에서의 호환성이 필요 없다면 SupportMapFragment 대신 MapFragment를 사용할 수 있습니다.

- getMapAsync() 메서드는 메인 스레드에서 호출해야 합니다.

- 스마트폰에 구글 플레이 서비스가 설치되어 있지 않으면 사용자가 구글 플레이 서비스를 설치할 때까지 onMapReady() 메서드가 호출되지 않습니다.

1.3 카메라와 지도 뷰

구글 지도에서는 카메라를 통해 현재 화면의 지도 뷰를 변경할 수 있습니다. 지도 뷰는 평면에서 아래를 내려다보면서 모델링 되며 카메라의 포지션은 위도/경도, 방위, 기울기 및 확대/축소 속성으로 지정됩니다. 카메라의 위치는 CameraPosition 클래스에 각종 옵션을 사용해서 조절할 수 있습니다.

```
CameraPosition.Builder().옵션1.옵션2. build()
```

옵션의 종류를 살펴보겠습니다.

Target

카메라의 목표 지점Target은 지도 중심의 위치이며 위도 및 경도 좌표로 지정됩니다.

```
CameraPosition.Builder().target(LatLng(-34.0, 151.0))
```

Zoom

카메라의 줌Zoom (확대/축소) 레벨에 따라 지도의 배율이 결정됩니다. 줌 레벨이 높을수록 더 자세한 지도를 볼 수 있는 반면, 줌 레벨이 작을수록 더 넓은 지도를 볼 수 있습니다.

```
CameraPosition.Builder().zoom(15.5f)
```

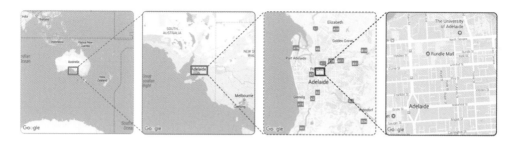

줌 레벨이 0인 지도의 배율은 전 세계의 너비가 약 256dp가 되며 레벨 범위는 다음과 같습니다.

레벨	설명
1.0	세계
5.0	대륙 / 대륙
10.0	도시
15.0	거리
20.0	건물

Bearing

카메라의 베어링Bearing은 지도의 수직선이 북쪽을 기준으로 시계 방향 단위로 측정되는 방향입니다. 자동차를 운전하는 사람은 지도를 돌려가며 여행 방향에 맞추고 지도와 나침반을 사용하는 등산객은 지도의 수직선이 북쪽을 향하도록 지도의 방향을 정합니다.

```
CameraPosition.Builder().bearing(300f)
```

Tilt

카메라의 기울기Tilt는 지도의 중앙 위치와 지구 표면 사이의 인호에서 카메라 위치를 지정합니다. 기울기로 시야각을 변경하면 멀리 떨어진 지형이 더 작게 나타나고 주변 지형이 더 커져 맵이 원근으로 나타납니다.

```
CameraPosition.Builder().tilt(50f)
```

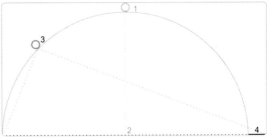

1.4 소스 코드에서 카메라 이동하기

앞에서 설명한 옵션을 이용해서 CameraPosition 객체를 생성하고 moveCamera( ) 메서드로 카메라의 위치를 이동시켜 지도를 변경할 수 있습니다. MapsActivity.kt 파일의 onMapReady( ) 메서드 안에 작성합니다.

01. CameraPosition.Builder 객체로 카메라 포지션을 설정합니다. 그리고 build( ) 메서드를 호출해서 CameraPosition 객체를 생성합니다.

```
val cameraPosition = CameraPosition.Builder()
    .target(LATLNG)
    .zoom(15.0f)
    .build()
```

02. CameraUpdateFactory.newCameraPosition() 메서드에 CameraPosition 객체를 전달하면 카메라 포지션에 지도에서 사용할 수 있는 카메라 정보가 생성됩니다.

```
val cameraUpdate = CameraUpdateFactory.newCameraPosition(cameraPosition)
```

03. 변경된 카메라 정보를 GoogleMap의 moveCamera() 메서드에 전달하면 카메라 포지션을 기준으로 지도의 위치, 배율, 기울기 등이 변경돼서 표시됩니다.

```
mMap.moveCamera(cameraUpdate)
```

1.5 마커

마커Marker는 지도에 위치를 표시합니다. 마커는 아이콘의 색상, 이미지, 위치를 변경할 수 있으며 대화식으로 설계되었기 때문에 마커를 클릭하면 정보 창을 띄우거나 클릭리스너처럼 클릭에 대한 코드 처리를 할 수 있습니다.

마커 표시하기

특정 지역의 좌표에 마커를 다음과 같은 순서로 추가하고 사용할 수 있습니다(좌표에 사용되는 위도와 경도는 서울시청의 위치를 기준으로 적용하였습니다).

01. mMap = GoogleMap 코드 아래에 서울시청의 위도와 경도 좌푯값으로 LatLng 객체를 생성합니다.

```
val LATLNG = LatLng(37.566418, 126.977943)
```

02. 마커를 추가합니다. 마커를 추가하려면 마커의 옵션을 정의한 MarkerOptions 객체가 필요합니다. MarkerOptions 객체를 생성하고 마커의 좌표와 제목을 설정합니다.

```
val markerOptions = MarkerOptions()
    .position(LATLNG)
    .title("Marker in Seoul City Hall")
```

03. GoogleMap 객체의 addMarker() 메서드에 MarkerOptions를 전달하면 구글 지도에 마커가 추가됩니다.

```
mMap.addMarker(markerOptions)
```

04. 카메라를 마커의 좌표로 이동하고 줌을 거리 레벨로 확대합니다.

```
val cameraPosition = CameraPosition.Builder()
    .target(LATLNG)  ●--------- 타켓을 추가합니다.
    .zoom(15.0f)  ●--------- 줌을 추가합니다.
    .build()

val cameraUpdate = CameraUpdateFactory.newCameraPosition(cameraPosition)
mMap.moveCamera(cameraUpdate)
```

05. MarkerOptions 객체의 title(), snippet() 메서드로 정보 창을 수정할 수 있으며 마커를 클릭하면 정보 창이 표시됩니다. 다음과 같이 수정해봅시다.

```
val markerOptions = MarkerOptions()
    .position(LATLNG)  ●--------- 마커 타이틀을 수정합니다.
    .title("Seoul City Hall")  ●--------- 정보창을 추가합니다.
    .snippet("37.566418, 126.977943")

mMap.addMarker(markerOptions)
```

```kotlin
package kr.co.hanbit.googlemaps

import androidx.appcompat.app.AppCompatActivity
import android.os.Bundle
import com.google.android.gms.maps.CameraUpdateFactory
import com.google.android.gms.maps.GoogleMap
import com.google.android.gms.maps.OnMapReadyCallback
import com.google.android.gms.maps.SupportMapFragment
import com.google.android.gms.maps.model.CameraPosition
import com.google.android.gms.maps.model.LatLng
import com.google.android.gms.maps.model.MarkerOptions

class MapsActivity: AppCompatActivity(), OnMapReadyCallback {

    private lateinit var mMap: GoogleMap

    override fun onCreate(savedInstanceState: Bundle?) {
        super.onCreate(savedInstanceState)
        setContentView(R.layout.activity_maps)

        val mapFragment = supportFragmentManager
            .findFragmentById(R.id.map) as SupportMapFragment
        mapFragment.getMapAsync(this)
    }

    override fun onMapReady(googleMap: GoogleMap) {
        mMap = googleMap

        val LATLNG = LatLng(37.566418, 126.977943)

        // 02에서 작성한 코드를 사용합니다.
        /* val markerOptions = MarkerOptions()
                .position(LATLNG)
                .title("Marker in Seoul City Hall")
          mMap.addMarker(markerOptions)
        */

        // 04에서 작성한 코드를 사용합니다.
        val cameraPosition = CameraPosition.Builder()
```

```
            .target(LATLNG)
            .zoom(15.0f)
            .build()
        val cameraUpdate = CameraUpdateFactory.newCameraPosition(cameraPosition)
        mMap.moveCamera(cameraUpdate)


        // 05에서 작성한 코드를 사용합니다.
        val markerOptions = MarkerOptions()
            .position(LATLNG)
            .title("Seoul City Hall")
            .snippet("37.566418, 126.977943")
        mMap.addMarker(markerOptions)
    }
}
```

마커 아이콘 변경하기

마커 아이콘은 기본으로 제공되는 아이콘뿐만 아니라 비트맵 이미지로 변경할 수 있습니다. PNG 이미지 파일을 프로젝트에 추가하고 비트맵으로 변환해서 아이콘을 변경하는 방법은 다음과 같습니다.

01. drawable 디렉터리에 마커 아이콘으로 적용할 PNG 이미지 파일을 추가합니다. 4장의 '2.4 이미지버튼'의 '새로운 이미지 사용하기262쪽'를 참고해서 추가합니다.

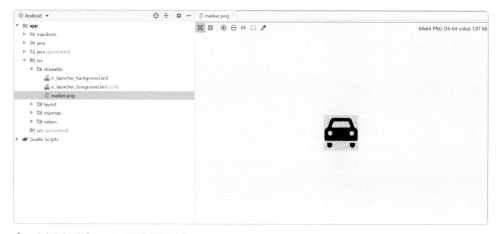

⚠ 이미지의 이름은 marker로 변경해줍니다.

PNG 이미지의 BitmapDrawable 객체를 생성해야 합니다. 롤리팝 버전 이전과 버전 이후에서 동작하는 코드가 다르므로 버전 처리 코드를 추가해야 합니다.

⚠ 롤리팝 버전 이전은 Resource.getDrawable() 메서드를 사용하고 롤리팝 버전 이후는 액티비티의 getDrawable() 메서드를 사용합니다.

02. onMapReady() 안에 아래의 코드를 추가합니다. 빨간줄 표시가 있는 코드는 Alt + Enter 키로 import해줍니다.

```
var bitmapDrawable: BitmapDrawable

if (Build.VERSION.SDK_INT >= Build.VERSION_CODES.LOLLIPOP) {
    bitmapDrawable = getDrawable(R.drawable.marker) as BitmapDrawable
} else {
    bitmapDrawable = resources.getDrawable(R.drawable.marker) as BitmapDrawable
}
```

03. BitmapDescriptorFactory.fromBitmap() 메서드에 BitmapDrawable의 비트맵 객체를 전달하는 마커 아이콘을 위한 BitmapDescriptor 객체를 생성하고 import해줍니다.

```
var discriptor = BitmapDescriptorFactory.fromBitmap(bitmapDrawable.bitmap)
```

04. MarkerOptions 객체의 icon() 메서드를 호출해서 BitmapDescriptor 객체의 아이콘을 마커에 적용하도록 다음과 같이 수정합니다.

```
val markerOptions = MarkerOptions()
    .position(LATLNG)
    .icon(discriptor)

mMap.addMarker(markerOptions)
```

☼ **아이콘의 크기**

아이콘의 크기가 클 경우 `Bitmap.createScaledBitmap()` 메서드를 호출해서 크기를 줄인 비트맵 객체를 반환받아야 합니다.

```
var scaledBitmap = Bitmap.createScaledBitmap(originBitmap, 50, 50, false)
```

`Bitmap.createScaledBitmap()` 메서드의 파라미터는 다음과 같습니다.

파라미터	설명
src	원본 Bitmap 객체입니다.
dstWidth	새로운 Bitmap의 가로입니다.
dstHeight	새로운 Bitmap의 세로입니다.
filter	원본 이미지의 pixel 형태를 조정해서 이미지가 선명해지도록 합니다. (bool)

1.6 현재 위치 검색하기

스마트폰처럼 모바일 환경에서는 사용자가 위치를 이동하고 그 위치를 기반으로 하는 서비스를 제공할 수 있습니다. 앱에서 스마트폰의 현재 위치를 검색하려면 위치 권한이 필요합니다. 안드로이드 플랫폼은 현재 위치를 검색하는 FusedLocationProviderClinet API를 제공합니다. FusedLocationProviderClinet API는 GPS[Global Positioning System] 신호 및 와이파이[Wi-Fi]와 통신사 네트워크 위치를 결합해서 최소한의 배터리 사용량으로 빠르고 정확하게 위치를 검색합니다.

mapsMyLocation이라는 이름의 새로운 Google Maps Activity 프로젝트를 생성하고 이 장의 '1.1 구글 지도 시작하기'의 'Google Maps API 키 받기'의 **10**[639쪽]을 참고해서 새로운 API를 발급받아 google_maps_api.xml 파일에 추가합니다.

Google Play Service 의존성 추가하기

FusedLocationProviderClinet API를 사용하기 위해서 build.gradle 파일에 구글 플레이 서비스의 Location 라이브러리 의존성을 추가합니다. Location 라이브러리는 Maps 라이브러리와 버전이 같아야 합니다. Location 라이브러리와 같아지도록 Maps의 라이브러리 버전을 맞춰줍니다. 수정이 완료되면 build.gradle 파일 우측 상단의 [Sync Now]를 클릭해서 수정된 설정을 반영합니다.

```
implementation 'com.google.android.gms:play-services-location:17.0.0'
implementation 'com.google.android.gms:play-services-maps:17.0.0'
```

⚠ https://developers.google.com/android/guides/setup을 참고합니다.

권한을 선언하고 처리하기

01. 스마트폰의 위치 기능에 접근하기 위해 [app]-[manifests] 디렉터리 밑에 있는 AndroidManifest.xml 파일에 위치 권한을 선언합니다. 위치 권한은 두 가지가 있으며 기능은 다음과 같습니다. 안드로이드 스튜디오 버전에 따라 자동으로 입력되어 있을 수도 있습니다.

```
<!-- 도시 블록 내에서의 정확한 위치(네트워크 위치) -->
<uses-permission android:name="android.permission.ACCESS_COARSE_LOCATION"/>
<!-- 정확한 위치 확보(네트워크 위치 + GPS 위치) -->
<uses-permission android:name="android.permission.ACCESS_FINE_LOCATION"/>
```

02. MapsActivity에 OnMapReadyCallback 인터페이스를 상속받습니다.

```
class MapsActivity: AppCompatActivity(), OnMapReadyCallback {
```

03. 권한 처리를 위해서 onCreate() 메서드 위에 런처를 선언해 둡니다. 여기서는 한 번에 2개의 권한에 대한 승인을 요청하기 때문에 Contract로 RequestMultiplePermissions()를 사용해야 합니다. 따라서 런처의 제네릭은 문자열 배열인 〈Array〈String〉〉이 됩니다.

```
lateinit var locationPermission: ActivityResultLauncher<Array<String>>
```

04. onCreate( ) 메서드의 아래에 빈 startProcess( ) 메서드를 미리 만들어 둡니다.

```
fun startProcess() {
    // 승인 후 실행 할 코드를 입력합니다.
}
```

05. onCreate( ) 메서드 안에 런처를 생성하는 코드를 작성하고 앞에서 선언해 둔 변수에 저장합니다.

```
locationPermission = registerForActivityResult(ActivityResultContracts.
    RequestMultiplePermissions()) { results ->
    if(results.all{ it.value }) {
        startProcess()
    } else {
        Toast.makeText(this
            , "권한 승인이 필요합니다."
            , Toast.LENGTH_LONG).show()
    }
}
```

Alt + Enter 키를 눌러 import합니다.

06. 바로 아래줄에서 런처를 실행해서 권한 승인을 요청합니다. 2개의 권한을 파라미터에 전달해야 되기 때문에 arrayOf( )를 사용해서 권한 2개를 같이 launch( )의 파라미터로 입력합니다.

```
locationPermission.launch(
    arrayOf(
        Manifest.permission.ACCESS_COARSE_LOCATION,
        Manifest.permission.ACCESS_FINE_LOCATION)
)
```

07. 위치 권한이 승인되면 startProgress( ) 메서드에서 구글 지도를 준비하는 작업을 진행하도록 코드를 조금 수정합니다. onCreate( )에 작성되어 있는 val mapFragment...로 시작하는 세 줄을 잘라내기 한 후 startProcess( ) 메서드 안에 붙여넣기 하면 됩니다.

```
fun startProcess() {
    val mapFragment = supportFragmentManager
```

```
        .findFragmentById(R.id.map) as SupportMapFragment
    mapFragment.getMapAsync(this)
}
```

이제 권한이 모두 승인되고 맵이 준비되면 onMapReady( ) 메서드가 정상적으로 호출됩니다.

현재 위치 검색하기

현재 위치를 검색하기 위해서 FusedLocationProviderClient를 생성하고 사용합니다.

01. onCreate( ) 위에 OnMapReady( ) 위치를 처리하기 위한 변수 2개를 선언해둡니다. Fused
LocationClient는 위칫값을 사용하기 위해서 필요하고, LocationCallback은 위칫값 요청에
대한 갱신 정보를 받는 데 필요합니다.

```
private lateinit var fusedLocationClient: FusedLocationProviderClient
private lateinit var locationCallback: LocationCallback
```

02. OnMapReady( ) 안의 시드니 좌표 코드를 삭제한 다음 위치 검색 클라이언트를 생성하는 코드를
추가하고 updateLocation( ) 메서드를 호출합니다(updateLocation( )은 **03**에서 작성합니다).

```
override fun onMapReady(googleMap: GoogleMap) {
    mMap = googleMap
    fusedLocationClient = LocationServices.getFusedLocationProviderClient(this)
    updateLocation()
}

// 03은 여기에 입력합니다.
```

⚠ setLastLocation( ) 메서드는 아직 작성하지 않기 때문에 빨간색으로 나타납니다.

03. updateLocation( ) 메서드를 작성합니다. 위치 정보를 요청할 정확도와 주기를 설정할
locationRequest를 먼저 생성하고, 해당 주기마다 반환받을 locationCallback을 생성합니다.
마지막으로 onMapReady에서 생성한 위치 검색 클라이언트의 requestLocationUpdates( )에 앞
에서 생성한 2개와 함께 루퍼 정보를 넘겨줍니다. 이제 1초(1,000밀리초)에 한 번씩 변화된 위치
정보가 LocationCallback의 onLocationResult( )로 전달됩니다. onLocationResult( )는

반환받은 정보에서 위치 정보를 setLastLocation()으로 전달합니다. fusedLocationClient. requestLocationUpdates 코드는 권한 처리가 필요한데 현재 코드에서는 확인할 수 없습니다. 따라서 메서드 상단에 해당 코드를 체크하지 않아도 된다는 의미로 @SuppressLint("MissingPermission") 애너테이션을 달아줍니다.

```kotlin
@SuppressLint("MissingPermission")
fun updateLocation() {
    val locationRequest = LocationRequest.create()
    locationRequest.run {
        priority = LocationRequest.PRIORITY_HIGH_ACCURACY
        interval = 1000
    }

    locationCallback = object: LocationCallback() {
        override fun onLocationResult(locationResult: LocationResult?) {
            locationResult?.let {
                for ((i, location) in it.locations.withIndex()) {
                    Log.d("Location", "$i ${location.latitude} , ${location.longitude}")
                    setLastLocation(location)
                }
            }
        }
    }
    fusedLocationClient.requestLocationUpdates(locationRequest, locationCallback,
                                        Looper.myLooper())
}

// 04는 여기에 작성합니다.
```

04. 위치 정보를 받아서 마커를 그리고 화면을 이동하는 setLastLocation()을 작성합니다.

```kotlin
fun setLastLocation(lastLocation: Location) {
    // 05는 여기에 입력합니다.
}
```

05. 전달받은 위치 정보로 좌표를 생성하고 해당 좌표로 마커를 생성합니다.

```
val LATLNG = LatLng(lastLocation.latitude, lastLocation.longitude)
val markerOptions = MarkerOptions()
    .position(LATLNG)
    .title("Here!")

// 06은 여기에 작성합니다.
```

06. 카메라 위치를 현재 위치로 세팅하고 마커와 함께 지도에 반영합니다. 마커를 지도에 반영하기 전에 mMap.clear()를 호출해서 이전에 그려진 마커가 있으면 지웁니다.

```
val cameraPosition = CameraPosition.Builder()
    .target(LATLNG)
    .zoom(15.0f)
    .build()
mMap.clear()
mMap.addMarker(markerOptions)
mMap.moveCamera(CameraUpdateFactory.newCameraPosition(cameraPosition))
```

07. 안드로이드 에뮬레이터에서 실행한 후 다음 순서대로 위치를 변경해봅니다. 순서대로 다른 위치를 클릭하면서 [SET LOCATION]을 클릭하면 마커가 이동하는 것을 확인할 수 있습니다.

① 에뮬레이터 좌측 메뉴 중 가장 아래에 있는 [...] 클릭

② Location 선택 (가장 위에 있음)

③ 지도에서 아무 곳이나 클릭

④ 우측 하단의 [SET LOCATION] 버튼 클릭

MapsActivity.kt 전체 코드

```
package kr.co.hanbit.mapsMyLocation

import android.Manifest
import android.annotation.SuppressLint
import android.location.Location
import android.os.Bundle
import android.os.Looper
import android.util.Log
```

```kotlin
import android.widget.Toast
import androidx.activity.result.ActivityResultLauncher
import androidx.activity.result.contract.ActivityResultContracts
import androidx.appcompat.app.AppCompatActivity
import com.google.android.gms.maps.CameraUpdateFactory
import com.google.android.gms.maps.GoogleMap
import com.google.android.gms.maps.OnMapReadyCallback
import com.google.android.gms.maps.SupportMapFragment
import com.google.android.gms.maps.model.LatLng
import com.google.android.gms.maps.model.MarkerOptions
import com.google.android.gms.location.*
import com.google.android.gms.maps.model.CameraPosition
import kr.co.hanbit.mapsmylocation.databinding.ActivityMapsBinding

class MapsActivity: AppCompatActivity(), OnMapReadyCallback {

    lateinit var locationPermission: ActivityResultLauncher<Array<String>>
    private lateinit var mMap: GoogleMap

    private lateinit var fusedLocationClient: FusedLocationProviderClient
    private lateinit var locationCallback: LocationCallback

    override fun onCreate(savedInstanceState: Bundle?) {
    super.onCreate(savedInstanceState)
    setContentView(binding.root)

    locationPermission = registerForActivityResult(
        ActivityResultContracts.RequestMultiplePermissions()) { results ->
        if(results.all{ it.value }) {
            startProcess()
        } else {
            Toast.makeText(this
                , "권한 승인이 필요합니다."
                , Toast.LENGTH_LONG).show()
        }
    }

    locationPermission.launch(
        arrayOf(
            Manifest.permission.ACCESS_COARSE_LOCATION,
            Manifest.permission.ACCESS_FINE_LOCATION)
    )
```

```
        }

        fun startProcess() {
            val mapFragment = supportFragmentManager
                .findFragmentById(R.id.map) as SupportMapFragment
            mapFragment.getMapAsync(this)
        }

        override fun onMapReady(googleMap: GoogleMap) {
            mMap = googleMap
            fusedLocationClient = LocationServices.getFusedLocationProviderClient(this)
            updateLocation()
        }

        @SuppressLint("MissingPermission")
        fun updateLocation() {
            val locationRequest = LocationRequest.create()
            locationRequest.run {
                priority = LocationRequest.PRIORITY_HIGH_ACCURACY
                interval = 1000
            }

            locationCallback = object: LocationCallback() {
                override fun onLocationResult(locationResult: LocationResult?) {
                    locationResult?.let {
                        for ((i, location) in it.locations.withIndex()) {
                            Log.d("Location", "$i ${location.latitude} , ${location.
                                longitude}")
                            setLastLocation(location)
                        }
                    }
                }
            }
            fusedLocationClient.requestLocationUpdates(locationRequest, locationCallback,
                                                       Looper.myLooper())
        }

        fun setLastLocation(lastLocation: Location) {
            val LATLNG = LatLng(lastLocation.latitude, lastLocation.longitude)
            val markerOptions = MarkerOptions()
                .position(LATLNG)
                .title("Here!")
```

```kotlin
        val cameraPosition = CameraPosition.Builder()
            .target(LATLNG)
            .zoom(15.0f)
            .build()
        mMap.clear()
        mMap.addMarker(markerOptions)
        mMap.moveCamera(CameraUpdateFactory.newCameraPosition(cameraPosition))
    }
}
```

미니 퀴즈 12-1

1. 구글 지도가 준비되면 호출되며 준비된 지도의 GoogleMap 객체를 전달하는 메서드는 무엇
   인가요?

2. 정확한 위치 검색을 위해서 GPS 위치와 네트워크 위치를 사용하는 권한은 무엇인가요?

《2》 네트워크

네트워크는 '2대 이상의 컴퓨터가 연결되어 데이터를 주고받는 통신 체계'라고 정의 할 수 있습니다. 물론 여기서 컴퓨터는 광의적인 의미로 스마트폰, 태블릿, 노트북 등을 포함합니다. 네트워크의 종류에는 여러 가지가 있는데 일상생활에서 흔하게 접하고 있는 인터넷 또한 네트워크 시스템의 한 종류입니다. 우리가 사용하는 스마트폰 또한 이 인터넷을 통해서 데이터를 주고받습니다.

인터넷은 전송할 데이터를 HTTP라는 프로토콜로 만들어진 패킷(바구니)에 담은 후에 전송 프로토콜인 TCP/IP를 사용하여 수신 측에 전달하는 구조로 만들어져 있습니다.

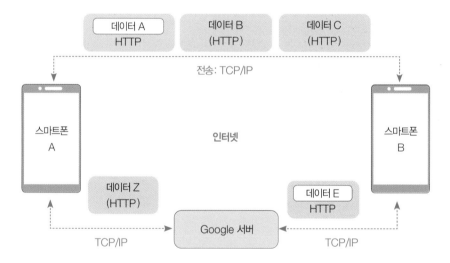

여기에서는 스마트폰에서 인터넷을 통해 원격지(google.com, naver.com 등의 서버)에 있는 데이터를 가져와 사용하는 방법을 코드를 통해 알아보겠습니다.

2.1 HTTP

네트워크를 이해하기 위해서는 먼저 두 가지 큰 개념을 알아야 합니다. 하나는 프로토콜이고 다른 하나는 패킷입니다.

① 프로토콜

컴퓨터 간의 데이터를 전송하는 방식이 서로 다르면 데이터를 주고받을 때마다 각 컴퓨터의 전송 방식에 맞게 코드를 수정해야 합니다. 프로토콜Protocol은 이런 전송 방식을 표준화하여 어떤 컴퓨터와도 동일한 방식으로 데이터를 주고받을 수 있게 만들어진 통신 규약입니다.

인터넷은 TCP/IP로 동작하는데 이 TCP/IPTransmission Control Protocol/Internet Protocol가 프로토콜입니다. 우리가 가장 익숙하게 사용하는 웹은 HTTP라는 프로토콜을 사용하며, 웹 서버와 웹 브라우저가 이 규약에 따라 데이터를 주고받습니다.

② 패킷

패킷Packet은 데이터가 전송되는 실제 단위입니다. 예를 들어 책 한 권 분량의 문자열을 네트워크를 통해 전송할 때, 전체 데이터가 한 번에 전송되는 것이 아니라 책 한쪽 정도의 문자열만 담을 수 있는 패킷이라는 바구니에 담은 후에 한 바구니씩 전송합니다.

패킷으로 만들어진 데이터는 앞에서부터 1, 2, 3, 4, 5... 순서대로 전송되지만 네트워크를 지나면서 수신 측에는 순서대로 도착하지 않습니다. 컴퓨터 프로그램은 데이터를 주고받기 위해 HTTP 말고도 서로 다른 네트워크 계층(네트워크 카드, 컴퓨터 OS, 프로그램 등의 계층을 나눠서 사용하는 프로토콜이 다릅니다)에서 여러 종류의 프로토콜이 동시에 사용됩니다.

이렇게 사용하는 프로토콜의 종류는 다양하지만 프로그래머가 직접적으로 코드에서 사용하는 프로토콜은 HTTP입니다. 프로그래머가 아니더라도 많이 접하는 프로토콜이기도 한데, 웹 브라우저의 주소창에 주소를 입력할 때 주소 앞에 'http://'라고 접두어를 붙이는 이유가 요청하는 주소의 데이터를 HTTP 프로토콜로 처리하기 때문입니다.

HTTP는 웹상의 서버와 클라이언트인 웹 브라우저와의 데이터 통신이 가능하도록 설계된 표준 규약입니다. 클라이언트가 서버에 데이터를 요청하는 요청Request 메시지와 클라이언트가 요청한 데이터를 응답하는 응답Response 메시지로 구성됩니다.

초기 HTTP는 단순한 통신 규약으로 설계되었지만 웹이 폭발적으로 성장하면서 성능과 보안이 강화되고 이미지, 오디오, 동영상 등의 미디어를 전송하는 등의 풍부한 기능을 가진 프로토콜로 발전했습니다.

HTTP를 알아보기 전에 간단하게 URL의 구조를 살펴보겠습니다.

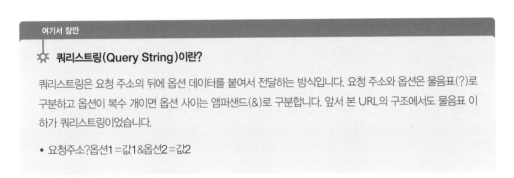

여기서 잠깐

☆ **쿼리스트링(Query String)이란?**

쿼리스트링은 요청 주소의 뒤에 옵션 데이터를 붙여서 전달하는 방식입니다. 요청 주소와 옵션은 물음표(?)로 구분하고 옵션이 복수 개이면 옵션 사이는 앰퍼샌드(&)로 구분합니다. 앞서 본 URL의 구조에서도 물음표 이하가 쿼리스트링이었습니다.

• 요청주소?옵션1=값1&옵션2=값2

HTTP의 구조

HTTP는 명령줄에 해당하는 헤더와 실제 데이터가 들어 있는 바디로 구성되어 있습니다. 예를 들기 위해서 헤더에 한 줄만 작성했지만 실제로는 여러 줄에 걸쳐 정보들이 기술되어 있습니다.

HTTP 요청 방식

HTTP 요청 방식은 첫 줄에 첫 번째 단어로 작성되는 일종의 명령어(HTTP 메서드)로 이뤄집니다. HTTP 메서드는 클라이언트의 요청 방식을 정의하고 서버의 리소스에 대한 행위를 지정합니다. 주로 사용되는 HTTP 메서드는 다음과 같습니다.

HTTP 메서드	설명
GET	지정한 URI의 리소스를 요청합니다.
POST	요청과 데이터를 담아 전송하면 해당 URI에 리소스를 생성합니다.
PUT	지정한 URI의 리소스를 수정합니다.
DELETE	지정한 URI의 리소스를 삭제합니다.

이외에도 TRACE 등의 메서드가 있지만 이 네 가지를 가장 많이 사용합니다.

① GET

GET 메서드는 주로 서버의 정보를 조회하는 용도로 사용합니다. GET 메서드는 요청하는 데이터를 헤더 부분에 담아서 전송하며 URL에 데이터를 포함해서 요청합니다. 예를 들어 GET 메서드 방식으로 이메일을 확인한다면 URL은 이런 형식일 겁니다.

• http://localhost/test.jsp?email=anonymouse@abc.def

GET 메서드로 요청할 때는 헤더에 주소와 정보들만 입력되고 바디에는 아무런 값이 담기지 않습니다. 하지만 서버에서 요청한 데이터를 보낼 때는 응답 패킷의 바디에 해당 데이터가 담겨옵니다. DELETE 메서드는 GET 메서드와 유사합니다.

② POST, PUT

GET과 반대로 POST나 PUT 메서드의 방식은 서버에 데이터를 저장하거나 수정하기 위한 용도로 사용되기 때문에 요청 시 바디에 데이터를 담아서 요청합니다.

HTTP 응답(상태) 코드

HTTP로 요청이 있으면 서버는 결과를 반환하면서 헤더에 응답 코드를 포함합니다. 응답 코드는 클라이언트 요청에 대한 서버의 처리 결과 및 서버의 상태를 정의한 코드입니다.

HTTP 응답(상태) 코드	설명
1xx	조건부 응답
2xx	성공
3xx	리다이렉션 완료
4xx	클라이언트 요청 에러
5xx	서버 에러

1부터 5까지의 숫자로 시작하는 세 자릿수로 만들어져 있으며, HTTP 버전에 따라 차이는 있지만 1.1 버전을 기준으로 약 40개 정도의 응답 코드가 정의되어 있습니다. 좀 더 자세한 코드는 다음 URL을 참고하세요.

- http://www.iana.org/assignments/http-status-codes/http-status-codes.xhtml

서버에서 반환한 응답 코드가 200이면 정상적으로 처리되었음을, 503이면 서버에 어떤 문제가 발생하여 비정상 처리되었음을 나타냅니다.

2.2 HttpURLConnection

안드로이드는 HTTP로 데이터 통신을 하기 위해서 HttpURLConnection 클래스와 HTTPS 사양으로 확장한 HttpsURLConnection 클래스를 지원합니다. HTTPS는 HTTP에서 보완이 강화된 버전의 프로토콜입니다.

간단하게 웹 페이지 주소를 입력하여 서버로부터 응답받은 웹 페이지의 코드를 화면에 출력하는 앱을 만들어보겠습니다.

NetworkHttpUrlConnection이라는 이름으로 새로운 Empty Activity 프로젝트를 새로 생성하고 build.gradle 파일에 viewBinding 설정을 합니다. 백그라운드 처리도 필요하기 때문에 dependencies에 코루틴 의존성도 추가합니다.

```
dependencies {
    ...
    implementation 'org.jetbrains.kotlinx:kotlinx-coroutines-android:1.3.9'
}
```

권한 선언하고 화면 만들기

01. [app]-[manifests]에 있는 AndroidManifest.xml 파일을 열고 인터넷 접근 권한을 입력합니다.

```
<uses-permission android:name="android.permission.INTERNET"/>
```

02. activity_main.xml 파일을 열고 [Design] 모드에서 화면의 기본 텍스트뷰는 삭제합니다. 그리고 웹 페이지 주소를 입력받을 플레인텍스트와 요청 버튼을 화면 상단에 배치합니다. 플레인텍스트의 hint와 id 속성에는 '주소를 입력하세요'와 'editUrl'을, 버튼의 text와 id 속성에는 '요청', 'buttonRequest'로 입력하고, 컨스트레인트는 우측 그림과 같이 연결해줍니다.

03. 응답받은 웹 페이지의 코드를 출력할 텍스트뷰를 화면 하단에 배치합니다. id 속성과 컨스트레인트는 우측 그림을 참고하여 작성합니다.

MainActivity에 코드 작성하기

01. MainActivity.kt를 열고 바인딩을 생성한 후 binding 프로퍼티에 저장하고 setContentView()에 binding.root를 입력합니다.

```
val binding by lazy { ActivityMainBinding.inflate(layoutInflater) }

override fun onCreate(savedInstanceState: Bundle?) {
    super.onCreate(savedInstanceState)
    setContentView(binding.root)
    // 02는 여기에 입력합니다.
}
```

02. setContentView() 밑으로 요청 버튼에 클릭리스너를 달아주는 코드를 작성합니다..

```
binding.buttonRequest.setOnClickListener {
    // 03은 여기에 입력합니다.
}
```

03. 버튼을 클릭하면 네트워크 작업을 요청하고 이를 백그라운드에서 처리하기 위해 디스패처 IO를 사용해서 CoroutineScope를 생성합니다.

```
CoroutineScope(Dispatchers.IO).launch {
    // 04는 여기에 입력합니다.
}
```

04. 주소 입력 필드에 입력된 주소를 가져와 https로 시작하지 않으면 앞에 https://를 붙여줍니다. http는 보안 문제가 있어서 http를 사용하려면 AndroidManifest.xml 파일에 부가적인 설정이 필요합니다.

```
var urlText = binding.editUrl.text.toString()
if (!urlText.startsWith("https")) {
    urlText = "https://${urlText}"
}
// 05~08은 여기에 입력합니다.
```

05. 이어서 주소를 URL 객체로 변환하고 변수에 저장합니다.

```
val url = URL(urlText)
```

java.net을 import합니다.

06. URL 객체에서 openConnection( ) 메서드를 사용하여 서버와의 연결을 생성합니다. 그리고 HttpURLConnection으로 형변환해줍니다. openConnection( ) 메서드에서 반환되는 값은 URLConnection이라는 추상(설계) 클래스입니다. 추상 클래스를 사용하기 위해서는 실제 구현 클래스인 HttpURLConnection으로 변환하는 과정이 필요합니다

```
val urlConnection = url.openConnection() as HttpURLConnection
```

07. 연결된 커넥션에 요청 방식을 설정합니다. 대문자로 입력해야 하며 없는 방식을 입력하면 오류가 발생합니다.

```
urlConnection.requestMethod = "GET"
```

08. 응답이 정상이면 응답 데이터를 처리합니다.

```
if (urlConnection.responseCode == HttpURLConnection.HTTP_OK) {
    // 09~13은 여기에 입력합니다.
}
```

09. 입력 스트림(데이터를 읽어오는 스트림)을 연결하고 버퍼에 담아서 데이터를 읽을 준비를 합니다.

```
val streamReader = InputStreamReader(urlConnection.inputStream)
val buffered = BufferedReader(streamReader)
```

여기서 잠깐

☆ **네트워크의 입력 스트림(Input Stream)**

파일 입출력에서도 잠깐 공부했었는데 네트워크도 파일과 동일하게 요청하는 스마트폰에서 서버 쪽의 데이터를 읽는 도구로 스트림을 사용합니다. HttpURLConnection을 연결하면 마치 파일에서 File 클래스를 사용한 것처럼 서버의 기본 정보를 읽어올 수 있는데, 실제 데이터를 읽어오기 위해서는 HttpURLConnection에서 InputStream이라는 읽기 전용 스트림을 꺼내서 사용해야 합니다.

---

10. 반복문을 돌면서 한 줄씩 읽은 데이터를 content 변수에 저장합니다.

```
val content = StringBuilder()
while (true) {
    val line = buffered.readLine()?: break
    content.append(line)
}
```

11. 사용한 스트림과 커넥션을 모두 해제합니다.

```
buffered.close()
urlConnection.disconnect()
```

12. 화면의 텍스트뷰에 content 변수에 저장된 값을 입력합니다. UI에 값을 세팅하는 것은 Main 디스패처에서 해야 합니다.

```
launch(Dispatchers.Main) {
    binding.textContent.text = content.toString()
}
```

13. CoroutineScope(Dispatchers.IO).launch { } 코드 블록 안의 모든 코드(**04~12**까지) 를 try-catch 문으로 감싸서 예외처리합니다. 네트워크 관련 코드는 예외로 치명적인 오류(앱 다운)가 발생할 수 있습니다. e.printStackTrace() 메서드는 예외 발생 시 로그를 출력하는 역할을 합니다. 서브 스레드로 동작하기 때문에 print 문을 사용하는 것보다 성능이 좋습니다.

```
CoroutineScope(Dispatchers.IO).launch {
    try {
        // 04~12는 여기에 입력합니다.
    } catch (e: Exception) {
        e.printStackTrace()
    }
}
```

14. 에뮬레이터에서 실행해봅니다. 입력 필드에 주소를 입력하고 요청을 하면 웹 페이지를 구성하고 있는 HTML 태그가 화면에 나타납니다. https://naver.com을 포함한 몇몇 포털사이트는 리다이렉션(요청 주소와 실제 주소가 다를 때 처리되는 이벤트)이 일어나기 때문에 정상으로 동작하지 않을 수 있습니다.

```kotlin
package kr.co.hanbit.networkhttpurlconnection

import androidx.appcompat.app.AppCompatActivity
import android.os.Bundle
import kr.co.hanbit.networkhttpurlconnection.databinding.ActivityMainBinding
import kotlinx.coroutines.CoroutineScope
import kotlinx.coroutines.Dispatchers
import kotlinx.coroutines.launch
import java.io.BufferedReader
import java.io.InputStreamReader
import java.net.HttpURLConnection
import java.net.URL

class MainActivity: AppCompatActivity() {

    val binding by lazy { ActivityMainBinding.inflate(layoutInflater) }

    override fun onCreate(savedInstanceState: Bundle?) {
        super.onCreate(savedInstanceState)
        setContentView(binding.root)

        binding.buttonRequest.setOnClickListener {
            CoroutineScope(Dispatchers.IO).launch {
                try {
                    var urlText = binding.editUrl.text.toString()
                    if (!urlText.startsWith("https")) {
                        urlText = "https://${urlText}"
                    }
                    val url = URL(urlText)
                    val urlConnection = url.openConnection() as HttpURLConnection
                    urlConnection.requestMethod = "GET"
                    if (urlConnection.responseCode == HttpURLConnection.HTTP_OK) {
                        val streamReader = InputStreamReader(urlConnection.
                                                        inputStream)
                        val buffered = BufferedReader(streamReader)

                        val content = StringBuilder()
                        while (true) {
                            val line = buffered.readLine()?: break
                            content.append(line)
```

```
                }
                buffered.close()
                urlConnection.disconnect()
                launch(Dispatchers.Main) {
                    binding.textContent.text = content.toString()
                }
            }
        } catch (e: Exception) {
            e.printStackTrace()
        }
    }
}
}
```

2.3 레트로핏 데이터 통신 라이브러리

앞에서 사용한 HttpURLConnection은 데이터 통신의 기본 원리를 설명하기 위한 용도였습니다. 이번에는 조금 편하게 적은 양의 코드로 데이터 통신을 할 수 있게 도와주는 레트로핏^{Retrofit} 라이브러리를 사용하겠습니다.

안드로이드용 레트로핏 라이브러리는 인터페이스를 사용하기 때문에 처음에는 조금 낯설 수 있지만 익숙해지면 네트워크와 관련된 코드가 단순해지고 관리도 쉬워집니다. 레트로핏을 이용해 데이터를 가져오고 화면에 보여주는 예제를 몇 번 따라 해보면 그리 어렵지 않게 사용할 수 있으리라 생각합니다.

레트로핏의 공식 사이트는 다음과 같습니다.

- https://square.github.io/retrofit

레트로핏을 위한 준비사항

레트로핏을 사용하기 전에 두 가지 준비사항이 필요합니다.

1 데이터를 가져올 곳(웹 사이트 또는 API 서버) 결정
2 어떤(표준 프로토콜) 데이터를 사용할 것인지 데이터의 형식을 결정

어디서 가져올지는 웹 사이트의 주소만 알면 되기 때문에 별다른 공부가 필요하지 않지만, 어떤 데이터 형식을 사용할 것인지는 프로토콜이 정해지면 해당 프로토콜에 대한 공부가 선행되어야 합니다. 예제를 진행하기에 앞서 이 두 가지에 대해서 먼저 알아보도록 하겠습니다.

① 사용자 정보 API를 무료로 제공하는 Github API

서울시에서 제공하는 '서울 열린데이터광장'의 데이터나 날씨 정보를 제공하는 API 등을 사용할 수도 있지만 여기서는 깃허브Github에서 공개한 Github API를 사용하겠습니다. 깃허브는 개발자를 위해서 가입 없이 무료로 사용할 수 있는 API를 제공합니다.

- Github API: https://developer.github.com/v3

예제에서는 Github API 중에서 사용자 정보를 검색하고 사용자 정보의 저장소를 보여주는 API를 사용할 것입니다.

② 간단한 데이터 구조를 가진 JSON

앞의 예제에서는 HTML로 만들어진 데이터를 그대로 텍스트뷰에 보여주기만 했습니다. HTML은 구조가 복잡해서 짧은 시간에 분석하고 처리하기에는 거의 불가능한 수준의 프로토콜입니다. 그런 이유로 현재 데이터 통신용으로 가장 많이 사용되고 있고 구조 또한 간단한 JSON^{JavaScript} Object Notation을 사용하겠습니다. 우리가 사용할 Github의 API는 JSON 형식으로 만들어진 데이터를 제공하고 있습니다. JSON은 데이터 교환에 사용하는 표준 데이터 형식으로 사람과 컴퓨터가 이해하기 쉬우면서 데이터 용량이 적다는 장점이 있습니다. 네트워크 관점에서 JSON은 HTTP와 같은 데이터 프로토콜에서 바디 영역에 정의된 데이터 통신을 위한 개방형 규격입니다.

개발자는 JSON이라는 공통 규격이 있기 때문에 데이터에 대한 별도의 사용 매뉴얼이 없어도 JSON만 알고 있으면 분해해서 사용할 수 있습니다.

JSON의 구조

간단한 구조로 되어있지만, 각각의 형식이 의미하는 바를 알고 있어야 합니다. JSON은 크게 세 가지 형태의 조합으로 구성되어 있습니다.

1 JSON 오브젝트
2 JSON 데이터
3 JSON 배열

지금부터 이 세 가지를 차례차례 살펴보겠습니다.

① JSON 오브젝트

JSON 객체는 여는 중괄호({)로 시작해 닫는 중괄호(})로 끝납니다.

```
{중괄호 사이에 JSON 데이터가 표현됩니다.}
```

② JSON 데이터

JSON 오브젝트인 중괄호({}) 사이에 "데이터 이름": 값의 형식으로 표현되며 이름은 항상 쌍따옴표("")로 감싸야 하고 이름과 값의 사이는 콜론(:)으로 구분합니다. 데이터가 여러 개일 경우는 쉼표(,)로 구분합니다.

```
{"데이터 이름": "값", "데이터2 이름": "값2"}
```

데이터의 값은 문자, 숫자, 불린, null, JSON 객체, JSON 배열이 될 수 있는데 표현식은 조금씩 다릅니다.

데이터 형식	데이터 이름: 값 표현	비고
문자	"데이터 이름": "값"	값을 쌍따옴표로 감싸야 합니다.
숫자	"데이터 이름": 123	값에 쌍따옴표를 사용하지 않습니다.
불린	"데이터 이름": true	true, false를 값으로 사용하되 쌍따옴표를 사용하지 않습니다.
null	"데이터 이름": null	null 값을 사용할 수 있습니다.
JSON 객체	"데이터 이름": { }	데이터의 값으로 JSON 오브젝트를 사용할 수 있습니다.
JSON 배열	"데이터 이름": [ ]	데이터의 값으로 JSON 배열을 사용할 수 있습니다.

③ JSON 배열

JSON 배열은 JSON 오브젝트의 컬렉션으로 여는 대괄호([ )로 시작해 닫는 대괄호( ])로 끝납니다. 배열에 입력되는 JSON 오브젝트가 복수 개일 경우는 쉼표(,)로 구분합니다.

```
[ {"데이터1 이름", "값"}, {"데이터1 이름": "두 번째 값", "데이터2 이름": 123} ]
```

입력되는 JSON 오브젝트의 모양이 모두 같을 필요는 없지만 JSON 오브젝트 안에 있는 같은 이름을 가진 데이터 값의 타입은 동일해야 합니다.

여기서 잠깐

☼ **JSON의 시작은 항상 객체인 중괄호({}) 또는 배열인 대괄호([])만 가능합니다.**

JSON의 시작은 항상 배열이거나

```
[ {"데이터 이름": "값"} ]
```

또는 객체로 감싸져 있어야 합니다.

```
{"데이터 이름": "값"}
```

JSON 데이터 형식만으로는 사용할 수 없습니다.

```
"데이터 이름": "값"
```

JSON 데이터를 열어보면 꽤 복잡해 보이지만, 실제로는 위에서 설명한 세 가지의 조합으로 된 단순한 구조입니다.

```
                                                          ┌─── ① JSON 배열
[
    {
        "id": 24186761,
        "node_id": "MDEwOlJlcG9zaXRvcnkyNDE4Njc2MQ== ",
        "name": "anko",
        ┌─────────────────────────────────────────────┐
        │ "owner": {                                    │
        │     "login": "Kotlin",                        │        ② 값으로 사용된
        │     "id": 1446536,                            │        JSON 오브젝트
        │     "node_id": "MDEyOk9yZ2FuaXphdGlvbjE0NDY1MzY=" │
        │ },                                            │
        └─────────────────────────────────────────────┘
        "html_url": "https://github.com/Kotlin/anko"
    },
    ┌─────────────────────────────────────────────────┐
    │ {                                                 │
    │     "id": 33323263,                               │
    │     "node_id": "MDEwOlJlcG9zaXRvcnkzMzMyMzI2Mw== ", │
    │     "name": "anko-example",                       │
    │     "owner": {                                    │
    │         "login": "Kotlin",                        │
    │         "id": 1446536,                            │        ③ JSON 오브젝트
    │         "node_id": "MDEyOk9yZ2FuaXphdGlvbjE0NDY1MzY=" │
    │     },                                            │
    │     "html_url": "https://github.com/Kotlin/anko-example", │
    │     "description": "A small application built with Anko DSL" │
    │ }                                                 │
    └─────────────────────────────────────────────────┘
]
```

2.4 깃허브 사용자 정보를 가져오는 앱 개발하기

코드를 본격적으로 수정하기 전에 라이브러리 하나만 더 설명하겠습니다. 깃허브에서 가져온 목록 데이터에는 이미지 정보인 아바타 주소가 포함되어 있습니다. HttpURLConnection을 직접 구현해서 서버에 있는 아바타 이미지를 화면에 보여줄 수도 있지만, 구현 난이도는 높은 반면 효율성은 떨어지므로 라이브러리를 사용하겠습니다.

이미지를 화면에 보여주기 위해서는 이미지 로딩 라이브러리를 사용할 수 있는데 이미지가 있는

URL 주소만 알려주면 해당 이미지가 있는 서버에 접속하여 이미지를 다운로드해서 이미지뷰에 보내는 편리한 도구입니다.

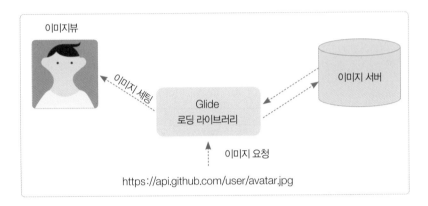

현재 로딩 라이브러리 중에 많이 사용되고 있는 것으로는 Glide와 피카소가 있으며 여기서는 조금 더 많은 사용자층을 가지고 있는 Glide를 사용하겠습니다. Glide 홈페이지는 다음과 같습니다.

- https://github.com/bumptech/glide

NetworkRetrofit이라는 이름으로 새로운 Empty Activity 프로젝트를 하나 생성합니다.

Retrofit과 Glide 설정하기

01. build.gradle 파일을 열고 viewBinding 설정을 해줍니다.

02. 그리고 dependencies에 레트로핏과 converter-gson 의존성을 추가합니다. converter-gson은 레트로핏에서 JSON 데이터를 사용하기 위해서 사용하는 부가적인 라이브러리입니다.

```
implementation 'com.squareup.retrofit2:retrofit:2.9.0'
implementation 'com.squareup.retrofit2:converter-gson:2.9.0'
```

03. 이어서 dependencies에 Glide 의존성을 추가하는데 Glide 공식 페이지에 나와 있는 Glide를 사용하면 성능 관련 warning이 발생합니다. 이를 피하기 위해서는 GlideApp을 사용해야 하는데 다음과 같은 부가적인 설정이 필요합니다.

먼저 build.gradle 파일의 상단에 있는 plugins에 kotlin-kapt를 추가합니다.

```
plugins {
    ...
    id 'kotlin-kapt'
}
```

04. dependencies 블록의 아래쪽에 의존성과 함께 kapt 설정을 추가합니다. 공식 페이지에는 annotationProcessor를 사용하라고 되어 있지만 안드로이드 스튜디오 버전에 따라 정상 동작 하지 않을 수 있습니다. [Sync Now]를 클릭해서 변경 사항을 반영합니다.

```
implementation 'com.github.bumptech.glide:glide:4.11.0'
// annotationProcessor 'com.github.bumptech.glide:compiler:4.11.0' •········ 동작하지 않습니다.
kapt 'com.github.bumptech.glide:compiler:4.11.0'
```

05. 이렇게만 하면 동작하지 않습니다. 가상의 클래스를 하나 만들고 @GlideModule 애너테이션을 사용하는 코드를 추가해야 합니다. [app]-[java] 밑에 있는 패키지명을 마우스 우클릭해서 MyGlideApp 클래스를 하나 생성하고 다음처럼 AppGlideModule을 상속받고 GlideModule 애너테이션도 추가합니다.

```
package kr.co.hanbit.networkretrofit

import com.bumptech.glide.annotation.GlideModule
import com.bumptech.glide.module.AppGlideModule

@GlideModule
class MyGlideApp: AppGlideModule()
```

06. 마지막으로 상단 메뉴에서 [Build]-[Rebuild Project]를 선택해서 프로젝트를 다시 빌드합니다.

권한 설정하고 데이터 클래스 정의하기

01. 인터넷에 접근하기 위해 [app]–[manifests] 디렉터리 밑의 AndroidManifest.xml 파일에 권한을 선언합니다. 다음 코드를 〈application〉 태그 위에 입력합니다. 인터넷 권한은 별도의 권한 요청이 필요하지 않습니다.

```
<uses-permission android:name="android.permission.INTERNET"/>
```

02. 안드로이드 스튜디오는 앱 개발에 도움을 주는 다양한 플러그인을 지원합니다. 그중에 JSON To Kotlin Class 플러그인은 JSON 형식으로 된 텍스트 데이터를 코틀린 클래스로 간단하게 변환해줍니다. 안드로이드 스튜디오의 상단 메뉴에서 [File]–[Settings]를 클릭한 후 나오는 세팅 창에서 [Plugins]를 선택한 다음 JSON To Kotlin Class 플러그인을 검색하고 설치합니다. 검색이 안 되면 검색 결과 중간에 Search in marketplace라는 파란색 텍스트 링크가 나타납니다. 텍스트를 클릭하면 다시 검색됩니다.

⚠ 맥은 상단 메뉴에서 [Android Studio]–[Preferences]를 클릭해서 설정할 수 있습니다.

03. 설치하고 나면 [Install] 버튼이 [installed] 버튼으로 변경됩니다. [OK] 버튼을 클릭해서 반영합니다.

04. 웹 브라우저에서 https://api.github.com/users/Kotlin/repos 웹 페이지를 엽니다. 이 웹 페이지의 JSON 데이터를 Ctrl + A (전체선택), Ctrl + C (복사)키를 연속으로 눌러 전체 데이터를 복사합니다.

05. 다시 안드로이드 스튜디오에서 기본 패키지를 마우스 우클릭하고 [New]-[Kotlin data class File from JSON]을 클릭한 다음 새 창이 뜨면 복사한 JSON 데이터를 붙여넣습니다. Class Name에 'Repository'를 입력하고 [Generate] 버튼을 클릭하면 변환된 데이터 클래스를 자동으로 생성합니다.

⚠ [Kotlin data class File from JSON] 메뉴가 나타나지 않으면 안드로이드 스튜디오를 다시 시작하면 됩니다.

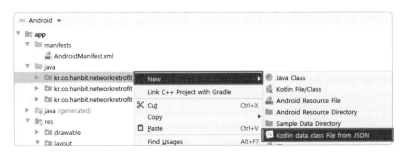

⚠ 크롬 브라우저에서는 JSON viewer가 설치되어 있으면 JSON 데이터가 정상적으로 생성되지 않습니다. 데이터 생성이 제대로 되지 않는다면 각 브라우저의 확장 프로그램을 확인해보세요.

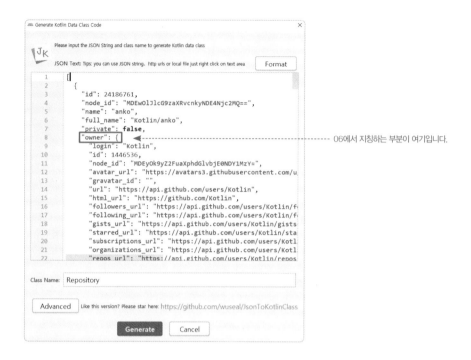

06에서 지칭하는 부분이 여기입니다.

여기서 잠깐

☆ 플러그인 버전에 따른 컨버팅 결과 차이

이렇게 최상위가 배열로 구성된 JSON 문자열을 컨버팅하면 버전에 따라 하위 버전에서는 Repository 클래스 하나만 생성되고, 최신 버전에서는 Repository는 배열만 가지고 하위에 RepositoryItem이라는 클래스가 실제 데이터 구조를 갖고 있는 형태로 생성됩니다. 따라서 Repository를 코드에서 사용할 때는 두 가지를 구분해서 사용해야하는데, 이 책에서는 최신 버전을 기준으로 설명하겠습니다.

06. License, Owner, Repository 클래스가 생성되었습니다. License, Owner 클래스는 JSON 데이터가 JSON 오브젝트를 값으로 사용하는 경우, 해당 데이터의 이름으로 클래스를 생성하고 사용합니다. **05**의 그림에서 데이터의 중간쯤을 보면 'owner'를 이름으로 사용하고 값이 JSON 오브젝트인 부분이 있습니다. 이 오브젝트의 클래스 이름이 'Owner'가 되는 것입니다. 이렇게 데이터 클래스를 준비했습니다.

여기서 잠깐

☆ RepositoryItem이 같이 생성되는 경우의 Repository 클래스

```
class Repository: ArrayList<RepositoryItem>()
```

단순하게 ArrayList<RepositoryItem>를 상속받는 형태로 생성됩니다.

이럴 경우에는 실제 데이터 구조가 RepositoryItem 클래스에 생성됩니다.

```
data class RepositoryItem(
    val archive_url: String,
    val archived: Boolean,
    val assignees_url: String,
    ...
}
```

하위 버전의 플러그인을 사용해서 RepositoryItem이 없는 경우는 Repository 클래스 자체에 RepositoryItem 클래스의 내용이 만들어집니다.

```
data class Repository(
    val archive_url: String,
    val archived: Boolean,
    val assignees_url: String,
    ...
}
```

화면 만들기

이제 데이터를 출력할 화면을 만들어보겠습니다.

01. 먼저 activity_main.xml 파일을 편집하겠습니다. [Design] 모드에서 화면의 기본 텍스트뷰는 삭제하고 깃허브의 데이터 API 주소를 요청할 버튼을 **02**의 그림과 같이 화면 상단에 배치합니다. id 속성은 'buttonRequest', text 속성은 'GITHUB 사용자 가져오기'로 입력합니다.

02. 가져온 데이터의 목록을 보여줄 리사이클러뷰를 버튼 아래쪽 공간에 배치합니다. 리사이클러뷰를 드래그해서 좌측 컴포넌트 트리 영역의 버튼 아래로 가져다 놓고, id 속성에는 'recyclerView'라고 입력합니다. 버튼과 리사이클러뷰의 컨스트레인트는 우측 그림과 같이 연결합니다.

⚠ 라이브러리 다운로드 창이 나타나면 확인해서 설치합니다.

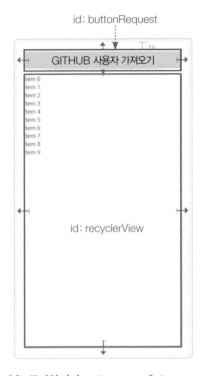

03. 리사이클러뷰 안에 넣을 아이템을 위한 새 파일을 생성할 겁니다. [app]-[res]-[layout] 디렉터리를 마우스 우클릭하면 나타나는 메뉴에서 [New]-[Layout Resource File]을 클릭합니다. File name은 'item_recycler.xml'로 생성합니다. 최상위 레이아웃인 Root element에는 androidx로 시작하는 패키지에 있는 컨스트레인트 레이아웃을 설정합니다.

04. 레이아웃의 layout_height 속성은 '100dp'정도로 설정합니다. 그리고 다음과 같이 이미지뷰 1개와 텍스트뷰 2개를 배치하고 id 속성을 입력합니다.

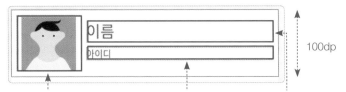

ImageView(id: imageAvatar)   TextView(id: textId)   TextView(id: textName)

리사이클러뷰어댑터 만들기

이제 사용자 정보를 목록으로 보여주기 위해 리사이클러뷰어댑터를 생성하고 사용하겠습니다.

01. [app]—[java] 디렉터리 밑에 있는 기본 패키지에 CustomAdapter 클래스를 하나 생성합니다.

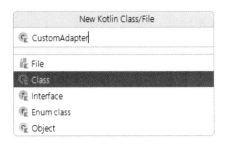

02. 생성된 클래스 파일을 열고 CustomAdapter 클래스 밑에 Holder 클래스를 추가합니다.

```
class CustomAdapter { // 04에서 이 부분을 수정합니다.
}
class Holder { // 03에서 이 부분을 수정합니다.
}
```

03. 홀더의 생성자에서 바인딩을 전달받고 상속받은 ViewHolder에는 binding.root를 전달합니다.

```
class Holder(val binding: ItemRecyclerBinding): RecyclerView.ViewHolder(binding.root){
    // 10은 여기에 입력합니다.
}
```

04. CustomAdapter에 RecyclerView.Adapter를 상속받고 제네릭으로 Holder를 지정합니다.

```
class CustomAdapter: RecyclerView.Adapter<Holder>() {
    // 05에서 여기를 클릭한 다음 진행합니다.
}
```

05. class CustomAdapter 블록을 클릭한 채로 Ctrl + I 키를 눌러서 3개의 필수 메서드를 자동 생성합니다. 함께 생성된 TODO( ) 행은 모두 삭제합니다.

```
    // 06은 여기에 입력합니다.
override fun onCreateViewHolder(parent: ViewGroup, viewType: Int): Holder {
    // 08은 여기에 입력합니다.
}

override fun getItemCount(): Int {
    // 07은 여기에 입력합니다.
}

override fun onBindViewHolder(holder: Holder, position: Int) {
    // 09는 여기에 입력합니다.
}
```

06. 자동 생성된 코드는 그대로 두고 어댑터 코드 블록 가장 위에 어댑터에서 사용할 데이터 컬렉션을 변수로 만들어 놓습니다. 우리가 사용할 데이터셋은 앞에서 자동으로 생성해두었던 Repository입니다. nullable로 선언합니다.

```
var userList: Repository? = null
```

07. 목록에 출력되는 총 아이템 개수를 정하는 getItemCount( )를 구현합니다.

```
return userList?.size?: 0
```

08. 홀더를 생성하는 onCreateViewHolder( )를 구현합니다. 레이아웃을 인플레이트한 후 바인딩에 담아서 반환합니다.

```
val binding = ItemRecyclerBinding.inflate(LayoutInflater.from(parent.context),
                                                            parent, false)
return Holder(binding)
```

09. 실제 목록에 뿌려지는 아이템을 그려주는 onBindViewHolder( )를 구현합니다. 현 위치의 사용자 데이터를 userList에서 가져오고 아직 만들어지지 않은 홀더의 setUser( ) 메서드에 넘겨줍니다.

```
val user = userList?.get(position)
holder.setUser(user)
```

10. 다시 **03**에서 작성했던 Holder 클래스로 돌아가서 setUser( ) 메서드를 구현합니다. setUser( ) 메서드는 1개의 RepositoryItem을 파라미터로 사용합니다. 클래스 가장 윗줄에서 userList가 nullable이기 때문에 user 파라미터도 nullable로 설정되어야 합니다.

```
fun setUser(user: RepositoryItem?) {
    // 12는 여기에 입력합니다.
}
```

11. 이제 홀더가 가지고 있는 아이템 레이아웃에 데이터를 하나씩 세팅해주면 되는데 우리가 사용하는 데이터는 세 가지입니다. 변수 user: RepositoryItem에 있는 각각의 데이터 이름은 다음과 같습니다.

- **아바타 주소**: user.owner.avatar_url
- **사용자 이름**: user.name
- **사용자 ID**: user.node_id

12. 먼저 사용자 이름과 아이디를 세팅합니다. 아바타는 Glide를 사용해서 이미지뷰에 세팅합니다.

```
user?.let {
    binding.textName.text = user.name
    binding.textId.text = user.node_id
    Glide.with(binding.imageAvatar).load(user.owner.avatar_url).into(binding.imageAvatar)
}
```

CustomAdapter.kt의 전체 코드

```
package kr.co.hanbit.networkretrofit

import android.view.LayoutInflater
import android.view.ViewGroup
import androidx.recyclerview.widget.RecyclerView
import com.bumptech.glide.Glide

import kr.co.hanbit.networkretrofit.databinding.ItemRecyclerBinding

class CustomAdapter: RecyclerView.Adapter<Holder>() {
    var userList: Repository? = null

    override fun onCreateViewHolder(parent: ViewGroup, viewType: Int): Holder {
        val binding = ItemRecyclerBinding.inflate(LayoutInflater.from(parent.context),
                                                  parent, false)
        return Holder(binding)
    }

    override fun getItemCount(): Int {
        return userList?.size?:0
    }

    override fun onBindViewHolder(holder: Holder, position: Int) {
        val user = userList?.get(position)
        holder.setUser(user)
    }
}
class Holder(val binding: ItemRecyclerBinding): RecyclerView.ViewHolder(binding.root){
    fun setUser(user: RepositoryItem?) {
        user?.let {
```

```
            binding.textName.text = it.name
            binding.textId.text = it.node_id
            Glide.with(binding.imageAvatar).load(it.owner.avatar_url)
                .into(binding.imageAvatar)
        }
    }
}
```

레트로핏 사용하기

이제 레트로핏을 사용해서 데이터를 조회해서 가져오고 어댑터를 통해 목록에 출력하면 됩니다. 레트로핏을 사용하기 위해서는 인터페이스가 정의되어 있어야 합니다.

01. MainActivity.kt를 열고 onCreate( ) 메서드 위에 바인딩을 생성한 후 binding 프로퍼티에 저장하고 setContentView( )에 binding.root를 입력합니다.

```
val binding by lazy { ActivityMainBinding.inflate(layoutInflater) }

override fun onCreate(savedInstanceState: Bundle?) {
    super.onCreate(savedInstanceState)
    setContentView(binding.root)
}
```

02. 클래스 아래의 탑레벨에 GithubService 인터페이스를 만듭니다. 레트로핏 인터페이스는 호출 방식, 주소, 데이터 등을 지정합니다. Retrofit 라이브러리는 인터페이스를 해석해 HTTP 통신을 처리합니다.

```
class MainActivity...
    //...
}

interface GithubService {
    // 03은 여기에 입력합니다.
}
```

03. 인터페이스 안에 Github API를 호출할 users 메서드를 만들고 @GET 애노테이션을 사용해서 요청 주소를 설정합니다(요청 주소에는 Github의 도메인은 제외하고 작성합니다). 반환값은 Call〈List〈데이터 클래스〉〉 형태로 작성합니다. Call 클래스를 import하면 여러 개가 선택되는데 retrofit2 패키지에 있는 것을 선택해야 합니다. 레트로핏은 이렇게 만들어진 인터페이스에 지정된 방식으로 서버와 통신하고 데이터를 가져옵니다.

```
@GET("users/Kotlin/repos")
fun users(): Call<Repository>
```

> **여기서 잠깐**
>
> ☆ **하위 버전으로 컨버팅했을 때**
>
> 하위 버전의 플러그인으로 컨버팅했을 경우 〈데이터 클래스〉가 컬렉션이 아니기 때문에 다음과 같이 List와 같은 컬렉션으로 한 번 감싸는 형태로 만들어야 합니다.
>
> ```
> fun users(): Call<List<Repository>>
> ```

04. 이제 레트로핏을 사용할 준비가 되었으니 데이터를 요청할 차례입니다. onCreate() 블록 안에서 recyclerView의 adapter에 앞에서 만들었던 CustomAdapter를 생성하고 recyclerView에 연결합니다.

```
val adapter = CustomAdapter()
binding.recyclerView.adapter = adapter
```

05. 이어서 리니어 레이아웃 매니저도 연결합니다.

```
binding.recyclerView.layoutManager = LinearLayoutManager(this)
```

06. Retrofit.Builder()를 사용해서 레트로핏을 생성하고 retrofit 변수에 담습니다. baseUrl이 되는 Github의 도메인 주소와 JSON 데이터를 앞에서 생성한 Repository 클래스의

컬렉션으로 변환해주는 컨버터를 입력하고 build( ) 메서드를 호출해서 생성합니다.

⚠ 'Retrofit과 Glide 설정하기'의 687쪽에서 gson 컨버터는 설정했습니다.

```
val retrofit = Retrofit.Builder()
    .baseUrl("https://api.github.com")
    .addConverterFactory(GsonConverterFactory.create())
    .build()
```

07. 이제 요청 버튼을 클릭하면 앞에서 생성해둔 레트로핏을 이용해 데이터를 불러오고 어댑터에 세팅할 것입니다. buttonRequest에 클릭리스너를 연결합니다.

```
binding.buttonRequest.setOnClickListener {
    // 08은 여기에 입력합니다.
}
```

08. 레트로핏의 create( ) 메서드에 앞에서 정의한 인터페이스를 파라미터로 넘겨주면 실행 가능한 서비스 객체를 생성해서 반환해줍니다.

```
val githubService = retrofit.create(GithubService::class.java)
```

09. githubService에는 GitHubService 인터페이스를 이용해서 객체를 생성했기 때문에 실행(호출)가능한 상태의 users( ) 메서드를 가지고 있습니다. 레트로핏의 create( ) 메서드는 인터페이스를 실행 가능한 서비스 객체로 만들면서 users( ) 메서드 안에 비동기 통신으로 데이터를 가져오는 enqueue( ) 메서드를 추가해 놓았습니다. enqueue( )가 호출되면 통신이 시작됩니다.

```
binding.buttonRequest.setOnClickListener {
    val githubService = retrofit.create(GithubService::class.java)
    githubService.users().enqueue() // 10에서 이 부분을 수정합니다.
}
```

10. enqueue( ) 메서드를 호출한 후 Github API 서버로부터 응답을 받으면 enqueue( ) 안에 작성하는 콜백 인터페이스가 작동하게 됩니다. enqueue( )의 파라미터로 콜백 인터페이스를 구현합니다.

```
githubService.users().enqueue(object: Callback<Repository> {
    // 11은 여기에 입력합니다.
})                                        retrofit2를 import합니다.
```

11. 콜백 인터페이스의 필수 메서드도 구현합니다. 콜백 블록 안을 클릭한 상태에서 Ctrl + I 키를 누르면 팝업창이 나타납니다. 메서드 2개를 모두 선택해서 자동 생성합니다. 선택한 메서드와 함께 자동 생성된 TODO( ) 행은 모두 지웁니다. 메서드의 이름에서 유추할 수 있듯이 통신이 성공적이면 두 번째 메서드인 onResponse( )가 호출됩니다.

```
override fun onFailure(call: Call<Repository>, t: Throwable) {

}

override fun onResponse(call: Call<Repository>, response: Response<Repository>) {
    // 12는 여기에 입력합니다.
}
```

12. onResponse( ) 메서드의 두 번째 파라미터인 response의 body( ) 메서드를 호출하면 서버로부터 전송된 데이터를 꺼낼 수 있습니다. 꺼낸 데이터를 List<Repository>로 형변환한 후에 어댑터의 userList에 담습니다. 마지막으로 어댑터의 notifyDataSetChanged를 호출하면 리사이클러뷰에 변경된 사항이 반영됩니다.

```
adapter.userList = response.body() as Repository
adapter.notifyDataSetChanged()
```

MainActivity.kt의 전체 코드

```
package kr.co.hanbit.networkretrofit

import androidx.appcompat.app.AppCompatActivity
import android.os.Bundle
import androidx.recyclerview.widget.LinearLayoutManager
import kr.co.hanbit.networkretrofit.databinding.ActivityMainBinding
import retrofit2.Call
import retrofit2.Callback
import retrofit2.Response
import retrofit2.Retrofit
import retrofit2.converter.gson.GsonConverterFactory
import retrofit2.http.GET

class MainActivity: AppCompatActivity() {

    val binding by lazy { ActivityMainBinding.inflate(layoutInflater) }

    override fun onCreate(savedInstanceState: Bundle?) {
        val adapter = CustomAdapter()
        setContentView(binding.root)

        val adapter = CustomAdapter()
        binding.recyclerView.adapter = adapter
        binding.recyclerView.layoutManager = LinearLayoutManager(this)

        val retrofit = Retrofit.Builder()
                .baseUrl("https://api.github.com")
                .addConverterFactory(GsonConverterFactory.create())
                .build()
```

```
        binding.buttonRequest.setOnClickListener {
            val githubService = retrofit.create(GithubService::class.java)
            githubService.users().enqueue(object: Callback<Repository> {
                override fun onFailure(call: Call<Repository>, t: Throwable) {
                }
                override fun onResponse(call: Call<Repository>,
                                        response: Response<Repository>) {
                    adapter.userList = response.body() as Repository
                    adapter.notifyDataSetChanged()
                }
            })
        }
    }
}

interface GithubService {
    @GET("users/Kotlin/repos")
    fun users(): Call<Repository>
}
```

⊹ **미니 퀴즈 12-2**

1. 웹상의 서버와 클라이언트의 데이터 통신이 가능하도록 설계된 표준 통신규약은 무엇인
   가요?

2. 서버에 리소스를 생성하거나 상태를 변화시키기 위해 바디에 데이터를 담아 요청하는 방식
   은 무엇인가요?

3. HTTP에 보안이 강화된 프로토콜은 무엇인가요?

⟨3⟩ Open API 사용하기

Open API란 데이터 또는 서비스를 공개해 일반 개발자들이 사용할 수 있도록 제공하는 인터페이스입니다. 주로 인터넷 주소 형태로 제공됩니다. 이제 정부에서 제공하는 Open API를 이용해서 데이터를 가져오고, 가져온 데이터를 지도에 출력하는 앱을 만들어보겠습니다.

기상청의 날씨 API를 비롯해 주요 포털에서 제공하는 다양한 Open API가 있지만 이 책에서는 서울시에서 제공하는 Open API인 '서울 열린데이터광장'을 사용하겠습니다.

- https://data.seoul.go.kr

서울 열린데이터광장을 사용하려면 먼저 회원가입을 해야 하며, 추가로 내가 사용하려는 API에 대한 간단한 승인 과정이 필요할 수도 있습니다. 또는 API의 종류에 따라 사업자 등록을 해야 하거나, 특정 사업자 권한이 필요하기 때문에 이 책에서는 권한 없이 사용할 수 있는 API를 사용하겠습니다.

먼저 https://data.seoul.go.kr에 일반회원으로 회원가입을 한 후 다음 내용을 따라 합니다.

3.1 도서관 위치 정보 API

간단한 승인 요청으로 사용할 수 있는 도서관 위치 정보 API를 사용하겠습니다.

01. https://data.seoul.go.kr에 접속 후 검색창에 '도서관 위치 정보'를 입력하면 '서울특별시 공공도서관 현황정보' API가 검색됩니다. 클릭해서 상세 화면으로 이동합니다.

[문화/관광] **서울특별시 공공도서관 현황정보**
서울특별시 각 자치구의 공공도서관의 현황정보 입니다. 도서관명, 구명, 주소, 전화번호, 홈페이지주...
수정일자: 2019-05-10   제공기관: 서울특별시   제공부서: 서울도서관 지식문화과
SHEET OpenAPI

공공데이터

02. 화면 중간 미리보기에 있는 [Open API]를 클릭하면 하단의 내용이 바뀝니다. 우측 상단에 보이는 [인증키 신청] 버튼을 클릭합니다.

03. 서비스 이용약관에 동의하고 내용을 입력한 후 [인증키 신청]을 클릭해서 발급을 요청합니다.

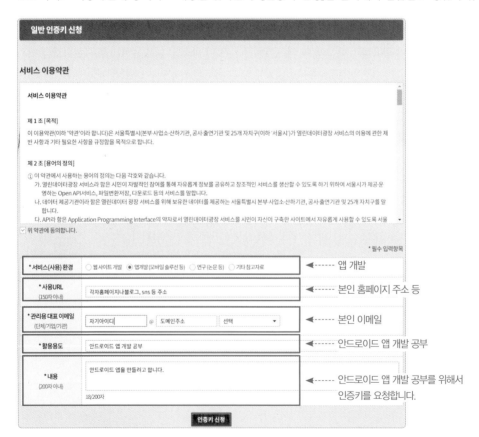

04. 신청이 완료되면 다음과 같이 발급현황에 인증키가 나타납니다. [인증키 복사]를 눌러 인증키 값을 복사한 다음 메모장 등에 따로 붙여둡니다.

05. 다시 '도서관 위치 정보'를 검색해서 **01**과 같은 데이터를 선택합니다. [Open API] 탭 바로 다음에 샘플 URL이 표시되어 있습니다. 여기서 [서울시 공공도서관 현황]을 클릭하면 새 창이 뜹니다.

06. 주소창의 주소는 openapi.seoul.go.kr:8088/sample/xml/SeoulPublicLibraryInfo/1/5/ 로 뜰 텐데 이 주소의 sample 위치에 아까 **04**에서 복사해둔 인증키를 붙여넣고 Enter 키를 입력합니다. 그러면 웹 브라우저의 데이터가 XML 형식으로 보입니다. 각자의 주소는 'openapi.seoul. go.kr:8088/인증키/xml/SeoulPublicLibraryInfo/1/5/'입니다.

```
This XML file does not appear to have any style information associated with it. The document tree is shown below.

▼<SeoulPublicLibraryInfo>
    <list_total_count>173</list_total_count>
  ▼<RESULT>
      <CODE>INFO-000</CODE>
      <MESSAGE>정상 처리되었습니다</MESSAGE>
  </RESULT>
  ▼<row>
      <LBRRY_SEQ_NO>1935</LBRRY_SEQ_NO>
      <LBRRY_NAME>강남구립못골도서관</LBRRY_NAME>
      <GU_CODE>0008</GU_CODE>
      <CODE_VALUE>강남구</CODE_VALUE>
      <ADRES>서울시 강남구 자곡로 116</ADRES>
      <TEL_NO>02-459-5522</TEL_NO>
      <FXNUM/>
      <HMPG_URL>http://mglib.gangnam.go.kr</HMPG_URL>
      <OP_TIME/>
      <FDRM_CLOSE_DATE>매월 둘째, 넷째 화요일 및 일요일을 제외한 법정공휴일</FDRM_CLOSE_DATE>
      <LBRRY_SE_NAME>공공도서관</LBRRY_SE_NAME>
      <XCNTS>37.47153836</XCNTS>
      <YDNTS>127.096582</YDNTS>
      <CHARGER_EMAIL/>
      <LBRRY_INTRCN/>
      <FOND_YEAR/>
      <MBER_SBSCRB_RQISIT/>
      <LON_GDCC/>
      <TFCMN/>
      <FLOOR_DC/>
```

07. 이번에는 주소 경로 중간의 XML을 JSON으로 바꿔서 다시 요청하면 JSON으로 바뀐 형식으로 데이터가 나타납니다. 이번 예제에서는 JSON 형식을 사용해서 데이터를 처리할 것이기 때문에 꼭 경로의 XML을 JSON으로 변경해야 합니다. 웹 브라우저의 URL은 'http://openapi.seoul.go.kr:8088/인증키/json/MgisLibrary/1/5/'입니다.

Open API의 구조

Open API를 사용하려면 구조를 알아야 합니다. 서울 열린데이터광장에서 제공하는 Open API는 다음과 같은 구조로 제공되고 있습니다.

- **문서 형식**: JSON과 XML을 지원합니다. API에 따라 둘 중 하나만 지원하는 것도 있습니다.
- **서비스 ID**: 우리가 사용하는 도서관 정보 외에 지하철 정보 등의 서비스를 구분하는 ID입니다.
- **페이지**: 전체 데이터의 개수가 1,000개인데 한 번에 10개씩 요청하면 100개의 페이지가 생깁니다.
- **요청 개수**: 한 번에 요청하는 개수입니다. 트래픽 문제로 한 번에 최대 1,000개까지 요청할 수 있고, 1,000개가 넘어가면 페이지값을 증가시키면서 요청하면 됩니다.

요청 결과와 데이터 설명

다음은 웹 브라우저에서 URL을 입력해서 나오는 데이터입니다.

{"SeoulPublicLibraryInfo":{"list_total_count":173,"RESULT":{"CODE":"INFO-000","MESSAGE":"정상 처리되었습니다"},"row":[{"LBRRY_SEQ_NO":"1935","LBRRY_NAME":"강남구립못골도서관","GU_CODE":"0008","CODE_VALUE":"강남구","ADRES":"서울시 강남구 자곡로 116","TEL_NO":"02-459-5522","FXNUM":"","HMPG_URL":"http://mglib.gangnam.go.kr","OP_TIME":"","FDRM_CLOSE_DATE":"매월 둘째, 넷째 화요일 및 일요일을 제외한 법정공휴일","LBRRY_SE_NAME":"공공도서관","XCNTS":"37.47153836","YDNTS":"127.096582","CHARGER_EMAIL":"","LBRRY_INTRCN":"","FOND_YEAR":"","MBER_SBSCRB_RQISIT":"","LON_GDCC":"","TFCMN":"","FLOOR_DC":""},{"LBRRY_SEQ_NO":"1066","LBRRY_NAME":"강남역삼푸른솔도서관","GU_CODE":"0008","CODE_VALUE":"강남구","ADRES":"서울특별시 강남구 테헤란로8길 36. 4층","TEL_NO":"02-2051-1178","FXNUM":"02-2051-1178","HMPG_URL":"http://ysplib.gangnam.go.kr/","OP_TIME":"","FDRM_CLOSE_DATE":"2,4 주 화요일 및 법정 공휴일","LBRRY_SE_NAME":"공공도서

관","XCNTS":"37.4964968","YDNTS":"127.0320274","CHARGER_EMAIL":"jsh43073@naver.com","LBRRY_INTRCN":"","FOND_YEAR":"20090612","MBER_SBSCRB_RQISIT":" 서울시민, 서울소재 학교 재학생, 서울 소재 직장 재직자 \r\n","LON_GDCC":"2권 이내\r\n기본 14일, 연기 7일[연기는 반납예정일 1주일 전 부터 가능, 예약자가 있으면 연기가 안됨] \r\n","TFCMN":"2호선 강남역 1번출구에서 역삼역 방향으로 직진. \r\n국기원 사거리에서 역삼초등학교 방향으로 우회전.\r\n150m 직진 스타벅스 옆 강남문화원 건물 4층.","FLOOR_DC":""},{"LBRRY_SEQ_NO":"48","LBRRY_NAME":"논현도서관","GU_CODE":"0008","CODE_VALUE":"강남구","ADRES":"서울특별시 강남구 학동로43길 17(논현동) 논현2동주민센터 6층","TEL_NO":"02-3443-7650","FXNUM":"02-542-6459","HMPG_URL":"http://nhlib.gangnam.go.kr/","OP_TIME":"","FDRM_CLOSE_DATE":"매월 2,4주 화요일","LBRRY_SE_NAME":"공공도서관","XCNTS":"37.51727790929765","YDNTS":"127.03718791359726","CHARGER_EMAIL":"","LBRRY_INTRCN":"<p>\r\n\t- 도서관에 관한 간략한 소개(도서관의 특징, 자랑거리 등) ① 엄마와 아이가 함께 책을 읽을 수 있는 분리된 공간 ② 매주책 읽어주는 시간 운영</p>\r\n","FOND_YEAR":"19970910","MBER_SBSCRB_RQISIT":"서울시에 거주하는 시민, 타 시도 거주자 중 서울 소재의 직장이나 학교에 다니고 있는 자","LON_GDCC":"2권 이내 기본 14일, 연기 7일","TFCMN":"<전철 이용시>\r\n-역삼역에서 올 때: 차병원사거리 → 논현사거리(가구백화점) → 관세청사거리 → 건설회관 맞은편 → ABC볼링장 → 내리막길 150m →7ELEVEN편의점 → 좌측골목20m\r\n-압구정역에서 올 때: 늘봄공원 하차 → 동현(아) → 한성시장(아) → 동양슈퍼 맞은편에 위치\r\n-강남구청역에서 올 때: 3번출구 → 대로변(관세청사거리쪽)으로 직진 → 한미은행 → 영신목공소 → 7ELEVEN편의점 → 좌측20m\r\n-학동역에서 올 때: 10번출구 → 관세청사거리쪽으로 직진 → 사거리건너 티파니(금은방) → 한미은행 → 영신목공소 → 7ELEVEN편의점 → 좌측20m\r\n\r\n\r\n<버스 이용시>\r\n-관세청사거리 경유:401, 640, 2225, 3414, 4412번\r\n-선릉역: 361, 472, 4312, 4411 승차 구청사거리 지나서 하차 → 맞은 편 길건너 인선약국 → 석쇠한판→ 향나무집 → 7ELEVEN편의점 → 우측골목으로 20m\r\n-신사역에서 올 때: 건설회관 하차 → 맞은편 ABC볼링장 → 내리막길 150m →7ELEVEN편의점 → 좌측20m","FLOOR_DC":"- 6층: 자료실, 열람실"},{"LBRRY_SEQ_NO":"49","LBRRY_NAME":"대치도서관","GU_CODE":"0008","CODE_VALUE":"강남구","ADRES":"서울특별시 강남구 삼성로 212 은마아파트 복지상가 2층 215호","TEL_NO":"02-565-6666","FXNUM":"02-554-6666","HMPG_URL":"http://dchlib.gangnam.go.kr/","OP_TIME":"","FDRM_CLOSE_DATE":"매월 2,4주 화요일 및 법정공휴일","LBRRY_SE_NAME":"공공도서관","XCNTS":"37.49879449","YDNTS":"127.066997","CHARGER_EMAIL":"letter310@hanmail.net","LBRRY_INTRCN":"<p>\r\n\t- 도서관에 관한 간략한 소개(도서관의 특징, 자랑거리 등) ① 아파트 단지 내에 위치 용이한 접근성 ② 주민과 어린이를 위한 다양한 문화교양 강좌 ③ 매월 1회 이상의 독서 문화 특강</p>\r\n","FOND_YEAR":"19990226","MBER_SBSCRB_RQISIT":"서울시민, 서울시 직장인, 서울시 학교 재학생","LON_GDCC":"2권 이내 ; 기본 14일, 연기 7일","TFCMN":"- 대중 교통편 자세히\r\n 1) 지하철: 3호선 대치역 4번 출구\r\n 2) 버 스: 143, 420, 461, 4312, 4412, 2413, 2415","FLOOR_DC":" 2층: 지료실 및 열람실"},{"LBRRY_SEQ_NO":"1402","LBRRY_NAME":"도곡징보문화도서관","GU_CODE":"0008","CODE_VALUE":"강남구","ADRES":"서울시특별시 강남구 도곡로18길 57","TEL_NO":"02-2176-0783~8","FXNUM":"","HMPG_URL":"http://dogoklib.gangnam.go.kr/","OP_TIME":"","FDRM_CLOSE_DATE":"첫째주,셋째주 월요일 및 법정공휴일","LBRRY_SE_NAME":"공공도서관","XCNTS":"37.4883101","YDNTS":"127.0388803","CHARGER_EMAIL":"","LBRRY_INTRCN":"","FOND_YEAR":"","MBER_SBSCRB_RQISIT":"","LON_GDCC":"","TFCMN":"","FLOOR_DC":""}]}}

데이터를 보면 내용이 다양한데 이 내용은 https://data.seoul.go.kr/dataList/OA−15480/S/1/ datasetView.do의 미리보기 하단에 있는 [출력값]에 자세히 나와 있습니다. 우리는 이 중에 일부 데이터만을 사용하려 합니다.

- **list_total_count**: 총 데이터 건수 (정상 조회 시 출력됨)
- **ADRES**: 주소
- **LBRRY_NAME**: 도서관 이름
- **HMPG_URL**: 홈페이지 주소
- **YDNTS**: 경도
- **XCNTS**: 위도

3.2 서울 공공도서관 앱 개발하기

지금부터 본격적으로 앱을 개발해보겠습니다.

프로젝트 생성하고 의존성 추가하기

서울 공공도서관 앱은 지도 정보가 필요하므로 앞에서 공부한 Google Maps Activity를 사용합니다. 이 앱으로 구글 플레이 스토어 등록까지 진행할 예정입니다. 모든 내용을 실습하려면 패키지명을 'com.example'로 입력할 수 없습니다. 패키지명에 example이라는 단어가 들어간 앱은 구글 플레이 스토어에 등록할 수 없습니다. 따라서 패키지명을 각자 다르게 입력해야 합니다. 필자는 다음과 같이 입력했습니다. 이 내용은 각자 다른 이름으로 입력하길 권합니다.

- kr.co.hanbit

01. 프로젝트 종류를 [Google Maps Activity]로 선택해서 프로젝트를 생성합니다.

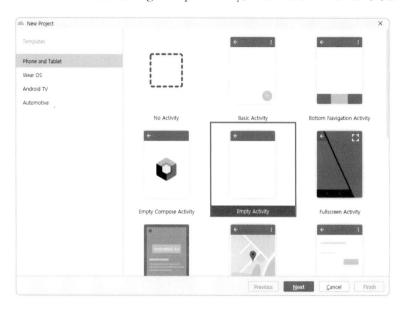

02. Name을 'SeoulPublicLibraries'로 입력하고, Package name에는 'example'을 삭제하고 앞에서 설명한 형태로 수정합니다. 패키지명 마지막에 프로젝트명은 지우면 안 됩니다. 필자의 프로젝트 패키지명은 'kr.co.hanbit.seoulpubliclibraries'입니다. [Finish]를 클릭해서 프로젝트를 생성합니다.

⚠ 패키지명은 각자 달라야 합니다.

03. google_maps_api.xml 파일에 구글 API 키를 추가합니다. 패키지명이 바뀌면 API 키도 다시 생성해야 합니다. 이 장의 '1.1 구글 지도 시작하기'의 'Google Maps API 키 받기[639쪽]'를 참고해서 API 키를 생성하고 'YOUR_KEY_HERE'에 넣습니다.

```
<string name="google_maps_key" templateMergeStrategy="preserve"
translatable="false">YOUR_KEY_HERE</string>
```
└─────────── 발급받은 개인 API 키를 입력하세요.

> **여기서 잠깐**
>
> ☼ **Google Maps API의 제한사항 해제**
>
> 사용자 인증 정보에서 제한사항을 풀어야 합니다. 컴파일된 후 분명 앱이 제대로 동작하지 않고 죽는 일이 있을 겁니다. 인증키를 받으면 기본으로 Android 앱으로 제한되어 있으니 에뮬레이터에서는 제대로 동작하지 않습니다. 잊지 말고 제한사항을 '없음'으로 수정하도록 합니다.

04. [app]-[manifests]의 AndroidManifest.xml 파일을 열고 위치 권한 아래에 인터넷 권한을 추가합니다.

```
<uses-permission android:name="android.permission.INTERNET"/>
```

05. 도서관 정보 API가 보안 프로토콜인 HTTPS가 아니라 HTTP를 사용하기 때문에 AndroidManifest.xml의 <application> 태그 제일 마지막에 userClearTextTraffic="true"를 추가합니다.

```
<application
    // 중간 내용은 생략했습니다. 삭제하지 마세요.
    android:usesCleartextTraffic="true">
```

06. [app]-[Gradle Scripts]의 build.gradle 파일을 열고 dependencies 블록 안에 Retrofit과 JSON 컨버터 의존성을 추가합니다.

```
dependencies {

    // 중간 내용은 생략했습니다. 삭제하지 마세요.
```

```
        implementation "com.squareup.retrofit2:retrofit:2.7.1"
        implementation "com.squareup.retrofit2:converter-gson:2.7.1"
    }
```

07. 마지막으로 viewBinding 설정을 추가해줍니다. 여기까지 설정한 후에 우측 상단의 [Sync Now]를 누르고 구글 지도가 정상적으로 나타나는지 에뮬레이터에서 실행하고 확인합니다.

데이터 클래스 Library 생성

앞에서 웹 브라우저에 주소를 요청해서 받은 JSON 샘플 데이터로 Kotlin 데이터 클래스를 생성합니다.

01. JSON 데이터를 코틀린 클래스로 컨버팅하면 구조에 따라 클래스의 개수가 여러 개가 될 수 있습니다. 관리를 위해서 [app]−[java] 밑에 있는 기본 패키지 아래에 data 패키지를 하나 생성합니다. 패키지를 마우스 우클릭하면 나타나는 메뉴에서 [New]−[Package]를 선택하고 data 패키지를 생성합니다.

02. data 패키지를 마우스 우클릭한 다음 [New]−[Kotlin data class File from JSON]을 클릭합니다. 빈 여백에 샘플 데이터를 붙여넣은 후 Class Name에는 'Library'를 입력하고 [Generate]를 클릭합니다.

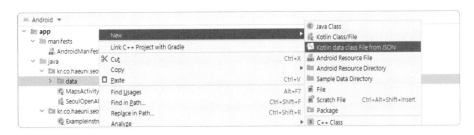

```
71          "LON_GDCC": "2권 이내 기본 14일, 연기 7일",
72          "TFCMN": "&lt;전철 이용시&gt;▼r▼n-역삼역에서 올 때 : 차병원사거리 → 논현사거리
73          "FLOOR_DC": "- 6층 : 자료실, 열람실"
74      },
75      {
76          "LBRRY_SEQ_NO": "49",
77          "LBRRY_NAME": "대치도서관",
78          "GU_CODE": "0008",
79          "CODE_VALUE": "강남구",
80          "ADRES": "서울특별시 강남구 삼성로 212 은마아파트 복지상가 2층 215호",
81          "TEL_NO": "02-565-6666",
82          "FXNUM": "02-554-6666",
83          "HMPG_URL": "http://dchlib.gangnam.go.kr/",
84          "OP_TIME": "",
85          "FDRM_CLOSE_DATE": "매월 2,4주 화요일 및 법정공휴일",
86          "LBRRY_SE_NAME": "공공도서관",
87          "XCNTS": "37.49879449",
88          "YDNTS": "127.066997",
89          "CHARGER_EMAIL": "letter310@hanmail.net",
90          "LBRRY_INTRCN": "<p>▼r▼n▼t- 도서관에 관한 간략한 소개(도서관의 특징, 자랑거리 등
91          "FOND_YEAR": "19990226",
92          "MBER_SBSCRB_RQISIT": "서울시민, 서울시 직장인, 서울시 학교 재학생",
93          "LON_GDCC": "2권 이내 ; 기본 14일, 연기 7일",
94          "TFCMN": "- 대중 교통편 자세히▼r▼n  1) 지하철 : 3호선 대치역 4번 출구▼r▼n  2) 버
95          "FLOOR_DC": "- 2층 : 자료실 및 열람실"
```

☼ 데이터를 붙여넣었는데 책과 다릅니다.

보통 데이터는 한 줄로 붙여져서 책과는 다르게 보일 겁니다. 이때 우측 상단의 [Format] 버튼을 클릭하면 책과 같이 보기 좋게 데이터가 정렬됩니다.

03. 우측처럼 새로운 데이터가 생성된 것을 확인할 수 있습니다.

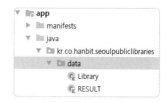

권한 처리 코드 사용 안 함

이 예제에서는 위험 권한을 사용하지 않기 때문에 권한 처리 코드를 사용하지 않습니다.

기본 정보 클래스와 레트로핏 인터페이스 만들기

Open API를 사용하기 위한 기본 정보를 담아두는 클래스와 레트로핏에서 사용할 인터페이스를 같은 클래스에 만들겠습니다.

01. 기본 패키지에 SeoulOpenApi 클래스를 만들겠습니다. 기본 패키지에 SeoulOpenApi 클래스를 하나 생성하고, 클래스 안에 companion object를 만들어 그 안에 도메인 주소와 API 키를 저장해 놓는 변수를 2개 만듭니다. 그리고 각각의 변수에 주소와 미리 부여받은 Open API 키를 입력해둡니다. 이렇게 companion object 블록 안에 변수를 선언해두면 SeoulOpenApi.DOMAIN처럼 클래스 이름으로 바로 사용할 수 있습니다.

```
class SeoulOpenApi {
    companion object {
        val DOMAIN = "http://openAPI.seoul.go.kr:8088/"
        val API_KEY = "57596c62666b6f6435374770684b44"
    }
}
```

API 키는 서울 열린데이터광장에서 각자 발급받은 키를 넣어야 합니다. 책과 같은 키를 넣으면 제대로 동작하지 않습니다.

02. SeoulOpenApi 클래스 바깥에 레트로핏에서 사용할 SeoulOpenService 인터페이스를 생성합니다.

```
interface SeoulOpenService {
    // 03은 여기에 입력합니다.
}
```

03. 인터페이스 안에 도서관 데이터를 가져오는 getLibrary() 메서드를 정의하고, @GET 애노테이션을 사용해서 호출할 주소를 지정합니다. 레트로핏에서 사용할 때 @GET에 입력된 주소와 SeoulOpenApi에 미리 정의한 DOMAIN을 조합해서 사용할 것입니다. 도서관 수가 120개 정도

이므로 한 페이지에 모두 불러오기 위해서 주소 끝부분에 페이지 '1'과 가져올 개수 '200'을 입력합니다. getLibrary( ) 메서드의 파라미터로 사용된 key는 SeoulOpenApi 클래스에 정의한 API_KEY를 레트로핏을 실행하는 코드에서 넘겨받은 후 주소와 결합합니다. 반환값은 Call<JSON 변환된 클래스>입니다.

```
@GET("/json/SeoulPublicLibraryInfo/1/200")
fun getLibrary(key: String): Call<Library>
```
retrofit2를 import합니다.

04. @Path 애노테이션을 사용하면 메서드의 파라미터로 넘어온 값을 @GET에 정의된 주소에 동적으로 삽입할 수 있습니다. **03**에서 입력한 코드를 다음과 같이 수정합니다.

```
@GET("{api_key}/json/SeoulPublicLibraryInfo/1/200")
fun getLibrary(@Path("api_key") key: String): Call<Library>
```

여기서 잠깐

☆ @Path 애노테이션 설명

① 파라미터의 변수 앞에 @Path 애노테이션으로 @GET 주소에 매핑할 이름을 작성합니다.

```
fun getLibrary(@Path("매핑할 이름") 파라미터: String)
```

② 앞에서 @Path로 정의한 "매핑할 이름"을 중괄호({}) 감싸서 @GET의 문자열에 삽입하면 메서드가 호출되는 순간 "매핑할 이름"이 정의된 파라미터의 값으로 대체된 후에 사용됩니다.

```
@GET("{매핑할 이름}/json/SeoulPublicLibraryInfo/1/200")
```

✿ 파라미터로 키를 넘겨받는 이유

다음과 같이 주소에 API 키를 직접 입력하는 방법도 있습니다.

```
@GET("57596c62666b6f6435374770684b44/json/GeoInfoLibraryWGS/1/200")
```

하지만 사용하는 API가 여러 개라면 키 값이 변경될 경우 수정해야 할 코드가 많아집니다.

```
@GET("57596c62666b6f6435374770684b44/json/GeoInfoLibraryWGS/1/200")
fun getLibrary()
@GET("57596c62666b6f6435374770684b44/json/SubwayWGS/1/200")
fun getSubway()

@GET("57596c62666b6f6435374770684b44/json/HospitalWGS/1/200")
fun getHospital()
. . .
```

이 프로젝트에서는 인터페이스가 1개지만, 실제 프로젝트에서는 여러 개의 인터페이스가 다수의 클래스에 나누어져 있고, 또 각 인터페이스당 수십에서 수백 개의 메서드가 사용되는데 이 메서드에 API 키 값을 모두 문자열로 입력해두면 관리 문제가 발생할 수 있습니다. 그래서 API 키나 도메인 주소처럼 여러 곳에서 반복적으로 사용되는 값은 1개의 상수로 선언해두고 파라미터로 넘겨서 사용하는 것이 효율적입니다.

SeoulOpenApi.kt의 전체 코드

```
package kr.co.hanbit.seoulpubliclibraries

import kr.co.hanbit.seoulpubliclibraries.data.Library
import retrofit2.Call
import retrofit2.http.GET
import retrofit2.http.Path

class SeoulOpenApi {
    companion object {
        val DOMAIN = "http://openAPI.seoul.go.kr:8088/"
        val API_KEY = "57596c62666b6f6435374770684b44"
```

> API 키는 서울 열린데이터광장에서 각자 발급받은 키를 넣어야 합니다. 책과 같은 키를 넣으면 제대로 동작하지 않습니다.

```
    }
}

interface SeoulOpenService {
    @GET("{api_key}/json/SeoulPublicLibraryInfo/1/200")
    fun getLibrary(@Path("api_key") key: String): Call<Library>
}
```

레트로핏으로 데이터 불러오기

앞에서 정의한 인터페이스를 적용하고 데이터를 불러오는 코드를 작성하겠습니다.

01. MapsActivity.kt를 열고 onMapReady( ) 아래에 loadLibraries( ) 메서드를 하나 만듭니다.

```
fun loadLibraries() {
    // 02~05는 여기에 입력합니다.
}
```

02. loadLibraries( ) 메서드 안에 도메인 주소와 JSON 컨버터를 설정해서 레트로핏을 생성합니다.

```
val retrofit = Retrofit.Builder()
    .baseUrl(SeoulOpenApi.DOMAIN)
    .addConverterFactory(GsonConverterFactory.create())
    .build()
```

03. 이어서 앞에서 정의한 인터페이스를 실행 가능한 서비스 객체로 변환합니다.

```
val seoulOpenService = retrofit.create(SeoulOpenService::class.java)
```

04. 인터페이스에 정의된 getLibrary( ) 메서드에 'API_KEY'를 입력하고, enqueue( ) 메서드를 호출해서 서버에 요청합니다.

```
seoulOpenService
    .getLibrary(SeoulOpenApi.API_KEY)
    .enqueue(object: Callback<Library> {
    // 05는 여기에서 Ctrl + I 키를 입력합니다.
})
```

⚠ Callback을 import할 때는 retrofit2를 선택해야 합니다.

05. Ctrl + I 키를 눌러서 인터페이스 코드를 2개 자동 생성합니다. TODO( ) 행은 모두 지우고 **06** 과 **07**의 코드 입력은 다음을 참조합니다.

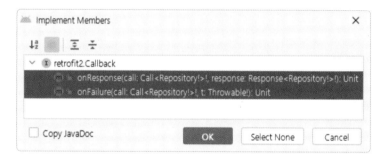

```
override fun onFailure(call: Call<Library>, t: Throwable) {
    // 06은 여기에 입력합니다.
}

override fun onResponse(call: Call<Library>, response: Response<Library>) {
    // 07은 여기에 입력합니다.
}
```

06. onFailure( ) 메서드에서 서버 요청이 실패했을 경우 간단한 토스트 메시지로 알려줍니다.

```
Toast.makeText(baseContext, "서버에서 데이터를 가져올 수 없습니다.",
            Toast.LENGTH_LONG).show()
```

07. 서버에서 데이터를 정상적으로 받았다면 지도에 마커를 표시하는 메서드를 호출하도록 onResponse( ) 메서드에 다음 코드를 추가합니다.

```
showLibraries(response.body() as Library)
        ┊
        └------- showLibraries( ) 메서드는 아직 만들지 않았기 때문에 빨간색으로 표시됩니다.
```

다음은 loadLibraries( ) 메서드의 전체 코드입니다.

```
fun loadLibraries() {
    val retrofit = Retrofit.Builder()
        .baseUrl(SeoulOpenApi.DOMAIN)
        .addConverterFactory(GsonConverterFactory.create())
        .build()
    val seoulOpenService = retrofit.create(SeoulOpenService::class.java)

    seoulOpenService
        .getLibrary(SeoulOpenApi.API_KEY)
        .enqueue(object: Callback<Library> {
            override fun onFailure(call: Call<Library>, t: Throwable) {
                Toast.makeText(baseContext, "서버에서 데이터를 가져올 수 없습니다.",
                        Toast.LENGTH_LONG).show()
            }

            override fun onResponse(call: Call<Library>, response: Response<Library>) {
                showLibraries(response.body() as Library)
            }
        })
}
```

지도에 도서관 마커 표시하기

01. 지도에 마커를 표시하는 showLibraries( ) 메서드를 loadLibraries( ) 메서드 아래에 만듭니다.

```
fun showLibraries(libraries: Library) {
    // 02는 여기에 입력합니다.
}
```

02. 파라미터로 전달된 `libraries`의 `SeoulPublicLibraryInfo.row`에 도서관 목록이 담겨 있습니다. 반복문으로 하나씩 꺼냅니다.

```
for (lib in libraries.SeoulPublicLibraryInfo.row) {
    // 03~10은 여기에 입력합니다.
}
```

03. 마커의 좌표를 생성합니다.

```
val position = LatLng(lib.XCNTS.toDouble(), lib.YDNTS.toDouble())
```

04. 좌표와 도서관 이름으로 마커를 생성합니다. `LBRRY_NAME`에 도서관 이름이 저장되어 있습니다.

```
val marker = MarkerOptions().position(position).title(lib.LBRRY_NAME)
```

05. 마커를 지도에 추가합니다.

```
mMap.addMarker(marker)
```

06. 이렇게 하면 마커가 지도에 표기되지만, 지도를 보여주는 카메라가 시드니를 가리키므로 카메라 위치 조정이 필요합니다. 수동으로 카메라의 좌표를 직접 입력해주는 방법도 있지만 마커 전체의 영역을 먼저 구하고, 마커의 영역만큼 보여주는 코드를 작성하겠습니다. **02**에서 작성한 `for` 문 위에 마커의 영역을 저장하는 `LatLngBounds.Builder`를 생성합니다.

```
val latLngBounds = LatLngBounds.Builder()
```

07. `for` 문 안에서 지도에 마커를 추가한 후에 `latLngBounds`에도 마커를 추가합니다. **05**에서 입력한 코드에 이어서 다음 코드를 입력합니다.

```
latLngBounds.include(marker.position)
```

08. for 문이 끝난 후에 앞에서 저장해둔 마커의 영역을 구합니다. padding 변수는 마커의 영역에 얼마만큼의 여백을 줄 것인지를 정합니다.

⚠ 조금씩 padding의 값을 조절하면서 테스트해보세요.

```
val bounds = latLngBounds.build()
val padding = 0
```

09. bounds와 padding으로 카메라를 업데이트합니다.

```
val updated = CameraUpdateFactory.newLatLngBounds(bounds, padding)
```

10. 업데이트된 카메라를 지도에 반영합니다.

```
mMap.moveCamera(updated)
```

다음은 지금까지 작성한 showLibraries( ) 메서드의 전체 코드입니다.

```
fun showLibraries(libraries: Library) {
    val latLngBounds = LatLngBounds.Builder()

    for (lib in libraries.SeoulPublicLibraryInfo.row) {
        val position = LatLng(lib.XCNTS.toDouble(), lib.YDNTS.toDouble())
        val marker = MarkerOptions().position(position).title(lib.LBRRY_NAME)
        mMap.addMarker(marker)

        latLngBounds.include(marker.position)
    }

    val bounds = latLngBounds.build()
    val padding = 0
    val updated = CameraUpdateFactory.newLatLngBounds(bounds, padding)
    mMap.moveCamera(updated)
}
```

onMapReady에서 loadLibraries() 메서드 호출하기

01. onMapReady( )에 기본으로 작성되어 있는 코드를 삭제하고 loadLibraries( ) 메서드를 호출합니다. 앞에서도 설명했지만, 코드에 val sydney로 시작하는 선언부터 총 세 줄을 보통 삭제합니다.

```
// 보통 다음 세 줄을 삭제합니다.
// val sydney = LatLng(-34.0, 151.0)
// mMap.addMarker(MarkerOptions().position(sydney).title("Marker in Sydney"))
// mMap.moveCamera(CameraUpdateFactory.newLatLng(sydney))

loadLibraries() // loadLibraries() 메서드를 호출합니다.
```

02. 여기까지 잘 따라 했다면 에뮬레이터에서 실행했을 때 지도에 마커가 생성되고 모든 마커가 보이도록 설정됩니다. 에뮬레이터에서 실행하고 테스트해봅니다.

▶ 마커를 클릭하면 도서관 이름이 나타납니다.

▶ 도서관을 클릭하면 상세 정보를 보여줍니다.

여기까지 MapsActivity.kt의 전체 코드입니다.

```
package kr.co.hanbit.seoulpubliclibraries

import androidx.appcompat.app.AppCompatActivity
import android.os.Bundle
import android.widget.Toast

import com.google.android.gms.maps.CameraUpdateFactory
import com.google.android.gms.maps.GoogleMap
import com.google.android.gms.maps.OnMapReadyCallback
import com.google.android.gms.maps.SupportMapFragment
import com.google.android.gms.maps.model.LatLng
import com.google.android.gms.maps.model.LatLngBounds
import com.google.android.gms.maps.model.MarkerOptions
import kr.co.hanbit.seoulpubliclibraries.data.Library
import kr.co.hanbit.seoulpubliclibraries.databinding.ActivityMapsBinding
import retrofit2.Call
import retrofit2.Callback
import retrofit2.Response
import retrofit2.Retrofit
import retrofit2.converter.gson.GsonConverterFactory

class MapsActivity: AppCompatActivity(), OnMapReadyCallback {

    private lateinit var mMap: GoogleMap
    private lateinit var binding: ActivityMapsBinding

    override fun onCreate(savedInstanceState: Bundle?) {
        super.onCreate(savedInstanceState)

        binding = ActivityMapsBinding.inflate(layoutInflater)
        setContentView(binding.root)

        // Obtain the SupportMapFragment and get notified when the map is ready to
        // be used.
        val mapFragment = supportFragmentManager
            .findFragmentById(R.id.map) as SupportMapFragment
        mapFragment.getMapAsync(this)
    }
```

```kotlin
    override fun onMapReady(googleMap: GoogleMap) {
        mMap = googleMap

        loadLibraries()
    }
    fun loadLibraries(){
        val retrofit = Retrofit.Builder()
            .baseUrl(SeoulOpenApi.DOMAIN)
            .addConverterFactory(GsonConverterFactory.create())
            .build()
        val seoulOpenService = retrofit.create(SeoulOpenService::class.java)
        seoulOpenService.getLibrary(SeoulOpenApi.API_KEY).enqueue(
            object: Callback<Library> {
            override fun onResponse(call: Call<Library>, response: Response<Library>) {
                showLibraries(response.body() as Library)
            }

            override fun onFailure(call: Call<Library>, t: Throwable) {
                Toast.makeText(baseContext,"서버에서 데이터를 가져올 수 없습니다.",
                        Toast.LENGTH_LONG).show()
            }
        })
    }
    fun showLibraries(libraries: Library) {
        val latLngBounds = LatLngBounds.Builder()
        for(lib in libraries.SeoulPublicLibraryInfo.row) {
            val position = LatLng(lib.XCNTS.toDouble(), lib.YDNTS.toDouble())
            val marker = MarkerOptions().position(position).title(lib.LBRRY_NAME)
            mMap.addMarker(marker)

            latLngBounds.include(marker.position)
        }
        val bounds - latLngBounds.build()
        val padding = 0
        val updated = CameraUpdateFactory.newLatLngBounds(bounds, padding)
        mMap.moveCamera(updated)
    }
}
```

도서관 이름 클릭 시 홈페이지로 이동하기

클릭리스너로 새 창을 띄우거나 추가적인 처리를 할 수 있습니다. 여기서는 도서관 홈페이지의 URL이 있는지 검사하고, 있으면 홈페이지를 웹 브라우저에 띄우는 코드를 작성하겠습니다.

01. 마커에 tag 정보를 추가하겠습니다. 마커를 클릭하면 id와 같은 구분 값을 tag에 저장해두고 사용할 수 있습니다. 지도에 마커를 추가하는 코드로 수정하고 tag 값에 홈페이지 주소를 저장합니다. MapsActivity.kt 파일에서 showLibraries( ) 메서드의 다음 부분을 수정합니다.

수정 전	수정 후
`mMap.addMarker(marker)`	`var obj = mMap.addMarker(marker)` `obj.tag = lib.HMPG_URL`

02. 이제 클릭리스너를 달고 tag의 홈페이지 주소를 웹 브라우저에 띄우겠습니다. onMapReady( ) 안에서 추가로 코드를 작성합니다. 지도에 마커클릭리스너를 달고 리스너를 통해 전달되는 마커의 tag를 검사해서 값이 있으면 인텐트로 홈페이지를 띄웁니다. 마커클릭리스너를 사용하면 리스너 블록으로 마커가 전달되는데, it이라는 예약어로 사용할 수 있습니다.

```
mMap.setOnMarkerClickListener {
    if (it.tag != null) {            ┈┈┈ it.tag로 tag 값이 null인지를 검사하고
        var url = it.tag as String
        if (!url.startsWith("http")) {  ┈┈┈ tag가 http로 시작하지 않으면 http:// 문자열을 앞에 추가하고
            url = "http://${url}"
        }
                                         완성된 url을 Intent로 생성한 후
        val intent = Intent(Intent.ACTION_VIEW, Uri.parse(url))●┈┈┈
        startActivity(intent) ●┈┈┈┈┈┈ 액티비티를 호출합니다.
    }
    true
}
```

03. 에뮬레이터를 실행하고 테스트합니다. 마커를 클릭했을 때 도서관 홈페이지의 URL이 있다면 웹 브라우저에 해당 홈페이지가 나타납니다.

3.3 맵 클러스터링 사용하기

구글 맵 클러스터링Google Map Clustering을 사용하면 지도에 나타나는 여러 개의 마커를 묶어서 하나의 그룹으로 표시할 수 있습니다. 직방과 같은 앱에서 화면을 줌아웃하면 마커의 수가 숫자로 표시되는 것과 같은 기능입니다. Seoul Public Libraries 프로젝트에 이어서 진행하겠습니다.

의존성 추가하기

구글 맵 클러스터링을 사용하기 위해서는 부가적으로 maps-utils 라이브러리가 필요합니다. build.gradle(Module:) 파일을 열고 다음과 같이 추가합니다.

```
dependencies {

    ...
    implementation 'com.google.maps.android:android-maps-utils:2.2.3'
}
```

데이터 클래스에 ClusterItem 상속받기

각각의 마커에 해당하는 클래스에 ClusterItem을 상속받고 코드를 추가해야 합니다. 이번 프로젝트에서는 마커에 해당하는 클래스가 Row이기 때문에 [data]-[Row] 클래스에서 ClusterItem을 상속받은 후 좌표를 반환하는 함수와 부가 정보를 반환하는 함수들을 구현합니다.

```
import com.google.android.gms.maps.model.LatLng
import com.google.maps.android.clustering.ClusterItem

data class Row(
    // ... 생략
    val XCNTS: String,
    val YDNTS: String
) : ClusterItem { // 데이터 클래스에 ClusterItem을 추가하고 필수 메서드를 오버라이드합니다.

    override fun getPosition(): LatLng {
        return LatLng(XCNTS.toDouble(), YDNTS.toDouble()) // 개별 마커가 표시될 좌표
    }
```

```
    override fun getTitle(): String? {
        return LBRRY_NAME  •———————  마커를 클릭했을 때 나타나는 타이틀입니다.
    }

    override fun getSnippet(): String? {
        return ADRES  •———————  마커를 클릭했을 때 나타나는 서브타이틀입니다.
    }
                                        값 중에 null이 있을 경우 hashCode
                                        생성 시 오류가 발생합니다.
    id에 해당하는 유일한│값을 Int로 반환합니다.
    override fun hashCode(): Int {
        return LBRRY_SEQ_NO.toInt()
    }
}
```

앱이 실행되고 지도에 마커가 표시될 때 안드로이드는 Row 클래스의 getPosition() 메서드를 호출해서 해당 마커의 좌표를 계산합니다. 그리고 특정 범위 안에 있는 마커들을 묶어서 하나의 마커로 만들고 몇 개의 마커가 포함되어 있는지 숫자로 표시해주는데 이것을 클러스터링이라고 합니다.

코드에 사용된 XCNTS, LBRRY_NAME과 같은 변수는 현재 Row 클래스에 정의되어 있는 변수입니다. 프로젝트가 달라지면 해당 프로젝트에 맞도록 변수명이 변경되어야 합니다.

클러스터 매니저

클러스터링은 클러스터 매니저^{ClusterManger}를 통해서 사용할 수 있습니다. 클러스터 매니저를 액티비티에 선언해두고, 마커를 표시하는 코드에서 클러스터 매니저에 추가하는 코드를 작성해야 합니다.

클러스터 매니저 선언하기

MapsActivity 클래스 안에 clusterManager 프로퍼티를 선언합니다.

```
class MapsActivity : AppCompatActivity(), OnMapReadyCallback {

    private lateinit var clusterManager: ClusterManager<Row>

    // ... 생략
```

클러스터 매니저 초기화

앞에서 선언한 clusterManager를 초기화하고 필요한 설정을 합니다. 마커를 표시하기 전에 설정해야 하기 때문에 Map이 생성된 직후인 onMapReady()에서 설정하는 것이 좋습니다.

```kotlin
override fun onMapReady(googleMap: GoogleMap) {
    mMap = googleMap

    // 클러스터 매니저 세팅
    clusterManager = ClusterManager(this, mMap)
    mMap.setOnCameraIdleListener(clusterManager) // 화면을 이동 후 멈췄을 때 설정
    mMap.setOnMarkerClickListener(clusterManager) // 마커 클릭 설정

    loadLibraries()
}
```

클러스터 매니저에 데이터 추가하기

반복문에서 마커를 생성하는 코드를 삭제하고 clusterManager에 직접 데이터를 추가합니다. latLngBounds의 경우 전체 마커를 화면에 보여주기 위한 용도이기 때문에 필요 없으면 삭제할 수 있습니다. 예를 들어 현재 내 위치를 기준으로만 마커를 표시한다면 latLngBounds는 필요하지 않습니다.

```kotlin
fun showLibraries(libraries:Library) {
    val latLngBounds = LatLngBounds.Builder()
    for (lib in libraries.SeoulPublicLibraryInfo.row) {
        //기존 마커 세팅 코드는 삭제하고 클러스터 메니저에 데이터를 추가하는 코드만 넣어줍니다.
        clusterManager.addItem(lib)

        //첫 화면에 보여줄 범위를 정하기 위해서 아래 코드 두 줄은 남겨둡니다.
        val position = LatLng(lib.XCNTS.toDouble(), lib.YDNTS.toDouble())
        val marker = MarkerOptions().position(position).title(lib.LBRRY_NAME)

        var obj = mMap.addMarker(marker)
        obj.tag = lib.HMPG_URL

        mMap.setOnMarkerClickListener {
            if (it.tag != null) {
```

```
                    var url = it.tag as String
                    if (!url.startsWith("http")) {
                        url = "http://${url}"
                    }
                    val intent = Intent(Intent.ACTION_VIEW, Uri.parse(url))
                    startActivity(intent)
                }
                true
            }
            latLngBounds.include(marker.position)
        }
        … 생략
    }
```

앱을 실행하면 기존 마커 대신 동그라미에 숫자가 들어간 형태로 보여지고, 해당 숫자를 더블클릭하
면 줌인 되면서 해당 영역에 있는 마커들이 펼쳐집니다.

⚠ 맵 클러스트 사용하기 코드는 깃허브(http://gitbub.com/javafa/thisiskotlin)에 GoogleMapsClustering 프로젝트
에서 확인할 수 있습니다.

파이어베이스

이 장의 핵심 개념

- 파이어베이스 프로젝트를 생성하고 안드로이드와 연동하는 방법을 알아봅니다.

- 파이어베이스 리얼타임 데이터베이스(Realtime Database)를 사용해서 데이터를 주고받는 방법을 알아봅니다.

- 파이어베이스 클라우드 메시징(Cloud Messaging) 서비스를 이용해서 스마트폰에 푸시 메시지를 전송하는 방법을 알아봅니다.

13장을 시작하기 전에

파이어베이스는 고품질의 앱을 빠르게 개발하도록 도와주는 백엔드 서비스BaaS: Backend as a Service입니다. 대부분의 서버 기능들을 실제 서버 구성없이 배포가 가능한 수준의 서비스로 만들 수 있기 때문에 백엔드 개발 자원이 없는 스타트업 회사에는 아주 좋은 대안이 될 수 있습니다. 특히 안드로이드나, iOS 또는 프론트엔드 웹으로 처음 개발을 시작한 개발자들에게는 짧은 시간 안에 백엔드 아키텍처를 구성하고 사용할 수 있도록 도와줍니다.

이번 장에서는 파이어베이스가 제공하는 많은 기능 중에, 데이터 저장을 위한 데이터베이스와 메시지 전송을 위한 클라우드 메시징 사용법을 알아보겠습니다.

⚠ 파이어베이스 공식 사이트의 예제가 정상 동작하지 않는 케이스가 꽤 있습니다. 책을 보고 하나씩 따라하면서 공식 사이트의 예제와 바뀐 점을 비교하는 것도 좋은 공부가 될 수 있습니다.

《1》 파이어베이스 프로젝트

파이어베이스는 구글에서 만든 서비스로 지메일Gmail 계정이 있으면 회원가입 과정 없이 해당 계정으로 로그인해서 사용할 수 있습니다. 구글 콘솔을 사용해야 하는 안드로이드 개발자는 대부분 지메일이 있기 때문에 파이어베이스를 바로 사용할 수 있습니다.

1.1 파이어베이스 프로젝트 만들기

01. 웹 브라우저를 열고 구글에서 파이어베이스를 검색해서 접속하거나 웹 사이트(https://firebase.com)로 직접 접속합니다.

02. 우측 상단 로그인 버튼을 클릭해서 로그인한 후 로그인 버튼 왼쪽의 [콘솔로 이동] 또는 화면 왼쪽 하단의 [시작하기] 버튼을 클릭해서 콘솔 화면으로 이동합니다.

⚠ 접속하면 firebase.google.com으로 바뀔 수 있는데 위와 동일한 사이트입니다.

03. 화면 중앙의 [프로젝트 만들기] 버튼을 클릭해서 프로젝트를 생성합니다.

04. 프로젝트 이름을 작성한 다음 [계속] 버튼을 클릭합니다. 프로젝트 이름은 자신이 알아보기 쉬운 영문 단어 조합으로 만들면 되는데, 이름이 중복될 경우 파이어베이스가 이름 뒤에 숫자를 붙여서 고유한 아이디를 만들어 주기 때문에 원하는 이름을 작성하면 됩니다.

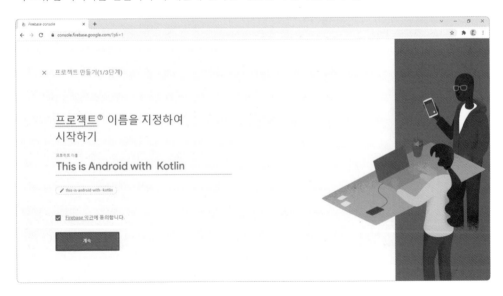

05. 구글 애널리틱스를 설정하는 단계입니다. 앱이 크래시로 예기치 못하게 종료되었을 때 로그를 확인할 수 있는 Crashlytics 서비스를 제공하기 때문에 꼭 필요한 설정입니다. 사용 설정을 그대로 두고 [계속]을 클릭해서 다음 단계로 넘어갑니다.

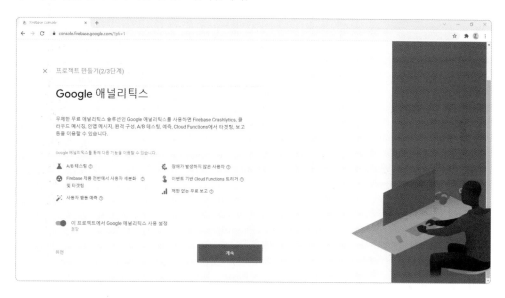

06. 구글 애널리틱스를 구성하는 단계입니다. 애널리틱스 위치를 [대한민국]으로 설정한 후, 'Google 애널리틱스 약관에 동의합니다'에 체크합니다. 그 다음으로 [프로젝트 만들기]를 클릭해서 프로젝트를 생성합니다.

07. 프로젝트를 생성한 다음 [계속]을 클릭해서 생성된 프로젝트 화면으로 이동합니다.

새 프로젝트가 준비된 후 계속 버튼을 누르면 다음과 같이 생성한 프로젝트를 관리할 수 있는 화면이 나타납니다. 프로젝트 이름 'This Android with Kotlin'은 상단 Firebase 로고 오른쪽과 화면 중앙에 나타납니다.

이제 프로젝트가 하나 생성되었기 때문에 로그인을 하면 콘솔 첫 화면에 프로젝트가 카드 형태로 나타나고, 해당 카드를 클릭하면 현재 화면으로 접속됩니다.

1.2 안드로이드 연동하기

각각의 플랫폼 iOS, Android, 웹 등에 적용할 수 있도록 화면 중앙에 동그란 버튼 3개가 있습니다.

01. 가운데 안드로이드 아이콘을 클릭해서 설정화면으로 이동합니다.

화면 상단 Firebase 로고 아래 [⚙] – [프로젝트 설정] 버튼을 누르면 화면 아래에 앞에서 본 버튼과 동일한 버튼이 있습니다.

02. 화면에 표시되는 순서대로 안드로이드의 패키지 이름과 앱 닉네임을 작성합니다. 앱 닉네임은 개발자가 알아보기 위해 작성하는 내용이니 책과 동일하게 작성할 필요는 없습니다.

⚠ 서명 인증서는 동적 링크, 구글 로그인 등을 사용할 때 필요한데 이 책에서는 사용하지 않습니다.

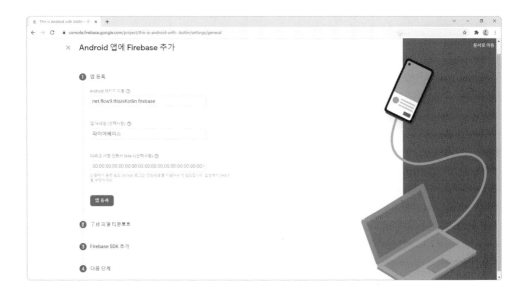

03. [앱 등록]을 클릭해서 다음 단계로 넘어갑니다. 패키지명은 따로 복사해 뒀다가 안드로이드 프로젝트를 생성하면서 그대로 붙여넣기 하면 됩니다.

04. 다음 단계를 진행하기 전에 먼저 안드로이드 프로젝트를 생성합니다. 안드로이드 스튜디오를 켜고 [Empty Activity]를 선택한 후 Firebase라는 이름의 새로운 프로젝트를 생성합니다.

05. 패키지 이름에는 **02**에서 작성한 파이어베이스 이름을 붙여넣기 합니다. 작성을 끝낸 후 [Finish] 버튼을 클릭해 프로젝트를 생성합니다.

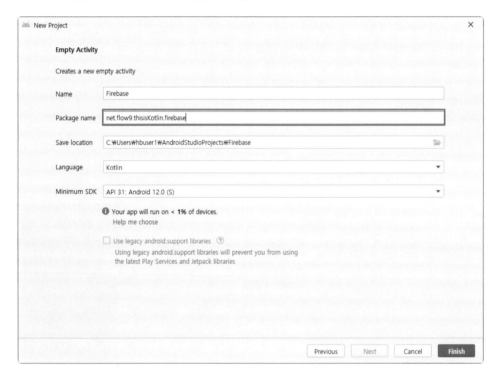

06. 다시 파이어베이스 웹 사이트로 이동한 후 [google-services.json 다운로드]를 클릭해서 json 파일을 다운로드합니다.

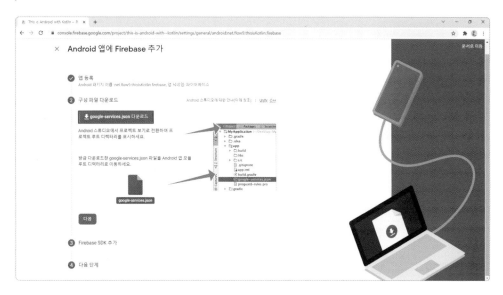

07. 다시 안드로이드 스튜디오로 이동한 다음 다운로드한 json 파일을 [Firebase]-[app] 디렉토리 아래에 가져다 놓습니다.

프로젝트 탐색기를 [app]모드에서 [Project] 모드로 바꾼 다음 json 파일을 가져다 놓으면 사용하기 편리합니다.

08. 이제 안드로이드에 파이어베이스 SDK를 추가해야 합니다. 다시 파이어베이스 웹 사이트로 이동한 후 [다음]을 클릭해서 수정할 코드를 확인합니다. 추가할 코드로 Kotlin을 선택합니다.

09. 다시 안드로이드 스튜디오로 이동한 다음 build.gradle(Project:) 파일을 열고 파이어베이스 웹 사이트에서 제공한 SDK 추가 코드를 삽입합니다. 공식 사이트에는 여러 줄을 추가하라고 설명되어 있지만 실제로는 dependencies에 한 줄만 추가하면 됩니다.

```
buildscript {
    repositories {
        google()
        mavenCentral()
    }
    dependencies {
        classpath "com.android.tools.build:gradle:7.0.3"
        classpath "org.jetbrains.kotlin:kotlin-gradle-plugin:1.6.0"

        classpath 'com.google.gms:google-services:4.3.10' •────────── 이 부분을 추가합니다.
    }
}
```

⚠ 프로젝트 탐색기의 모드를 Android로 바꾸면 build.gradle 파일을 찾기 쉽습니다. 필요에 따라 프로젝트 탐색기의 모드를 변경하면서 진행하세요.

10. 다음으로 build.gradle(Module:) 파일을 열고 코드를 추가합니다. 상단 plugins에 id를 한 줄 추가하고, 하단 dependencies에 2개의 의존성을 추가합니다.

```
plugins {
    id 'com.android.application'
    id 'kotlin-android'
    id 'com.google.gms.google-services' •——————————— 이 부분을 추가합니다.
}
// ... 생략
dependencies {
    implementation platform('com.google.firebase:firebase-bom:29.0.0')•—
    implementation 'com.google.firebase:firebase-analytics-ktx' •——
    .. 생략
}
```

11. 안드로이드 스튜디오 우측 상단의 [Sync Now]를 클릭해서 적용합니다.

12. 다시 파이어베이스 웹 사이트로 돌아가서 [다음]을 클릭하여 설정을 완료합니다.

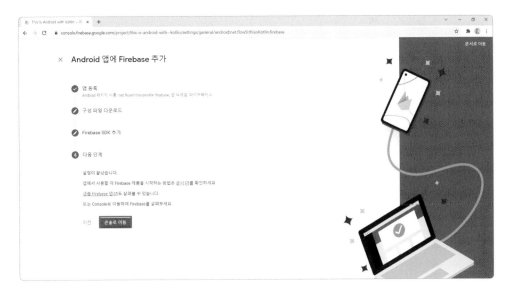

13. [콘솔로 이동]을 클릭하면 프로젝트 설정 화면이 뜹니다. 화면 아래쪽에 다음과 같은 Android 앱 설정을 확인할 수 있습니다.

⚠ 프로젝트 설정 화면은 [프로젝트 개요]-[프로젝트 설정]에서 확인할 수 있습니다.

이제 파이어베이스와 앱이 연동되었기 때문에 그림 왼쪽 메뉴에 나열된 기능들을 사용할 수 있습니다. 이와 같은 순서로 설정하면 다른 패키지명의 앱에도 동일한 파이어베이스 프로젝트를 적용할 수 있습니다.

여기서 잠깐

☆ **부가서비스 사용 방법**

데이터베이스 또는 클라우드 메시지와 같은 부가서비스를 사용하기 위해서는 서비스를 추가할 때마다 google-services.json 파일을 다시 다운로드해야 하고, build.gradle 파일의 의존성을 추가하는 작업이 필요합니다.

리얼타임 데이터베이스

파이어베이스는 백엔드의 가장 기본 기능이라고 할 수 있는 데이터베이스 연동을 제공합니다. 파이어베이스의 리얼타임 데이터베이스Realtime Database는 실무에서 많이 사용하는 백엔드 API와는 동작 방식이 조금 다르지만 코드의 사용 방식이나 사용성은 더 편리합니다.

2.1 데이터베이스 생성

실시간으로 데이터를 저장하고 동기화할 수 있는 리얼타임 데이터베이스를 생성하겠습니다.

01. 파이어베이스 프로젝트 화면의 왼쪽 메뉴에서 [빌드]–[Realtime Database]를 선택해서 데이터베이스를 생성할 수 있는 화면으로 이동합니다.

02. 화면 중앙에 있는 [데이터베이스 만들기]를 클릭해서 데이터베이스 생성을 시작합니다.

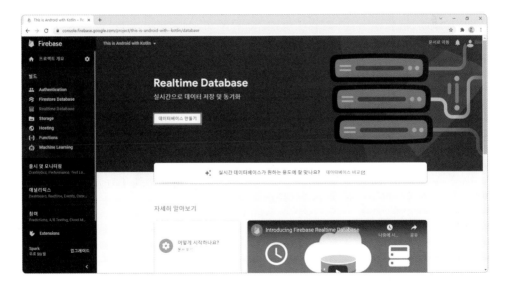

03. 팝업창이 뜨면 데이터베이스 위치를 한국에서 가까운 싱가포르로 설정하고, [다음]을 클릭해서 다음 단계로 이동합니다.

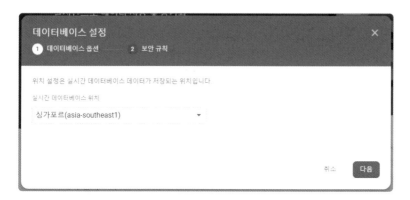

04. [테스트 모드에서 시작]을 선택한 후 [사용 설정]을 클릭해서 설정을 완료합니다. 보안 규칙은 나중에 설정 화면에서 다시 수정할 수 있습니다.

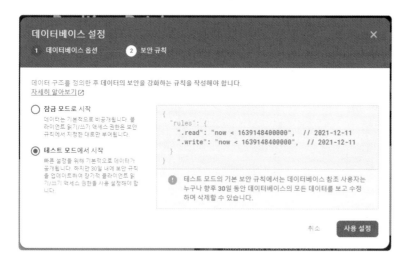

⚠ [테스트 모드에서 시작]으로 설정하면 설정일로부터 30일간 접속하는 모든 사용자가 데이터를 읽고 쓸 수 있기 때문에 실제 서비스에는 사용하지 않습니다.

05. Firebase 로고 아래 [⚙]–[프로젝트 설정]을 클릭해서 설정 화면으로 이동합니다.

06. 화면 아래쪽으로 이동하면 [내 앱] 섹션에 google-services.json이 보입니다. 이를 클릭해서 다운로드한 후 [Project]-[app] 디렉토리에 있는 기존 json파일에 덮어쓰기(Overwrite)합니다.

여기서 잠깐

☆ 파이어베이스 데이터베이스 설정 추가하기

데이터베이스 설정을 추가하면 앱 연결 시에 안드로이드 스튜디오에 붙여넣기 했던 json 설정 파일에도 추가됩니다. 따라서 기능이 추가되거나 설정이 변경되면 json 파일을 다시 다운로드하고 덮어쓰기 해야 합니다.

– 데이터베이스 설정 전 google-services.json

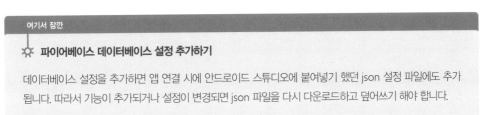

– 데이터베이스 설정 후 google-services.json

덮어쓰기 전의 json 파일과 비교해보면 네 번째 줄에 'firebase_url'이 추가된 것을 확인할 수 있습니다.

2.2 안드로이드 연결

이제 안드로이드와 연결해보겠습니다.

01. 안드로이드 스튜디오로 이동해서 build.gradle(Module:) 파일을 열고 dependencies에 아래 한 줄을 추가합니다. 파이어베이스 설정을 위해 작성했던 의존성 아래에 추가하면 됩니다.

```
implementation 'com.google.firebase:firebase-database-ktx'
```

우측 상단의 [Sync Now]를 클릭해서 적용합니다.

02. 정상적으로 연결되었는지 확인하기 위해서 MainActivity.kt를 열고 onCreate() 메서드 안에 아래의 코드를 추가합니다.

```
class MainActivity : AppCompatActivity() {
    override fun onCreate(savedInstanceState: Bundle?) {
        super.onCreate(savedInstanceState)
        setContentView(R.layout.activity_main)
                                        Alt + Enter 키를 눌러 관련 라이브러리를 추가합니다.
        val database = Firebase.database
        val myRef = database.getReference("message")
```

```
        myRef.setValue("Hello, Firebase!")
    }
}
```

03. [Run] 버튼을 클릭해서 앱을 실행합니다.

☆ 데이터가 안보여요

만약 데이터가 보이지 않고, 다음과 같이 Logcat에서 ': Database lives in a different region' 메시지가 나타 난다면 소스 코드를 수정해야 합니다.

```
Firebase Database connection was forcefully killed by the server. Will not attempt reconnect. Reason: Database lives in a different region.
```

MainActivity에 작성한 코드 중에 Firebase.database 부분을 다음과 같이 수정합니다.

　① google-services.json 파일을 열고 firebase_url 값을 복사합니다.

　② database("값")에 값으로 붙여넣기 합니다.

```
val database = Firebase.database("google-services.json 파일에 있는 firebase_url
값 붙여넣기")
```

사용하려는 파이어베이스의 Database URL을 지정하겠다는 의미입니다.

04. 앱을 실행한 후 리얼타임 데이터베이스 화면을 확인하면 데이터가 정상적으로 보입니다.

⚠ 실시간으로 데이터가 처리되기 때문에 정상적으로 동작한다면 앱 실행과 동시에 리얼타임 데이터베이스 화면에 지정한 문구 가 나타납니다.

파이어베이스의 리얼타임 데이터베이스는 일반적인 SQLite와 같은 관계형 데이터베이스와는 다르게 JSON 형태의 트리 구조로 구성되어 있습니다. 따라서 이 트리 구조의 레퍼런스라고 불리는 노드Node에 값을 저장하거나 또 다른 노드를 생성할 수 있습니다. 위에서는 message 노드에 문자열 "Hello, Firebase!"를 저장했습니다.

2.3 데이터 생성과 조회

새로운 노드에 값 쓰기

리얼타임 데이터베이스에서 최상위 노드는 관계형 데이터베이스에서 1개의 테이블이라고 생각하면 됩니다. 실습에서 최상위 노드는 앞에서 다룬 message에 해당하는 부분입니다. 최상위 노드에 bbs를 만들고 몇 개의 값을 추가해보겠습니다.

01. 앞의 코드에서 onCreate( ) 메서드 안에 작성했던 val myRef = database.getReference ("message") 코드를 다음과 같이 수정합니다.

```
val myRef = database.getReference("bbs")
```

getReference 안에 문자열을 입력하는 것만으로 최상위 노드가 자동으로 생성됩니다. 앞에서 생성했던 message 노드는 그대로 유지됩니다. 이제 bbs 노드 아래에 2개의 자식 노드child node를 만들고 값을 입력해보겠습니다.

```
노드.child("노드이름").setValue("값")
```

02. name 노드를 만들고 문자열 "값"을 입력하는 코드를 다음과 같이 작성할 수 있습니다.

```
myRef.child("name").setValue("Scott")
```

---

03. 위의 코드를 복사 붙여넣기 한 후 노드의 이름을 바꾸고 setValue에 숫자 값을 입력하면 자동으로 숫자 값이 저장됩니다.

```
myRef.child("age").setValue(19)
```

⚠ setValue에는 모든 기본형을 입력하고 저장할 수 있습니다.

04. 앱을 실행한 후 리얼타임 데이터베이스 페이지를 보면 message 노드 위에 [+] bbs 노드가 생성되어 있습니다. bbs 앞의 [+]를 클릭하면 안에 작성된 자식 노드와 값이 나타납니다.

일회성 값 조회

값을 읽는 방법은 조금 더 복잡합니다. 노드 값의 변경 사항이 실시간으로 반영되는 데이터베이스 구조이기 때문에 리스너 형태로 값을 읽고 사용합니다. 책의 앞부분에서 클릭리스너와 같은 형태로 이미 많이 경험해봤으니 크게 어렵지 않을 겁니다.

노드에 addOnSuccessListener를 사용하면 값을 성공적으로 읽어왔을 때 노드의 값을, 그리고 연속해서 addFailureListener를 사용하면 값을 읽어오지 못했을 때 실패 메시지가 전달됩니다.

```
최상위노드.child(노드이름).get( ).addOnSuccessListener { 노드(it) ->
    print(it.value) // 노드의 값이 출력됩니다.
}. addOnFailureListener {
    print(it) // 실패 메시지가 출력됩니다.
}
```

01. 다음과 같이 코드를 추가하고 테스트해봅니다. name의 값인 Scott이 한 번 출력됩니다.

```
myRef.child("name").get().addOnSuccessListener {
    Log.d("파이어베이스", "name=${it.value}")
}.addOnFailureListener {
    Log.d("파이어베이스", "error=${it}")
}
```
Alt + Enter 키를 눌러 관련 라이브러리를 추가하세요.

02. Logcat에 name에 입력했던 값이 출력됩니다.

실시간 값 조회

앞의 코드는 리스너가 실행된 시점에 한 번만 값을 조회할 수 있습니다. 반면에 값이 변경될 때마다 호출되는 ValueEventListener도 있습니다.

리스너의 메서드가 2개이기 때문에 object로 만들어서 사용해야 합니다.

```
최상위노드.child(노드이름).addValueEventListener( object: ValueEventListener {
    override fun onDataChange( snapshot: DataSnapshot ) {
        // 값이 변경 될때마다 매번 호출됩니다.
print( snapshot.value )
    }
override fun onCancelled( error: DatabaseError ) {
    print( error.message)
}
})
```

여기서 잠깐

☆ **데이터 스냅샷**

데이터 스냅샷(Data Snapshot)은 말 그대로 리스너가 호출되는 순간의 데이터를 사진으로 찍듯이 그대로 저장하기 때문에 스냅샷이라고 부릅니다. 스냅샷 기능을 이용해서 데이터를 저장하면 유실된 데이터를 복원하거나 데이터의 상태를 일정 시점으로 복원할 수 있습니다.

일회성 값 조회와 실시간 값 조회 코드는 함께 사용할 수 없기 때문에 진행하기 전에 **일회성 값 조회**에서 작성한 코드는 삭제합니다.

01. 자식 노드에 addValueEventListener를 달고, object: ValueEventListener를 작성합니다.

```
myRef.child("name").addValueEventListener(object: ValueEventListener {
})
```

02. 리스너 스코프 안에서 키보드의 Ctrl + I 버튼을 눌러서 onDataChange 메서드와 onCancelled 메서드를 implements 합니다.

```
myRef.child("name").addValueEventListener(object: ValueEventListener {
    override fun onDataChange(snapshot: DataSnapshot) {
        TODO("Not yet implemented")
    }
```

```
        override fun onCancelled(error: DatabaseError) {
            TODO("Not yet implemented")
        }
    })
```

03. onDataChange( )와 onCancelled( ) 안에 print( ) 메서드를 사용해서 내용을 출력하는 코드를 작성합니다.

```
override fun onDataChange(snapshot: DataSnapshot) {
    Log.d("파이어베이스", "${snapshot.value}")
    print(snapshot.value)     // 값이 변경될 때마다 매번 호출됩니다.
}
override fun onCancelled(error: DatabaseError) {
    print(error.message)
}
```

04. 앱을 실행합니다. 테스트를 위해 안드로이드 스튜디오와 웹 브라우저를 함께 사용해야 합니다.

05. 안드로이드 스튜디오의 Logcat을 열어 놓습니다. 그리고 옆에 웹 브라우저를 열고 파이어베이스 리얼타임 데이터베이스 페이지에 접속합니다.

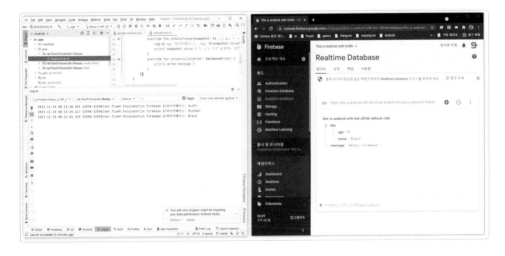

06. 리얼타임 데이터베이스 페이지에서 name 노드의 값을 여러 번 변경하면서 Logcat을 확인해 보세요. 변경할 때마다 Logcat에 로그가 출력되는 것을 확인할 수 있습니다.

ValueEventListener는 사용자 입력 정보가 실시간으로 반영되어야 하는 채팅 앱 또는 실시간 변화 그래프가 보여야 하는 금융 앱에 사용하면 짧은 코드로도 완성도 높은 결과물을 만들 수 있습니다.

다음 예제 진행을 위해서 bbs 노드를 삭제합니다.

목록 형태의 값 사용하기

관계형 데이터베이스에서 최상위 노드가 하나의 테이블과 같기 때문에 그 아래에 입력되는 데이터는 반복되는 형태로 입력됩니다.

```
테이블 [
{ name : Scott, age : 19 },
{ name : Michael, age : 21 },
{ name : Daniel, age : 18 }
...
]
```

파이어베이스에서는 최상위 노드 바로 아래에 각각의 데이터마다 아이디가 되는 자식 노드를 생성하고, 해당 아이디에 데이터를 값으로 입력해서 만들 수 있습니다.

```
노드 [
아이디1 : { name: Scott, age: 19 },
아이디2 : { name: Alexandra, age: 21 },
```

```
아이디3 : { name: Billie, age 23 }
...
]
```

리얼타임 데이터베이스에 목록 형태로 데이터를 입력하는 방법을 알아보겠습니다. **실시간 값 조회**에서 사용한 코드를 삭제하고 진행합니다.

01. MainActivity 클래스 아래(클래스 스코프 밖)에 User라는 이름을 갖는 클래스를 하나 정의합니다. name, age와 함께 데이터를 구분할 수 있는 id 필드를 추가했습니다. 파이어베이스에서 사용하기 위해서 아무것도 없는 생성자를 하나 만들어두어야 합니다.

```
class User {
    var id:String = ""
    var name:String = ""
    var password:String = ""
    // 파이어베이스에서 데이터 변환을 위해 생성합니다.
    constructor()

    constructor(name:String, password:String) {
        this.name = name
        this. password = password
    }
}
```

02. onCreate() 메서드 안에 만들어 둔 database 변수와, myRef 변수를 모두 onCreate() 메서드 위로 이동시키고 다음과 같이 수정합니다. 클래스 전체에서 사용하기 위함입니다.

```
val database = Firebase.database("https://this-is-android-with--kotlin-default-rtdb.
    asia-southeast1.firebasedatabase.app/")
val myRef  = database.getReference("users")          본인의 파이어베이스 url을 넣어주세요.

myRef.child("name").setValue("Scott")
myRef.child("age").setValue(19)                      다음 두 코드는 삭제합니다.

override fun onCreate(savedInstanceState: Bundle?) {
    // ... 생략
```

03. onCreate() 메서드 아래에 User 데이터를 노드에 입력하는 addItem() 함수를 만듭니다. 데이터 입력 시 키를 생성하기 위해서 push() 메서드를 사용합니다. 노드.push().key를 호출하면 파이어베이스가 키를 생성해서 변수에 반환합니다.

```
fun addItem(user: User) {
    val id = myRef.push().key!!
    user.id = id
    myRef.child(id).setValue(user)
}
```

addItem() 메서드를 사용해서 데이터를 입력하면 아래와 같은 구조가 됩니다.

```
users [
id : User,
id : User,
...
]
```

테스트를 위해서 안드로이드 화면을 하나 만들겠습니다.

04. activity_main.xml을 열고 다음과 같이 이름과 나이를 입력할 수 있는 2개의 EditText와 1개의 Button을 배치합니다. 각 EditText의 hint 속성을 Name과 Age로 지정했습니다. 각 위젯의 id는 위에서부터 순서대로 editName, editPassword, btnPost입니다.

⚠ 안드로이드 스튜디오 버전에 따라 EditText 대신 PlainText를 사용할 수 있습니다.

05. build.gradle 파일을 열고 viewBinding 설정을 확인합니다. 없으면 설정을 추가하고 [Sync Now]를 클릭해서 반영합니다.

06. MainActivity.kt를 열어서 binding을 하나 생성합니다. 그리고 setContentView( )에 입력된 값을 binding.root로 수정합니다.

```
val binding by lazy { ActivityMainBinding.inflate(layoutInflater)}

override fun onCreate(savedInstanceState: Bundle?) {
    super.onCreate(savedInstanceState)
    setContentView(binding.root)
    // ... 생략
```

07. setContentView( ) 아래에 btnPost 버튼을 클릭하면 User 데이터를 생성해서 addItem( ) 메서드에 전달하는 코드를 작성합니다. id는 addItem( ) 메서드에서 생성해서 넣어줍니다.

```
with(binding){
    btnPost.setOnClickListener {
        val name = editName.text.toString()
        val password = editPassword.text.toString()
        val user = User(name, password)
        addItem(user)          ┌──── model 패키지를 import합니다.
    }
}
```

08. 브라우저를 열어 둔 상태에서 앱을 실행합니다. 그리고 값을 입력하고 [POST] 버튼을 클릭하면 users 아래에 데이터가 하나씩 나타납니다. users 노드 아래 글자들은 파이어베이스가 임의로 생성한 아이디입니다.

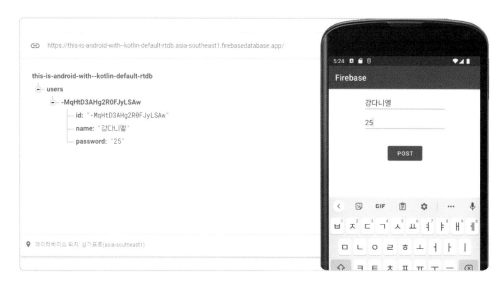

10. 데이터를 몇 개 더 입력해 봅니다. 아이디 앞의 [+] 버튼을 클릭하면 입력한 데이터를 확인할 수 있습니다.

목록으로 읽어오기

입력한 데이터를 읽어와서 안드로이드 화면에 출력해보겠습니다. 앞에서 사용했던 ValueEvent Listener를 그대로 사용하기 때문에 코드는 어렵지 않습니다. **목록 형태의 값 사용하기**에서 사용한 코드를 삭제하고 진행해야 합니다.

01. activity_main.xml을 열고 화면 위쪽에 TextView를 하나 가져다 놓습니다. 그림과 같이 EditText와 Button 위젯을 제외한 모든 영역을 차지하도록 배치합니다. 그리고 id 속성에 textList를 입력합니다.

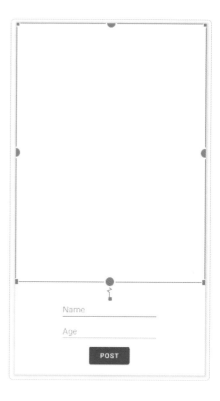

02. MainActivity로 돌아가서 myRef에 ValueEventListener를 연결하는 코드를 onCreate( ) 메서드 안에 작성합니다.

```
myRef.addValueEventListener( object: ValueEventListener {
    override fun onDataChange(snapshot: DataSnapshot) {
    }
    override fun onCancelled(error: DatabaseError) {
        print(error.message)
    }
})
```

03. onDataChange( ) 메서드 안에서 snapshot 안에 있는 실제 데이터를 반복문으로 꺼낼 수 있습니다.

```
override fun onDataChange(snapshot: DataSnapshot) {
    // 먼저 textList를 지웁니다.
```

```
binding.textList.setText("")

for(item in snapshot.children) {
    // item의 value를 꺼내서 User 클래스로 캐스팅합니다.
    // value가 없을 수도 있기 때문에 let 스코프 함수로 처리합니다.
    item.getValue(User::class.java)?.let { user ->
        binding.textList.append("${user.name} : ${user. password} \n")
    }
}
}
```

DataSnapshot의 children 프로퍼티에는 복수로 존재할 수 있는 모든 자식 노드가 담겨 있기 때문에 반복문을 돌면서 자식 노드를 하나씩 꺼내 쓸 수 있습니다.

```
children [
    id : User,
    id : User,
]
```

여기서 잠깐

☆ 무슨 값을 반환하나요?

현재 children에는 {id: User}가 {키: 값} 형태로 들어있기 때문에 item.key로 자동 생성된 id가 반환되고, item.value 또는 item.getValue()로 User 데이터가 반환됩니다.

getValue()로 꺼낸 User 데이터는 아직 코틀린 클래스가 아니라 데이터이기 때문에 getValue() 메서드에 변환할 클래스를 입력한 후 클래스로 변환하고 사용해야 합니다.

- 파이어베이스 데이터 -〉 getValue(변환할 클래스::class.java)

04. 앱을 실행하고 결과를 확인합니다.

MainActivity의 전체코드

```
import androidx.appcompat.app.AppCompatActivity
import android.os.Bundle
import com.google.firebase.database.*
import com.google.firebase.database.ktx.database
import com.google.firebase.ktx.Firebase
import net.flow9.thisisKotlin.firebase.databinding.ActivityMainBinding

class MainActivity : AppCompatActivity() {

    val database = Firebase.database("https://this-is-android-with-kotlin-default-
        rtdb.asia-southeast1.firebasedatabase.app/")
    val myRef  = database.getReference("users")
```

본인의 파이어베이스 url을 넣어주세요.

```kotlin
    val binding by lazy { ActivityMainBinding.inflate(layoutInflater)}

    override fun onCreate(savedInstanceState: Bundle?) {
        super.onCreate(savedInstanceState)
        setContentView(binding.root)

        fun addItem(user: User) {
            val id = myRef.push().key!!
            user.id = id
            myRef.child(id).setValue(user)
        }
        with(binding){
            btnPost.setOnClickListener {
                val name = editName.text.toString()
                val password = editPassword.text.toString()
                val user = User(name, password)
                addItem(user)
            }
        }

        myRef.addValueEventListener( object: ValueEventListener {
            override fun onDataChange(snapshot: DataSnapshot) {
                binding.textList.setText("")
                for(item in snapshot.children) {
                    item.getValue(User::class.java)?.let { user ->
                        binding.textList.append("${user.name} : ${user. password } \n")
                    }
                }
            }

            override fun onCancelled(error: DatabaseError) {
                print(error.message)
            }
        })
    }
}

class User {
    var id:String = ""
    var name:String = ""
    var password: String = ""
```

```
    constructor()

    constructor(name:String, password: String) {
        this.name = name
        this. password = password
    }
}
```

2.4 실시간 채팅 앱 만들기

앞에서 공부한 리얼타임 데이터베이스를 이용해서 채팅 앱을 만들어 보겠습니다.

채팅 앱의 기본 구조는 다음과 같습니다.

- **회원가입, 로그인**: 하나의 화면에서 회원가입과 로그인
- **채팅방 목록**: 기존 방에 입장하거나 신규 방을 생성
- **채팅방**: 사용자들과 채팅

데이터베이스는 다음과 같이 생성됩니다.

users는 앞에서 예제로 만들어 본 형태를 약간 변형하고, 채팅방 목록이 저장되는 rooms 라는 최상위 노드가 추가됩니다.

```
users [
    id : User,
    id : User,
]
```

rooms 아래 각각의 채팅방에 id가 부여되고, 각 방마다 사용자 목록과 메시지 목록이 있습니다.

```
rooms [
    id: {
        title : "방이름",
        users : [ User, User], // 사용자 목록
        messages [ // 메시지 목록
            id : Message,
            id : Message
            ...
        ]
    },
    id : {
        title: ""
        users : [ ... ],
        messages : [
            ...
        ]
    },
    ...
]
```

채팅방 1개의 구조

안드로이드 프로젝트 생성 및 설정

01. 안드로이드 스튜디오를 열고 FirebaseChat 프로젝트를 새로 생성합니다.

02. build.gradle(Project:) 파일을 열고 dependencies에 구글 서비스 classpath를 추가합니다.

```
classpath 'com.google.gms:google-services:4.3.10'
```

03. build.gradle(Module:) 파일을 열고 가장 위에 있는 plugins 블록에 구글 서비스 id를 추가하고, 아래쪽 dependencies 블록에 파이어베이스 사용을 위한 3개의 의존성을 추가합니다. 그리고 viewBinding 설정이 있는지 확인한 다음 없으면 설정을 추가합니다.

```
plugins {
    ...
```

```
        id 'com.google.gms.google-services'
    }

    android {
        ...
        buildFeatures {
            viewBinding true
        }
    }

    dependencies {
        implementation platform('com.google.firebase:firebase-bom:29.0.0')
        implementation 'com.google.firebase:firebase-analytics-ktx'
        implementation 'com.google.firebase:firebase-database-ktx'
        ...
    }
```

04. [Sync Now]를 클릭하고 설정을 적용합니다.

05. 웹 브라우저를 열고 파이어베이스 웹 사이트에 접속한 다음 로그인합니다. 그리고 앞 절에서 생성했던 프로젝트에 접속합니다.

06. 왼쪽 위의 [⚙]–[프로젝트 설정]을 클릭합니다.

07. [내 앱] 섹션의 [앱 추가] 버튼을 클릭하면 나타나는 팝업에서 안드로이드 아이콘을 클릭해서 안드로이드 앱을 추가합니다.

08. 안드로이드 스튜디오에서 패키지명을 복사해서 패키지 이름에 붙여넣기 하고 앱 닉네임에 '채팅앱'을 입력합니다. [앱 등록]을 클릭해서 다음 단계로 넘어갑니다.

09. google-services.json 파일을 다운로드한 후 [Project]-[app] 디렉토리 아래에 가져다 놓습니다. 그리고 [다음]을 클릭해서 다음 단계로 넘어갑니다.

json 파일을 열어보면 40줄 언저리에 현재 프로젝트의 package_name을 갖고 있는 client_info가 추가된 것을 확인할 수 있습니다.

```
"client": [
  {
    "client_info": {
      "mobilesdk_app_id": "1:1071853994912:android:235400e111bbd3715f1ac5",
      "android_client_info": {
        "package_name": "net.flow9.thisiskotlin.FirebaseChat"
      }
    },
```

10. SDK 추가는 **02**, **03**에서 미리 진행했습니다. [다음]을 클릭합니다.

11. [콘솔로 이동] 버튼을 클릭하면 다음과 같은 팝업창이 뜹니다. 파이어베이스 설정이 완료되었습니다.

안드로이드 화면 만들기

이 프로젝트는 로그인 & 회원가입, 채팅방 목록, 채팅방 이렇게 3개의 화면이 필요합니다. 각각의 화면을 액티비티 단위로 만들겠습니다.

01. 먼저 메인 화면인 로그인 & 회원가입 화면을 만들겠습니다.

이미 생성되어 있는 activity_main.xml 파일을 열고 다음과 같이 화면을 구성합니다.

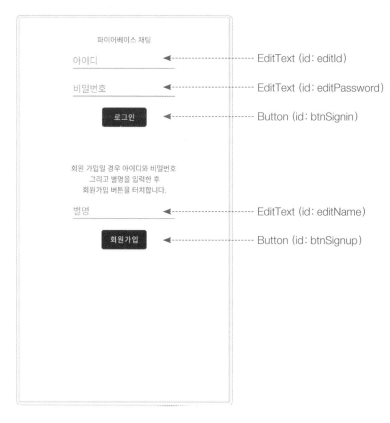

02. 다음으로 채팅방 목록 화면을 구성하겠습니다.

[layout] 디렉터리를 마우스 우클릭한 다음 [New]-[Activity]를 선택합니다. 새로운 Empty Activity를 생성하고 이름을 ChatListActivity로 지정합니다. 같이 생성된 activity_chat_list.xml 파일을 열고 다음과 같이 화면을 구성합니다.

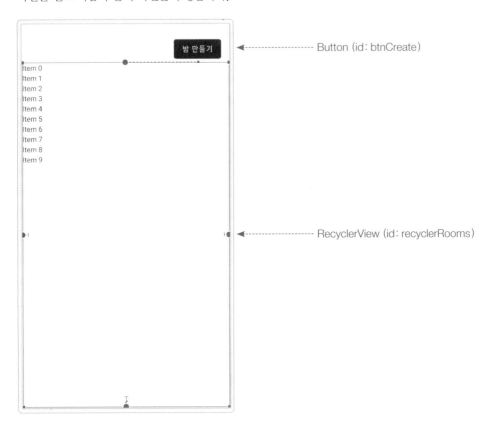

방 만들기는 다이얼로그 창을 띄운 후 방 이름을 입력하는 형태로 만듭니다.

03. 그 다음으로 채팅방 화면을 구성하겠습니다.

02와 마찬가지로 새로운 Empty Activity인 ChatRoomActivity를 생성하고, 같이 생성되는 activity_chat_room.xml 파일을 열고 다음과 같이 화면을 구성합니다.

ImageButton (id: btnBack)

⚠ Drawble의 actionMode CloseDrawable 아이콘을 사용했습니다.

TextView (id: textTitle)

RecyclerView (id: recyclerMsgs)

EditText (id: editMsg)

ImageButton (id: btnSend)

⚠ Drawble의 ic_menu_send 아이콘을 사용했습니다.

04. 다음은 메시지 목록에서 사용할 아이템 레이아웃을 만들어보겠습니다.

[layout] 디렉터리를 마우스 우클릭한 다음 [New]−[New Layout Resource File]을 누르고 이름을 item_msg_list.xml로 작성합니다. 그리고 다음과 같이 화면을 구성합니다. 일반적인 형태인 작성자의 이름, 메시지, 전송 일사가 나오는 형태로 만들면 됩니다.

TextView (id: textName)

TextView (id: textMsg)

TextView (id: textDate)

화면이 모두 준비되었습니다.

데이터 클래스 만들기

각각의 화면과 파이어베이스 리얼타임 데이터베이스 사이에서 사용될 데이터 클래스를 만들겠습니다. 데이터 클래스는 화면을 보고 유추할 수 있습니다.

01. 먼저 데이터 클래스를 생성할 model 패키지를 추가합니다. 기본 패키지를 마우스 우클릭하고 [New]-[Package]를 클릭한 다음 'model'이라는 새로운 Package를 하나 생성한 다음 model 패키지 안에 [New]-[Kotlin class/File]의 class 파일로 다음 파일들을 새롭게 생성합니다.

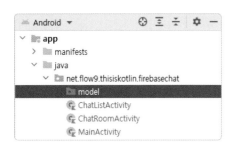
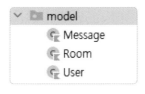

02. User 클래스에 다음 코드를 입력합니다.

회원가입과 로그인 화면에서 사용자의 아이디와 비밀번호, 별명을 입력 받는 코드입니다.

```kotlin
class User {
    var id: String = ""          // 사용자 아이디
    var password: String = ""    // 비밀번호
    var name: String = ""        // 별명

    constructor()

    constructor(id:String, password:String, name:String) {
        this.id = id
        this.password = password
        this.name = name
    }
}
```

03. Message 클래스에 다음 코드를 입력합니다.

메시지를 주고받기 위해 사용되는 클래스입니다. 채팅방에서 채팅 목록을 보여주기 위해 사용됩니다.

```
class Message {
    var id: String = ""          // 메시지 아이디 (자동 생성)
    var msg: String = ""         // 메시지
    var userName: String = ""    // 사용자명
    var timestamp: Long = 0      // 전송시간 timestamp

    constructor()

    constructor(msg:String, userName: String) {
        this.msg = msg
        this.userName = userName
        this.timestamp = System.currentTimeMillis()
    }
}
```

04. Room 클래스에 다음 코드를 입력합니다.

채팅방을 생성하고 목록에서 보여주기 위해 사용되는 클래스입니다. users 프로퍼티에는 하나의 이름만 입력되는데, 프로젝트가 끝난 다음에 여러 개의 이름이 입력될 수 있도록 users 라는 이름으로 설계했습니다.

```
class Room {
    var id: String = ""      // 방 아이디
    var title: String = ""   // 방 이름
    var users: String = ""

    constructor()

    constructor(title:String, creatorName: String) {
        this.title = title
        users = creatorName
    }
}
```

로그인 & 회원가입 구현하기

화면과 데이터 클래스가 모두 준비되었습니다. 각 액티비티에서 하나씩 연결해보겠습니다.

01. MainActivity.kt를 열고 먼저 binding을 생성합니다.

그리고 database 프로퍼티에 파이어베이스를 생성하고, 현재 액티비티에서 사용할 users 노드를 연결합니다.

```kotlin
class MainActivity : AppCompatActivity() {
    val binding by lazy {ActivityMainBinding.inflate(layoutInflater)}
    val database = Firebase.database("https://this-is-android-with--kotlin-default-
        rtdb.asia-southeast1.firebasedatabase.app/")      본인의 파이어베이스 url을 넣어주세요.
    val usersRef   = database.getReference("users")

    override fun onCreate(savedInstanceState: Bundle?) {
        super.onCreate(savedInstanceState)
        setContentView(binding.root)
    }
    // 02~04는 여기에 작성합니다.
}
```

⚠ 빨간줄 표시가 있는 코드는 [Alt] + [Enter] 키로 import해줍니다.

02. 회원가입 시 호출되는 signup( ) 메서드를 생성하고 다음과 같이 코드를 채워 넣습니다.

코드에서 가장 중요한 부분은 usersRef.child(아이디).get().addOnSuccessListener를 사용해서 노드가 존재하는 지를 검사하는 것입니다.

```kotlin
fun signup() {
    with(binding) {
        // 1. 입력된 값을 가져옵니다.
        val id = editId.text.toString()
        val password = editPassword.text.toString()
        val name = editName.text.toString()

        // 2. 모두 값이 있는지 검사합니다.
        if(id.isNotEmpty() && password.isNotEmpty() && name.isNotEmpty()) {
            usersRef.child(id).get().addOnSuccessListener {
                // 3. 데이터베이스에 아이디가 존재 하는지 검사합니다.
```

```
            if(it.exists()) {
                Toast.makeText(baseContext,
                    "아이디가 존재합니다.",
                    Toast.LENGTH_LONG)
                    .show()
            } else {
                // 4. 없으면 저장후 자동 로그인합니다.
                val user = User(id, password, name)
                usersRef.child(id).setValue(user)
                signin() // 02에서 생성합니다.
            }
        }
    // 5. 입력 필드가 비었으면 다음과 같은 메시지를 출력합니다.
    } else {
        Toast.makeText(baseContext,
            "아이디, 비밀번호, 별명을 모두 입력해야 합니다.",
            Toast.LENGTH_LONG)
            .show()
    }
}
}
```

03. 로그인 시 호출되는 signin( ) 메서드를 생성하고 코드를 채워 넣습니다.

회원가입과 마찬가지로 userRef.child(아이디).get( )을 사용해서 해당 아이디의 노드 존재 유무를 검사해야 합니다.

```
fun signin() {
    with(binding) {
        // 1. 입력 된 값을 가져옵니다.
        val id = editId.text.toString()
        val password = editPassword.text.toString()

        if(id.isNotEmpty() && password.isNotEmpty()) {
            // 2. 아이디로 User 데이터 가져옵니다.
            usersRef.child(id).get().addOnSuccessListener {
                // 3. id 존재를 확인합니다.
                if(it.exists()) {
                    it.getValue(User::class.java)?.let { user ->
                        // 4. 비밀번호 비교 후 같으면 채팅방 목록을 이동합니다.
```

```
                    if(user.password == password) {
                        goChatroomList(user.id, user.name) // 04에서 작성합니다.
                    } else {
                        Toast.makeText(baseContext, "비밀번호가 다릅니다.",
                            Toast.LENGTH_LONG).show()
                    }
                }
            } else {
                Toast.makeText(baseContext, "아이디가 없습니다.",
                    Toast.LENGTH_LONG).show()
            }
        }
    } else {
        Toast.makeText(baseContext,
            "아이디, 비밀번호를 입력해야 합니다.",
            Toast.LENGTH_LONG)
            .show()
    }
  }
}
```

04. 로그인 성공 시 채팅방 목록으로 넘어가는 메서드를 만듭니다. signin()에서 호출한 메서드를 사용하면 됩니다. 채팅방 목록에서 현재 사용자 정보가 필요하기 때문에 putExtra로 아이디와 이름을 전달합니다.

```
Fun goChatroomList(userId: String, userName: String) {
    val intent = Intent(this, ChatListActivity::class.java)

    // 방 생성 또는 입장 시 사용합니다.
    intent.putExtra("userId", userId)
    intent.putExtra("userName", userName)
    startActivity(intent)
}
```

05. 로그인 버튼 클릭 시 signin() 메서드를 호출하는 코드와 회원가입 버튼 클릭 시 signup() 메서드를 호출하는 코드를 onCreate() 안에 추가합니다.

```
with(binding) {
    binding.btnSignin.setOnClickListener { signin() }
    binding.btnSignup.setOnClickListener { signup() }
}
```

06. 앱을 실행하고 회원가입과 로그인을 진행해봅니다. 회원가입을 하지 않고 로그인을 진행하면 다음과 같은 토스트 메시지가 뜹니다. 별명 입력 후 [회원가입] 버튼을 누르면 채팅방 목록 화면으로 이동해야 합니다.

this-is-android-with--kotlin-default-rtdb

└── **users**

    └── **hanbit**

        ├── **id:** `"hanbit"`

        ├── **name:** `"한빛"`

        └── **password:** `"12334"`

```kotlin
import android.content.Intent
import androidx.appcompat.app.AppCompatActivity
import android.os.Bundle
import android.widget.Toast
import com.google.firebase.database.ktx.database
import com.google.firebase.ktx.Firebase
import net.flow9.thisiskotlin.firebasechat.databinding.ActivityMainBinding
import net.flow9.thisiskotlin.firebasechat.model.User

class MainActivity : AppCompatActivity() {
    val binding by lazy {ActivityMainBinding.inflate(layoutInflater)}
    val database = Firebase.database("https://this-is-android-with--kotlin-default-
        rtdb.asia-southeast1.firebasedatabase.app/")
    val usersRef   = database.getReference("users")
```

┄┄┄┄┄ 본인의 파이어베이스 url을 넣어주세요.

```kotlin
    override fun onCreate(savedInstanceState: Bundle?) {
        super.onCreate(savedInstanceState)
        setContentView(binding.root)
        with(binding) {
            binding.btnSignin.setOnClickListener { signin() }
            binding.btnSignup.setOnClickListener { signup() }
        }
    }

    fun signup() {
        with(binding) {
            val id = editId.text.toString()
            val password = editPassword.text.toString()
            val name = editName.text.toString()

            if(id.isNotEmpty() && password.isNotEmpty() && name.isNotEmpty()) {
                usersRef.child(id).get().addOnSuccessListener {
                    if(it.exists()) {
                        Toast.makeText(baseContext,
                            "아이디가 존재합니다.",
                            Toast.LENGTH_LONG)
                            .show()
                    } else {
                        val user = User(id, password, name)
                        usersRef.child(id).setValue(user)
```

```
                        signin()
                }
            }
        } else {
            Toast.makeText(baseContext,
                "아이디, 비밀번호, 별명을 모두 입력해야 합니다.",
                Toast.LENGTH_LONG)
                .show()
        }
    }
}

fun signin() {
    with(binding) {
        val id = editId.text.toString()
        val password = editPassword.text.toString()

        if(id.isNotEmpty() && password.isNotEmpty()) {
            usersRef.child(id).get().addOnSuccessListener {
                if(it.exists()) {
                    it.getValue(User::class.java)?.let { user ->
                        if(user.password == password) {
                            goChatroomList(user.id, user.name)
                        } else {
                            Toast.makeText(baseContext, "비밀번호가 다릅니다.",
                                Toast.LENGTH_LONG).show()
                        }
                    }
                } else {
                    Toast.makeText(baseContext, "아이디가 없습니다.",
                        Toast.LENGTH_LONG).show()
                }
            }
        } else {
            Toast.makeText(baseContext,
                "아이디, 비밀번호를  입력해야 합니다.",
                Toast.LENGTH_LONG)
                .show()
        }
    }
}
```

```
    fun goChatroomList(userId: String, userName: String) {
        val intent = Intent(this, ChatListActivity::class.java)
        intent.putExtra("userId", userId)
        intent.putExtra("userName", userName)
        startActivity(intent)
    }
}
```

채팅방 만들기 기능 구현하기

채팅방 목록은 [방 만들기] 버튼 하나와 목록으로 구성되어 있어서 구현이 복잡하지 않습니다. 다만 목록으로 RecyclerView가 사용되기 때문에 코드가 많아 보일 수는 있습니다.

01. 참조하는 최상위 노드만 다를 뿐 앞부분 구성은 3개의 액티비티가 모두 동일합니다. ChatListActivity.kt를 열고 다음과 같이 binding을 생성합니다. 그리고 database와 rooms 노드를 연결합니다.

```
class ChatListActivity : AppCompatActivity() {
    val binding by lazy { ActivityChatListBinding.inflate(layoutInflater)}
    val database = Firebase.database("https://this-is-android-with--kotlin-default-rtdb.
        asia-southeast1.firebasedatabase.app/")
    val roomsRef  = database.getReference("rooms")         ┈┈ 본인의 파이어베이스 url을 넣어주세요.
    // 02는 여기에 입력합니다.
    override fun onCreate(savedInstanceState: Bundle?) {
        super.onCreate(savedInstanceState)
        setContentView(binding.root)
        // 03과 06은 여기에 입력합니다.
    }
    // 04~05는 여기에 입력합니다.
}
```

02. val roomsRef 바로 아랫줄에 사용자 아이디와 이름을 저장하는 프로퍼티를 선언하고 인텐트로 전달된 값을 onCreate() 안에서 입력합니다. 채팅 목록 액티비티뿐만 아니라 다른 액티비티에서도 조회할 수 있기 때문에 로그인한 정보를 companion object로 선언해두면 편리합니다.

```
companion object {
    var userId:String = ""
    var userName:String = ""
}
```

03. onCreate 메서드 안에 아이디와 이름이 없을 때를 처리하는 코드를 작성합니다.

```
userId = intent.getStringExtra("userId") ?: "none"
userName = intent.getStringExtra("userName") ?: "Anonymous"
```

04. [방 만들기] 버튼을 클릭했을 때 호출하는 openCreateRoom( ) 메서드를 생성하고 코드를 채워 넣습니다. AlertDialog를 사용해서 간단하게 만들 수 있습니다.

onCreate( ) 메서드 아래에 [방 만들기] 버튼을 클릭했을 때 EditText에서 값을 가져와서 실제 방을 생성하는 createRoom( ) 메서드에 전달하는 코드를 작성합니다.

```
fun openCreateRoom() {
    // 1. 방 이름을 입력할 EditText를 코드로 생성합니다.
    val editTitle = EditText(this)
    // 2. 다이얼로그 생성 코드입니다.
    val dialog = AlertDialog.Builder(this)
        .setTitle("방 이름")  ─────────────── androidx appcompat 패키지를 import합니다.
        .setView(editTitle) // 방 이름을 입력할 EditText를 여기에 넣습니다.
        .setPositiveButton("만들기") { dlg, id ->
            // 3. 방 이름 입력 여부를 체크해야 합니다.
            createRoom(editTitle.text.toString())
        }  ─────────────── createRoom()은 아직 만들지 않았기 때문에
    // 4. 다이얼로그를 표시합니다.    빨간색으로 표시됩니다.
    dialog.show()
}
```

05. 실제 방을 만드는 createRoom( ) 메서드를 작성합니다.

push( ).key를 사용해서 아이디를 생성하는 것은 앞 절에서 한 번 사용한 코드입니다.

```
fun createRoom(title:String) {
    val room = Room(title, userName) // 방 데이터 생성
    val roomId = roomsRef.push().key!! // 방 아이디 만들어서 입력
    room.id = roomId
    roomsRef.child(roomId).setValue(room) // 파이어베이스에 전송
}
```

06. 방 만들기 버튼 클릭 시 openCreateRoom() 메서드를 호출하는 코드를 onCreate() 안에
추가합니다.

```
with(binding) {
    btnCreate.setOnClickListener { openCreateRoom() }
}
```

07. 앱을 실행하고 방 만들기를 직접 해봅니다.
제대로 동작한다면 다음 그림과 같이 파이어베이스 웹 사이트의 리얼타임 데이터베이스 화면에
rooms 노드가 생성되어야 합니다.

데이터가 정상적으로 나타난다면 이제 안드로이드 화면에 목록 형태로 출력하는 코드를 만들어야
합니다.

채팅방 목록 구현하기

목록은 RecyclerView를 사용하기 때문에 어댑터를 만들고 연결하는 과정이 필요합니다. 어댑터 파일은 따로 만들지 않고 액티비티와 같은 파일에 만들겠습니다.

01. ChatRoomListAdapter의 기본 코드인 뷰 홀더와 3개의 필수 메서드를 ChatListActivity 클래스 아래에 다음과 같이 생성합니다.

아이템 레이아웃을 따로 만들지 않았기 때문에 뷰 바인딩 처리는 하지 않습니다. 작성 중 코드 밑에 빨간줄이 생기면 Alt + Enter 키를 눌러 import합니다.

```kotlin
class ChatRoomListAdapter(val roomList:MutableList<Room>)
    : RecyclerView.Adapter<ChatRoomListAdapter.Holder>() {
    override fun onCreateViewHolder(parent: ViewGroup, viewType: Int): Holder {
        // 02는 여기에 입력합니다.
    }
    override fun onBindViewHolder(holder: Holder, position: Int) {
        // 03은 여기에 입력합니다.
    }
    override fun getItemCount(): Int {
        return roomList.size
    }                              └┄┄┄┄┄ 안드로이드 패키지를 import 합니다.
    class Holder(itemView: View): RecyclerView.ViewHolder(itemView) {
        // 04는 여기에 입력합니다.
    }
}
```

일단은 이렇게 껍데기만 생성해둡니다.

⚠ 어댑터 사용법이 기억나지 않는다면 5장을 다시 살펴보세요.

코드를 하나씩 채워 나가겠습니다.

02. onCreateViewHolder() 메서드에서 레이아웃을 생성하고 Holder에 담은 후 return합니다. 텍스트뷰가 1개인 간단한 목록이라서 아이템 레이아웃을 따로 만들지 않고 안드로이드에서 기본으로 제공하는 android.R.layout.simple_list_item_1을 사용하겠습니다.

```
val view =LayoutInflater.from(parent.context)
        .inflate(android.R.layout.simple_list_item_1, parent, false)
return Holder(view)
```

03. onBindViewHolder에서 데이터를 꺼낸 후 Holder에 전달합니다.

```
val room = roomList.get(position)
holder.setRoom(room) // 04에서 생성합니다.
```

04. Holder에 setRoom 메서드를 만들고 코드를 채워 넣습니다.

바인딩을 사용하지 않기 때문에 findViewById를 사용해서 위젯에 접근할 수 있습니다. simple_
list_item_1 레이아웃에 있는 TextView의 id는 text1입니다.

```
fun setRoom(room:Room) {
    itemView.findViewById<TextView>(android.R.id.text1).setText(room.title)
}
```

05. 방 목록을 저장할 roomList와 어댑터를 저장할 adapter 프로퍼티를 onCreate( ) 메서드 위
에 선언합니다.

```
val roomList = mutableListOf<Room>()
lateinit var adapter: ChatRoomListAdapter ────── model 패키지를 import하세요.

override fun onCreate(savedInstanceState: Bundle?) {
// ... 생략
```

06. onCreate( ) 메서드 안에서 화면의 RecyclerView와 코드의 어댑터를 연결합니다.

```
override fun onCreate(savedInstanceState: Bundle?) {
    // ... 생략
    adapter = ChatRoomListAdapter(roomList)
    with(binding) {
        recyclerRooms.adapter = adapter
```

```
            recyclerRooms.layoutManager = LinearLayoutManager(baseContext)
    }
    // 08은 여기에 입력합니다.
    }
    // 07은 여기에 입력합니다.
```

07. 파이어베이스 리얼타임 데이터베이스에서 rooms 목록을 불러온 후 roomList에 저장합니다. 그리고 adapter.notifiyDataSetChanged( )를 호출해서 목록을 갱신합니다. onCreate( ) 메서드 아래에 다음 코드를 작성합니다.

```
fun loadRooms() {
    roomsRef.addValueEventListener(object: ValueEventListener {
        override fun onDataChange(snapshot: DataSnapshot) {
            // 방 목록 삭제
            roomList.clear()
            for(item in snapshot.children) {
                item.getValue(Room::class.java)?.let { room ->
                    // 방 목록에 추가
                    roomList.add(room)
                }
            }
            // 어댑터 갱신
            adapter.notifyDataSetChanged()
        }

        override fun onCancelled(error: DatabaseError) {
            print(error.message)
        }
    })
}
```

08. onCreate( ) 안에서 loadRooms( ) 메서드를 호출합니다.

```
loadRooms()
```

09. 앱을 실행하고 방 만들기를 하면서 방 목록이 갱신되는 것을 확인합니다.

10. 목록의 아이템을 클릭하면 채팅방으로 이동하는 코드를 추가합니다.

```
class Holder(itemView: View): RecyclerView.ViewHolder(itemView) {
    lateinit var mRoom:Room
    init {
        itemView.setOnClickListener {
            val intent = Intent(itemView.context, ChatRoomActivity::class.java)
            intent.putExtra("roomId", mRoom.id)
            intent.putExtra("roomTitle", mRoom.title)
            itemView.context.startActivity(intent)
        }
    }
    // 11에서 이어서 작성합니다.
```

11. 클릭리스너를 init에서 구현하기 때문에 setRoom 메서드에서 채팅방을 저장합니다.

```
    fun setRoom(room:Room) {
        this.mRoom = room
        itemView.findViewById<TextView>(android.R.id.text1).setText(room.title)
    }
}
```

12. 앱을 실행하고 채팅방 목록 클릭 시 채팅방으로 이동하는 것을 확인합니다.

ChatListActivity 전체 코드

```kotlin
import android.content.Intent
import androidx.appcompat.app.AppCompatActivity
import android.os.Bundle
import android.view.LayoutInflater
import android.view.View
import android.view.ViewGroup
import android.widget.EditText
import android.widget.TextView
import androidx.appcompat.app.AlertDialog
import androidx.recyclerview.widget.LinearLayoutManager
import androidx.recyclerview.widget.RecyclerView
import com.google.firebase.database.DataSnapshot
import com.google.firebase.database.DatabaseError
import com.google.firebase.database.ValueEventListener
import com.google.firebase.database.ktx.database
import com.google.firebase.ktx.Firebase
import net.flow9.thisiskotlin.firebasechat.databinding.ActivityChatListBinding
import net.flow9.thisiskotlin.firebasechat.model.Room

class ChatListActivity : AppCompatActivity() {
    val binding by lazy { ActivityChatListBinding.inflate(layoutInflater)}
    val database = Firebase.database("https://this-is-android-with--kotlin-default-rtdb.
                    asia-southeast1.firebasedatabase.app/")
    val roomsRef  = database.getReference("rooms")

    companion object {
        var userId:String = ""
        var userName:String = ""
    }

    val roomList = mutableListOf<Room>()
    lateinit var adapter: ChatRoomListAdapter

    override fun onCreate(savedInstanceState: Bundle?) {
        super.onCreate(savedInstanceState)
        setContentView(binding.root)

        userId = intent.getStringExtra("userId") ?: "none"
```

```
        userName = intent.getStringExtra("userName") ?: "Anonymous"

        with(binding) {
            btnCreate.setOnClickListener { openCreateRoom() }
        }

        adapter = ChatRoomListAdapter(roomList)
        with(binding) {
            recyclerRooms.adapter = adapter
            recyclerRooms.layoutManager = LinearLayoutManager(baseContext)
        }

        loadRooms()
    }

    fun loadRooms() {
        roomsRef.addValueEventListener(object: ValueEventListener {
            override fun onDataChange(snapshot: DataSnapshot) {

                roomList.clear()
                for(item in snapshot.children) {
                    item.getValue(Room::class.java)?.let { room ->
                        roomList.add(room)
                    }
                }

                adapter.notifyDataSetChanged()
            }

            override fun onCancelled(error: DatabaseError) {
                print(error.message)
            }
        })
    }

    fun openCreateRoom() {
        val editTitle = EditText(this)
        val dialog = AlertDialog.Builder(this)
            .setTitle("방 이름")
            .setView(editTitle)
            .setPositiveButton("만들기") { dlg, id ->
                createRoom(editTitle.text.toString())
```

```kotlin
        }
        dialog.show()
    }

    fun createRoom(title:String) {
        val room = Room(title, userName)
        val roomId = roomsRef.push().key!!
        room.id = roomId
        roomsRef.child(roomId).setValue(room)
    }
}

class ChatRoomListAdapter(val roomList:MutableList<Room>)
    : RecyclerView.Adapter<ChatRoomListAdapter.Holder>() {

    override fun onCreateViewHolder(parent: ViewGroup, viewType: Int): Holder {
        val view =LayoutInflater.from(parent.context)
            .inflate(android.R.layout.simple_list_item_1, parent, false)
        return Holder(view)
    }

    override fun onBindViewHolder(holder: Holder, position: Int) {
        val room = roomList.get(position)
        holder.setRoom(room)
    }

    override fun getItemCount(): Int {
        return roomList.size
    }

    class Holder(itemView: View): RecyclerView.ViewHolder(itemView) {
        lateinit var mRoom:Room
        init {
            itemView.setOnClickListener {
                val intent = Intent(itemView.context, ChatRoomActivity::class.java)
                intent.putExtra("roomId", mRoom.id)
                intent.putExtra("roomTitle", mRoom.title)
                itemView.context.startActivity(intent)
            }
        }

        fun setRoom(room:Room) {
```

```
            this.mRoom = room
            itemView.findViewById<TextView>(android.R.id.text1).setText(room.title)
        }
    }
}
```

다음은 코드 실행결과입니다.

채팅방 구현하기

채팅방은 rooms의 아이디 노드 아래에 방 정보와 함께 저장되는 메시지 목록을 사용합니다.
그래서 최상위 노드가 rooms.child("방 아이디").child("messages") 단계로 참조하게 됩니다.

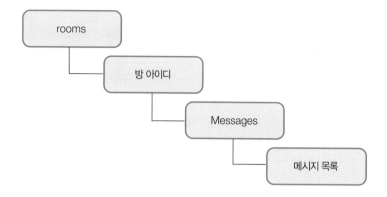

01. ChatRoomActivity.kt를 열고 binding 생성 및 파이어베이스 연결 코드를 작성합니다.
메시지 노드를 참조하는 msgRef는 방 아이디가 필요하기 때문에 lateinit var로 선언해두고
onCreate() 메서드 안에서 입력하면 됩니다.

```kotlin
class ChatRoomActivity : AppCompatActivity() {
    val binding by lazy { ActivityChatRoomBinding.inflate(layoutInflater)}
    val database = Firebase.database("https://this-is-android-with--kotlin-default-
        rtdb.asia-southeast1.firebasedatabase.app/")  ←──── 본인의 파이어베이스 url을 넣어주세요.
    lateinit var msgRef:DatabaseReference

    var roomId:String = ""   // 방 아이디
    var roomTitle:String = ""  // 방 이름
                            ┌───── model 패키지를 import하세요.
    val msgList = mutableListOf<Message>() // 메시지 목록 데이터
    lateinit var adapter: MsgListAdapter
                          └───── 아직 생성하기 전이기 때문에 빨간색으로 표시됩니다.
    override fun onCreate(savedInstanceState: Bundle?) {
        super.onCreate(savedInstanceState)
        setContentView(binding.root)
        // 03~04, 06은 여기에 작성합니다.
    }
    // 05, 08은 여기에 작성합니다.
}
// 02는 여기에 작성합니다.
```

⚠ 작성 중 코드 밑에 빨간줄이 생기면 Alt + Enter 키를 눌러 import하세요.

부가적으로 roomId, roomTitle 그리고 메시지 목록과 어댑터를 저장할 프로퍼티를 미리 선언해 둡니다. 메시지 목록을 컨트롤하는 어댑터의 이름은 MsgListAdapter를 사용합니다.

02. ChatRoomActivity 클래스 아래에 어댑터를 만들고 다음과 같이 클래스를 생성합니다. 이번에는 직접 만든 레이아웃을 사용하기 때문에 바인딩을 사용해서 뷰를 생성합니다.

```
class MsgListAdapter(val msgList:MutableList<Message>)
    : RecyclerView.Adapter<MsgListAdapter.Holder>() {
    // 뷰 생성
    override fun onCreateViewHolder(parent: ViewGroup, viewType: Int): Holder {
        val binding = ItemMsgListBinding.inflate(LayoutInflater.from(parent.context),
                        parent, false)
        return Holder(binding)
    }
    // 바인딩 처리
    override fun onBindViewHolder(holder: Holder, position: Int) {
        val msg = msgList.get(position)
        holder.setMsg(msg)
    }
    // 목록의 개수
    override fun getItemCount(): Int {
        return msgList.size
    }

    class Holder(val binding: ItemMsgListBinding):
        RecyclerView.ViewHolder(binding.root) {
        fun setMsg(msg:Message) {
            binding.textName.setText(msg.userName)
            binding.textMsg.setText(msg.msg)
            binding.textDate.setText("${msg.timestamp}")
        }
    }
}
```

03. onCreate( ) 메서드 안에서 인텐트로 넘어온 방 정보를 꺼내서 저장하고, messages 노드의 레퍼런스를 설정합니다.

```
// 인텐트로 전달된 방 정보와 사용자 정보를 꺼냅니다.
roomId = intent.getStringExtra("roomId") ?: "none"
roomTitle = intent.getStringExtra("roomTitle") ?: "없음"

// 메시지 노드 레퍼런스를 연결합니다.
msgRef = database.getReference("rooms").child(roomId).child("messages")
```

04. 계속해서 어댑터를 생성하고 뷰와 연결하는 코드를 onCreate() 안에 작성합니다.

```
adapter = MsgListAdapter(msgList)
with(binding) {
    recyclerMsgs.adapter = adapter
    recyclerMsgs.layoutManager = LinearLayoutManager(baseContext)
    // 09는 여기에 작성합니다.
}
```

05. 메시지 목록을 읽어오는 ValueEventListener를 호출하는 loadMsgs() 메서드를 만들고 코드를 채워 넣습니다. 레퍼런스와 사용되는 클래스만 달라질 뿐 구조는 방 목록과 동일합니다.

```
fun loadMsgs() {
    msgRef.addValueEventListener(object: ValueEventListener {
        override fun onDataChange(snapshot: DataSnapshot) {
            // 메시지 목록 삭제
            msgList.clear()
            for(item in snapshot.children) {
                item.getValue(Message::class.java)?.let { msg ->
                    msgList.add(msg) // 메시지 목록에 추가
                }
            }
            // 어댑터 갱신
            adapter.notifyDataSetChanged()
        }

        override fun onCancelled(error: DatabaseError) {
            print(error.message)
        }
    })
}
```

06. loadMsgs() 메서드를 onCreate() 메서드 안에서 호출합니다.

```
override fun onCreate(savedInstanceState: Bundle?) {
// ... 생략
    loadMsgs()
```

07. 여기까지 하고 앱이 크래시로 인해 종료되거나 하지 않고 정상 동작하는지 확인합니다.
코드가 길어지면 잘못된 코딩으로 예외가 발생할 수 있습니다. 코딩 중간에 앱을 실행해보면서
Logcat을 확인하는 습관이 필요하고, 잘못된 부분은 바로 처리하고 넘어가야 합니다.

08. 메시지를 파이어베이스에 전송하는 메서드 sendMsg()를 작성합니다.

```
fun sendMsg() {
    with(binding) {
        if(editMsg.text.isNotEmpty()) { // 입력된 메시지가 있을 때만 처리합니다.
            val message = Message(editMsg.text.toString(), ChatListActivity.userName)
            val msgId = msgRef.push().key!!
            message.id = msgId
            msgRef.child(msgId).setValue(message)
            // 메시지 전송 후 입력 필드를 삭제합니다.
            editMsg.setText("")
        }
    }
}
```

09. onCreate() 메서드 안의 with(binding) 블록 안에 TextView에 방 제목을 입력하고 뒤로
가기 버튼과 전송 버튼에 클릭리스너를 달아서 각각의 메서드를 호출합니다.

```
with(binding) {
recyclerMsgs.adapter = adapter
recyclerMsgs.layoutManager = LinearLayoutManager(baseContext)

    textTitle.setText(roomTitle)
    btnBack.setOnClickListener { finish() }
    btnSend.setOnClickListener { sendMsg() }
}
```

10. 앱을 실행한 후 메시지를 입력하고, [전송] 버튼을 클릭해 봅니다.

모든 코드가 정상적으로 작성되었다면 다음과 같이 리얼타임 데이터베이스에 반영되고, 채팅방 목록에도 나타나게 됩니다.

⚠ ID는 파이어베이스에서 임의로 생성한 숫자입니다.

11. 2개의 에뮬레이터를 띄운 후 서로 다른 아이디로 로그인하고 사용해보세요.

ChatRoomActivity 전체 코드

```
import android.os.Bundle
import android.view.LayoutInflater
import android.view.ViewGroup
import androidx.appcompat.app.AppCompatActivity
import androidx.recyclerview.widget.LinearLayoutManager
import androidx.recyclerview.widget.RecyclerView
import com.google.firebase.database.DataSnapshot
import com.google.firebase.database.DatabaseError
import com.google.firebase.database.DatabaseReference
import com.google.firebase.database.ValueEventListener
import com.google.firebase.database.ktx.database
import com.google.firebase.ktx.Firebase
import net.flow9.thisiskotlin.firebasechat.databinding.ActivityChatRoomBinding
import net.flow9.thisiskotlin.firebasechat.databinding.ItemMsgListBinding
```

```kotlin
import net.flow9.thisiskotlin.firebasechat.model.Message

class ChatRoomActivity : AppCompatActivity() {
    val binding by lazy { ActivityChatRoomBinding.inflate(layoutInflater)}
    val database = Firebase.database("https://this-is-android-with--kotlin-default-rtdb.
                        asia-southeast1.firebasedatabase.app/")
    lateinit var msgRef:DatabaseReference

    var roomId: String = ""
    var roomTitle: String = ""

    val msgList = mutableListOf<Message>()
    lateinit var adapter: MsgListAdapter

    override fun onCreate(savedInstanceState: Bundle?) {
        super.onCreate(savedInstanceState)
        setContentView(binding.root)
        roomId = intent.getStringExtra("roomId") ?: "none"
        roomTitle = intent.getStringExtra("roomTitle") ?: "없음"

        msgRef = database.getReference("rooms").child(roomId).child("messages")
        adapter = MsgListAdapter(msgList)
        with(binding) {
            recyclerMsgs.adapter = adapter
            recyclerMsgs.layoutManager = LinearLayoutManager(baseContext)

            textTitle.setText(roomTitle)
            btnBack.setOnClickListener { finish() }
            btnSend.setOnClickListener { sendMsg() }
        }

        loadMsgs()
    }

    fun loadMsgs() {
        msgRef.addValueEventListener(object: ValueEventListener {
            override fun onDataChange(snapshot: DataSnapshot) {

                msgList.clear()
                for(item in snapshot.children) {
                    item.getValue(Message::class.java)?.let { msg ->
                        msgList.add(msg)
```

본인의 파이어베이스 url을 넣어주세요.

```kotlin
                }
            }
            adapter.notifyDataSetChanged()
        }

        override fun onCancelled(error: DatabaseError) {
            print(error.message)
        }
    })
}

fun sendMsg() {
    with(binding) {
        if(editMsg.text.isNotEmpty()) {
            val message = Message(editMsg.text.toString(), ChatListActivity.userName)
            val msgId = msgRef.push().key!!
            message.id = msgId
            msgRef.child(msgId).setValue(message)
            editMsg.setText("")
        }
    }
}
}
}
class MsgListAdapter(val msgList:MutableList<Message>)
    : RecyclerView.Adapter<MsgListAdapter.Holder>() {

    override fun onCreateViewHolder(parent: ViewGroup, viewType: Int): Holder {
        val binding = ItemMsgListBinding.inflate(LayoutInflater.from(parent.context),
                    parent, false)
        return Holder(binding)
    }

    override fun onBindViewHolder(holder: Holder, position: Int) {
        val msg = msgList.get(position)
        holder.setMsg(msg)
    }

    override fun getItemCount(): Int {
        return msgList.size
    }

    class Holder(val binding: ItemMsgListBinding):
        RecyclerView.ViewHolder(binding.root) {
```

```
fun setMsg(msg:Message) {
    binding.textName.setText(msg.userName)
    binding.textMsg.setText(msg.msg)
    binding.textDate.setText("${msg.timestamp}")
    }
  }
}
```

미니 퀴즈 13-1

1. 파이어베이스 연동에 필요한 설정값이 입력되어 있는 json 파일의 이름은 무엇인가요?

2. 파이어베이스 리얼타임 데이터베이스에 데이터가 입력되었을 때 실시간으로 조회할 수 있는 리스너의 이름은 무엇인가요?

< 3 > 스토리지

파이어베이스 스토리지Firebase Storage는 이미지 또는 파일을 저장하기 위한 저장소 서비스입니다. 이미지 파일을 Base64 인코딩과 같은 방법으로 일반 데이터베이스에 저장하는 방법도 있지만 효율이 좋지 않기 때문에 용도에 맞는 저장소를 선택할 필요가 있습니다.

이번 절에서는 파일 저장소인 클라우드 스토리지Cloud Storage에 이미지 파일을 저장하고 다시 불러와서 화면에 보여주는 방법을 알아보겠습니다.

3.1 파이어베이스 스토리지 시작하기

01. 웹 브라우저에서 파이어베이스 웹 사이트에 접속한 다음 [콘솔로 이동]을 클릭합니다.

02. [Firebase 프로젝트] 섹션에서 만들어둔 프로젝트 페이지로 접속한 다음 [빌드]–[Storage]를 선택합니다.

03. 스토리지 페이지가 뜨면 화면 중앙에 있는 [시작하기]를 클릭합니다.

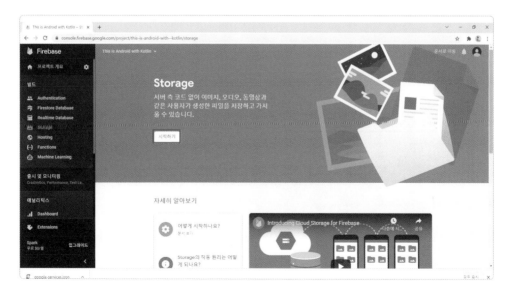

04. 접속 규칙을 확인하는 팝업이 나타납니다. [다음]을 클릭합니다.

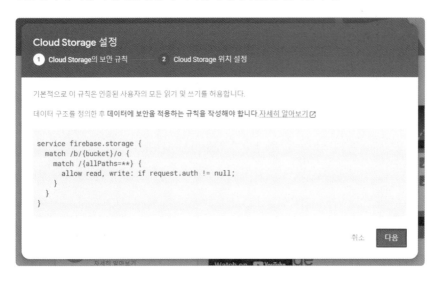

05. 저장소의 위치를 선택하는 화면에서 서울지역인 [asia-northeast3]를 선택한 후 [완료]를 클릭합니다. 주로 서비스하는 지역이 다르면 해당 지역을 선택하면 됩니다.

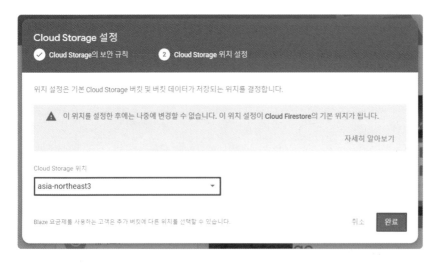

06. 생성이 완료되면 다음과 같은 화면이 나타납니다. 중간에 gs://로 시작하는 문자열이 이 스토리지의 주소입니다.

07. 06 그림에서 Storage 글자 바로 아래에 있는 [Rules] 탭을 클릭하면 다음처럼 규칙을 설정할 수 있는 화면으로 이동합니다.

규칙 설정 화면 중간에 있는 다음 코드를 모든 사용자가 읽고 쓸 수 있도록 수정합니다.

수정 전

```
allow read, write: if request.auth != null;
```

수정 후

```
allow read, write: if true;
```

08. 규칙을 수정하면 [게시] 버튼이 활성화됩니다. 이 버튼을 클릭해서 변경된 규칙을 적용합니다. 규칙이 적용되는데 시간이 조금 걸릴 수 있습니다.

3.2 안드로이드 프로젝트 생성 및 파이어베이스 연동하기

01. 앞에서 생성한 파이어베이스 스토리지를 안드로이드에 적용하겠습니다. 안드로이드 스튜디오를 열고 FirebaseStorage 프로젝트를 생성합니다.

02. build.gradle(Project:) 파일을 열고 dependencies 블록에 구글 서비스 classpath를 추가합니다.

```
classpath 'com.google.gms:google-services:4.3.10'
```

03. build.gradle(Module:) 파일을 열고 가장 위에 있는 plugins 블록에 구글 서비스 id를 추가하고, 아래쪽 dependencies 블록에 파이어베이스 사용을 위한 3개의 의존성을 추가합니다. 그리고 viewBinding 설정도 확인합니다(자동 생성되지 않는 버전이 있습니다).

```
plugins {
    ...
    id 'com.google.gms.google-services'
}

android {
    ...
```

```
    buildFeatures {
        viewBinding true
    }
}

dependencies {
    implementation platform('com.google.firebase:firebase-bom:29.0.0')
    implementation 'com.google.firebase:firebase-analytics-ktx'
implementation 'com.google.firebase:firebase-storage-ktx'

    ...
}
```

의존성은 storage를 사용합니다.

04. [Sync Now]를 클릭하고 설정을 적용합니다.

05. 파이어베이스 웹 사이트로 돌아가서 앞 절에서 생성했던 프로젝트에 접속합니다.

06. 왼쪽 위의 [⚙]–[프로젝트 설정]을 클릭합니다.

07. 내 앱 섹션의 [앱 추가] 버튼을 클릭하면 나타나는 팝업에서 안드로이드 아이콘을 클릭해서 안드로이드 앱을 추가합니다.

08. 안드로이드 스튜디오에서 패키지명을 복사해서 패키지 이름에 붙여넣기 하고 앱 닉네임에 'Storage'를 입력합니다. [앱 등록]을 클릭해서 다음 단계로 넘어갑니다.

09. google-services.json 파일을 다운로드한 후 [Project]-[app] 디렉토리 아래에 가져다 놓습니다. [다음]을 클릭해서 다음 단계로 넘어갑니다.

10. SDK 추가는 **02**, **03**에서 미리 진행했습니다. [다음]을 클릭합니다.

11. 파이어베이스 설정이 완료되었습니다. [콘솔로 이동] 버튼을 클릭합니다.

3.3 스토리지 파일 업로드

사용법은 데이터베이스와 유사합니다. 파일은 디렉토리 구조로 각 노드의 끝에 저장됩니다.

스토리지 연결은 버킷이라고 불리는 주소부터 시작하는데, 콘솔의 Storage 화면 중간에 gs://로 시작하는 문자열이 버킷의 주소입니다.

01. MainActivity.kt를 열고 onCreate( ) 메서드 위에 버킷에 연결하는 코드를 추가합니다. 버킷 주소는 ⊖ 아이콘을 클릭하면 복사됩니다.

```
val storage = Firebase.storage("gs://this-is-android-with--kotlin.appspot.com")
```

02. 이미지를 업로드하는 uploadImage( ) 메서드를 onCreate( ) 메서드 아래에 추가하고, 버킷에 업로드하는 코드를 작성합니다. makeFilePath( )는 **03**에서 만듭니다.

```
fun uploadImage(uri: Uri) {
    // 1. 경로 + 사용자ID + 밀리초로 파일 주소 만들기
    val fullPath = makeFilePath("images", "temp",uri)
    // 2. 스토리지에 저장할 경로 설정
    val imageRef = storage.getReference(fullPath)
    // 3. 업로드 태스크 생성
    val uploadTask = imageRef.putFile(uri)

    // 4. 업로드 실행 및 결과 확인
    uploadTask.addOnFailureListener {
        Log.d("스토리지", "실패=>${it.message}")
    }.addOnSuccessListener { taskSnapshot ->
        Log.d("스토리지", "성공 주소=>${fullPath}") // 5. 경로를 DB에 저장하고 사용
    }
}
```

addOnSuccessListener를 통해서 작업이 성공하면 해당 경로를 저장해뒀다가 이미지를 불러올 때 사용해야 합니다. 여기서는 Logcat에 출력된 주소를 복사해서 사용하겠습니다.

03. uploadImage 함수 아래에 파일의 전체 경로를 생성하는 makeFilePath()를 생성합니다. 경로, 사용자ID, 확장자를 조합해서 만듭니다. 사용자 ID를 넣는 이유는 스토리지 안에서 파일명이 중복되는 것을 방지하기 위함입니다.

```
fun makeFilePath(path:String, userId:String, uri:Uri): String {
    val mimeType = contentResolver.getType(uri)?:"/none"   // 마임타입 예) images/jpeg
    val ext = mimeType.split("/")[1]                        // 확장자   예) jpeg
    val timeSuffix = System.currentTimeMillis()             // 시간값 예) 1232131241312
    val filename = "${path}/${userId}_${timeSuffix}.${ext}"  // 완성
    // 예) 경로/사용자ID_1232131241312.jpeg
    return filename
}
```

만약 로그인 기능이 없는 서비스라면 사용자 ID 대신 디바이스 ID나 IP주소 등을 조합해서 파일명이 중복되는 걸 방지해야 합니다.

파이어베이스에 저장하는 코드가 완성되었습니다. 이제 스마트폰의 갤러리를 불러온 후 선택된 이미지의 Uri를 가져와서 uploadImage() 메서드를 호출하면 됩니다.

3.4 이미지 갤러리 연결하고 업로드하기

내 폰에 저장된 이미지를 불러와서 업로드 해야 하기 때문에 외부 저장소 권한을 추가해야 합니다.

01. [app]–[manifests] 디렉터리의 AndroidManifest.xml 파일을 열고 READ 권한을 추가합니다.

```
<uses-permission android:name="android.permission.READ_EXTERNAL_STORAGE"/>
```

02. 이미지 갤러리를 불러오는 런처를 만들겠습니다. 다시 MainActivity 파일을 열고 onCreate() 메서드 아래에 다음 코드를 작성합니다. 갤러리에서 파일을 선택하면 반환되는 Uri로 uploadImage() 메서드를 호출하면 됩니다.

```
val galleryLauncher = registerForActivityResult(ActivityResultContracts.GetContent())
{ uri ->
    uploadImage(uri)
}
```

03. 이미지 갤러리는 외부 저장소를 사용하기 때문에, 권한을 요청하는 런처도 필요합니다. 런처를 만들고, 권한이 승인되었을 때만 앞에서 만든 갤러리 런처를 호출하도록 합니다. 마찬가지로 onCreate( ) 메서드 아래에 작성합니다.

```
val permissionLauncher = registerForActivityResult(ActivityResultContracts.
    RequestPermission()) { isGranted ->
    if(isGranted) {
        galleryLauncher.launch("image/*")
    } else {
        Toast.makeText(baseContext, "외부 저장소 읽기 권한을 승인해야 사용할 수 있습니다",
            Toast.LENGTH_LONG).show()
    }
}
```

04. 이제 Permission 런처를 호출하는 버튼이 있는 화면을 하나 만들고, 버튼의 클릭리스너에서 호출하면 됩니다. activity_main.xml 파일을 열고 다음과 같이 화면 가운데 버튼을 배치한 다음 id 속성에는 btnUpload를 입력합니다.

05. MainActivity.kt를 열고 binding을 생성한 후 setContentView에 binding.root를 입력합니다.

```
//... 생략
val binding by lazy { ActivityMainBinding.inflate(layoutInflater) }
```

```
override fun onCreate(savedInstanceState: Bundle?) {
    super.onCreate(savedInstanceState)
    setContentView(binding.root)
    //... 생략
```

06. setContentView 바로 아랫줄에서 버튼에 클릭리스너를 달고 Permission 런처를 호출합니다. 외부 저장소 읽기 권한을 요청해야 합니다.

```
binding.btnUpload.setOnClickListener {
    permissionLauncher.launch(Manifest.permission.READ_EXTERNAL_STORAGE)
}
```

07. 앱을 실행한 후 [UPLOAD] 버튼을 클릭하고 이미지를 선택하면 다음 그림과 같이 스토리지로 이미지가 업로드됩니다. 안드로이드 스튜디오의 Logcat도 함께 확인합니다.

08. 파이어베이스 스토리지 화면을 확인합니다. 아무것도 나오지 않는다면 새로 고침 해봅니다.
images 디렉토리가 보인다면 성공적으로 업로드가 된 겁니다. 디렉토리를 클릭해서 들어가면 이미지가 있습니다.

3.5 이미지 다운로드

앞의 코드에 이어서 업로드한 이미지를 다운로드한 후 화면에 표시하는 코드를 작성해보겠습니다.

01. activity_main.xml에 DOWNLOAD 버튼을 하나 추가하고, 버튼 위에 이미지뷰를 다음과 같이 배치합니다. id는 각각 btnDownload, imageView입니다.

02. build.gradle(Module:) 파일에 파이어 베이스 전용 Glide 의존성을 설치해야 합니다. 파이어베이스 스토리지를 통해 이미지를 직접 다운로드하는 것이 아니라 https로 시작하는 인터넷 주소를 통해 받기 때문에 필요합니다.

```
implementation 'com.firebaseui:firebase-ui-storage:7.2.0'
```

03. MainAcitivty 파일로 돌아와서 이미지 주소를 가져와서 이미지뷰에 세팅하는 downloadImage() 메서드를 작성합니다.

```
fun downloadImage(path: String) {
    // 스토리지 레퍼런스를 연결하고 이미지 uri를 가져옵니다.
    storage.getReference(path).downloadUrl.addOnSuccessListener { uri ->
        Glide.with(this).load(uri).into(binding.imageView)
    }.addOnFailureListener {
        Log.e("스토리지", "다운로드 에러=>${it.message}")
    }
}
```

04. DOWNLOAD 버튼에 클릭리스너를 달고 downloadImage() 메서드를 호출합니다. setContentView 아래의 업로드 클릭리스너 밑에 작성합니다.
이미지 경로는 업로드했을 때 Logcat에 출력했던 것을 사용하면 됩니다. 지워졌다면 이미지를 다시 업로드하고 주소를 복사해서 사용하면 됩니다.

```
binding.btnDownload.setOnClickListener {
    downloadImage("images/temp 1637280006149.jpeg")
}
```

05. 앱을 실행하고 [DOWNLOAD] 버튼을 클릭하면 화면에 이미지가 나타납니다.

> **여기서 잠깐**
>
> 🔅 **실제 서비스에서 스토리지와 데이터베이스를 사용하는 방법**
>
> 실제 서비스에 적용할 때는 **스토리지**와 **데이터베이스**를 함께 사용하면서, 데이터베이스 필드 중 하나에 스토리지의 경로를 저장해놓고 사용합니다.

MainActivity 전체코드

```
import android.Manifest
import android.net.Uri
import androidx.appcompat.app.AppCompatActivity
import android.os.Bundle
import android.util.Log
import android.widget.Toast
import androidx.activity.result.contract.ActivityResultContracts
import com.bumptech.glide.Glide
import com.google.firebase.ktx.Firebase
import com.google.firebase.storage.ktx.storage
import net.flow9.thisiskotlin.firebasestorage.databinding.ActivityMainBinding

class MainActivity : AppCompatActivity() {
    val storage = Firebase.storage("gs://this-is-android-with--kotlin.appspot.com")
    val binding by lazy { ActivityMainBinding.inflate(layoutInflater) }

    override fun onCreate(savedInstanceState: Bundle?) {
        super.onCreate(savedInstanceState)
        setContentView(binding.root)

        binding.btnUpload.setOnClickListener {
            permissionLauncher.launch(Manifest.permission.READ_EXTERNAL_STORAGE)
        }
        binding.btnDownload.setOnClickListener {
            downloadImage("images/temp_1637280006149.jpeg")
        }
    }
}
```

```kotlin
val permissionLauncher = registerForActivityResult(ActivityResultContracts.
    RequestPermission()) { isGranted ->

        if(isGranted) {
            galleryLauncher.launch("image/*")
        } else {
            Toast.makeText(baseContext,
                "외부 저장소 읽기 권한을 승인해야 사용할 수 있습니다",
                Toast.LENGTH_LONG).show()
        }
}

val galleryLauncher = registerForActivityResult(ActivityResultContracts.
    GetContent()) { uri ->
uploadImage(uri)
}

fun downloadImage(path: String) {
    storage.getReference(path).downloadUrl.addOnSuccessListener { uri ->
        Glide.with(this).load(uri).into(binding.imageView)
    }.addOnFailureListener {
        Log.e("스토리지", "다운로드 에러=>${it.message}")
    }
}

fun uploadImage(uri: Uri) {

    val fullPath = makeFilePath("images", "temp", uri)
    val imageRef = storage.getReference(fullPath)
    val uploadTask = imageRef.putFile(uri)
    uploadTask.addOnFailureListener {
        Log.d("스토리지", "실패=>${it.message}")
    }.addOnSuccessListener { taskSnapshot ->
        Log.d("스토리지", "성공 주소=>${fullPath}")
    }
}

fun makeFilePath(path:String, userId:String, uri:Uri): String {
    val mimeType = contentResolver.getType(uri)?:"/none
    val ext = mimeType.split("/")[1]
```

```
        val timeSuffix = System.currentTimeMillis()
        val filename = "${path}/${userId}_${timeSuffix}.${ext}"
        return filename
    }
}
```

다음은 코드 실행결과입니다.

《4》 클라우드 메시징

클라우드 메시징Cloud Messaging이란 스마트폰에 메시지를 전달하는 서비스입니다. 푸시 메시징이라고 부르는 서비스의 정식 명칭이기도 합니다. 파이어베이스에서 사용하는 푸시 메시징은 약어로 FCMFirebase Cloud Messaging이라고 부릅니다.

FCM을 사용하면 사용자 디바이스에 특별한 코드를 삽입하지 않아도 메시지를 전달하고, 사용자가 클릭한 메시지를 통해 앱을 열 수도 있습니다.

FCM은 보안 문제로 다음과 같은 접근 방식으로 진행됩니다.

① 디바이스에서 직접 접근하지 않습니다.

② 백엔드 서버를 통해서 전송해야 합니다.

③ FCM 서버는 전송받은 메시지와 [서버 키]를 확인합니다.

④ 메시지가 전송되어야 할 디바이스로 메시지를 전송합니다.

⚠ 백엔드 서버를 통해서 전송하는 이유는 FCM 서버에 접속할 수 있는 [서버 키]를 숨겨 보안을 유지하기 위함입니다. 백엔드 서버는 자체 구축할 수도 있고 FCM의 Function을 사용할 수도 있어 보안을 유지하는데 적합합니다.

스마트폰뿐만 아니라 웹 브라우저도 디바이스에 해당합니다.

4.1 안드로이드 프로젝트 생성 및 파이어베이스 연동하기

앞 절에서 사용한 파이어베이스 프로젝트 'This is android with Kotlin'를 그대로 사용합니다.

01. 안드로이드 스튜디오를 열고 새로운 FirebaseFCM 프로젝트를 생성합니다. 이후 방법은 여태까지 만든 파이어베이스 프로젝트와 동일합니다.

02. build.gradle(Project:) 파일을 열고 dependencies 블록에 구글 서비스 classpath를 추가합니다.

```
classpath 'com.google.gms:google-services:4.3.10'
```

03. build.gradle(Module:) 파일을 열고 가장 위에 있는 plugins 블록에 구글 서비스 id를 추가하고, 아래쪽 dependencies 블록에 파이어베이스 사용을 위한 3개의 의존성을 추가합니다. 그리고 viewBinding 설정도 확인합니다(자동 생성되지 않는 버전이 있습니다).

```
plugins {
    ...
    id 'com.google.gms.google-services'
}

android {
    ...
    buildFeatures {
        viewBinding true
    }
}

dependencies {
    implementation platform('com.google.firebase:firebase-bom:29.0.0')
    implementation 'com.google.firebase:firebase-analytics-ktx'
    implementation 'com.google.firebase:firebase-messaging-ktx'
    ...
}
```

⚠ 의존성은 messaging을 사용합니다.

04. [Sync Now]를 클릭해서 설정을 적용합니다.

05. 웹 브라우저를 열고 파이어베이스 웹 사이트에 접속한 다음 로그인합니다. 그리고 [콘솔로 이동]을 클릭한 후 앞 절에서 생성했던 프로젝트에 접속합니다.

06. 왼쪽 위의 [⚙]-[프로젝트 설정]을 클릭합니다.

07. 내 앱 섹션의 [앱 추가] 버튼을 클릭하면 나타나는 팝업에서 안드로이드 아이콘을 클릭해서 안드로이드 앱을 추가합니다.

08. 안드로이드 스튜디오에서 패키지명을 복사해서 패키지 이름에 붙여넣기 하고 앱 닉네임에 'FCM'을 입력합니다. [앱 등록]을 클릭해서 다음 단계로 넘어갑니다.

09. google-services.json 파일을 다운로드한 후 [Project]-[app] 디렉토리 아래에 가져다 놓습니다. [다음]을 클릭해서 다음 단계로 넘어갑니다.

10. SDK 추가는 **02**, **03**에서 미리 진행했습니다. [다음]을 클릭합니다.

11. 파이어베이스 설정이 완료되었습니다. [콘솔로 이동]을 클릭합니다.

4.2 서비스 생성하기

클라우드 메시징은 사용자 토큰을 기반으로 동작합니다. 이 토큰은 사용자 디바이스에서 생성되며 파이어베이스에서 제공하는 FirebaseMessagingService를 상속받아서 사용할 수 있습니다.

01. 안드로이드 스튜디오의 파일 탐색기에서 패키지명을 오른쪽 클릭하면 나타나는 메뉴에서 [New]-[Service]-[Service]를 선택합니다.

02. 이름에 MyFirebaseMessagingService를 입력한 후 [Finish]를 클릭해서 생성합니다.

03. 생성된 파일을 열면 기본으로 Service()를 상속받고 있습니다. FirebaseMessaging Service()를 상속받도록 수정합니다. 클래스 안의 코드는 모두 삭제합니다.

수정 전

```
class MyFirebaseMessagingService : Service() {
}
```

수정 후

```
class MyFirebaseMessagingService : FirebaseMessagingService() {
}
```

04. 토큰을 받을 수 있는 상태가 되면 호출되는 onNewToken() 메서드를 오버라이드합니다. 서비스 클래스 안에 onNewToken() 메서드를 작성해두면 토큰Token이 생성될 때마다 안드로이드가 호출해줍니다. 메서드 안에서 받은 토큰은 디바이스나 서버에 저장해두어야 합니다.

일단은 로그로 토큰을 출력한 후 복사해서 사용하기 위해 Logcat에 출력하겠습니다. 서비스 클래스 안에서 onNewToken()을 오버라이드하고 다음과 같이 작성합니다.

```
class MyFirebaseMessagingService : FirebaseMessagingService() {
    override fun onNewToken(token: String) {
        Log.d("토큰", "$token")
    }
}
```

여기서 잠깐

☆ 메시지 기본 구조

메시지를 전송할 때 다음과 같이 받는 사람의 토큰과 메시지가 담긴 알림(notification)을 함께 보냅니다.

```
{
  "message": {
    "token":"bk3RNwTe30CoExUdFQ3P1...", // 받는 사람 토큰
    "notification": {
```

```
      "title":"Portugal vs. Denmark",
      "body":"great match!"
    }
  }
}
```

전송받는 message에는 메시지 구본 구조에 있는 알림 이외에도 data, android, APNS, payload 와 같이 다른 키워드도 사용할 수 있기 때문에 전송되는 메시지의 구조에 따라 수신 측의 코드는 달라질 수 있습니다.

예) 알림 이외에도 메시지에 data를 함께 전달하는 경우도 있습니다.

```
{
  "message": {
    "token":"bk3RNwTe3H0:CI2k_HHwgIpoDKCIZvvDMExUdFQ3P1...",
    "notification": {
      "title":"Portugal vs. Denmark",
      "body":"great match!"
    },
    "data": {
      "Nick": "Mario",
      "Room": "PortugalVSDenmark"
    }
  }
}
```

05. AndroidManifest.xml 파일을 열고 등록되어 있는 〈service〉 태그를 다음과 같이 수정합니다.

```
<service
    android:name=".MyFirebaseMessagingService"
    android:exported="false">
    <intent-filter>
        <action android:name="com.google.firebase.MESSAGING_EVENT" />
    </intent-filter>
</service>
```

intent-filter에 MESSAGING_EVENT를 달았기 때문에 메시지가 수신되면 MyFirebase MessagingService가 동작합니다.

⚠ 아직 수신 코드를 작성하지 않았지만 토큰을 기반으로 동작하기 때문에 해당 토큰을 가진 디바이스 상단에 별도의 알림 (notification) 메시지로 보여집니다.

06. 이제 앱을 실행한 후 Logcat을 켜 두고, 서비스의 Log.d에 작성해 둔 '토큰'을 검색합니다. 그러면 앱이 실행되면서 onNewToken()이 불리고 실제 토큰 문자열이 출력됩니다.

⚠ 로그가 출력되지 않으면 안드로이드 프로젝트를 껐다가 다시 열고 진행해보세요.

07. Logcat에서 '토큰:' 다음에 나타나는 문자열을 선택하고 복사해둡니다. 복사한 토큰은 이 장의 '4.3 파이어베이스 콘솔에서 메시지 보내기'의 **04**[807쪽]에서 사용합니다.

```
dpQU9-FqST6KV-4s1vDvEg:APA91bERudUWJjiGFoWiSsw95JC5_8KHMwLP3SZCcXnTdojWQlXk…
```

토큰이 갱신되기 전까지는 앱을 재실행해도 onNewToken() 메서드는 다시 호출되지 않습니다. 토큰을 다시 출력하기 위해서는 코드를 추가해야 합니다.

08. MainActivity의 onCreate() 메서드 안에 다음 코드를 추가합니다.

```
FirebaseMessaging.getInstance().token.addOnCompleteListener(OnCompleteListener { task ->
    if (!task.isSuccessful) {
        Log.e("토큰", "Fetching FCM registration token failed", task.exception)
        return@OnCompleteListener
    }
    val token = task.result
    Log.d("토큰", "재호출=${token.toString()}")
})
```

09. Locat을 켜 놓고 앱을 실행하면 다시 토큰을 확인할 수 있습니다. 하지만 토큰이 갱신되지 않았기 때문에 토큰 문자열 자체는 동일한 값입니다.

4.3 파이어베이스 콘솔에서 메시지 보내기

01. 웹 브라우저에서 파이어베이스 웹 사이트에 접속한 후 'FCM' 프로젝트 화면으로 이동한 다음 [Cloud Messaging]을 클릭합니다. 화면이 작을 경우는 왼쪽 메뉴를 아래로 스크롤 하면 나타납니다.

02. 화면 중앙에 메시지 보내기 [Send your first message] 버튼을 클릭합니다.

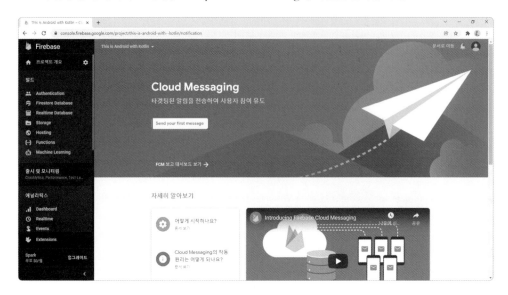

03. 알림 작성 화면에서 제목과 텍스트를 입력하면 오른쪽에 [테스트 메시지 전송] 버튼이 활성화
됩니다.

04. [테스트 메시지 전송] 버튼을 클릭하면 나타나는 팝업에 이 장의 '4.2 서비스 생성하기'의 **07**[804쪽] 에서 복사했던 FCM 토큰을 붙여넣기 합니다.

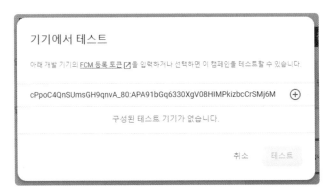

05. 토큰 문자열 옆에 + 버튼을 클릭해서 토큰을 추가하고 [테스트] 버튼을 활성화합니다.

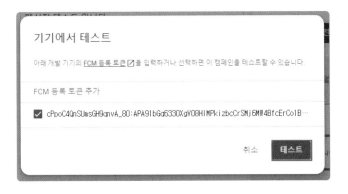

06. 테스트 버튼을 클릭하면 해당 토큰을 가진 디바이스로 메시지가 전송됩니다.

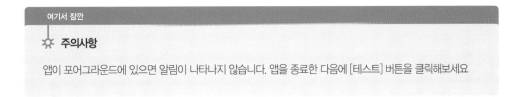

여기서 잠깐

☀ **주의사항**

앱이 포어그라운드에 있으면 알림이 나타나지 않습니다. 앱을 종료한 다음에 [테스트] 버튼을 클릭해보세요

07. 디바이스 화면 상단바를 확인하면 동그라미 표시가 나타납니다. 상단바를 스와이프해서 메시지 내용을 확인합니다.

08. 해당 메시지를 클릭해서 앱이 다시 열리는지 확인합니다.

⚠ 네트워크 환경에 따라 에뮬레이터에서 FCM이 테스트되지 않을 때도 있습니다. 그럴 때는 실물 안드로이드폰으로 테스트해야 합니다.

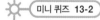 **미니 퀴즈 13-2**

1. 파이어베이스에서 파일을 저장하기 위한 용도로 사용되는 서비스의 이름은 무엇인가요?

2. FCM을 사용하기 위해서 토큰을 생성할 수 있는 두 가지 방법을 작성하세요.

구글 플레이 스토어에 앱 출시하기

앱을 출시하는 일은 간단하게는 설치 파일을 생성하고 스토어에 등록한다고 설명할 수 있습니다. 이를 총 7단계로 나누어서 자세히 살펴보려 합니다.

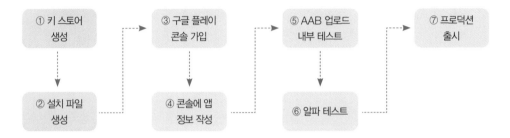

첫 두 단계는 설치 파일을 생성하는 단계이며 나머지 단계는 구글 플레이 콘솔에 앱을 등록하는 단계입니다.

① 키 스토어 생성

키 스토어는 스토어에 등록하기 위한 설치 파일을 생성할 때 사용합니다.

② 설치 파일 생성

AAB 형식으로 설치 파일을 생성합니다. 이전 버전인 APK에 비해 경량화된 설치 파일입니다.

③ 구글 플레이 콘솔 가입

구글 플레이 콘솔에 가입해서 개발자로 등록해야 합니다. 구글 메일로 로그인할 수 있으며 로그인 후에 개발자 계약, 등록 수수료를 결제해야 합니다.

④ 콘솔에 앱 정보 작성

출시할 앱의 아이콘, 이름 등 세부 정보를 등록하고 앱의 실행 화면 스크린숏도 함께 등록해야 합니다.

⑤ AAB 파일 업로드 〉 내부 테스트

앞에서 생성한 설치 파일을 앱 관리 메뉴를 통해 업로드합니다. 주로 개발자 내부 테스트용으로 사용됩니다.

⑥ 알파 테스트

내부 테스트가 완료된 앱을 개발자 이외의 관계자 테스트용으로 사용합니다. 외부업체를 통해 테스트를 진행한다면 외주 테스터들의 이메일을 등록해두고 등록된 이메일만 앱을 다운로드받고 설치할 수 있도록 합니다.

⑦ 프로덕션 출시

알파 테스트가 완료된 앱을 실제 스토어에 출시합니다.

⚠ 알파 테스트와 프로덕션의 중간에 베타 테스트가 있지만, 일반적인 앱 개발은 바로 프로덕션에 올려도 괜찮습니다.

A.1 설치 파일 생성하기

예제를 따라 하면서 하나씩 알아보도록 하겠습니다. 12장에서 마지막으로 작성한 도서관 지도 앱 프로젝트로 실습하려 합니다. 해당 프로젝트를 다시 열어보세요.

01. 안드로이드 스튜디오 메뉴에서 [Build]-[Generate Signed Bundle/APK...]를 선택합니다. 선택 창이 나오면 [Android App Bundle]을 선택하고 [Next] 버튼을 클릭합니다.

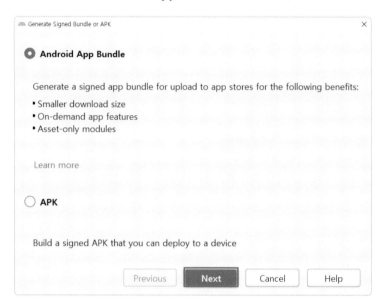

여기서 잠깐

☆ AAB가 무엇인가요?

오래전부터 안드로이드 스마트폰을 사용한 독자라면 APK 파일은 들어봤을 겁니다. AAB는 Android App Bundle의 약어로 새로운 설치 파일 형식입니다. 2018년 구글 I/O를 통해 소개되었으며 앱 번들은 안드로이드 스튜디오에서 임의 기기에 대해 앱에서 필요한 모든 것을 담은 앱 번들을 빌드합니다. 재미있는 것은 이다음 처리인데, 이렇게 올라간 빌드 파일이 그대로 사용자의 스마트폰에 들어가는 게 아니라 구글 플레이의 다이나믹 딜리버리(Dinamic Delivery)를 거쳐 사용자의 기기에 맞춤형 앱으로 변경되어 전달됩니다. AAB에 대해 더 알고 싶다면 안드로이드 개발자 사이트의 글을 읽어보면 도움이 됩니다.

• https://developer.android.com/platform/technology/app-bundle

02. 다음 단계는 설치 파일에 사용할 암호키 생성 단계입니다. 아직 키 스토어가 없을 테니 가운데 [Create new...] 버튼을 클릭해서 키 스토어 생성 창을 엽니다.

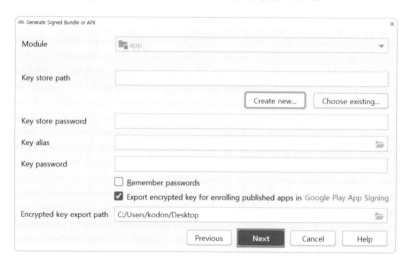

03. 키 스토어 생성 화면입니다. Key store path 입력 필드의 끝에 있는 아이콘을 클릭해서 키 스토어를 선택합니다.

☼ 키 스토어의 역할

키 스토어는 설치 파일을 생성할 때 사용할 키를 저장해둘 수 있는 일종의 암호화된 데이터베이스 같은 역할을 합니다. 키 스토어에 저장된 키의 자료는 내보낼 수 없는 상태(non-exportable)로 암호화에 사용할 수 있으며, 사용 시기와 사용 방법을 제한할 수도 있습니다. 자세한 내용은 다음 웹 페이지를 참고하세요.

• https://developer.android.com/training/articles/keystore?hl=ko

04. 키 스토어를 저장할 디렉터리를 선택하고, File name에 키 스토어 이름으로 사용할 영문명을 입력한 후 [OK] 버튼을 클릭합니다. 디렉터리는 미리 생성하거나 기존의 디렉터리를 사용합니다.

05. 키 스토어의 Password, Confirm을 입력합니다. 그리고 키로 사용될 이름을 Alias에 입력하고, 역시 Password와 Confirm을 입력합니다. Certificate 항목에는 가장 윗줄에 있는 입력 필드하나만 입력하면 됩니다(본인 이름 입력하시면 됩니다). [OK] 버튼을 클릭해서 키 스토어와 키를 생성합니다. 경고창이 나타나면 [OK]를 클릭하고 넘어갑니다.

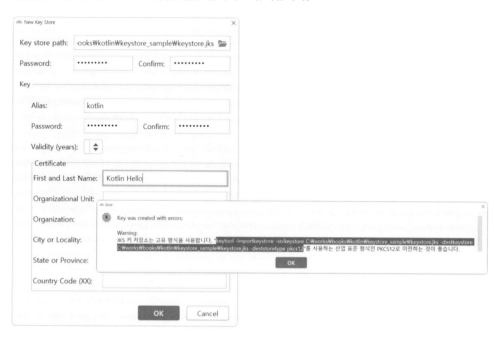

06. 키 스토어와 함께 사용할 키가 자동으로 입력됩니다. Key store password나 Key password 필드가 비어 있다면 직접 입력하고 [Next] 버튼을 클릭합니다.

이 곳을 체크하면 플레이 스토어에 사용하는 키를 저장할 수 있지만 체크하지 않아도 됩니다.

07. 스토어 등록을 위해 [release]를 선택하고 [Finish] 버튼을 클릭해서 완료합니다.

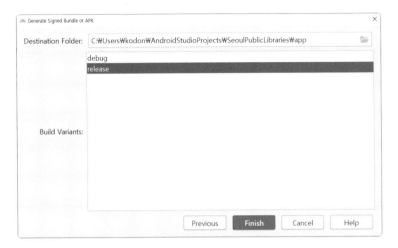

08. 프로젝트 디렉터리의 [app]-[release] 디렉터리 아래에 aap-release.aab 파일이 생성됩니다.

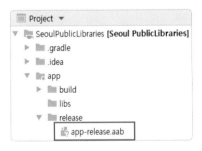

A.2 구글 개발자 등록하기

01. 웹 브라우저를 실행한 다음 검색창에 '구글 플레이 콘솔'을 입력한 후 검색 결과를 클릭해서 이동합니다. 또는 다음 URL을 직접 입력해도 됩니다. 사이트에 접속한 다음 구글 계정으로 로그인합니다. 계정이 없으면 새로 만들어 로그인합니다.

- https ://developer.android.com/distribute/console

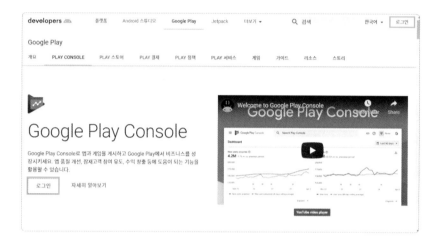

02. 개발자 계정을 생성하는 창에서 필수 항목을 모두 입력하고 [Create account and pay] 버튼을 클릭해서 개발자 계정을 생성합니다.

⚠ **03** 결제 화면이 먼저 나타나고 **02** 개발자 정보를 등록하는 화면이 뒤에 나타날 수도 있습니다.

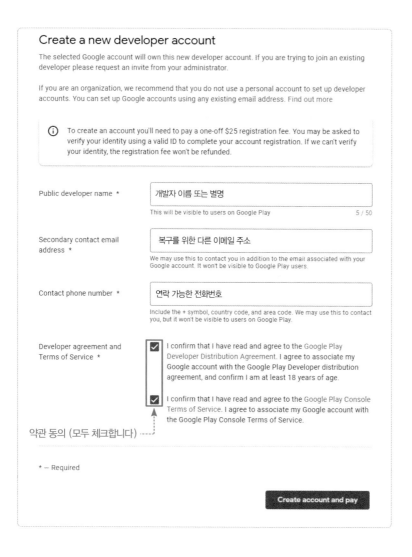

03. 결제 화면이 나타나면 카드 정보를 입력하고 [구매(Buy)] 버튼을 클릭해서 결제합니다.

⚠ 개발자로 등록하면 요금이 청구됩니다. 유의하세요.

04. 등록이 완료되면 구글 플레이 콘솔 화면이 나타납니다. 새로 등록한 계정이라면 중간에 앱 0개 라고 표시될 겁니다.

A.3 앱 등록하기

다음 순서에 따라서 앱을 등록하겠습니다.

    1 스토어 등록정보

    2 스토어 설정

    3 앱 콘텐츠

    4 출시 정보 등록

스토어 등록정보

스토어 등록정보를 작성합니다.

01. 구글 플레이 콘솔 메인 화면의 좌측 상단의 [모든 앱]을 선택합니다.

02. 그다음 화면의 우측 상단에 보이는 [앱 만들기] 버튼을 클릭합니다.

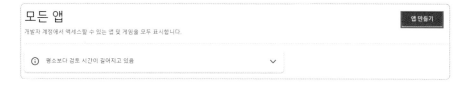

03. 앱 이름을 입력하고, 기본 언어, 앱 종류, 유/무료를 선택합니다. 하단의 요청에 있는 2개의 체크박스를 모두 체크한 후 [앱 만들기]를 클릭해서 앱을 생성합니다.

04. 앱 대시보드 화면이 나타나는데 좌측 메뉴의 [성장]에서 [앱 정보]-[기본 스토어 등록정보]를 선택한 후 기본 정보(앱 이름, 간단한 설명, 자세한 설명)를 입력하고 하단의 그래픽 등록 화면에서 다음 예시처럼 앱 아이콘, 그래픽 이미지, 휴대전화 스크린샷을 등록하고 [저장] 버튼을 클릭해서 설정을 저장합니다.

앱 아이콘: 512 x 512 사이즈의 PNG 파일 아이콘을 등록합니다. 우측 하단의 바꾸기 버튼을 클릭해서 이미지를 교체할 수도 있습니다.

그래픽 이미지: 1024 x 500 사이즈의 홍보용 이미지를 등록합니다. 배경이 투명하지 않게 합니다.

휴대전화 스크린샷: 스크린샷 2~8개를 등록합니다. 앱을 폰에 설치한 다음 스크린샷을 찍어서 올리면 됩니다.

여기서 잠깐

☼ **등록정보에서 요구하는 스크린샷은 더 많습니다.**

7인치나 10인치 태블릿의 스크린샷을 등록하라고 하지만 해당 기기를 지원하지 않는다면 등록하지 않아도 됩니다. 또 홍보용 동영상이 있다면 유튜브에 업로드한 후에 주소를 등록할 수 있습니다.

스토어 설정

좌측 메뉴에서 [성장]에 있는 [앱 정보]-[스토어 설정]을 선택한 다음 앱의 종류와 카테고리를 선택합니다. 그리고 이메일 주소를 입력하되, 외부 마케팅은 체크하지 않은 다음 [저장] 버튼을 눌러서 설정을 저장합니다.

앱 콘텐츠

좌측 메뉴 중 [정책]의 [앱 콘텐츠]를 선택해서 개인정보처리방침부터 순서대로 처리해야 합니다.

01. 개인정보처리방침은 사용자의 개인정보를 사용하지 않는다면 입력하지 않아도 됩니다. 개인정보처리방침에 있는 [시작] 버튼을 클릭하면 나타나는 화면에 개인정보처리방침을 작성해둔 웹사이트 URL을 입력하고 [저장] 버튼을 클릭해 앱 콘텐츠 화면으로 이동합니다.

← 앱 콘텐츠

개인정보처리방침

민감한 사용자 및 기기 데이터를 어떻게 취급하는지 투명하게 알리기 위해 스토어 등록정보에 개인정보처리방침을 추가하시기 바랍니다.
자세히 알아보기

타겟층에 만 13세 미만 어린이가 포함되어 있는 경우 개인정보처리방침을 추가해야 합니다. 사용자 데이터 정책을 확인하여 자주 발생하는 위반 사항을 방지하시기 바랍니다.

개인정보처리방침 URL

URL(예: https://example.com/privacy)을 입력하세요.

02. 이어서 광고에 있는 [시작] 버튼을 클릭하고 광고 설정을 합니다. 설정이 완료되면 [저장]을 눌러서 저장하고 앱 콘텐츠 화면으로 이동합니다.

← 앱 콘텐츠

광고

앱에 광고가 포함되어 있는지 알려 주세요. 타사 광고 네트워크를 통해 게재되는 광고도 포함됩니다. 정보가 정확하고 최신 상태인지 확인하시기 바랍니다. 자세히 알아보기

광고   앱에 광고가 있나요? 광고 정책을 읽고 앱이 정책을 준수하는지 확인하시기 바랍니다.

○ 예, 앱에 광고가 있습니다.
    Google Play에서 앱 옆에 '광고 포함' 라벨이 표시됩니다. 자세히 알아보기

◉ 아니요, 앱에 광고가 없습니다.

03. 앱 액세스 권한 아래의 [시작]을 클릭해서 권한을 설정합니다. 설정이 완료되면 [저장]을 눌러서 저장하고, 다시 앱 콘텐츠 화면으로 이동합니다.

← 앱 콘텐츠

앱 액세스 권한

로그인 사용자 인증 정보, 멤버십, 위치 또는 다른 형태의 인증에 따라 앱이 부분적으로 제한되는 경우 액세스할 수 있는 방법을 알려주세요. 정보가 최신 상태인지 확인하시기 바랍니다.

Google에서 이 정보를 사용하여 앱을 검토할 수 있습니다. 이 정보는 공유되거나 다른 목적으로 사용되지 않습니다. 자세히 알아보기

◉ 특수한 액세스 권한 없이 모든 기능 이용 가능

○ 전체 또는 일부 기능이 제한됨

04. 콘텐츠 등급은 설문지 작성 과정이 있습니다. [시작] 버튼을 클릭한 다음 [설문지 시작] 버튼을 클릭합니다. 설문지 작성은 총 3단계로 나누어져 있는데 카테고리-설문지-요약입니다.

- **카테고리:** 카테고리에서는 이메일 주소를 입력하고, 참고자료, 소셜 네트워킹, 콘텐츠 집계, 게임, 엔터테인먼트 등의 앱 카테고리를 선택한 후 [다음] 버튼을 클릭해서 설문을 시작합니다.
- **설문지:** 설문지 단계는 콘텐츠 등급을 결정하는 설문 내용이 있습니다. 설문 내용을 순서대로 모두 작성한 다음 [저장]을 클릭하고 [다음] 버튼을 클릭합니다.
- **요약:** 설문지 과정을 통해서 앱의 콘텐츠 등급이 결정됩니다. [제출] 버튼을 클릭해서 콘텐츠 등급 설정을 완료하고 앱 콘텐츠 화면으로 이동합니다.

05. 타겟층 및 콘텐츠의 [시작]을 클릭하면 대상 연령-앱 세부정보-광고-앱 정보-요약, 총 5단계로 진행됩니다.

- **대상 연령:** 콘텐츠의 대상 연령을 체크합니다.
- **앱 세부정보:** 앱 세부정보를 입력합니다.
- **광고:** 광고의 유무를 선택합니다.
- **앱 정보:** 대상 연령별 요구하는 앱 정보를 추가로 작성합니다.
- **요약:** 내용을 확인하고 [저장]을 클릭해서 설정한 내용을 저장한 후 앱 콘텐츠 화면으로 이동합니다.

06. 이어서 뉴스 앱의 [시작] 버튼을 클릭해서 뉴스인지를 설정한 다음 [저장]을 클릭하면 설정이 마무리됩니다.

출시 정보 등록

좌측 메뉴의 [출시]에서 [테스트]-[내부 테스트]를 선택합니다.

01. 우측 상단의 [새 버전 만들기]를 선택합니다.

02. 플레이 스토어에 앱을 처음 등록하는 경우에는 Play 앱 서명이 필요합니다. 중간에 [계속] 버튼을 클릭해서 앱 서명 설정을 완료합니다.

03. 번들 파일 등록에 앞서 내부 테스터 등록이 필요합니다. 내부 테스터로 등록하면 검토^{Review} 시간과 상관없이 앱을 내려받을 수 있습니다. 보통 업로드 후 약 10분 내외의 시간이 소요됩니다. 화면 중간에 이메일 목록 만들기를 클릭해서 테스터의 이메일을 등록합니다. 미리 등록된 테스터가 있으면 테스터 목록 옆의 파란색 화살표를 클릭하면 됩니다.

04. 목록 이름을 작성한 후, 이메일 주소를 하나씩 추가합니다. 쉼표로 구분해서 이메일 여러 개를 한 번에 입력할 수도 있습니다. 입력이 완료되면 [변경사항 저장] 버튼을 클릭해서 테스터 등록을 완료합니다.

05. 테스터 등록을 완료하면 목록에서 테스터를 체크한 후 화면 하단의 [변경사항 저장]을 클릭해서 테스터를 설정합니다.

06. 다시 출시 탭을 선택하고 번들 파일을 등록할 준비를 합니다. 안드로이드 스튜디오에서 생성한 .aab 파일을 드래그해서 [App Bundle 및 APK] 아래의 박스에 가져다 놓습니다.

07. 출시 명에는 안드로이드 스튜디오의 build.gradle 파일에 입력했던 versionName이 자동으로 로 입력됩니다.

08. 스토어에 표시될 출시 노트를 작성하고 아래의 [저장]을 클릭합니다.

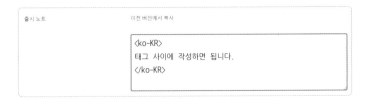

09. 이후 활성화되는 [버전 검토]를 클릭합니다.

10. 버튼이 다시 [내부 테스트 트랙으로 출시 시작]으로 변경됩니다. 클릭합니다.

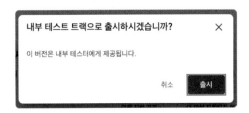

11. 다음과 같이 출시 확인 팝업창이 나타납니다. [출시]를 클릭해서 출시합니다.

12. 내부 테스트 트랙으로 출시가 되면 출시 세부정보 보기 텍스트 옆에 버전 승급 선택 메뉴가 나타납니다. 클릭하면 비공개 테스트 또는 프로덕션으로 승급 처리를 할 수 있습니다.

13. 앞의 선택 메뉴에서 프로덕션을 선택하면 내부테스트 처음 화면과 같은 화면이 나타납니다. 화면 하단의 [버전 검토]를 클릭하면 검토가 시작되는데, 아직 출시 국가를 설정하지 않았기 때문에 [프로덕션으로 출시 시작] 버튼이 활성화되지 않습니다. 만약 출시 국가를 이미 설정하였다면 18번으로 건너뛰면 됩니다.

14. 화면에 중간에 있는 [국가/지역] 탭을 선택해 [국가/지역 추가]를 클릭합니다. 보이지 않는다면 좌측 메뉴에서 출시 개요를 선택한 후 다시 프로덕션을 선택해서 화면을 갱신하면 나타납니다.

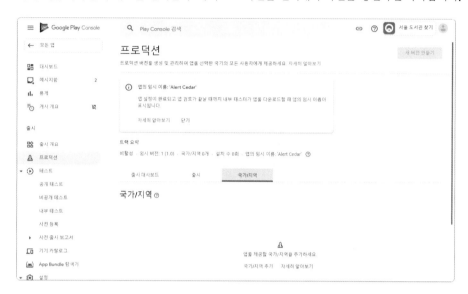

15. 출시할 국가를 선택하고 [국가/지역 추가] 버튼을 클릭해서 설정을 저장합니다.

16. 다시 출시 탭으로 이동합니다. 화면에서 [수정] 버튼을 클릭해서 출시를 계속 진행합니다.

17. 화면 하단에 [버전 검토] 버튼이 다시 나타납니다. 클릭해서 다음 단계로 넘어갑니다.

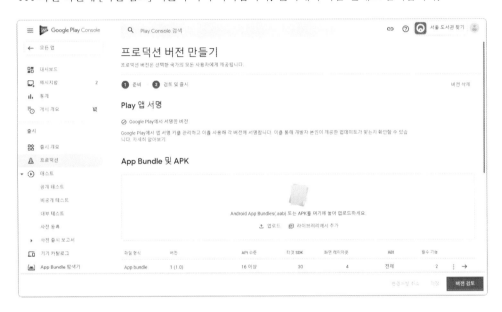

18. 여기까지 정상적으로 진행되었다면 [버전 검토] 버튼이 [프로덕션 트랙으로 출시 시작]으로 변경됩니다. 버튼을 클릭해서 출시를 시작합니다.

⚠ 구글의 UI 변경으로 버튼 이름은 조금씩 다를 수 있습니다.

모든 설정을 정상적으로 수행했으면 앱을 프로덕션으로 출시하고 2~3시간 정도 후에 구글 플레이 스토어에서 검색할 수 있습니다.

Chapter 02

미니 퀴즈 2-1

1. res

2. build.gradle

3. HAXM(Emulator Accelerator)

Chapter 03

미니 퀴즈 3-1

1. e( )

2. d( )

3. 태그(Tag)

미니 퀴즈 3-2

1. 다시 한번 강조하지만 들여쓰기(Indent)의 일
   관성이 가장 중요합니다.

2. Short, Int, Long

3. +(더하기) 연산 또는 문자열 템플릿 – 문자
   열 안에서 $ 사용하기

4. 상수

미니 퀴즈 3-3

1. else 또는 else if

2. in

3. O

4. false

미니 퀴즈 3-4

1. Array, List, Map, Set

2. 셋(Set)은 인덱스가 없기 때문에 특정 위치의
   값을 조회할 수 없습니다.

3. 값을 변경할 수 있기 때문에 뮤터블입니다. 하
   지만 크기(배열에 들어가는 값의 개수)는 변경
   할 수 없습니다.

4. null

미니 퀴즈 3-5

1. for

2. do ~ while은 조건에 관계없이 최초 한 번 코
   드를 실행합니다.

3. 1000

4. 128

미니 퀴즈 3-6

1.

```
fun plus(x: Int, y:Int): Int {
    return x + y
}
```

2.

```
fun sum(x: Int): Int {
    var result = 0
    for(num in 0..x) {
        result += num
    }
    return result
}
```

3.

```
fun printString(word: String) {
    println(word)
}
```

4. Log.d( )에 들어가는 태그와 출력할 변수를 하나의 문자열 안에 사용하면 됩니다.

미니 퀴즈 3-7

1. 프로퍼티, 메서드

2. 생성자

3. companion object

4. 접근 제한자(Visibility Modifiers)

5. public, internal, private, protected

6. public 제한자로 동작합니다.

7. abstract

미니 퀴즈 3-8

1. null 체크를 하지 않았기 때문에 동작하지 않습니다.

2. 문자열의 길이 = null

3. 문자열의 길이 = 33

미니 퀴즈 3-9

1. var

2. val

3. candy를 초기화하지 않아서

미니 퀴즈 3-10

1. let, run, with

2. let, also

3. 결괏값: 3

Chapter 04

미니 퀴즈 4-1

1. https://github.com/javafa/thisiskotlin/
   tree/master/MiniQuiz4_1

2. https://github.com/javafa/thisiskotlin/
   tree/master/MiniQuiz4_1_2

3. https://github.com/javafa/thisiskotlin/
   tree/master/MiniQuiz4_1_3

미니 퀴즈 4-2

1. https://github.com/javafa/thisiskotlin/
   tree/master/MiniQuiz4_2

2. https://github.com/javafa/thisiskotlin/
   tree/master/MiniQuiz4_2_2

3. https://github.com/javafa/thisiskotlin/
   tree/master/MiniQuiz4_2_3

미니 퀴즈 4-3

1. DPI

2. mipmap

3. 벡터

Chapter 05

미니 퀴즈 5-1

1. 인텐트 또는 Intent

2. 액티비티 또는 Activity

3. onPause()를 거쳐서 onStop()이 됩니다. 화면
   이 완전히 가려지는 상태가 되기 때문입니다.

미니 퀴즈 5-2

1. 스피너 또는 Spinner

2. 어댑터 또는 리사이클러뷰어댑터

3. inflate()

4. ViewHolder

미니 퀴즈 5-3

1. onAttach()

2. onCreateView

3. clickable을 true로 변경

4. SetFragmentResult

미니 퀴즈 5-4

1. View

2. View

3. onDraw()

4. https://github.com/javafa/thisiskotlin/
   tree/master/MiniQuiz5_4_4

5. https://github.com/javafa/thisiskotlin/
   tree/master/MiniQuiz5_4_5

미니 퀴즈 5-5

1. FragmentStateAdapter

2. TabLayoutMediator

3. RecyclerView.Adapter

Chapter 06

미니 퀴즈 6-1

1. 일반 / 위험

2. checkSelfPermission(),
   requestPermission(),
   onRequestPermissionsResult()

미니 퀴즈 6-2

1. 위험 권한

2. requestPermission()

3. onRequestPermissionsResult()

4. 일회성 권한(One-time permission)

Chapter 07

미니 퀴즈 7-1

1. 내부 저장소(Internal Storage)

2. 데이터의 입출력(Input/Output)

3. android.permission.WRITE_EXTERNAL_
   STORAGE

미니 퀴즈 7-2

1. SharedPreferences

2. SharedPreferences.Editor

3. Editor.apply()

Chapter 08

미니 퀴즈 8-1

1. 관계형 데이터베이스

2. SQLite

3. 테이블

미니 퀴즈 8-2

1.

```
// 삽입 메서드
fun insertMemo(memo: Memo) {
    val query = "insert into
memo(content, datetime) values('${memo.
content}', '${memo.datetime}')"
    val db = writableDatabase
    db.execSQL(query)
    db.close()
}

// 수정 메서드
fun updateMemo(memo: Memo) {
    val query = "update memo
set content='${memo.content}',
datetime='${memo.datetime}' where no =
${memo.no}"
    val db = writableDatabase
    db.execSQL(query)
    db.close()
}
```

미니 퀴즈 8-3

1. Object-Relational Mapping

2. https://github.com/javafa/thisiskotlin/tree/master/MiniQuiz8_3_2

Chapter 09

미니 퀴즈 9-1

1. <uses-permission android:name="android.permission.CAMERA"/>

2. 통합 자원 식별자(Uniform Resource Identifier, URI)

Chapter 10

미니 퀴즈 10-1

1. 메시지(Message) 또는 Runnable

2. 루퍼(Looper)

미니 퀴즈 10-2

1. 동기식 처리 모델, 동기 방식

2. Dispatchers.IO

3. suspend

Chapter 11

미니 퀴즈 11-1

1. startForeground( )

2. 바운드 서비스(Bound Service)

3. onStartCommand( )

미니 퀴즈 11-2

1. 콘텐트 프로바이더(Content Provider)

2. 커서(Cursor)

3. ContentResolver 프로젝트를 확인하세요.
   https://github.com/javafa/thisiskotlin/
   tree/master/ContentResolver

Chapter 12

미니 퀴즈 12-1

1. onMapReady( )

2. ACCESS_FINE LOCATION

미니 퀴즈 12-2

1. HTTP

2. POST

3. HTTPS

Chapter 13

미니 퀴즈 13-1

1. google-services.json

2. ValueEventListener

미니 퀴즈 13-2

1. Storage

2. onNewToken( ) 메서드 오버라이드
   token.addOnCompleteListener 사용

T